北京师范大学史学文库

俄国知识分子思想史导论

张建华 著

商务印书馆
2008年·北京

图书在版编目(CIP)数据

俄国知识分子思想史导论/张建华著.—北京:商务印书馆,2008

(北京师范大学史学文库)

ISBN 978-7-100-05446-1

I.俄… II.张… III.知识分子—思想史—研究—俄罗斯—18世纪~20世纪 IV.D751.261

中国版本图书馆CIP数据核字(2006)第000460号

本书获得

2006年度教育部“新世纪优秀人才计划”(NCET)

2006年度教育部社会科学规划项目(06JA770005)

资　助

ÉGUÓ ZHĪSHIFÈNZĬ SĪXIĂNGSHĬ DĂOLÙN

俄国知识分子思想史导论

张建华　著

商 务 印 书 馆 出 版

(北京王府井大街36号　邮政编码 100710)

商 务 印 书 馆 发 行

北京瑞古冠中印刷厂印刷

ISBN 978-7-100-05446-1

2008年1月第1版　开本 880×1230　1/32

2008年1月北京第1次印刷　印张 20

定价:38.00元

《北京师范大学史学文库》总序

北京师范大学历史学系是中国高校最早形成的系科之一，由1902年创办的京师大学堂"第二类"分科演变而来。1912年称北京高等师范学校史地部，1928年单独设系。1952年院系调整，北京师范大学历史学系与辅仁大学历史学系合并。北京师范大学历史学系的师资力量与综合实力，由此得到了前所未有的加强，为日后的发展奠定了良好的基础。

在百年的演进历程中，一批享誉海内外的著名学者，如李大钊、钱玄同、邓之诚、朱希祖、王桐龄、张星烺、楚图南、陈垣、侯外庐、白寿彝、柴德赓、赵光贤等，先后在北京师范大学历史学系辛勤耕耘。经几代人的努力开拓，北师大历史学系学术积累丰厚，学风严谨，久已形成了自身的优势与特色。

如今的北京师范大学历史学系是我国历史教学与研究的重镇，学科门类大体齐备，师资力量较为雄厚，既有国内外知名的老教授何兹全、龚书铎、刘家和等，又有一批崭露才华并在国内外史学界颇具影响的中青年学者，综合实力居全国高校历史学科前列。在教学方面，我系的课程改革、教材编纂、教书育人，都取得了显著的成绩，曾荣获国家教学改革重大成果一等奖。在科学研究方面，同样取得了令人瞩目的成就，如由白寿彝教授任总主编、我系众多教师参与编写的多卷本《中国通史》，被学术界誉为"20世纪中国史学的压轴之作”。其他教师的学术论著也多次荣膺国内外各类学术奖项，得到学界好评。

北京师范大学历史学系业已铸就自己的辉煌，但学术的发展无止境。今天，中国社会政通人和，学术研究也日新月异，我们又面临着新的挑战与机遇。为了更好地传承先辈学者的治学精神，光大其传统，进一步推动学科与学术的发展，本系决定编辑《北京师范大学史学文库》，陆续出版我系学者的学术论著，以集中展示北京师范大学历史学系的整体学术水准。同时，相信这也将有助于推动我国历史学的发展。

商务印书馆向以奖掖学术、传播文化著称，此次《北京师范大学史学文库》的编辑出版，也承蒙其大力支持。在此，谨致由衷谢忱！

《北京师范大学史学文库》编辑委员会

充分地理解过去——我们可以弄清楚现状;深刻认识过去的意义——我们可以提示未来的意义;向后看——就是向前进。

——赫尔岑

目　录

绪论："路标"为界
——探寻俄国知识分子思想轨迹

现在终于可以说了。

写一本近代以来俄国知识分子的思想史，是我的一个长久宿愿。它完全不是为了"填补空白"之类的目的，而是内心中承载已久的一份感动和一种责任。究其缘起，它不仅仅是因为自童年时期起就浸淫于异域奇俗和精深博厚的俄罗斯文化，也不仅仅是因为自少年时代起就为普希金诗中、列夫·托尔斯泰小说里和高尔基笔下那些鲜活的"达吉娅娜"们、"聂赫留道夫"们和"阿廖沙"们的命运而忧思，以及为尼古拉·奥斯特洛夫斯基的英雄气概和他那段目标崇高的名言而感动，甚至也不完全是因为自大学时代对这个国家和民族的历史与文化有了较深的理性认识，并且将它与自己未来职业紧密地联系在一起的缘故。关注俄国知识分子，既源自前面提到的肤浅感动和认识，更多地则源自于1998—1999年在莫斯科生活一年中对俄国知识分子的直接观察和感受。在那样一个经济凋敝、社会动荡和物欲横流的特殊环境中，多数俄国知识分子居然可以置"膏粱"于不顾，仍高谈阔论于人类之命运，激辩于"俄罗斯思想"的主题，无情地针砭时事之弊端，静心专注于学术研究，那是一种精神，而之于我，则是一份持久的感动。

这是一个什么样的社会群体？他们究竟生活在虚无的思想沙塔之中，还是脚踏着俄罗斯的土地？

在观察和感受的同时，我发现了一个出现频率极高的词汇——“路标”，[①]感受到了俄国知识分子秉承历史责任，在国家和民族面临重大危机之时，寻找“路标”的那一份执著。当我将这个社会群体置于俄国历史发展和现代化进程之中时，我看到了一个不懈努力的历史身影、一个特殊的社会阶层和角色、一个时艰命蹇的社会群体。于是，我决定追循当代俄国知识分子苦求之“路标”，尝试着探寻近二百年俄国知识分子思想发展的“路标”。

一、俄国知识分子的二百年救赎

谁是俄国知识分子？它何以特殊并称誉于世？

“俄罗斯是恋女，知识分子是情郎”，这是俄国和苏联著名文学家高尔基的回答。他以这样的关系来形容俄国知识分子与历史、社会、国家和民族之间纠缠不清的关系，足以见他对俄国知识分子爱之深、痛之切了。

“俄罗斯知识分子的生活从头到尾是波折，从头到尾是悲剧。看来，世界上没有谁的处境比俄罗斯知识分子陷入的处境更绝望的了”，[②]这是俄国著名作家和文学评论家梅列日科夫斯基的感叹。

20 世纪最著名的俄国宗教哲学家别尔嘉耶夫曾自信地宣布：

---

① “路标”(Вехи)与另一个常见词汇“路标转换”(Смена вех)均是 20 世纪初俄国现代化进程中和社会转型过程中最具代表性的思潮和运动，并已成为俄国史上 2 个特殊符号。本章以“路标”为题，更多地是借用其历史文化涵义。

② 梅列日科夫斯基：《先知》，东方出版社 2000 年版(下同)，第 119 页。

"俄罗斯的知识分子是完全特殊的、只存在于俄罗斯的精神和社会之中的构成物。"①当代俄罗斯思想大师利哈乔夫同样认为:"知识分子作为精神自由的社会阶层只存在于俄罗斯,而在西方却不为人注意。"②当代英国著名哲学家伯林也曾断言:"知识阶层(Intelligentsia)为杜撰于19世纪的俄国字,如今已有通行世界的意义。"③

俄国知识分子身处近现代重大"社会转型"之中,他们的思想探索立足于民族的命运、国家的发展和时代的需要。"社会转型"(Social transformation)的概念源于西方发展社会学理论,它主要指社会因内力或外力作用而发生的重要而深刻的变化,因此也被称为"社会变迁"。社会转型包括社会结构、政治制度、生产方式、生活方式、社会习俗、价值观念的变迁。"社会转型"之所以能够启动、进行和完成,是以旧的、历史的、文化的、传统的终结为必要前提条件的。社会转型也即是现代化。纵观世界现代化的发展大势,每一个国家在经历重大的政治、经济和社会变革之前,都必然经历一个思想启蒙的时期。因为现代化的发展首先需要思想意识的现代化,即先进思想观念的传播、先进政治理论的创建,从而为即将到来的历史性变革制造舆论声势、进行广泛的社会动员、勾画未来社会的蓝图。如此看来,俄国一代代知识分子起到的正是这样的重要作用。在俄国现代化进程中,知识分子是一股特殊的社会力量,发挥了规划者、鼓动者以及领导者的不可或缺的作用。纵观18世纪下半期以来,进步的贵族知识分子、平民知识分子、民粹

① 别尔嘉耶夫:《俄罗斯思想》,三联书店1995年版(下同),第25页。
② 利哈乔夫:《论俄国知识分子》,载《新世界》,莫斯科1999年第2期。
③ 伯林:《俄国思想家》,译林出版社2001年版(下同),第144页。

主义者、无政府主义者、自由主义知识分子、社会主义者和马克思主义者，都通过自己不懈的理论思考和忘我的实践精神探寻适合俄国国情的现代化道路，并以自己的方式推动俄国社会发展。

“凭理性无法理解俄国，一般的尺度无法将她度量，对她唯有信仰才比较适合。”这是18世纪著名文学家丘特切夫的名言。

“我们出生在西方死亡的时刻”，这是18世纪著名思想家冯维津的命题。

“我们是世界上最孤独的人们，……我们没有给人类思想的整体带去任何一个思想，对人类理性的进步没有起到过任何作用”。这是19世纪著名哲学家恰达耶夫的论断。

“俄国走西方道路，还是走东方道路？”19世纪著名思想家赫尔岑将这个命题称之为“俄国生活中的斯芬克斯之谜（сфинкс русской жизни）”。

“俄罗斯向何处去？谁将要并怎样领导俄罗斯？”这是19世纪著名历史学家克柳切夫斯基的命题。

“人民起来了，准备出发了，他们在等自己的领袖，领袖出现了”。这是19世纪著名历史学家谢尔盖·索洛维约夫的命题。

“我们纪念赫尔岑时，清楚地看到先后在俄国革命中活动的三代人物、三个阶级。起初是贵族和地主、十二月党人和赫尔岑。这些革命者的圈子是狭小的。他们同人民的距离非常远。但是，他们的事业并没有落空。十二月党人唤醒了赫尔岑。赫尔岑展开了革命鼓动。响应、扩大、巩固和加强了这种革命鼓动的，是平民知识分子革命家，从车尔尼雪夫斯基到‘民意党’的英雄们。战士的圈子扩大了，他们同人民的联系密切起来了。赫尔岑称他们是

'未来风暴中的年轻航海长'。"[1]这是列宁在1912年4月25日所写《纪念赫尔岑》中的论述。

"我知道一点,并愿意悄悄地告诉你,俄罗斯如果想要得救,就必须成为欧亚大陆的强国,能够挽救俄罗斯的也只有欧亚主义"。这是经历了苏联和俄罗斯两个时代的历史学家列夫·古米廖夫的遗嘱。

"思考俄罗斯"(Раздумья о России)。这是利哈乔夫院士在俄罗斯社会转型再次遭遇危机时的谆谆劝诫。

"对俄国知识分子思想史的研究永远是最重要的研究任务,永远在祖国历史学中占据显著位置。这是合乎历史的规律,即俄国知识分子在俄国历史发展的各个阶段在社会中发挥特殊作用,俄国知识分子在历史的大转折和面临道路选择时发挥着重大作用。20世纪末、21世纪初是一个复杂和充满希望的时期,俄罗斯又一次站在十字路口:面临第三个千年的大门槛,社会将选择什么样的运动方向?国家将变成什么样?等待它的是经济强大和政治稳定,还是新的混乱和崩溃?这个问题困扰着俄国最优秀的知识分子。他们不仅仅是历史的客体,而且是历史进程的主体。现在与未来的俄罗斯都依赖于他们的世界观、精神趋向、公民地位和政治意志"。[2] 这是当代俄罗斯历史学家马斯拉科夫在他主持的主题为"20世纪历史中的俄国知识分子:无法结束的争论"的国际学术会议上的重要发言。

而赫尔岑笔下的"谁之罪?"(кто виноват)和车尔尼雪夫斯基

---

① 《列宁选集》第2卷,人民出版社1995年版,第289页。

② 马斯拉科夫:《20世纪的俄国知识分子:无法结束的争论》,叶卡捷琳堡1998年版,第3页。

笔下的"怎么办?"(Что делать),则成为二百余年来俄国知识分子共同的思想命题。

于是俄国知识分子思想的核心变成了由霍米亚科夫发蒙、弗拉基米尔·索洛维约夫阐发、别尔嘉耶夫高度概括的"俄罗斯思想"(Русская идея)。

别尔嘉耶夫在侨居国外期间所写的名著《俄罗斯思想——19世纪到20世纪初俄国思想的基本问题》于1990年首次在苏联国内全文发表。苏联权威刊物《哲学问题》在编者按中强调:"'俄罗斯思想'这一命题是我国19世纪至20世纪初思想界关注的中心之一。俄罗斯历史命运的特殊性,它在世界上的使命和任务,知识分子的作用,知识分子对国家和民族的关系——所有这些哲学历史问题都是'俄罗斯思想'所集中讨论的。用别尔嘉耶夫的话来说,是与'俄罗斯民族的特点和使命'相适应的。"①

因此,理解和研究俄国知识分子思想的发展史,对拥有"俄罗斯情结"的人来说或许是一种偏好和兴趣,而对于专业从事俄罗斯问题(包括从历史学、哲学、文学、经济学、社会学等方面)的研究者来说则完全是一种责任和使命。

二、国内学术界相关研究简要评述

俄国知识分子问题对于中国学术界来说并不陌生,但予以专题研究却开展得较晚。20世纪90年代初,国内学术界曾出现了一个译介和研究俄国白银时代的宗教哲学的热潮。最先由刘小枫博士与董友教授合作,于1989年翻译并出版了舍斯托夫的《在约

① 《哲学问题》,莫斯科1990年第1—2期,第2页。

伯的天平上》,列入三联书店的"学术文库",[1]从此拉开大规模迻译俄国宗教哲学著作的序幕。随后浙江人民出版社出版了"俄罗斯宗教哲学译丛",[2]云南人民出版社出版了"俄罗斯思想文库"[3],华夏出版社出版了"现代西方思想文库"[4],广西师范大学出版社出版了"雅典娜思想译丛"[5],学林出版社和河北教育出版社共同出版了"20 世纪俄国新精神哲学精选系列"[6],上海远东出版社出版了"20 世纪外国文化名人书库"[7],中国城市出版社出版了"西方思想经典文库"[8]。

之所以出现上述译介的热潮,它源自于 20 世纪 80 年代中期

---

① 出版著作包括舍斯托夫:《在约伯的天平上》(1989)、洛斯基:《意志自由》(1992)、别尔嘉耶夫:《俄罗斯思想》(1995)、汤普逊:《理解俄国:俄国文化中的圣愚》(1998)等。

② 出版著作包括洛斯基:《俄国哲学史》(1999)、弗兰科:《精神王国与恺撒王国》(2000)、弗兰科《实在与人》(2000)、弗·索洛维约夫等著:《俄罗斯思想》(2000)、弗·索洛维约夫:《西方哲学的危机》(2000)等。

③ 出版著作包括基斯嘉柯夫斯基:《路标集》(1999)、恰达耶夫:《箴言集》(1999)、布尔加科夫:《亘古不灭之光——观察与思辨》(1999)、舍斯托夫:《雅典与耶路撒冷》(1999)、康定斯基:《艺术中的精神》(1999)、别尔嘉耶夫:《俄罗斯的命运》(1999)、梅列日科夫斯基:《重病的俄罗斯》(1999)等。

④ 出版著作包括弗·索洛维约夫:《神权政治的历史与未来》(2000),《神人类讲座》(2000);舍斯托夫:《无根据颂》(1999),《旷野呼告》(1999)。

⑤ 出版著作包括别尔嘉耶夫:《自我认识——别尔嘉耶夫思想自传》(2001)、别尔嘉耶夫:《自由的哲学》(2001)等。

⑥ 出版著作包括弗·索洛维约夫:《俄罗斯与欧洲》(2002)、梅列日科夫斯基:《宗教精神:路德与加尔文》(1999)、叶夫多基莫夫:《俄罗斯思想中的基督》(1999)、特洛依茨基:《基督教的婚姻哲学》(2002)、洛斯基:《东正教神学导论》(2002)、弗兰科:《俄国知识人与精神偶像》(1999)、赫克:《俄国革命前后的宗教》(1999)、别尔嘉耶夫:《历史的意义》(2002)等。

⑦ 出版著作包括《别尔嘉耶夫集》(1999)、《舍斯托夫集》(2004)等。

⑧ 出版著作包括别尔嘉耶夫:《论人的奴役与自由》(2002)、别尔嘉耶夫:《精神与实在》(2002)、别尔嘉耶夫:《末世论形而上学》(2003)等。

以来苏联和俄罗斯兴起的"历史反思热"、"回归文学热"和"宗教哲学热"的影响。冷战结束前后，东西方国家普遍关注不同文化和文明之间的关系问题，迫切需要解决民族、国家和文化的重新定位问题。而俄罗斯不幸变成了美国学者亨廷顿的"文明冲突论"(Clash of Civilizations)的特例，成为出现"认同危机"的"无所适从的国家"。[①] 俄罗斯总统叶利钦于1996年向俄罗斯科学院提出了重新确立"民族思想"的要求。1999年，俄罗斯哲学学会作了一项大型的问卷调查，其中一个问题是"请推举20世纪俄国最著名的哲学家"，在收回的345份答卷中，在位居前29位(依次为别尔嘉耶夫、洛谢夫、弗罗连斯基、维尔纳斯基、谢尔盖·布尔加科夫、马马尔达什维利、伊林、伊里因科夫、弗兰科、阿斯穆斯、巴赫金、列宁、洛斯基、舍斯托夫、罗札诺夫、索罗金、列夫·古米廖夫、普列汉诺夫、施米特、波格丹诺夫、特鲁别茨科伊、科普宁、卡尔萨文、凯德洛夫、弗罗洛夫、费奥多罗夫、亚历山大·季诺维也夫、弗洛罗夫斯基和斯徒卢威)中竟然有14人为宗教哲学家。另一个问题是"请推举20世纪最著名的10本书"，在位居前10位的著作(依次为洛谢夫的《古代美学》、别尔嘉耶夫的《俄国共产主义的由来与意义》、弗罗连斯基的《真理的柱石与根基》、别尔嘉耶夫的《俄罗斯思想》、伊里因科夫的《辩证逻辑》、马马尔达什维利的《笛卡尔的沉思》、列宁的《唯物主义和经验批判主义》、洛谢夫的《神话的辩证法》、阿斯穆斯的《古代哲学》和别尔嘉耶夫的《创造的意义》)中竟然有5本著作涉及宗教哲学。这表明身处全方位改革和急剧社会转型过程之中的俄罗斯公民和知识界迫切地需要从宗教信仰和宗教文化中寻找

① 亨廷顿:《文明的冲突与世界秩序的重建》，新华出版社1998年版，第22页。

“答案”和“路标”。与此同时,俄罗斯学术界出现了“文明史”[1]复兴和“文化学”学科建立的突出现象。俄罗斯第一本高等学校教科书《俄罗斯学》的前言中提出一系列具体问题:“你们的传统是什么?你们的根在哪里?你们在哪里生活?怎样获得食物?怎样管理国家?怎样解决棘手的权力和自由问题?如何划分民族集团和社会阶层?如何对待深刻的、自古即有的众多问题?你们从生到死的路标如何转换?你们是如何相爱、结婚、生育和抚育自己的孩子的?你们是如何工作、欢乐和体现自己在艺术和文学方面的创造精神的?为保护文明免于衰落采取了什么样的联系和组织原则?你们崇拜什么样的上帝?什么样的信仰影响你们并给你们以力量?你们承认什么样的关系?什么样的信念在驱使你们?什么样的文化背景影响你们的生活?什么样的幻想和神话激励着你们?什么样的威胁使你们孤苦无助?什么能给你们以战斗的勇气?什么样的混乱现象使你们恐惧懈怠?什么样的共同感觉使你们联合为一个整体?”在俄罗斯已三次再版的另一部大学教科书《世界文明共同体中的俄罗斯》的序言中也强调:“本教科书的任务

---

① “文明史观”代表作如莫斯科大学教授谢缅尼科娃独著或主编的《世界文明共同体中的俄罗斯》(Семенникова Л. И. Россия в мировом сообществе цивилизаций. Брянск, 1996.)、《历史学的文明方法问题》(Семенникова Л. И. Проблемы цивилизационного подхода к истории. Уфа, 1994.)、《人类历史中的文明》(Семенникова Л. И. Цивилизации в истории человечества. Брянск: Курсив, 1998.)和《俄国史:理论问题。俄罗斯文明:历史学和跨学科研究的尝试》(Семенникова Л. И. История России. Теоритические проблем. Выпуск 1. Российская цивилизация : Опыт исторического и междисциплинарного изучения. М., 2002.)。“文化学”代表作如俄罗斯人文大学教授康达科夫的《俄罗斯文化》(Кондаков И. В. Культура России. Учебное пособие. М., 2000.)和《文化学:俄国文化史》(Кондаков И. В. Культурология. История культуры России. М., 2003.)等。

是给出俄国历史道路的完整观点，从文明角度展现不同的社会水平的国家建立和发展过程，阐明东西方两大文明中心之间的相互关系。将历史资料运用于比较分析之中，将俄国史与西方和东方国家的历史加以比较。文明史观原则的目的在于：确定俄罗斯在世界人类共同体中的历史地位，理解它与不同民族经验相比较时的社会组织和文化特点；给予国家自身复杂的历史发展道路以完整的解释，给予在巨大的人文和自然潜力背景下国家发展的困难和灾难原因以文明的解释；指明国家在不同历史阶段的社会发展选择，揭示围绕历史选择问题的斗争冲突，揭示某种力量在它这样或那样的历史瞬间获得胜利的原因。”[①]中国与俄国—苏联—俄罗斯有着密切的历史联系、共同的现实目标以及相似的文化任务，不论是从昨天的“以苏为鉴”角度，还是从今天的“以俄为鉴”角度出发，俄国学者的研究都是国内学术界的“它山之石”，于是在俄罗斯持续升温的这股学术热潮对中国学术界产生了较大的影响。

比较而言，国内学术界从哲学、文学和文化学角度对俄国知识分子问题进行大量的研究工作。哲学视角的研究著作最多，代表作如北京师范大学张百春教授的《当代东正教神学思想》（上海三联书店 2000 年版）、北京大学徐凤林教授的《索洛维约夫》（台湾东大图书公司 1995 年版）和《俄罗斯宗教哲学》（北京大学出版社 2006 年版）、中国青年政治学院雷永生教授的《别尔嘉耶夫传》（台湾东大图书公司 1998 年版）等；而在文学领域中俄国知识分子问

① 分别参见沙波瓦洛夫：《俄罗斯学》，莫斯科 2001 年版，第 1 页；谢缅尼科娃：《世界文明共同体中的俄罗斯》，布良斯克 1996 年版，第 4—5 页。

题研究是一个传统的视角,以往成果大多体现在对文学流派和文艺理论的研究方面。近年来交叉学科的研究方法引入了俄罗斯文学研究领域,代表著作如黑龙江大学金亚娜教授主编的《充盈的虚无——俄罗斯文学中的宗教意识》(人民文学出版社 2003 年版);从文化学角度研究俄国知识分子在国内完全是“新生事物”,代表作如四川外语学院朱达秋、周力教授的《俄罗斯文化论》(重庆出版社 2004 年版),首都师范大学林精华教授的系列著作更为引人注目,他著有《想像俄罗斯》(人民文学出版社 2000 年版)、《西方视野中的白银时代》(东方出版社 2001 年版)、《民族主义的意义与悖论》(人民出版社 2002 年版)、《误读俄罗斯——中国现代性问题中的俄国因素》(商务印书馆 2005 年版)。

此外,在北京大学、北京师范大学、北京外国语大学、吉林大学、南开大学、黑龙江大学、上海外国语大学、陕西师范大学、广西师范大学和苏州科技学院等高等院校与中国社会科学院等科研机构相继开设了相关课程和研究生教育。值得一提的是,李英男教授领衔的北京外国语大学“俄罗斯社会与文化”专业已经培养出三届以俄国知识分子问题为学位论文主题的博士研究生。①

在史学研究方面,仅见资中筠主编的《冷眼向洋》(三联书店 2001 年版,下卷)和冯绍雷、相蓝欣主编的《转型中的俄罗斯社会与文化》(上海人民出版社 2005 年版),以及笔者的《俄国现代化道路研究》(北京师范大学出版社 2002 年版)和《红色风暴之谜——破解从俄国到苏联的历史神话》(中国城市出版社 2003 年版)中辟

---

① 题目分别为郭晓丽:《俄罗斯弥赛亚意识的起源及其文化语义内涵》(2004 届);李小桃:《俄国知识分子自我意识研究》(2005 届);杨秀杰:《语言文化学的观念范畴研究——俄罗斯“自由”观念析例》(2006 届)。

有专章论述俄国知识分子问题。专题著作尚无。而且研究角度基本停留在列宁划分的贵族知识分子—平民知识分子—革命知识分子阶段上，实事求是地讲，它基本上还是革命史和政治史的视角，而不是思想史的视角。

三、本书研究视角和主体思想

本书试图从宏观和微观结合的角度，概述上迄18世纪，下止20世纪20年代俄国知识分子个体初萌、群体形成、思想启蒙、观念交锋、政治分化和政治活动的历史，重点放在思想发展方面。因其时间跨度较大，思想意识庞杂，观念线索纵横，本书仅力求厘清其基本线索和主要问题。因此本书只是一本关于18世纪以来俄国知识分子思想史的“导论”(введение)。

从长时段角度研究俄国历史是笔者的一点心得体会，因为“一个国家，一个民族的历史、文化和传统有着不可分割的历史继承性，它无法因为一次或数次战争、一场或数场革命，因为大相径庭的政治制度和社会制度的更迭，因为意识形态的差别而被隔断。从国家和民族完整的历史发展进程的角度，从通史的角度看待历史和现实问题，更容易找到问题的症结所在，这也是通史性著作本身所固有的和其他断代史与专题史著作所无法比拟的长处。无论是沙皇俄国时期，还是苏联时期，还是今天的新俄罗斯时期，笔者都愿意把以上所走过的历程看成是历史积淀深厚、文化传统悠久的俄罗斯民族，与世界上其他民族一样，紧紧追赶世界现代化潮流，推动和影响人类社会发展的历史。”[①]而且笔者眼中的俄国史

① 张建华：《俄国史》，人民出版社2004年版(下同)，第9—10页。

(История России),不仅包括了“帝俄时期”(Российская Империя),也包括了“苏联时期”(СССР),并且包括了“俄罗斯联邦时期”(Российская Федерация)。

由于俄国知识分子问题已经超出了历史学的范畴,因此本书试图借鉴历史学、哲学、文学、文化学和社会学的方法进行综合性和跨学科的研究。早在10年前,北京大学俄语系李明滨教授首次呼吁建立中国“俄罗斯学”。笔者在特邀参加第七届全国俄罗斯语言及文化研讨会(重庆,2004年)时也曾发表过续貂之言,建议跨越学科界限,建立中国的“俄罗斯学”(россиеведение),并得到与会的俄语界专家的关注。[1] 2006年12月,由北京外国语大学俄语学院和俄语中心举办了“中国俄罗斯学建设和中俄文化关系”研讨会,与会学者再次提出了建立综合性的“俄罗斯学”的设想,并且对该学科的定位、研究对象、研究范围和研究方法、相关学科的渗透等众多重要问题进行了讨论,共识有必要汇集各方面学者共同加以探讨,以推动该学科的发展。

在本书中,笔者也试图从“俄罗斯学”的角度在研究方法上做些许的尝试。

本书基本线索和基本观点如下:

第一,18世纪下半期和19世纪初分别是俄国知识分子个体和群体形成时期。无论就其“个体”,还是“群体”,俄国知识分子都是作为一种特殊的社会力量和政治力量“出世”并“立世”的。本书将从知识分子概念及其俄国化过程入手,探究彼得一世改革的文

① 苏州大学外国语学院赵爱国教授提出:“从事俄罗斯历史研究的北师大张建华教授已正式向俄语界发出同样的倡议。”参见赵爱国:《理想模式、个性模式和过渡模式——也谈俄语专业的学科改造与教学改革》载《中国俄语教学》,2005年第2期。

化意义和俄罗斯民族意识、知识界自我意识的觉醒，以俄国知识分子的第一个来源——贵族阶层为着眼点，探讨俄国知识分子群体的形成及其自立于世界知识分子之林的特点。

第二，长期以来，俄罗斯文化传统持续性地发挥着它的滞后作用，间接或直接地影响着俄国的现代化进程，并且使承袭着沉重的历史重负和文化传统的俄国走上了一条不寻常的现代化道路。而俄国社会发展道路、历史文化特点以及现代化历程不仅是俄国知识分子及其群体孕育、形成和发展的根基，而且还是俄国知识分子回顾历史、面对现实和展望未来的思想源泉。本书将从俄罗斯文化传统的自然地理、文化地理（也即地缘文化）和政治地理（也即地缘政治）的特殊性角度，分析俄国知识分子对东方文化、西方文化和俄罗斯文化的认识、批判、肯定以及误读。

第三，彼得一世改革造成俄国社会的分裂和思想文化界的分裂，而叶卡捷琳娜二世的“开明专制”（просвещенный абсолютизм）则加剧这种分裂，两者在客观上对于促进知识分子觉醒和群体的形成起到了巨大的作用。其结果在俄国出现“本土”（почва）俄罗斯和“文明”（цивилизация）俄罗斯之分：“本土”俄罗斯思潮基本上反对走西欧式道路，主张维护沙皇制度、东正教和村社文化。该思潮演化成以乌瓦罗夫、波别多诺斯采夫、斯托雷平为代表的官方保守主义（Консерватизм）和以斯拉夫主义（Славянофильство）、泛斯拉夫主义（Панславизм）和部分民粹主义（Народничество）思想家为代表的民间保守主义。而“文明”俄罗斯思潮主张走西欧式道路，基本上对专制制度（Самодержавие）、东正教（Православие）和文化传统持程度不同的异议态度。该思潮演化成以恰达耶夫、格拉诺夫斯基、卡维林、别尔嘉耶夫和斯徒卢威为代表的自由主义

(Либерализм)流派和立宪民主运动,还演化成了激进主义(Радикализм)、无政府主义(Анархизм)、虚无主义(Нигилизм)、社会民主主义(Социально-демократизм)和布尔什维主义(Большивизм)思潮和运动。

第四,村社文化和东正教意识是俄罗斯文化和俄罗斯思想的核心,是俄国保守主义、自由主义和激进主义之根,是俄国知识分子思想构建和政治运动的基础和观照物。因此,村社与东正教的角度,也是研究俄国知识分子的重要立足点。

第五,自由主义之于俄国,无论就运动层面,还是就思潮层面而言,都具有特别的意义。作为政治运动层面的俄国自由主义基本上沿着两个方向展开:即官方(沙皇政府)以自由主义为治理国家、规避危机的手段,适时或被迫地推行自上而下的改革,如叶卡捷琳娜二世实行的“开明君主专制”,亚历山大一世——莫尔德维诺夫——斯佩兰斯基的国家管理体制的改革尝试,亚历山大二世——洛里斯·梅里科夫废除农奴制之举动及其后续的教育、经济、司法改革,维特——斯托雷平推行的重大经济改革和宪政革新;民间(包括知识阶层)以自由主义理念统领其行动,如西方派格拉诺夫斯基——安年科夫——卡维林的自由主义“知识讲坛”,19世纪60年代开始的自下而上的地方自治运动,20世纪初的立宪民主党(КАДЕТЫ)和立宪运动等等。本书将重点研究俄国自由主义思潮,从俄国自由主义概念起源和思想起源入手,简要勾勒俄国自由主义的发展线索,以较大篇幅专论民间——知识阶层的自由主义思潮之流变。

第六,自18世纪初到20世纪初,绝对专制制度和专制主义文化统治俄国二个多世纪,保守主义即是这种制度和文化的内在产物。保守主义在俄国的命运实际上就是专制制度和皇权主义、专制主义和国家主义为核心的政治文化传统在俄国的命运。而作为社会思潮的俄国政治保守主义在其演变过程中又增加了西欧保守主义，主要是英国经典保守主义思想的内容。本书从俄国保守主义思潮的起源开始，逐步展开对贵族阶层和知识阶层的保守主义思想的研究，并试图对保守主义在俄国的命运做出评价。

第七，近代以来俄国激进主义的行为主体是知识阶层和知识分子，他们彻底否定沙皇制度为代表的旧体制、旧思想、旧文化、旧道德以及旧习俗而非劝进式的政治批评，他们致力于自下而上的革命手段而非自上而下的改革措施，他们主张走急进而非渐进道路，他们选择共和主义、无政府主义或社会主义而非君主立宪政制。俄国激进主义的基本线索包括了赫尔岑、车尔尼雪夫斯基和别林斯基的农民社会主义思想、民粹主义运动——社会革命党（ЭСЕРЫ）、社会民主主义、布尔什维主义——列宁主义。

第八，"自由主义"、"激进主义"以及"保守主义"之于俄国知识分子，只是一种思潮之分、认识之分、价值观之分和世界观之分，其彼此间的关系和界限并非是天堑绝渡、泾渭分明，正如赫尔岑评价斯拉夫派（Славянофили）与西方派（Западники）之争为"我们像伊阿诺斯或双头鹰，朝着不同的方向，但跳动的心脏却是一个"。[①] 从历史发展角度看，三者互为依存，互为兼容，互为观照，而且互为转化。自由主义思潮的代表人物斯徒卢威、别尔嘉耶夫曾经作为"合法马克思主义者"（Легальный марксист），"盗取"了"经济唯物主义"这个批判武器，而激进主义和自由主义均以斯拉夫主义为思

---

① 赫尔岑：《往事与随想》中册，人民文学出版社 1993 年版（下同），第 143 页。

潮之根,而且在19世纪下半期至20世纪初的政治大变革中,三个阵营的人物均互有易位。

第九,20世纪20至30年代因政治剧变而发生的200多万俄国居民大量移居国外的事件是15世纪末16世纪初俄国成为统一的多民族国家后,第一次大规模的国家分裂、民族分裂和文化分裂。知识分子作为俄国侨民中的特殊群体,他们的身心感受和自我反思也是特殊的,而且他们还在特殊环境和特殊条件下,从事了大量的文化、教育和学术活动。他们的所作所为是对俄罗斯文化传统的继承和发展,他们在各方面所创造的成就是20世纪俄国历史的重要组成部分。本书将以历史资料为依据叙述该时期俄国侨民的迁徙流向和生存状况,介绍侨民知识分子的文化、教育和学术活动,对侨民知识分子和侨民运动做一客观评价。

第十,在20—21世纪之交俄罗斯急剧的社会转型过程中,知识分子继承了这个群体优秀的传统,仍然忠诚地扮演着“民族良心”的角色。在经历了“大西洋主义—欧洲主义”(Европеизм-Атлатизм)思潮的狂热之后,“欧亚主义”(Евразийство)和“新欧亚主义”(Неоевразийство)思潮成为当代俄罗斯知识分子思想的“新路标”,并渐进地影响着俄罗斯社会进程。

四、致谢

本书是笔者自1999年以来研习俄国知识分子思想史的一个重要的阶段性成果,期间曾得到国家留学基金委的资助赴莫斯科大学(1998—1999)和圣彼得堡大学(2006)进行交流和收集资料;回国后又获得“归国留学人员科研启动基金”的资助;曾获得教育部“十五”规划项目《民族主义与20世纪社会主义的曲折发展——

以苏联东欧为中心》的资助；曾获得教育部“十一五”规划项目《政治恐怖主义与近代俄国革命》的资助；曾获得教育部“新世纪优秀人才计划”项目《苏联政治文化谱系的建立和崩溃》的资助；还获得教育部人文社会科学重点基地南开大学世界近现代史研究中心的资助。期间笔者还曾应德国汉学家郎密榭教授（Michael Lackner Ph. D.）的邀请、由德国 DAAD 基金会资助，赴德国埃尔兰根大学讲学，并得以在西欧收集俄国侨民的第一手资料。在此一并表示深深的谢忱。特别感谢王新先生，他是笔者的学业发蒙者和硕士导师，但这并不妨碍他在审读本书时，给予学生以肯定、责问和鞭策。另外，本书第三章第二节（五）、第四节（一），第四章第二节（三），第五章第三节（一），第六章第二节（四）、第三节（一）分别由叶娟、曾媛媛、符巧静、赵丽杰、曹群和栾艳丽提供资料或初稿，感谢他们的帮助和劳动。

第一章　从"概念"到"群体"：俄国知识分子的形成与特点

18世纪下半期是俄国民族知识分子个体产生时期，19世纪初则是俄国知识分子群体形成时期。无论"个体"，还是"群体"，俄国知识分子都是作为一种特殊的社会力量和政治力量"出世"并"立世"的。当代美国学者科塞评价："19世纪的俄国知识阶层在社会根源上是异质的，是教育和对社会问题的持久关心把他们联合起来。他们被排斥在一个主要仍然受中世纪庄园循序的原则所统治的社会之外，他们既有来自社会金字塔'下层'的，也有来自'上层'的。那些来自'下层'的是教士、商人、工矿主、贫穷侍从的后代，有些是自由了的或逃亡的农奴（即无身份者）的后代。由于不属于任何一个身份团体或任何一个阶级，在传统社会结构中没有固定的位置，因此，他们身处这个正式的社会，却不属于这个社会。知识阶层也有出身于上层阶级的，他们背叛了自己的阶级，并想为靠俄国人民的悲惨生活养肥了自己的父辈赎罪。这个知识阶层因为对官方社会的核心假定和各个社会阶级有着集体不认同——后一种情况使他们有别于18世纪法国知识分子的特征——而联系在一起。他们在贵族和官僚与默默无闻、没受过教育、固守传统生活方式的人民大众之间保持着不自愿的分离生活”。[①] 科塞的观点给我们认识俄国知识分子提供了一个有益的提示，那就是探究其萌芽和形成之源是研究的重要途径。在本章，笔者将从知识分子概念及其俄国化过程入手，探究彼得一世改革的文化意义和俄罗斯民族意识、知识界自我意识的觉醒，以俄国知识分子的第一个来源——贵族阶层为着眼点，探讨俄国知识分子群体形成并自立于世界知识分子之林的特点。

第一节 俄罗斯文化背景下的“知识分子”概念

一、从“Интеллигенция”到“Intellegensia”

“知识分子”概念在欧洲之源一般追溯到古希腊罗马的智者身上，而中世纪的神职人员和家庭教师，特别是18世纪法国启蒙运动中的“哲士”(Les philosophes)被视为“智者”的继承人。但是在当代著名学者赛义德[②]、葛兰西[③]、伯林、科塞、利哈乔夫等人的眼中，“智者”们虽然掌握了一定的文字解释权和话语权，但是缺少对丰富知识的渴求，对终极真理的追求，对现实问题的关注，对自身思想和价值的肯定，对伟大理想和理念的传播，以及对社会文化的深刻批判。即所谓知识分子应该是“理念的守护者和意识形态的源头，但是与中世纪的教士或近代的政治宣传家和狂热分子不同，

① 科塞：《理念人——一项社会学的考察》，中央编译出版社2001年版(下同)，第172页。

② 参见赛义德：《知识分子论》，三联书店2002年版。

③ 参见葛兰西：《狱中札记》，中国社会科学出版社2000年版。

他们还倾向于一种批判态度，对于他们的时代和环境所公认的观念和假设，他们经常详加审查”[①]；“他们是精神上自由的人，他们视自己的人生观、世界观和道德信念为生命”，“知识分子素养的基本原则是精神自由（интеллектуальная свобода），自由在这里属于道义的范畴。”[②]

如此看来，确实有必要对“知识分子”的概念做一梳理，因为俄文“知识分子”（Интеллигенция 或 Интеллигент、Интеллектуал）[③]词意的生成和流变有一个较复杂的过程。[④]

“Интеллигенция”来源于拉丁语“Intellegens”，其含义为“理解的”（понимающий）、“思考的”（мыслящий）和“理智的”（разумный），其动词“Intellego”的含义相应为“理解”、“思考”和“感知”。古罗马时代著名思想家西塞罗在翻译亚里士多德的著作时，将“Intellegen”的含义扩展为“Intellegentia”，意思为“理解能力”。随后“Intellegentia”的含义在后人使用时再度加以扩展，其含义包括：其一作为名词使用，即“解释力”、“理解力”、“认识力”和“认知力”等；其二包含动词意义，即“理解”、“思想”和“辨别”等；其三外延为指特殊技能，即“能力”、“技术”和“方法”等。在1725—1750年间，俄国著名学者特列基亚科夫斯基将拉丁语“Intel-

---

① 科塞：《理念人——一项社会学的考察》，第5页。

② 利哈乔夫：《论俄国知识分子》，载《新世界》，莫斯科1999年第2期。

③ интеллигенция、интеллигент 和 интеллектуал 在俄国最古老的，成书于19世纪60年代中期的达里所编：《现代大俄罗斯语详解辞典》（Даль В. И. Толковый словарь живого великорусского языка）网络版中未见其词条和解释。

④ 中国学者通常把 интеллигенция 译为知识阶层，以强调其共同使命，强调它是一个知识人组成的共同体。将 интеллигент 和 интеллектуал 译为知识分子，强调其职业特征和教育特征。

legentia”以意译的形式翻译为俄语的“Интеллигенция”，将该词的含义解释为“理性”（разумность）。后来到 1819 年，彼得堡大学教授加利奇在编辑《哲学辞典汇编》时将“Интеллигенция”收入，将德国哲学家谢林的学说将其解释为“理性精神”和“高级意识”。[1]俄国文学家舍尔古诺夫也主张将俄国知识分子理解为“一种独特的社会力量”和“理智力”。[2]

二、知识分子概念的“俄国化”

到 19 世纪中期以后，随着俄国知识分子群体的形成及其文化、政治和社会活动影响的扩大，“Интеллигенция”便在俄国思想文化界广泛使用了。俄语中的“知识分子”一词大大地强化了源于古代希腊罗马文化的思维层面、心理层面和意识层面的原生意义，也强化了哲学层面、道德层面和社会层面的扩展意义。

就哲学层面而言，德国古典哲学的影响与俄国知识阶层的主观认识为“知识分子”概念增添了丰富内容。

18 世纪后期到 19 世纪中期的德国哲学被称为古典哲学，康德、费希特、谢林等为其代表人物，此时的德国哲学从“理性主义”的视角出发，把理性、概念奉为最高原则，关注对现象和本质、有限和无限、知性和理性、同一和差别、主体和客体、理论和实践、个体和群体、必然和自由等“纯哲学范畴”问题的认识。黑格尔作为德国古典哲学巅峰之代表和沟通古典与现代德国哲学的关键人物，在他的思想中既有“绝对理念”等纯理性主义的核

---

① 康达科夫：《文化学：俄国文化史》，莫斯科 2003 年版（下同），第 247—248 页。

② 泽齐娜：《俄罗斯文化史》，上海译文出版社 1999 年版（下同），第 204 页。

心内容,也有了对世界历史、英雄史观和社会问题的思考。而19世纪中后期的德国哲学家因“书斋”外剧烈的社会变革的冲击,在坚持“理性主义”学术原则的同时,也不得不关注德国乃至欧洲的社会变革,使得欧洲文化传统和德国哲学中的“人本主义”原则再度被高扬,而叔本华、尼采等哲学家则完成了“非理性主义”(“唯意志论”)的哲学使命,他们呼唤关注生命,关注人生,贬抑科学理性。

德国古典哲学和现代哲学对俄国思想文化界和知识分子的影响是巨大的和持续性的。大多数俄国知识分子熟知日耳曼语,他们可以直接地、完整地接受德国哲学的影响。这里不仅有谢林、黑格尔、叔本华、尼采哲学思想对以霍米亚科夫、阿克萨科夫、赫尔岑为代表的斯拉夫派人士和以安年科夫、卡维林、恰达耶夫、别林斯基为代表的西欧派人士的影响,对以陀思妥耶夫斯基、弗拉基米尔·索洛维约夫、梅列日科夫斯基、舍斯托夫、别尔嘉耶夫为代表的宗教哲学家的影响,也有马克思、恩格斯哲学思想对以普列汉诺夫、查苏利奇、列宁为代表的社会民主主义者的巨大影响。19世纪俄国著名哲学家斯坦凯维奇感叹:“如果在黑格尔那里找不到幸福,就别想生活在光明之中。”[①]因此别尔嘉耶夫评价:“俄罗斯的知识分子对于思想的兴趣特别地浓厚,俄罗斯是那样地倾慕黑格尔、谢林、圣西门、傅立叶、费尔巴哈、马克思,这些思想家即使在自己的祖国任何时候也没有得到这种殊荣”,“黑格尔在俄国完成了空前的业绩,其哲学的巨大影响一直保持到俄国的共产主义。……对于俄罗斯来说,黑格尔是人类思想的顶峰,在他那里可以找

---

① 别尔嘉耶夫:《俄罗斯思想》,第72页。

到对世界的所有问题的解决。他影响了俄罗斯哲学的、宗教的和社会的思想。”[①]随着德国古典哲学思想大规模地介绍到俄国，基于对“知识分子”进行“理性思维”和“高级意识”理解的德国哲学传统也同时传入俄国，俄语中“知识分子”深厚的哲学基础从此建立。即“西欧哲学从独立思考精神的哲学天国‘下凡’，在俄国土地上获得了形象比喻的和社会实践的等价物，哲学圣者变成了哲学爱好者——智慧爱好者——理性的爱好者。独立思考的实体成为思想家的同道者，更确切地说是真正的思想工作者。而且理性本身在俄语解释中也已经降到民间成语、俗语的语义上，目的在于培养智慧、理性、教益和教化功能等等。”[②]

就道德层面而言，俄国历史文化，特别是东正教文化的土壤为“知识分子”概念增加了浓厚的“弥塞亚意识”（Мессианство）和“普世主义”（Универсализм）。

俄罗斯文化中的“弥塞亚意识”就是救世主思想，其本质是强调俄罗斯的独特性，它是俄罗斯民族特有的文化心态，“弥塞亚意识是俄罗斯人精神气质中起着决定作用的特征”。[③] 普世主义是基督教教义内容，也是东正教的世界观，更是俄罗斯文化中一个非常明显的内容。它强调俄罗斯是天神所赋的、具有拯救斯拉夫世界，乃至整个人类的伟大使命的民族。公元 988 年基辅罗斯大公弗拉基米尔率众皈依东正教，此后的罗斯便为自己命名“神圣罗斯”，而不是“伟大罗斯”或是“美丽罗斯”。因为“这一名称并不是指俄罗斯人事实上的圣洁，而是表达了他们的历史原则本身；用陀

① 别尔嘉耶夫：《俄罗斯思想》，第 25、71—72 页。

② 康达科夫：《文化学：俄国文化史》，第 248—249 页。

③ 扎比亚科：《俄罗斯文化之源》，莫斯科 2002 年版，第 261 页。

思妥耶夫斯基的话说,它是指对绝对的理想是使俄罗斯人民万死不辞的唯一力量”。[①] 俄国东正教会在理论上,甚至在教义中为弥塞亚意识做了深厚的铺垫。1492 年,莫斯科的都主教佐西玛在《复活陈述》中提出三个耶路撒冷的理念,即除圣地耶路撒冷之外,君士坦丁堡是第二个耶路撒冷,而莫斯科是第三个耶路撒冷,是真正的上帝国度。1530 年,莫斯科教区普斯科夫修道院长老菲洛费上书莫斯科大公瓦西里三世,称人类历史的发展即是三个罗马的历史,第三罗马(俄罗斯帝国)将是未来正教世界的中心。“尊敬的沙皇啊! 因为一切信仰基督教正教的王国将合并到您的统一的王国之中,您就是整个世界的唯一的基督教沙皇。两个罗马已经灭亡,只有第三个罗马永存不朽,而第四个罗马则是不会存在的”[②]。

自此开始,俄国知识分子就是在这样一种情结和使命感,在普世主义精神的驱使之下,一方面审视着俄国历史的发展,一方面关注着西欧和世界的历史发展,另一方面规划着俄国现代化的发展道路。霍米亚科夫、陀思妥耶夫斯基强调“聚合性”(Соборность)和“村社”(Мир)代表了俄罗斯文化的普世意义。达尼列夫斯基强调西方文明已经走向没落,只有斯拉夫类型的文化是最高级别的文化形式,强调斯拉夫文化和斯拉夫主义的救世意义。[③] 弗拉基米尔·索洛维约夫则从人本主义出发创立了神智哲学,即世界的

---

① 叶夫多基莫夫:《俄罗斯思想中的基督》,学林出版社 1999 年版(下同),第 32 页。

② 瓦谢茨基:《苏联各民族哲学和社会政治思想史纲》第 1 卷,莫斯科 1955 年版(下同),第 381 页。又见加耶夫:《16 世纪莫斯科政府的政治活动中的“莫斯科为第三罗马”说》,载《历史论丛》第 17 卷,莫斯科 1952 年版(下同),第 12 页。

③ 参见达尼列夫斯基:《俄国与欧洲》,圣彼得堡 1996 年版,第 169、397 页。

再生是由神和人共同完成的，即“人神类”和“神人类”，这个完善的人就是俄罗斯的“弥塞亚”——“索菲娅”，她是神的智慧的最高体现。因此别尔嘉耶夫断言：“俄罗斯民族——就其类型和就其精神结构而言是一个信仰宗教的民族。宗教的困扰是不信教的人所固有的。俄罗斯的无神论、虚无主义、唯物主义都带有宗教色彩。出身于平民和劳动阶层的俄罗斯人甚至在他们脱离了东正教的时候也在继续寻找上帝和上帝的真理，探索生命的意义。”①

就社会层面而言，俄国知识分子自觉承担起社会现实的审视者、批判者、规范者和建设者，乃至领导者和“社会良心”的角色。

知识分子一词在俄国有着特殊的含义，它不同于西方的 Intellectual（俄语 Интеллектул）。作为 Intelligensia（俄语 Интеллигенция）的成员，不只关心其个人福祉，而且更加关怀社会福祉，愿意尽力谋求社会利益。

对此，各国学者都给予充分的肯定。白银时代著名的知识分子代表人物梅列日科夫斯基认为：“俄国知识分子的力量不是表现在知识水平上，也不是表现在理性力量上，而表现在他的心灵和良心上。因为俄国知识分子的心灵和良心几乎总是在正确的道路上，而理性上却总是常常找寻不到方向。”②科塞评价：“19 世纪俄国的激进知识分子把自己长期地动员起来反对独裁政权，因为这个政权的每一项措施都否定知识的权利及其对自由和正义的渴求”，“他们从一开始就视自己为社会意识和良心的承担者，如果必

---

① 别尔嘉耶夫：《俄罗斯思想》，第 245—246 页。

② 梅列日科夫斯基：《即将到来的小人》，载《梅列日科夫斯基全集》第 14 卷，莫斯科 1914 年版，第 34 页。

要的话，他们要以长期备战的状态进入政治疆场与那些掌权者厮杀。”[①]伯林评价：俄国“知识阶层在历史上是指围绕某些社会观念而联合起来的人。他们追求进步，追求理智，反对墨守传统，相信科学方法，相信自由批判，相信个人自由，简单地说，他们反对反动，反动蒙昧主义，反对基督教会和独裁主义的政权，他们视彼此是为共同事业（首先是为人权和正当的社会秩序）而奋斗的战友。”[②]中国学者徐凤林评价：“俄国知识分子大多数具有‘经世’的作风，其世界观是一种‘实践的世界’，他们从不满足于对世界的理性认识，而总是期望在某种程度上改造世界，造福人民；他们的思想活动和艺术创作都是同时在传布道义或宣布理想，不习惯于为知识而知识，为艺术而艺术，不执著于创造各种理论体系，而总是把‘学问’与‘事业’联系起来，而‘事业’正是实现人民幸福的‘共同事业’。”[③]

“1825 年 12 月 14 日，知识分子作为一个有共同志向的精神群体出现在彼得广场上。十二月党人起义证明一大批精神自由的人出现了”。[④] 十二月党人作为有知识的贵族阶层的先进人士不仅专注于理论建设和舆论宣传，而且致力于革命实践，即“行动起来，尽可能地行动起来！只有这样才能取得发言权……不要，也不应该相信空话，应该相信行动”。[⑤] 他们确立革命的首要任务是“消灭奴隶制度和农奴状态是临时最高政权机关最神圣和义不容

---

① 科塞：《理念人——一项社会学的考察》，第 5、155 页。

② 贾汉贝格鲁：《伯林谈话录》，译林出版社 2002 年版（下同），第 166 页。

③ 弗兰科：《俄国知识人与精神偶像》，学林出版社 1998 年版（下同），中译本前言第 1 页。

④ 利哈乔夫：《论俄国知识分子》，载《新世界》，莫斯科 1999 年第 2 期。

⑤ 涅奇金娜：《十二月党人》，商务印书馆 1989 年版（下同），第 38 页。

辞的义务”，谁阻挠废除农奴制，谁就是“祖国的敌人”和“叛徒”[①]。他们以自己可歌可泣的实际行动开创了俄国的革命运动时代。老一代知识分子的代表、“斯拉夫派”理论家阿克萨科夫即强调知识分子“离开了人民的土壤就没有基础，离开了人民就没有任何现实的、有生命力的东西，而任何善良的思想，任何在根源上没有同人民的历史土壤相联系，或者没有在本质上从这种土壤中生长出来的机体，是不能结出果实的，而且还会变成一堆废物。”[②]1869年，无政府主义理论家、民粹派领袖巴枯宁向俄国进步青年发出了“到民间去”(хождение в народ)的号召，致力于发动人民革命的实际社会工作。他告诫：“知识青年不应当是人民的教师、慈善家和独裁的领导者，而仅仅是人民自我解放的助产婆，他们必须把人民的力量和努力团结起来。”[③]另一位民粹派理论家多尔古申在《致知识分子》中也呼吁：“你们知识分子都非常了解目前极不正常的世道，所以我们号召并呼吁你们到民间去，以唤起人民为建立更美好的社会制度而进行反抗。谁只要能够，谁就应当把自己的全部力量献给人民的解放事业，而且不必考虑，不论作出什么牺牲对他来说都不会代价太高。”[④]在俄国，作家往往肩负着思想家和哲学家的重任，英国作家约翰·卡勒羡慕地回忆：“在俄国，尤其是在俄国历史上，知识分子、艺术家、思想家在社会生活中占有特殊地位，他们固有一种高度的社会责任感，要以人民的身份为人民讲话。”[⑤]

① 涅奇金娜：《十二月党人》，第74页。
② 马里宁：《俄国空想社会主义简史》，商务印书馆1990年版(下同)，第89页。
③ 中央编译局编译：《俄国民粹派文选》，人民出版社1983年版(下同)，第52页。
④ 同上书，第257—258页。
⑤ 弗兰科：《俄国知识人与精神偶像》，中译本前言第2页。

直至19世纪末,“知识分子”在概念上与“革命者”(революционер)和“反对派”(оппозиционер)没有太大的区别。①

因此可以说,19世纪俄国知识分子以自己巨大的牺牲精神、强烈的社会责任感和对自身严格的道德要求为初为“舶来品”的“知识分子”概念增加了独特的、丰富的、标志性的内容。别尔嘉耶夫曾经自豪地宣布:“俄罗斯的知识分子是完全特殊的、只存在于俄罗斯的精神和社会之中的构成物……知识分子是俄罗斯的现象,它具有俄罗斯的特点。”②当代俄罗斯国学大师利哈乔夫院士同样认为知识分子“是纯粹的俄罗斯的概念,就其内容主要是使人联想和激动的概念”,“按照惯例,在外语和辞典中,‘知识分子’词汇不仅仅是其本身,而是与附加的‘俄罗斯的’一起来翻译的”,“这就是为什么知识分子作为精神自由的社会阶层只存在于俄罗斯,而在西方却不为人注意。”③

并且俄语中“知识分子”本身所附加的含义连同其他语言的音译(英文 Intelligensia;法语 Intelligence;德语 die intelligenz)为其他民族和国家所接受,其概念沿用到现当代。④ 在以塞亚·伯林看来,“‘知识阶层’为杜撰于19世纪的俄国字,如今已有通行世界的意义。我想,这现象本身,连同其历史后果,以及其名副其实的

① 布洛欣主编:《俄国历史教学参考辞典》,布良斯克1996年版(下同),第106页。

② 别尔嘉耶夫:《俄罗斯思想》,第25页。

③ 利哈乔夫:《论俄国知识分子》,载《新世界》,莫斯科1999年第2期。

④ 据笔者所见,在现当代规范化的俄文和英文学术著作中,在谈及普遍意义上的“知识分子”概念时,大多使用“интеллектуал”(英语 intellectual),而使用“интеллигенция”(intelligensia)时较为谨慎。

革命后果，是俄国对世界上的社会变化的最大一项贡献。”[①]

这里有一个问题需要说明，谁在俄国最先使用完整意义上的“知识分子”概念？文学家、出版家和政论家博博雷金在1866年使用了“Интеллигенция”概念，并且在1875年使用了这个词来界定在俄国从事“智力”(интеллектуальный)活动的社会阶层，将“知识分子”定义为掌握“高尚的智力和伦理文化”(высокая умственная и этическая культура)的人，知识分子是俄国“道德和伦理现象”(морально-этический феномен)，认为这是与其他阶层，包括“智力劳动者”(работники умственного труда)的最大区别，而“智力劳动者”仅仅是“受教育阶层”(образованный класс)的同义词。因此，他在20世纪初的几次文稿中宣布自己是使用“知识分子”概念的第一人，是“知识分子”概念的“教父”(крестный отец)。[②] 这种说法流传甚广，从十月革命前格纳拉特兄弟编撰的辞典到1983年出版的《苏联大百科辞典》都持如是说。[③] 然而，俄罗斯科学院院士施密特在20世纪90年代中期提出了新的说法，认为普希金的老师、著名诗人茹科夫斯基早在1836年就写下了“优秀的彼得堡贵族代表了整个俄国欧化的知识分子”的句子。[④]

---

① 伯林：《俄国思想家》，第144页。

② 博博雷金：《俄国知识分子》，载《俄罗斯思想》，莫斯科1904年第12期，第80—81页；博博雷金：《发臭的“路标”》，载《保卫知识分子文集》，莫斯科1909年版，第29页。

③ 普罗霍罗夫等编辑：《苏联大百科辞典》，中国大百科全书出版社1986年版，第1590页。

④ 康达科夫：《文化学：俄国文化史》，第247页。

第二节　彼得一世改革与“民族意识”和“自我意识”的觉醒

一、彼得一世改革的文化意义

近代俄国历史与近代俄国社会变迁均开始于18世纪初的彼得一世时期。彼得一世改革不仅完成了“富国强兵”、“开疆拓土”的使命,而且以“野蛮的”、“强制的”方式开始了俄罗斯民族和国家“文化转型”的历史进程。它启迪了俄罗斯人的“民族意识”,近代俄国知识分子及其群体的孕育同样也始于这一重要历史时期。正因为如此,《西方的没落》作者斯宾格勒认为:“俄国历史上的致命人物是彼得大帝,因为,本来莫斯科的原始沙皇制度,甚至在今天还是适合于俄罗斯世界的唯一形式,但是,在彼得堡,它被扭曲成了西欧那种的能动形式。”①利哈乔夫院士则直接称赞彼得一世时代是一个“神话”,“说的是彼得大帝统治时期是俄罗斯历史的转折点,在这个点上国家航船的行程急剧改变了自己的方向,在这方面绝对是按照专制者的意志,这个神话仿佛是颠扑不破的真理进入了整个18和19世纪意识。”②

17世纪末的俄国是一个极其落后的、长期与欧洲文化中心隔绝并带有浓厚东方色彩的国家。由于战乱频繁和灾荒连年,以及野蛮的农奴制束缚,使俄国经济发展缓慢,社会生产力水平低下。在国家统治方面,国家大权并未完全归于皇权一尊,还处处受到世

---

①　斯宾格勒:《西方的没落》,黑龙江教育出版社1988年版,第384页。
②　利哈乔夫:《解读俄罗斯》,北京大学出版社2003年版(下同),第261页。

袭贵族特权和教权的掣肘，中央集权机构不甚健全，传统的衙门制度流弊严重。俄国统治阶级内部以沙皇彼得一世为代表的一些有识之士清醒地体察到俄国落后的状况，“第一个充分估计了对俄国非常有利的欧洲形势。”①彼得一世自称是“寻师问道的小学生”，率俄国使团亲赴西欧，考察了那里的经济、政治、文化和军事制度，回国后毅然抛弃俄罗斯守旧自大、闭塞因循的传统，仿效西方先进的经济、文化和军事制度，实施自上而下的重大改革。1700—1720年由彼得一世本人签署或枢密院通过的改革法令就达1700个，在彼得一世执政的最后5年(1720—1725)，由彼得一世亲自签署的改革也达1200个。1700—1725年间，俄国的手工工场数目由二十、三十家增加到200余家，工业水平增长7—10倍，金属产量很快上升到世界第一位。②

彼得一世和叶卡捷琳娜二世在俄国历史上均被尊称为“大帝”③，是因为他们在任期里推行大规模的西式改革，使俄国社会和文化深深地打上了西方的印迹，为俄国现代化的实施创造了必要的前提条件④。但是无论是彼得一世的“欧化”改革，还是叶卡捷琳娜二世的“开明君主专制”改革，根本目的是为了维护他们的

---

① 《马克思恩格斯全集》第22卷，人民出版社1965年版(下同)，第22页。

② 谢缅尼科娃：《世界文明共同体中的俄罗斯》，布良斯克1996年版，第146、150页。

③ 1721年10月22日，俄国枢密院决议称彼得一世为“全俄罗斯大帝”。1767年8月10日，俄国新法典编纂委员会通过了授予叶卡捷琳娜二世“英明伟大的皇帝和国母”称号的建议，以赞誉他们的文功武治。

④ 国内外学界有学者认为俄国现代化始于18世纪初彼得一世的改革，西方学界代表性观点参见布莱克等著：《日本和俄国的现代——一份进行比较的研究报告》，商务印书馆1984年版，派普斯：《旧体制下的俄国》(Richard Pipes. *Russia under the Old Regime*. New York: 1974.)等；俄国学界代表性观点参见谢缅尼科娃：《世界文明共同

专制统治，因此改革只能是保守的改革，西化只能是有选择的西化，即他只引进西方文化的表层东西——科学技术、工场制度、教育体制、文化习俗等，而把西方文化的内核精华——自由民主的价值观念和共和代议制的政治制度一概拒之门外。彼得一世无疑为俄国现代化设置了一层无形的障碍。

对于彼得一世改革的评价，从18世纪初以来，就是一个毁誉参半的历史问题。无论是称赞者，还是诘难者，均认为彼得一世改革方式“剧烈”和“激进”。马克思称赞说：“彼得大帝用野蛮制服了俄国的野蛮。”[①] 普希金尽管对彼得一世崇敬有加，写下《波尔塔瓦》、《青铜骑士》、《彼得大帝的黑人》等长诗，但同时也批评了彼得一世残暴的一面，称彼得一世“让俄罗斯腾空而起，又用铁笼头将

中的俄罗斯》，卡缅斯基：《18世纪俄罗斯帝国：传统和现代化》（Каменский А. Б. *Российская империя в XVIII веке: традиции и модернизация*. М., 1999.），康达科夫：《文化学：俄国文化史》，加夫罗夫：《俄国社会的社会文化传统与现代化》（Гавров С. Н. *Социокультурная традиция и модернизация российского общества*. М., 2002.）；我国学界代表性观点参见孙祥秀：《彼得一世改革》（求实出版社1987年版），等等。但笔者认为：彼得一世开始的大规模“欧化”（Европеизация）（或称“西化”）的确是俄国近代社会变迁之肇端，但“欧化”的概念与“现代化”（Модернизация）（或称近代化）的概念是有区别的，前者是指从形式到内容上仿效西欧，而后者则主要是指一个社会从前资本主义社会（一般指封建社会）向近代社会（一般指资本主义社会）的转变。前者实质是指后进国家在文化形态和物质制度方面对西欧的趋同过程，后者实质是指传统社会向现代社会的整体转变过程。彼得一世时期正值农奴制迅速发展和专制制度最终确立，它与现代化在经济上（工业化）和政治上（民主化）的要求都相去甚远。而俄国现代化是以1861年农奴制废除为正式标志的。国内学界持俄国现代化开端“1861年说”的著述，参见刘祖熙：《改革和革命：俄国现代化研究》（北京大学出版社2001年版），张建华：《俄国现代化道路研究》（北京师范大学出版社2002年版），曹维安：《俄国史新论》（中国社会科学出版社2002年版）。

① 《马克思恩格斯选集》第2卷，人民出版社1995年版，第620页。

它拽住”。别尔嘉耶夫肯定“彼得大帝的改革对记忆来说是如此巨大的痛苦，但是没有彼得的强制性改革，俄罗斯就不能完成自己在世界历史中的使命，也不能在世界历史上讲自己的语言。”[①]美国历史学家伯恩斯认为：“他并不是赤手空拳地把俄罗斯转化为一个西方国家，他加速了这一过程，并且使这一过程朝更强烈的方面发展。”[②]

彼得一世改革的最成功之处在于促成了俄罗斯民族观念的转型，在于他通过改革打破了俄罗斯民族长期形成的闭塞守旧的思维方式和价值观念，为因袭封闭的俄罗斯文化注入了新鲜的成分，使其深深地打上了西方文化的烙印，自此俄罗斯文化便呈现出开放的特征，从而为俄国现代化的启动创立了必要的前提条件。

二、俄罗斯“民族意识”和知识界“自我意识”的觉醒

彼得一世的社会习俗改革从表面上看是“把欧洲的手安在亚洲躯体之上”（赫尔岑语），但实际上扩大了世俗文化的社会基础和范围，为俄罗斯文化的更新和发展创造了条件。

俄国曾是一个传统深厚和闭关自守的国家。历史上有过弗拉基米尔大公率众皈依基督教的事件，但更多的是历届沙皇颁布诏令严禁臣民出国，或者与外国人交往。如彼得一世的父亲，老沙皇阿列克谢于1672年发布诏令，宣布：“俄国人不得离开自己的国土，因为到了国外，他们将学到其他国家人民的风俗习惯，染上其他国家人民的思想，这将是可怕的。”[③]东正教大主教若阿辛甚至

① 别尔嘉耶夫：《俄罗斯思想》，第14页。

② 伯恩斯等著：《世界文明史》第2卷，商务印书馆1987年版，第282页。

③ 谢缅尼科娃：《世界文明共同体中的俄罗斯》，第146页。

主张驱逐一切外国人，铲平莫斯科的外侨村。彼得一世以前的历代君王中，只有基辅罗斯大公伊兹雅斯拉夫于1075年到过普鲁士的美茵茨，与普鲁士国王亨利四世会面。因此，彼得一世冲破阻力，亲身亲历欧洲文明，本身就是一个打破俄国旧习俗的重大事件。

彼得一世在寻访欧洲的一年半中，直接感受到了欧洲社会的文明和开化，从侧面更深刻地体察到了俄国的野蛮和落后。例如东正教会不仅把持着文字解释权，而且也控制了社会习俗的评判权。从而使彼得一世下决心首先在上层社会推行社会习俗改革，并以此为全面改革的突破口。彼得一世把俄罗斯人的胡须看作是俄罗斯落后的象征，明令禁止蓄须，甚至亲自动手为宫廷显贵们剃除胡须；他明令禁止穿俄式长袍，改穿西式短装；他倡导欧洲宫廷礼仪和社会风范。随后，彼得一世主持创办俄国历史上第一座图书馆，第一个博物馆，第一份报纸，第一座公共剧院和第一个印刷所。他简化俄文字母，改革俄国历法，下令把西方近代科学著作介绍到俄国。他亲自主持编写《北方战争史》。彼得一世规定朝中大臣和他们的妻子儿女必须学会法国宫廷的礼仪和风尚，谈吐必须优雅，上等人必须学会法语、喝咖啡、抽烟，必须戴假发。男人在公共场合见到妇女应该礼让三先，起身脱帽致意。所有宫廷贵妇和达官之妻女都必须学会像法国妇女那样化妆，化妆要得体、自然。彼得一世甚至下令给每个贵族及其家属发放一包白色的牙粉及一根牙刷，要求他们刷掉自己的黄斑牙。

刮胡须、割长袍、讲法语、喝咖啡、抽鼻烟、戴假发、习跳舞等具体措施的影响是巨大的。社会习俗和风气的变化引发了俄国社会普遍的震动，冲击了积年累月的古风旧习和陈规陋俗，将俄国的上流社会从东正教的“神性文化”之下“解放”出来，加速了俄国近代世俗文化的形成过程。利哈乔夫院士称这一过程“是从中世纪类型向近代类型过渡的俄罗斯文化整体发展合乎规律的结果。在整个中世纪文化符号体系内彼得大帝造成的断裂也是合乎规律的。在他之前这个过渡没有被意识到，而在彼得大帝时代才开始被意识到。对过渡的意识使他更改了符号体系：穿欧洲人的衣服，‘刮’大胡子，穿新制服，按照欧洲的调子改革全部国家和军事术语，承认欧洲的艺术。而这个‘符号体系’的更换又加速了文化中发生的现象。”①

彼得一世文化教育改革奠定了世俗教育（светское образование）的基础，扩大了“受教育阶层”（образованный класс）和“知识界”（интеллигентский круг）②的范围和数量，为未来“知识分子”阶层的孕育和形成创造了前提条件。

教育权力、受教育权利以及文字解释权力长期为俄国东正教会和神职人员控制和独享。14—16 世纪，俄罗斯已经拥有一些识字学校，如 1687 年在莫斯科建立的斯拉夫—希腊—拉丁语学院，但这些学校均为教会学校，受教育者也多是神职人员及子弟。东正教会把持思想、文化，甚至艺术领域，阻碍一切先进思想和科学的传播。东正教会宣布：“上帝憎恨任何热爱几何的人，它是一种精神上的罪恶。”③俄国的文化教育也非常落后，全国识字的人数甚少，像莫斯科这样的政治、

---

① 利哈乔夫：《解读俄罗斯》，第 263—264 页。

② 利哈乔夫认为“彼得大帝时代不曾有过知识阶层（интеллигенция）”，参见利哈乔夫：《论俄国知识分子》，载《新世界》，莫斯科 1999 年第 2 期。

③ 帕尔默等著：《近现代世界史》上册，商务印书馆 1988 年版，第 296 页。

文化中心城市,其市民的识字率仅为23%。[①] 这种落后的状况严重地阻碍了俄国社会发展和俄罗斯民族进步。1721年,彼得一世颁布《宗教事务管理条例》,规定教会仅限在精神领域内开始活动,不得插手世俗事务和仪式,从而把文化教育大权从东正教会手中夺过来,使教育从属于世俗政权。1714年,彼得一世下令在全国各地建立初等算术学校,招收10—15岁的少年入学,学习算术、初等几何等课程,学生既有来自贵族、官吏家庭,也有来自普通平民之家。到18世纪20年代,已在各地开办42所国立小学,学生总数达2000人,此外还兴办教区学校46所。[②]

1718年6月,彼得一世指示:"一定要成立科学院。现在就从俄国人中物色一些有学问又有志于此的人。还应着手翻译一些法学和与法学有关的书籍。今天就着手办这些事。"[③]1724年1月28日,彼得一世亲自主持通过了两项重要的决议,确定了俄国科学院的职能,科学院将发挥大学、中学和研究机构的功能,使它既能担负起国家最高科学研究机构的职能,还能向青年人讲授法学、医学和哲学等课程,培养未来的中高级科学人才。

彼得一世下令贵族子弟必须进入各种学校学习语言、文字、航海、筑城学、法学等课程。有条件的贵族家庭应该送子弟到国外留学,留学费用由国家承担。如果谁家的子弟不识字或是逃避留学,其家长就要受到严厉的处分。凡是出国留学回来的人,彼得一世都要亲自进行考试,对成绩优秀的,委以重任高官,对成绩不好的则严厉批评,责令他继续学习。彼得一世这种"野

---

① 苏联科学院历史所编:《苏联史纲》,莫斯科1954年版,第555页。

② 卡芬加乌兹等著:《彼得一世的改革》上册,商务印书馆1997年版,第412页。

③ 张建华:《俄国史》,第44页。

蛮”措施使受教育人群发生了变化,改变了贵族对教育和艺术的漠视态度。“使学习的习惯进入贵族阶层的生活方式之中,同时教育的必要性也开始渗透到社会意识之中。”①从而为俄国知识分子在18世纪末19世纪初率先从贵族阶层中孕育和产生创造了条件。因此,普列汉诺夫称“彼得巢窝的幼雏们(小学生)是俄国知识分子的先驱”。②

彼得一世改革从更深的层次上促进了俄罗斯民族意识的形成,导致俄罗斯民族观念上的革命。彼得一世改革造成了俄国社会的分裂,促进“受教育阶层”和“知识界”自我意识的形成。

俄国历史上自公元10世纪起曾经与欧洲文明有过较密切的接触和交融,但自13世纪40年代以来,因鞑靼(蒙古)人的入侵和统治便在一定程度上与欧洲文明隔绝了7个世纪之久。彼得一世不仅在国家的发展方向上重新将俄罗斯“拖上”欧化之路,“将罗斯转向西欧,因此彼得前的俄罗斯是与欧洲隔绝的万里长城。”③而且,彼得一世通过改革,也将俄罗斯民族的思维模式和价值取向“拖上”欧化之路,使俄罗斯人看到了“野蛮”的俄罗斯与“文明”的欧洲之间的差距,看到了“东方意识”与“西方观念”之间的本质差异。“全部彼得大帝时期俄罗斯的历史就是西方与东方在俄罗斯灵魂中斗争的历史。”④彼得一世成功地唤起了俄罗斯民族的久已压抑的民族自尊感和自强意识,在较短时间内动员起全体俄罗斯

---

① 巴甫洛夫斯卡娅:《俄国教育:历史和传统》,莫斯科2003年版,第77页。

② 普列汉诺夫:《俄国社会思想史》第2卷,商务印书馆1996年版(下同),第92页。

③ 利哈乔夫:《解读俄罗斯》,第267页。

④ 别尔嘉耶夫:《俄罗斯思想》,第15页。

人抛弃自身的陈腐习俗和落后意识,投身于追赶世界潮流的运动中去。

彼得一世改革的进程是加速化和剧烈性的,改革涉及范围是广泛性的,改革的形式和受益面是自上而下的,而改革的影响和社会的反应则是全民性的和多样化的。上流社会和贵族阶层作为改革的最大触动者,同时也是改革成果的最大受益者,而"受教育阶层"与社会下层对改革的受益程度和主观反应不尽相同。18 世纪著名史学家卡拉姆津较早较全面地评价了这场改革,他在 1811 年完成的《论政治和公民关系中古代和近代的俄罗斯札记》中提出彼得一世改革造成俄国社会两极分化,乃至分裂的命题,即"直到那时,从村社到帝位,俄罗斯人在外表和日常行为中相互之间具有某种共同的特征。从彼得大帝时期起上流等级与下层就分开了,俄罗斯农民、小市民、商人在俄罗斯贵族中看见了外国人。"[1]俄国思想家车尔尼雪夫斯基也形象地说过:"大胡子剃掉了,日耳曼式服装穿上了,但是留大胡子穿旧式衣服时期的那些思想却留下来了"。[2] 彼得一世改革造成了俄国社会的分裂,形成社会的"上层"和"下层"之分,"欧化"和"俄罗斯化"之分,"彼得堡"与"莫斯科"之分。彼得一世发展世俗教育的受益者的圈子很小,仅占全国居民的 0.5%,[3]绝大部分人仍然生活在莫斯科公国的传统之中。

---

① 利哈乔夫:《解读俄罗斯》,第 268 页。利哈乔夫本人不同意卡拉姆津这种说法,他认为:"在这整个的过程中彼得改革时代是'进行'觉悟的时代,因此是非常重要的时代,但是对俄罗斯文化发展没有带进任何灾难性的东西。"(参见利哈乔夫:《解读俄罗斯》,第 264 页)

② 徐景学:《俄国史稿》,中国展望出版社 1987 年版(下同),第 105 页。

③ 参见谢缅尼科娃:《世界文明共同体中的俄罗斯》,第 150 页。

俄国社会的分裂导致了知识分子阶层的产生和知识分子问题的出现。在这种社会急剧变革,民间情绪异常激化的背景下,"受教育阶层"和"知识界"作为未来的"知识分子阶层"的胚胎,此时虽尚处于酝酿和孕育之中,但自我意识已经开始觉醒。这种自我意识主要体现为两个方面。其一是表现对彼得一世改革采取何种态度方面。彼得一世同时代的著名学者普罗科波维奇、塔季谢夫、康杰米尔是彼得一世改革的拥护者,被普列汉诺夫称为专制制度的"学术侍从"(научные дружинники),"'学术侍从'的成员在许多方面都是很值得注意的,甚至是非常卓越的","事实上,自彼得改革以来,我们看到在罗斯不断出现西方启蒙运动的拥护者。俄国的社会思想就是在这种人中发展起来的。"[①]而谢尔巴托夫公爵为彼得一世的同时代人,最先对彼得一世的改革提出了严厉的批判。他在闻名于世的政论文《论俄国之世风日下》中称彼得一世是"暴君",并且把18世纪的"世风日下"和"人心不蛊"统统归罪于彼得一世的改革。他主张贵族直接参政,反对君主独裁,他认为彼得一世的专制统治是"罪恶的",在独裁统治下,"除了暴君(独裁者)的疯狂爱憎以外,没有任何其他法律。"[②]对俄国最高统治者(大公、沙皇)的批评在此前的俄国史上并不少见,但是这种批评却是在彼得一世改革培养出的"受教育阶层"和"知识界"自我意识觉醒之后的批评之声,其意义是重大的。其二表现在对俄罗斯民族和国家发展道路的担忧和思考方面。"受教育阶层"和"知识界"对彼得一世大踏步的"欧化"也并非一片赞颂之声,年轻的"受教育阶层"(即

① 普列汉诺夫:《俄国社会思想史》第2卷,第117页。

② 莫基切夫主编:《政治学说史》上卷,中国社会科学出版社1979年版(下同),第36—37页。

尚在孕育中的“知识分子阶层”）已经开始思考俄国向何处去的问题。塔季谢夫公爵因拥护“欧化”而闻名于世，被视为最早的“西方派”。彼得一世时代的另一位著名学者波索什科夫则对“外国人”持强烈憎恨态度，对“欧化”持保留赞同态度。

因此，彼得一世改革既导致了俄国社会思想观念的大分裂，同时也导致俄国历史上的东西方道路和东西方文化之争。“这就是为什么彼得改革的意义问题成为我国政论界的根本问题的原因。这个问题实际上就是俄国应向哪个方向发展：向东方还是向西方发展的问题。”[①]从彼得一世时代开始，“我们完全进入了批判时代。”[②]

第三节　俄国贵族阶层及其政治觉醒

一、贵族阶层的形成及其社会地位

贵族是俄国古老的社会阶层，其起源可以追溯到基辅罗斯或更早时期。谈及俄国贵族必然涉及到“领主”（бояре，боярин 或боляре）和“贵族”（дворянин，дворяне）这两个词汇。[③] 因为“在俄语中，这两个名词无论就词源、词根或词形来说都大相径庭，但它

---

① 普列汉诺夫：《俄国社会思想史》第1卷，商务印书馆1990年版（下同），第117页。

② 别尔嘉耶夫：《俄罗斯思想》，第15页。

③ 在英语中，涉及“贵族”也有两个常用词，即 aristocracy 和 nobility，aristocracy 源于希腊语 aristos（意为“优秀的”），《朗曼现代英语辞典》解释为“指高尚社会等级（class）的人，来自高尚家族或拥有等级（rank）头衔的特殊人”，“由世袭特权阶层人士组成的团体”。Nobility 的词意是“由拥有头衔的高级社会等级、家庭或等级的人士组成的集团”（参见普罗科托主编：《朗曼现代英语辞典》，朗曼出版集团1978年版，第44、739页）。从中可以发现：虽同为贵族，但 aristocracy 在身份上高于 nobility，并且具有世袭性。aristocracy 接近于俄语中的 бояре，而 nobility 接近于 дворяне。

们所分别标志的两大社会阶层之间既有差异，又有共同之处，或此消彼长，或势均力敌，最后则随着历史演变，合而为一了”。[①]

领主是俄国贵族阶层的起源，研究俄国贵族必须追溯领主的起源。领主与王公（великий князь）和封地公爵（удельный князь）同为公元10—18世纪俄国社会的上层，其地位最初来自于封赏，后来成为世袭身份。关于领主称号的来源，在俄国学术界有三种解释。其一，认为бояре来源于“战争”（бой）和“战役”（битва），把其视为古代罗斯时期的职业“武士”（воины）或“侍卫”（дружинники）。[②] 其二，认为бояре来源于突厥语中的“财主”（богатый）和“显贵”（знатный），即强调бояре最初是称呼社会中那些富有的和显贵的人士。其三，认为бояре起源于6—9世纪古代斯拉夫社会氏族——部落瓦解时期，在当时氏族——部落中作为侍卫的显贵阶层。在公元9—10世纪，бояре成为侍卫阶层的上层，在他们向基辅大公交纳了从老百姓那里征收的赋税后已拥有一定程度的自留权利，并且在城镇区域已拥有自己的庭院（двор）和家奴（челядь），到此时бояре已经由少数的、散居的和无影响的“显贵”发展成为“领主阶层”（боярство）。公元10世纪，领主阶层分化为两部分——“公人”（княжий муж）或称“执事”（огнищан）和“地方显贵”（земский боярь）或“市镇长老”（градские старцы）。领主必须要为大公服军役，此时领主已拥有自己的采邑（вотчина）

---

① 蒋路：《俄国文史采微》，东方出版社2003年版（下同），第287页。

② 达里：《现代大俄罗斯语详解辞典》释义：“原写为 боярыня，后写为 барин 或 барыня，疑来源于战争（От бой）、战斗（бить）或战士（воевода），或来源于显贵（от болярин），或来源于当家人（от большака）”。（参见达里：《现代大俄罗斯语详解辞典》）网络版：http://www.rubricon.com/qe.asp?qtype=1&id=92&ii=92&srubr=0&fstring=боярин。

以及转换服役主人的权利。需要指出的是，此时的领主既不是免除服役的显贵，其身份也不具有世袭的，想要成为领主必须以对大公的服役和效忠为条件。王公和领主成为基辅罗斯的第一批封建主和农奴主，他们构成早期封建统治阶级的上层。

公元12—15世纪，领主政治独立性逐渐增强。也正是从这个时期开始，领主作为中央政权的反对派的可能性增加了。基辅罗斯分裂成12个独立的封建公国，随着基辅罗斯大公权力的衰微，各公国与基辅中央的关系、王公权力与大公统治的关系日益薄弱，各公国逐渐变成了独立的、与基辅大公平起平坐的政权，继而这些大小公国再分裂成一些世袭“采邑”，成为王公与领主们的私人领地。例如弗拉基米尔大公国就一分为七，变成罗斯托夫、别列雅斯拉夫、尤里也夫、斯达罗杜布、苏兹达尔、科斯特罗马和莫斯科。同时领主还以其所拥有的政权特权兼并村社公有土地和自由民的土地。这些土地被以“大公的土地”或“沙皇的土地”的名义被重新登记，可以世代继承、转让或抵押。在封建领地上，王公和领主有权征收租税和过境货物税，有权审判其领地上的农民，可以对他们施加各种刑罚，甚至可以下令处死他们的农奴，而且任何人不得干涉。在其领地上，他们俨然是封建君主。在加利茨—沃林公国和诺夫哥罗德封地共和国一切重要事务必须通过“领主杜马”（боярская дума）。[①] 领主变成了有权参与领主杜马的高级公职人员的称号，或者是最高级和显贵杜马官员的称号。这些人大多来自20多个古老的姓氏，如古罗斯时期的留里克家族（Рюрик）、根基明家族（Гедимин）；立陶宛大公国时期的戈里岑家族

① 布洛欣主编：《俄国历史教学参考辞典》，第25页。

(Голицин)、库拉金家族(Куракин);老的莫斯科领主氏族的罗曼诺夫家族(Романов)、莫洛佐夫家族(Морозов)、萨尔蒂科夫家族(Салтыков)、舍列梅基耶夫家族(Шереметев)和谢英家族(Шеин)。在1611至1612年抗击波兰侵略斗争中,领主是主要的领导者和积极参与者。如著名的"莫斯科解放者"波扎尔斯基公爵即是其中一位。

伊凡三世执政时期开始了王权与领主的矛盾冲突。伊凡三世大公常常头戴"莫诺马赫皇冠",自称为"沙皇",接见外国使节和出席国内其他重大仪式。他把全国的行政机构和军事机构,统统集中在自己手中,所有过去独立的王公和领主都必须向他俯首称臣,成为他赐爵封号的贵族(Боярин)。在这些贵族中,地位最显贵的是领主杜马成员,那些旧日的王公以及其他的贵族的地位,则按照他们的世系来排定。随着15世纪下半期,领主杜马由亲近王公的领主参政机构演变成直属大公的常设最高机关,俄国君主制度的框架基本上形成。

"贵族"(дворянин 或 дворяне,служилый феодал-дворян)是一个新生的上层社会阶层,中国学界也将其译为"军功贵族"或"服役贵族",以强调与领主的区别。"дворяне"最早出现在12世纪末的文献之中,其词根来源于"宫廷"、"家院"(двор),其含义是"宫廷或家院的人"(люди из двора)。[①] 该阶层起源于12世纪下半期,他们原来作为大公、王公和领主的亲兵和侍卫,处于前者的军事的、行政的或司法的庇护之下,但与雇用他们的王公没有人身依附关系,属于自由差役。在13—14世纪,贵族以服"人头役"

① 布加诺夫:《俄国贵族》,载《历史问题》,莫斯科1994年第1期,第29—30页。

(людно)、“马匹役”(конно)和“兵器役”(оружно)为条件从君主那里获得领地(поместье)，但是这种义务和条件有别于领主和“领主之子”(дети боярские)的自由差役。从14世纪起，王公开始以土地赏赐贵族，伊凡三世就曾把他从诺夫哥罗德领主手中夺取的土地分配给他手下的贵族，后来又向他们赏赐国有官地。这种赏地有别于领主的世袭田庄，不得出售、交换和继承，服役期满即交还王公或国家。在封建割据时期，这部分人成为王公和领主争夺封建继承权、大公权、争夺领地和采邑所倚重的对象，在他们的操纵和控制下，甚至可以决定大公政权的兴废或使王公成为其傀儡，因而他们的社会地位和重要作用已经非同寻常。他们平时居住在自己的领地上，只在战时必须奉召率领其“属民”去为王公打仗，因此他们已经不是过去意义的王公们的武士队成员，他们已经变成拥有自己的土地及土地上的农民的中小封建主了。他们是早期俄罗斯封建社会中较新的一个阶层，他们支持中央政权和大公权力，因为他们没有领主那样显赫的出身和祖荫，只有靠军功才能获得丰厚的俸禄，因此他们是未来的俄罗斯中央集权国家的主要社会基础。由于王公和领主的世袭领地日趋衰败，一些贵族便以巧取豪夺方式居为己有。另一方面，王公和国家赏赐的田地到期也不再偿还，而成为贵族的世袭领地。到16世纪，领主和贵族之间在与君主的关系方面、在国家机构中从政资格方面，包括出身方面的原则差别已经基本消失。[①]

伊凡四世于1547年1月16日举行了加冕典礼，东正教大主教玛卡里将莫诺马赫王冠戴在伊凡四世的头上，于是他就成为“全

① 布洛欣主编：《俄国历史教学参考辞典》，第82页。

俄罗斯君主,上帝加冕的神圣沙皇”。伊凡四世宣布:“君主的称号就意味着承认不受任何限制的沙皇政权。一切民众,包括领主在内都是朕的臣民”,[①]“朕朝乃圣弗拉基米尔所创,朕生于皇家,长于朝中,掌握自家天下,并非窃自他人,罗斯君主自古以来皆亲临朝政,贵族大臣不得干预”,[②]伊凡四世强化中央集权制和专制君主制主要的阻碍是拥有政治、经济和法律特权的领主及其代言机构——领主杜马。从1565年开始,伊凡四世雷厉风行地推行特辖制(опричнин),建立直属沙皇的特辖军,在全国实行恐怖统治,惩处反对沙皇和中央政权的领主。他建立缙绅会议(земский собор),以取代领主杜马的职能;没收领主领地,把往日声名显赫的领主流放边塞。他强调沙皇不能与任何人,无论是领主,还是教会分享权力,他要教会“敬畏权力,而不是上帝”。[③]7年间有4000名领主被处死,伊凡四世因此被称为雷帝[④]。伊凡四世依靠出身低微以军功晋爵的贵族,他大力提高贵族的经济和政治地位,免除贵族的司法权、行政权和征税权,罢免贪官污吏。贵族作为时代的产儿,为了博取功名和获取土地,积极支持沙皇政府的对外扩张和殖民,对内加强沙皇专制权力,从而成为沙皇专制制度的核心力量。新兴贵族思想家彼列斯卫托夫拥护建立以贵族为统治基础的沙皇专制制度,他认为沙皇之威仪在于开拓疆土,征伐异民,君主应该成为“雷电、独断专行者和没有错误的圣贤之才”,“使其臣服于(沙皇)足下,这样沙皇将统治列国”,而贵族“任何人都会成为沙

① 莫基切夫主编:《政治学说史》上卷,第128页。

② 瓦谢茨基:《苏联各民族哲学和社会政治思想史纲》第1卷,第19页。

③ 同上书,第38页。

④ 俄文为Грозный,意为恐怖、威严、雷霆等。

皇的勇士”，“任何人都会挺胸御敌，粉碎敌人兵团，视死如归，为自己取得荣誉。”①

但是伊凡四世执政时期的政体仍然是等级代表君主制，他仍然被迫与领主分享政权，这时沙皇本人只是诸多最高当权者中的一人，这一点可以从当时领主杜马的会议记录中得到证明。按照规定，领主触犯法律，由领主杜马成员组成的特别法庭审理，最后由沙皇以最终仲裁者的身份裁决。但是，在领主杜马的文书中除了记载着“国君起诉了，而处罚了领主”，也常常记载着“国君起诉了，并没有处罚领主”的条文②，它表明沙皇的旨令经常受到领主杜马的抵制。到1682年，领主的地方专权状况终于结束，沙皇政府颁布了以本人功绩大小而非按世家出身选官的法令。1714年彼得一世下令地主领地（поместное землевладение）和采邑领地（вотчинное землевладение）合并，由此导致在领主和贵族之间的区别彻底消除。

贵族是俄国一个特殊的社会等级，它是俄国政府官员和军队将帅以及教会中高级神职人员的主要来源，它是沙皇专制制度的支柱。但是几百年来，俄国贵族养尊处优，好逸恶劳。贵族子弟生来就有锦衣美食、宝马良车，长大之后可以凭借祖荫父德，轻而易举地获得土地、俸禄，可以在政府和军队中位居高官。彼得一世认为，要想改变俄国贵族的腐朽习气，就必须从他们的子弟开始。彼得一世不仅下令贵族子弟必须进入各种学校学习和出国留学，而且于1702年颁布法令，宣布禁止贵族和领主将自己的妻女藏在自

① 基明：《彼列斯卫托夫及其同时代者》，莫斯科1958年版，第378—379页。

② 格尔舒斯基等著：《俄国的民主教训》，莫斯科1998年版（下同），第22页。

己家中，要求妇女无论婚否都必须参加上流社会的交际活动。1714年3月23日，彼得一世颁布“一子继承法”，规定：不分世袭领地或封地，都可以作为遗产传给自己的后代。但是为了防止地产的分散，规定地产只能传给一个儿子，其他的儿子只有通过服役才能从国家手中获得土地、农奴、俸禄和爵位。实行“一子继承法”的目的是使土地永远集中在少数人手里，借以巩固贵族土地所有制，以保证国家的财政来源，还可以保证政府机关和军队的官员的来源。1722年，彼得一世颁布“职官秩序表”(Табель о рангах)，将文武官员分为14个等级，其特点是破除门阀，不以门弟取仕，而凭才和论功选官，从而把公职人员与贵族合为一体。根据这个法令，非贵族出身的文职官员凡官升到第十四等级，就被赐予自身贵族(личный дворянин)称号，升到第八等级，即赐予贵族(世袭)称号。非贵族的武官不赐予自身贵族称号，凡官升到第十四等级赐予贵族(世袭)称号。彼得一世以此把散居各地的贵族组成了一个统一的社会集团，并成为为国家和沙皇服役的社会等级。

到18世纪初，彼得一世废除了领主(бояре)称号，此后的贵族仅指 дворянин，贵族阶层仅指 дворянство。бояре 的称呼虽然在日常生活中还在使用，但已转意为“老爷”(баре 或 барин)，其意思接近于“地主”(помещик)。彼得一世时期贵族分为世袭的和非世袭的两种。彼得一世放弃古代罗斯流传下来的贵族称号，如王公(великий князь)、侍卫(дружиннини)、封主(вотчинники)、廷臣(княжеский двор)，他认为这是落后的旧传统的象征。他引进了西欧通行的贵族爵位称号，即公爵(князь)、伯爵(граф)和男爵(барон)等，第一个获得公爵称号的是彼得一世儿时的游戏伙伴、后来辅佐他执政的陆军元帅、陆军大臣、彼得堡省省长、近卫军团上校、枢密院成员，但出身平民阶层的缅希科夫[①]，而且位居特级公爵。

沙皇统治作为独裁专制制度，“在某种程度上，也是独立的有组织的政治力量。”[②]它不仅奴役着俄国农民，同时也在政治上和经济上控制着贵族，从这一方面讲，贵族既是沙皇统治最稳定的社会基础，同时也是沙皇专制制度统治的对象。俄罗斯当代著名史学家米罗诺夫认为：“到18世纪初，贵族已经具有了被国家奴化的所有特征。”[③]在18世纪中期前，俄国贵族必须从15岁起终生为国家和沙皇服役，同时还要承担纳税和向国家提供新兵的义务。彼得一世规定贵族服兵役者不得少于三分之二，其余三分之一者担任文官，无论文武差役均不设期限，并且须从最低一级做起，即服兵役的贵族先当列兵，任文职的贵族先做文员。直到1736年，安娜女皇才下令将贵族服役期限缩短为25年，退休年龄定为45岁。1762年，沙皇彼得三世颁布了《御赐全俄罗斯贵族特权和优惠诏书》，废除了贵族必须服一定期限兵役和在民政机关服役的旧制。1785年4月21日，叶卡捷琳娜二世颁布《御赐高尚贵族权利、特权和优惠诏书》，宣布贵族拥有占有农奴、土地、矿山、森林和水源的权利，拥有在城市购买房屋、土地、投资建厂的权利。从法

---

① 关于缅希科夫的出身有两种不同的说法。其一是官方文件上记载缅希科夫出身于“立陶宛的望族”，其父曾在宫廷近卫军中服役。但是后来的宫廷史学家认为，这是缅希科夫在彼得大帝去世独霸大权后，特意为自己编造的家史。其二，他的祖上是莫斯科皇村的奴仆，专司为皇村供应鲜鱼和肉类，他本人在少年时曾经卖过馅饼。参见张建华：《红色风暴的起源——彼得大帝和他的帝国》，中国城市出版社2002年版，第348页。

② 《列宁全集》第6卷，人民出版社1986年版，第352页。

③ 米罗诺夫：《俄国社会史》上卷，山东大学出版社2006年版（下同），第380页。

律上确定了贵族是俄国的特权阶层，这个阶层不承担任何国家义务；在法律上，除图谋篡位和弑君犯上的罪名之外，不受任何法律限制和处罚。叶卡捷琳娜二世统治时期是贵族阶层的黄金时代，她被称为"贵族的女皇"。到18世纪80年代中期，贵族阶层及其特权地位完全形成，此时是"贵族专政的黄金时代"。以上的种种做法，在米罗诺夫看来，它是等同于"农民解放"(освобождение крестьян)的"贵族解放"(освобождение дворянства)。只不过贵族阶层先于僧侣、城市等级以及农民而获得身份上的自由。①

1809年，亚历山大一世颁布法令，规定一切拥有侍从及少年侍从称号的"宫廷贵族"(дворный дворянин)而未在军事或文职部门中服役的人，必须在两个月内为自己选定实际服役的岗位，此后"宫廷贵族"称号成为一种荣誉，它没有直接得到官衔的权利。因为从叶卡捷琳娜二世时代起，规定凡有"宫廷贵族"称号的人一开始就可以获得官衔，即少年侍从可以获得5级官衔，侍从可以获得4级官衔。而新法令的颁布，为"宫廷贵族"晋升官衔增加了一定的难度。同时，还规定凡升至8级官衔者必须提交接受过高等教育文凭或通过相应的考试的证明。这项法令是针对沙皇宫廷及下属官吏中不学无术者和投机钻营者而设定的。

俄国的世袭贵族(потомственный дворянин)大致分为6类。第一类：因继承了君主所赏赐祖上的贵族荣誉而成为贵族。第二类：因军功而获得贵族称号，从1856年起，规定凡官至第四等级的上校或者大尉即可获得贵族称号。第三类：文官(статский советник)升至第四级或者因授予文职勋章，或其他一等勋章，或

① 米罗诺夫：《俄国社会史》上卷，第395—396页。

获得四等圣格奥尔基和圣瓦西里勋章者可以获得贵族称号。第四类:外国移民则由君主亲自授予贵族称号。第五类:祖上有公爵、伯爵和男爵爵位的显贵家族可以获得或继承贵族称号。到20世纪初,俄国有830个显贵家族,其中有70多个继承伯爵称号。第六类:是1687年前古老的贵族家族,后代能够通过“家谱”足以证明继承关系的可以获得贵族身份。但其子弟不能继承贵族称号,只享有进入“贵族武备学校”(пажеский корпус)、“亚历山大贵族中学”(александровский лицей)和“法律学校”(училище правоведения)学习。除了世袭贵族外,还有非世袭的自身贵族。自身贵族称号的获得条件是武官需官升至第七级,文官需官升至第九级,或者获得勋章,其子女被列为“世袭的荣誉市民”(потомственный личный гражданин)。到19世纪末,在世袭贵族中,53%是俄罗斯族,28.6%是波兰族,5.9%是格鲁吉亚族,5.3%是鞑靼族—突厥族,3.4%是立陶宛族—拉脱维亚族,2%是日耳曼族。据1897年人口普查统计,贵族为180万人左右,其中120万人是世袭贵族(потомственный дворянин),60万人是自身贵族(личный дворянин)。[①]

二、贵族阶层的觉醒和政治分化

贵族阶层受益于沙皇专制制度,“俄国贵族绝大多数在政治上采取保守态度,但也有这个阶层出身的人参加从极左派到极右派政党组织。”[②]伊凡四世的主要政敌库尔勃斯基公爵出身领主,受

---

① 布洛欣主编:《俄国历史教学参考辞典》,第82页。

② 同上书,第83页。

过良好教育，精通语法、天文和哲学，是当时著名的作家和政论家。他在16世纪40—50年代深受伊凡四世的信任，参加伊凡四世的重臣会议，后因反对伊凡四世的专权和特辖制而亡命俄罗斯的敌国——立陶宛。在1564—1579年，库尔勃斯基三次致书伊凡四世，谴责他的残暴政策，指责伊凡四世毁灭苏兹达尔的豪门贵族，同时为自己的亡命叛国行为辩解，前后与伊凡四世进行了20年之久的论战。俄国学者认为他是俄国第一位政治侨民。① 利哈乔夫院士也认为："安德列·库尔勃斯基公爵或许可能是一个知识分子……"②

贵族阶层是俄国社会的统治阶级，是俄国封建制度最基本的社会基础，贵族知识分子是俄国一个特殊的社会群体，他们拥有较显赫的出身，受过较高程度的教育，有的人还拥有较高的政治或社会地位，他们是封建专制制度的既得利益集团的成员。然而正是从18世纪下半期开始，随着国内政治矛盾的加剧，西欧启蒙思想在俄国的传播，俄国贵族阶层中有识之士的自我意识开始觉醒。正是这个群体中的一些先进分子，在接受了西方"自由"、"民主"思想的影响之后，勇于剖析自我，努力追赶世界潮流，他们的思想已经远远地超越了他们所出身的那个阶级，也超越了他们所生活的那个时代。

先进的贵族思想家们怀着强烈的爱国意识、忧患意识及济世观念，清醒地认识到历史的发展趋势，真诚地感受人民的苦楚和心声。他们从不同的侧面深刻地批判了俄国封建制度和封建主义文

---

① 契雷舍夫主编：《俄国侨民的文化遗产（1917—1940）》第1册，莫斯科1994年版（下同），第16页。

② 利哈乔夫：《论俄国知识分子》，载《新世界》，莫斯科1999年第2期。

化传统的暴戾和反动,揭露了俄国社会的黑暗与落后。18 世纪的贵族知识分子、文学家苏马罗科夫在讽刺诗《论贵族》中对不劳而获、不思进取的贵族提出了忠告:“你的头中如果没有脑筋,那你还是种田或砍树去吧;你同下层人无大差别,祖先的头衔不能使你变得伟大!”苏马罗科夫强调贵族应该由本国最优秀的人组成,而那些仅以“门第”和“祖荫”为荣的领主则是他笔下的被批评者。苏马罗科夫在另一首诗中再度对领主出身的阶层发出讽刺:“贵族这头衔,我们世代相传,试问:为什么给我们以贵族身份?既然我的祖先为社会利益生活在人间,他便给自己取得了报偿,为我付出了定金。”①

18 世纪的“俄语”概念的范围要大得多,它包括不同的成分的语言:斯拉夫—古罗斯语;彼得一世时代开始引入的大量的外来语;俄国下层人士生活口语和地方俗语等。随着与其他民族交流的扩大和俄罗斯民族意识的觉醒,在使用国际术语和保持民间传统的基础上,逐渐形成了较为规范和科学的俄语术语体系。18 世纪著名的文学家、剧作家如康杰米尔、苏马罗科夫、冯维津、谢尔巴托夫、卡拉姆津等贵族学者、作家和思想家开始大量地使用民族语言创作。卡拉姆津的原则是:“写作如说话,说话如写作,以便彻底消灭书面语言。”普希金称赞卡拉姆津“将语言从外族压迫下解放出来,还给语言以自由,让它回到了民间语言那活的源头”。当代俄罗斯学者泽齐娜等人认为:“在 18 与 19 世纪之交,祖国语言的发展问题以及围绕着这些问题展开的争论,成为社会文化生活的内容。对祖国语言的态度,与对俄罗斯历史的兴趣一样,都是民族

① 普列汉诺夫:《俄国社会思想史》第 2 卷,第 234 页。

自我意识增长的标志。”①

当代俄罗斯学者马拉西诺娃用社会学方法研究了18世纪下半期到19世纪初45位著名的国务活动家、外交家和贵族思想家之间的往来信件，揭示当时俄国社会急剧变化时期贵族阶层心理的变化趋向、贵族对立情绪发展倾向和行为方式、贵族革命家形成的社会心理前提。她认为彼得一世对待贵族的政策导致贵族阶层的心理和行为的分裂，专制制度和沙皇独裁统治的日益强化，诱发了贵族阶层的政治信仰危机和与沙皇统治的政治背离，使得一部分贵族告老还乡，退隐田园，离群索居，醉心于宗教、文学和艺术的精神境界，因此古典主义和感伤主义成为这一时期文学的主流。另一部分贵族则不甘堕落，他们或是出国考察学习，或是大量检阅法国启蒙思想家的著作。因此，“俄国社会转型时期贵族等级上层心理基本上处于一种复杂的、矛盾的和内心恐惧的状态。因为忠君爱国的传统观念不容许贵族追求地位、财富，而这种观念与当时俄国现实不相符合，导致了贵族对官方学说的背叛。18世纪俄国贵族的意识基本上沿着官方爱国主义和个人供职仕途诱惑相互交织、自我毁灭的矛盾方向发展，尤其是在俄国贵族知识分子中缺乏一种现代民主进取精神，所以他们对俄国面临的社会危机无能为力，只能成为一批古怪的、讥讽人士。”②但是从这个阶级内部毕竟还是产生了俄国农奴制度和专制制度的第一批敌对者，他们作为俄国现代化的先行者，在揭露俄国封建制度的腐朽与黑暗，启迪人民群众的革命斗志方面起到了不可或缺的作用，拉吉舍夫、十二月党人、赫尔岑等是他们的

---

① 泽齐娜等著：《俄罗斯文化史》，第152页。

② 马拉西诺娃：《18世纪中后期俄国贵族的上流社会心理》，莫斯科1999年版，第238页。

典型代表。俄国无政府主义者巴枯宁就是因为从事革命活动，其贵族称号和特权在1844年被枢密院所剥夺。

这部分觉醒的贵族满怀信心地规划了俄罗斯社会未来的发展蓝图，深切地关怀俄罗斯各民族的历史命运，试图为俄国社会的发展寻找一条正确道路，他们的语言和行动体现了博大的爱国主义和可歌可泣的献身精神。这些先进的贵族思想家们充当了俄国现代化的第一批启蒙者的角色。先进的贵族思想家和革命者抓住了俄国封建主义文化传统的核心——沙皇专制制度和农奴制度，对这个制度的反动性和残暴性进行了深刻批判和无情揭露，他们在批判旧的、封建主义文化的同时，也在构建新文化。因此列宁称赞他们是“一些从头到脚用纯钢铸成的英雄，是一些顶天立地的战士，他们自觉地赴汤蹈火，以求唤醒年轻的一代走向新的生活，并洗净在专横暴虐和奴颜婢膝的环境中出生的子弟身上的污垢”。[①]别尔嘉耶夫称他们创造了“特殊的荣誉”，即“它在自己的上层创造了十二月党人运动——俄罗斯第一次解放运动。这个运动开创了革命的世纪。19世纪将成为革命的世纪。当时最有文化的俄罗斯近卫军的最高阶层表现了大公无私的精神”。[②]

第四节　“叛逆贵族”与俄国知识分子的起源

一、拉吉舍夫：“叛逆贵族”和俄国知识分子第一人

知识分子作为一种职业，大致从公元10世纪末基辅罗斯引进

① 《列宁全集》第21卷，人民出版社1990年版，第261页。
② 别尔嘉耶夫：《俄罗斯思想》，第22页。

基督教——东正教就已经在俄国出现了，那时能够称得上知识分子的大多是控制文字解释权的神职人员，而且他们大多来自君士坦丁堡或希腊。利哈乔夫院士认为古代罗斯时期第一个知识分子或许是生活在15世纪末16世纪初的马克西姆·格雷克，格雷克长期居住意大利和希腊，深受其文化的影响，1518年他受希腊正教会的委派从阿索斯的瓦托佩德斯克修道院来到俄国，任务是翻译和修订祈祷书。由于与俄国东正教会的反对派——分裂派过往甚密，在1525年的宗教会议上受到迫害和监禁，在流放过程中写下了大量的神学和哲学著作，并留有大量的政论文章，批评俄罗斯教会，揭露宗教信仰仪式的虚伪，描述了修道院统治下的农民的艰难处境。他认为必须用法律来限制君主的权力，沙皇应该与聪明的谋士一起治理国家，并遵守基督教的道德准则。他关于国家制度的理想，接近于等级代表君主制。[①] 格雷克死后被封为圣徒。但是，利哈乔夫院士同时认为："直到17世纪，罗斯还没有真正的知识分子。有知识的人是有的，即使按欧洲标准来衡量，近代高品位的知识分子在古代罗斯还没有。但要是认为知识界是在俄国向西欧（俄罗斯一直属于欧洲）文化转轨后立即出现了，那也是大错特错。彼得时代不存在知识阶层。对于知识阶层的形成而言需要将大学各种知识与自由思维和自由的世界观行为结合起来。"[②]彼得一世的改革及其时代无疑创造了知识阶层形成的条件，并且经过叶卡捷琳娜二世时期的启蒙思想传播，在经历了近百年的酝酿之后，在18世纪下半期，俄国知识分子出现了。"这样产生了一个

---

① 泽齐娜等著：《俄罗斯文化史》，第70页。

② 利哈乔夫：《论俄国知识分子》，载《新世界》，莫斯科1999年第2期。

新的问题:欧洲启蒙运动(不论是法国和英国的理性——哲学形式的,还是德国的精神——情感形式的)的道德准则和知识文化标准是否能同政治以及沙皇手下官员所掌握的专横和个人化的权力协调一致?回答是否定的。这使俄国'知识分子'应运而生。他们是知识上层的前锋,首先看到两个方面的矛盾冲突:一方面是上层的道德使命和为人民做好事的责任感,另一方面是对国家、对最高权力的化身即独裁君主所承担的义务。"①

利哈乔夫院士认为:"第一批真正的、典型的俄国知识分子出现在18世纪末至19世纪初,他们是苏马罗科夫、克尼亚日宁、拉吉舍夫和卡拉姆津。"②而在其中,拉吉舍夫是第一批俄国知识分子的代表。别尔嘉耶夫也认为拉吉舍夫堪称俄国知识分子第一人③,认为从"拉吉舍夫之受迫害开始了俄国知识分子的殉难史"。④ 并且把拉吉舍夫的《从彼得堡到莫斯科旅行记》中的那段"看看我的周围——我的灵魂由于人类的苦难而受伤。我审视自

① 拉伊夫:《独裁下的嬗变与危机——俄罗斯帝国二百年剖析》,学林出版社1996年版(下同),第81页。

② 利哈乔夫:《论俄国知识分子》,载《新世界》,莫斯科1999年第2期。

③ 罗蒙诺索夫(1711—1766)是18世纪俄国最杰出的科学家,研究领域包括物理学、化学、天文学和地理学。他被誉为"俄国科学之父"、"文学上的彼得大帝",普希金则称他本人即是"俄国的第一所大学"。他出身渔民家庭,他是俄罗斯科学院第一个本民族的院士,还是瑞典科学院院士、意大利波伦亚科学院名誉院士。他在历史学、语言学等方面进行了开创性的研究。他著有《修辞学》、《俄语语法》、《俄文诗律书》,在革新俄语方面做出重大的贡献,他为俄国文学语言确立了三种最通用的语体:诗歌、散文、演说。他著有《俄罗斯古代史》、《俄国简明编年史》等历史著作。但是别尔嘉耶夫认为罗蒙诺索夫主要贡献是在科学和文化事业方面,而不是在思想和政治方面,他不是第一个俄国知识分子。因为他"生活在黑暗的环境之中,他很孤独,这些都是悲剧,对于我们感兴趣的俄罗斯自我意识的历史来说,罗蒙诺索夫只具有很小的意义。"(参见别尔嘉耶夫:《俄罗斯思想》,第17页。)

④ 别尔嘉耶夫:《俄罗斯思想》,第19页。

己的内心，认为人的灾难不是来自于人，而且往往只是由于人不正视他周围的事件”[①]的话，视为俄国知识分子诞生并立世的宣言。

拉吉舍夫于1749年出生于贵族家庭，童年和少年时代生活在上层社会环境之中，接受了正统的贵族教育。当年叶卡捷琳娜二世亲自签署命令，委派拉吉舍夫等从贵族子弟中选拔出来的12名青年到普鲁士莱比锡大学留学。按照叶卡捷琳娜二世的训令，留学生必须学习拉丁文、德文，学习道德哲学和罗马法，“特别是自然法和民法”。但是拉吉舍夫除了学习这些科目外，还努力学习自然科学，广泛地阅读能够找到的有关法国启蒙思想的著作。一位俄国旅行家途经莱比锡时，向拉吉舍夫推荐了爱尔维修的《精神论》，拉吉舍夫“认真地读了这本书，而且用心地读，学会照那本书思考”。[②] 自青年时代起，拉吉舍夫的思想就发生了巨大的变化，他开始自觉地运用唯物主义的观点分析俄国社会现状，展望俄国历史发展前途。

拉吉舍夫所处时代是俄国封建专制制度达到顶峰的时代，是叶卡捷琳娜二世统治的“贵族专政的黄金时代”。拉吉舍夫只身面对俄国社会的反动势力，勇敢地向数百年来形成的俄国封建专制制度挑战，将其无情的笔触直指农奴制度和沙皇专制制度。他毫不留情地剥去了长期以来沙皇统治所依靠的“君权神授”的面具，强调“主权在民”，强调“专制政治是一种最违背人性的制度……法律赋予了君主处理罪犯的权利，但是君主的违法同样赋予了他的

① 别尔嘉耶夫：《俄罗斯思想》，第20页。

② 参见普列汉诺夫：《俄国社会思想史》第3卷，商务印书馆1990年版(下同)，第352页。

裁判者——人民以同样的和更大的权利来处理他。”[①]他在著名的《从彼得堡到莫斯科旅行记》中揭露了专制制度的黑暗，甚至隐晦地抨击了当政的叶卡捷琳娜二世。拉吉舍夫认为沙皇是专制制度最集中的代表者，是“强盗的魁首、叛国的元凶、破坏公共安宁的首犯、毒害弱者心灵的最残暴的敌人”，是一个披着神圣外衣的“骗子、假仁假义者、为害极大的伪君子”。正像叶卡捷琳娜二世恶意诅咒的一样，该书中“充满了最有害的理论，企图破坏社会安宁，减低对当局应有的尊敬，力图在人民中激起对长官和上级的愤怒”，她断言：“作者不喜欢沙皇，当一有可能贬低对沙皇的爱戴和尊敬时，他就以罕见的大胆肆意挑剔。”[②]《从彼得堡到莫斯科旅行记》的社会影响几乎超过了同时期声势浩大的普加乔夫起义，而在叶卡捷琳娜二世看来，拉吉舍夫则是“比普加乔夫更坏的暴徒”。[③]

拉吉舍夫对农奴制度进行了深入的批判，他认为农奴制度是“荒谬绝伦”的制度，它是靠沙皇统治的支持，靠地主贵族的棍子和鞭子而存在的。拉吉舍夫更多地关注农奴制度下广大的农奴的悲惨地位，展现了他所亲眼目睹或亲耳所闻的地主贵族在政治上、经济上以及人格上欺辱农奴的事件，“农民在法律上是死人……一方面是几乎具有无限的权力，另一方面是孤苦无靠。而地主对农民的关系上既是农民的立法者、审判官、自己的决议的执行人。同时又是可以任意加人以罪名的原告。对这样的原告，被告不准说任何话。这是带枷的囚犯的命运，是被囚于地牢的囚犯的命运，无异

---

① 布拉果依：《拉季谢夫》，作家出版社 1957 年版(下同)，第 18 页。

② 同上书，第 32—33 页。

③ 同上书，第 38 页。

于轭下牛马的命运。”[1]因此，拉吉舍夫主张废除农奴制，在人身上和财产上彻底解放农奴，使他们拥有自己的土地和自由选择职业。

拉吉舍夫思想最为可贵之处在于，他能够自觉地站在唯物主义的立场上，赞美历史上真正的英雄——人民大众，歌颂人民大众的伟大力量，呼唤人民群众起来推翻沙皇的残暴统治，而不是寄希望于所谓的“开明君主”的良心发现。他在《自由颂》中热情地向人民呼唤：“我看见犀利的刀剑遍体闪闪发光，死神打扮成各式各样的形状，在那颗高傲的头上盘桓飞翔。狂欢吧，被束缚的人民，这是天赋的复仇权利，它把沙皇送上断头台上……当权的罪人，是我把权利交在你的手上，凶手，是我把王冠给你戴在头上，说吧，你怎么胆敢与我作对？……”[2]拉吉舍夫强调“不是所有出生于祖国的人，都有资格获得祖国儿子这一庄严的称号”。一个真正的爱国主义者不仅应该保护祖国不受外来敌人的侵略和捍卫祖国领土的完整，“他的死会给祖国带来强大和光荣，他不怕牺牲自己的生命”，而且还应该为争取人民的自由和平等权利而斗争，应该将广大的劳苦大众从残暴的沙皇专制统治和农奴主的压迫下解放出来，即真正的爱国者应该“为人民的幸福而牺牲一切”。他坚信：“一旦戴着沉重枷锁的奴隶们绝望得恼怒起来，用妨碍他们自由的镣铐，打碎我们的头颅——他们的残酷无情的老爷们的头颅，用我们的鲜血涂染自己的田地，那么国家将会因此而失去什么呢？在他们中间很快就会出现伟大的人物来代替被痛击的家伙。但是他们将不会再有同样的自私打算和压迫人的权利。这并不是梦想，视线会

---

① 布拉果依：《拉季谢夫》，作家出版社 1957 年版，第 28 页。

② 同上书，第 20—21 页。

透过我们眼前遮蔽着未来的、厚密的时间帷幕。我向前看透了整整一百年！”①

拉吉舍夫最先拉起了俄国思想启蒙的大旗，在他所处的那个时代，他几乎是孤军奋战，以一人之力撞击专制制度坚固的墙壁。他数次被捕、被流放、被囚禁，但是他始终坚持自己的信念。他宣布：“如果法律或国王，或人间任何权力要你撒谎或违反德行，你应对此毫不动摇。要不怕嘲笑，不怕折磨，不怕疾病，不怕坐牢，甚至不怕死。要精神坚定，有如中流砥柱。”②1796 年保罗一世继位后拉吉舍夫才得以大赦，但沙皇政府不许他返回首都。1801 年，拉吉舍夫回到彼得堡参加了沙皇政府法制委员会的工作，起草《关于法制》、《民法法典草案》，拉吉舍夫重申废除农奴制度的主张，结果遭到新的政治迫害。1802 年，拉吉舍夫以自杀的方式最后发出了对专制制度的愤慨。美国学者赫克评价：“拉吉舍夫和一切后来者一样，做了当时专制政体的牺牲者。这种专制主义抵挡不住思想的力量，只有用残暴来压迫它。拉吉舍夫并不是白受了罪的。他的死感动了许多人来效法他。”③

二、十二月党人：“叛逆贵族”第一群体

19 世纪，“这是一个思考和语言的世纪，同时也是一个尖锐地分裂的世纪，对于俄罗斯来说，最大的特殊则是内在的解放和紧张的精神追求和社会追求。”④1812 年抗法卫国战争的胜利，激发了

---

① 布拉果依：《拉季谢夫》，作家出版社 1957 年版，第 26、35、18 页。

② 普列汉诺夫：《俄国社会思想史》第 3 卷，第 363 页。

③ 赫克：《俄国革命前后的宗教》，学林出版社 1999 年版（下同），第 265 页。

④ 别尔嘉耶夫：《俄罗斯思想》，第 3 页。

俄罗斯人的民族意识和爱国主义情绪,更激发了知识分子的自觉意识。十二月党人绝大多数人出身于贵族阶层,他们在思想上无疑是进步的,在理论上无疑是革命的,在行动上无疑是激进的,但是"他们尚不是善于独立思考的人……就共济会员和十二月党人自身来说,他们并非典型的知识分子,他们身上仅仅具有预示知识分子现象的某些特点"。①

1825 年 12 月 14 日,在俄国的两大首都彼得堡和莫斯科以及南方的一些省份发生了一场声势浩大的以近卫军军官为主体的起义,起义的斗争目标是试图推翻沙皇制度,建立资产阶级的政权体制和国家体制,领导和参与这场革命事件的即是贵族青年军官。"作为某种精神的共同体,知识分子于 1825 年 12 月 14 日在彼得广场宣称了自己。十二月党人起义标志着数量众多的精神自由群体的出现。"②

十二月党人自少年和青年时代就具有了批判精神,他们虽然大多数人出身于贵族家庭并且在沙皇统治机构中担任官职,但是他们并不愿意沉湎于贵族阶层醉生梦死的生活,盲目地为沙皇专制统治尽忠尽德,他们从爱国主义和人道主义的立场出发,努力探寻俄国社会的出路。这些勤于思考的青年贵族军官们在莫斯科大学和军官学校读书时就已经广泛阅读了拉吉舍夫的《从彼得堡到莫斯科旅行记》以及法国启蒙思想家的著作。在 1812 年抗击拿破仑大军入侵俄国的战争中,他们曾经响应沙皇亚历山大一世的号召英勇地进行战斗,直至把法国军队赶出俄国领土。在随着俄国

① 别尔嘉耶夫:《俄罗斯思想》,第 22—23 页。
② 利哈乔夫:《论俄国知识分子》,载《新世界》,莫斯科 1999 年第 2 期。

军队远征西欧的过程中，在诞生了“自由”、“民主”和“平等”思想的土地上，他们真正呼吸到了自由的空气，感受到人类的尊严。他们便不由自主地将黑暗的俄国与自由的法国进行了比较，他们在现实面前感到困惑，他们感受到“不仅在俄国，在所有欧洲国家，都感到失望和受骗了”，感到自己为保卫祖国曾不惜流血牺牲，但“难道我们解放欧洲就是为了把锁链套在我们身上吗？难道我们给了法国一部宪法，反而自己不敢讨论它吗？难道我们用血汗换来的国际地位就是为了在国内让人们受侮辱吗？”[①]在这一点上，西方派的代表人物恰达耶夫也有同感，他在轰动一时的《哲学书简》中写道：“另一个伟大的君主，使我们意识到自己光荣的使命，带领我们胜利地从欧洲的一端走到另一端；自那些世界上最文明的国家凯旋之后，我们带回的只是一些思想和愿望”，“我们推翻了异族的统治，我们与大家庭的脱离，却妨碍了我们去运用这一时期在我们的西方兄弟那儿出现的思想，这时，我们落入了更为残酷的被奴役境地，而且，这种奴役还被我们的胜利这一事实所神圣化”。[②] 十二月党人认识到：“君主们只想保住无限权力、支撑住自己摇摇欲坠的宝座、扑灭自由和启蒙的最后火星。受欺凌的人民要求得到所许诺的、属于他们的东西，然而锁链和监狱却成了他们的所有物。”[③]从此，公民民主和人民主权的思想在他们的思想里扎下了根，他们认为“一切人都是为了幸福而降生，因为人都是上帝所创造的，所以仅仅把贵族等级称之为高贵，乃是极不公正的”，而“俄

① 德米特列耶夫主编：《苏联历史文选》第2卷，莫斯科1949年版（下同），第145页。

② 恰达耶夫：《哲学书简》，作家出版社1998年版（下同），第44、199页。

③ 涅奇金娜：《十二月党人》，第17页。

国人民不是任何个人或政府的用具或财产，相反政府却是人民的用具，政府是为了人民的福利而建立的，人民就有权对其选择”。[①]这批贵族青年军官开始觉醒，他们自称是“1812年的产儿”，他们在民主思想的指引下，坚定地走上了反对沙皇专制制度的道路。

十二月党人继承了拉吉舍夫的顽强精神，对俄国农奴制度和专制制度进行了深入的批判，并且规划了俄国社会未来的发展蓝图。

1821年在彼得堡成立了一个秘密团体——北方协会，其基本政治主张是实行君主立宪。同年在乌克兰成立的南方协会是十二月党人最有影响的秘密团体，这个团体的政治主张是彻底推翻沙皇专制制度，实行共和制。1824年，南方协会通过了由彼斯特尔起草的《俄罗斯法典》(Русская правда)，这部宪法是以法国1793年宪法和土地纲领为蓝本，集中地反映了十二月党人的政治、经济和社会主张。《俄罗斯法典》宣布农奴制度是一种野蛮的生产方式，因为“把别人当作自己私有财产，把人当作东西一样转让、抵押、赠送和继承，任凭自己的专横无道……乃是最可耻的、违背人性和自然规律，以及违背神圣的基督教义，并且还是违背天神的戒条与意志的丑恶事情”，“必须坚持废除奴隶制度，贵族必须永远放弃占有他人的卑鄙的优越地位。”[②]农民应该在取得人身自由的同时得到他们生活所必需的土地，使“他们将确信，在自己乡里随时能找到一块土地来养活自己。他可以从这块土地上得到食物，不靠别人的施舍，也不再依附于他人，而是靠耕耘所付出的劳动过

---

① 涅奇金娜主编:《十二月党人起义》(史料集)第7卷，莫斯科1958年版，第116页。

② 德米特列耶夫主编:《苏联历史文选》第2卷，第546页。

活，他本人作为乡的一员和其他公民是平等的”。[①]

《俄罗斯法典》揭露了专制制度的反人民性和等级制度的不公正性，宣布沙皇政府的所作所为从根本上证明了它是“敌视俄国人民的”，在专制制度统治之下，农民是沙皇政府及其各级官吏“暴政和贵族阶级残忍心肠、丧失理性、无耻贪婪的不幸受害者”。[②] 因此十二月党人主张以暴力的形式彻底推翻沙皇专制统治，建立资产阶级共和国，而不是改良主义的君主立宪政体。并且为了防止君主制在俄国的复辟，应该在肉体上消灭皇族。《俄罗斯法典》宣布人人生来是平等的，“一切人都是为追求幸福而生，人人都是上帝所创造的，那种只把贵族等级的人物称为高贵，而称其他等级人下贱的行为是极不公正的。”[③]因此必须废除封建等级制度，废除贵族阶级所享有的特权，使所有的俄罗斯人都成为“高贵的人”，建立一个“统一的公民等级”。凡年满 20 岁的成年男子都拥有选举权，选举权不受财产和教育资格的限制；法律面前人人平等；人人拥有自由择业权、迁徙权；言论和出版自由以及宗教信仰自由。《俄罗斯法典》对未来的新政权提出了要求，它应该保证每个人的人身公民权，因为“人身自由是每个公民首要的权利，是每个政府最神圣的职责。国家大厦的整个建筑以此为基础，没有人身自由，就没有安宁，就没有幸福”。[④]

未来的国家政体将采取资产阶级共和制，国家最高立法机关为一院制的人民议会，人民议会的选举分两级进行。国家的最高

① 涅奇金娜：《十二月党人》，第 75 页。

② 同上书，第 78 页。

③ 德米特列耶夫主编：《苏联历史文选》第 2 卷，第 566 页。

④ 涅奇金娜：《十二月党人》，第 74 页。

行政权力交给由五人组成的最高杜马，其成员由人民议会选出，并且向人民议会负责，任期为五年。中央监察机关为最高会议，其职责是监督宪法和其他立法的执行情况，由120人组成。从中央到地方的各级官吏应该选举产生，任何国家立法和行政机构应该服务于人民，人民有权推翻不称职的政府和领导人，因为“俄国人民不是属于某一个人或者某一家族的。恰恰相反，政府属于人民，它是为给人民谋幸福而成立，人民不是为给政府谋幸福而生存的”。[①]

十二月党人决定赶在沙皇亚历山大一世突然病逝，新沙皇尼古拉一世举行继位的1825年12月14日前发动军事行动，迫使新沙皇和枢密院宣布改制。12月14日晨，由十二月党人军官带领的近卫军团体按照计划开进彼得堡的枢密院广场[②]，在彼得一世的纪念像下排列好战斗方阵，到下午起义军人数增至3000余人，周围还有2万余名拥护起义的老百姓。然而尼古拉一世早有防备，他下令血腥镇压起义者，彼得堡的起义最终失败。

十二月党人起义是俄国历史上对沙皇专制制度的一次巨大的冲击，它不同于以往以农民起义为主体的革命，十二月党人无论是在文化教育水平、政治素养和远见、政治斗争手段、组织能力等方面远远胜于前者。列宁把十二月党人称为“贵族革命家”，并且把这一时期称为贵族革命时期。尽管他们的行动最终失败，但是他们的历史功绩不可磨灭，他们的实际行动教育了俄国几代革命者，“贵族中的优秀人物帮助唤醒了人民。”[③]

---

① 涅奇金娜：《十二月党人》，第79页。

② 1917年十月革命后，改名为十二月党人广场。

③ 《列宁全集》第23卷，人民出版社1990年版，第421页。

十二月党人起义的意义还在于，他们以自己的牺牲划清了旧贵族与先进贵族的界限，把18世纪下半期贵族的觉醒推向高潮，同时还带动了其他阶层出身的知识分子的觉醒和反思。时至今日，俄罗斯学者沙霍夫斯科依仍然强调：“要理解和评价俄国，就必须从研究十二月党人开始。因为当时的知识分子正处在生机勃勃的青年时代。尽管知识分子还什么都没有品尝过，但他们却已经做好争取胜利的准备了。这就是为什么直至今天，仍旧需要十二月党人精神的原因所在。”①

三、“忏悔的贵族”与“多余的人”：俄国文学中的贵族知识分子形象

以彼得一世的欧化改革和叶卡捷琳娜二世时期的启蒙思想传播为契机，18世纪下半期的俄罗斯文学在创作方法和主题方面发生变化，反对守旧、反对专制和反对愚昧、宣传启蒙思想为特征的浪漫主义取代了习惯于从古希腊古罗马的神话、宗教故事中寻找创作灵感为特征的古典主义，以及仅专注于贵族生活，关注人物的内心情感、赞美过去，歌颂黑暗、死亡，反映浓厚的悲观绝望情绪为特征的感伤主义。进入19世纪，以1812年卫国战争和1825年十二月党人起义为推动力，浪漫主义又很快让位给从人本主义和人道主义出发，关注于对现实生活的客观的、具体的、历史的描写，主张目光向下，关注社会下层和“小人物”的悲惨遭遇的批判现实主义风格。

---

① 沙霍夫斯科依：《关于同盟会的信》，载《环节》，莫斯科—彼得堡1992年第2期，第286页。

任何一种文学现象和形象的产生，都是有其特殊社会背景的。俄国文学思潮的巨大变化，与俄国社会矛盾的加剧，与沙皇专制统治的强化以及随后专制制度的危机有着极大的关系，19 世纪 20 至 70 年代是俄国政治矛盾、社会矛盾和文化矛盾异常激化时期。亲手镇压了十二月党人起义的新沙皇尼古拉一世登基后，开始了他的残酷统治(1825—1855)，他大大地强化了政府的独裁统治，他仇视革命、仇视文化、仇视教育，在沙皇办公厅中特设“第三厅”(третье отделение)，专事对知识界人士的压制和迫害。在这种形势下，进步作家们和思想家们便将自己对现实的不满和未来的期待付诸于笔端。

19 世纪是俄国思想文化发展史上最为光辉的阶段，是俄国历史上西方先进思想大规模传播的阶段，同时也是俄国文化、文学、艺术、语言、教育、科学事业迅速发展的一个世纪。值得一提的是，19 世纪 30—70 年代是以“黄金时代”(Золотой век)的美誉而载入史册，随后由 19 世纪 90 年代起，又开始了与之双璧辉映的“白银时代”(Серебряный век)。

身为贵族等级出身、有“俄国近代文学之父”、“俄国诗歌太阳”以及“十二月党人歌手”之称的普希金在继承其浪漫主义文学创作方式基础上，举起了现实主义文学的利剑。

1812 年卫国战争激起了普希金的爱国热情，他从拉吉舍夫和法国启蒙思想家的著作中接受了进步的自由思想。在这一时期里，普希金完成了《自由颂》(1817)、《致恰达耶夫》(1818)等著名诗篇，在诗中热情歌颂自由和民主，批判俄国的专制和黑暗。普希金与十二月党人保持非常密切的关系，他在 1818 年参加了幸福协会的外围文学组织“绿灯社”，并且自称是十二月党人的诗人。普希金的许多抨击沙皇专制制度和农奴制度,呼唤自由和民主的诗篇在十二月党人中秘密传抄,成为鼓舞他们的精神武器。如《短剑》(1821)号召用革命行动杀死一切暴君。尽管普希金没有直接参与十二月党人的政治和军事行动,但是沙皇政府的军警从十二月党人的秘密文件中搜查出普希金的许多诗歌。

普希金在写给被流放的十二月党人诗人奥多耶夫斯基的唱和诗《在西伯利亚矿山的深处》(又名《致西伯利亚的十二月党人》)中深情地写下:“在西伯利亚矿山的深处,保持住你们高傲的耐心,你们的思想的崇高意图和痛苦的劳役不会消泯。……沉重的枷锁定会被打断,监牢会崩塌——在监狱入口,自由会欢快地和你们握手,弟兄们将交给你们刀剑。”[①]普希金在创作著名的长诗《叶甫盖尼·奥涅金》时也曾设想把主人公叶甫盖尼·奥涅金写成十二月党人,而且参加过枢密院广场的武装起义。[②] 普希金本身就在思想上是贵族的叛逆者,他的作品则是文学艺术形式的叛逆之作,“他第一次把真正的历史主义引进了俄国文学”。[③] 在普希金去世43年后,1880年6月8日,著名作家陀思妥耶夫斯基在俄国文学爱好者协会的庆祝大会上发表演说,对伟大诗人做出评价:“正当在我国社会刚刚开始产生一种正确的自觉的最初阶段,这时候离开彼得大帝实行的改革已经过去了整整一个世纪,他的出现以其新的指示性的光亮强烈地照耀着我们黑暗的道路。这个人恰恰生在伟大的彼得大帝改革后的第二个世纪的初期,生在我们这个脱

① 普希金著:《普希金诗选》,人民文学出版社1996年版,第315—316页。
② 参见涅奇金娜:《十二月党人》,第165页。
③ 布拉果依:《普希金传》,新文艺出版社1957年版,第89页。

离人民、脱离人民力量的知识界。"[①]普希金的叛逆精神为同样是出身于显贵家庭的作家莱蒙托夫和果戈理所继承，经过陀思妥耶夫斯基、冈察洛夫、屠格涅夫、涅克拉索夫、萨尔蒂科夫—谢德林、契诃夫、乌斯宾斯基的滥殇，最后到同样是贵族世家出身的伟大作家列夫·托尔斯泰那里达到了高潮。

在这些伟大作家的笔下，成功地创作了"多余的人"(лишний человек)"忏悔的贵族"(исповедническое дворянство)"新人"(новый человек)"美妇人"(прекрасная дама)"当代英雄"(герой нашего времени)等一系列的人物，他们既是19世纪最鲜活的俄国文学形象，同时也是同时代俄国贵族知识分子品德、性格、困惑、理想和追求的注释。别尔嘉耶夫以陀思妥耶夫斯基为例，称赞这些作家"尤其关心俄国知识分子的命运，他称他们为俄罗斯历史彼得堡时代的漂泊者。他要揭示这种漂泊的思想基础。分裂、背弃信念、漂泊、与现实不调和、志在未来、向往更好的、更加公道的生活——这是知识分子的特点"。[②] 这些文学形象真实地反映了19世纪上半期几代俄国知识分子在历史大变革过程中所经历的心理上的困惑，展现了这一长时段中俄国各个阶层，包括贵族阶层和知识分子群体在思想意识上的急剧变化。其中，"多余的人、忏悔的贵族以及后来的积极革命者——这就是实际存在的知识分子的不同成分"。[③]

奥涅金是俄国文学史上第一个"多余的人"的形象。在《叶甫盖尼·奥涅金》出版20年后，作为文学评论家的赫尔岑把奥涅金

---

① 冯春编选:《普希金论评集》，上海译文出版社1993年版，第30页。
② 别尔嘉耶夫:《俄罗斯思想》，第26页。
③ 同上。

的形象定义为"多余的人"。后来被列入这一形象之列的有莱蒙托夫笔下的毕巧林,赫尔岑笔下的别里托夫,屠格涅夫笔下的罗亭等,屠格涅夫还创作了《多余的人日记》。这些典型形象虽然处在不同的历史阶段、不同的社会环境,却有其相同的特征,他们都大都出身贵族家庭,接受了欧式的良好教育,都心怀对民族和国家的伟大抱负,因此对俄国社会现状极端不满,但因自己的认识能力和活动能力所限,无法摆脱身份上、心理上和行动上的困境,怀有急于寻找出路又不得其法的矛盾心理。尽管他们头脑清晰,精力充沛,有一定的理想和追求,但是他们没有明确的生活目标,在现实中找不到自己的位置,因而感到郁闷、孤独、压抑,既无法实现伟大理想,又无法融入当下社会,因而就不自觉地变成了俄国社会中的"多余的人"。

《当代英雄》中的青年军官毕巧林出身上流社会,但是他极其厌恶贵族阶级的生活。他精力充沛、才智过人,但是由于无奈于专制制度的黑暗和俄国社会的落后,由于自身不切实际的空想,因此空有抱负和大志,却得不到施展,只能把精力甚至是生命浪费于一些琐碎无聊的小事之上。

屠格涅夫小说的"多余的人"形象——罗亭出生于没落的贵族家庭,他曾是莫斯科大学的学生,参加过秘密小组,后来到德国留学。他心怀远大抱负,他相信:"人假使没有自尊心,那就会一无价值,自尊心就是可以把地球移动的阿基米德的杠杆","自尊自爱,作为一种力求完善的动力,却是一切伟大事业的渊源。"[①]他回国后,雄心勃勃地开始了对现实的改造,改革农庄、疏浚河道、投身教

① 屠格涅夫:《罗亭》,人民文学出版社 1983 年版(下同),第 37 页。

育，但总是屡屡碰壁，甚至在爱情生活也屡屡碰壁。他感叹道："做个有用的人谈何容易！……即使我有坚强的信念，深信我能有用——即使我信任我自己的能力——我又能到哪里去找那些真诚的、富于同情的灵魂呢？"①

"多余的人们"的的确确反抗过现实，反抗过自己的身份，但是他们却总也跳不出贵族阶层狭小的世界，奢靡、虚伪、庸俗的上流社会使他们崇尚虚荣，好逸恶劳，脱离人民。贵族生活的寄生性、腐朽性使他们养成怠惰的习性，培养精英和统治者以及"美好一切"的贵族教育，使他们脱离实际，没有掌握社会所需要的知识和本领。于是，他们挣脱不了残酷时代的羁绊，只能在生活和事业的外围周旋徘徊。他们缺乏具体事业目标的生活，脱离俄国现实和群众的环境。他们常常是思想与行动分裂，言与行脱节。"多余的人们"不满于现实、愤世嫉俗、不满自我，曾经一时激发起报国报民的宏伟愿望，但几经自我搏斗也没有超越自我，最终变成了语言上的巨人和行动中的侏儒，这恰恰是那个时代脱离群众不了解俄国现实的贵族知识分子的通病和致命的弱点。赫尔岑在《谁之罪》中借主人公别里托夫之口，形象地描绘了这一代"多余的人"的共同悲剧："我在十字路口徘徊，同时喊到：'战场上有人吗？'没有人回答，……而孤单单一个人在战场上是当不了战士的。……我离开了战场。"②

"多余的人"从普希金笔下的奥涅金开始，到冈察洛夫笔下的"奥勃洛莫夫性格"(обломовщина)结束。在奥勃洛莫夫身上，"多

---

① 屠格涅夫：《罗亭》，第105—106页。

② 赫尔岑：《谁之罪》，译林出版社2001年版，第147—148页。

余的人”身上原来所有的愤世嫉俗、远大抱负和事必躬亲等一切闪光点已经不见了，而贵族阶层身上那种因循守旧，反对变革，懒惰成性，寄生没落的阶级本性赤裸裸地暴露无疑。在冈察洛夫笔下，贵族地主奥勃洛莫夫“他的思绪，像自由自在的小鸟似的在脸上盘旋，在眼睛里飞舞，停留在半张开的嘴唇上，隐匿在脑门的皱纹中，随即完全消失，满脸呈现无忧无虑的温和光彩。这种无忧无虑从他的脸上转移到全身，甚至渗透到睡衣的褶皱里”，而在日常生活中，他“什么都不称心，什么工作都不想做。他不论做什么事情，都是打着哈欠，冷淡，懒散，提不起精神”。[①] 冈察洛夫的同时代人、著名文学评论家和政论家杜勃罗留波夫在《什么是奥勃洛莫夫性格》中概括这个形象的特征，“假如现在我看见一个地主正在谈论人类的权利和发展的必要，我从他开头几句话就知道，这是奥勃洛莫夫。假如我遇到一个官员在为公文处理的杂乱和繁琐发牢骚，他就是奥勃洛莫夫。假如我听见一个军官在抱怨阅兵使人精疲力竭，大胆批评慢步走毫无用处等，我就毫不怀疑地认为他是奥勃洛莫夫。假如我在杂志上读到反对舞弊行为的自由思想的言论，以及因为我们希望和期待已久的东西终于实现而喜形于色，我就认为这全是奥勃洛莫夫卡写来的。当我置身有教养的人们的群体中，他们深切同情人类的疾苦，多年来一直愤愤不平地谈论关于贪污受贿、欺压百姓，五花八门的违法乱纪的老问题（有时也有新事例），我就不由自主地感觉到自己已经来到了老奥勃洛莫夫卡那儿了。……您再不能从他们那里得到别的什么了，因为他们身上都打着奥勃洛莫夫性格的烙印。”他称赞：“冈察洛夫才能的最强有力

---

① 冈察洛夫：《奥勃洛莫夫》，人民文学出版社1997年版，第83、139页。

的一面，就在于他善于把握对象的完整形象，善于把这形象加以提炼，加以雕塑。”[①]文学评论家和政论家皮萨列夫认为：“在小说中体现出来的冈察洛夫的思想，属于所有的时代和人民，但是在我们时代，对于俄国社会，有特别的意义。作者着力研究这种死气沉沉的、有害的影响，这种影响让人的思想消沉、松懈，逐渐腐蚀心灵，束缚人的理智活动和感觉。……这就是冈察洛夫所说的奥勃洛莫夫性格；这是一种病，斯拉夫人的自然条件，以及我们的社会生活促进了它的发展。”[②]而“奥勃洛莫夫们”的出现表明，社会政治领域中的社会精英和先进分子的角色已经由贵族知识分子让位给了平民知识分子[③]，而文学领域中的“多余的人”形象也被“新人”形象所代替。

“忏悔的贵族”是这一时期另一个具有时代特征的文学形象。他们同样不满意俄国黑暗现实和落后，他们思考过俄国的命运，思考过“谁之过？”、“怎么办？”等问题，但是他们同样无力推翻这个社会和制度，甚至也无力改变自己，无力放弃自己的权力和地位。与“多余的人”形象不同的是，他们在灵魂深处“忏悔自己的特权，意识到对劳动人民的罪过，憎恶战争和强权，向往人们兄弟般友好……”。“知识分子为了尽自己的义务，赎自己的罪过而走向人民，深入到人民中去。”[④] 19 世纪 70—80 年代，民粹派思想家拉甫

① 普罗托波波夫：《别林斯基·杜波罗留波夫·皮萨列夫·冈察洛夫》，海燕出版社 2005 年版(下同)，第 339—340 页。

② 同上书，第 341 页。

③ 俄文为 разночинец。该词由 разно(不同的)和 чини(官员)组成，表明平民知识分子来自非贵族的各个阶层。

④ 别尔嘉耶夫：《俄罗斯思想》，第 112、183 页。

罗夫在《历史信札》中认为"贵族人士"的地位和财产是以"奴役大多数人"获得的,因此他们对人民"负有还不清的债务",贵族阶层和知识分子应该担负起回报人民、发动人民的责任。巴枯宁也在《告俄国青年兄弟几句话》中号召:"到民间去吧!你们的战场,你们的生活和你们的科学就在那里。在人民那里学习如何为他们服务,如何最出色地进行人民的事业。"[①]

陀思妥耶夫斯基的《地下室手记》的主人公——"地下室人"是一个"忏悔的贵族"典型形象。他出身贵族世家,曾经风云官场,但最终被官场和社会所抛弃,只能躲在暗无天日的地下室里,痛苦地反省,无可奈何地舔自己的"伤口"。他思维活跃,洞察一切,愤世嫉俗,但又天性软弱,既无力改变世界,又无力改变自己。他向往"美与崇高",可却与现世与恶势力同流合污。他认识到了自己灵魂的卑劣,但又甘心堕落。他甚至在痛苦的自我折磨、自我忏悔中能感到一种愉悦。他自我解剖:"一个思想发达的正派人,如果没有对自己的无限严格的要求,不是有时候蔑视自己达到憎恶的程度,那这个人就不可能有虚荣心。……我是一个病态的思想发达的人,一如当代思想发达的人常有的情形那样。"[②]别尔嘉耶夫评价:"陀思妥耶夫斯基打开了地下室,发现了隐藏着的人,提示了潜意识的深刻性……陀思妥耶夫斯基看到了恶的自由和强制性的善的两重性。"[③]

聂赫留道夫公爵是19世纪俄国文学史中最成功的"忏悔的贵族"的形象。贵族人物聂赫留道夫公爵在他担任职务的法庭上认

---

① 中央编译局编译:《民粹派文选》,第52页。

② 陀思妥耶夫斯基:《地下室手记》,译林出版社2004年版,第182—183页。

③ 别尔嘉耶夫:《俄罗斯思想》,第178页。

出了眼前的被告女犯是他当年“始乱终弃”而成为妓女的马斯洛娃。聂赫留道夫感觉自己无法躲避罪责，因为他是一切罪恶和错误之源，他感觉法庭不仅仅在审判马斯洛娃，而且在拷问他的灵魂。聂赫留道夫决定开始悔过自新，他恳求马斯洛娃宽恕他，并且愿意为她推翻误判到处奔波，去监狱、去法院、去省府，决心悔改。他要帮助她精神复活，甚至娶她为妻，然后一起移居国外。在托尔斯泰的许多作品中，忏悔的贵族形象不断出现，如《一个地主的早晨》中的聂赫留道夫、《战争与和平》中的安德列·皮埃尔、《安娜·卡列尼娜》中的列文等。聂赫留道夫公爵是腐朽没落的贵族阶层和社会制度中的觉醒者，是一个要通过救赎曾经被他所欺凌、被他所侮辱的人，拯救自己的灵魂和人生的人。在聂赫留道夫身上有着托尔斯泰自己的影子，聂赫留道夫灵魂的救赎过程就是托尔斯泰自己灵魂的复活过程。托尔斯泰早年曾沉湎于声色犬马，放浪形骸，而最终却成为一个彻底的清教徒，宣传禁欲主义学说，提倡“道德自我完善”，告诫世人去恶扬善，因为“真正的生命在于最大限度地接近每一个人在内心中发现并意识到的天国的完美，在于越来越接近自己的意志同上帝的意志的融合”。①

第五节　俄国知识分子群体的形成与特点

一、俄国知识分子群体的形成

18 世纪末 19 世纪初，俄国知识分子由个体向群体的转化速度明显加快了。美国历史学家拉伊夫认为到这个时期俄国现代

① 托尔斯泰：《天国在你们心中》，上海三联书店 1997 年版，第 188 页。

知识分子已经产生,“叶卡捷琳娜二世统治末期,文明社会的蓝图已初具规模,由于前面所说的原因,必要的社会机构和制度都没有建立,而且也没有一个能建立起来。但亏得彼得大帝和叶卡捷琳娜二世创导改进的国家政策,作为文化上层喉舌和思想意识温床的一支知识分子队伍发展并壮大起来。一方面是文明社会与知识分子,另一方面是君主独裁,要求尽量缩小人民自由活动的范围,这两者之间出现了真空。怎样填补这一真空,由谁来填补,这就是19世纪开始时俄国面临的挑战。”[①]1825年的十二月党人起义,表明俄国知识分子对国家和政府完全失去了信心,表明贵族阶层与沙皇政府之间出现了裂痕。俄国知识分子作为一个独立的社会群体最终形成于19世纪30、40年代[②],它的重要标志是在此时期,在俄国思想文化界,围绕着俄国向何处去,展开了第一次大规模的思想论战,这场思想论战最后演变成政治论战。最终在俄国知识分子内部形成了政治分野,这场持续20余年的大论战充分反映了俄国知识分子的独立思考能力和独立思考的意识。[③]

整个19世纪是俄国知识分子群体从数量到内部结构迅速发展的阶段,到19世纪末俄国的受教育阶层人数得到了较大规模的增长。1897年全俄普查的数字表明,在1.26亿俄国居民中,从事教育工作的超过17万人,从事图书馆工作的约1000人,从事图书

① 拉伊夫著:《独裁下的嬗变与危机——俄罗斯帝国二百年剖析》,第82页。

② 利哈乔夫认为俄国知识分子群体形成于18世纪末19世纪初(参见利哈乔夫:《论俄国知识分子》,载《新世界》,莫斯科1999年第2期);而别尔嘉耶夫认为形成于19世纪60年代的“农奴制改革时代”(参见别尔嘉耶夫:《俄罗斯思想》,第203页)。

③ 关于这场论战的具体内容详见本书第二章。

贸易的5000余人。全国约有1.8万名画家和演员,3000名学者和文学家,宗教界人士总计25万。十月革命前,受教育阶层约占俄国总人口的2.2%。[①]

俄国知识分子的来源主要有两个:第一批知识分子基本上来自于贵族阶层,如拉吉舍夫、十二月党人和赫尔岑等。19世纪30、40年代以后,平民出身的知识分子登上了俄国政治舞台,如别林斯基、车尔尼雪夫斯基、恰达耶夫、杜波罗留波夫等。19世纪60、70年代以后,在资本主义发展的背景下,工商业资产阶级家境出身的知识分子和农奴出身的知识分子人数也越来越多。因此,别尔嘉耶夫认为:"知识分子的队伍是从不同的社会阶层集合组成的,开始时贵族占有优势,后则是平民知识分子居多。多余的人、忏悔的贵族以及后来的积极革命者——这就是实际存在的知识分子的不同成分。"[②]正因为如此复杂的群体构成,在俄国知识分子中包含着各种各样的、有时是截然不同的思想和政治主张。资产阶级民主主义思想、小资产阶级的激进主义思想、无政府主义思想、各种社会主义思潮、马克思主义思想、封建主义和专制主义思想激烈交锋。尽管它为俄国的历史发展和现代化进程规划了各种道路和方案,但是它自身却没有实践和实现这些设想的能力,他们或者把自己的理想寄托于农民身上,或者是寄托于沙皇政府身上,或者是资产阶级身上,或者是无产阶级身上。因此,在俄国社会中,知识分子无法形成为独立阶级或阶层,它仅仅是一个相对松散的社会群体。

---

① 参见泽齐娜等著:《俄罗斯文化史》,第204页。

② 别尔嘉耶夫:《俄罗斯思想》,第26页。

二、“普世”与“济世”：俄国知识分子群体的特点

第一，俄国知识分子群体具有强烈的普世主义情结。

普世主义（Ecumenism，俄文 Экуминизм 或 Универсализм）是俄罗斯文化中一个非常明显的内容。它是与东正教教义及世界观密切相联的一种思想，它强调俄罗斯是天神所赋的、具有拯救斯拉夫世界，乃至整个人类的伟大使命的民族；强调俄罗斯道路的独特性，强调俄罗斯的使命是成为各民族的解放者。随着历史的发展，东正教会与俄国的知识界不断为它增加新的内容。在俄国根基深厚、蔚然大观的宗教哲学有“弥塞亚说”、“俄罗斯人即人类，俄罗斯精神即宇宙精神”等理论。俄国思想文化界则强调“俄罗斯精神”、“俄罗斯道路”的世界意义；俄国历代的革命者则强调“俄国革命”对人类历史进程的巨大影响力，甚至将“俄国革命”必将引发“世界革命”视为合乎规律性的东西。20 世纪俄国著名的哲学家洛斯基评价：“斯拉夫主义者对俄国文化的独特特征给予极高评价，并断言俄罗斯的政治和社会生活正在并将继续沿着自己特有的、不同于西方民族的道路发展。依照他们的观点，俄罗斯负有用东正教和俄国社会理想的精神使西欧得以健康成长的使命，它同样将依照基督教原则帮助欧洲解决其内部和外部的政治问题。”①

除去东正教的影响外，俄国思想文化界的普世主义还起源于 15 世纪中期的“莫斯科—第三罗马”理论，然后经过陀思妥耶夫斯基、达尼列夫斯基、弗拉基米尔·索洛维约夫等人的充实，再被民粹主义者所继承，而后又为普列汉诺夫和列宁等马克思主义者所发扬光大。别尔嘉耶夫断言：“俄国是唯一被赋予某种使命并正在

① 洛斯基：《俄国哲学史》，浙江人民出版社 1999 年版（下同），第 54 页。

把整个欧洲作为某种腐朽物，面目可恶的恶魔和注定要灭亡的东西而加以推翻的国家"，"在正在到来的世界历史时期，俄罗斯的使命是把自己的新想法告诉世界，正如拉丁国家和日耳曼国家已经做过的那样。以俄罗斯为首的斯拉夫人应该揭示出自己的精神能力，使自己得到的神的启示得到展示，斯拉夫人正在取代那些曾经发挥过自己的作用的民族，这些民族已经落后了，而斯拉夫人，是属于未来的民族。在俄罗斯，早就出现了这样的预感，认为这样一个历史时刻终将到来，那时，俄罗斯将被赋予在精神方面实现重大的使命，而世界精神生活的中心将移至俄国。"[①]19 世纪以来，俄国知识分子即是在这样一种情结和使命感的驱使下，观照着俄国历史与世界历史的发展进程，提出和实践着自己的政治主张和理想。

第二，俄国知识分子群体怀有强烈的反叛精神和极端主义情绪。

俄国知识分子的反叛精神来自于 17 世纪中叶的宗教改革造成的社会分裂。1653 年，东正教牧首尼康在沙皇政府的支持下强制推行了俄国东正教仪式的重大改革。这项改革导致了俄国东正教会的大分裂，继而是俄国社会的大分裂。一部分教徒坚持旧仪式，被称为"旧礼仪派"，他们认为尼康的改革目的在于使俄国教会"罗马化"，他们以各种形式起来造反，受到了东正教会和沙皇政府的迫害，有数万人被处死或流放，许多人因不愿放弃自己的宗教信念，只能被迫离乡背井。"旧礼仪派"中有相当的一部分人是拥有一定文化知识和政治判断能力的教士和神职人员。他们由对尼康牧首所控制的东正教会的敌视，转向了反对与东正教会联手迫害

① 别尔嘉耶夫：《俄罗斯思想》，第 89 页。

“旧礼议派”的沙皇政府,从此在俄国知识分子中间埋下了反叛主义和怀疑主义的因素。“分裂派的其他活动家激烈反对尼康的宗教改革,不仅是出于教条性的理由,而且也是出于是认为‘信奉基督教’的人民的社会权利遭到侵犯的信念……分裂派仍然坚持自己的社会平等,虽然他们也依据东正教的教条,但违反了神秘论的教规。分裂派这些要求,很可能给夏波夫和后来的普列汉诺夫提供了一种根据,认为分裂运动是具有朴素民主情绪的群众反对社会压迫的一种历史性的具体形式。不应该无视分裂运动的‘启蒙’功能。”①他们的这种反叛精神为18世纪的知识分子,如拉吉舍夫等人所继承,为19世纪的俄国知识分子群体所发扬。

俄国有影响的知识分子一般都采取不与沙皇政府合作的态度,以维护自己的人格尊严和社会独立性,同时也是为了维护自己的政治声誉。他们往往以人民的代言人自居,有时以“社会的良心”自诩,有意识地、有时也是盲目地反叛俄罗斯文化传统,反叛自己出身的阶级属性,反叛统治政权,反叛社会潮流,并怀疑一切。

别尔嘉耶夫对知识分子做了总体概述。他认为:“俄国知识分子是一个不切实际的阶级,这个阶级的人们整个地迷恋于理想,并准备为了自己的理想去坐牢,服苦役以至被处死。知识分子在我们这里不可能生活在现在,他们是生活于未来,有时生活于过去。”②他还对知识分子的特点进行了总结,“分裂,背弃信念,漂泊,与现实不调和,志在未来,向往更好的、更公道的生活——这是知识分子的特点。”③可以说,别尔嘉耶夫对知识分子的概述是全

① 马里宁:《俄国空想社会主义简史》,第6—7页。
② 别尔嘉耶夫:《俄罗斯思想》,第25页。
③ 别尔嘉耶夫:《俄罗斯思想》,第26页。

面的和准确的。俄国知识分子都是理想主义者，他们具有强烈的反叛意识，生来就是时代的批判者。

别尔嘉耶夫还认为："从18世纪末起，俄罗斯的知识分子，从拉吉舍夫开始就被君主专制的国家机构所窒息，因而寻找社会生活的自由和真理。整个19世纪知识分子都与帝国作斗争，他们信奉没有国家、没有政权的理想，创造着无政府主义思想体系的极端形式"①，"对于革命的知识分子来说，革命是宗教的，是极权的，对待革命的态度也是极权的。"②

俄国知识分子的极端主义精神与俄罗斯民族的性格相联系，同时与俄国知识分子长期存在并引以为自豪的反叛精神密切相关，从而使俄国知识分子在思想和行动上极易走极端主义的路线。俄国著名学者斯徒卢威认为俄国知识分子的一个缺点是它的无忍耐性，"要么全部，要么一点没有（Все или ничего）"，③即是知识分子风行一时的极端主义口号。他们看待事物、分析问题的角度常常是极端主义的，制定方案和采取行动也常常是极端主义的。

第三，俄国知识分子群体怀有强烈的自省和自责意识。

俄国知识分子素以天下大事为己任，怀有崇高的理想和抱负，视拯救俄罗斯，拯救世界为自己的天职。但是在现实生活中，他们必须面对历史积淀深厚的俄罗斯传统势力，面对强大的几乎不可战胜的专制制度统治和农奴制经济，还必须突破来自于自己头脑中各种名利思想的束缚，特别是还须洗净自己身上因袭着的俄罗斯文化传统的痕迹。他们一方面为俄国的严重落后和下层人民的

---

① 同上书，第143页。

② 同上书，第158页。

③ 斯徒卢威：《知识分子、权力、人民》，莫斯科1993年版，第192页。

困苦境地而悲哀，一方面又为自己的渺小和无力而自责。“谁之错？”和“怎么办？”成了俄国知识分子永远难以解开的世纪难题。因此，每当他们面对重重阻碍时，理想常常成为幻想，抱负常常变为遗憾。他们经常是有心成就大业，但在残酷的现实面前却常常碰壁而归。于是，在俄国知识分子群体中间常见的一种情绪就是一味的自责（别尔嘉耶夫称为“自虐”），即俄国著名哲学家谢尔盖·布尔加科夫所说的：“俄国知识阶层，特别是他们的前辈，在民众面前固有一种负罪感。这一种‘社会的忏悔’，当然不是对上帝，而是对‘民众’或‘无产者’。”[①]也即别尔嘉耶夫所说的：“知识分子受到两种力量的压迫：沙皇政权的力量和人民自发的力量。后者对知识分子来说是一种隐秘的力量，知识分子自身与人民截然不同的，它感到自己有负于人民，它希望为人民服务。‘知识分子与人民’这一命题纯然是俄罗斯的命题，西方很难理解。”[②]

一些知识分子经过长时期的自我责难，自我反省，改正或调整了自己以前不切实际的想法和主张，变空洞的学术争论和理论说教为实际的行动。车尔尼雪夫斯基长篇小说《怎么办？》中的几个男女主人公即是这样的知识分子。也有一些知识分子长期陷入自责自虐的恶性循环之中，觉得自己是渺小的，无力抗争险恶的现实，从而在思想上沦为颓废者，继而宣布“与现实和解”，19 世纪的“奥勃洛莫夫性格”和“多余的人”的典型形象即是这部分知识分子的真实写照。

正是在这种矛盾的心情之下，在 19 世纪的俄国知识分子群体

---

① 基斯嘉柯夫斯基等著：《路标》，云南人民出版社 1999 年版（下同），第 27 页。

② 别尔嘉耶夫：《俄罗斯思想》，第 28 页。

中出现了一系列“忏悔的贵族”的形象。贵族出身的哲学家别尔嘉耶夫曾经反省:“在贵族社会里,我看不到真正的贵族主义,看到的只是傲慢自大、对下层的鄙视、封闭性。俄罗斯没有真正的贵族主义传统。”[1]在19世纪70年代,民粹主义运动最为高涨的背景下,“忏悔的贵族们”脱去了华丽的服装,穿上粗俗的农民服装,高喊着“到民间去!”走乡串户,去发动他们自认为“天生就是共产主义者”的农民。但“到民间去运动”失败后,他们则由极度失望而走到极端行动,盲目将炸弹投向沙皇及其鹰犬,走上了个人英雄主义和恐怖主义的狭隘道路。“革命者的每次失败都引发出精神的消沉和全面的失望,也表现在各种宗教和道德的曲解之中。更具神秘倾向的人不知不觉地陷入极端的宗教个人主义和神秘主义;其他一些人则到马克思主义哲学的历史决定论中寻找庇护;另外一些人则变得玩世不恭,蔑视世界和他们自己的精神意识。”[2]1909年,《路标》文集出版了,它是俄国自由知识分子的一份集体反省书。《路标》激烈批评19世纪中期以来俄国知识分子中的激进主义倾向,反省1905年革命失败的原因,认为产生这种现象的主要原因是知识分子信奉唯物主义这种“最简单、最低级的空论”,教条主义地对待西方的社会学说。作为作者之一的别尔嘉耶夫说:“由于自身的历史地位,俄国知识阶层存在着某种不幸:对平均主义的公正、社会之善和民众利益的崇尚消解了对真理的崇尚,甚至近乎扼杀了对真理的兴趣。”[3]另一位作者谢尔盖·布尔加科夫批评说:“知识分子经常(尤其是在特定的情形下)歇斯底里般地陷入英雄

---

① 汪建钊编选:《别尔嘉耶夫集》,远东出版社1999年版(下同),第332页。
② 赫克:《俄国革命前后的宗教》,第142页。
③ 基斯嘉柯夫斯基等著:《路标》,第6页。

主义狂欢的状态”,“在一定程度上,英雄是超人,在对待自己周围人的态度方面,他们摆出救赎者高不可攀、颐指气使的姿势。”①斯徒卢威在文集中认为,“知识阶层将疯狂的仇恨、致命的直线式结论和过程,带进了与俄国历史的国家体制和‘资产者’的社会制度所进行的斗争;同时他们根本没有将宗教思想带进这种斗争”,“知识分子思想中的政治激进主义与民众本能的社会激进主义,以惊人的速度完成了嫁接。政治上的错误、策略上的失误,以及其它许多现状都归结为:知识阶层如此草率、如此迅速地踏上了这条灾难深重的、民众政治和社会的革命化道路。”②“路标派”的观点是基于知识分子“有罪”的前提下作出的反省,他们站在保守主义的立场之上,错误地将知识分子与人民对立起来,将知识分子的历史使命与他们的宗教意识对立起来,他们的这种反省是消极的反省。

反省和自责是知不足的前提,是继续前进的基础,正是由于这一优劣参半的群体特性,促使俄国先进的知识分子不断地鞭策自己,不断地投身于俄罗斯社会发展之中,投身于俄国现代化进程之中。

第四,俄国知识分子内心深处强烈的“无根性”意识,深刻地影响到他们的思维模式和行动方式。

“无根性”一方面是指俄国知识分子在精神生活和物质生活乃至理想目标方面困惑于自身的“孤独”状态。知识分子作为“受教育阶层”,饱受欧洲文明和生活习俗的浸润,而且过着相对于下层百姓而言的“锦衣美食”的生活。尽管他们鄙视自己出身的“阶层”

---

① 基斯嘉柯夫斯基等著:《路标》,第34、376页。

② 同上书,第150、153页。

和世袭的身份，有心报国报民，但由于身份地位、经济处境、认识水平和行动方式的差异得不到下层百姓的支持和理解，对俄国社会的现实了解不多或根本没有了解。另一方面是指俄国的知识分子不是一个由某种客观的存在条件而统一起来的社会群体，他们在主观意识上或许完全是无私的，所思所想所为并不是为自己的狭隘的物质利益，他们与专制政府进行着百折不挠的斗争，并不企图在斗争中为自己捞取什么好处，而是一切“以人民的名义”行事，为了人民，他们宁愿受苦、坐牢、流放、受尽煎熬也在所不惜，然而，却常常在人民面前碰壁。不仅如此，在人民面前，他们有着深重的负罪感。知识分子拥有知识，但他们却并不以此为荣，相反却觉得这是压在他们心头的一个沉重的负担并力图摆脱它。

俄国知识分子不是一种社会实体，把他们结合在一起的只是某种社会思想。在俄国历史进程中，由于俄罗斯民族精神的特殊性，它的知识分子也肩负着特殊的历史使命，而且他们只存在于俄罗斯的精神社会环境之中。俄国知识分子具有富于幻想，追求崇高的特点，更多的从全人类的命运出发，去考虑问题，淡于对现实物质利益的追求，鄙视小市民心理，富有贵族气的思维特点。“知识分子更像是一个有着自己非常不宽容的道德，强制性的世界观和特殊的方式和习惯的僧侣阶层或宗教教派”。[①] 这就造成了知识分子的“无根性”。

俄国知识分子认为自己愧于人民，须向下层人民进行忏悔。早期的贵族知识分子抛弃了财富、高贵的社会地位——这些东西是当时人们梦寐以求的，而努力使自己平民化，希望得到人民的认

① 别尔嘉耶夫：《俄罗斯命运》，云南人民出版社 1999 年版(下同)，第 46 页。

同。然而，他们并不真正了解当时人民的思想，他们的做法也不能为下层人民所理解，这也就注定了这些知识分子的悲剧。这个悲剧的高潮就是70年代的“到民间去”运动的失败。整个19世纪的知识分子是孤独的，他们不为任何阶层认可，他们的“无根性”决定了他们的悲剧是不可避免的。

别尔嘉耶夫指出：“知识分子在帝国和人民之间处于悲剧地位。他以人民的名义反对帝国，然而19世纪的俄罗斯是一个巨大的庄稼汉的王国，它被农奴制政权所束缚。这里存在着以专制君主沙皇为首的政权，它的统治不仅依靠军事力量，而且依赖于人民的宗教信仰。”这样，“知识分子便受到两种力量的压迫：沙皇政权的力量和人民自发的力量。后者对知识分子来说是一种隐秘的力量”。知识分子同情人民，希望拯救人民，但又不了解人民。他们的斗争脱离了人民，人民也不理解他们。因此，当19世纪后半期知识分子从事革命的时候，“人民沉默着，他们等待自己能够讲话的时刻，当这个时刻来临时，人民则从革命方面排挤知识分子”。[①]于是就出现了赫尔岑所说的“整个时代，整整一代人的命运”，“先是满怀希望向前猛进，然后被无情地抛在后面。”[②]

第五，俄国知识分子群体具有强烈的爱国主义精神和民族忧患意识。

爱国主义是俄国先进知识分子永恒的信念，高尔基形象地描述说：“俄罗斯是恋女，知识分子是情郎。”知识分子视祖国为母亲，视自己是她的儿子，有时也自怨是她的“不肖子孙”。俄国知

① 别尔嘉耶夫：《俄罗斯命运》，第78页。
② 赫尔岑：《往事与随想》下册，人民文学出版社1993年版，第126页。

识分子深信，“辽阔、深邃、巨大的俄罗斯大地，总能解救俄罗斯，帮他们摆脱困境。他们总是过分依赖俄罗斯大地，依赖俄罗斯妈妈。他们几乎把大地母亲与圣母混为一谈，寻求前者的庇护。”[①]他们为祖国的强大而欣喜，为祖国的落后而担忧，甚至由于沙皇政府的迫害，或者是因为政见不同而被迫离开祖国，背井离乡之后，在他们的心中，祖国仍然是第一位的和最宝贵的。为了祖国的利益，他们可以暂时放弃政见，投身到保卫祖国和建设祖国之中。在1812年的抗法卫国战争中，十二月党人怀着爱国主义信念参加了保卫祖国的战斗。20世纪20年代，在帝国主义武装干涉苏俄战事最酣的时候，一部分侨民知识分子提出了“路标转换”的主张，喊出了“保卫苏联，就是保卫祖国，就是保卫俄罗斯”的口号。十月革命后，因政治原因而被迫侨居国外的哲学家谢尔盖·布尔加科夫深情地写道：“我愈是年长愈是见多识广，就愈能看清祖国的意义。我不仅生在那里，而且生于一粒种子，有我自己的本性，所以我日后曲折坎坷的一生，都是这个根上长出的一连串枝芽。我的一切，都是来自那里，死是重返那里——生死同门。我的故乡利夫内这个名字，对我来说是神圣的。它是奥廖尔省的一座小城（若是现在看到它，我恐怕会高兴死），坐落在索斯纳河高地上，它一点儿也不美，甚至可以说丑陋；它灰蒙蒙的，不仅没有穿金戴银，而且衣着寒酸，甚至可以说褴褛。但它不缺乏我们俄罗斯中部几乎任何地方都有的东西：春夏秋冬、日落日出、河流树木之美。”[②]在他们的世界观中，祖国与自己个人

---

① 汪建钊编选：《别尔嘉耶夫集》，第40页。

② 索洛维约夫等著：《俄罗斯思想》，浙江人民出版社1999年版（下同），第321页。

的命运相连。在他们的价值观中,祖国永远是第一宝贵的。即使是背井离乡,亡命他国,但他们对祖国仍然是无怨无悔,在他们的有生之年仍不放弃返回祖国怀抱的努力。总的讲,爱国主义和护国主义是俄国知识分子群体的一个积极特点。当然,也有一部分知识分子由爱国主义走向了民族主义,由对祖国和民族的热爱而走入了“种族优越”和民族沙文主义的困境而难以自拔。

民族忧患意识是俄国知识分子的一个群体特征,它表现为对俄国所处的险恶的地缘政治环境及外来挑战的忧患。在俄罗斯民族国家形成过程中,俄罗斯民族经历了长达两个多世纪的异族人的残暴统治,它近邻的强国也曾对俄国的安全构成威胁。在俄罗斯民族国家建立和对外殖民扩张的过程中,俄罗斯民族又树敌太多,1812 年拿破仑的横扫之势令俄国知识分子真正感受到了外部敌人的威胁。这种意识还表现在对俄国经济落后、文化落后、政治落后和社会发展水平落后的忧患。与西欧的英国法国相比,与中东欧的德国、北欧的荷兰、比利时等国相比,俄国在文化教育、经济发展和社会发展水平方面无疑都是落后的,而且在知识分子的眼里,“俄罗斯是一个文化落后的国家,这是无可争议的事实。在俄罗斯有许多野蛮的黑暗,其中沸腾着一股东方的黑暗、混沌的自然力。”[①]他们一方面歌颂俄罗斯民族的伟大和庄严,另一方面也为俄罗斯民族的劣根性而担忧,“俄罗斯人的惰性、满不在乎、缺乏首创精神、责任感薄弱,都与此相关。俄罗斯大地的辽阔与俄罗斯灵魂的宽广压制了俄罗斯的能量,导致了博而不精的后果。”[②]数个

① 汪建钊编选:《别尔嘉耶夫集》,第 34 页。

② 汪建钊编选:《别尔嘉耶夫集》,第 40 页。

世纪以来，俄国社会发展与历史进程始终摇摆在东西方之间，始终没有找到自己的位置和发展方向，这也是令知识分子万分忧虑的东西。哲学家恰达耶夫痛苦地说："我们在成长，可我们却不能成熟；我们在向前运动，可我们却沿着一条曲线，也就是说，在走着一条到不了终点的路线……我们属于这样的民族，它似乎没有被组合进人类，它的存在仅仅是为了给世界提供一个严正的教训。"[①]如何使俄国历史发展摆脱这样的窘迫，如何使俄国赶上并超过西欧的发展速度，如何唤醒俄罗斯民族已经麻木的心灵，如何使俄罗斯人民摆脱经济上贫困、政治上无权的悲惨境地，是俄国知识分子为之忧患、为之思考并为之不懈努力的最重要问题。

① 恰达耶夫：《哲学书简》，第37—38页。

第二章　从"困顿"到"反思"：知识分子与俄罗斯文化传统

在人类文明发展史上，经济和政治的因素是推动任何一个社会和民族发展最活跃的动因。同时历史也将对其运动轨迹做出如实的记载，因此旧的、长期运行的经济形态和政治形态的遗存便构成了民族文化传统的最重要组成部分。对于任何一个民族来说，文化传统是与生俱来的东西，是一份无法拒绝的历史遗产，而且这份遗产注定要在该民族的历史发展和现代化进程中发挥其影响力。俄国在其漫长的历史发展过程中形成了以封建主义和专制主义为核心的文化传统，长期以来，这种文化传统持续性地发挥着它的滞后作用，使承袭着沉重的历史重负和文化传统的俄国现代化走上了一条不寻常的发展道路。而俄国社会发展道路、历史文化特点以及现代化历程已成为俄国知识分子回顾历史、面对现实和展望未来的参照物。在本章，作者将从俄罗斯文化传统的自然地理、文化地理（也即地缘文化）和政治地理（也即地缘政治）的角度，考察俄国知识分子对东方文化、西方文化和俄罗斯文化的认识、批判、肯定以及误读。

第一节 地缘文化、西方文化与国家发展之难局

一、东西交汇的地缘文化与“钟摆现象”

按照历史发展和地理区域的传统划分，一般以乌拉尔山为界，在地理上将俄国版图划分为欧洲（欧俄）和亚洲（亚俄）两大部分，“乌拉尔”（Урал）一词源于突厥语，意为“带子”，它北起喀拉海岸，南抵哈萨克草原，南北共长 2000 余公里、宽 40—60 公里，山脉的东西麓的气候、地理、植被、矿产表现了较大的差异。俄罗斯民族和国家均起源于欧洲的东部，最终散布于广大的俄罗斯平原之上。

俄罗斯平原是东欧平原的组成部分，它是东斯拉夫人和后来的俄罗斯人生存、繁衍和活动的主要区域。它的幅员北起北冰洋沿岸，南抵黑海和里海，西起东欧平原内陆，东达乌拉尔山脉。平原的北部边缘远远伸入北极圈，直到北纬 70 度附近，南部直抵北纬 45 度，东西分别与东经 20 度和 55 度—56 度交界。俄罗斯平原纵横数千公里，总面积共 400 余万平方公里。俄罗斯平原受大西洋及墨西哥湾暖流的影响较大，造成俄罗斯平原气候湿润，冬暖夏凉，1 月平均气温为零下 20 度左右，平原的西部不超过零下 4—5 度。7 月，俄罗斯平原的大部分地区平均气温低于 20 度，仅东南部达到 25 度。由于受海洋性气候的影响，整个俄罗斯平原降水量充沛，河流纵横，北德维纳河向北流入白海，涅瓦河向西流入波罗的海，顿河向南流入黑海。在俄罗斯平原上还有伊尔明湖、楚德湖、奥涅加湖、拉多加湖等欧洲和俄国著名的湖泊。俄罗斯平原的

植被条件非常优越,整个平原有一半以上的面积遍布森林,另一半面积主要是森林草原和草原。

俄国在自然地理上横跨欧洲和亚洲,浸润于欧洲(西方)和亚洲(东方)两种文化的影响,造成了它在文化地理上和政治地理上的独特景观,形成了俄罗斯文化多元性和东西方两大文化体系的结合部特征。

俄罗斯文化传统是许多世纪形成的,俄罗斯人许多世纪来的地理环境、生活方式和精神特点对于该传统发挥了重要的影响作用。著名的俄国历史学家如卡拉姆津、谢尔盖·索洛维约夫、克柳切夫斯基,著名哲学家如霍米亚科夫、弗拉基米尔·索洛维约夫、伊林、列昂季耶夫、别尔嘉耶夫,著名社会学家索罗金等都谈到了地理环境、气候条件和居住状况对早期斯拉夫人—东斯拉夫人—罗斯人—俄罗斯人的物质生活以及精神生活的巨大影响,包括对其政治制度和政治取向的影响。

在空间概念上,自然和地理环境的幅员广阔,这一特点对俄罗斯人的性格和行为以及它的自我组织(самоорганизация)的特点产生了重要的影响。列夫·古米廖夫解释为“养育的和包容的景观”(кормящий и вмещающий ландшафт)[①]。广阔的平原促成了俄罗斯的劳动、日常生活、道德和信念的统一,从而为建立统一国家创造了客观条件。“同样的需求导致达到满意的同样方式,平原似乎是广阔的,最初的居民似乎是多样的,但或早或迟就变成了国家的一个部分,由此来理解俄罗斯国家组成的广阔性。”[②]以上学者

① 格舒斯基等著:《俄国的民主教训》,第19页。
② 索洛维约夫:《论古代俄国史》,莫斯科1992年版,第13页。

认为强有力的国家政权和积极的疆土开拓政策对于严酷条件下俄罗斯人的生存是必要的，强有力的国家政权和中央集权的君主制对于防范来自外部，主要是东方的外敌入侵是必要的。

在时间概念上，俄罗斯民族渊源久远，它由欧洲最古老的民族集团斯拉夫人而来，并且经历了数个世纪的异族统治和融合，同时也在数个世纪里殖民和同化其他民族。在风俗习惯上，多民族杂居共处，多种族习俗相互影响，长期接受亚洲文化和欧洲文化、基督教文化和伊斯兰教文化、农耕文化和游牧文化的多重影响。

那么，美国的地理条件和生活环境同样是幅员广阔，为什么走上另外一条道路——民主的道路呢？这个问题是俄国学者多方思考的问题。俄罗斯当代历史学家古列维奇的解释是："在美国历史中，地理因素的作用同样是显著的，但是它与俄国的区别在于：美国人是建设者，而不是破坏者。美国思想，或者按照美国人自己的表述叫'美国梦'，从最初即依靠和倾向于人，而不是国家。美国梦的实现是取决于个性、进取精神和成就（即在俄国总是被粗暴地和道德化地压制的东西）。正是相似的民族精神注定使美国不仅仅成为一个幅员广阔的国家，而且发展了民主体制，获得了高水平的生活。在这里民族精神与个性合一，国家性概念得到充分体现。"①

俄国著名历史学家克柳切夫斯基曾经指出：俄罗斯国家的历史即是开拓土地和殖民的历史，从 16 世纪中期到 19 世纪中期，"俄罗斯民族向整个东欧平原散布开来：从波罗的海到白海到黑海、高加索山脉、里海和乌拉尔河，甚至深入高加索、里海和乌拉尔

---

① 古列维奇：《民族精神和个性》，载《新世界》，莫斯科 1993 年第 5 期，第 205—206 页。

以南、以东的地方。俄罗斯部族在政治上几乎全部联合在一个政权之下:小俄罗斯、白俄罗斯、诺沃罗西亚(新俄罗斯)一个接一个地归并入大俄罗斯,组成了全俄罗斯帝国。"①

俄国在15世纪80年代以前,还只是东欧的一个弱小国家,在经济、军事和文化上都大大地落后于邻国。马克思曾指出:"鞑靼人的枷锁从1237年持续到1462年,长达两个多世纪,这种枷锁不仅压迫了,而且凌辱和摧残了成为其牺牲品的人民的心灵。鞑靼(蒙古)人建立了以破坏和大屠杀为其制度的一整套恐怖统治。"②俄国除了遭到蒙古人的奴役外,还经常受到邻近国家和民族(波兰—立陶宛人、日耳曼人、瑞典人)的入侵或搔扰。莫斯科公国领导了摆脱鞑靼(蒙古)人统治的斗争,伊凡三世靠"20年左右的耐心工作",终于在1480年"把莫斯科公国从鞑靼人的枷锁下解救出来"③。与此同时,伊凡三世还征服了罗斯各公国,到15世纪末俄国基本统一。在反抗异族压迫的过程中和伴随俄罗斯统一国家的形成,俄罗斯民族的民族意识开始觉醒,俄罗斯民族〔或称大俄罗斯民族(Великороссы)〕形成了。到19世纪末,俄国的版图最终确立。经过长达350年的血腥兼并和殖民扩张,俄国由东北罗斯一隅的"弹丸小国"——莫斯科公国扩大成横跨欧亚的大帝国,它的版图由280万平方公里扩展为2280万平方公里(其中殖民地面积为1740万平方公里)面积的殖民帝国。④

"全球史观"的先驱、美国著名历史学家斯塔夫里阿诺斯在谈

---

① 克柳切夫斯基:《俄国史教程》第1卷,商务印书馆1992年版(下同),第28页。

② 马克思:《十八世纪外交史内幕》,人民出版社1979年版,第67页。

③ 同上书,第71页。

④ 波诺马廖夫主编:《苏联史》第2卷,莫斯科1966年版,第142页。

到俄国时强调："考察欧洲对俄国的影响似乎是有悖常理的，因为俄国毕竟是欧洲的一部分，俄罗斯人是欧洲的一个民族。但是，俄国位于欧洲的边缘，由欧洲和亚洲之间的一大块缓冲地带构成。由于这一位置的缘故，俄罗斯人的历史经历完全不同于其他欧洲人，他们所发展起来的文化也相应地不同。因此，俄国的思想家一代一代地以民族方向和民族目标这一基本问题来烦扰自己。"[①]别尔嘉耶夫也认为："……东方与西方两股世界历史潮流在俄罗斯发生碰撞，俄罗斯处在二者相互作用之中。在俄罗斯精神中，东方与西方两种因素永远在相互角力"[②]，甚至连苏俄红色领袖托洛茨基也认为："俄国不仅在地理上而且在社会上和历史上都介于欧洲和亚洲之间。它既同欧罗巴西方有区别，也同亚细亚东方有区别。"[③]

纵观10世纪以来俄国历史的发展历程，表现出较为明显的"钟摆现象"，即从第一个统一的俄罗斯国家——基辅罗斯开始，直至20世纪初，俄国的历史发展犹如巨大的钟摆，摆动于"西方式"与"东方式"两条截然不同的发展道路之间。

公元10世纪，基辅罗斯大公弗拉基米尔以强制方式率众皈依东正教，拉开了俄国"西方化"的序幕，这一过程持续到鞑靼（蒙古）人入侵前的13世纪40年代；从13世纪40年代至15世纪80年代，俄国经历了长达两个多世纪的来自鞑靼（蒙古）人的统治，被迫

---

① 斯塔夫里阿诺斯：《全球通史：1500年以后的世界》，上海社会科学院出版社1999年版（下同），第374页。

② 别尔嘉耶夫：《俄罗斯思想》，第2页。

③ 托洛茨基：《托洛茨基自传——我的生平》，国际文化出版公司1996年版，第255页。

走上了"东方化"的道路,尽管1480年终于摆脱了异族的统治,但是"东方化"进程以其惯性仍然延续了近两个世纪,直至17世纪末;从18世纪初至19世纪初,这是俄国历史上急速的"西方化"阶段,先有彼得一世急行军式的"欧化"改革,后有女皇伊丽莎白,特别是叶卡捷琳娜二世的"开明君主专制",在他们的统治下,俄国的"西方化"进程加速了;而从19世纪开始,俄国历史发展的"钟摆"似乎失去以往的规律性,迟疑并固执地摆动于"东方"与"西方"之间,它表现为亚历山大一世的"自由主义式"的统治和他所支持斯佩兰斯基的西方式的改革,但他同样支持酷吏阿拉克切耶夫的典型的东方式的"军屯制";亚历山大二世执政的农奴制改革的目的在于解放农奴,赋予其人身自由权利,但不放心的沙皇政府又试图以"东方式"的村社将农民禁锢起来。自19世纪以来,特别是19世纪60年代以来,俄国资本主义艰难地迈开其步伐,开始了经济现代化的进程,但是在政治上,专制制度仍然是一夫当关,沙皇亚历山大三世和尼古拉二世顽固地坚持"东方式"的超级集权统治。

二、西方文化的特殊影响和作用

由于独特的地理环境,在历史上,俄国经历了数次大规模的西方文化的侵润。来自西方的历史传统和先进思想,同样作为一种重要的历史传统和文化因素,对俄国现代化道路也产生了显而易见的巨大影响。

西方文化发源于古代希腊罗马文明,到近代发展为以资产阶级"自由""民主"思想为代表的先进文化,后来又形成了无产阶级的经典文化——马克思列宁主义。在近代乃至现代世界的历史进程中,该文化对许多国家和民族的进步都产生过重大的影响。在俄国现代化进程中，西方文化的影响尤为明显，它为专制黑暗的俄国带来了启蒙的曙光，以先进的思想启迪了一代代革命者，同时也警示了专制统治者，推动了俄国现代化的发展。

俄国历史上大规模引进和吸收西方文化有四次高潮。第一次高潮为公元10世纪末，基辅罗斯大公弗拉基米尔统治时期将基督教引入俄国；第二次高潮为17世纪末18世纪初，彼得一世统治时期依照西方的经济、文化模式进行的大规模改革；第三次高潮是19世纪20—70年代，即十二月党人等贵族革命家和车尔尼雪夫斯基、别林斯基等革命民主主义者对"自由""民主"思想的传播及实践；第四次高潮是19世纪80年代至20世纪初，以普列汉诺夫、列宁为代表的新一代革命家对马克思主义的传播及其把该理论与俄国革命具体实践相结合的过程。①

公元10世纪末基督教引入俄国，首开俄国引进西方文化之先河，促进了俄国的统一，加速了俄国封建制度的发展。基督教是作为一种现成的统治工具引入俄国的。宗教是一种社会意识形态，宗教是人类文明的必经阶段，是人类文化的内容及物质精神生活的折射与反映。尽管它是对社会现实和人们心理的歪曲的反映，但是它对早期人类和初民社会的发展产生了极其重要的影响，它直接或间接地影响着民族和社会的政治、经济、思想、文化、社会风俗及历史传统诸方面的发展。宗教在政治参与方面一般表现为两种形式：一种是以与世俗权力相抗衡的教权统治方式，如基督教会在欧洲曾作为一种独立的政治、经济和军事力量，发起数次十字军

① 自20世纪80年代中期（戈尔巴乔夫执政时期）到20世纪90年代末，俄国又开始了较大规模的与西方文化（模式）的接触和仿效，此为俄国历史上的第五次大规模吸收和引进西方文化的浪潮。

东征并且纵横于欧洲各国王权之间；一种是世俗权力把神权置于其控制之下，成为君主王权统治的理论工具。弗拉基米尔大公将基督教引入，目的即在于后者。

长期以来，东斯拉夫人一直信奉多神教，崇拜祖先，迷信万物有灵。这种信仰混乱，教出多门的局面不利于国家统一和王权统治。因此，基辅罗斯大公弗拉基米尔决定寻找一个外来的宗教以统一斯拉夫人的宗教信仰，以便把“北方征服者的军事统治同拜占庭皇帝后裔的神权专制制度合为一体，使他成为他的臣民在地上的主人和上帝所派的庇护者”。①

基督教一入俄国，几乎立即被置于王权控制之下，它在俄国专制制度的形成和发展过程中起到了重要的辅助作用。教会利用它所控制的文化教育机构，宣扬大公（沙皇）是上帝的使者，是上帝把大公（沙皇）“安排在他的地位上的，使他坐上沙皇的宝座……并且扶植他统治和管理教会、寺院以及整个信奉东正教国家和全部罗斯土地”。②

彼得一世改革是以军事改革为中心展开的全方位的政治、经济、社会和文化改革。他以疾风暴雨式的“野蛮”使俄罗斯民族与国家在极短时间内丢掉了陈腐的、落后的传统，趋向于文明的、先进的文化。“彼得大帝时代以其全部的实质表达了新俄罗斯对待古代俄罗斯的态度。无论是彼得的同时代人，还是后来的几代人都明显地感到，彼得的政治成就将旧罗斯塑造成一个欧洲国家。”③

彼得一世推行的宗教改革值得一提。他于1721年颁布法令，

---

① 马克思：《十八世纪外交史内幕》，第65页。

② 莫基切夫主编：《政治学说史》上卷，第126页。

③ 利哈乔夫：《解读俄罗斯》，第267页。

废除牧首制，建立圣主教公会，总监由彼得一世的亲信担任，彼得一世自任为“东正教最高牧首”，并将“君主的政权是专制制度的，是由上帝亲自托付的，为了良心必须要服从他，各级僧侣必须以他们的祷告为沙皇服务，任何人不得擅越职守”写入东正教教规中。为了防止弑君篡位和保护国家利益，彼得一世下令废除了东正教会的忏悔保密制。1722 年，圣主教公会发布法令，规定所有的教士在得知忏悔者存在图谋“叛变和弑君”的想法时，必须立即密报政府当局。宗教改革极大地打击了东正教势力，从而结束了教权与皇权的斗争，永远地将教权置于皇权之下。列昂托维奇认为：“在西欧，自由最初是通过贵族的活动而产生的，……此外，在西欧独立于世俗权力的教皇也是自由主义的一个重要来源，因为教皇建立了脱离于国家的精神领袖的自治权，并且在国家之外产生了某种有别于国家的自治权。我之所以不得不提出这些西欧自由主义的起源，是因为它们在俄国是缺乏的。作为教会权力的代表，它任何时候都没有被承认为有独立自主的统治者的地位，而封建主义在俄国从来就曾有过。”①

俄国宗教改革与中、西欧国家 16 世纪开始的宗教改革最大的区别在于：彼得一世改革是“自上而下”进行的，其目的是为了从东正教会手中夺取宗教最高管理权、文字解释权、教育管理权和思想影响权，以强化沙皇权力和中央集权；中、西欧的宗教改革是“自下而上”（英国宗教改革除外）进行的，其目的是消除教会的权威，变奢侈教会为廉洁教会，反对罗马教会对各国教会的控制，否定教会

① 列昂托维奇：《俄国自由主义史（1762—1914）》，莫斯科 1995 年版（下同），第 3 页。

有解释《圣经》的绝对权威,主张因信即可称义。

但是俄国宗教改革与中、西欧宗教改革又具有较为相似的改革背景。教会的权力在中世纪的欧洲达到了顶峰,教会不仅是社会精神和思想的核心,而且在较长时期和一定程度上也变成了各国政治的中心,排挤和轻视世俗政权——各国的国王统治者们。此外,教会势力透过对世俗生活中的婚丧嫁娶、邻里长短、文化教育的影响渗入到了社会生活的每一个角落。随着教会的世俗化,它也陷入了自上而下的腐败之中,出售赎罪券,教廷和一些教士的腐化极其严重。在罗马教会和天主教的巨大阴影之下,古希腊罗马灿烂的文化几近湮灭,开始了"黑暗的中世纪"。在俄国,自1589年自设莫斯科牧首公署,将莫斯科牧首区自行升格为继君士坦丁堡、亚历山大、耶路撒冷和安提阿并列的第五个牧首区之后,俄国东正教会与世俗政权斗争随之开始。尽管17世纪中期牧首尼康借教会仪式改革而树立自身威信和教会权威的举动被沙皇政权所打压,但东正教会干预国家政治、沙皇专制权力多受限制的现象长期存在,而且东正教会在某些时候介入沙皇政府内部和世俗政治纷争,成为与沙皇权力对抗的政治基地。因此,彼得一世下决心改革教会,使其为己所用。

英国学者丹皮尔认为:"宗教改革家有三个主要目标。第一,整顿由于有人滥用罗马会议,由于许多僧侣们生活放荡而遭到破坏的教律。第二,按照先前遭到镇压的某些运动的方针改革教义,并返回原始的质朴状态。第三,放松教义的控制,准许个人在一定程度上可以自由地根据圣经作出自己的判断"。[①] 西欧的宗教改

① 丹皮尔:《科学史及其与哲学和宗教的关系》,商务印书馆1975年版,第169页。

革沉重打击了封建制度和天主教教会，促进了民族意识的觉醒和民族语言文化的发展，为后来的资产阶级革命扫清了道路，在政治、经济和社会各方面具有深远的影响。彼得一世的宗教改革同样促进了民族意识的觉醒、民族语言文化的发展以及俄国知识界"自我意识"的觉醒，尽管它最终强化了沙皇专制制度，无法与"资产阶级革命"挂钩，但是它毕竟极大地促进了俄国经济和社会的发展，为俄国现代化创造了必要条件。尽管俄国未能经历文艺复兴的洗礼，但彼得一世的宗教改革仍然是人文主义和人本主义对宗教思想的巨大冲击，可以说在这一点，彼得一世无意识中完成了另一个"欧化"和"西化"。

彼得一世仿效西方的改革，使俄国社会和文化深深地打上了西方的印迹，为俄国现代化的实施创造了必要的前提条件。但是彼得一世倡导改革和欧化，根本目的是为了维护他的专制统治，因此改革只能是保守的改革，西化只能是有选择地西化，即他只引进西方文化的表层东西——科学技术、工场制度、教育体制、文化习俗等，而把西方文化的内核精华——自由民主的价值观念和共和代议制的政治制度一概拒之门外，这无疑又为俄国现代化设置了一层无形的障碍。而叶卡捷琳娜二世便承袭了他这一统治手段，表面极力推崇法国启蒙思想，倡导所谓"哲学家与君主结合"的开明专制，而实质上仍在实行绝对专制统治。

19世纪20—70年代是俄国思想解放的狂飙突进时代，西方的"自由、民主、平等"思想成为俄国思想解放的主题，十二月党人贵族革命家、革命民主主义者、民粹派知识分子充当了这一思想的传播者和实践者。十二月党人最大的贡献在于他们以自己的热情和努力在专制黑暗的俄国传播了西方自由、民主思想，以自身的鲜血和牺牲唤醒了一大批后来的革命者。在1848年欧洲革命的洪流中，以赫尔岑、别林斯基、车尔尼雪夫斯基、杜波罗留波夫和巴枯宁为代表的新一代革命家成长起来。他们如饥似渴地学习欧美的先进思想，研究黑格尔、费尔巴哈、圣西门、傅立叶的思想，研究法国的《人权与公民权宣言》和美国的《独立宣言》，他们提出的政治主张更切合俄国社会实际。他们认识到“专制制度和旧的传统是民族进步道路上的绊脚石”，[①]号召人民推翻现存制度“这幢腐朽的大厦”。他们在思想和理论上又比十二月党人前进了一大步，即他们能自觉地运用历史唯物主义的观点，科学地指出了“由封建主义过渡到资本主义，以及向行将来临的社会主义过渡，同样都必须通过革命的途径，革命不是偶然的现象，而是历史发展的必然规律”。[②] 以车尔尼雪夫斯基、别林斯基为代表的革命民主主义者以及后来的革命民粹派是俄国现代化的先驱，他们为俄国历史的发展做出了不可磨灭的贡献。他们的功绩在于，他们能够冲破封建文化传统的层层束缚，大胆地到西方文化中寻找改造俄国社会的理论，把民主思想作为一面镜子，无情地照出专制制度和农奴制度的丑陋和黑暗，热情地呼唤着人民革命。但是，尽管这些革命家已经意识到必须把西方的先进思想与俄国的具体问题结合起来，才能形成实际的改造俄国的理论，但他们未能制定出科学的理论，这个理论的创建及其实践的任务便留给下一代革命家——俄国的马克思主义者去完成。

在历史呼唤之下，俄国第一代马克思主义者诞生了。普列汉

① 莫基切夫主编：《政治学说史》上卷，第402页。

② 同上。

诺夫、查苏利奇、列宁等人在困惑于民粹主义道路走不通之后，欣喜地发现了马克思主义的巨大影响和作用。随后产生了俄国社会民主主义和布尔什维主义，20世纪初发生了十月革命和苏维埃政权建立的翻天覆地变化。

为什么在俄国历史上能出现数次大规模引进西方文化的现象呢？

首先，从地理因素方面看，俄国虽然为内陆国家，但却身处欧洲中部，处于东西方文化结合部上，这为西欧先进文明的传入提供了便利条件。加上弗拉基米尔大公、彼得一世以及后继者一直在为"出海口而战"，最终使俄国成为濒海的国家，使俄国有了眺望西方的窗口，这些因素都有利于西方文化的引进和传播。

其次，从西方文化的借鉴和传播者方面分析，俄国的统治阶级和革命者在内心深处都存有对西方文化的原始认同感。俄国的统治阶级中的很多人从小就接受过西方文明的熏陶，在心理上大都依属西方文化，当俄国出现危机或他们个人的统治出现危机时，他们便自然地到西方文化中去寻找出路。弗拉基米尔大公引进基督教，在精神上统一俄国；彼得一世学习西方，推行改革；叶卡捷琳娜二世接受启蒙思想，倡导开明专制；亚历山大一世标榜民主，自称"自由主义者"，都是巧妙地把西方思想和文化变成适应俄国专制统治的理论工具。但也在客观上，在某种程度上推动了西方先进文化在俄国的传播。俄国的先进知识分子多接受过系统的西方教育，很多人又都曾长期旅居欧洲，亲身体验了西方文明和民主的气氛，他们怀着对专制制度的无比憎恨，对自由生活的极度渴望，把西方先进的思想、文化作为启迪民智和反对专制制度及农奴制的有力武器。他们是俄罗斯新文化的创造者，也是俄国现代化的主要推动者。

第三，从俄罗斯文化形成的特点和结构方面看，俄罗斯文化易于吸收外来文化的精华。俄罗斯文化本身是在融合多种外来文化基础上形成的，是东、西方文化的汇合体，结构多元并具有较强的兼容性，而西方文化又曾经是俄罗斯文化的母体之一，因此后者自然对前者拥有内在的亲和力。西方文化在俄国的传播，实际上也是西方文化与俄罗斯文化两种文化形态的冲突及融合过程。俄国的先进分子在传播西方文化的同时，也在从事另一项伟大的历史性事业，即改造旧文化，建构新文化。

第四，西方先进文化对俄国历史的发展起到了巨大的推动作用，西方文化是俄国现代化发展的制动器和催化剂。因为传统文化在成为历史发展的阻碍时便表现出一种巨大的惰力，人们的思想要想从已成定势的旧体制中挣脱出来，既需要来自主体内部的自省自识，更需要来自外界的冲击和震荡，西方文化在俄国历史和现代化进程中起到的正是这一作用。甚至可以说，在西欧和德国，马克思恩格斯的革命理论或许是社会学或政治经济学的一家之言，但是却在俄国开花结果，成就一场伟大的十月革命和成为立国的指导思想。

第二节 俄国与西方：斯拉夫派与西方派之争

一、“东方”与“西方”：冯维津命题的提出

从某种角度来看，鞑靼（蒙古）人长达两个多世纪的东方式统治和彼得一世西方式改革所造成的巨大反差，变成了俄国社会的

发展动力，变成了俄罗斯民族觉醒和知识分子觉醒的推动力。

对于尚在觉醒过程中的先进贵族人士和尚在形成过程中的俄国知识分子来说，彼得一世大规模改革所导致的社会剧变，给他们的感受是苦乐参半的，因为并不是所有的贵族人士和知识分子都对彼得一世改革持拥护态度。未来的斯拉夫派和西方派之争即源于对彼得一世改革的评价，准确地说源于社会分裂状态下的“本土”俄罗斯和“文明”俄罗斯之分①。克柳切夫斯基评论：“在改革前的农村和新俄罗斯中产生的不是我国历史两个相邻的时期，而是两个相互敌对的风格和生活倾向，这种风格和倾向导致俄国社会的分化，并导致彼此间斗争，取代了他们本应和睦地与自己的共同的生活困难处境的斗争。”②

“本土”俄罗斯是民族化的模式，其基本特点是在莫斯科公国时期形成的。在这种类型中，村社生活、直线的联系和隶属关系占支配地位。它发展缓慢，甚至是停滞不前。全部居民，首先是村社的农民处于地主或国家的统治之下。居民的日常生活方式与村社民主和东正教意识紧密相连。集体主义、社会公正、平等主义、反私有制观念在这里发挥着支配作用。在“本土”俄罗斯类型中，有着丰富的精神生活和文化。谦虚、自我牺牲、耐心、全人类性、坚定的神秘主义是其道德准则。它的文化形象是圣像、木版画、文献古籍、圣训录、宗教教化作品、民歌、壮士歌、民族仪式等。村社成员通用语言是民族语言——俄语。而且，“按规模而言，‘本土’方式

① 著名历史学家克柳切夫斯基提出的概念。

② 谢缅尼科娃：《世界文明共同体中的俄罗斯》，第152页。

在居民生活中占优势，它与大部分居民的生活相联系。在这里，俄国东正教和村社传统规定着它的世界观。”①

“文明”俄罗斯是西方化的模式，在18世纪的俄国影响还比较小，主要存在于上流社会，其通用语言是法语。“在这种体制中开始形成近代阶级结构，发展企业制度，出现职业的知识分子，显现市场关系。但是这种体制是由君主来推行并监督的，并不是完全意义上的西方化。它体现了巨大的变形。这种类型的世界观是由纯理性主义来确定的。个人原则是推动其发展的力量，其社会理想是在欧式教育和欧洲思想家的作用形成的”，“彼得一世改革确定了两个世纪的国家向欧化的‘偏航’（дрейф）”。②

“本土”俄罗斯与“文明”俄罗斯对抗的结果就是在一个国家里，实际上分化出了拥有完全不同的价值观和理想的两个社会，导致俄国社会分裂的悲剧，而且这种分化随着国家的发展有越来越严重之势。于是，“分裂性不可避免地将选择道路问题摆在国家面前。如果选择‘本土’化道路，就意味着采取伊凡四世时代启动的东方类型道路。如果选择‘文明’化道路，就意味着拒绝基辅罗斯、诺夫哥罗德共和国和莫斯科公国的传统，接受欧洲传统。俄国几乎用了300年来解决这个难题。”③

“欧洲与俄国”、“西方与东方”、“文明与本土”之争早已开始。谢尔巴托夫公爵是斯拉夫主义思想的启蒙者之一。他对彼得一世改革持完全否定态度，并且把18世纪以来世风日下、国家混乱的责任归结于彼得一世。“他既是一个反对启蒙运动的贵族，同时又

---

① 谢缅尼科娃：《世界文明共同体中的俄罗斯》，第153页。

② 同上书，第153、155页。

③ 同上书，第156页。

是一个用启蒙思想的辞藻掩盖起来的叶卡捷琳娜暴政的叛逆者。”[①]波尔京被史学家克柳切夫斯基称为“斯拉夫派的某种旁系先驱”[②]。波尔京对彼得一世改革持批评态度，他认为：“按照其他欧洲国家的情况来判断俄国，等于用矮个子的尺寸为高大汉缝制衣衫。欧洲各国在许多特点上彼此相同，了解了半个欧洲，便可按照这一半来判断另一半。但是对于俄国，不能用这种方式判断，因为它同它们毫不相像”，“自从我们向外国派出自己的青年一代……我们的道德风尚完全改变了。由于臆想的所谓教育，在我们的心灵里灌输了种种为我们祖先所不知道的新成见、新嗜好、新弱点、新念头。我们对祖国的爱熄灭了，对祖国信仰、习惯等等的依恋消失了。”[③]

冯维津即是在以上的历史前提条件下，提出他的著名命题。

冯维津[④]于 1744 年 4 月 14 日生于莫斯科的一个破落贵族家庭。他的父亲伊万·安得烈耶维奇·冯维津是一个旧时代的学者，由于家庭经济问题，无法雇用外国教师，他以道德劝学著作给予幼年的冯维津以发蒙教育，冯维津通过阅读宗教书籍学会了古斯拉夫语。冯维津后来说：“没有古斯拉夫语，我是无法掌握俄语的。”他的宗教情感也因此而得以培养。1755 年，冯维津进入刚刚成立的莫斯科大学的附属中学，1760 年进入莫斯科大学哲学系，但是仅仅在大学学习了两年。尽管此时大学的教学水平不高，部分教师“酗酒”成

---

① 马里宁：《俄国空想社会主义简史》，第 33 页。

② 普列汉诺夫：《俄国社会思想史》第 3 卷，第 158 页。

③ 同上书，第 158、155、156 页。

④ 全名为杰尼斯·伊万诺维奇·冯维津（Денис Иванович Фонвизин），冯维津的姓原来写为“冯—维津”（Фон-Визин），这是一个来自古老的立夫兰骑士家族的姓氏，按照普希金的解释，这是一个半过渡的俄国人的姓氏，这种写法一直持续到 19 世纪下半期。

性，但冯维津还是学会了德语和法语，了解了欧洲文学，并且在一些教授的影响下走上了文学创作之路。1761年起，他在赫拉斯科夫的杂志上发表了一系列的翻译文章。1762年他被授予近卫军中士头衔，进入外交部工作，担任法文翻译，成为外交大臣叶拉金的秘书。冯维津的第一部喜剧《旅长》就是在大臣秘书任上写成的，该剧既嘲讽了贵族阶级的道德堕落，也揭露了俄国社会崇拜法国的媚外思潮。但冯维津对公职并不感兴趣，他把较多的时间用于翻译外国戏剧作品上，并因此得到了上司的支持。1769年冯维津转投叶卡捷琳娜二世的宠臣、国务大臣帕宁门下，成为他的秘书，并且一直工作到1783年，随后以“文职助手”的官衔和每年享有300卢布的退休金而退休。在帕宁手下工作时，他接触到了大量的农民事务的法案。并且起草了国家方案，他认为“自由”和“财产”是对“国家”和“农民”最有益的两个最重要因素，而最好的方法就是解放农民。这些日常事务性的工作虽然枯燥乏味，但使他对俄国现实有了较深的了解。他的另一部喜剧《纨绔少年》则对贵族地主阶级进行了严厉抨击，剧中的主人公米特罗法努斯金（Митрофанушки）的声称：“不想学习，想娶老婆！”（Не хочу учиться, хочу жениться!）是对当时贵族阶层不学无术和不求进取的讽刺，主人公的名字作为一个专有名词——“纨绔子弟”收入俄语词典。剧本以宣布对女地主的庄园实行监护结尾，显示了剧作者呼吁实现社会改革的鲜明立场。叶卡捷琳娜二世曾经抱怨说：“我活得别扭极了！就连冯维津也想教导我怎样治理国家。”①

如果从19世纪初俄国思想文化界划分出的两大阵营的不同

---

① 普列汉诺夫：《俄国社会思想史》第3卷，第86页。

的政治态度和主张来看，冯维津应当属于"斯拉夫派"，因为他"过分赞扬俄国社会生活而贬低法国社会生活，部分地是出于对俄国上流社会的法国狂的反对"。[①] 普希金称他是"所有俄罗斯人中最俄罗斯的人"（Из перерусских русский）。[②] 但是他在青年时期曾醉心于欧洲自由思想，他在做外交官驻欧洲时写给他的保护人和上司，即著名的国务大臣帕宁伯爵的信中曾说："就我所知，现代哲学家（即启蒙思想家——普列汉诺夫加注）的整个体系，就是要使人们无论信仰什么宗教，都有德行。"[③]在这里他将德行置于第一位，而信仰是第二位的。回国后，冯维津立即恢复了对东正教的信仰。他在1785年身体瘫痪之后，曾对学生自嘲地说："我是因自由思想而受惩罚的"。[④] 他在晚年所写的《真诚坦白》中说："对于渎神行为，我从来没有参加。……至于渎神行为，我却起过了不是最小的作用。"[⑤]这种对俄国与西方（欧洲）认识态度的转变，同时也是他的世界观的转变。因此，他于1770年的《法国来信》中一反初期对欧洲文化的仰慕，对俄国大加赞扬，他认为："在法国，没有什么有价值的好东西值得模仿"，"我任何一位头脑正常的同胞，与祖国的疏离感是因为俄国腐败造成的，但比起把他送往法国来，则没有更好的办法能使之回归所热爱的祖国了"，"对比我们的农民与法国的农民，我可以客观地说：我们要幸福得多。"他认为俄国晚加入欧洲是幸福的，因为他眼中的欧洲尽管在技术是先进的，但是在

---

① 普列汉诺夫：《俄国社会思想史》第3卷，第94页。

② 林精华：《误读俄罗斯：中国现代性问题中的俄国因素》，商务印书馆2005年版，第34页。

③ 普列汉诺夫：《俄国社会思想史》第3卷，第47页。

④ 同上书，第39页。

⑤ 同上。

精神上却是污秽的和罪恶的。[①] 冯维津于18世纪80年代在《俄语语言爱好者》杂志陆续发表了一系列的文章,如《俄国阶层的经验》、《致〈往事和谎言〉作者的问题》、《致俄国作家的米涅尔瓦[②]的呈文》、《伊列尔·瓦西里在灵魂日的训诫》。在上述文章中,他提出一系列著名的问题:(1)俄国文化与西方(欧洲)文化的差异性。即:“为什么许多在外国被认为是聪明的人,在我们这里被认为是傻瓜,相反,我们这里的聪明人在外国常常是傻瓜?”(第15个问题)“怎样杜绝两种对立的、有害的极端倾向:第一种,似乎我们的一切都是丑恶的,外国的一切都好;第二种,外国的一切都是丑恶的,我们的一切都好?”(第19个问题);(2)“我国的民族性格是什么?”(第20个问题);(3)俄国文化胜于西方(欧洲)文化。他提出的理由是:“我们出生在西方死亡的时刻。”[③]

由此,“西方与东方”和“欧洲与俄国”问题——冯维津命题提出来了,它推动尚在形成之中的俄国知识分子深入思考,并反映在“斯拉夫派”和“西方派”的论战之中。

二、“恰达耶夫事件”的震撼

恰达耶夫出身于莫斯科的贵族家庭。恰达耶夫从小就显露出过人的才华,14岁进入莫斯科大学语文系学习,后来参加俄国近

---

① 冯维津:《法国来信》,载马科果涅科主编:《18世纪俄国文学》,列宁格勒1970年版,第338—348页。转引自林精华:《误读俄罗斯:中国现代性问题中的俄国因素》,第35页。

② Минерва,科学文艺女神。

③ 波波夫:《早期斯拉夫派的社会乌托邦(历史—哲学分析)》,莫斯科大学哲学副博士学位论文,1999年版,第106—109页。《斯拉夫主义与现代》(文集),圣彼得堡1994年版,第89—92页。

卫军，参加了抗击拿破仑的卫国战争，英勇作战，并获得安娜勋章和铁十字勋章，1816年，恰达耶夫以近卫军少尉军衔随军住在皇村，经常出入历史学家卡拉姆津家中，并在那里与普希金相识。1817年，恰达耶夫奉命调往彼得堡，就在他仕途一片光明之时，他却由于和当局的分歧而离开了军队。1823—1826年，恰达耶夫漫游了英、法、普、瑞士诸国，拜会了洪堡、居维叶、谢林和拉门奈等著名学者，深入研究哲学、艺术史、宗教史和神秘学说。西欧和俄国的对比，使恰达耶夫的思想受到震荡，归国后他幽居数年，一直处在沉思之中。此后，恰达耶夫开始频繁出现在莫斯科的各种沙龙中，慷慨激昂地陈述自己的哲学、宗教观点，对俄国的历史和现实做出批判，向人们描绘着理想的未来社会，引起了知识界和上层社会的广泛关注。与此同时，他的书信、手稿等等也为人们争相传阅。恰达耶夫的一言一行，都会成为社会的话题，俄国诗人维亚泽姆斯基曾称恰达耶夫为“流动讲坛上的教师”。（Преподаватель с подвижной кафедры）[①]

1828—1831年，恰达耶夫完成了他的重要论著——8封信的《哲学书简》，这是用法文写给潘诺娃夫人的，她是莫斯科沙龙中的著名女主人，恰达耶夫于1827年与她相识，她经常向恰达耶夫征询如何能使自己的精神生活有条不紊的意见。在恰达耶夫写作后几封信时，他与那位夫人的书信往来已经中止了，[②]所以，恰达耶夫心目中的收信人，自然不止潘诺娃一个人，而是所有的俄罗斯人。纵览这8封信，基本上都是从宗教立场出发，论述了俄罗斯国家的历

① 恰达耶夫：《哲学书简》，第8页。

② 什金堡格：《普希金与潘诺娃》，载《普希金委员会学报》，列宁格勒1968年版。

史及在世界上所处的位置;论述了宗教的意义和力量,认为人类的进步包括俄罗斯的进步,只能在宗教的统一中实现;谈到了欧洲的历史;世界有影响的宗教家、哲学家,评论了在世界历史上有影响的时代;最后的结论认为基督教的生活是人类真正的生活,因为只有它可以达到最高理性境界,达到人类的精神统一。恰达耶夫的文章笔锋严酷、犀利,说出了自己心里郁积已久的,包含着忧郁情绪的话,对俄罗斯的历史、现状和未来做出了激烈的批判与彻底的否定。

恰达耶夫在第一封信中将落后的俄国与先进的西欧进行了比较,他痛苦地回顾了俄国曲折发展的历史,毫不隐晦地批判了俄国的专制制度。在他的眼里,“这是一个强烈感受的时代,广泛设想的时代,民众伟大激情的时代。民众的追求是骚动着,没有显见的原因,但对后代而言却不是毫无益处的。所有的社会都经历过这样一个时期。所有的社会都要将其最明亮的回忆、其历史中英勇的成分、其诗歌、其所有最丰富的思想归功于这样的时期:这是所有的社会所不可或缺的一个基础……各民族历史中这一诱人的阶段,就是各民族的青春,……可我们却完全没有这样一个时期。首先是野蛮的不开化,然后是愚蠢的蒙昧,接下来是残暴、凌辱的异族统治,这一统治方式后来又为我们本民族的当权者所继承了,——这便是我们的青春可悲的历史。那样一个热情行动、民众的精神力量翻滚游戏的时期,我们完全不曾有过。我们在这个年龄段上的社会生活,充满着浑浊、阴暗的现实,它失去了力量和能量,它除了残暴以外没有兴起任何东西,除了奴役以外没有温暖过任何东西。”①

恰达耶夫甚至认为:“我们是世界上最孤独的人们,我们没有

---

① 恰达耶夫:《哲学书简》,第35页。

给世界以任何东西，没有教给它任何东西；我们没有给人类思想的整体带去任何一个思想，对人类理性的进步没有起到过任何作用，而我们由于这种进步所获得的所有东西，都被我们歪曲了。自我们社会生活最初的时刻起，我们就没有为人们的普遍利益做过任何事情；在我们祖国不会结果的土壤上，没有诞生过一个有益的思想；我们的环境中，没有出现过一个伟大的真理，我们不愿花费力气去亲自想出什么东西，而在别人想出的东西中，我们又只接受那欺骗的外表和无益的奢华”，[①]“我们从未与其他的民族携手并进；不属于人类的任何一个大家庭；我们不属于西方，也不属于东方。我们既无西方的传统，也无东方的传统。我们似乎置身于时间之外，我们没有被人类的全球性教育所触及”，[②]“我们生活在欧洲的东方，这是事实，但是，我们从来不曾属于东方。东方有东方的历史，其历史与我们的历史毫无共同之处。”[③]

恰达耶夫在刻薄的、强烈的自我否定之后，又痛苦地进行了自我分析、自我审视，试图解开俄国落后的原因。“请看一看我们所经历过的所有年代，看一看我们所占据的所有空间吧，——您找不到一段美好的回忆，找不到一座可敬的纪念碑，它可以庄严地向您叙述往事，它可以在您的面前生动地、如画地重现往昔。我们仅仅生活在界限非常狭隘的现在，没有过去和未来，置身于僵死的停滞。”[④]因此，恰达耶夫在《哲学书简》的每封信的结尾都写上寄自“大墓地”（Некрополис），即彼得一世改革之前的旧俄国的象

① 恰达耶夫：《哲学书简》，第 42 页。
② 同上书，第 33 页。
③ 同上书，第 204 页。
④ 同上书，第 36 页。

征——莫斯科,意喻莫斯科为“死人之城”。

恰达耶夫认真审视了东西方发展道路和文化特点,也思考了俄国地理与文化的定位。他认为彼得一世改革使俄国走上了西方化的康庄大道,俄国从此与落后、黑暗、沉闷的东方告别。“三百年来,俄罗斯一直在追求与西欧的融合,它从西欧借鉴来了最严肃的思想、最有益的知识和最快乐的享受……我们沙皇中最伟大的一位,众所公认,他开创了我们的一个新时代,我们的伟大、我们的光荣和我们如今所具有的所有财富,都应该归功于150年前,是他在全世界面前弃绝了旧俄罗斯。他以强劲的气息荡涤了我们所有的机构,他在我们的过去和现在之间掘出一道鸿沟,并将我们的传说成堆成堆地抛进那道鸿沟。他亲自去了西方各国,他在那儿是个最不起眼的人,但在他回到我们这里的时候,却已经是一个伟大的人;他向西方躬身,待他挺直身体,却已成了我们的主人和立法者”,“彼得大帝在自己的家中找到的,仅仅是一张白纸,他用他那只有力的手在那张白纸上写下了两个字:欧洲和西方。从那里起,我们便属于欧洲和西方了。……我们历史的每一个重要的事实都是外来的,每一个新的思想几乎永远都是借鉴来的。”恰达耶夫认为彼得一世的事业未能继续下去,因循守旧的思想统治了俄国社会,“曾经有一位伟大的人,想要启蒙我们,为了让我们爱上教育,他向我们投来了文明的斗篷;我们捡起了斗篷,却没有去触动教育。”①

恰达耶夫毫不掩饰地宣布俄国一切的不幸,首先缘于东正教的兴盛,而东正教没有给俄国带来任何积极和有益的影响。他认

① 恰达耶夫:《哲学书简》,第43、196、199页。

为俄罗斯人接受东正教完全是一个错误，“当现代文明的宫殿在北方诸民族充满激情的野蛮与基督崇高思想的斗争中逐渐形成的时候，我们都做了些什么？屈从于我们凶恶的命运，我们转向了可怜的、为上述民族深为蔑视的拜占庭，它们蔑视拜占庭的精神法则，那一法则却成为我们教育的基础。”[①]他认为东正教不可原谅的罪恶就是容忍和拥护“奴隶制”(即农奴制)。恰达耶夫由此得出的结论是：“基督教社会最惊人的特征，却恰恰成了同在基督教怀抱中的俄国人所拒绝的东西，……这一点已可以使人对我们引以为荣的东正教产生怀疑了。”[②]

而反观西欧的天主教却走了一条与俄国完成不同的道路，发挥了完全不同的影响，天主教帮助了“地球上完善制度的建立”，“基督教中有完全历史的一面，它是宗教信条最基本的成分之一，可以说，它包含着基督教所有的哲学，……从这一观点出发，基督教就不仅仅是一种包含在人的智慧这一易逝形式的精神体系，而且是一种永恒的神的力量，它在精神的世界中广泛地起着作用，其醒目的显现应该成为我们常设的训诫。”[③]恰达耶夫认为宗教尤其是天主教不仅包含着历史、哲学和文学，而且包含着科学思想，宗教具有巨大的认识世界和改造世界的能力，人类的进步必须要有宗教的教化、哲学的思考和科学的进步，而所有这些都应该置于伟大的天主教之下。俄罗斯人和俄罗斯文化应该重新回到西方文化、欧洲民族之中，特别是要回到基督教世界之中。他说：“在数个世纪里，欧洲所有的民族携手并进，……所有的欧洲民族全都跪拜

---

① 恰达耶夫:《哲学书简》,第43—44、62页。

② 同上书,第46页。

③ 同上。

在耶路撒冷的墙角下。……如果说,我们信仰的软弱,或曰我们教义的不完善,至今仍使我们远离这一基督教的社会思想在其中发展、形成的共同运动,将我们降入那些注定只能间接地、迟到地接受基督教所有的民族之列,那么,显而易见的就是,我们首先要做的,就是用一切可能的手段来复兴我们的信仰,给自己以真正基督教的动机,因为,西方的一切都是由基督教造就的。”①

《哲学书简》刚一脱稿,便以手抄本的形式在朋友和同仁中流传。1836年9月底,《哲学书简》发表在《望远镜》杂志第15期上。《哲学书简》发表后引起轩然大波。恰达耶夫传记作者,也是他的外甥日哈列夫后来写道:“自俄国有人开始了写作和阅读以来,自俄国有了书籍业和识字活动以来,无论此前还是此后,还没有过任何一件文学的或学术的事件(甚至包括普希金的去世在内)曾产生过如此巨大的影响和如此广泛的作用,曾传播得如此之迅速,如此之热闹。将近一个月,在整个莫斯科,几乎每一个家庭都在谈论‘恰达耶夫的书’和‘恰达耶夫事件’。”②普列汉诺夫评价:“恰达耶夫以一封《哲学书简》为我们思想的发展所作出的贡献,远远地超出了一位勤勉的俄国研究家依据‘地方统计数据’完成的数立方俄丈的著作,远远地超出了杂文‘流派’一位敏捷的社会学家所做的一切。”③

然而,这些“反响”主要是否定的评价。许多读者被激怒了,视作者为俄罗斯民族的“敌人”和“叛徒”,莫斯科大学的学生致信书刊检查委员会,抨击恰达耶夫的“背叛”行为和书刊检查委员的失

① 恰达耶夫:《哲学书简》,第47—48页。
② 同上书,第13页。
③ 同上书,译者序,第9页。

职，宣称准备拿起武器来对付民族叛逆者——恰达耶夫。1836年10月19日，俄国书刊检查委员会召开会议，专门讨论这篇文章及其产生的影响。恰达耶夫书信的发表被称为"恰达耶夫事件"而列入沙皇政府的宪兵第三厅的档案之中。沙皇尼古拉一世宣布《哲学书简》是"一个疯子大胆的胡言乱语"，特派宫廷御医每天给恰达耶夫看病和观察他的一举一动。沙皇政府下令关闭《望远镜》杂志，并追究有关人的责任。对于恰达耶夫大胆的行为，他的朋友都难以理解，作家屠格涅夫曾在致维亚泽姆斯基的一封信中忧心忡忡地写道："医生每天去看恰达耶夫，恰达耶夫每天都足不出户。我真担心，他的神经真的会错乱的。"①

恰达耶夫的《哲学书简》是俄国思想文化史上的一件大事，恰达耶夫以极端的言辞抨击了俄国的专制制度，抨击了俄国社会的黑暗和落后，赫尔岑称它"如同在黑夜里的枪声"。② 苏联学者马里宁认为："《哲学书简》中没有任何一点社会主义的东西，但是它以自己的方式向现代人提出了一些最重要的社会问题"，"具有先进信仰的人在《哲学书简》中看到主要的一点，这就是对封建农奴制的俄国的一种无情的、有根有据的判决。用赫尔岑的话说，恰达耶夫要求这个俄国'对它给敢于摆脱畜牲状况的人们带来的种种苦难作出回答'。对于其他人来说，《哲学书简》是一切信仰和'一切神圣的东西'的体现，是对'民族感情'的凌辱，等等。"③恰达耶夫的言行为年轻的俄国知识阶层增添了批判主义和现实主义的精神，推动了俄国知识分子的思想解放运动，扩大了俄国思想启蒙运

---

① 恰达耶夫：《哲学书简》，第13页。

② 别尔嘉耶夫：《俄罗斯思想》，第18页。

③ 马里宁：《俄国空想社会主义简史》，第63—64页。

动的社会影响。

三、斯拉夫派与西方派的诞生与冲突

围绕着对“恰达耶夫事件”的评价,自觉意识渐强的俄国知识阶层在19世纪30至50年代展开了激烈的争论,随着争论的不断深入,俄国知识分子内部依据不同的政治立场和认识水平发生了第一次政治大分野,划分出两大营垒——西方派与斯拉夫派阵营。最初双方是在沙龙中的个人辩论,随后发展成为群体论战和报刊上的公开论战,最激烈的时候,曾经的亲密朋友甚至断绝交往,视为仇敌。争论的焦点即是俄罗斯向何处去,是走西方式的道路,还是走东方式的道路?这个长期存在于俄国知识阶层的问题被称为赫尔岑式的历史命题——“俄国生活中的斯芬克斯之谜”。

俄国社会中有西方倾向或醉心于西方文化的人士早已有之,普列汉诺夫称他们为“莫斯科前的西方派”,在他们的眼里,陈腐和沉闷的莫斯科使他们感到厌恶。“厌恶是一种折磨人的感觉。为了从这种感觉中解脱出来,有些人逃往外国,另外一些人削发为僧,这是一种真正的‘孤独的灵魂’。他们不得不将一切希望寄托在周围的人们的同情上。他们同样不能设想,政府会用严刑的威胁来迫使俄国人学习西方风俗和西方知识的时候到来了”。[①] 在18世纪下半期,“早期的”西方派的人数和影响远不如“早期的”斯拉夫派多和大,恰达耶夫的《哲学书简》的发表聚集了大批的同道者,变成了西方派阵营中的“最强音”。

---

① 普列汉诺夫:《俄国社会思想史》第3卷,第38页。

西方派[①]是它的对立面斯拉夫派送给他们的带有鄙视意味的称呼，初时这个词几乎等同于“民族和国家公敌”和“数典忘祖之辈”之意。该派主张俄国历史发展道路与其他欧洲国家毫无二致，俄国无法孤立于欧洲，固步于自己的传统，俄国必将走与西欧一样的发展道路，他们认为彼得一世和叶卡捷琳娜二世已经把俄国拉上这条道路。他们大多视农奴制和专制制度为限制俄国历史发展的阻碍，主张予以废除，改行英国或法国式的君主立宪制或议会制。他们大加歌颂彼得一世的改革，并且期待当政的沙皇及其政府能够仿效，自上而下废除君主专制和农奴制度，扩大与西欧国家的政治、经济、文化的交往。该派的代表人物除了恰达耶夫之外，还有安年科夫、卡维林、格拉诺夫斯基、别林斯基、赫尔岑（19 世纪 40 年代后成为西方派）等。西方派以《祖国纪事》和《现代人》等杂志为核心展开论战。

斯拉夫派同样是它的论辩对手西方派送给他们的带有鄙视意味的称呼[②]，斯拉夫派最初自称是“斯拉夫—基督教派”（Славяно-христианство）[③]。斯拉夫派的代表人物是霍米亚科夫、阿克萨科夫兄弟、基列耶夫斯基兄弟、萨马林以及著名作家陀思妥耶夫斯基、哲学家达尼列夫斯基等。基列耶夫斯基兄弟、阿克萨科夫兄弟与霍米亚科夫早在 19 世纪 20 年代就结社活动，他们被视为斯拉夫派的奠基人。伊凡·基列耶夫斯基的《十九世纪》、霍米亚科夫

---

① 俄语也写为 Западничество，可以译为“西方主义”，其贬意更浓。

② 俄语也写为 Славянофильство，可译为“斯拉夫主义”，其鄙视意味更浓。

③ 关于斯拉夫派名称由来另有一种说法是称呼俄国早期语言学家苏斯科夫（1754—1841），他主张保存斯拉夫语言的纯洁性，使用古斯拉夫语为词根的词汇，拒绝使用外来语。

的《世界史论丛》和《旧东西和新东西》、康斯坦丁·阿克萨科夫的《论俄罗斯的基本原则》等论著被视为斯拉夫派的纲领性文件。斯拉夫派以《欧洲人》杂志为中心展开论战。

霍米亚科夫是著名哲学家和文学家,他是一个热衷辩论的人。他具有演说天赋,知识渊博,记忆力极佳,因此在辩论时几乎没有相匹敌的对手。他可以从晚上9时一直与人辩论到第二天凌晨而不显疲倦。恰达耶夫的《哲学书简》发表后,霍米亚科夫在女主人叶拉基娜娅的沙龙中宣读了他一挥而就的《旧东西和新东西》,强调斯拉夫派的传统立场,赞颂了俄罗斯文化传统以及东正教的伟大功绩,严厉批评了恰达耶夫的虚无主义情绪。随后,斯拉夫派重要思想家之一伊凡·基列耶夫斯基以《回应霍米亚科夫》的文章也在这个沙龙上宣读。这两篇批评文章在当时引起了极大的反响和讨论,当时就有与会者索要,并且以手抄本的形式在莫斯科文化界广泛流传。

斯拉夫派大加赞美彼得一世改革前的基辅罗斯和莫斯科罗斯时代,认为那时的俄国社会一片和谐,大公(沙皇)、领主、贵族、平民、农民、商人,包括外国人都能和睦共处,各司其职。之所以这样,是因为俄国自古即拥有优秀的文化和传统,具体地说即是俄国的村社。①

霍米亚科夫认为斯拉夫人是一个农耕民族,与好战的西欧民族的贵族制度是格格不入的。康斯坦丁·阿克萨科夫也认为村社和农村生活包含着能促进"发展和教化"的人类生活的普遍具体原因。他建议保护这种世外桃源般的生活,因为它存在这一事实本

---

① 村社俄文为 Мир,又为 Община。关于村社的评述详见第四章第三节。

身就防止罪恶的资本主义发展和阻止产生“无家可归的居民”。①

斯拉夫派认为俄国完全可以根据俄国的历史特点，走迥异于西欧的发展道路。在他们的眼里，走西方式的道路对于俄国来说无疑是一场灾难，彼得一世的改革则毁灭了俄国悠久的历史传统，他们一般反对对农奴制和专制制度采取彻底否定的态度，甚至主张回到彼得一世以前去。康斯坦丁·阿克萨科夫认为：“西方发生的事件的含义很清楚，西方正在毁灭，西方的谎言正在露馅，很清楚，他们所选择的道路把他们带到了什么样的病态之中。难道到现在俄国还想保持与西方的联系吗？不，俄国大众与西方的所有联系都应当切断。俄罗斯人应当和西欧脱离关系，使国家平静的保证是我们的国民性。我们有另外一条道路，我们的俄罗斯是神圣的……与西方分开，这就是我们应该做的一切。”②

随着论战加剧和分歧加深，亲密朋友、同学之间时常反目为仇。斯拉夫派阵营的骨干人物康斯坦丁·阿克萨科夫与西方派阵营中的重要人物别林斯基原来都是莫斯科大学的斯坦凯维奇小组的积极分子，素有旧交。但是由于政见不同，两人不得不相互吻别，撒泪断交。别林斯基说：“从天性讲我是个犹太人，我无法同腓力斯丁人（阿克萨科夫）保持友好关系。”③

四、爱国主义的两面：恰达耶夫与普希金之争

斯拉夫派与西方派之争的集中体现即是两位亲密朋友——普希金与恰达耶夫之间的论战。苏联学者隆吉诺夫认为：“谈到恰达

① 马里宁：《俄国空想社会主义简史》，第83页。
② 奇姆巴也夫：《斯拉夫主义》，莫斯科1986年版（下同），第155—156页。
③ 洛斯基：《俄国哲学史》，第43页。

耶夫,就不能不谈普希金,他俩相互补充,他们友好的名字将不可分割地留在后代的记忆之中。”[①]但是,在如何对待俄罗斯文化和西方文化以及如何看待爱国主义问题,在两人中间发生了一场激烈的冲突。

普希金于1799年出生于莫斯科一个世袭贵族家庭,其祖先汉尼拔伯爵与彼得一世拥有特殊关系,使该家族与皇室长期保持较为特殊的关系。普希金的家庭传统和他的身份决定了他的爱国观是维护皇权的,极其强调俄国的民族性与传统性。从恰达耶夫的身份和经历来看,他的爱国观是“否定的爱国主义”。在围绕俄国的前途问题时,恰达耶夫是典型的西方派,主张全盘欧化;普希金则是斯拉夫派,强调保存彼得一世以前的国粹,相信俄国的独特命运。

普希金在1831年5月中旬离开莫斯科去彼得堡时,带走了恰达耶夫刚刚完成的《哲学书简》的一部分(第6和第7封信),拟在彼得堡发表。但普希金去了彼得堡以后,一直没有音信,恰达耶夫于1831年6月17日给普希金写了一封信,他询问:“我的朋友,我的手稿怎样了?自您走后,一直没有从您那儿得到任何消息。起初,我并不想因为这件事给您写信,而是像自己习惯的那样,让时间来解决问题;但是,想了一下以后,我觉得,这一次的情况是不一样的。我的朋友,我完成了我该做的一切:我难以忍受将这一切搁置在手头。因此我请求您,努一把力,让我别太长久地等待自己的作品,请您尽快地来封信,谈谈您怎样处理我的手稿。您知道,这对我具有什么样的意义吗?问题不在于一种虚荣的效果。这并不

---

① 恰达耶夫:《哲学书简》,第21页。

是说，我不想稍稍步出无名境地，请注意，这是一种方式，它可以传播一种有益的思想，我认为我自己负有向世界传播这一思想的使命；但是，我一生最主要的心愿，就是在我灵魂的深处完成这一思想，并使它成为我的遗产。”①

1831年7月6日普希金给恰达耶夫回信，他表示：“您的手稿还在我手。您是想把手稿归还给您？可您在大墓地能给手稿派上什么用场？请把手稿在我这里再放上一放。”②在信的结尾，普希金写道：“您对历史的理解之于我完全是一种全新的东西，不过，我并非永远同意您的观点。”③

恰达耶夫曾经试图用自己的理论来劝说普希金，“我的朋友，我最强烈的愿望，就是看见您献身于时代的秘密。在精神世界里，没有任何一个场景，会比看到一个不理解自己时代、自己使命的天才更叫人伤心的了。当你看到，一个本该统领众多大脑的人，却俯首听命于民众的习惯和陈规，你就会感觉到，自己也停在了半道上。你会问自己，这个本该领我向前的人，为什么要妨碍我的前进那？真的，每一次，在我想到您的时候，我都会这样地向自己发问，而我经常不断地想到您，以至于我都因此而疲惫不堪了。请您别妨碍我的前进，我求求您。”④

普希金认为恰达耶夫是民族虚无主义者，普希金一直以祖国的历史为荣，尽管这历史比起其他一些民族悠久的历史要短得多，他不允许任何人玷污历史、歪曲真实。普希金在1836年10月19

① 恰达耶夫：《哲学书简》，第217—218页。
② 同上书，第219页。
③ 同上书，第220页。
④ 同上书，第215页。

日给恰达耶夫写了一封长信，他在信中明明白白的表示：“凭良心起誓，我不想用世上任何别的什么更换祖国，或有一部另外的历史，除了我的先祖的那部上苍赐予的历史。”①在信中他以诗人高度凝练的语言表达了自己的历史文化观。他强调：俄国有自己完整而丰富的历史；俄国文化拥有独特的渊源，俄国文化绝不是在异质文化基础上发展起来的；俄国以自己惨重的牺牲换来了人类精神的巨大进步，俄国人应当引此为荣。普希金向恰达耶夫历数了俄国历史上辉煌事件与划时代的人物，“您说我们的历史渺小，我则断然不能赞同。奥列格和斯维亚多斯拉夫的战争，甚至皇室领地的纷争——难道这不是充满沸腾的骚动、狂热而又漫无目的的活动——这种活动又是所有的民族在青春时期都有的——那种生活？鞑靼人入侵是可悲又壮观的场面。俄罗斯的觉醒，其国力的发展，其统一的趋向（当然是俄罗斯内部的统一），两个伊凡，始于乌格里奇，终于伊巴契耶夫修道院的蔚为大观的一幕——怎么，这些难道不是历史而只是苍白又朦胧的梦幻？还有彼得大帝，一个人便是一部世界史！还有把俄罗斯推进欧洲门槛的叶卡捷琳娜二世呢？您难道没有在俄罗斯现今的情势中发现什么有意义的东西，您是否认为他会使我们游离于欧洲之外？”②“至于观点您是知道的，我远不是在所有的方面都能赞同您。毫无疑义分裂教派把我们欧洲的其余部分割裂，我们没有参加任何一次震撼欧洲的大事件，不过，我们有自己特殊的使命。这就是俄罗斯，这就是鲸吞蒙古人入侵的广袤的地域。鞑靼人没敢迈过我们的西部边界，把

---

①　恰达耶夫：《哲学书简》，第231页。

②　同上。

我们留在了后方。他们又退回到自己的荒漠，基督文明因此而获救。”[①]

对于普希金的不同意见，恰达耶夫表示：“非常遗憾，我的朋友，我们没能将我们的生活道路结合在一起 。”[②]

普希金和恰达耶夫“爱国主义”观分歧的原因何在？

普希金的历史观和爱国观是和祖先的荣耀和贵族的使命分不开的。从他的家族传统来看，普希金诞生于赫赫有名的古老贵族世家，他的贵族意识非常强烈，他尽力维护自己的贵族身份，保持贵族的独立性，不许任何人破坏他的贵族权威。1823 年普希金因为大胆抨击沙皇专制制度暴政的诗作而被流放。在南方城市敖德萨，普希金无法接受专横而无知的地方军政长官沃龙佐夫将军的“保护”，他愤然写道：“作家应该属于高贵的阶层，贵族的傲气同作者的敏感是一致的。我们不希望由本阶层的人来保护我们。这一点正是沃龙佐夫这个流氓未能理解的。他以为到他前厅去的俄国诗人是为了给他写诗体信或颂歌的，可这位诗人却要求得到他的尊敬。因为诗人也是绅士，是数百年前就获得了贵族称号的家庭成员。”[③]在普希金眼中，彼得大帝是俄国历史上值得大书特书的人物，彼得时代是俄国历史上的华彩乐章，所以为了不失去他的贵族身份，他又极力的维护皇权，在他的诗歌作品中有很多歌颂皇权，歌颂爱国主义的，但普希金的爱国主义中又夹杂着维护皇权，维护东正教的思想，这些贵族情结和维护东正教的意识，使他的爱国主义走向了偏激和极端。

---

① 恰达耶夫：《哲学书简》，第 229 页。

② 同上书，第 218 页。

③ 特罗亚：《普希金传》，世界知识出版社 1992 年版，第 251—252 页。

但是普希金的爱国主义观是真诚和朴素的，这与他童年的特殊经历有关。普希金的奶妈是一位善良的俄罗斯农妇，经常给普希金讲一些俄国民谣和童话故事，使普希金对俄国的大自然、俄国的灵魂、俄国的语言、俄国的性格有了感情。他热爱俄国，所以他不许任何人诽谤俄国。

恰达耶夫也是爱国的，只是他的方式不同，他曾与十二月党人接触，他《哲学书简》中称十二月党人起义为“巨大的不幸”，“它又使我们后退了半个世纪”。他是以一种“否定的爱国主义”的方式来表达他的爱国之心的。他后来曾写下《疯子的辩护》一文，义正词严地为自己辩护，指出贯穿于刺痛了民族虚荣心的《哲学书简》中的感情，丝毫不是反对祖国的，而是怀着深深痛苦表达出来的真正热爱祖国的绝望的呼声。他认为，只有正视自己的祖国、清醒地认识自己的祖国，才能成为对祖国有益的人。他宣布：“对祖国的爱，是一种美好的感情，但是，还有一种比这更美好的感情，这就是对真理的爱。对祖国的爱会造就英雄，对真理的爱会造就智者和人类的恩人。对祖国的爱会分裂各民族，引起民族仇恨，并会马上给大地披上丧服；对真理的爱会传播知识的光芒，创造出精神的享受，并使人们接近上帝。通向天国的道路所经过的不是祖国，而是真理。是的，我们俄罗斯人向来很少感兴趣，什么是真理，什么是谬误，因此，如果有恶毒的指责稍稍触到痛处，也不应该生社会的气。所以，我敢于，我没有丝毫的恶意要反对这些可爱的公众”[①]，“我没有学会蒙着眼、低着头、闭着嘴巴爱自己的祖国。我发现，一个人只有清晰地认识了自己的祖国，才能成为一个对祖国有益的

---

① 恰达耶夫：《哲学书简》，第194、195页。

人;我认为,盲目钟情者的时代已经过去了,现在我们首先要献身于真理的祖国。我爱自己的祖国,就像彼得大帝教导我做的那样。"[①]恰达耶夫在《疯子的辩护》中回应了斯拉夫派的责难,"我们狂热的斯拉夫人在他们各种各样的搜寻中,能不时地为我们的博物馆和图书馆创造出一些奇异的东西。但是我认为,他们能否在什么时候从我们的历史土壤中抽取某种东西,那种东西可以填满我们灵魂的空洞,可以给我们含混的意识以缜密,这却是值得怀疑的。"[②]俄国著名文学史家、"路标派"代表人物格尔申宗评价恰达耶夫是一个真正热爱自己祖国的俄罗斯知识分子,而不是那种只知歌功颂德的爱国主义者,他"在内心是一条流向大海的河水,但是它保留了自己的颜色"。[③]

恰达耶夫这种"否定的爱国主义"是和他的经历分不开的,他虽然也是贵族出身,但他的家族并不像普希金家族那样显赫,再加上他从小就丧父丧母,性格有些孤僻,可能看到了更多的社会阴暗面。他从小接受了欧化教育,西方自由主义的政治、经济学说盛行于俄国之时,也正是恰达耶夫世界观的形成时期,在他的个人经历里,参加了1812年伟大的卫国战争,耳闻目睹了爱国热情的空前高涨和公民意识的迅速觉醒,又看到了十二月党人起义的失败,也看到了尼古拉一世的伪善、残暴与堕落,这使恰达耶夫的爱国主义中具有了民族意识,亦具有了革命的觉悟。他运用这种方式表示他的爱国观也和他的身份有关,恰达耶夫是一个哲学家、思想

① 恰达耶夫:《哲学书简》,第208页。

② 同上书,第200、203页。

③ 格尔申宗:《格里鲍耶多夫的莫斯科·恰达耶夫·旧日短录》,莫斯科1989年版,第212页。

家,他是运用“哲学”加“宗教”的形式来展示自己思想的,这就决定了他的文章内容的独特深刻和不随波逐流。恰达耶夫曾经深受德国哲学家谢林的影响。在《哲学书简》中他说道:“在当代的各种思想潮流中,有一个流派需要特别予以关注。这是一种纤细的柏拉图主义,是深刻的、幻想的德意志的一个新产物。[①] 这是一种充满着崇高的沉思诗歌的先验唯心主义,它已经动摇了各种哲学偏见之陈旧大厦的基础。”[②]无论是谢林早期那种主张主体和客体、思维和存在融合为一的“同一哲学”,还是他后期那种主张世界源于上帝、又归于上帝的“天启哲学”,对恰达耶夫都有深刻的影响。恰达耶夫从对俄国现实的观察入手,追溯至俄国的历史,认为俄国落后的现实是由其历史所造成的。对俄国历史的反思,使他步入了宗教范畴,认为欲解决俄国所面临的种种问题,只有借助宗教的影响和力量。对宗教及其作用的意识,则使他上升到了哲学的高度,他在宗教之中看到了“最初的动力”和“普通规律”,而追求与“绝对理性”和“至高思想”的接近,就是个人和整个人类的使命。[③]

普希金和恰达耶夫的争论是属于那个时代的,整个 19 世纪,对于俄国来说是一个伟大的时代,1812 年卫国战争的胜利唤起了俄国沉睡的力量,激起了民族的自觉和自豪感,同时欧洲的进步也影响了农奴制的俄国,有利地推动了社会的进步。但是 20 年代代表社会觉醒的十二月党人的失败,却又给俄国蒙上了一层阴影,人们无所适从,看不到前途。当时的俄国人突然意识到自己周围的生活有些古怪、不合所谓欧洲成分的现象,而又不知道这是为什

① 指谢林哲学。

② 恰达耶夫:《哲学书简》,第 108 页。

③ 同上书,第 12 页。

么，是好还是坏、是丑还是美，一切问题开始从四面八方包围俄国社会并要求人们认识它们。这就是那个时代的特点。在当时的俄国，贵族阶级是俄国的支配阶级，这个阶级对俄国有支配权，同时，它也要为俄国社会负责。俄国知识分子是从俄国贵族阶级中分化出来的。普希金和恰达耶夫都出身于贵族阶级，这使他们自然地对于自己的民族，对于俄国社会具有几乎是原发性的责任感的特点，19世纪是俄国知识分子的形成时期，他们还是在沙皇的羽翼之下，但他们又都在积极寻求解决俄国应走什么样的道路的问题，是面向西方，还是面向东方？两种道路的选择，形成了西方派和斯拉夫派。西方派坚信俄国要走西欧的资本主义道路，斯拉夫派则相信俄国的独特命运，就是东正教和村社的永恒存在，把彼得一世以前的“神圣罗斯”理想化。恰达耶夫是一位坚定的西方派，他旗帜鲜明地认为俄国应该走西方的道路，他在《哲学书简》的第7封信中写道：“我们越是努力地与欧洲社会融为一体，这对于我们来说就会越好。”[①]而普希金的思想则是从另一侧面对俄国命运的观照。

五、斯拉夫派与西方派之争的历史回声

无论是斯拉夫派还是西方派，他们都是由俄国社会中思想先进的知识分子组成，他们大都在欧洲长期居住或经常去欧洲访问，熟知数种欧洲国家语言，并在欧洲接受过系统的欧化教育。甚至论战过程中的两派中的一些骨干人物仍然留居欧洲。而且斯拉夫派中许多人物，原来都是西方派，如赫尔岑，只不过他们亲身经历

---

① 恰达耶夫：《哲学书简》，第181页。

了1830年法国二月革命和1848年欧洲革命，他们被资产阶级的道德败坏和资本主义的丑恶所惊骇，转向俄罗斯文化求救，变成了斯拉夫派。车尔尼雪夫斯基站在“西方派”角度这样评价斯拉夫派的，“平心而论，即使必须承认他们的意见是错误的，那也不能不同情这些人，因为他们对启蒙工作满怀着同情”，“人们指责这一派敌视科学、搞蒙昧主义、企图把俄国拉回17世纪去，等等。这些指责是不公正的，至少对待阿克萨科夫兄弟、科舍廖夫、基列耶夫斯基兄弟和霍米亚科夫这些人是绝对不公正的。……他们属于俄国社会最有教养、最高贵和最富才华的人物之列。”[①]尽管他们观点有异，规划的道路不同，但他们都是立足于俄国传统与现实，并且将俄国与西欧做多方面的比较，都是不满于俄国的现状，苦求于俄国未来发展道路的答案。

不论是西方派还是斯拉夫派，都是某种程度上的理想主义者。他们或是把西方的制度与文明过分美化，或是把本国本民族的传统过分理想化。随着西方派和斯拉夫派之间的争论的深入，双方的观点并不是根本对立的，双方之间相互有所渗透，这正如别尔嘉耶夫所说：“斯拉夫派与西方派既是敌人，又是朋友。”[②]西方派的主张是激进的，但同时也具有强烈的民族虚无主义色彩；斯拉夫派的主张是保守的，但是它建立在对民族文化传统珍视的基础之上，因而不仅在俄国上层社会，而且在下层社会都获得了较多的支持者和继承者。

俄国知识分子（包括以恰达耶夫为代表的西方派）对西方文化

---

① 蒋路：《俄国文史采微》，第325页。

② 别尔嘉耶夫：《俄罗斯思想》，第38页。

的态度是有所取舍和选择的，对西方文化无论赞美还是批判，他们的立足点始终是自己的祖国和文化。就像恰达耶夫为自己所声辩的，“请你们相信，我比你们中的任何一个人都更爱自己的国家”；[①]又如曾经游移于两派之间的赫尔岑总结的那样，“是的，我们是对立的，但这种对立与众不同。我们有同样的爱，只是方式不一样……我们像伊阿诺斯或双头鹰，朝着不同的方向，但跳动的心脏却是一个”；[②]就像后来别尔嘉耶夫内心所袒露的，“尽管我身上存在着西方因素，我觉得自己仍然是一个正在寻找真理的俄罗斯知识分子……我是一名俄罗斯思想家和作家。我的宇宙观，我对民族主义的敌视——都带有俄国特征”。[③]

从今天的角度来思考，斯拉夫派与西方派之争的实质即是“文化相对论”和“文化普世论”之争。当代德国学者迪特·森格哈斯解释说：“文化普世论者强调，以保护个体主义及其发展为主旨的‘欧洲价值观’最具有普世性的资格。而文化相对论者则要求人们关注各个不同的文化圈所具有的完全不同的价值取向，特别要注意集体主义和个体主义价值取向之间的差异。集体主义的价值取向应当是非西方文化的典型特征，而个体主义的价值取向则只是同欧洲有关联。”[④]

西方派和斯拉夫派之争，在俄国思想文化史上具有巨大的开创性意义，它标志着具有批判精神和独立意识的俄国知识分子群体的形成，并且由此产生了俄国知识分子思想史中“西方主义”和

① 恰达耶夫：《哲学书简》，第 208 页。
② 赫尔岑：《往事与随想》中册，第 143 页。
③ 汪建钊编选：《别尔嘉耶夫集》，第 317 页。
④ 森格哈斯：《文明内部的冲突与世界秩序》，新华出版社 2005 年版，第 13 页。

“斯拉夫主义”两大思想传统，而这两大思想传统酝酿和造就了未来的俄国知识分子群体中的“自由主义”流派和“激进主义—社会主义”流派。

第三节　俄国与东方:俄国知识分子思想中复杂的东方意识

一、俄国知识分子与“东方罪恶意识”

俄国知识分子是在以下三个前提下认识东方(包括中国)的:

第一，自公元13世纪40年代，鞑靼(蒙古)人的铁蹄踏破东欧土地，所到之处，战无不胜、攻无不克。最后在伏尔加河下游驻留下来，在基辅罗斯的领土上建立了金帐汗国(又称钦察汗国)。从此俄罗斯人经历了长达200余年的鞑靼(蒙古)人的统治，直至15世纪80年代获得民族解放。来自东方的异族的长期统治给俄罗斯民族，特别是俄国知识分子留下了极其痛苦的记忆。

第二，中俄两国虽为邻国，但两国相距地域遥远，到1730年才正式建立政府间的外交联系。[①] 长期以来，两国对对方的地理位置、政治制度、国土面积、民族习俗都不甚了解。在清代早期官方文书档案中，曾经长期把俄国视为原金帐汗国的一个小藩国，因此

① 关于中俄关系起始时间中国学界观点较多。一般观点认为始于16世纪中期，以1689年中俄签订《尼布楚条约》为标志。有学者追溯金帐汗国统治俄国以前，证据是在圣彼得堡的爱尔米塔什博物馆里有一件发现于萨拉托夫附近的中国花缎长衫以及大量精美的中国青铜镜，证明在13世纪40年代以前中国的手工业品早已进入俄国。有学者认为始于14世纪的元朝，理由在《元史》中已出现“斡罗思”的字样。笔者认为1730年两国政府间第一次规范化的公文往来，即由清政府的外事机构——理藩院直接发文沙皇政府的外事机构——萨纳特(сенат)，这是官方外交关系建立的标志。

称俄国沙皇为察罕汗，将“察罕汗”与“俄罗斯国君”“俄罗斯大皇帝”等名称混用，1727 年的《恰克图条约》签订后，才统称为“俄罗斯国君”。在清代早期文书和档案中，对俄罗斯的国名也无统一的译法，有“罗刹”“罗禅”“俄罗斯”“斡罗斯”“鄂罗斯”“察罕汗国”等称呼，17 世纪 30 年代后的外交档案中才较多地称“俄罗斯”。俄国也长期把中国视为西伯利亚以西的一个蒙古汗国，称中国皇帝为大博格德汗(蒙语：中国皇帝)。此外，清政府中长期缺少懂俄语的人，而俄国人视掌握中文是非常困难的事。① 在早期的交往过程中，一般是由在中国的西方传教士通过拉丁语转译。直到 1715 年俄国派驻东正教驻北京传教士团和留学生之后，俄国政府和社会才对中国渐有直接的了解。

第三，17 世纪中期以来，东方国家的发展为强势的西方殖民势力所阻，1623 年英国垄断了印度次大陆的殖民权，1840 年中国败于西方坚船利炮。西方派代表恰达耶夫在《哲学书简》的第 6 封信中提出了这个论断，“以这两个国家(即中国和印度)的命运为基础，我们可以认识到，若是没有万能之手在其它地方所给予的新的推力，人类将会怎样。您知道：中国从远古起就拥有三件伟大的工具：指南针、印刷术和火药，这三件工具极大地促进我们人类智慧的进步。然而，这三件工具帮了中国什么忙呢？中国完成环球航行了吗？他们发现过一片新大陆了吗？他们是否拥有更为广博的文献，超过我们在印刷术发明前所有的文献？他们的弗里德里希们和波拿巴们也是在致命的艺术中消耗了自己，就像在我们这里

① 至今在俄语尚保留的俗语中将无法理解或是难懂的东西称为“中国文书”(Китайская грамата)。

一样？至于印度斯坦，它那起先遭到鞑靼人占领、随后又被英国人占领的可怜命运，正像我所认为的那样，清楚地表明了每一个不立足于直接源自至高理性真理的社会所具有的软弱和僵死。我个人认为，这一作为最古老的自然文明和所有人类知识萌芽之承载者的民族，其不同寻常的毁灭还包含着某种特别的教训。”[①]在俄国知识分子眼中，灿烂的东方文化不再辉煌，东方已成落后、颓废、失败和无能的代名词。而且，俄国也品尝了克里木战争中同样败于西欧的坚船利炮的苦果，因此西方派认为俄国断然不能学习东方，更不能成为效尤之蠢辈。

18 世纪盛行于西欧的“中国热”对俄国同样产生了较大的影响，[②]在上层社会生活中也出现了“中国情调”。如彼得堡的叶卡捷琳娜二世的夏宫里出现了以“中国宫”命名的建筑，使得许多贵族世家纷纷效仿。著名出版家诺维科夫在自己所办的讽刺杂志《雄蜂》第 8 期（1770 年 2 月）上发表了《中国哲人程子给皇帝的劝告》。以赞扬中国文化背景下统治者治国的最高理念“立志”、“立责”和“求贤”为借口，隐晦地讽刺了当政的叶卡捷琳娜二世“叶公好龙”式的“开明君主专制”，最终引起女皇的愤怒，下令《雄蜂》杂志停刊。普希金对东方文化，特别是中国文化也是情有独钟的。他在诗歌中想像着自己已经来到“遥远中国的长城脚下……”普希金甚至在构思长诗《叶甫盖尼·奥涅金》时，最初的设想应当提到

① 恰达耶夫：《哲学书简》，第 140 页。

② 如启蒙运动和百科全书派的领军人物狄德罗在《百科全书》中认为：“假如世界上有一个政体，或者曾经有过这么样的一个政体，是值得哲学家们注意，同时又值得大臣们去了解的话，那么，毫无疑问，这就是那个遥远的中国。”另一位重量级启蒙思想家伏尔泰也宣称：“由于中国是世界上最古老的民族，它在伦理道德和治国理政方面堪称首屈一指。”（参见伏尔泰：《路易十四时代》，商务印书馆 1982 年版，第 341 页）

中国的智者孔子。后来他在彼得堡的沙龙里与俄国第一代汉学家、东正教驻北京传教士团成员亚金甫(俗名比丘林)神父相遇,知识渊博的神父给普希金讲述了许多有关中国的神奇故事,并送给他有自己签名的书籍。1829年底,普希金给沙皇尼古拉一世和第三厅长官本肯道夫伯爵写信,请求随希林格考察团赴东西伯利亚和中国考察,但遭到拒绝,未能成行,遂成为普希金毕生憾事。需要说明,俄国此时所接受的"中国意象"完全是从法国、德国、意大利和荷兰文献中"转译"过来的形象。如闻名18世纪的中国戏剧《赵氏孤儿》,则是作家苏马罗科夫从德文本《中国悲剧赵氏孤儿》转译而来,名为《中国孤儿》(Китайская сирота)。

在以上前提下和当时所能接触到的关于东方和中国信息的条件下,俄国知识分子群体对东方和中国的"最初印象"是否定的和消极的。在19世纪乃至20世纪初的俄国思想文化界中,"东方罪恶意识"和"反东方情绪"较为流行。它不仅表现在持极端立场的斯拉夫派和西方派的思想之中,也表现在持民主主义和社会主义立场的一些学者的思想之中。

首次,俄国思想家们经过深层次反思之后认为,俄国今日政治的不民主和专制独裁,经济上的不发达和工业落后,社会生活上的不活跃和死水一潭,思想文化上的不繁荣和整齐划一,甚至包括军事上的不强大和积贫积弱,其责任均应归于鞑靼(蒙古)人的长期统治和东方文化影响,归结为"畏惧的、无力的、使人屈辱的亚洲的思想(这种思想是东方创立的,并在它的存在的可悲的环境中奴役它,而且现在正在俘虏欧洲的资本政权)中获取的毒素"的影响。[①] 因为

---

① 余一中编选:《高尔基集》,上海远东出版社1997年版(下同),第295页。

在长达两个多世纪里，中国专制政权长期干预俄国和金帐汗国的内部事务，蒙古的连环保甲制和“巴思哈制”[①]长期影响俄罗斯文化，因此俄国不仅在政治体制和军事体制上受到东方文化——中国文化的消极影响，而且连思想观念也被强加上了极其浓重的“东方色彩”。如俄国哲学家、著名的欧亚主义者维尔纳茨基就认为，“白俄罗斯”的国名即受中国传统文化中地理方位的影响，因为《三辅图》曰：“苍龙、白虎、朱雀、玄武，天之四灵，以证四方。”朱雀（红色）为南方之神，玄武（黑色）为北方之神，青龙（青色）为东方之神，白虎（白色）为西方之神。白俄罗斯居俄国西部，因而得名“白”俄罗斯。[②] 他还认为，在基辅罗斯时代，世俗王权、教会权力和大众民权是完全平等和友好相处的，而在鞑靼（蒙古）人统治之下和独立之后的莫斯科罗斯时代，以沙皇为代表的专制王权归于一尊，置教会权力和大众民权于统治之下，为所欲为。若将基辅罗斯与莫斯科罗斯时代相比较，就能看出东方文化和中国文化的恶劣影响。

俄国知识分子将东方与西方看成是截然对立的两种文化和两条道路，并且最终将是两种完全不同的命运和归宿。俄国知识分子不仅在谈到俄国落后的原因时，而且在谈到俄国未来命运时，要么是将落后原因归结于东方文化和中国文化的恶劣影响，要么是把东方和中国列为“野蛮的”、“落后的”、“保守的”、“污秽的”、“黑暗的”和“没有前途的”代名词。

恰达耶夫在《哲学书简》中明显地把西方与东方列为互相对立和命运天殊的两条道路。他断言：“东方拥有有益的思想，这一思

① “巴思哈”（Баскак）是突厥语“镇守官”之音译，是蒙古金帐汗国派驻罗斯各地的最高统治者。

② 巴赫明等编：《俄国在欧亚间寻找自身之路》，莫斯科 1997 年版，第 470—474 页。

想曾为理性巨大的发展创造了条件，曾以惊人的力量完成了其使命，但是，这一思想已注定不可能再次登上世界舞台了”，“如今出现了一个新流派[①]，主张不再需要西方了，应当毁灭彼得大帝的创造，应当重新回到荒原上去。他们忘记了西方为我们所做的一切，他们不懂得去感激那位给我们以文明的伟人，不懂得去感激那给我们以教益的西方，他们拒绝了西方，拒绝了那位伟人，这一新烤制出的爱国主义满怀激情，已在忙着将我们称为东方可爱儿孙了。”[②]被誉为“19世纪下半叶俄国革命派的理想化祖先”[③]的别林斯基在《致果戈理的信》中是把“东方的”“鞑靼生活方式”看成是落后的、黑暗的和愚昧的象征。他在1840年写给康斯坦丁·阿克萨科夫的信中谈到俄国落后原因时，他写道：“中国是可厌的国家，但更可厌的是一个拥有丰富生活资料、就像软骨病的幼童般撑在铁架子上才站得起来的国家(指俄国)。”[④]他在《彼得大帝之前的俄罗斯》中高调称赞彼得一世改革给俄罗斯民族带来的有益作用，但他也谈道：“彼得大帝要剔除的那些与欧洲主义对立的东西，并不是我们原有的，而是鞑靼人强加给我们的。俄国人对外国的排斥姿态本身，乃鞑靼桎梏所造成的后果……我们民族性的最重要缺点，无一是我们与生俱来的，而是从外面传过来的。”[⑤]另一位革命民主主义者，著名的“彼得拉舍夫斯基小组”的领导人彼得拉舍夫

① 指与其论战的斯拉夫派。

② 恰达耶夫：《哲学书简》，第199、204—205页。

③ 伯林：《俄国思想家》，第183页。

④ 同上书，第202页。

⑤ 布罗茨基：《早期斯拉夫主义者》，莫斯科1901年版，第1—61页。转引自林精华：《误读俄罗斯：中国现代性问题中的俄国因素》，商务印书馆2005年版(下同)，第42页。

斯基也断言:“如果是置身于欧洲,我们俄国人在见识上毫无疑问是小弟弟;如果是在亚洲人的圈子里,我们就被证明是有权称老资格的。”[①]斯拉夫主义的创始人之一的伊凡·基列耶夫斯基在批评俄国社会的落后现象,仍然不忘记将其与中国文化联系起来,认为“迄今为止,我们的民族性还是缺乏教养的,是一种粗鲁的、中国式静止的民族性”,“在俄罗斯和欧洲之间矗立着一条中国长城,只有穿过几处洞眼,西方的启蒙空气才能透向我们。彼得大帝以强有力的手,在这座城墙上打开了几扇大门”。[②] 著名作家契诃夫于1890年7月来到萨哈林岛考察,完全是一副来自欧洲人和白种人居高临下的倨傲的目光,在他眼里萨哈林岛完全是蛮荒之地,东方人(中国人和日本人)完全是蛮夷之群,他们是“以手指代替钳子拔牙的日本人”和“无妨在森林里像杀狗一样”随便开枪杀死的“中国流浪人”,在这里“婚姻被当做一件无足轻重的事,还不及一场痛饮重要”,于是,“注意地听,时间长了,你会觉得:天哪,此地的生活距离俄罗斯何其遥远!”“我始终觉得,对于土生土长的阿穆尔人,我们俄罗斯的生活方式也是格格不入的,普希金和果戈理在这里没人理解因而也没人需要,俄国历史他们觉得没意思,我们这些来自俄罗斯的人显得像是外国人。”[③]契诃夫在另一篇短论《在莫斯科》中“想概略地描绘一个莫斯科知识分子”,他笔下的“莫斯科的哈姆雷特”承认自己尽管“衣着入时”“家里陈设豪华”,但“仍然是一个

① 罗杰夫斯基编:《剑桥俄国文化手册》,剑桥大学出版社1998年版,第71页。转引自林精华:《误读俄罗斯:中国现代性问题中的俄国因素》,第50页。

② 《基列耶夫斯基全集》第2卷,莫斯科1911年版,第60—61页。转引自林精华:《误读俄罗斯:中国现代性问题中的俄国因素》,第42页。

③ 契诃夫:《莫斯科的伪善者们》,辽宁教育出版社1997年版(下同),第43—44、121页。

亚洲人，一个缺乏教养的人”“一个完全不文明的人。”[①]在著名史学家克柳切夫斯基的《俄国史教程》中时常出现“野蛮的亚洲人”的字眼。[②] 高尔基在1915年发表的《两种灵魂》中认为俄罗斯有两种灵魂，都是外来的，一种来自西方，一种来自东方，俄罗斯一直在两种灵魂中摇摆，无法摆脱外来文化给俄罗斯民族带来的种种弊端，特别是东方文化。他在此时对东方文化完全采取了否定和贬意的评价。他认为：“东方政治与经济生活黑暗而混乱，可以用个性受压抑、个性的恐惧及其对理智与意志力量的不信任来解释。东方人千百年来一直是，而且现在从整体上讲仍然是‘非现世的’”，“宗教的不宽容性、狂热主义、狂信——这也是东方情感的产物，尽管几乎所有这些情感也都移给了西方的雅利安人……”，“东方在感性而抽象地认识自然力后，就将它们神化，并无意志地服从它们，对一切力量都表示驯服，然而西欧人却通过研究自然力而掌握之，力求并正在使这种力量服从于人的利益和理性。”他甚至认为：“而我们的贵族所明显具有的对奴仆的残酷及在主子面前的奴颜婢膝——这同对我国人民的所有的阶段都很典型的‘奥勃洛莫夫性格’一起，都是来自东方的。同样可信的还有：不可计数的大批‘多余的人’，即各种各样的朝圣者、流浪汉、穿燕尾服的奥涅金、穿树皮鞋和农家呢衣的奥涅金，即内心充满不安和变换所在地的愿望的人们，这也是俄国生活的一种典型现象，这也来自东方，这不是别的什么东西，而是逃避生活，逃避事业和人们”。[③] 如果按

---

① 契诃夫：《莫斯科的伪善者们》，第204页。

② 如“野蛮的亚洲的实际生活正好和文明的希腊人的地理观点吻合……”（参见克柳切夫斯基著：《俄国史教程》第1卷，第41页）。

③ 余一中编选：《高尔基集》，第289—290、295、299页。

文化认同角度来看,高尔基是纯粹的“斯拉夫派”,但是在谈到东西方文化之差异时,他给予西方文化极高的评价。他强调:“对于欧洲,本质的是它强烈表现出来的它的生活和它的基于研究和行动,而不是基于教诲和教条——这些东方古老文化的因素——的文化积极性”,“欧洲文化的目的是成为全球的文化,在自己的劳动中,在自己的思想中把我们星球的人类都团结在一起”,“西方人早就成熟到懂得劳动的世界意义的程度,对他们来说,行动是唯一能使人从古老残余的俘虏中、从束缚个性精神自由成长的环境压迫下解放出来的原则。”①如此的比较和如此的言辞,使我们不难看出坚定的民主主义者、有“俄国革命海燕”之称的高尔基在东西方文化比较中的价值取向了。

而且就在 19 世纪中期以后,在俄国思想文化界出现了一个“东方人派”,他们极力鼓吹向东方各国实施扩张和殖民,其理论代表者乌赫托姆斯基公爵认为:“亚洲——我们一直是属于它的。我们同它生活相通,利害与共。通过我们,东方才逐渐了解自己,才逐渐达到一种高尚的生活……我们没有什么需要征服的东西。亚洲各个种族的人民,从血统上、从传统上、从思想上,都觉得和我们很亲切,觉得是属于我们的。我们只需要更加靠近他们就行了。这个伟大而神秘的东方很容易就会成为我们的”,“俄国文化与东方文化的关系要比它和欧洲文化和关系更为密切,并且觉得把东方合并到俄罗斯帝国里,使两者融合起来,是俄国的历史使命。”②

无政府主义者巴枯宁并不属于“东方人派”,但是他笔下描写

---

① 余一中编选:《高尔基集》,第 289—290、295、300 页。

② 马洛泽莫夫:《俄国的远东政策》,商务印书馆 1977 年版,第 49 页。

东方时完全采用消极的以至反动的笔调。他在1873年完成的《国家制度和无政府状态》中写道:“中国一国就有4亿居民,另一些人则认为它有将近6亿居民,这些居民在这个帝国境内显然住得太拥挤了,于是现在便像一股挡不住的潮水一样,人数日益增多地一群群迁徙,有的去澳大利亚,有的横渡过太平洋去加利福尼亚,最后,还有大批的人可能向北方和西北方移动。那时会怎么样呢?那时,从鞑靼海峡到乌拉尔山脉和里海的整个西伯利亚边区转眼之间就将不再是俄国的了。……一群群中国人不仅会充斥整个西伯利亚,包括我们在中亚细亚的新领地在内,而且还会越过乌拉尔,一直前进到伏尔加河边,将来怎么可能遏制他们的入侵呢!”他认为:“这就是几乎不可避免地从东方威胁我们的危险。蔑视这一群群的中国人是不对的。他们人口众多,仅此一点,就已经令人可怕了,令人可怕,因为人口的过度繁殖使得中国人几乎无法在中国境内继续生存下去了;中国人之所以令人可怕,还因为,不应该按照欧洲商人在上海、广州或买卖城做生意接触的中国商人的情况去评论他们。在中国内地居住的是一些受中国文明的摧残少得多,无可比拟更加刚毅而且必须好战的人,他们由于连续不断的、毁灭掉数以万计和十万计的人们内战而养成了战争的习惯。还必须指出,最近一个时期以来,他们开始熟悉了现代武器的使用和欧式的训练——欧洲国家文明的精华和官方的最新成就。只要把这种训练和掌握新式武器、新式战术同中国人原始的野蛮,同他们身上缺乏任何人类抗议的概念、缺乏任何自由的本能的状态,同极端奴隶般地服从的习惯结合起来,而在1860年最近这次英法进攻中国以后充斥这个国家的许许多多美洲和欧洲的军事冒险家的影响下,这些方面恰好目前正在结合起来,如果再考虑这些不得不为自己寻找出路的居民多得惊人,那么就会懂得从东方威胁我们的危险有多大了。"他还在给沙皇亚历山大二世的《忏悔书》中建议:"应该坚决地把自己全部的军事力量调往西伯利亚和中亚细亚,带领自己的全体人民去征服东方。"[①]巴枯宁实际上是在宣扬"黄祸论"[②],这种论调不仅仅是斯拉夫主义和泛斯拉夫主义的体现,其本质则是殖民主义、民族主义和大国沙文主义的印证了。

二、列夫·托尔斯泰对中国文化和"中国精神"的认识

列夫·托尔斯泰于1828年出生于贵族家庭,他不仅是著名的作家,同时也是著名的东方学家和汉学家。他曾于1857年到意大利、法国、德国等国游历,在欧洲他看到了经济发展和资产阶级地位均处于强势增长状况下的西方社会重重矛盾,这使他放弃了对西方文化和西方道路的膜拜,变成了"斯拉夫主义者",但是他在俄罗斯文化中找不到解决西方危机和俄国危机的良药。他对沙皇政府和东正教势力表达了极度的不满,期待社会变革,但同时对于日益临近的革命风潮又表示了无端的恐惧。"道德自我完善"与"勿以暴力抗恶"成为列夫·托尔斯泰人生的两大目标,也是他的作品的两大主题,并且他在思想上、行动上和创作上积极付诸实施。在对西方文化和西方道路极度失望之后,从1880年开始,他在思想上转向东方文化,开始了对中国思想家孔子、孟子、庄子、老子、墨子等人的学说研究和译介。对东方文化和中国文化的倾心和钻研

---

① 巴枯宁:《国家制度和无政府状态》,商务印书馆1982年版,第227—229、233页。

② 中国学者李显荣认为巴枯宁是"黄祸论"的始作俑者,而不是德皇威廉二世。(参见李显荣:《巴枯宁评传》,中国社会科学出版社1982年版,第118页)

直至他生命的最后时刻。

列夫·托尔斯泰最先接触的中国文化是佛教，佛教的“出世”、“入世”思想深深地吸引了他，他托朋友斯特拉霍夫从彼得堡设法收集一切能搞到的中国哲学家的著作，主要是法文版、德文版和英文版，因为他不懂汉语。1884年，列夫·托尔斯泰在日记中写道：“读佛学，好极了。错误仅在于逃避生活，彻底逃避”。

从列夫·托尔斯泰的日记中可以看出他对中国文化的热爱和着迷：“3月6日，我在翻译老子，结果不如我意。3月9日，读了一点关于中国的东西，读老子。翻译过来是可以的，但是缺乏完整性……3月11日，孔子的中庸之道妙极了，同老子一样——履行自然的法则，这就是智慧，就是力量，就是生命。而履行这个法则，会是无声无息的。这个法则只有行于自然冲淡，毫无勉强做作之中，才是最强有力的。我不知道我做这些会有什么结果，不过它已经使我受益匪浅”，“3月15日，我的良好的精神状态也在归功于阅读孔子，而主要是老子。应当为自己编排一个阅读范围，……人们在谈论癫僧，而我认为老子就是癫僧的哲学”，“3月29日，读孔子，越来越深刻，越来越好。没有他和老子，《福音书》就不完全了。而没有《福音书》，他却说过得去。”①

列夫·托尔斯泰对孔子的儒家学说也同时表现了极大的兴趣，并将其运用于对俄国社会现状的批判。列夫·托尔斯泰在日记中写道：“什么也没有写，在研究孔子，而且非常好。吸取了精神力量。孔子——慎独的学说到今天还在结出果实……我们的富人

① 《列夫·托尔斯泰全集》第49卷，莫斯科1958年版(下同)，第175、198、199页。

阶级使工人破产，把他们置于一刻不息的粗笨的劳动之中，而自己获得闲暇和奢侈。我们不给这些被压迫的人创造精神之花和生命之果的可能：无论是诗歌、科学，还是宗教。我们在给予他们这一切，我们给他们的是虚伪的诗歌、还有科学——法学，达尔文主义，哲学，沙皇的历史，还有宗教——教会的信仰。多么可怕的罪恶。倘若我们不去吸干他们的血汗，他们也会创造出诗歌、科学和生活的学说。”①

老子的“无为”思想和儒家学说不仅使列夫·托尔斯泰认识了中国文化，上述学说甚至成为他在晚年批判俄国社会黑暗势力、专制制度统治以及东正教会的工具，成为他所提出的“勿以暴力抗恶”〔Непрогивление злу（насилием）〕学说的思想基础。列夫·托尔斯泰在1893年所写的《无为》中说：“人们的一切灾难，按照老子的学说，与其说是因为他们没有做需要做的事情，不如说是因为做了不需要去做的事情。因此，人们如果能遵循无为之道，就能够摆脱一切个人的，尤其是社会的灾难，（这位中国哲人主要是指这种社会的灾难）……而我想，他是完全正确的。”②1891年10月25日，他在给彼得堡书商列捷尔列的信中，开列了对自己一生影响最大的书目。其中，50—63岁年龄段影响“很大”的有孔子、孟子，影响“极大”的是老子。

1905年12月，列夫·托尔斯泰平生第一次收到中国人的来信和礼物——梁启超所著《李鸿章——中国40年来大事记》。寄信人和馈赠者是1899年由北京同文馆派至彼得堡法政大学留学

① 《列夫·托尔斯泰全集》第54卷，莫斯科1958年版（下同），第63页。
② 《列夫·托尔斯泰全集》第49卷，第185、187页。

的学生张庆桐。[①] 张庆桐在书的扉页上恭敬地写着："谨以最虔诚的敬意，致俄土之上的伟大作家。1905 年 12 月 1 日，彼得堡。"列夫·托尔斯泰非常高兴，他在 3 天后写了回信。列夫·托尔斯泰信中写道："在我整个漫长的一生中，我几次见过日本人，可一次也没有见过中国人，也没有机会和任何一个中国人有过来往"，"我一直怀着对中国人民的深深敬意，由于日俄战争的种种事件而在极大的程度上加深了"。列夫·托尔斯泰强调任何一个民族都有自己的民族特性，都应该走自己的发展道路，如果"把在欧美已被明眼人识破，完全站不住脚的形式照搬到中国来，那就是大错特错了。变革应该是自然而然地出自自己的民族的特性，是不同于其他民族的形式的，真诚地求上帝别让中国走上日本的道路吧！"。列夫·托尔斯泰认为："中国人民，也像所有的人们一样，应该发展自己的精神力量，而不是完善技术。如果精神力量被扭曲了，技术的完善只会带来毁灭性的后果"，"在俄国和中国这两个伟大民族之间，有一种内在的、心灵上的联系，他们应该手挽手走在一起，但不是以种种外交联盟的形式或一般政府结盟的形式"，而中国人"应该创造出不依赖于政府的、崭新的社会生活形式，创造出不是分门别类的种种自由：良心的自由、言论的自由、代议制的自由等等诸如此类的自由，而是一个真正的真实的自由"。[②]

1906 年 10 月，列夫·托尔斯泰写信给中国学者辜鸿铭，在信中，他肯定了中国文化的博大精深和中华民族精神中的宽宏大量，

---

① 张庆桐原是同文馆俄文馆的学生，1899 年到彼得堡法政大学留学，后成为中国政府外交官。1925 年 4 月 2 日任黑龙江交涉员，1925 年 6 月 1 日任外交部参事。张庆桐在 1912 年写成的《俄游述感》中回忆了他和列夫·托尔斯泰通信的情况。

② 《列夫·托尔斯泰全集》第 56 卷，莫斯科 1958 年版，第 62—64 页。

“中国人民虽然遭到欧洲民族这样多不道德的、极端自私的、贪得无厌的暴行,而直到最近都是用宽宏和明智的平静、宁可忍耐也不用暴力斗争的精神来回答加之于他们头上的一切暴行”,“我认为,在我们的时代,人类的生活正发生着伟大的转变,在这个转变中,中国人应该在领导东方民族中发挥重大的作用。”

1908年9月10日(俄历8月28日),是列夫·托尔斯泰的80岁生日。中国学界的一些名人聚集上海,决定致电列夫·托尔斯泰,对他的寿日表示祝贺。辜鸿铭以中英两种文字起草了祝寿信,“惟先生学有心得直溯真源,祛痼习而正人心,非所谓人能宏道非道宏人者与!”“故欲救今日之乱,舍先生之学之道其谁与归?”1910年4月,就在列夫·托尔斯泰去世前半年,他还收到上海环球中国学生会寄给他的一期会刊,他读了其中的《中国的文化》一文而再次引起共鸣,他真诚地表示:“假如我年轻,那我一定到中国去。”①

① 吴泽霖:《托尔斯泰与中国古典文化思想》,北京师范大学出版社2000年版,第115—116页。

第三章　从“激情”到“歧路”：俄国自由主义思潮的兴衰

俄国作为一个拥有300余年绝对专制历史的国家，民主与独裁，激进与守成，革命与反革命，改革与反改革，进步与后退，似乎从来就是二者必择其一的选择。而自由主义思想和自由主义立场只能是势力强大的政治保守主义和在一些时期势力同样强大的政治激进主义的附属品，似乎总是处于一个无足轻重的地位。但是，自18世纪中后期以来，自由主义思潮对于俄国思想启蒙运动，对民粹派为代表的农民社会主义运动，对社会民主主义思想和工人解放运动，包括对沙皇政府的历次改革都发挥了重要的推动作用。当代俄罗斯历史学家库夫希诺夫评价：“自由主义思想在俄国的社会政治生活中重新开始拥有显著的地位了，对自由主义历史的兴趣因此随之提高了。”[①]因此，自由主义之于俄国，无论就运动层面，还是就思潮层面而言，都具有特别的意义。

作为政治运动层面的俄国自由主义基本上是沿着两个方向展开的：即官方（沙皇政府）以自由主义为治理国家、规避危机的

① 库夫希诺夫：《国内和侨民时期的立宪民主党》，载《近现代史》，莫斯科1995年第4期，第44页。

手段,适时或被迫推行自上而下的改革,如叶卡捷琳娜二世实行的“开明君主专制”;亚历山大一世——莫尔德维诺夫——斯佩兰斯基的国家管理体制的改革尝试;亚历山大二世——洛里斯·梅里科夫废除农奴制之举动及其后续的教育、经济、司法改革;维特——斯托雷平推行的重大经济改革和宪政革新。民间(包括知识阶层)以自由主义理念统领其行动,如西方派格拉诺夫斯基——安年科夫——卡维林的自由主义“知识讲坛”;19世纪60年代开始的自下而上的地方自治运动;20世纪初的立宪民主党和立宪运动等等。对此,国内学界已有部分研究。① 本书对俄国自由主义运动不予赘述,将重点研究俄国自由主义思潮,从自由主义在俄国的起源入手,简要勾勒俄国自由主义的发展线索,以较大篇幅专论民间——知识阶层的自由主义思潮之流变。

第一节　俄国自由主义的起源

一、自由主义概念:从“Вольность”到“Свобода”

“自由主义”是一个过于宽泛的概念,无论是在西方学术界,还是在俄国学术界,以及当代中国学术界;无论是就其本质内涵,还

---

① 著作类有姚海:《近代俄国立宪运动的源流》,四川大学出版社1996年版;邵丽英:《改良的命运——俄国地方自治改革史》,社科文献出版社2000年版。论文类有姚海:《俄国自由主义失败的原因》,载《铁道师院学报》1995年第2期;艾林:《试论19世纪俄国的地方自治机关》,载《广西师大学报》1997年第4期;罗爱林:《俄国自由派与地方自治机关》,载《史学集刊》1998年第4期。

是就其基本外延而言，都是歧义纷争的一个学术概念。[①]

俄文的 Либерализм 与英文的 Liberalism 同源于拉丁文 Liberalis，最初的词意是“自由的思想”（свободомыслящий）和“自由思想的人”（вольнодумец），而 Либерал 和 Liberalist 的词意则较为严格，一般是指议会制、个人的民主自由和权利的拥护者。[②] 在中古英语里，Liberty 代表国王与臣属之间特殊的契约关系，即国王赋予臣属的经济或政治特权（如领地征税权），臣属同时须承担一定义务（如交纳贡税或随王出征）。

自由主义思潮发蒙于 17、18 世纪，19 世纪开始成为西方主要的政治思潮。[③] 政治学和哲学意义上的“自由主义”一词源出西班

---

① 中国学术界一般把严复于 1900 年翻译英国学者穆勒的《群己权界论》（原名《论自由》（*On Liberty*）视为近代意义上“自由主义”概念完整地进入中国的标志，但严复把“Liberty ”译为“群己权界”，意即“论群体与个人权利界线”。此前严复在翻译西方著作时，一直将 Liberty 翻译成“自由” 。而在该书中涉及的 Liberty 的翻译时，严复颇费一番心思。他担心译为“自由”会引起中文语境下的歧义和误解。他在柳宗元的《酬曹侍御过象县见寄》诗中找到了对应词，即“自繇”（柳诗：“破额山前碧玉流，骚人遥驻木兰舟，东风无限潇湘意，欲采苹花不自繇。”）。严复认为：“所谓自繇，正此义也。”于是，严复在书中将“自由”改写为“自繇”。在严复看来“由”、“繇”二字虽通假，但是他担心：“中文自由，常含放诞、恣睢、无忌惮诸劣义，然此自是后起附属之诂，与初义无涉。初义但云不为外物拘牵而已，无胜义亦无劣义也。……但自入群而后，我自由者人亦自繇，使无限制约束，便入强权世界，而相冲突。故曰人得自由，而必以他人之自由为界，此则《大学》絜矩之道，君子所恃以平天下者矣。穆勒此书，即为人分别何者必宜自由，何者不可自繇也。”（参见严复：《群己权界论・译凡例》，上海商务印书馆 1903 年，第 1—2 页）因此他舍“由”而取“繇”。

② 谢缅尼科娃：《世界文明共同体中的俄罗斯》，第 238 页。

③ 英国哲学家罗素认为自由主义的“近代形式”始自英国思想家约翰・洛克（1632—1704）。（参见罗素：《西方哲学史》上册，商务印书馆 1963 年版，第 22 页）英国学者格雷也持类似观点（参见格雷：《自由主义》，吉林人民出版社 2005 年版）。美国学者斯特龙伯格认为这个概念在英国的正式使用不早于 19 世纪 30 年代（参见斯特龙伯格：《西方现代思想史》，中央编译出版社 2005 年版，第 257 页）。

牙语“Liberales”,19 世纪初被首次用作西班牙自由党的名称,表示该党在政治上既不激进也不保守的折衷态度。1816 年又有英国托利党人在政治论战中以蔑视的口气首次在英语中使用“自由主义”①,后在欧洲、北美广泛流行使用,成为一种资产阶级思想流派的代名词。自由主义,同政治激进主义和保守主义一样,是 19 世纪以来西方最有影响和最重要的政治学说。而且它不仅是一种理论,一种意识形态,而且还是一种制度,一种政治运动或政党旗帜。

自由主义概念之于俄国是典型的舶来品,Liberalism 词汇和自由主义观念进入俄国,有一个较长的与俄国本土文化和语言的交融过程。

自由主义的核心是“权利”与“权力”的关系问题,即如何处理个人权利与国家权力以及他人权利的关系。西方学者认为 Liberalism(俄文 Либерализм)(抽象名词分别为 Liberty, Либеральность)一般与低调的免于外力压迫的个人权利相连,其奋斗目标是“权利”(right, право),也即英国著名自由主义理论大师伯林所界分的“消极自由”(negative freedom),其方式在于被动索取(free from 或 free by);而 Freedom(俄文 Свобода)则与高扬的争取社会正义的个人权力相关,其奋斗目标是“权力”(power, власть),因此不放弃在特殊情况使用“暴力”,也即伯林所界分的“积极自由”(positive freedom),其方式在于主动争取(free to)。②

① 李强:《自由主义》,中国社会科学出版社 1998 年版,第 16 页。

② 因此有学者将自由分为即英国(古典)自由主义和大陆(近代)自由主义,认为英国自由主义特点是“维权”,大陆自由主义特点是“争权”。德国著名学者哈耶克将其理解为自由主义与社会主义,认为它们分别起源于西方文化中的两大传统——英美经验主义和大陆理性主义。

笔者在这里无意过多牵涉“自由”概念的学理辨析，以上所述是为了理解俄文语境中从“Воля”和“Вольность”到“Свобода”和“Либерализм”的语意转化，因为它对于理解和研究俄国自由主义有着较为重要的作用。

一般说来，在谈及自由主义和自由时，在英文与俄文中可以找到三对含义基本对应的词：Free 与 Вольный（Воля）；Freedom 与 Свобода；Liberalism（Liberty）与 Либерализм（Либеральность）。

Либерализм 与英文的 Liberalism、法文的 Libéralisme、德文的 Liberalismus 同源于拉丁文 Liberalis，并且在字形和发音上基本相同，因此不论 18、19 世纪的俄国知识阶层，还是当代俄罗斯学术界，对 либерализм 的理解是比较容易和明了的。[①] 而且，实际上，在 18—19 世纪，普遍欧化的俄国知识阶层和上流社会一般是直接从法文 Libéralisme、德文 Liberalismus 或英文 Liberalism 接受、领会、传播以及形成自己的自由主义观点，并无“自由”和“自由主义”概念迻译为中文时严复所担心的比附与误读。[②] 如赫尔岑在《往事与随想》中谈到鞑靼公爵尤苏波夫时直接使用了法文的

---

① 达里：《现代大俄罗斯语详解辞典》网络版中未见 Либерализм 及解释。在现代俄语辞典，如布洛欣主编的《俄国历史教学参考辞典》中解释为“源于拉丁文，意为自由（Свобода），政治流派，是建立在承认个人的重要的自然权利（生命、财产和安全等）之上的政治世界观，它作为所有社会生活的基本的和稳固的基础。在实际生活中，自由主义意味着首先确定议会制、资产阶级权力和自由的基础，确立社会民主和扩大企业家活动，确立私有财产原则和赋予经济市场特点。”（参见布洛欣主编：《俄国历史教学参考辞典》，第 142 页。）

② 但是 Либерализм 何时进入俄国，笔者学力所限，尚未查到文献记载。列昂托维奇、利哈乔夫等著名学者也未谈及，笔者妄自推断该词进入俄国社会中不会早于 19 世纪前期，因为在 1863—1866 年出版的由达里所编《现代大俄罗斯语详解辞典》网络版中未见该词及解释。

自由思想者（esprits forts）[①]，这样的例子在该书中相当多。

而 Free 与 Вольный（Воля）和 Feedom 与 Свобода 则没有共同的词源，只是在词义上基本相近。Воля、Вольность 和 Свобода 均源于古斯拉夫语，早在 19 世纪以前已经广泛在俄国社会中使用。尽管其词义中均含有“自由”，但是从古罗斯语中的“自由”到近现代俄语的“自由”，乃至近现代政治学和哲学范畴的“自由主义”（Либерализм）有一个较复杂和较漫长的过程，这个过程本身直接地反映了俄国社会对“自由”和“自由主义”的认识过程。

“Воля”意为“自由”、“无拘无束”和“意志”[②]，Вольность 意为“自由”、“独立自主”[③]，在古斯拉夫语中意为“特权”和“优惠”，即指贵族特权，因此俄国统治者和社会人士最初理解“自由”即是“特权”，是与贵族阶层的特殊权利相关的。[④] 其形容词为 Вольный，Вольный город 意为享有特权的自由市，Вольный казак 意为自由的哥萨克，Вольная гавань 意为享有特权的港口。Вольный 也用作名词，是指旧俄解放农奴身份者，Вольная 指女性的解放农奴身

① 赫尔岑：《往事与随想》第 1 卷，上海译文出版社 1979 年版，第 108 页。

② 达里辞典解释：“赋与人的自主行动、自由（Свобода）、举止随意、不受拘束、没有压迫和不情愿。霍米亚科夫所说的按照自己的意志进行智慧的创造活动。”（见达里：《现代大俄罗斯语详解辞典》，网络版：http://www.rubricon.com/qe.asp?qtype=1&id=92&ii=92&srubr=0&fstring=воля。）

③ 达里辞典中没有这个词，是将其作为 Воля 的动词 Заволить 解释，意为“需要，强烈的意愿。任意所为（Заволье），随心所欲（самовольство），犯罪的自由（преступная вольность）。一个人因意愿（по воле）而动，其他人因任意（по заволью）而行”。（参见达里：《现代大俄罗斯语详解辞典》，网络版 http://www.rubricon.com/qe.asp?qtype=1&id=92&ii=92&srubr=0&fstring=вольность。）

④ 这一点与西欧的情况基本相同。列昂托维奇认为：“在西欧，自由最初是通过贵族的活动而产生的”。（参见列昂托维奇：《俄国自由主义史（1762—1914）》序，第 3 页。）

份者。Вольная 还用作旧俄地主释放农奴发给的自由证。

1698 年 1 月至 4 月，率领俄国使团在英国伦敦访问的彼得一世曾经旁听了英国三级会议的辩论，随后他很不以为然地表示："英国式的自由(англинская вольность)在这里就像豌豆放在墙上一样不是个地方，应该了解人民以及如何管理它。"①

17 世纪中期牧首尼康在沙皇阿列克谢的支持下按照希腊正教模式推行了宗教改革，引发了大规模的和群众性的分裂派运动。分裂派分子(Сектанты 或 Расколы)——农民、哥萨克和工商业者为逃避教会和政府的迫害，退隐山林，建立"半修道院、半共产主义的组织"，②宣布为"争取古老的民族理想'真理'(Правда)和'自由'(Воля)而斗争"。③

沙皇彼得三世于 1762 年颁布的《御赐全俄罗斯贵族特权和优惠诏书》(Жалованная грамота на преимущества и вольности российскому дворянству)，叶卡捷琳娜二世于 1785 年颁布《御赐高尚贵族权利、特权和特惠诏书》(Жалованная грамота на права, вольности и преимущества благородному дворянству)。所指"特权"均使用的是 вольность(自由)。

叶卡捷琳娜二世时代的著名的贵族思想家、历史学家卡拉姆津的历史著作中涉及自由时，较多使用的是 вольность，例如他在谈到罗斯起源时写道："俄罗斯的斯拉夫人承认瓦良格王公为自己的国君，不过拒绝了对全体人民的统治，但保留了斯拉夫人的日常习惯。俄国所有的古代城市都叫'维契'(Вече)，或者'人民议会'

---

① 谢缅尼科娃：《世界文明共同体中的俄罗斯》，第 146 页。

② 尼科利斯基：《俄国教会史》，商务印书馆 2000 年版(下同)，第 287 页。

③ 布洛欣主编：《俄国历史教学参考辞典》，第 207 页。

(Совет народный),在所有的城市里选举千人长(тысяцкие)或者是统师,被选者不是王公而是老百姓。这些共和政体机构不干涉奥列格、弗拉基米尔和雅罗斯拉夫尔专制地统治俄国。……这种自由(Вольность)精神直至拔都汗入侵,而且这种灾难虽然不能一下子消失,但被减弱了。因此,我国历史展现了两个真理的新证据:(1)国家强大必须强有力的专制;(2)政治奴隶制与公民自由(Вольность)无法并存。”①

保罗一世(执政 1796—1801 年)时期加强了对自由内容语言的封杀,在被取消的语词中不仅有“общество”(社会)、“граждане”(公民)、“Вольность”,还有“Свобода”,甚至演员们在遇到表示自由(Свобода 或 Вольность)意义的法语词“Liberte”(自由)时只能翻译为“позволение”(允许)。

亚历山大一世执政后(执政 1801—1825 年)于 1803 年颁布了《自由农民师》(о вольных хлебопашцой)法令,规定如果农民与地主双方协商同意后农民可获解放,使用的也是 вольность。

十二月党人在评价“彼得大帝在自己的祖国消灭了最后一点自由的标志”时用的还是 Вольность(自由)。②

以上的例证表明,至少直至 19 世纪初,无论是统治者、沙皇政府还是知识阶层在涉及“自由”概念时使用较多的还是 Вольность,而非 Свобода。③ 这里有两个原因:其一,Вольность 本意为与贵族

① 卡拉姆津:《关于古代和近代俄国的政治和公民关系的札记》,莫斯科 1991 年版,第 20—30 页。

② 谢缅尼科娃:《世界文明共同体中的俄罗斯》,第 140 页。

③ 赫尔岑于 1853 年春在伦敦创办的“自由俄罗斯印刷所”(Вольная русская типография),出版在俄国禁止的书刊,使用的“自由”词汇是 Вольность。

身份密切相关的"特权"。在19世纪前,无论是谈论自由,还是享有自由,非贵族阶层莫属,其他阶层根本无法染指。其二,法国启蒙运动和法国大革命的风潮尚未偃息,Freedom、Liberalism和Liberty的近现代词意尚未成形,俄国自然无从借鉴。其三,Свобода最初多用于哲学范畴,探讨抽象概念的"自由",或在日常生活中用于"不受限制"意思,如专指美术学院优秀毕业生和受过高等音乐教育的乐师——"自由艺术家"(Свободный художник),意为独立思考和创作者。[①] 这表明Свобода还没有被完全地赋予政治和社会理念,或者更严密一些讲:第一,Вольность与Свобода的词义尚未完全交换;第二,Свобода与Freedom的词义尚未完全对译。

拉吉舍夫在《从彼得堡到莫斯科旅行记》中使用了政治意义上的"自由"(Свобода),诗句为:"伟大啊伟大,你,自由精神之构建,本身尤如是上帝"(Велик, велик ты, дух свободы, зиждителен, как сам есть Бог)[②],这是笔者在俄文文献中看到的свобода词义最接近政治和社会自由含义的最早表述。[③]

---

① 达里辞典解释:"自己的意志(воля),随意(простор),能够按照自己意愿行动(возможность действовать по-своему),没有拘束(стеснень),没有强迫(неволь),没有奴役(рабство),不依附于他人意志(подчинения чужой воле)。"(参见达里:《现代大俄罗斯语详解辞典》,网络版:http://www.rubricon.com/qe.asp?qtype=1&id=92&ii=92&srubr=0&fstring=свобода。)

② 转引自列昂托维奇:《俄国自由主义史(1762—1914)》序,第42页。

③ 尽管叶卡捷琳娜二世对《从彼得堡到莫斯科旅行记》极其不满,认为拉吉舍夫是"比普加乔夫更坏的暴徒"。但是,她也曾在其他场合谈到"自由"(свобода),认为它是"一切之心灵"(душа вся)(参见:《叶卡捷琳娜二世文集》第12卷,圣彼得堡1907年版,第615页。转引自列昂托维奇:《俄国自由主义史(1762—1914)》序,第42页)。专制女皇叶卡捷琳娜二世和她的囚徒拉吉舍夫对"自由"的理由竟有如此相似之处,是值得思考的问题。

由于18世纪下半期叶卡捷琳娜二世开明君主专制作用、法国启蒙运动和法国大革命的影响以及俄国知识分子自我意识的加强，进入19世纪后，西方自由民主思想和自由主义观念越来越多地传播到俄国，并且与俄罗斯本土文化结合起来了。包含着政治和社会含义的Свобода和Либерализм（Либеральность）开始出现在思想家的视野之中。例如，赫尔岑在《法意书简1847—1852》中论及1848年欧洲革命时就使用了俄文“自由主义者”（Либерал）名词。[①]

二、叶卡捷琳娜二世改革的文化意义

俄国自由主义研究的开创之作《俄国自由主义史》的作者列昂托维奇[②]认为：“自由主义思想在俄国是在叶卡捷琳娜二世（执政1762—1796年）时代开始取得意义……同时，她的改革方案建立在西欧自由主义，首先是孟德斯鸠思想的原则基础之上的。”[③]当代俄罗斯学者格舒斯基和罗扎斯基也认为：“理解自由和民主思想

---

① 原文为“自由主义者——那些政治上的新教徒——反倒成为最可怕的保守主义者……自由主义者惟恐失去自由——我们尚无自由可失”。（参见：《赫尔岑全集》第5卷，莫斯科1954年版，第13—14页。）

② 该书作者列昂托维奇（1902—1959），是著名的俄侨历史学家，该书最初1957年以德文在柏林、1974年以法文在巴黎出版，1980年才以俄文在法国的基督教青年会出版社（YMCA-Press）出版。1995年在莫斯科的“俄罗斯道路”（Русский путь）出版社出版。同样有侨民经历的索尔仁尼琴1979年为在巴黎出版的该书俄文版所作序言中称：“该书由于侨民创作的悲惨波折，最初仅能以别国语言出版，而到了20年后，即作者去世20年后，才得以俄文问世。甚至至今，祖国读者也不能自由阅读它。而如果研究重要的俄国历史和它的思想，至少弄清和把握我国社会本身，这本书对于俄国读者来说是必须的。”（参见列昂托维奇：《俄国自由主义史（1762—1914）》序，第3页。）

③ 列昂托维奇：《俄国自由主义史（1762—1914）》，第27页。

在俄国确立的特点应该从18世纪中期着手。”[①]另一位当代俄罗斯学者格纳久克同样认为:“俄国社会思想史中的保守自由主义传统起源于18世纪,迄今为止的研究是不够的。”[②]

叶卡捷琳娜二世执政时期是俄国专制制度演变的最重要的历史阶段之一,这一时期被苏联著名历史学家波克罗夫斯基称为“俄国君主专制的黄金时代”。[③] 值得注意的是,这一时期俄国专制制度的强势发展是与叶卡捷琳娜二世极力张扬的“开明专制”(просвещенный абсолютизм)分不开的。

叶卡捷琳娜二世(原名索菲娅·奥古斯特·弗里德里克)早在从什切青远嫁俄国,做俄国皇储彼得三世大公夫人时,就如饥似渴地研读法国启蒙思想家的著作,“狼吞虎咽地阅读现代法国和英国作者有关道德、自然和哲学等优秀著作”。[④] 1762年6月,她在登上皇位后立即与法国启蒙思想家们建立起了频繁的书信联系,并着手实施“开明君主专制”。

叶卡捷琳娜二世动用15000法郎买下了法国启蒙思想家、百科全书派代表人物狄德罗的私人图书馆,聘任他为图书馆的馆长,并提前支付了5万法郎的薪水。后来又盛情邀请狄德罗来俄国,帮助她进行政治改革。另一位法国启蒙思想家达兰贝尔被任命为俄国皇储保罗的家庭教师。叶卡捷琳娜二世曾对被她请到俄国做客的狄德罗说:“我完全理解您的伟大原则,您只是用这种原则善

---

① 格舒斯基等著:《俄国的民主教训》,第18页。

② 格纳久克:《作为社会思想家的斯徒卢威》,圣彼得堡1998年版(下同),第4—5页。

③ 波克罗夫斯基:《俄国历史概要》上册,三联书店1978年版(下同),第181页。

④ 特罗亚:《风流女皇——叶卡捷琳娜二世》,世界知识出版社1983年版(下同),第255页。

于著书,但行动上却不在行。您的事业是与纸张打交道,它们是默不作声的。而我是一个可怜的皇帝,我的事业是与人打交道,他们却是多愁善感的和小肚鸡肠的。”①叶卡捷琳娜二世宣称:“我只希望上帝让我统治的那个国家繁荣富强;上帝是我的见证人……自由是万物的灵魂,没有自由,一切都将死气沉沉。我需要人人遵守法律,但不需要奴役。我需要一个使人得到幸福的总目标,不需要破坏这个总目标的任性、奇想和暴政……”②她在给法国启蒙思想家的信中,把自己说成是农奴制度的反对者,强调“让那些出生是自由的人沦为奴隶,是同基督教和正义格格不入的”。她把“不禁止,也不强迫”(не запрещать и не принуждать)经常挂在嘴上③,她有选择地吸收启蒙思想,并且积极实践,力主实现“君主与哲学家的结合”。她还亲自起草了一份解放农奴的草案,允许1785年以后出生的农奴子女都可以获得自由,但当1773年的普加乔夫起义爆发后,叶卡捷琳娜二世就把这个草案束之高阁了。她甚至在信中告诉法国启蒙思想家伏尔泰:“在俄国,没有一个农民在他想吃鸡的时候,是吃不上鸡的”。④ 1767年,叶卡捷琳娜二世写出一部法律著作《圣谕》(Наказ),在这部内容涉及256条、655款的法令中,叶卡捷琳娜二世大量抄袭了孟德斯鸠等思想家的学说。叶卡捷琳娜二世宣称要建立“一个禁止富人欺侮穷人的法令”,而“百姓不是为君主创造的,相反,君主是为百姓创造的”。⑤ 这部《圣

① 谢缅尼科娃:《世界文明共同体中的俄罗斯》,第192页。

② 瓦利舍夫斯基:《俄国女皇——叶卡捷琳娜二世传》,上海译文出版社1982年版(下同),第76页。

③ 谢缅尼科娃:《世界文明共同体中的俄罗斯》,第193页。

④ 潘克拉托娃:《苏联通史》第2卷,三联书店1980年版,第95页。

⑤ 列昂托维奇:《俄国自由主义史(1762—1914)》,第35—38页。

谕》是典型的自由主义的法令，它被伏尔泰誉为“是一部详尽、完整、业已生效的法典”。① 伏尔泰在写给达兰贝尔的信中说：“这是怎么样的时代啊！法国迫害哲学，而塞西亚人喜欢他们”，“我敬慕叶卡捷琳娜，我痴心地爱戴她，塞西亚人成了主宰一切的主人”。②

从政治方面看，叶卡捷琳娜二世的执政和改革是卓有成效的，该时期是俄国专制制度的黄金时代和巅峰时期。1785 年 4 月 21 日，叶卡捷琳娜二世同时颁布了《御赐高尚贵族权利、特权和特惠诏书》和《俄罗斯帝国城市权利和利益诏书》，从法律上确定了贵族阶层的政治和经济特权地位，并且对新兴工商业资产阶级予以承认。叶卡捷琳娜二世强化了俄国的专制制度和沙皇个人的特权。在“开明君主专制”旗号下，叶卡捷琳娜二世强化了从中央到地方的集权式的国家管理体制，强化对社会最下层——农奴阶级的压迫和控制。她的“雄心似是建立一种制度，发展一个富裕、安定、协调的有生气的社会，在专制君主统领下，不断增加力量、财富和幸福”。但是“如果把这一切和她的远大目标来对照一下，实际上她远不能算是完全成功：家长式作风演变成官僚政治的暴虐，以专制君主的意志为至上则侵犯了个人自由”。③ “开明君主专制”非但没有削弱专制制度，反而极大地强化了这个制度。“开明君主专制”强化了俄国专制制度和君主制度在新的国际和国内条件下的适应能力。

从经济方面看，沙皇政府推行鼓励工商业发展的政策，如宣布工商业自由，取消对贸易的限制，鼓励向国外出口，并且取得了明

① 特罗亚：《叶卡捷琳娜二世》，第 207 页。
② 科塞：《理念人——一项社会学的考察》，第 253 页。
③ 拉伊夫：《独裁下的嬗变与危机——俄罗斯帝国二百年剖析》，第 71、74 页。

显的成效。"叶卡捷琳娜二世在促进经济活动自由和解放私人创造性方面做了许多有益的事情。她决定性地支持私人所有制的自由主义原则,即公民权利高于国家权力。"①

如果从思想和文化方面看,叶卡捷琳娜二世改革的意义同样是重大的。叶卡捷琳娜二世在思想、文化和社会方面的革新,不仅仅体现在她与法国启蒙思想家密切的联系,翻译和介绍启蒙思想著作上,还体现在具体的改革措施上。她重视发展文化教育事业,拨巨款发展俄国科学院,改建冬宫内著名的爱尔米塔什博物馆。她鼓励兴办各类学校,并且根据洛克、巴斯杜等人的理论,系统地采用新教学方法。莫斯科大学开始聘任本民族的教授。她为贵族建立特殊的学校,鼓励贵族子女入学,并采取奖励学习的一些措施。叶卡捷琳娜二世提倡文学创作,并亲自动手创作剧本,甚至亲自登台演出,开一时之风气。1783 年取消国家对出版事务的垄断,准许私人开办印刷所和出版社。在"开明君主专制"这种特殊的政治环境影响下,沉闷老朽的俄国社会出现了活跃的气氛。而且在实行"开明君主专制"期间,书报检查制度一度较为宽松。拉吉舍夫的《从彼得堡到莫斯科旅行记》,诺维科夫的讽刺杂志《雄蜂》、《画家》、《钱袋》,冯维津的讽刺剧等就是在这种特殊的环境下出版的。在叶卡捷琳娜二世统治期间,俄国涌现了大批本民族的科学家、教育家和发明家,他们的活动为俄国社会发展做出了重要的贡献。因此,有的学者评价:"叶卡捷琳娜二世对俄国文化的贡献是相当大的。公平地说,在她统治时期,深思熟虑的和系统性的

① 列昂托维奇:《俄国自由主义史(1762—1914)》,第 31 页。

发展与进步，几乎都集中于社会与文化领域。”[①]

三、自由主义与官方自由主义

叶卡捷琳娜二世的开明君主专制和改革方案是建立在西欧自由主义原则，首先是孟德斯鸠的思想基础之上的，改革顺应了欧洲的政治潮流，在客观上促进了西方先进思想的传播，促进了自由、民主思想在俄国的浸润，推动了自由主义思想和思潮在俄国的产生。

“开明君主专制”是18世纪风行欧洲大陆的政治思潮，这是一股影响颇大的建立在“自由”“民主”“平等”概念之上的社会政治思潮，是启蒙思想家们与各国君主们的一次特殊联合。伏尔泰、孟德斯鸠、狄德罗是“开明君主专制”理论的创建者和鼓吹者，他们认为专制制度的缺点在于权力过于集中，势必会造成当权者的专权独断和扼杀自由，而共和制度也不是最好的制度，尽管它提倡自由平等，但平等会导致无政府状态，容易滋生个别人的政治野心。因此，最完善的政治制度是“保存着专制政体中有用的部分和一个共和国所必需的部分”的开明君主制度，他们的政治理想是君主立宪制度，寄希望于君主们的开明自识，提倡“君主与哲学家的结合”，他们认为“开明专制是由君主专制向君主立宪制过渡的桥梁”。[②]达兰贝尔认为：“当统治者和教育统治者的人意见一致时，国家的最大幸福便实现了。”在他们看来，启迪专制君主是一件一劳永逸的事情，因为教育人民要花数百年时间，启迪社会的精英阶层也是

① 拉伊夫：《独裁下的嬗变与危机——俄罗斯帝国二百年剖析》，第77页。

② 沃尔金：《18世纪法国社会思想的发展》，商务印书馆1983年版，第30—31页。

一项非常艰巨的任务，用伏尔泰的话说，“在统治者灵魂中……来一场革命”才是捷径。[①] 并且他们在国内险恶的处境，政治上被迫害、思想上孤立、经济上窘迫，并且在国内无法出版自己的著作，无法通过正常渠道宣传自己的思想和理想，他们自然地将目光转向国外，将希望寄托于欧洲其他国家的君主身上。美国学者科塞评价说：“那些有权势的外国人对他们的重视，使他们感到一种满足，增强了他们的自尊心，而在国内，这种自尊心却常常受到严重的挫伤。”[②]美国学者盖依认为：这种待遇“使哲学家产生了一些错觉……至少在某些场合，他们很容易把自己想像成柏拉图和亚里士多德，把王室的朋友想像成为努马或利库尔戈”。[③] 于是，他们在遥远的俄国找到了知音。

俄国自由主义正是在西欧的“自由”“民主”“平等”“宪政”的概念进入俄国之后，才找到自己的理论基础。在西欧，个人自由思想的出现是与贵族阶层的形成相联系的。国家的政治自由表现为两种形式，最初是贵族自由，而后是民主权利和个人自由。西欧自由主义的根在俄国是不存在的，在俄国甚至连教会权力在任何时候都不被承认为主权拥有者，因此从理论上讲，俄国自由主义观念是从外部获得的。叶卡捷琳娜二世统治时期对于自由主义思想在俄国确立起到特别的作用。正所谓，“自由主义和民主主义的倾向就产生于君主制自身之中，它客观地促进了俄国社会中进步的国家体制形成和民主政治成分的增长”。[④]

---

① 科塞：《理念人——一项社会学的考察》，第256页。

② 同上书，第254页。

③ 盖依：《伏尔泰政治学》，普林斯顿1959年版，第167页。

④ 格舒斯基等著：《俄国的民主教训》，第15页。

首先，叶卡捷琳娜二世改革既是统治者惯用的灵活手段，又是自由主义的体现，在客观上宣告了自由主义在俄国的诞生。针对苏联和西方史学界对叶卡捷琳娜二世改革持否定态度的观点，俄侨史学家列昂托维奇表达了不同意见，他认为："当然，叶卡捷琳娜二世没有考虑在俄国限制极权主义，然而不得不承认，极权主义是反动的、渐进的和反自由主义的。相反，60年代发生的由极权君主亚历山大二世推行的改革，就没有得到如上所述的评价，而是得到了充分的社会肯定。所有赞同者都认为他的改革正是自由主义的。毫无疑问，叶卡捷琳娜二世的立法方案本身没有政治自由的依据，以及承认和保障公民权利，在俄国建立了公民制度，而且在这方面，最突出的是贵族关系。然而，这并没有给我们否定叶卡捷琳娜二世立法的自由主义特点的权利，实际上她的世界观是建立在立法的基础上的。"[①]

其次，叶卡捷琳娜二世的"开明君主专制"首开俄国官方自由主义的传统，[②]对于俄国政治现代化进程产生了深远的影响，实际上为俄国的政治现代化推开了一条门缝。

官方自由主义是流行于俄国宫廷和上层统治阶级内部的一种政治思潮和政治传统，它主要表现为俄国最高统治者——沙皇以及上层统治阶层的一些人士在某些时期对西方资产阶级思想在俄国的传播采取鼓励的态度，引进西方的先进思想、先进技术和管理方式，亲自主持或支持在俄国进行经济、政治和社会等方面的改

---

① 列昂托维奇：《俄国自由主义史（1762—1914）》序，第39—40页。

② 索尔仁尼琴称之为"民主式集权主义"（Демократический абсолютизм）或"帝国式民主"（Империалистическая демократия）。参见列昂托维奇：《俄国自由主义史（1762—1914）》序，第3页。

革。专制制度“在某种程度上,也是独立的有组织的政治力量”,[①]越是国内社会政治矛盾复杂纷乱,沙皇政府的独立性就越明显,就愈加自由地和自主地寻找发展方向和统治所依靠的社会基础。而且从国家管理手段方面来看,自由主义不仅是抵消政治激进主义和革命主义的最好工具,而且它还是政治气氛极度紧张背景下的俄国,中下阶层宣泄政治不满,表现政治期望的有效渠道。

从历史角度看,“俄国缺少西欧式的自由主义的根,叶卡捷琳娜二世的统治对俄国自由主义的形成发挥特别的作用。”[②]彼得一世仿效西方,大力推行改革。但是他只引进了西方的声光电化,却把英国式议会民主制拒之门外。彼得一世在政治上的功绩是完成了从等级君主制向绝对专制君主制的历史性过渡,但是他未能也不可能推开俄国政治现代化的大门,他也无法打开俄国官方自由主义的大门。然而,18世纪60年代的俄国所处的内外环境已非昔比,启蒙思想风潮已遍及欧洲,法国大革命正处在“山雨欲来风满楼”的状态,拉吉舍夫等人在国内已开始了自由思想的传播,俄国专制制度的积弊已现端倪。叶卡捷琳娜二世自小接受了正统的欧洲教育,早年的启蒙思想和普鲁士国王弗里德里希二世的“开明君主专制”对她的影响更是巨大的。当18世纪60年代的俄国社会发展遇到危机时,叶卡捷琳娜二世选择了自由主义的统治政策,选择了“开明君主专制”,首开了俄国官方自由主义的先河。列宁曾经指出:“实行贵族杜马[③]和贵族制度的17世纪的俄国专制制度就不同于实行官僚政治、官吏等级和有过个别‘开明专制政体’时期的18世纪的专制制

① 《列宁全集》第6卷,人民出版社1986年版,第352页。

② 格舒斯基等著:《俄国的民主教训》,第31页。

③ 即前文所译“领主杜马”。

度,而19世纪的专制制度又与这两者大不相同。”[①]俄国统治者和上层有识之士继承了官方自由主义传统,19世纪的亚历山大一世——莫尔德维诺夫——斯佩兰斯基——亚历山大二世——洛里斯·梅里科夫改革,20世纪的维特——斯托雷平改革等都是俄国官方自由主义传统的体现,也是俄国政治现代化的继续。正如时任财政大臣、主持了一系列财政和经济改革的维特伯爵给沙皇尼古拉二世的奏折中所言:“建立自己的工业,这不仅仅是经济任务,而且是政治任务。”[②]因此,在俄国现代化初期,专制政府充当了领导者的角色,也决定了俄国早期的现代化是自上而下的现代化,是在保存和维持现存制度——专制制度基础之上的现代化。

但是值得一提的是,官方自由主义首先是上层统治阶级对时局的一种认识,其次是一种统治手段,它主要体现在统治政策的调整和实施方面,因此俄国官方自由主义基本上只有实践,没有理论。换一句话说,“自由”“民主”“平等”“宪政”只是他们实施统治的参照物,而不是官方自由主义的理论基础。

到18世纪末19世纪初,俄国自由主义已经起源,并且从源头就分为两条重要线索,除官方自由主义线索之外,更重要的一条线索即是民间——知识分子自由主义,即自由主义思想随着知识分子的政治觉醒和群体形成,逐渐摆脱与沙皇政府和官方自由主义的暧昧关系,转化为独立的社会政治思潮,其基本线索是:拉吉舍夫[③]——“十二月

---

① 《列宁全集》第17卷,人民出版社1988年版,第321页。

② 《红色档案》第7卷,莫斯科1931年版,第77页。

③ 别尔嘉耶夫则认为拉吉舍夫是“俄罗斯知识分子中激进的革命路线的始祖。他所看重的主要不是国家利益,而是人民的利益”。(参见别尔嘉耶夫:《俄罗斯思想》,第27页)

党人”——西方派——“合法马克思主义者”——地方自治运动——立宪民主党——“路标派”（Веховенство）——“路标转换派”（Сменовеховство）为代表。

第二节　俄国知识阶层自由主义思想的嬗变

一、白银时代的喧哗：自由主义知识分子的“左倾”

如果说19世纪是西欧自由主义实践的时代，那么俄国自由主义实践的时代是19世纪50年代至1917年十月革命前。在此时期，俄国自由主义思想的演变是值得注意的文化现象。

19世纪70—80年代的民粹主义运动，鼓起了知识分子革命热情和知识界的激进情绪，但是随着轰轰烈烈的“到民间去”运动失败，随着彼得堡和莫斯科街头时常响起的民意党恐怖暗杀爆炸之声，整个俄国知识阶层陷入了困惑之中，在这个阶层内部发生了自19世纪30年代以来的第二次大的政治分裂。

在一部分知识分子由政治激进主义向自由主义转变过程中，他们身上都贴有一个政治标记，就是在19世纪80年代末都先后放弃了民粹主义的理想，同普列汉诺夫、查苏利奇、列宁等人一样转向了对马克思主义的探索。90年代，以斯徒卢威、杜冈—巴拉诺夫斯基、谢尔盖·布尔加科夫、别尔嘉耶夫等人为代表的“合法马克思主义者”步普列汉诺夫之后尘，在有关俄国资本主义发展的问题上同与已经完全趋于没落的保守民粹派进行政治大论战，并且一度与普列汉诺夫等人结合了政治同盟。

马克思主义阵营的对手——民粹派以著名的思想家、理论家米哈伊洛夫斯基、丹尼尔逊为首，以彼得堡技术学院、彼得堡大学、《俄国财富》等合法刊物为舆论阵地，在政治学、经济学等各个领域发表文章和演讲，利用对公开言论的垄断权展开了对马克思主义的攻击，宣扬民粹主义理论。马克思主义者联盟也通过各种演讲、辩论以及出版专著、创办合法刊物等最为有力的论战方式，驳斥民粹派落后、脱离现实的理论。斯徒卢威作为合法刊物的首倡者、组织者、编辑者，其编辑和出版才能在论战中得到了充分体现，从一定程度上讲，斯徒卢威扮演了这场大论战组织者的角色。

俄国资本主义的发展问题成为90年代大论战的焦点。早在1892—1893年斯徒卢威就发表了根据德国和俄国刊物上的统计资料写成的关于俄国经济原理的文章，1894年又出版了第一部专著《俄国经济发展问题的评述》，以犀利笔调批评民粹派试图以改良的方式维护"村社"以对抗俄国已经出现的资本主义，是落后经济形式的代表，站在客观主义的立场分析了俄国经济生活的历史发展和资本主义社会的进步。

民粹派之所以回避俄国资本主义和反对发展资本主义，是因为他们看到了西欧各国农民和工人所经历的非人生活、资产者聚敛财富的贪婪性、资产阶级民主的极端虚伪性。民粹派主要理论家丹尼尔逊认为："如果我们想等待'每一个庄稼汉在工厂的锅炉里受煎熬'以后俄国黄金时代的来临——尼·伊·季别尔的这个观点有许多人赞成——那就只有完全放弃任何可靠的经济改善的希望。"[①]丹尼尔逊认为："俄国的资本主义只是在政府扶植下发展的，是'离开了轨道'的。大规模的生产和技术的改善，以及经济日

---

① 中央编译局编：《俄国民粹派文选》，第809页。

趋商品化都是表面现象,并非真正资本主义关系的表现,不能证实资本主义的确立和长久的生命力。资本主义在俄国的发展是有限的,不仅不会完全实现,而且会导致贫困的增加,应该避免资本主义的波折,从村社直接转到社会主义经济。”①

而斯徒卢威则确信俄国“远大的未来和重要的历史使命属于资本主义”。② 而“马克思主义确认了资本主义比封建主义具有先进性,论证了资本主义经济形式取代封建主义的规律性”。③ 斯徒卢威推崇“学习资本主义”,他揭示了民粹派对资本主义的排斥是由其固有的农民、小资产阶级的阶级性决定的,其错误理论的根源在于“把标志‘剥削程度’的资本主义同作为一定的‘生产组织’的资本主义作了对比。在这里却忘了一个简单的道理:‘咎由自取’,‘秋菊春桃,物各有时’。总之,资本主义是发展中的现象,它在一定历史时期所显示出来的面目与人民整个文化水准有密切联系。”④在斯徒卢威看来,俄国“只有向资本主义学习才能培养起这个社会发展的巨大推动力——阶级自觉。没有这个‘学习’,‘没有觉悟和有关阶级积极性的激起’,由资本主义向共产主义转变就不可能”,⑤“俄国像美国一样拥有广袤的土地,国际市场的作用对于俄国来说趋近于零。加工工业的发展会为农业产品提供市场,农

① 科列洛夫:《斯徒卢威和俄国马克思主义(1888—1901),政治传记经验》,莫斯科大学副博士学位论文 1993 年版(下同),第 130、89 页。

② 格纳久克:《作为社会思想家的斯徒卢威》,第 20 页。

③ 同上书,第 47 页。

④ 斯徒卢威:《俄国经济发展问题的评述》,商务印书馆 1992 年版(下同),第 104 页。

⑤ 科列洛夫:《斯徒卢威和俄国马克思主义(1888—1901),政治传记经验》,第 134 页。

民收入增加了，内部市场的吸收能力也将日益增加，这成为资本主义发展的经济基础，就这方面说，资本主义在俄国比在其它国家有着更为便利的条件。”[①]即资本主义不仅有邪恶、破坏的一面，也有进步、建设的一面，俄国还不够文明，必须向资本主义学习，而且俄国已经走上了商品经济的道路，具备了资本主义化的条件，国家的整个政治、经济、文化进步都不能脱离资本主义发展道路。斯徒卢威还认为“俄国工人阶级受到社会民主思想的熏陶，将随着自身不断的发展、壮大，成为推翻俄国现行政治制度的主要力量。在俄国工人阶级是唯一的革命阶级”。[②]斯徒卢威指出民粹派的经济学说其实是“一副脸看着过去，可是完全回到过去是不可能的，是乌托邦；另一副脸看着未来，可是也是不可能实现的，也是乌托邦；但又不存在中间道路，它被该学说本身否定了”。[③]

两个派别在论战中都借用了同一个理论，即马克思主义，俄国将各自理解的马克思经济学说与俄国现实情况相结合。民粹派没有深入分析马克思思想，不懂得资本主义生产可以自己开辟市场，缓和自身的矛盾，逐渐在论战中失去了公众，进入20世纪后民粹主义理论已经奄奄一息，几近退出了俄国的历史舞台。斯徒卢威等“合法马克思主义者”则站在客观主义的立场分析了俄国经济状况，得出俄国的资本主义道路不可避免且具有无限潜力，俄国社会只有在资本主义基础上才能有更大进步的结论，确立了俄国自由主义的政治经济和哲学思想，建立了与正统马克思主义者的联盟，

① 科列洛夫：《斯徒卢威和俄国马克思主义(1888—1901)，政治传记经验》，第79页。

② 同上书，第150页。

③ 斯徒卢威：《俄国经济发展问题的评述》，第199页。

促进了马克思主义在俄国的传播。斯徒卢威在《卡尔·马克思与马克思主义的命运》中总结道:“俄国90年代的‘合法马克思主义’实质上完成了其他国家经济自由主义所完成的任务。”①

此外,在这场大论战中,以斯徒卢威为代表的自由主义者与普列汉诺夫、列宁为代表的社会主义者并肩作战,成为曾经的“同一战壕”的战友。1895年斯徒卢威编辑一部大约500页的文集《俄国经济发展状况述评资料集》,收入了19世纪90年代中期大部分马克思主义者的文章,事实上构建了马克思主义者和“合法马克思主义者”的“文字联盟”。文集包括列宁的《民粹主义的经济内容及其在斯徒卢威先生的书中受到的批评(马克思主义在资产阶级著作中的反映)》、普列汉诺夫的《悲观论是经济现实的反映》、斯徒卢威的《致我的批评者》等文章。“合法马克思主义者”促进了马克思主义在俄国的传播,对俄国工人运动也产生了一定影响。列宁曾对双方的联盟给以很高评价:“同合法马克思主义者的联合,是俄国社会民主党初次实行的某种真正的政治联盟。由于结成了这个联盟,我们才极为迅速地战胜了民粹主义并且使马克思主义思想(虽然是在庸俗化的形式下)广泛传播起来。”②

斯徒卢威的《俄国经济发展问题的述评》在经济理论上对保守民粹派的理论家的“最后一击”方面发挥了决定性的作用。1894年,斯徒卢威与列宁首次相识,双方对彼此的感觉都非常好,列宁对斯徒卢威的著作大加赞赏。同年,列宁也发表了著名的《什么是“人民之友”以及他们如何攻击社会民主主义者》,在

① 科列洛夫:《斯徒卢威和俄国马克思主义(1888—1901),政治传记经验》,第9页。

② 《列宁选集》第1卷,人民出版社1995年版(下同),第304页。

政治经济学方面批判了民粹派的观点，论战中这两部著作可谓相映生辉。

列宁流亡西伯利亚期间，斯徒卢威经常与列宁交流研究俄国问题的文献资料。在列宁《俄国资本主义的发展》的写作、出版过程中，斯徒卢威起到了积极的作用。他不仅帮助列宁搜集必需的统计资料、校正稿子，还建议列宁将著作的题目定为《俄国资本主义的发展》，原拟的《大工业国内市场形成的过程》作为副标题，最后又于1899年安排"合法马克思主义者"沃多沃佐夫的出版社出版了这部著作。

以斯徒卢威为首的"合法马克思主义者"在19世纪90年代下半期先后出版了三种机关报和一系列马克思主义学术著作，从理论上阐释其马克思主义思想和立场，使这场政治论战无形中具有极大的学术成分。这层学术保护色暂时使论战避免了沙皇政府的讨伐，一时间斯徒卢威等人的著作、马克思主义的理论变成了俄国学术界的热点，极大地促进了马克思主义在俄国社会各阶层的传播。列宁曾评价说："一般说来，这是一种非常奇特的现象，要是在80年代或90年代初，谁也不会相信会有发生这种现象的可能。在一个完全没有出版自由的专制制度国家里，在猖獗的政治反动势力对于稍有一点政治上的不满和反抗的苗头都横加迫害的时代，革命的马克思主义的理论忽然在受检查的书刊上打开了一条道路，虽然说明这个理论的语言是伊索式的，但一切'感兴趣的人'都是可以理解的。政府只是习惯于把(革命的)民粹主义的理论当作危险的理论，照例没有发觉这一理论的内部演变，而欢迎一切对这个理论的批评。等到政府醒悟过来的时候，等到书报检察官和宪兵这支笨重的队伍侦察到新的敌人而猛扑过来的时候，已经过去不少（照我们俄国的尺度来计算）时间了。在这段时间里，马克思主义的书一本又一本地出版，马克思主义的杂志和报纸相继创办起来，大家都纷纷变成了马克思主义者，向马克思主义者献殷勤，出版商因为马克思主义书籍的畅销而兴高采烈。”①

德国著名的马克思主义者罗莎·卢森堡对斯徒卢威等人的表现是持肯定态度的，她认为：“这场有些地方相当精彩的斗智，十分有力地吸引住了90年代俄国的社会主义知识分子，并以马克思主义学派的肯定的胜利而告终，它使马克思主义正式作为一种历史——经济理论而走进了俄国的科学领域。”②但她同时明确指出了“合法马克思主义者”弱点所在，即“俄国合法马克思主义者无疑地对他们的论敌‘民粹派’取得了胜利，但他们的胜利超过了限度。在论战的热烈气氛中，这三个人——斯徒卢威、布尔加科夫和杜冈—巴拉诺夫斯基——把他们的论点说得过火了。本来的问题是：资本主义就一般而论以及资本主义特别是在俄国是否有发展的可能，而这些马克思主义者在论证资本主义有发展的可能时，竟从理论上证明资本主义能够永世长存。”③

在论战中，斯徒卢威等人非常注意保持自己在理论和组织上与普列汉诺夫等马克思主义派的距离。这样做一方面是要保持他们独立的自由主义立场，另一方面也是出于在沙皇独裁统治下自身安全的考虑。因此，他们为自己命名为“合法马克思主义者”，他们可以利用自己这种“合法”身份，在公开的合法的讲坛宣扬自己的思想。但是他们对马克思主义理论的理解也是选择性的，他们

---

① 《列宁选集》第1卷，第303页。

② 卢森堡：《资本积累论》，三联书店1959年版，第212页。

③ 同上书，第255页。

摒弃了马克思主义的政治学说和社会学理论,更多的是采用了马克思和恩格斯的经济学说来分析俄国经济发展的现实情况,并且最终得出一个与普列汉诺夫为代表的马克思主义流派大相径庭的结论,资本主义和资产阶级的自由民主是俄国社会发展的终点,俄国不需要社会主义革命和社会。斯徒卢威在评述马克思的社会发展理论时认为,“向新社会状态的转变”不需要“革命”,而是通过“新形式的资本主义进化”,“完全的社会秩序的变革……,应该实行持久的、不间断的改革进程方式”。①

多年以后,别尔嘉耶夫在回忆这场论战时作出评价,强调合法马克思主义者和马克思主义者的区别,即:“90 年代后半期俄国出现了强有力的马克思主义运动,这一运动吸引着越来越多的知识分子。同时还出现了工人运动。在众多的小团体中进行着马克思主义者和民粹主义者的争论,胜利日益转向马克思主义者一边,出现了马克思主义者的杂志。知识分子的精神面貌发生了很大的变化:马克思主义者比民粹主义者更强硬。与老的民粹主义相比,最初的马克思主义是西方派。90 年代后半期部分马克思主义者有很高的文化水平,特别是哲学文化水平,产生了更复杂的文化要求,进行着摆脱虚无主义的解放,……有些马克思主义者始终忠实于社会范围内的马克思主义,但是一开始就不赞成哲学中的唯心主义者,他们是康德学说或费希特学说的信徒,即唯心主义者,这就展现出一些新的可能性。比较正统的马克思主义者抱住唯物主义不放,他们以非常怀疑的态度对待哲学的自由思想,并且预言这

---

① 斯徒卢威:《爱国主义、政治、文化、宗教、社会主义》,莫斯科 1997 年版(下同),第 227 页。

些思想会脱离马克思主义。得到的结果是，分成了全面接受马克思主义和只是部分接受马克思主义的两部分人。后者发生了从马克思主义向唯心主义的转变。这种唯心主义阶段持续了不久，很快就转向各宗教，转向基督教和东正教。属于转向唯心主义的一代马克思主义者有，后来成为神甫的谢·布尔加科夫，笔者本人，这一群人中最大的政治家是别·斯徒卢威、谢·弗兰科。”他同时也强调：“作为运动的参加者，我可以证明，这一运动带有很大的热情。”他们参加论战的目的是“促进俄罗斯复兴的潮流”。①

此后“合法马克思主义者”与马克思主义派在一段时间还保持了同路人的关系。1896 年，斯徒卢威参加了在伦敦召开的国际社会主义大会（第二国际第 4 次大会）的俄国社会民主工党（РСДПР）代表团，并与普列汉诺夫共同起草了代表团的报告中有关土地部分的内容。1898 年，斯徒卢威担负了起草《俄国社会民主工党宣言》的重任。1900 年 12 月，在俄国社会民主工党普斯科夫会议上，列宁、马尔托夫以及代表“合法马克思主义者”的斯徒卢威和杜冈—巴拉诺夫斯基出席，斯徒卢威许诺支持以列宁为代表的《火星报》。会上商定，“合法马克思主义者”在经济上和物质上帮助在国外出版报纸和杂志。而普列汉诺夫反对这个决定，列宁则劝说：“必须尽可能地宽容斯徒卢威，因为他发展到这种地步，我们自己也并不是没有过错的，我们自己，包括格·瓦在内，在应当起来驳斥的时候（1895 年、1897 年）没有起来驳斥”。②

1901 年，斯徒卢威在为别尔嘉耶夫的著作《社会哲学中的主

① 别尔嘉耶夫：《俄罗斯思想》，第 217—219 页。

② 《列宁全集》第 4 卷，人民出版社 1984 年版，第 294 页。

观主义和个人主义》所做的序言中，宣布与俄国社会民主工党断交，宣布彻底割断与马克思主义的联系，提出在“最广泛基础”上探索社会思想的证据任务。[①]

1902年，斯徒卢威与诺夫哥罗德采夫发起编写《唯心主义问题》(Проблема идеализма)文集，转向形而上学和唯心主义，表明斯徒卢威否定了最初借用马克思主义的思想来指导俄国道路的尝试，意识到自己是自由主义者与自由主义哲学问题的研究者。他认为：“对于认识来说，自由是一个空洞的思想；而对生命而言，自由是一个不可反驳的事实，自由的思想是巨大的有效的力量。”[②]数年后普列汉诺夫回忆说：“我从斯徒卢威先生的文章中就看出‘斯徒卢威主义’，我还是暂时同他并肩前进。为什么？因为我希望斯徒卢威先生成长为马克思主义者，从而自己不再作为‘斯徒卢威主义者’。但是后来我发现，我的这个希望没有根据，我深信我们并肩前进是再也不可能的了。”[③]1901—1902年，针对斯徒卢威的《马克思主义的社会发展理论》，普列汉诺夫在《曙光》杂志发表文章，从辩证唯物主义角度分析了斯徒卢威对正统马克思主义的攻击，普列汉诺夫断言：“斯徒卢威神不知鬼不觉地由革命马克思主义者转变为保守的马克思主义者”，斯徒卢威将成为“……我们的自由主义者的领袖”。[④]

直至19世纪末，俄国自由主义思想体系仍然处于形成阶段，

---

① 别尔嘉耶夫等著：《路标/来自深处》，莫斯科1991年版(下同)，第542页。

② 派普斯：《斯徒卢威：左翼自由主义者(1870—1905)》，剑桥1970年版(下同)，第18页。

③ 《普列汉诺夫全集》第9卷，莫斯科1955年版，第93页。

④ 格纳久克：《作为社会思想家的斯徒卢威》，第44页。

这个时期的俄国自由主义主要是从社会主义和马克思主义学说之中吸取了营养。斯徒卢威等人将马克思主义视为自己解剖俄国的工具，从马克思主义中吸取部分养分以壮大自己的枝叶，甚至一度与以列宁等代表的马克思主义者结盟。同诺夫哥罗德采夫和弗兰科一样，斯徒卢威认为西方的自由主义世界观从社会主义中吸收了最有价值的东西。[①] 他说："坦率地说，社会主义任何时候都没有对我造成思想波澜，但还是多少吸引了我，……它吸引我主要是作为一种思想力量，这种力量或者指向争取公民和政治自由，或者反对公民和政治自由。"[②]他认为在俄国由于自由主义世界观的迟到和发展，自由主义思想还"漫游于黑暗和受制于社会主义"，必须为自己确定独立于马克思主义的道路。[③] 直至 1903 年，斯徒卢威代表的自由主义知识分子与社会主义者还保持了一定的关系，但是，一旦资产阶级自由主义的社会经济前提渐渐成熟和它的理论体系基本形成，自然发生"马克思主义的批评者"彻底地与"马克思主义者"的决裂。

二、《路标》：自由主义知识分子的独立思考

"19 世纪末 20 世纪初，俄国自由主义发展到自己的新阶段，逐渐地成为一股潮流，以斯徒卢威、米留科夫、纳巴科夫、诺夫哥罗德采夫、卡瓦列夫斯基等为代表的知识分子发挥了重要的作用。作为欧化的俄国自由主义者，他们告别了陈旧的斯拉夫主义思想和传统，将西方社会学引入新的运动之中，主要思想包括了建立议

① 别尔嘉耶夫等著：《路标/来自深处》，第 155、256、257 页。
② 斯徒卢威：《我与列宁的会面与冲突》，载《新世界》，莫斯科 1991 年，第 4 期。
③ 别尔嘉耶夫等著：《路标/来自深处》，第 211 页。

会的宪政国家，普遍的选举权和其他的民主自由。他们还打算保留君主制。与19世纪'老'自由主义者不同，'新'自由主义者关注社会问题，提出解决农民土地、建立合法工会、实行八小时工作制和社会保障的要求。在专制制度统治的条件下，自由主义者决定建立半合法的组织，建立半合法的出版机构，支持和平的政治罢工，将给革命党团以物质上和技术上的支持。但是，他们力图全力阻止国家滑向革命，而争取国家自上而下的改革。"[1]当代俄国历史学家谢缅尼科娃如是评价。

19世纪和20世纪之交，是俄国历史发展和社会变迁的重大转折时期，同时也是俄国思想文化史发展最激动人心和波澜壮阔的时代。俄国伟大的革命家和思想家普列汉诺夫在1901年展望了俄国未来的社会发展形势："20世纪在我们面前提出这样的政治任务——这个任务在西方已经或多或少或充分地解决了。在我们这里，西欧的人们只是根据传闻才知道的那个专制制度正在欣欣向荣"，"政治自由将是20世纪俄国第一个巨大的文化成就"。[2]自由派贵族维特伯爵也看到："整个俄国都对现状，即对政府的现存制度不满。大家都在不同程度上自觉地，甚至是不自觉地要求变革[3]。"这种形势自然激活了颓靡已久的俄国自由主义知识分子的政治热情，1905年革命和改革就在这个背景下展开了。

然而1905年革命终于失败，改革成果几乎殆尽。一方面是政治激进主义派别酝酿着对专制政权的大反攻，另一方面是全国各

---

① 谢缅尼科娃：《世界文明共同体中的俄罗斯》，第239页。

② 普列汉诺夫：《跨进20世纪的时候》，东方出版社1998年版，第4—5页。

③ 维特：《俄国末代沙皇尼古拉二世》，新华出版社1983年版(下同)，第263页。

地高悬的“斯托雷平领带”[①],政府大肆镇压一切进步力量。俄国自由主义和自由主义知识分子受到来自“左”和“右”两方面的挤压,他们思想的生存空间几近消弥。

革命失败、改革受挫,在心灵上遭受打击最沉重的莫过于俄国的知识分子阶层,因为他们是这场运动的积极组织者和热情参与者,尽管在运动中每个团体的政治理想和实现理想的手段有所不同,但是他们都是怀着强烈的愿望期待俄国的政治现代化能够走上正常的轨道。据统计,1905 年革命失败后,大学生自杀数目迅速增加。1906 年有 71 起,1907 年有 160 起,1908 年(沙皇制度反动统治的最黑暗时期)有 237 起。[②] 在一直标榜中庸立场的自由主义知识分子中间则普遍弥漫着悲观、失望的情绪。

1909 年《路标》(Вехи)文集公开出版,在当时被视为“石破天惊”的事件,它犹如巨石投入看似平静的水面,给沉闷和压抑的俄国思想文化界带来了冲击。它的出版被视为俄国知识分子对自身思想发展史的清算,也被视为自由主义知识分子反省自己的社会责任、清除自身思想上的污垢、割断与政治激进主义暧昧关系的举动。

历史学家、文学家和哲学家格尔申宗在《路标》文集的出版方面起到巨大的组织作用。格尔申宗编辑有关俄国知识分子问题文集的想法由来已久。1907 年他就与法学家基斯嘉柯夫斯基等人一起编辑杂志《批评短论》,最早提出讨论俄国知识分子问题。格尔申宗向朋友们建议深入反省知识分子的历史和现实问题,并出

---

① 即“绞索”(столыпинный галстук),立宪民主党人以此称呼诅咒镇压革命的大臣会议主席兼内务大臣斯托雷平。

② 赫克:《俄国革命前后的宗教》,第 294 页。

版一本文集，这个建议立即得到了弗兰科、斯徒卢威和别尔嘉耶夫等人的赞同。1908 年 9 月谢尔盖·布尔加科夫给格尔申宗的信中说："我可以写一写，例如，有关宗教问题，更准确地说，关于知识分子对待宗教问题的漠不关心。"[①]1908 年 10 月中旬，格尔申宗开始文集的组织和编辑工作。1908 年 10 月 19 日，弗兰科写信给他："你所提议的关于我国知识分子批评的文集，我非常赞成，并且完全理解，并准备以极大的兴趣参加。为了它的完成，显然需要在参加者中间举行座谈会。"这个座谈会在当年秋天举行，基斯嘉柯夫斯基回忆说："遗憾的是，我们很少讨论我们的文集的整个的内容、计划和倾向。"[②]但是这次聚会大致确定下来了文集作者的人选。伊兹高耶夫给格尔申宗写信表示："在收到您的信之前，斯徒卢威对我谈起了文集的思想和目的。我当然完全同意。"[③]1908 年 10 月底和 11 月初，作者们（伊兹高耶夫和别尔嘉耶夫未到会）再次在莫斯科的基斯嘉柯夫斯基的家中会面，这一次集中讨论了文集的整体安排、每个人负责的具体篇目，并相互交流了思想和观点，约定在 1909 年 1 月 15 日前完成自己负责的文章的写作。

文集作者的思想和世界观是相近的，一些人早在 1902 年合作出版《唯心主义问题》文集时就在一些原则性问题上达成了比较一致的意见，即强调在政治上脱离社会主义的政治激进主义，在哲学上脱离合理主义和实证主义。而且各位作者都是长时间地考虑过俄国知识分子的问题，因此每个人撰写文章的进展都比较迅速。

1908 年 11 月 16 日，弗兰科表示在新年到来前完成《知识分

① 别尔嘉耶夫等著：《路标/来自深处》，第 501 页。
② 同上。
③ 同上。

子与道德》(后定名为《虚无主义伦理学》)的写作。12 月 18 日，彼得堡的伊兹高耶夫在给在莫斯科的格尔申宗的信中许诺在 1909 年 1 月 15 日前完成自己的写作任务。同一天格尔申宗也接到了别尔嘉耶夫的来信表示：“(1909 年)1 月 15 日前将文章亲自送给您。”12 月 30 日，基斯嘉柯夫斯基通报：“已经开始《知识分子与自觉》(后定名为《保护权利(知识分子与法制感)》的写作了。”1909 年 1 月 19 日，斯徒卢威给格尔申宗打来电报，表示由于其他工作干扰了文章的写作，“文章将在 2 月份动手”①，并通报文章的题目是《知识分子和人民经济》(后定名为《知识分子与革命》)。1909 年 1 月 14 日、2 月 19 日和 3 月 2 日伊兹高耶夫、弗兰科和斯徒卢威分别从彼得堡寄来了文章。格尔申宗立即做完编辑工作，校样很快就返还原作者，3 月 7 日和 8 日伊兹高耶夫和弗兰科最后定下自己文章的标题。3 月 11 日斯徒卢威返回校样。编辑工作基本完成后，关于文集的名字，在作者中间颇费了一番脑筋。最初格尔申宗建议将文集命名为《知识分子论知识分子》(Интеллигенция об интеллигенции)，但遭到斯徒卢威的反对，斯徒卢威提出《在山上》(На гору)的书名，弗兰科建议定名为《在十字路口上》(На перепутьи)，后又提议《界标和路标》(Межи и вехи)。格尔申宗建议定名为《莫斯科思考》(Московская дума)，伊兹高耶夫表示反对。3 月 10 日基斯嘉柯夫斯基又提议叫《致俄国社会》(К русскому обществу)，谢尔盖·布尔加科夫提议命名为《致俄罗斯知识分子或者社会》(К русской интеллигенции или обществу)。3 月 11 日斯徒卢威电告格尔申宗，表示“《界标和路

① 别尔嘉耶夫等著：《路标/来自深处》，第 503 页。

标》最好”[①]。格尔申宗采用了《路标》，文集最后定名《路标——俄国知识分子问题文集》(Вехи—Сборник статей о русской интеллигенции)[②]，3月16日首印3000册迅速上市，资助者是自由主义政治活动家奥尔洛夫。

《路标》文集的作者大都是当时最有学术成就和政治影响的自由主义知识分子，他们是经济学家、历史学家、哲学家和出版家斯徒卢威(1870—1944年)，宗教哲学家别尔嘉耶夫(1874—1948年)，宗教哲学家弗兰科(1877—1950年)，宗教哲学家、经济学家谢尔盖·布尔加科夫(1871—1944年)，哲学家、政治评论家伊兹高耶夫(1872—1935年)，法学家基斯嘉柯夫斯基(1868—1920年)，法学家、哲学家诺夫哥罗德采夫(1866—1924年)，历史学家、文学家和哲学家格尔申宗(1869—1925年)。

《路标》文集的作者中最年轻的是弗兰科，是年32岁，年龄最大的是基斯嘉柯夫斯基，是年41岁。他们大都出生于19世纪70年代俄国那个特殊的历史时期，他们的启蒙教育、大学生活和游学欧洲的经历、他们的创作和研究过程、他们的政治思想的发展历程以及在十月革命之后无法相容于苏维埃政权而被迫亡命欧洲，最后客死他乡的经历都基本相同。不同的是他们的家庭出身，斯徒卢威、别尔嘉耶夫、弗兰科出身贵族家庭，伊兹高耶夫出身普通教师家庭，谢尔盖·布尔加科夫出身神父家庭，格尔申宗出身商人家

① 别尔嘉耶夫等著：《路标/来自深处》，第504—505页。

② 文集共收7篇文章。即斯徒卢威的《知识分子与革命》、别尔嘉耶夫的《哲学的真理与知识分子的现实》、弗兰科的《虚无主义伦理学》、谢尔盖·布尔加科夫的《英雄主义与自我牺牲——关于俄国知识分子阶层宗教特质的思考》、格尔申宗的《创造性的自我意识》、伊兹高耶夫的《关于青年知识分子(关于他们的日常生活和情绪的标记)》、基斯嘉柯夫斯基的《保护权利(知识分子和法制感)》。

庭,基斯嘉柯夫斯基出身法律教授的家庭。

作者们公推格尔申宗起草第一版前言,他在前言中这样写道:“不是为了从了解真理的高度学术化地评价俄国知识分子,也不是从高傲地蔑视它的过去的角度来撰写即将编成文集的文章,而是从过去曾经痛苦和热情地向祖国的未来发出警告的角度。1905—1906 年革命和在它之后发生的事件是作为全民族半个世纪的价值观的体验,是作为我们社会思想积累的最高的精神宝藏。一些聪明人在革命前很早就明确地预见即将发生的错误,换句话说,社会运动外部条件是不顺利的,当然,这还不能证明这些思想内部的不可信性。事实上运动中知识分子的失败没有显示出任何新的东西。但是它在别的方面却具有重大的意义:第一,它深刻地震动了整个知识分子群体,在知识分子中唤起相信传统的世界观的本质原则的渴求性,这些世界观至今仍然被盲目地信奉着。第二,事件,即具体的形式,以什么样的形式实现革命和革命的压力,给予持有这种世界观和错误的人以可能,使他们明确地认识到过去的过错,并以丰富的论证表达自己的思想。这样就产生了拟议中的本书:本书的参加者不能再沉默了,对于他们来说能够察觉得到真理,因此他们以自己的知识分子的精神和自我批评来迎接社会意识的检验。

“在这里为了共同的事业联合在一起的人们,实际上无论是在《路标》的基本问题上,还是在自己的实际愿望方面的见解都是不相同的,但是他们在《路标》这项共同的事业上没有分歧。承认社会生活的外部形式之上的精神生活的重要性是他们共同的立场,个人的内部生活是人类日常生活唯一的创造力量,是政治秩序的独立原则,它对于任何社会的建设来说都是唯一的坚实基础。从这个角度出发，完全地建立在否定的原则之上，在承认社会方式第一位的基础上，忏悔的俄国知识分子的思想体系就呈现在笔者的面前，该体系内部是荒谬的和实际上是毫无意义的，即无法引导走向知识分子本身应担负的目的和完成人民的解放。

“在上述共同的思想和观点方面，在本书的作者之间是没有分歧的。因此，他们以不同的方式研究知识分子的世界观，如果说在一定程度上，例如在关于知识分子的‘宗教’属性问题方面，在他们之间似乎表现出某些分歧的话，那么这个分歧的产生不是出于在上述基本原理上的歧见，而是出于每个作者以不同的角度研究问题的缘故。

“我们不评判过去，尽管我们清楚它的历史不可回避性。但是我们指出，到现代为止社会走过的道路，已陷入没有出口的绝境。我们的警告不是新的东西：它正是从恰达耶夫到弗拉基米尔·索洛维约夫到列夫·托尔斯泰等我们伟大的思想家们所孜孜不倦地坚信着的东西。而知识分子根本没有听他们的话。因此，我们想现在以巨大的震动唤醒知识分子，让他们听到我们微弱的声音。米·格尔申宗 1909 年 3 月。”[①]

正如格尔申宗在前言中所强调的，“路标派”最重要的任务是对俄国知识分子提出警告，“以巨大的震动唤醒知识分子”麻木的神经，重新思考自己的现实责任和历史使命。因此他们采取了一种极端的、完全令知识分子各阶层难以接受的、近乎于彻底否定俄国知识分子作用的方式来表达自己的思想。

斯徒卢威肯定了 1905 年政治改革和革命的巨大意义，称它是

---

① 别尔嘉耶夫等著：《路标/来自深处》，第 9—10 页。

俄国积聚了一个多世纪的各种政治能量的总爆发。但认为它来得太快,以至于专制制度和知识分子都没有作好充分的精神准备。“革命向专制、贵族的俄国政治制度和社会结构发起了进攻。1905年10月17日这一天,标志俄国几个世纪形成的政治制度发生了根本性变革。当局所有的政策、策略长期致力于阻碍国家准备和实现这一变革,与此相比,这一变革来势则尤为凶猛。”[①]在这种情况下,无论是专制政府,还是知识分子就变得随波逐流,被下层人民的激进情绪所左右。政府未能及时把握时机,及时推进宪政改革,到1905年10月才被迫宣布宪政,此时革命的风暴已经不可阻挡。而知识分子的错误就在于未能及时地把握人民的情绪,及时地洞察政府的反动企图,适时地对政府和人民作出规劝,这源于19世纪以来俄国知识分子长期养成的劣根性。

斯徒卢威认为俄国知识分子劣根性和最大缺点表现为无忍耐性,好大喜功,好走极端,对人民、对民族、对国家缺乏责任感。“俄国知识分子阶层对国家的背叛和疏离以及对国家的敌视是他们唯一的思想形式。”[②]而“理解我们已经经历过的、正在经历的革命的关键在于,俄国知识分子阶层对国家抱有非宗教的背叛态度。”[③]原因在于,国家对知识分子长期采取一种不信任的态度,长期将知识分子排除在政权管理阶层之外,并且专制制度在思想上对知识分子施以高强度的压制,这种积怨由来已久。谢尔盖·布尔加科夫称:“知识分子在国家的孤立地位,他们与土地的隔离,他们面临

---

① 基斯嘉柯夫斯基等著:《路标集》,云南人民出版社1999年版(下同),第148页。

② 同上书,第145页。

③ 同上书,第148页。另见别尔嘉耶夫等著:《路标/来自深处》,第143页。

严酷的历史环境，他们严肃知识和历史经验的缺乏，所有这一切都激发了英雄主义的心理。知识分子经常（尤其是在特定情形下）歇斯底里般地陷入英雄主义狂欢的状态。”[①]对于广大的下层社会的农民和工人来说，他们始终处于社会的最底层，不仅没有什么政治权利，就连生存权利也基本被剥夺干净，在他们的意识中最拥护背叛国家式的革命。结果是，在1905年革命中，“知识分子思想中的政治激进主义与民众本能的社会激进主义，以惊人的速度完成了嫁接”，“知识分子阶层将疯狂的仇恨、致命的直线结论和过程，带进了与俄国历史的国家体制和‘资产者’的社会制度所进行的斗争中；但同时他们却根本没有将宗教思想带进这种斗争。”[②]格尔申宗的观点是最消极的，他把知识分子与人民对立起来，要求知识分子在革命的关键时刻与政府站在一起，“我们是什么人？我们不仅不应幻想与人民结合，反而应该害怕他甚于害怕政府的刑罚。应该感谢这个政权用刺刀和监狱使我们免受人民的疯狂之害。”[③]

作为哲学家的别尔嘉耶夫则是从哲学的角度对知识分子的思想动机加以分析，他认为，“知识分子阶层不能公正地对待哲学，因为他们对真理本身抱有偏见。他们之所以需要真理，其目的是为了将后者变成社会变革、民众利益和人类幸福的工具……知识分子阶层的基本道德判断被列入以下公式：如果真理的毁灭能够给民众带来更加美好的生活，人们的生活将更加幸福美满，那么就让它作出牺牲；如果真理妨碍了‘打倒专制制度’的神圣号召，那么就

---

① 基斯嘉柯夫斯基等著：《路标集》，第34页。

② 同上书，第150、153页。

③ 别尔嘉耶夫等著：《路标/来自深处》，第82、141、176页。

去打倒它。由此，对人类带有错误倾向的爱扼杀了对上帝的爱。”①

于是，在“路标派”看来，只逞一时之快的激进知识分子不是及时体察已经迫近的政治危机，及时向人民作解释和教育工作，而是最大限度地把自己和人民体内的野兽本能释放出来，由于“政治上的错误、策略上的失误，以及其它许多现状都归结为：知识分子阶层如此轻率、如此迅速地踏上了这条灾难深重的、民众政治和社会的革命化道路。其中还包括道德的失误。在此基础上存在着一种观念，即社会‘进步’可以不是人的自我完善的结果，而理应在呼吁民众奋起时，掷于历史游戏的赌注”②；“在俄国知识分子阶层的许多思想家那里，对政治产生了一种最终被歪曲的、根本矛盾的态度。将政治引向生活的外在建构——从技术观点看，它事实上就是这样。知识分子阶层在政治中，发现了自身和民众完整的存在（在此，我们援用‘政治’，是基于外在社会建构的广义之上的）。因此，有限的手段变成了具有无限内涵的目标。”③

在这里，又隐约出现了19世纪以来俄国知识分子阶层百思不得其解的一个主题：专制政权专横暴戾，人民大众受苦受难，历史发展困顿不前，究竟是“谁之错”？斯徒卢威和别尔嘉耶夫给出的答案是明确的，这个责任应由无法自禁其言行并屡屡误导人民的激进主义知识分子来承担。

“路标派”坚持他们的自由主义立场，既反对沙皇政府的独裁暴政，也反对激进派的社会革命，主张走渐进的、合法的和有秩序

---

① 基斯嘉柯夫斯基等著：《路标集》，第8页。

② 同上书，第153页。

③ 同上书，第154页。

的改革道路。而且,在他们看来,当国家已经面临崩溃、民族面临灾难时,鼓动革命和发动革命就是对人民的巨大犯罪。

对于刚刚失败的革命,“路标派”表现出了强烈的憎恶。斯徒卢威认为:“目前,反动的胜利已使许多人或是忘掉我们经历过的革命的错误,或是对此保持沉默。不可能有什么比这种忘却更危险的东西了,不可能有什么比这种沉默更肤浅的东西了。”他把革命视为一场灾难,“工人群众(工人代表苏维埃)所发动的两次大罢工,一系列毫无理性和凶残的武装暴动,比这更坏的莫斯科起义,喧闹的第一届杜马选举,解散杜马后为进一步的武装起义所作的准备。所有这一切都是为了威吓政府并消灭它。而政府真的被吓住了,出现了战地军事法庭和无休止的死刑。然后,国家的惊吓成了通常的政治秩序……现在,需要多少年才能使国家走出这一停滞状态?”[①]别尔嘉耶夫后来谈到:“任何革命,都是以恶制恶,在革命之后,随之而来的是以恶对革命。”[②]

尊重法律、遵从法律,在这个问题上,“路标派”的观点是一致的。别尔嘉耶夫认为,既然1905年改革的本意是试图通过法制的方法限制皇权,建立一个对人民负责的法制社会,知识分子就应该向政府依法伸张自己的要求,依法行事。但恰恰是,“俄国知识分子阶层不太相信普遍法则,因为他们认为类似的思想和法则将妨碍与专制制度的斗争和服务于‘民众’的事业,而‘民众’的利益则是高于世界的真与善的。”[③]斯徒卢威也认为:“就其实质和形式,

① 斯徒卢威:《选集》,莫斯科1999年版(下同),第238页。

② 别尔嘉耶夫:《知识分子的精神危机:1907—1909年的社会和宗教心理》,圣彼得堡1909年版,第9页。转引自别尔嘉耶夫等著:《路标/来自深处》,第529页。

③ 基斯嘉柯夫斯基等著:《路标集》,第9页。

革命理应以10月17日法令的颁布而告终。在民族和国家的意义上,10月17日以前,一系列事件难以容忍的现状,在于民众生活和国家发展囿于专制制度的桎梏之中。所有发生的一切不仅在法律上,而且在现实上突破这一桎梏或者哪怕是可能在将来突破这一桎梏。”①

因此,“路标派”认为,当前知识分子的任务就是帮助政府恢复被破坏的法制和秩序,将自由和秩序结合起来。斯徒卢威力图证明,妥协和团结的思想对于社会发展具有多么大的重要的道德意义。他认为,人类与动物的区别是对人的个性的真诚的尊重和对人的信任。

“路标派”分析了俄国知识分子行为和言语失范的思想根源,即一个来自于俄罗斯文化的土壤,另一个是不能正确对待外来的思想。

斯徒卢威肯定“俄国知识分子阶层作为特殊的文化范畴,是西方社会主义与俄国文化、经济和政治发展的特定条件相互作用的产物”。② 别尔嘉耶夫也认为:“在俄国知识分子阶层的灵魂中,交织着各种各样的矛盾。如同俄国的全部生活一样,它在自己身上唤起了矛盾、复杂的情感。一方面,不能不钟爱它;而另一方面又不能不摒弃它。”③他说:“俄国知识分子阶层旧的特质为俄罗斯历史模塑而成,在他们的心理结构中显示出我们的历史痼疾之弊端,显示出我们历史上的政权、我们永久的反动势力之弊端。根深蒂固的专制制度扭曲了知识分子阶层的心灵;不仅在其外部,而且在

---

① 基斯嘉柯夫斯基等著:《路标集》,第149页。

② 同上书,第156页。

③ 同上书,第63页。

其内部对它进行奴役。因为这种专制制度以否定的方式确定了关于知识分子阶层心灵的全部评价。然而,在任何事情上总是归咎于外部的力量,从而为自身的过失开脱,这不是自由的实质。知识分子阶层自身也是有过失的,他们意识中无神论即是自身意志的过失,他们自行选择人类之路,由此扭曲了自己的心灵,在自己身上消除了真理的潜在意识。”①即知识分子继承了俄罗斯文化和俄罗斯民族中消极的和极端主义的东西,因此在政治运动中知识分子并不见得比人民高明到哪里去。弗兰科认为尽管俄国知识分子历来崇尚集体主义、歌颂俄罗斯人民的团结精神,但是在人民越来越强烈的革命情绪推动下,知识分子内心深处的英雄主义也被呼唤出来了,“因为在他们身上经常存在着英雄自我确认的离散因素。在一定程度上,英雄是超人,在对待自己周围人的态度方面,他们摆出救赎者高不可攀,颐指气使的姿态。在自身对民主主义的全部追求中,知识分子阶层仅仅作为贵族阶层特别的变种,他们总是将自身置于‘平庸之辈’的对立面。谁曾经在知识分子圈子里生活过,谁便十分熟悉诸如傲慢、自负、自主意识、轻视异见……”②

“路标派”一再强调宗教对人的行为的指导意义,俄国传统的宗教哲学是主张将宗教信仰与个人道德感紧密结合的。别尔嘉耶夫曾在《俄罗斯思想》中强调:“俄罗斯民族——就其类型和就其精神结构而言是一个信仰宗教的民族,俄罗斯的无神论、虚无主义、唯物主义都带有宗教色彩。出身于平民和劳动阶层的俄罗斯人甚

① 基斯嘉柯夫斯基等著:《路标集》,第20页。

② 同上书,第37—38页。

至在他们脱离了东正教的时候也在继续寻找上帝和上帝的真理,探索生命的意义……”。[①]“路标派”认为,知识分子就其本源也是具有这种宗教意识的,只不过在过分的反传统的过程中,恰恰把俄罗斯文化传统中最优秀和最宝贵的成分丢弃了,那就是俄罗斯民族最本源的意识中对宗教的酷爱,对上帝的敬畏。只有宗教原则才能保证俄罗斯文化的正常延续,保证俄罗斯社会和国家的正常发展。

“路标派”继承了他们在《唯心主义问题》文集中的观点,继续批评知识分子盲目信奉唯物主义这种“最简单、最低级的空论”,教条主义地对待西方的社会学说,强调马克思主义是机械的经济唯物主义,它对俄国的现实只有批判的作用,而缺乏建设性的意义。别尔嘉耶夫认为:“经济唯物主义与科学实证主义一样,它在俄国本土上也未得以正确地接受。……在客观科学方面,马克思主义应该说具有合理的内核。我国马克思主义者中最具文化品位、学术风范的彼得·斯徒卢威确认并发展了这一内核……在俄国,经济唯物主义的哲学变成了特殊的‘阶级的主观主义’,甚至变成了无产者阶级的神秘主义。”[②]“90 年代,随着马克思主义的兴起,知识分子阶层的精神需求大幅度提高。青年们开始趋向欧化,阅读起科学著作。特具激情的民粹主义者们在理性思潮的影响下开始转变,以哲学方式来论证自身社会目标,这一需求开始与辩证唯物主义,既而又与新康德主义(由于其哲学的复杂性而未得以广泛传播)达成一致……马克思主义战胜民粹主义,这在俄国知识分子阶

---

① 别尔嘉耶夫:《俄罗斯思想》,第 246 页。
② 基斯嘉柯夫斯基等著:《路标集》,第 12 页。

层的性格中并未引发深刻的危机，在欧洲式的马克思主义的外衣下，他们仍旧顽固保守，坚持着民粹主义思想。”[①]谢尔盖·布尔加科夫在后来发表的著作中分析了马克思的个人性格，认为马克思对宗教，尤其是对基督教怀有强烈的敌意。他认为原因是“基督教唤醒了个性，迫使人感觉到了自身之中不死的精神，使人个体化了，为了指出人的内在成长的途径和目标；马克思的社会主义抹杀个性，因为它不是诉诸个人的灵魂，而是诉诸他的社会外表，把个性的现有内容全部归结为社会性的反映”。[②] 他认为把人置于上帝的位置并把他提升为神，很可能导致把人变成野兽。弗兰科在其他文章中也评价说：“马克思关于阶级斗争和无产阶级起义的理论，他发出的推翻旧欧洲国家和资产阶级社会的号召，正好符合俄国农民大老粗深藏内心和早已成熟的某种梦想。”[③]谢尔盖·布尔加科夫在评价西方思想和文化对俄国知识分子的影响时说：“……那扇由彼得开启的、通向欧洲的窗户，经由这扇窗户，欧洲空气朝我们扑面而来，这生机盎然的空气，同时也隐含着致命的元素。”[④]在“路标派”看来，毫无疑问，激进主义知识分子、社会主义者和布尔什维主义者所信奉的马克思主义就是这个致命的元素。

《路标》文集中所反映出来的思想并非完全是消极的，“路标派”对于俄国未来的发展并非是绝望的，他们对于俄国知识分子的态度也并非完全是否定的。他们一方面在做着深层的思索和忏

① 基斯嘉柯夫斯基等著：《路标集》，第 5 页。

② 布尔加科夫：《双城记》第 1 卷，莫斯科 1911 年版，第 173 页。转引自别尔嘉耶夫等著：《路标/来自深处》，第 452 页。

③ 马斯林编：《俄罗斯思想》，莫斯科 1992 年版(下同)，第 335 页。

④ 基斯嘉柯夫斯基等著：《路标集》，第 23 页。

悔，另一方面也在认真思考知识分子的出路，在文集中反映出了他们热情地呼唤“新人”的思想。

在“路标派”看来，1905 年革命的失败和沙皇政府的再度反动，知识分子无疑是有罪的，并且应负一定责任的，知识分子无疑是要认真反思的。但知识分子仍然是俄国最健康的政治力量，仍然应该担负起推动俄国历史发展的伟大使命。弗兰科充分肯定了俄国知识分子的人民性和自我牺牲精神，知识分子应该发扬这些优秀的品德。他认为：“按照其道德本质，大约从 70 年代开始，迄今为止，俄国知识分子一直是坚强的、保持深刻禀性的民粹主义者：他们的上帝是人民；他们唯一的目标是大多数人的幸福；他们的道德在于服务于这个目标，这种服务与禁欲主义的自我克制、与对具有自我价值的精神需求的仇视或忽视等因素结合在一起。尽管俄国知识分子信奉名目繁多的政治、社会学说，但是数十年中，他们始终保持着民粹主义的精神气质……然而，在俄国知识分子阶层的历史上，这种民粹主义精神是以两种迥异的形式出现的：为民众需求直接的、利他主义的服务；无条件实现民众幸福的宗教……他们为理想的动机所鼓舞，‘到民间去’，凭借自己的知识和爱心去帮助农民解决当务之急。——这类人则是我们民粹主义至高、至纯、在道德上最具价值的成果。”[①]谢尔盖·布尔加科夫则断言：“俄国应该获得拯救，它的救赎者可能而且应该是整个知识分子阶层，甚至是他们中间的某一部分人。除此之外，不存在任何救赎者，也不存在任何拯救。”[②]

---

① 基斯嘉柯夫斯基等著：《路标集》，第 170—171 页。

② 同上书，第 34 页。

关键在于知识分子应该放弃一切虚无主义的、英雄主义的、政治激进主义、无政府主义的幻想，重新确定自己的思想意识和政治主张的"路标"。斯徒卢威概括说，俄国知识分子的特点是它具有对于国家的非宗教的叛逆性，这一特点决定了它精神上的肤浅和政治上的不成熟，而产生这一特点的原因就是激进社会主义思想的影响。因此，"知识分子必须重新审查自己的世界观，其中包括重新认识这个世界观的基础——对个人义务的社会主义否定。搬去这块石头，这个世界观的整座建筑就被破坏掉"。只有这样，俄国知识分子才能实现"精神上的再生"。① 别尔嘉耶夫也强调："知识分子的意识需要进行一次根本性的变革，而哲学的净化之火则将在这一伟大的事业中发挥重要的作用。所有历史、心理的文献证明，俄国知识分子阶层只有在知识与信仰综合的层面上才能转向一种新的意识。在将理论与实践、'现实—真理'和'现实—公正'进行有机结合中，这一综合将真正符合知识分子阶层价值需求。"②

知识分子中的"新人"是他们共同所期待的，这个"新人"应该是挣脱了一切名利思想，怀有强烈的宗教普世感情，真正将人民的愿望放在第一位，宽容地对待人民、对待国家、对待政府，坚持自己既定的目标而不为任何政治压力和风潮所左右，及时地向人民和政府发出建议、劝告和警告的人。

《路标》文集的出版是俄国思想文化史上的一个重大事件，立即在俄国社会中引起了巨大的反响，立即吸引了知识界各个派别，

---

① 别尔嘉耶夫等著：《路标/来自深处》，第151—152页。

② 基斯嘉柯夫斯基等著：《路标集》，第19—20页。

包括艺术家和作家，包括从极左到极右的政治团体的广泛讨论。讨论最初集中在对《路标》作者观点的评价方面，随后迅速地扩大到俄国知识分子道德和品质、使命和责任、地位和影响等方面。在莫斯科、彼得堡等大城市出现了有关的集会，《路标》一下子成为社会性的话题。因此几乎是《路标》第一版刚与读者见面，就开始准备第二版的印刷，一个月后已经是第4次印刷，一年中共加印4次，总发行量达到了16000册。

社会民主工党（包括布尔什维克和孟什维克）和自由主义党派的大部分活动家对“路标派”的观点持批评态度。曾经是斯徒卢威、别尔嘉耶夫、弗兰科等人的亲密朋友、政治同道人的立宪民主党领袖米留科夫、彼得龙凯维奇、卡瓦列夫斯基、经济学家杜冈—巴拉诺夫斯基等人出版了题目为《俄国知识分子》文集，激烈地批评了“路标派”，认为他们对俄国近代知识分子的评价是消极的、武断的和不负责的，不能把所有的知识分子都指责为反宗教、反国家和世界主义的。列宁也发表《论路标》，批评斯徒卢威、伊兹高耶夫和弗兰科的保守主义，将他们类比为沙皇政府的反动大臣、圣主教公会总监波别多诺斯采夫。[①] 著名作家列夫·托尔斯泰也参加了讨论，他认为这个文集的主题思想基本上是消极和否定性的，在文集中没有创造性的回答俄国人民关心的问题——“怎么办?”。

《路标》文集系统地反映了20世纪初俄国自由主义知识分子的政治、哲学和宗教观点，它成为俄国自由主义思想史的一个路标。自由主义之于俄国，是具有特别意义的。自19世纪以来，俄国知识分子群体中的一部分人一直试图保持自己的自由主义立

① 参见《列宁全集》第19卷，人民出版社1989年版，第167—176页。

场，并且希望在保守主义和政治激进主义之间为俄国找到一条渐进、平稳、有序的发展道路，但是他们在现实面前却是常常碰壁。斯徒卢威认为从某种程度上说，最有知识的知识分子与最无知的下层哥萨克在思想继承上划了等号，“普加乔夫起义是哥萨克人唤起并率领底层民众反抗国家的最后一次尝试。……在哥萨克人的革命因素完全失去其存在的意义之后，在俄国生活中，一种新的成份日臻成熟——在社会和生活方式方面，无论它与哥萨克人有多大差异，但在政治意义上它却是后者的接班人，是后者历史的继承人，这种成份则是知识分子阶层”。[①]“路标派”通过反思，在指认俄国知识分子一系列致命错误后，实际上已经部分地否定了自由主义知识分子的政治理想和立场，在政治理想和行为上变得越来越保守了，越来越多地强调通过渐进方式和法律手段推进俄国的政治改革。

《路标》8 位作者中除去格尔申宗外（他于 1894 年毕业于莫斯科大学历史哲学系），全都接受过规范的高等法律专业的教育，[②]这对他们的思想发展和行为规范是有影响的。别尔嘉耶夫后来认

---

① 基斯嘉柯夫斯基等著：《路标集》，第 142 页。

② 别尔嘉耶夫 1894 年进入基辅的圣弗拉基米尔大学物理数学系学习，后转入该校的法律系。谢尔盖·布尔加科夫 1890 年进入莫斯科大学法律系学习，1894 年毕业于该系。伊兹高耶夫 1900 年毕业于新俄罗斯大学法律系。基斯嘉柯夫斯基出生于法律教授家庭，1890 年入德国坦普尔大学法律系学习，1909 年获得莫斯科大学国家法硕士学位，后长期从事法学研究和教学工作。斯徒卢威 1889 年进入彼得堡大学自然科学系学习，第二年转入该校法律系，1895 年以自学考生的身份通过法律专业的毕业考试。弗兰科于 1894—1899 年在莫斯科大学法律系学习，后因进步思想被学校开除。1901 年以自学考生身份通过喀山大学法律系的毕业考试。诺夫哥罗德采夫 1888 年毕业于莫斯科大学法律系，1897 年获得法学硕士学位，1902 年获得法学博士学位。1904 年被选为莫斯科大学法律系教授。

为:“在俄国,要求法制的自由主义资产阶级的革命是一种空想,它不符合俄罗斯的传统以及在俄国占统治地位的革命思想。在俄国,革命只能是社会主义的。自由主义运动与国家杜马和立宪民主党联系在一起。但是,它在人民群众中没有基础,并且没有能够鼓舞人的思想。按照俄罗斯人的精神气质,革命只能是极权主义的。所有俄罗斯式的思想体系始终是集权主义、神权主义或社会主义的。俄罗斯人是极端主义者,也恰恰是那种使人觉得像乌托邦的东西在俄罗斯则最现实。”①在这里,别尔嘉耶夫的话自然不是赞美“乌托邦的东西”,而是在否定自由主义道路后表现出的无奈。《路标》文集即是斯徒卢威、别尔嘉耶夫等为代表的自由主义知识分子在认真审视自身社会责任和作用后所作的“集体无奈”,是他们在政治上转向保守的“路标”的表现。

《路标》文集是俄国自由主义知识分子放弃自尊后的对自己的一次思想上的大批判,是一次思想大骚动,当代美国历史学家、两卷本《斯徒卢威传》的作者理查德·派普斯称《路标》文集的出版是“俄国知识分子历史上的一件巨大的自我出丑的事件。”②自从19世纪俄国知识分子群体形成之后,知识分子在社会运动中一直是以精英的面目出现的,它具体地表现在“民粹主义者”的自我称呼以及80年代中期后民粹派走上个人恐怖暗杀道路上,也表现在随后俄国思想文化界关于“英雄”还是“人民”创造历史的大讨论上。在1905年革命失败后,“路标派”毫不留情地揭开俄国知识分子流血的思想伤口,细数了知识分子的错误,即:缺乏对宗教的笃信、缺

① 别尔嘉耶夫:《俄罗斯思想》,第242—243页。
② 派普斯:《斯徒卢威:右翼自由主义者(1905—1944)》,第106页。

乏道德感、无责任心、反国家、无政府主义、虚无主义、政治上虚荣、行为上狂热等等。格尔申宗甚至认为:“之所以这样,是因为我们并非健全的人,而是身带残疾的人,我们所有的知识分子都是这样。我们的残疾甚至不是通常情形下天生的残疾,而是偶发的、暴力所致的残疾。我们之所以是残疾人,是因为我们的个性一分为二;是因为我们失去了自然发展的能力——这一发展中意识与意志一起成长;是因为我们的意识如同与车厢脱节的火车头,徒自朝远方疾驶,枉然丢弃了我们情感、意志的生活。”①自我反省和自我批判能做到如此程度,是需要相当的自我否定和自我牺牲的勇气的,而且“路标派”的上述论断完全不是逞一时之快,是对俄国知识分子历史的深层反思之后得出的结论,尽管它在许多方面是片面的和消极的。曾亲自经历过那场政治和思想风暴的俄国著名哲学家洛斯基评价说:“就指出了俄罗斯知识分子的缺点而言,《路标》的作者们是对的,但是就他们认为 1905 年的革命没有成功而言,他们则是错的。”②

三、《来自深处》:“路标”主题再现

1917 年十月革命后,自由主义知识分子的政治理想再度受挫,再度陷入苦恼之中。《路标》原作者再度合作,于 1918 年出版了《来自深处》(Из глубины)文集。弗兰科回忆 1918 年 2 月,他收到了斯徒卢威寄自莫斯科的信,“在信中斯徒卢威建议我为文集写文章,在文集中,《路标》的以前的参加者(除了格尔申宗外)和许

---

① 基斯嘉柯夫斯基等著:《路标集》,第 65—66 页。

② 洛斯基:《俄国哲学史》,第 222 页。

多其他的作家应该给布尔什维主义的自我否定以原则上的论证。斯徒卢威希望我们中间的每一个人说出时刻提醒自己的良心和良智的话。他采纳我提出的书名《来自深处》的建议。我按照《De profundis》[①]的题目交出文章。我不完全知道这个文集有哪些参加者和具体的内容。这个文集有着独特的命运。1918年秋，列宁被刺后，第一次布尔什维克恐怖开始了，这时文集恰好印刷完毕，放在库什涅列夫印刷所。根据当时的情况决定，在这种条件出版是不合适的。三年后的1921年，萨拉托夫的一个同道从莫斯科来，告诉我文集出版了，并且在莫斯科得到广泛流传，在当时是很有影响的新闻。原来，库什涅列夫印刷所的排字工人自作主张将该书出售，在莫斯科这本书几乎人手一册地传播着，似乎甚至都没有正式在书店销售，然而在距莫斯科稍远一点的地方却找不到它。留在莫斯科的同事们，还试图阻止这件事。在书的封面上清楚地印着的出版年代是1918年”。[②]

谢尔盖·布尔加科夫为《来自深处》文集撰写了《在上帝的宴席上——普罗与昆大拉·现代对话录》。他的写作经过使我们对《来自深处》文集的出版情况有更深一些的了解。1918年8月，谢尔盖·布尔加科夫已经完成写作，他从休养地克里米亚返回莫斯科，途经基辅时答应先将《在上帝的宴席上——普罗与昆大拉·现代对话录》作为单行本在基辅的“编年史”出版社出版。在这本小册子的前言里写着：“教授、现在的布尔加科夫神父的真正任务是预先为文集工作，这个文集是作家团体准备在莫斯科出版的关于

---

① De profundis 为拉丁文，意为“来自深处”。

② 弗兰科：《斯徒卢威传》，纽约1956年版(下同)，第120—121页。

俄国社会性问题的著作。经作者同意，出版社被允许出版《在上帝的宴席上——普罗与昆大拉·现代对话录》，不必等到文集全部在莫斯科出版，先将这一部分在基辅出版。”[①]9 月初，谢尔盖·布尔加科夫收到格尔申宗和伊万诺夫的来信，建议他迅速返回莫斯科，讨论新文集的问题。

1918 年 9 月，《来自深处》文集在特殊的政治环境下以非法的方式印刷完毕并准备面市。文集封面上用俄文和法文写着“发自心灵深处，呼唤你，先生！”（Из глубины воззвах к Тебе，Господи! De profundis clamavi ad te，Dominel），该文集一共收录 10 篇文章，其中 6 位作者是《路标》文集的作者。[②]

文集的中心思想集中表现在前言里，前言的主要内容是：

“1909 年出版的《路标》文集作为号召和警告，尽管引起了有时过于激烈的争论，但事实上还仅仅是对于俄国自身毛病胆怯的预告和对俄国道德和政治过错的微弱的预感，这些过错在 1905—1907 年革命和 1917 年革命中都反映出来了。历史学家证明，俄国知识界的大部分人不听他们的预先警告，没有体察到隐现在文化和国家层面上的巨大的危险性。今天，《路标》的大部分作者又聚集在一起，以联合的形式再一次谈谈已经出现的灾难，不是个体的形式，而是以一个集体的形式，尽管大家经历的痛苦情绪和所持

---

① 别尔嘉耶夫等著：《路标/来自深处》，第 357 页。

② 篇目及作者名称包括：阿斯科里多夫的《俄国革命的宗教意义》，别尔嘉耶夫的《俄国革命的精神》，谢尔盖·布尔加科夫的《在上帝的宴席上——普罗和昆大拉·现代对话录》，伊万诺夫的《我们的语言》，伊兹高耶夫的《社会主义、文化和布尔什维克》，穆拉维约夫的《部落号召》，诺夫哥罗德采夫的《论俄国知识分子的道路和任务》，波克罗夫斯基的《布鲁诺的誓言》，斯徒卢威的《俄国革命的历史意义和民族使命》，弗兰科的《De profundis》。

观点有所不同。我们中间的一些人的目光都直接关注于世界和人的现实的最终的宗教问题，这些问题直接反映为人的高级意志。许多人关注社会生活和政治问题，这些问题不是社会技术问题，同时仅仅通过过渡的环节与生活的宗教基础相联系。但是，所有的作者都认为和真诚地相信，要促使社会生活的良好开端在宗教意识的深处生根，而现在两者的根本联系的脱节则是不幸的和罪过的。正是由于这样的脱节，才酿成大错，道德和政治灾难就要降临在我们人民和我们的国家头上。”①

《来自深处》继续了《路标》的风格和思想，并且具有了更强烈的政治性。作者们再次批评了俄国知识分子的思想盲动、好大喜功以及政治上的无原则性，认为十月革命是俄国知识分子又一次政治狂热的集中表现，它破坏了俄罗斯文化传统，玷污了俄罗斯人民的心灵，将俄国推向灾难性的境地。斯徒卢威认为从二月革命到十月革命的“俄国革命导致国家的崩溃，是世界的耻辱”，“列宁将完全破坏伟大的俄罗斯强国和将血腥的和恐怖的工兵农代表苏维埃建立在它的废墟之上”，“社会主义和共产主义在俄国的胜利摧毁了国家体制和经济水平，放纵大破坏的激情，最终将成千上万的居民置于饥荒和死亡的恐慌中”。② 别尔嘉耶夫表达同样的愤怒，他说：“俄国发生了一场可怕的灾难。她已落入无底黑洞。许多人开始认为，统一的大俄罗斯只是一个幻影，它是不可能真正实现”，“有一种肤浅的观点认为：俄国正在进行一场空前的激进主义

---

① 前言署名“彼·谢”（П. С），笔者估计是斯徒卢威和布尔加科夫两人名字的缩写合在一起的写法，他们既是文集的组织者，他们的文章也是文集的核心文章。参见别尔嘉耶夫等著：《路标/来自深处》，第 209 页。

② 别尔嘉耶夫等著：《路标/来自深处》，第 462、467 页。

变革。但更深刻、更深层的观点应揭开古老的俄国革命的方式，揭示早就在我们的伟大作家的创作中流露出的精神，揭露早就操纵俄罗斯人的魔鬼。"①他认为十月革命的性质是反国家和反民族的，因为"它把俄国变成了一具停止呼吸的死尸。但就在它的这个反国家的本性中却反映了俄罗斯民族的特点以及我们不幸的有害的革命的作风——俄罗斯作风。我们民族的痼疾和罪孽引发了革命并给革命定了性。……发生于生活表面的众多革命从未改变过、揭示过任何实质性的东西，它们仅仅表现了隐匿于民族肌体内部的疾病……"②

《来自深处》文集的作者继续从普世主义的宗教情感角度探讨知识分子在此次革命中的"道德失范"，认为十月革命即是知识分子的无政府主义和虚无主义之举，其根源在于知识分子的"宗教情感缺失"和"道德缺失"，所谓"俄罗斯道德意识的疾病太久、太重了。只有在可怕的危机过后，当俄罗斯民族的肌体濒临死亡时才能医治。我们就生活在这个几乎致命的危急时刻。"③别尔嘉耶夫强调宗教情感是一种超验的感受，正常的超验感受可以转化为对上帝的敬畏，可以内化为民族精神，这样"便有了伟大俄罗斯存在的可能"，但是如果这种超验感受无法内化，仅停留在超验状态的话，就将导致狂乱情绪和虚无主义。"革命就是一个从超验的极度敬仰和恭顺向虚无主义的暴乱的病态的毁灭性的过渡。内在的精神成熟和解放是不能在革命中获得的。"④诺夫哥罗德采夫认为此

① 别尔嘉耶夫等著:《路标/来自深处》，第251—252页。

② 同上书，第252页。

③ 同上书，第287页。

④ 同上书，第285页。

次革命中,俄国知识分子的狂妄本性和无政府主义野心再度暴露出来,"不幸在于:社会主义和无政府主义的毒害不仅不折不扣地毒化了自身的社会主义思想和民粹主义思想,而且毒害还深入到了俄国知识文化阶层的世界观中","社会主义和无政府主义在自身绝对纯粹的无神论、世界主义和无国家的表述中,且在这些涵义中,若不放弃自己的本质是建设不出什么的——他们最根本的企图大概只具有毁灭性。"①别尔嘉耶夫再度强调这是革命者和知识分子的"道德失范",即"俄国革命的道德是一个完全特殊的现象。她历时几个十年,在俄国左翼知识分子中产生并定型,且能够在俄国社会拥有广泛的威信和魔力。俄国有中等文化修养的人习惯于崇拜革命者的道德形象(нравственный образ революционеров)和他们的革命道德(революционная мораль),并准备承认自己高度缺乏这种革命式道德。俄国产生了对革命的神圣的迷信。这种迷信拥有自己的圣徒、神圣的传说和自己的教义。时间的流逝不仅在革命的社会舆论而且在激进的和自由主义的社会舆论中冲刷了一切对神圣传说的怀疑、一切对教义的批评和一切对圣徒的不敬。"②斯徒卢威则断言:"为什么阶级斗争思想如此轻易地控制了俄国人民的精神,从而毁灭了俄国?其原因是:一些自古流传下来的蓄积和我们的人民身上的道德恶习,阶级间的、人与人之间的不信任和使人厌恶的不怀好意。革命中断了人与人之间的古老的联系,中断了宗教的、民族的、国家的联系,且没有创建任何新的联系。阶级斗争思想在俄国社会生活中只是分解的毁灭性的力量,

① 别尔嘉耶夫等著:《路标/来自深处》,第431—432页。
② 同上书,第287页。

决不是团结的建设性的力量。”[1]弗兰科对十月革命以及这场革命的影响表达了极度失望情绪，他认为：“俄罗斯宗教思想已渐渐逃避生活并不再过问生活，现在学习并教导(人们)受难，而不是奋斗和创造生活；最优秀的俄罗斯精神的力量全都在痛苦和煎熬中，在消极被动和无所事事的幻想中消耗殆尽。与此并行的是：旺盛的民族意志的创造能量变成精神上的悲观和道德上的放纵，并转化为恶势力的猖獗和徒劳的反动理性的空想。俄罗斯宗教精神早已不再使人民在日常生活的困难中坚强，使道德精神力量渗透到他们的土地经济和法律关系中。因此，健康之本的人民的现实本能脱离了精神生活之根，开始在怀疑和纯粹反动的释放中，即在思想和感觉的肆无忌惮中找到满足。所有精神深处的优秀的崇高的东西变成沉溺于幻想中的无能为力，而所有强有力的实际行动变成黑暗和罪恶。向善的俄国知识分子的过多幻想的无能和反动的革命黑帮的精神堕落的摧毁能量是俄罗斯民族精神的病态分裂的标志。”[2]

斯徒卢威、别尔嘉耶夫、弗兰科等人早年曾信仰社会主义，并且作为“合法马克思主义者”与列宁等人并肩与民粹派论战，宣传社会主义，但是这一经历却变成了他们否定社会主义的理由。弗兰科认为社会主义或许适用于西欧，可以凭借“国家的”“道德精神的”和“科学文化教育的”手段取得“内在的胜利”，但社会主义绝对不适合于俄国，因为“社会主义在我们这里缺乏内在的基础并且存在着外在的障碍和异类杂质，我们总倾向于从逻辑上简化思想片

① 别尔嘉耶夫等著：《路标/来自深处》，第474页。

② 同上书，第496页。

面地寻找有用的实质,社会主义纯洁的外表被赋予了华丽而极端的色彩并结出了有毒的果实。与常见的试图掩饰当前冲突的思想的一面相反,必须公开承认:正是我们最极端的社会主义政党最鲜明、最合乎逻辑地表现出了社会主义的实质——革命、暴徒式的社会主义(революционно-бунтарский социализм)","所以,毫无疑问,革命的社会主义就自身纯粹的没有任何缓和与中和的精华而言,对我们来说是毒药,这毒药被民族肌体吸收后不能从自身分泌出相应的解毒药,并会引发致命的疾病和坏疽对俄国身心施以腐蚀"。[①] 斯徒卢威也表达了相同的观点,他认为"社会主义思想和阶级斗争思想在俄罗斯没有发展成有组织的创造性的建设,仅仅作为铺天盖地的毁灭性的颠覆"。[②]

由于政治环境不同,《来自深处》文集的出版没能产生像《路标》文集那样强烈的社会反响,但是它同样是20世纪初俄国自由主义知识分子思想发展链条上的重要一环。尽管文集仍然是从宗教哲学和知识分子的道德观方面探讨知识分子与人民、知识分子与革命、知识分子与政权的关系,但是这次主要的思考不是自由主义知识分子本身,而是针对以暴力方式夺取政权的布尔什维克革命。文集作者在理论上已经将自身与布尔什维克知识分子划清了界限,在他们眼中后者是最缺乏宗教道德感和政治责任感,常常将自己的政治狂热和野心寄附于人民身上的知识分子。在他们看来,布尔什维克的胜利是俄国的巨大灾难。《来自深处》实际上是俄国自由主义知识分子在退出俄国政治舞台前的最后一搏,它基

① 别尔嘉耶夫等著:《路标/来自深处》,第484、485—486页。
② 同上书,第469页。

本上是消极的和非建设性的，以至于文集作者放弃了在《路标》文集中使用的温和的、较为含混和隐晦的语言，对十月革命和布尔什维克政权持公开的大肆谩骂之言，表明失去了自由主义阵地的斯徒卢威和别尔嘉耶夫等人政治上的极度绝望，也标志着自由主义在俄国境内自此败退政治舞台。

四、自由主义知识分子的历史定位

从《唯心主义问题》(1902 年)到《路标》(1909 年)再到《来自深处》(1918 年)，是俄国思想发展史上的三个重要的现象，反映了 20 世纪初俄国社会大转折时期，俄国自由主义知识分子阶梯式的心路发展历程，因为自始至终贯穿着"路标传统"。

《唯心主义问题》的出版标志自由主义知识分子完成了第一次思想蜕变，即彻底割断了与马克思主义的思想联系，转向俄罗斯文化传统——宗教哲学和俄罗斯民族的宗教心理中寻找俄国发展的动力，简言之即否定了他们最初借用马克思主义的思想来指导俄国道路的尝试。1902 年，由白银时代的标志性人物、著名文学家、诗人和哲学家、俄国象征主义文学流派创始人梅列日科夫斯基和他的妻子、著名诗人吉皮乌斯倡议，在彼得堡建立了"宗教与哲学协会"(Религиозно-философское общество)，这个团体的成员包括了著名哲学家明斯基、罗扎诺夫、菲洛索福夫等人。布尔加科夫领导了莫斯科的"宗教与哲学协会"，别尔嘉耶夫在基辅的"宗教与哲学协会"中发挥了重要作用。后人称他们为"寻神派"(Богоискатели)，称他们的学说为"寻神论"(Богоискательство)。"寻神派"认为自己的思想源于 19 世纪俄国著名哲学家弗拉基米尔·索洛维约夫的学说。别尔嘉耶夫认为，宗教信仰和神秘主义是俄国哲学的根本，只有宗教哲学才能解决存在和意识的最重要问题，必须把基督教教义和世俗生活结合起来，解决人的问题、社会现实问题和历史发展问题。它实际上是俄国自由知识分子在政治上迷失方向，在心灵上遭到一连串打击后的一种自我保护和自我解脱的途径。

《路标》则是这个思想发展链条上的最关键的一环。俄国自由主义知识分子和“路标派”是带着19世纪俄国知识分子的思想和道德印痕迈入20世纪的，即强烈的普世意识和精英意识促使着他们在主观意识上要为民请命，为俄国社会发展寻找出路。弗兰科曾说过：知识分子的“上帝是人民；他们唯一的目标是大多数人的幸福”[①]，他认为尊奉宗教哲学和“寻神”不是消极退避，而是积极入世。他们在对自己来说曾经是最具有批判力量的马克思主义失望后，积极地转向宗教和神学，是为了实现他们拯救人民和拯救俄国的愿望。因此，当革命高潮到来时，他们最初是以欢欣鼓舞的情绪加入进去的，但是当革命的“魔鬼”真的来了之后，他们害怕了，因为革命带来的冲击力太大了，不仅要毁灭他们的政治理想，而且要毁灭他们心目中“神圣罗斯”。革命最后失败了，斯托雷平的黑暗时代来临了，这一切似乎证明他们的预见。预见变成事实，对于他们来说，并没有更多的自我得意，反而使他们陷入深深的自责之中：知识分子为什么不能及时以自己的所有力量避免相同一幕在历史上多次上演的悲剧呢？谢尔盖·布尔加科夫强调：“在政治危机之后，随之而来的则是精神危机。这一危机要求深刻、集中的思

① 基斯嘉柯夫斯基等著：《路标集》，第170页。

考，要求自我深化、自我反思和自我批判。”[①]斯徒卢威认为：“知识分子阶层如此轻率、如此迅速地踏上了这条灾难深重的、民众政治和社会的革命化道路。其中还包括道德的失误。”[②]格尔申宗干脆认为：“俄国知识分子——就其字面意义而言，是指那些由于年轻而情绪失常的人。”[③]在《路标》文集中，“路标派”已经将自己的思考转到了对知识分子自身作用和地位的否定方面，其初衷和过程都是痛苦的。

十余年后，别尔嘉耶夫在认真思考从《唯心主义问题》、《路标》到《来自深处》的俄国自由主义思想发展历程后，痛苦而又诚实地写了这样的评价文字，“临近 1917 年的时候，在令人不安的战争气氛中，对于革命来说一切都酝酿成熟了。旧制度已经腐朽了，没有了合适的捍卫者……在俄国，要求法制的自由主义的资产阶级的革命是一种空想，它不符合俄罗斯的传统以及在俄国占统治地位的革命思想。在俄国，革命只能是社会主义的。……马克思主义被运用于俄国的条件，被俄罗斯化了。与无产阶级的弥塞娅联系在一起的马克思主义的弥塞亚思想与俄罗斯的弥塞亚思想结合起来并混为一谈。在俄罗斯的共产主义革命中，占统治地位的不是经验的无产阶级，而是无产阶级的思想，是关于无产阶级的神话。然而，共产主义革命是现实的革命，是万能的弥塞亚学说，它希望给全世界带来幸福并解除压迫。尽管它造成了最大的压迫并取消了任何自由，但是坦诚地想到同时做到了这一点，这对于实现最高目标来说是必要的暂时的手段……列宁是卓越的理论家和革命的

---

① 基斯嘉柯夫斯基等著：《路标集》，第 22 页。

② 同上书，第 153 页。

③ 同上书，第 65—66 页。

实践家。他是个带有鞑靼人特征的特殊的俄罗斯人。列宁主义者有着狂热的革命意志,他们认为世界是可塑的,能够适应来自革命的少数方面的任何变化。”①

时隔83年后的1991年,当苏联社会发展再次走到关键时刻,人们又想起了《路标》,莫斯科“真理”出版社将《路标》再版,编辑者在前言中写道:“1909年3月初,在莫斯科和彼得堡书店的书架上出现了一本很薄的文集《路标》,任何人都未能预见,这本书的命运的变化竟是那么的不平凡……”②

五、在自由主义理念下——弗兰科等宗教哲学家的思考

19世纪末20世纪初,是俄国历史发展和社会变迁的重大转折阶段,也是俄国思想文化史发展最激动人心的时代。后人将其称之为“白银时代”,并与19世纪的“黄金时代”相提并论。在同时期俄国最著名的宗教哲学家别尔嘉耶夫看来,“这是俄国文化史上最辉煌的时刻之一”。他甚至认为:“在俄罗斯,20世纪才开始有真正的文艺复兴。只有生活在这个时代的人才能了解:我们感受着怎样一种创作激情,怎样一种精神潮流充满了俄罗斯人的心灵。俄罗斯经历了诗歌和哲学的繁荣,经历了紧张的宗教探索,感受了神秘主义和通灵情绪由于随时随地把追求时髦看成是真诚的热情,因而也有不少胡言乱语。我们有文化复兴,但是,如果说有宗教的复兴则是不正确的。对于宗教复兴来说没有捕捉到坚强而又

① 别尔嘉耶夫:《俄罗斯思想》,第242—243页。
② 别尔嘉耶夫等著:《路标/来自深处》,第3页。

集中的意志，却有过大的文化上的敏感性。”①

但是在后人看来，20 世纪俄国的思想文化界的确进入了前所未有的世俗化和社会化的宗教复兴时期。它的具体表现为：

首先，该时代是一个新旧世纪交替、新旧文化撞击、俄国与西方文化交汇、革命观念与保守意识激烈冲突的历史时刻，社会大众层面的文化冲突就不可避免地发生了。这是因为“占主导地位的文化模式或文化精神由于不再有效地规范社会和个体的行为而陷入了危机，同时新的文化特质开始出现并遇到了旧文化模式或文化精神的排斥和抵制，于是新旧文化模式或文化精神之间展开了对抗”。② 当现实问题用传统思维已经无法解决的时候，这一部分知识分子就想到了东正教。梅列日科夫斯基提出：“我们走到了康庄大道的尽头，再前进一步都是不可能的，但我们知道，在历史结束的地方，宗教就开始了。在悬崖的边上，我们自然地、不可避免地想到超历史的道路——宗教。”③他宣布要向上帝求救，到圣经和教义书中为自己为俄国的解脱寻找真理和出路。而这一部分知识分子普遍具备深厚的哲学素养、强烈的宗教情感，他们对宗教哲学的探索并不是在纯学术领域内进行的，而是渗透着对各种具体的社会问题、道德问题的思考和追问。

1902 年，莫斯科、彼得堡和基辅先后成立了“宗教哲学学会”，成为宗教哲学思想和宗教探索的中心。这些学会最初很有成就，公开的报告会和讨论会经常召开，出席会议的人们怀有理论和宗教兴趣，讨论众多宗教和社会问题。后来许多知识分子都当了神

---

① 别尔嘉耶夫：《俄罗斯思想》，第 215 页。

② 李庆霞：《社会转型中的文化冲突》，黑龙江人民出版社 2004 年版，第 38 页。

③ 赫克：《俄国革命前后的宗教》，第 151 页。

父,如哲学家弗罗连斯基、谢尔盖·布尔加科夫等。因为,“这是一种走向东正教深处,了解它的奥秘的愿望”所致。[①]

1902年在莫斯科唯心主义哲学团体——心理学会(1885年创办)的刊物《哲学与心理学问题》上发表了斯徒卢威、别尔嘉耶夫、谢尔盖·布尔加科夫、伊兹高耶夫、基斯嘉柯夫斯基、弗兰科和诺夫哥罗德采夫等人的文章,后结集为《唯心主义问题》。

在弗拉基米尔·索洛维约夫的神学思想影响下,一部分自由主义知识分子将自己的注意力从政治问题、社会解放或经济改革等领域转向对传统宗教、哲学、民族文化等精神价值的探索研究,他们被称为“寻神派”[②]。象征主义诗人伊万诺夫的家中成为寻神派活动中心,聚集了俄国最优秀的作家、艺术家、诗人和哲学家。如作家别雷、勃留索夫、普里什文、柯罗连科,诗人勃洛克、吉皮乌斯,文学评论家梅列日柯夫斯基、哲学家别尔嘉耶夫、谢尔盖·布尔加科夫、罗扎诺夫,画家列宾等人。而著名的《唯心主义问题》、《路标》、《来自深处》文集即被称为“寻神派三部曲”。十月革命后,别尔嘉耶夫等人于1918年成立“自由精神文化学院”,以学术探讨的方式攻击马克思主义是“经济唯物主义”,甚至在工人群众中和红军战士中宣传宗教唯心主义观点。宗教哲学家舍斯托夫、洛斯

① 别尔嘉耶夫:《俄罗斯思想》,第232页。

② 同时在俄国社会民主工党中出现了“造神派”(Богостроители),代表人物是卢那察尔斯基、巴扎罗夫,高尔基也曾参加。卢那察尔斯基于1908年出版《宗教和社会主义》,企图将社会主义与宗教结合起来,认为马克思的哲学就是宗教哲学,社会民主运动本身是“新的伟大的宗教力量”,无产阶级应该成为新宗教——劳动宗教的代表。普列汉诺夫在1909年发表了系列文章《论俄罗斯所谓的宗教探索》,把“造神派”称为“承受不住1905—1906年打击的知识分子灵魂的无袖短衣”。1909年6月召开的《无产者报》扩大编辑部会议谴责了造神说,指出它是一种背离马克思主义原理的思潮,声明布尔什维克同这种对科学社会主义的歪曲毫无共同之处。

基在 1919 年成立“自由哲学协会”，公开宣称哲学应当有政治倾向性，应当在生活中“积极发挥作用”等。

其次，面对 20 世纪的政治和社会风潮，自由主义知识分子顿感困惑。他们曾经热情地参与改革，并且已经听到了社会大踏步进步的脚步声，但是他们的热切期望转眼间被来自保守和激进两方面的“暴力”所击破，使他们在精神上跌入痛苦深渊。他们试图找出改革失败、革命“冒进”和政府“保守”的原因，但终于百思不得其解。他们原以为在这场运动中自己所坚持的自由主义中庸立场能为“左”和“右”两方面接受，但最终还是付之东流。他们同时认为自己未能把握住这场运动的时机，未能在最关键的时刻扭转运动发展的轨迹，他们甚至认为自己成了“历史的罪人”。谢尔盖·布尔加科夫感叹：“俄国经历了一场革命。这场革命并未带来众所祈望的结果。大多数人认为，解放运动所取得的正面成果至少在今天仍然是不可靠的。由以往纷争和失败而导致衰微的俄国社会，如今已变得呆然、冷漠和精神涣散。”[①]又如美国历史学家赫克评论的：“每次失败都引发出精神的消沉和全面的失望，也表现在各种宗教和道德的曲解之中。更具神秘倾向的人不知不觉地陷入极端的宗教个人主义和神秘主义；其他一些人则到马克思主义哲学的历史决定论中找庇护；另外一些人则变得玩世不恭，蔑视世界和他们自己的精神意识。”[②]

弗兰科被当代西方评论家誉为“19 世纪末到 20 世纪上半叶最有影响的俄国思想家”。弗兰科青年时代信仰马克思主义，后来

① 基斯嘉柯夫斯基等著：《路标集》，第 21 页。
② 赫克：《俄国革命前后的宗教》，第 142 页。

转向宗教唯心主义,成为20世纪初弘扬俄国传统宗教哲学文化的代表。“在社会政治思想方面,弗兰科经常与俄国自由主义知识分子的代表斯徒卢威、与宗教哲学家别尔嘉耶夫和谢尔盖·布尔加科夫相联系。所有这些人在19世纪90年代都是马克思主义者,1900年后开始转向德国唯心主义和基督教,最后完全与革命运动决裂。”弗兰科的儿子维克多做如是评说,他认为父亲在某种程度上“代表了特别是在侨居国外的俄国人整整一代人的精神面貌”。①

弗兰科从宗教哲学的角度分析了近半个世纪以来的俄国知识分子追求社会正义、献身人民幸福的思想及其对俄国社会发展的影响,同时对共产主义思潮和布尔什维克在俄国的胜利进行了思考,提倡尊重个性价值和精神生活,呼吁回归俄国传统、回归东正教,以实现国家精神的复兴。无论弗兰科的个人经历抑或是他对俄国知识分子、俄国革命与共产主义思潮、俄国与西方等社会问题的思考,都在他当时所处的时代——白银时代的自由主义知识分子中具有很大的代表性。

弗兰科从宗教意识角度批评了俄国知识分子的道德世界观。他认为可将知识分子定义为“尘世幸福之虚无主义宗教的战斗僧侣”,其中道德主义、虚无主义、功利主义和反文化倾向是知识分子的突出特点,而这也就是弗兰科后来称之的“偶像崇拜”。在弗兰科看来,虚无主义是俄国知识分子世界观的核心和根本。他将虚无主义定义为“否定或不承认绝对(客观)价值”,即否定科学、艺术

---

① 布拜尔:《弗兰科:俄国哲学家的生活与创作1877—1950》,莫斯科2001年版,第11、14页。

审美、宗教信仰和个人需要的绝对价值，视其为满足主观需要的相对福利，而把人民幸福和多数人的主观需要神圣化，视为人民服务为最高的和唯一的任务。由此致使原本作为信仰中介的道德绝对化了，继而成为一切世界观的基础，而带有鲜明功利色彩的道德主义，即自我牺牲和对社会事业的绝对服从，又是俄国知识分子精神的最深刻特点。结果出现了这样一种社会现象，“有谁热爱真或美，他就被怀疑漠视人民福利，被斥责为为了虚幻利益和奢华游戏而忘却迫切需要；但谁若热爱上帝，则他就被当作人民的直接敌人”。[①] 那么，虚无主义源自何处？弗兰科认为源自西欧影响，即：“实证主义、唯物主义、社会主义——这就是我们至少始于40年代的与西欧交往的主要成果；而无政府主义在很大程度上是俄罗斯精神的直接创造；然而这些现象，像基督教社会主义、卡列尔或列斯金式的说教、西方民族主义运动和宗教运动，在我们这里找不到任何社会性的响应。俄罗斯知识分子不能评价、无法理解陀思妥耶夫斯基的深刻的精神世界的远见，而且根本不能代替才华出众的康斯坦丁·列昂季耶夫，尽管微弱的、越来越简单化、越来越平淡无奇的列夫·托尔斯泰式的道德说教拥有现实意义的影响，并在很大程度上培养了那些在我们看来毁灭俄罗斯的、反国家、反祖国、反文化的骨干。”[②]他认为正是这种否定绝对价值的虚无主义和强制性地为人民服务的道德主义，形成了对阻碍为人民服务任务之实现的禁欲主义的憎恨，这也可以说是对革命、暴力崇拜的最初根源。同样，作为“在社会—历史生活中所实现的客观价值总

---

① 弗兰科：《俄国知识人与精神偶像》，学林出版社1999年版（下同），第50页。

② 别尔嘉耶夫等著：《路标/来自深处》，第494页。

和”、建立在客观价值基础之上的纯粹文化概念，也为知识分子所敌视，文化随之成了满足主观生活需要的手段而带有了功利主义的印迹。

其他宗教哲学家也表达了相同或相似的观点。别尔嘉耶夫从知识分子对哲学的禁欲主义态度入手，分析了知识分子由于受到功利性道德标准——对民众和无产者的热爱、崇尚“民众”及其利益的影响，使得哲学隶属于特定的社会功利目的。因此，在俄国知识分子的意识和情感中，对分配和平等的需求总是凌驾于对生产和创造的需求之上，“对平均主义的公正、社会之善和民众利益的崇尚消解了对真理的崇尚，甚至近乎扼杀了对于真理的兴趣”，结果在知识分子中形成了如下的道德判断：“如果真理的毁灭能够给民众带来更加美好的生活，人们的生活将更加幸福美满，那么就让它作出牺牲；如果真理妨碍了‘打倒专制制度’的神圣号召，那么就去打倒它。”①

谢尔盖·布尔加科夫从知识分子的宗教特质分析了他们的英雄主义心理，由于知识分子对民众怀有“社会的忏悔”情感，因而视自己为上流社会和欧洲教育水准的唯一代表以及国家精神的监护人，经常陷入英雄主义狂欢的状态，认为“俄国应该获得拯救，它的救赎者可能而且应该是整个知识阶层，……除此之外，不存在任何救赎者，也不存在任何拯救。”②正是知识分子自我崇拜的英雄主义、行动手段和目标方面的极端主义而导致知识分子英雄主义式的自我牺牲和对个性价值关怀的缺乏。

① 基斯嘉柯夫斯基等著：《路标集》，第8—9页。
② 同上书，第34页。

弗兰科认为，俄国知识分子的基本特征正是作为精神潮流意义上的民粹主义的体现。不论是民粹派抑或是马克思主义派别，“俄国知识分子就其伦理本质而言，从大约70年代至今都是顽固不化的民粹主义者：他们的上帝是人民，他们唯一目的是多数人的幸福，他们的道德是为这一目的服务，伴之以禁欲主义的自制和对自我价值的精神需要的鄙视”。[①]直接的利他主义的为人民服务和相信人民幸福之绝对可实现的意识是民粹主义精神的两种形式，前者体现于发起并投身于“到民间去”运动的民粹派人士身上，他们由于理想的破灭而走上恐怖主义的道路，因而被后者所取代，继而以革命的激进主义的形式出现。

尽管弗兰科批判俄国知识分子由于自身的政治、革命的激进主义给俄国社会和人民带来了灾难，甚至认为“日常生活上对文化的不习惯与知识分子世界观对文化的厌弃……造成了我们生活的……低文化水平”，[②]把俄国社会的落后归咎于知识分子。但是，正如“格尔申宗在文集《路标集》的序言中指出，文集作者并不是要谴责俄国知识分子，指责他们的过去，而是带着因这一过去而产生的痛苦，在为了祖国的未来而难熬的不安中写下这些文字的。……革命的失败深深地震撼了整个知识分子群体，并在他们中间唤起了有意识地检视自己的传统世界观的基础本身的需求。”[③]这也从另一面体现了在面对俄国历史上“谁之过”这一命题时，身为知识分子的路标派对自身思想的剖析、自责和忏悔，以及对社会的

---

① 弗兰科：《俄国知识人与精神偶像》，学林出版社1999年版，第57页。

② 同上书，第56页。

③ 汪介之：《远逝的光华——白银时代的俄罗斯文化》，译林出版社2003年版，第89页。

责任感。同时,弗兰科也并未彻底否定知识分子,也认为尽管俄国知识分子的传统思潮有自己的缺点和矛盾,但是他们至今还有一个可贵的性格:“他们总是在寻找信仰并力图把自己的生命从属于信仰”,肯定了知识分子的人民性和自我牺牲精神,认为他们现在面临重新评价旧价值和创造新价值的任务。

继1905年革命和1917年二月革命之后,知识界普遍认为俄国此后将告别革命。而十月革命的爆发引发了知识分子关于“革命是否适宜”、“革命与文化”以及共产主义思潮的思考,正如别尔嘉耶夫所指出的,“我和俄国或共产主义进行了不是政治的,而是精神的斗争,这是反对它的精神的斗争,反对它对精神的敌视的斗争”。[①] 弗兰科产生了思想上的共鸣,对革命和布尔什维克政权进行精神层面上的批判,并提出建立法制国家的政治主张,这是白银时代自由主义知识分子群体的另一思想特征。

强调精神自由是俄国白银时代自由主义知识分子思想的核心,他们从维护自由和个性价值、反对奴役的角度,开展了对共产主义思潮的批判。受欧洲新浪漫主义思潮的影响,弗兰科也关注个性价值和个人自由。他认为为遥远的目标和空洞的抽象理论而牺牲的生命是无意义的。因为个性具有最高价值和一切权利,任何带有道德主义色彩的强制审判都不能凌驾于个性自由之上。弗兰科在侨居柏林期间于1925年写就的《生命的意义》一书中指出,“爱不是冷漠的、空虚的、利己主义的享乐渴望,但爱也不是奴隶式的献身,为他人而毁灭自己”,“假如我们把生命献给了最高的绝对幸福,然而这种幸福不是我们的或我们已不可能加入其中,那么这

① 弗兰科:《俄国知识人与精神偶像》,第215页。

样的生命对我们来说仍然是无意义的”,“只有那种既是自足的、超越了一切个人利益的,同时又是为了我自己的幸福,才可以认为是绝对无可争议的幸福”,[①]这样的生命才是有意义的。

反对革命、暴动等一切暴力方式的思想贯穿弗兰科思想的始终。弗兰科认为,世界上“一切灾难、屈辱和痛苦,至少有99%是由对实现善的追求、对……神圣原理的热烈信仰和对无情地消灭恶的渴望所造成的结果”,[②]即是对政治、革命偶像的崇拜带来的。由于俄国知识分子信仰唯物主义无神论的科学社会主义和基于机械的理性幸福论的社会乐观主义,因而认为“人类幸福的自然条件在实质上总是存在的”,相信社会政治制度、社会理论的绝对性,认为人类生活的一切缺陷与不幸都产生于个别人或阶级的错误,即外在的社会制度的不公,因而要实现人民福利、建立人间天堂,就必须通过革命、暴动的方式破除现存的社会制度和“剥夺剥夺者”。在弗兰科看来,这都是对自由理想和独立的个人价值因素的否定,“革命总是纵容罪恶、暴行和贪欲的狂风暴雨,肆意横行”,而“俄国革命发展了残酷至极的和闻所未闻的专制,使国家对个人生活的干预达到极限,但却未曾表现出丝毫对自由的爱”。[③]他进而认为,一切企图以暴力形式实现某种绝对的社会精神理想的社会运动,都将带来悲剧,其中不仅包括布尔什维克的革命和“红色恐怖”,也包括“白色恐怖”和反革命运动。尽管弗兰科一再批评布尔什维克革命与政权,但他既反对恢复旧的君主制,也反对反布尔什维克的反革命行为。

---

① 弗兰科:《俄国知识人与精神偶像》,第177页。

② 同上书,第93页。

③ 索洛维约夫等著:《俄罗斯思想》,第293—294页。

虽然弗兰科视布尔什维克政权为人类灾难，但同时也认为谁若是还相信祖国的拯救仅仅在于简单地推翻布尔什维克，就可以在俄国建立公正与幸福，这种思想仍是对偶像的崇拜。即使是“出于对布尔什维克的恨”和“复兴祖国”的美好动机，而企图以暴力方式推翻布尔什维克政权，在他看来也是极端错误的。因为若推翻一个偶像为的是立即建立另一个偶像并如从前一样崇拜它，也是对政治和革命偶像的崇拜。他认为，作为“白色恐怖”活动的反布尔什维克的反革命，当它作为绝对原理统治人的灵魂之时，也同样能成为对生活的暴力压迫。况且，“尽管社会主义作为一种普遍的社会生活制度已经显出了其错误性和有害性，但历史表明：极端的经济个人主义、被奉为圣物的私有制全权统治，也同样残害生活，导致恶和苦难”。①

别尔嘉耶夫把革命视作俄国人道主义的危机和知识分子价值的终结，是对俄国文化的一场浩劫，认为俄国共产主义，正如它自身在俄国革命中所暴露出来的局限性一样，是对个性的否定以及精神和思想自由的泯灭，“共产主义革命消灭了精神和思想的自由，并且给了文化与思想的活动家以无法忍受的地位”，因而俄国革命“在文化上是反动的，它的思想体系在智力上是落后的”。②

在批判俄国现实的同时，弗兰科等人也进一步表述了自己的社会政治理想，主张建立法制国家。弗兰科认为世界上的社会政治制度、社会原理都是相对的，都不是唯一的拯救者，问题不在于要实现什么样的政治理想或社会理想，而在于这些理想的实现方

---

① 弗兰科：《俄国知识人与精神偶像》，第 90 页。

② 别尔嘉耶夫：《自我认识——思想自传》，广西师范大学出版社 2001 年版（下同），第 155 页。

式本身，在于对待生活与现实之态度的政治—道德结构。由此，一切社会制度，包括沙皇专制、君主立宪制、共和制或者社会主义制度，都不能成为唯一的信仰。在国家问题上，弗兰科既不主张列夫·托尔斯泰主义的无政府主义，也不要求政治冷淡主义。他认为，政治偶像的毁灭并不等于对国家、强制和政治生活的原则否定。因为“国家、政权、强制……是幸福和有意义的生活的条件，……又是某种派生的和次要的东西”，[①]它是相对的，对其不能彻底的否定或绝对化。他的思想带有“路标派”建立法制国家思想的印迹。

在经过深刻反思之后，弗兰科等人主张回归俄罗斯传统、回归东正教，以实现国家精神的复兴，而第一次世界大战的爆发，更加剧了他们对西方工业文明和思想文化的批判。俄国自由主义知识分子在批判西方文明的基础上，进一步思考俄国的使命问题。

首先，欧洲国家的科技进步和工业文明曾深为俄国知识分子所向往，但是科学技术的进步在积累财富、改善生活条件的同时，使作为主体的人失去了自由，也加剧了战争的残酷性和破坏性。于是弗兰科进行了这样的思考和追问，“这种对工商业发展的不可遏制的向往，会不会有一天通过战争而导致普遍的破产和贫困化”，“这种无止境的积累、把人变成物的奴隶、变成机器、电话和他自己活动的另外一切手段的奴隶，这实际上是人的幸福所需要的吗？”[②]在这里，弗兰科对西方追求工商业发展的狂热情绪开始了怀疑和反思。

---

① 弗兰科：《俄国知识人与精神偶像》，第 95 页。

② 同上书，第 105 页。

其次，自由主义知识分子群体对西方的思想文化进行批判。别尔嘉耶夫在《俄罗斯的命运》中指出，“欧洲思想在俄罗斯知识分子那里，被歪曲到了无法辨认的程度。西方的科学，西方的理性获得了某种不知道批判的欧洲神祇的特征”，“世界大战的震荡把欧洲也带出了它封闭的界域，揭开了欧洲内部的根本矛盾，打碎了西欧派的偶像”。①甚至对于在西方的精神生活中具有重大意义的启蒙运动，谢尔盖·布尔加科夫也尖锐地指出，“尽管西方启蒙哲学娓娓动听，广泛流传于民众之中，欧洲大地的面貌越来越遭受扭曲，且在市侩习气的严寒中冻僵，然而在文化史上，启蒙运动过去从未发挥，现在也未发挥特别的，甚至是主导的作用。”②

在批判西方的同时，弗兰科等人思考了俄国的命运和使命问题，他们认为俄国具有拯救本民族，甚而拯救西方世界的使命和能力。弗兰科指出，在欧洲面临的“普遍的惊慌骚乱和腐化堕落之中，哪有多少赋予生命以精神意义和追求真正的精神复兴的特征”。俄国之于西方，正如苏格拉底之于其国人，俄国虽然落后，但是已经意识到这一点。“我们至少在这一点上超过了他人，就是我们已更少地保留了幻想和虚幻的信仰了”。因此，也许是俄国而不是西方能给人类带来某种有益的东西。别尔嘉耶夫也同样颇有信心地指出，世界大战的结果将是欧洲的终结，而这将使俄国和斯拉夫种族在世界历史的竞技场上扮演重要角色，“穷兵黩武的帝国主义政策将使先进的日耳曼人种消耗殆尽，西方很多敏感的人们已经预料到斯拉夫民族是负有使命的”，“西方各民族终究会被迫看

---

① 别尔嘉耶夫：《俄罗斯的命运》，第51—54页。

② 基斯嘉柯夫斯基等著：《路标集》，云南人民出版社1999年版，第32页。

到俄罗斯出类拔萃的面貌并承认其使命”。①

弗兰科在成书于 1923 年的《偶像的毁灭》中指出，1917 年革命和布尔什维克的掌权，促进了政治偶像即“对任何一种能消灭恶和创造人间之真与善的社会制度的信仰”，以及狂热的革命主义的革命偶像的毁灭。同时，崇拜西方文明的文化偶像和“理想”及“道德理想主义”之偶像也趋于毁灭。

既然过去曾满怀激情并为之而献身的偶像已经毁灭了，那么知识分子应如何寻找自己的精神基础并建立新的信仰呢？弗兰科认为只有通过基督之爱才能实现人的自我完善、清除社会不公，因而内心世界的自我完善是世界与人和谐的关键，试图从宗教中寻求社会和知识分子的出路，并实现俄罗斯文化和东正教文化的复兴。

第四节　米留科夫与斯徒卢威：自由主义思想家肖像

一、米留科夫：行动中的自由主义

米留科夫作为俄国自由主义思想家的代表人物，他的一生与俄国历史的发展、三次俄国革命、俄国立宪主义以及议会制的发展都有着不可分割的联系。

米留科夫 1859 年出生于莫斯科一个贵族家庭。在中学时代，米留科夫已表现出对社会政治生活的兴趣，他曾给著名的文学家和哲学家陀思妥耶夫斯基写信，询问关于知识分子与人民的关系

---

① 别尔嘉耶夫：《俄罗斯的命运》，第 3 页。

以及俄国命运问题。1877 年,他考入莫斯科大学历史哲学系,有幸结识了比他大 5 岁的年轻的编外副教授维诺格拉多夫和其导师、著名历史学家克柳切夫斯基。在名师的影响下,他决定把历史学作为自己的终生职业,并将俄国史作为自己的专业方向。但是一个突发事件改变了米留科夫的政治信念和学术生涯。1881 年 3 月 1 日,沙皇亚历山大二世在彼得堡被民意党成功刺杀,在随后沙皇政府的大逮捕中,米留科夫受牵涉被捕并且被大学开除学业,这是他人生的第一次政治洗礼。

1886 年,米留科夫通过了莫斯科大学编外副教授的考试,开始大学教授的学术生涯。在学术研究和教学之余,他颇为积极地参加莫斯科的社会团体,与地方自治运动活动家彼得龙凯维奇、沙霍夫斯科依相识。1892 年 5 月 17 日,米留科夫在莫斯科大学携其研究长达六年之久的硕士学位论文《18 世纪第一个 25 年俄国国家经济和彼得大帝改革》进行了答辩。他对 40—70 年代思想界流行的关于斯拉夫派是建立在俄罗斯独特理念之上,而西欧派是吸收西方文化的旧式定位给予否定,他提出了自己的观点,即:“俄国的欧化不是外来品,而是内部进化不可避免的结果,俄国和欧洲的欧化是同样的,只是外部环境因素对欧化的进程所起的作用不同。”①他认为“俄国步入欧洲大国的行列是以巨大的破坏为代价的”。② 这一论断在当时引起学术界的关注。1893 年米留科夫作了题为《斯拉夫主义的解体》的讲演,在这个讲演中他得出了一个彻底的西方派的结论:“真正的斯拉夫主义已经终止了自己的存

---

① 米留科夫:《回忆录》第 1 卷,纽约 1955 年版(下同),第 138 页。

② 米留科夫:《18 世纪第一个 25 年俄国国家经济与彼得大帝改革》,圣彼得堡 1982 年版,第 735 页。

在……。现在它已经死掉了,并且再也不会复活了。"[①]从这时起,米留科夫和维诺格拉多夫成了俄国教授中反对官方美化古罗斯制度的亲西方派的领袖。1895 年 2 月 18 日,米留科夫以"思想上不可靠"为由被解除大学教授的职位,警察局以具有极端政治思想危险性为由责令米留科夫停止任何教育活动。

1895—1905 年是米留科夫思想成熟的最关键时期。他游历了英国、法国、德国、意大利、瑞士、奥地利、保加利亚、希腊及其他一些巴尔干地区,并两次去美国访问。他在这些国家的一些大学中讲授俄国史和斯拉夫史,将俄国的政治、经济和文化介绍给西方世界。他强调俄国同西欧历史的发展具有相同性,并且他在其编写的《俄国文化史纲》中写道:"回首过去驻足未来,俄国加入欧洲大国的行列已为期不远——俄国的历史进程并没有停滞,她只是以自己较慢的步伐前进,但没有间断。"[②]但米留科夫声明:"我们不是西方国家的盲目崇拜者,我们已不可能让俄国以现实欧洲国家为榜样,而建议它经历欧洲国家所经历的所有阶段",因为结果总是"或多或少的具有自己的独特性"。[③] 米留科夫悉心研究和观察了所到国家的政党政治和国家体制,他最为倾心的还是英国议会制度和君主立宪体制。他在《回忆录》中写道:"我的这些所见所闻,在很大程度上帮我构建了自己的政治观。"[④]他提出俄国政治发展的目标是由君主专制政体过渡到君主立宪政体,建立法治国

① 苏联国家十月革命、国家最高政权机关和国家最高管理机关中央档案馆,全宗 579,目录 1,案卷 3388,第 2 页。

② 米留科夫:《俄国文化史纲》第 1 卷,莫斯科 1996 年版(下同),第 294 页。

③ 同上书,第 271 页。

④ 米留科夫:《回忆录》第 1 卷,第 232 页。

家和公民社会。米留科夫由此确立了未来的立宪民主党的政治目标。

1905—1907 年是俄国社会大转折时期，也是米留科夫和俄国立宪主义运动最为活跃的时期。

20 世纪初，俄国国内终于出现了声势浩大的政治变革浪潮。俄国立宪主义运动也发展到一个新的阶段，即由地方的、区域性的和分散型的地方自治运动向全国性的、统一的立宪主义运动方向转化。

1902 年 7 月，由斯徒卢威担任主编的《解放》杂志在德国斯图加特出版，每期印数大约是 9000 至 10000 份。与社会民主党（布尔什维克）的《火星报》和社会革命党的《革命俄罗斯报》不同的是，《解放》编辑部试图吸收有知识的俄国阶层参加，他们反对革命，主张在政权进行改革的前提条件下与政权和解。米留科夫应邀成为该杂志的编辑，该杂志第一期便刊登了由米留科夫起草，以俄国立宪主义者的名义发表的纲领性文章。这篇文章指出：俄国的社会生活必须冲破常规束缚，注入新的活力。为此要争取人身自由，法律面前人人平等，言论、出版、集会、请愿自由；废除特权阶层；无条件建立代议制；拥有行政监督权、立法权和财政预算权；实行经济、文化、教育、行政机构的改革；讨论土地问题等。文章包含了自由主义的基本信条，即坚持社会发展的渐进性、法制国家、个性自由，具有鲜明的自由主义色彩。1903 年 7 月，围绕着《解放》杂志建立了俄国新型的政治团体“解放同盟”（Союз освобождения），它是俄国资产阶级的第一个政治团体。同年 11 月成立的“地方自治立宪者同盟”（Союз земцев-конституционалистов）通过了一项内容广泛的决议，要求沙皇政府立即实施宪政、普选权，吸收各界人士参加内阁,放弃政治高压和军事独裁。1905年1月底,以莫洛佐夫为首的莫斯科工厂主向政府递交了请愿书,要求言论、出版、集会和结社自由。莫洛佐夫单独会见了大臣会议主席维特,向他提出:"必须结束独裁,建立议会制,举行直接普选和其他选举等。"①

革命形势的迅猛发展使米留科夫意识到建立一个政党的迫切性,同时也感到从解放同盟过渡到一个政党的任务的艰巨性。他说:"我当然明白建立一个政党是件不容易的事。同盟所能起到的作用也仅仅是临时的,它只是政党的代替品。"②他决定立即回国,着手建党事宜。

为了调和自由主义派与激进主义党派之间的关系,米留科夫先是在莫斯科,然后在各省作了巡回演讲。在北方,演讲进行得很顺利,"无论是我下的政治结论,还是纲领性的阐述基本上没有遭到反对,而且还得到了赞同"。③ 但是在南方却遭遇不同的反对,南方是俄国左翼政治组织的中心,这里的听众与米留科夫展开了激烈的争论,并达到了白热化的程度。

1903年,米留科夫曾应列宁的邀请与他在其简陋的小屋中会面。米留科夫在传记中这样描述他们见面的情景:"列宁端详着我,就如同看着一个从资产阶级革命到社会主义革命可能的暂时同路人一样。"当他们谈及对当前局势发展的看法时发生了争吵。列宁踱着脚步,竭力反击自己的对手。米留科夫认为:"无论如何,

① 维特:《俄国末代沙皇尼古拉二世》,续集,新华出版社1990年版(下同),第151页。

② 米留科夫:《回忆录》第1卷,第293页。

③ 同上书,第289页。

资产阶级革命应发生在社会主义革命之前，而且是一个很长的时期。”[①]在建立社会主义体制前，俄国要经历一个长期的资本主义发展阶段，他在美国讲学时即持这样的观点。他认为立宪民主党是超阶级利益的党，它能够联合所有党派，而自由主义者和社会主义者在争取俄国政治自由方面有着共同的利益和目的。米留科夫后来回忆起这一片段时感叹：“我没有发现，此时，在俄国社会民主党内部另一种思想已经在发展。”[②]后来他在多次回忆到这次见面时，认为和列宁的分歧是毫无意义的，他应该预料到俄国各党派间的关系不会像他想得那样简单。

在 1904 年 11 月的地方自治局代表大会上，有关未来人民代表机构性质的问题引起了自由主义党派内部在理论上的分歧。多数代表从西方资产阶级政治学说的基本精神出发，把法的原则作为改造俄国国家制度的基础，认为政权与人民的关系应由确定的法律秩序来体现，要求建立具有立法权的议会。而少数人则强调政权与人民在道德和精神方面的一致性，主张在保持和发扬俄罗斯精神的前提下缓慢地改变国家制度，寄希望于建立一个咨议性的机关。在争论双方的观点中，可以清楚地看到 19 世纪的西方派与斯拉夫派的影子。

8 月 23 日至 24 日，“解放同盟”第 4 届代表大会正式通过决议，宣布：“刻不容缓地着手建立公开的立宪民主党”[③]，并组建了由 40 人组成的筹备委员会，米留科夫被选入筹委会，受命组织召

① 米留科夫：《回忆录》第 1 卷，第 267—268 页。

② 同上书，第 268 页。

③ 谢罗哈耶夫：《立宪民主党——反对 1905—1907 年革命的自由资产阶级主要政党》，莫斯科 1983 年版（下同），第 54 页。

开建党成立大会。他认为:“对于俄国而言,这是实现知识分子的理想的第一次尝试。”①

1905 年 1 月 5 日的“流血星期日”事件后,米留科夫从美国归来并发表《自由主义和社会主义者的接近》的演讲,其用意可谓明显,但他很快就不得不承认自己这种希望的破产。他自述:“我从英国社会主义者的温和性出发,认为社会主义者和自由主义者能够达成联合,但我们的社会主义者并不这样做和想”。② 俄国社会民主工党的不合作态度,是米留科夫始料未及的,他竭力想实现的同列宁合作以防止激进的革命和政府的保守,走第三条道路,只能成为一种美好的愿望。而他所捍卫的自由主义传统却在俄国社会中产生了一种与以往不同的“新自由主义”倾向。正如外国研究者明确指出的那样,“为争取大量的社会依靠力量而在和社会主义者争论时,把俄国自由主义民主派引到了自觉否定古典自由主义的立场上来,特别是在国家调节经济和社会关系中的作用问题上作自觉的否定。”③

1905 年 10 月 12 日至 18 日,在“解放同盟”和“地方自治立宪者同盟”的基础上,立宪民主党在莫斯科宣布成立,米留科夫被选为中央委员会主席。米留科夫制定党纲草案时就曾郑重地解释立

---

① 米留科夫:《回忆录》第 1 卷,第 313 页。

② 库夫希诺夫:《国内和侨民时期的立宪民主党》,载《近现代史》,莫斯科 1995 年第 4 期,第 46 页。

③ 米留科夫:《俄国和危机》,芝加哥 1905 年版,第 222—224 页。转引自梅杜舍夫斯基:《米留科夫:学者和政治家》,载《苏联历史》,莫斯科 1991 年第 4 期,第 28 页。

宪民主党（Конституционно-демократическая партия）的名称[①]，他表示“立宪的”（конституционная）意味着该党不是“共和主义党”（республиканская），这是立宪民主党的第一个界限；“民主的”（демократическая）意味着该党不是“社会主义党”（социалистическая），这是立宪民主党的第二个界限。但他强调：“在我们的右边是大地主和工业家，这个界限十分明确。但我们左边的不是敌人，而是同盟者。”[②]

米留科夫的表白是有所指的，目的既想划清与激进主义党派（包括社会民主工党），即他所说的“左边”的“盟友”的界限，也想划清几乎与其同时成立的“十月党”（十月十七日同盟——Союз 17 октября），即他所说的“右边”的“朋友”的界限，使立宪民主党变成“超阶级的党，是符合俄国知识分子情绪的政党”。[③]

十月党和立宪民主党是俄国资产阶级的两大政党。值得一提的是，立宪民主党与十月党在政治主张和代表的阶层利益方面是有差异的。列宁的评价是：“典型的十月党人不是资产阶级知识分子，而是大资产者。他们不是资产阶级社会的思想家，而是资产阶级社会的直接主人。他们最直接关心资本主义剥削，而鄙视一切理论，嫌弃知识分子，把立宪民主党人对‘民主制’的一切要求统统加以抛弃。”[④]而立宪民主党“是典型的资产阶级知识分子，一部分

① 1906年改名为“人民自由党”（Партия народной свободы），但其政治纲领和理想并没有改变。无论是人民自由党人，还是后来的研究者仍习惯称他们为“立宪民主党”。

② 库夫希诺夫：《国内和侨民时期的立宪民主党》，载《近现代史》，莫斯科1995年第4期，第46页。

③ 同上。

④ 《列宁全集》第14卷，人民出版社1988年版，第25页。

甚至是自由派地主。同君主制搞交易，制止革命，是立宪民主党的基本愿望。根本没有斗争能力的立宪民主党人，是十足的掮客。他们的理想是通过有秩序的、文明的、议会的形式使资产阶级剥削永世长存。他们的政治力量在于广大资产阶级知识分子的联合，而资产阶级知识分子是任何资本主义社会所需要的，当然，他们绝对不能对这个社会制度的真正改变产生稍微重大的影响。"①因此，列宁对立宪民主党的成立表示了谨慎的欢迎态度，称赞它标志着俄国资产阶级"第一次开始形成为一个阶级，形成为一支统一的和自觉的政治力量。"②

1905 年 10 月，全俄爆发了政治总罢工。立宪民主党在决议中表示："罢工者的要求，正如他们自己所表述那样，主要可以归结为立即实行各项基本自由，根据普遍、平等、直接和不记名投票的原则自由选择参加立宪会议的人民代表，实行普遍的政治大赦……由于目的的一致，立宪民主党成立大会认为有责任声明，我党是同罢工运动完全团结一致的。"③

1905 年 10 月 17 日，沙皇尼古拉二世签署了由大臣会议主席维特伯爵用 10 天时间草拟出的《整顿国家秩序宣言》，该宣言标志着俄国君主专制政体开始向君主立宪政体转变。

维特伯爵准备依据《整顿国家秩序宣言》建立俄国历史上第一个君主立宪制下的内阁。他想要拉拢资产阶级参政，以图分化民主派和自由派阵营，同时还想保证顽固派在内阁中的重要地位。

---

① 《列宁全集》第 14 卷，人民出版社 1988 年版，第 25 页。

② 《列宁全集》第 16 卷，人民出版社 1988 年版，第 116 页。

③ 嘉金：《1907—1911 年的专制制度、资产阶级和贵族》，列宁格勒 1978 年版，第 181 页。

既要使新内阁表现出“民主”和“立宪”的气氛，又不必使它失之控制。维特伯爵召集资产阶级各政党领袖协商，邀请他们加入内阁。十月党对《整顿国家秩序宣言》以及维特伯爵的邀请入阁显示了积极态度。1905 年 12 月，十月党领袖古契科夫参加了尼古拉二世在皇村召开的改革选举法会议，并且向沙皇尼古拉二世表示：“不应该害怕人民群众，吸收他们参加国家的政治生活将导致最巩固的安定。赐与普遍选举制是无可避免的，如果现在不实行，在最近的将来也终归要被迫实行。”①

米留科夫虽然看到了其政治理想实现的一线希望，但《整顿国家秩序宣言》给他的感觉仍然是“不满和混乱模糊”。② 他对宣言表示怀疑，“为什么发展普选权要拖到新建立的立法秩序之前？为什么当前的承诺要让未来的联合议会去实现？这个联合的议会又是什么？它的成分又是什么？为什么在新建的立法秩序中对其他的立法因素只字不提？……”③他认为宣言只在形式上宣布了没有政治保障的政治自由，这对于俄国走上和平进步的发展道路是远远不够的。米留科夫对《整顿国家秩序宣言》的悲观态度反映在立宪民主党成立大会的会议决议中，决议要求实施一系列的政治改革：1. 废除一切特殊法规；2. 为召开立宪会议公布新选举法，在立宪会议上制定并通过宪法；3. 把官僚佞臣赶出政府，建立一个赋予全权的临时内阁，直到立法的人民代议制和议会多数内阁

---

① 波克罗夫斯基：《俄国历史概要》下册，三联书店 1978 年版(下同)，第 745 页。

② 米留科夫：《回忆录》第 1 卷，第 314 页。

③ 同上书，第 317 页。

的成立;4. 尽快大赦政治犯和宗教犯。[1]

维特也曾向立宪民主党领袖发出入阁邀请,米留科夫应邀与维特进行了会晤。米留科夫当面指出应尽快组建临时内阁,制定并颁布一部以普选权为基础的宪法。米留科夫告诉维特:"引起社会不满的首要因素是社会不相信官僚们会为他们制定一部自由主义宪法。倘若社会得到了这部宪法,那就会平静下来。"但维特却表示:"人民并不想要宪法!"米留科夫责问维特:"如果您有足够的权力,那您还会说宪法这个词吗?"维特直截了当地回答:"不会,因为沙皇不希望这样。"米留科夫最后说道:"那么,我们的谈话就是毫无意义的。我是无法向您提出具有实际意义的建议的。"[2]最终米留科夫和立宪民主党失去了入阁权,并且在被列宁称为"上院"的国务会议中也未获得席位。随后立宪民主党的第三届代表大会通过一项决议,表示"党不惜同政府公开决裂"。[3]

宪法与普选权是资产阶级民主的典型特征,也是米留科夫所珍视的政治生命。在立宪民主党第二届代表大会上,米留科夫做了坚持无条件参加杜马选举的报告。他强调:"哪怕结果注定失败,立宪民主党也应该参加杜马选举。"[4]1906 年春,举行了第一届国家杜马选举,立宪民主党获胜并成为第一届杜马中起重要作用的党团。列宁认为:"立宪民主党能够取得胜利,在很大程度上是由于他们成为(这是杜尔诺沃之流的功劳)最左的政党。真正的左

① 谢罗哈耶夫:《立宪民主党——反对 1905—1907 年革命的自由资产阶级主要政党》,第 145—151 页。

② 米留科夫:《回忆录》第 1 卷,第 330—331 页。

③ 波克罗夫斯基:《俄国历史概要》下册,第 594 页。

④ 谢罗哈耶夫:《立宪民主党——反对 1905—1907 年革命的自由资产阶级主要政党》,第 175 页。

派政党已经被暴力、逮捕、屠杀和选举法等排除在外了。一切不满的、气愤的、愤慨的、动摇的革命分子由于大势所趋和选举斗争的逻辑,不得不纠集在立宪民主党的周围。"[①]

第一届国家杜马于1906年5月10日召开,沙皇尼古拉二世出席了开幕仪式,发表了一番意味深长的致词。他宣布除了自由之外,还有"在法制基础上的秩序"。[②] 米留科夫在参与起草的致沙皇的辩词中提出了一系列要求:按普选原则对人民代表制进行改革;取消国务会议;由杜马多数组成信任内阁;取消等级制度;实现公民平等;取消非常法;实行政治大赦;废除死刑;实现司法权的完全独立;以强制国有化方式解决土地问题等。[③] 这个要求基本上就是立宪民主党党纲的反映。沙皇几乎拒绝辩词中的所有要求,大臣会议主席戈列梅金在杜马会议上发表声明,认为立宪民主党团的要求已超出其权限,政府不予考虑。这一态度使杜马代表群情激愤,最后投了戈列梅金内阁的不信任票,要求戈列梅金辞职。沙皇政府的军队开进了国家杜马的所在地——塔夫利达宫,第一届国家杜马存在仅仅42天就被解散。

第一届国家杜马的解散宣告了立宪民主党激进策略的失败。维特在自己的回忆录中总结说:"只要立宪民主党人哪怕稍许有点国务明智并理解现实,只要决心割掉'革命的尾巴',那么第一届国家杜马就会长期存在下去,就很可能像10月17日宣言由我主持的内阁所制定的法律确定的那样,博得实行和体现俄国宪法的历

① 《列宁全集》第12卷,人民出版社1987年版,第254页。

② 孙成木等主编:《俄国通史简编》下卷,人民出版社1985年版(下同),第333页。

③ 姚海:《俄国近代立宪民主运动》,四川大学出版社1996年版,第165页。

史性荣誉。但是,杜马得意忘形了,野心太大了。它终于被解散了。”①

国家杜马解散后,约200名杜马代表,其中包括120名立宪民主党人跑到彼得堡远郊的维堡举行集会,并通过了由米留科夫起草的“维堡宣言”。宣言号召人民进行消极抵抗,在召集新国家杜马之前停止向国家纳税、拒绝服兵役。此举在已经下野的维特看来,“这当然是十分革命的行动”。② 列宁也曾说这个时期的国家杜马是“世界上(20世纪初)最革命同时又最无力的议会,它的决议没有一个是付诸实现的”。③ 但立宪民主党的根本目的却是将群众的革命运动纳入和平的轨道以防止国内革命的再次爆发,“是防止在彼得堡街头发生显然注定要失败的武装冲突,并试图为普遍的愤怒提供一种表现的形式,这种形式与立宪主义不抵触,而是介于对宪法破坏者的合法抵抗和革命两者之间。”④米留科夫曾声辩:“维堡的号召实质上只不过是政治示威和应付万一的措施,但是万一的情况并没有出现,因为已经决定选举第二届杜马了。”⑤

1907年2月,第二届国家杜马召开,立宪民主党人戈洛文当选为杜马主席。

新任大臣会议主席兼内务大臣斯托雷平曾邀请米留科夫进行密谈,明确提出只要国家杜马公开谴责革命,就给立宪民主党以合法地位。米留科夫回答:“在斗争的关键时刻,立宪民主党不能放

---

① 维特:《俄国末代沙皇尼古拉二世》续集,第316页。

② 同上书,第325页。

③ 《列宁全集》第19卷,人民出版社1989年版,第362页。

④ 谢罗哈耶夫:《立宪民主党——反对1905—1907年革命的自由资产阶级主要政党》,第236—237页。

⑤ 波克罗夫斯基:《俄国历史概要》下册,第603页。

弃自己原有的立场,而站到拿自己做着政治迫害交易的反对者的立场上。”当斯托雷平怂恿米留科夫在立宪民主党的机关刊物《言论报》上,以文章的形式谴责革命时,米留科夫自己承认:他当时的确动摇了。[1] 谈判结束后,米留科夫直接去找彼特龙凯维奇征求意见,彼得龙凯维奇毫不客气地批评了他,告诉他这样做是在把立宪民主党推向无底深渊。米留科夫接受批评,下决心拒绝了斯托雷平的建议和诱惑。

6 月 3 日,斯托雷平借口第二届国家杜马中的社会民主党团密谋发动“弑君夺权”的政变,再次解散国家杜马,史称“六·三政变”。随后,斯托雷平大肆逮捕和处决进步人士(包括立宪民主党人),在全国范围内实行恐怖统治,镇压工农运动。米留科夫在公开言论中愤怒地斥责斯托雷平的做法是非法的和毫无根据的。米留科夫后来被迫流亡海外。

如何看待米留科夫及立宪民主党在 1905 年革命中的政治表现?

这一阶段是持温和政治观点和渐进改革立场的米留科夫和立宪民主党最具进步性和最激进时期,在错综复杂的政治斗争和对抗中,立宪民主党倾向于政治激进主义,而且与激进主义阵营——革命民主派保持较好的合作关系。它的政治活动给沙皇政府施加了重大的压力,因而促进了民主运动向前发展。

“维堡宣言”后,米留科夫在立宪民主党中央委员会上作了有关党的策略的报告。该报告的中心思想是“保全杜马”、由“强攻”专制制度转为“正确围攻”,并成为立宪民主党在第二届国家杜马

---

① 米留科夫:《回忆录》第 1 卷,第 424 页。

中的政治策略。米留科夫自由主义思想的转变暗示了对待沙皇政府的态度由激进转向了妥协。然而，两届杜马的相继解散使米留科夫和立宪民主党再一次站到了历史的岔路口。未来的立宪民主党到底该采取什么策略？这一问题使米留科夫的自由主义立场陷入了困顿。

二、斯徒卢威：俄国自由主义的代言人

如果说米留科夫的自由主义遗产主要体现在现实策略和执著践行上的话，斯徒卢威作为19世纪末20世纪初俄国自由主义知识分子阵营中一位最具影响力的领军人物，他的自由主义遗产则主要体现理性思考和理论建设方面。同时具有历史学家、经济学家、哲学家、出版家、政治活动家等多重身份的斯徒卢威，其思想演变经历了从"左"到"右"的多次摇摆，发生了从"马克思主义"到"自由主义"再到"保守主义"的游离，反映了那个时代俄国知识分子最普遍的心态和命运。宗教哲学家弗兰科评价："他是我在一生中所遇到的所有人中毫无争议的最优秀的一个人，我想我可以坚定地说，他还是我们这一代人中最优秀的人物，是19世纪最后若干年里以及20世纪数十年里俄国社会和学术思想界最著名的一个人。"[1]

斯徒卢威于1870年出生于彼尔姆省长的家庭。斯徒卢威家族来自于普鲁士的施勒斯维格——荷尔施泰因，斯徒卢威的爷爷瓦西里·亚科夫列维奇·斯徒卢威[2]是欧洲著名的农学家和天文

---

① 弗兰科：《斯徒卢威传》，第9页。

② 瓦西里·亚科夫列维奇·斯徒卢威（1793—1864年）出生于阿里东，德文名为弗里德里希·格奥尔格·维里格里莫（Фридрих Георг Вильгельм）。

学家，曾担任普尔科沃天文台第一任台长，1832 年被选为彼得堡科学院院士。他的父亲别尔加达·瓦西里耶莫维奇·斯徒卢威（1828—1889 年），是俄国著名的国务活动家、出版家、历史学家，后担任彼尔姆省长职务。少年时代的斯徒卢威在斯图加特开始了自己的学业，在返回彼得堡后，他转入城里最好的贵族中学学习，因此可以说日耳曼教育和斯拉夫文化同时影响了他。不仅普希金、陀思妥耶夫斯基的语言对少年斯徒卢威产生了影响，而且他还接触了斯拉夫派代表人物伊凡·阿克萨科夫的思想以及列夫·托尔斯泰的思想，并且参加民粹主义者组织的文学沙龙。

1889 年，斯徒卢威进入彼得堡大学自然科学系学习，随后转入该校法律系，1891—1892 年他赴奥地利的格拉茨学习。在国外，他接触了大量的社会民主主义的著作，并且着手组织社会主义和马克思主义小组。但是，此时的斯徒卢威的世界观和政治观并未确定，他后来承认那时比较容易受时势和各种思潮的影响，即“我们在那时一会儿是托尔斯泰派，一会儿又是激进派，一会儿又是社会主义者”。[①] 但是，最吸引斯徒卢威的还是极具批判功能的马克思主义思想。斯徒卢威强调对自由的热爱和使人民摆脱苦难的责任是他接受马克思主义的道德动机。[②]

19 世纪 80—90 年代，斯徒卢威参加了马克思主义阵营与已趋于没落的民粹派阵营的大论战，以《俄国经济发展问题的评述》（1894 年）与民粹派理论家展开了经济论辩。但是，斯徒卢威等人在理论上和组织上与普列汉诺夫、列宁为代表的马克思主义派有

① 斯徒卢威：《赶快做事·文集》，载（“星火”丛书），莫斯科 1991 年第 38 辑，第 38 页。

② 斯徒卢威：《俄国经济发展问题的评述》，圣彼得堡 1994 年版，第 287 页。

很大的区别，在政治上他们坚持“合法马克思主义”的立场。1898年，斯徒卢威参与俄国社会民主工党的筹建，并且承担起草《俄国社会民主工党宣言》的重任。但他最终在为1901年出版的别尔嘉耶夫的著作《社会哲学中的主观主义和个人主义》所做的序言中，宣布与俄国社会民主工党断交，宣布彻底割断与马克思主义和社会主义的联系。

1901—1921年的20年，是斯徒卢威自由主义思想形成和实践的重要阶段。在20世纪初俄国政治大风潮和社会急剧转型的过程中，斯徒卢威同其他俄国知识分子一样，经历了1905年改革与革命的激情撞击，经历了1917年二月革命的痛苦回忆，以及1917年十月革命后的艰难抉择。这时期中惟一不变的是，斯徒卢威将俄国社会变革的未来命运与自己的自由主义理想联系在一起，他在俄国社会变幻莫测的政治舞台上成为“第一杰出的明星”。①

1901年4月，斯徒卢威参加了在彼得堡喀山大教堂举行的知识界大游行，他被警察殴打，后被捕。沙皇政府禁止他在首都和大学城居住，尔后被流放特维尔。当年夏天斯徒卢威与地方自治活动家联系，并接受他们的建议在国外编辑反对派杂志。② 1901年底，斯徒卢威来到德国的斯图加特，加入地方自治局知识分子反对派的行列。③

1902—1905年，斯徒卢威担任了在国外出版的《解放》杂志的

---

① 沙奇罗：《1905—1907年革命前的俄国自由主义》，莫斯科1985年版，第211页。

② 库夫希诺夫认为最初是米留科夫提出办报建议的。（参见库夫希诺夫：《国内与侨民时期的立宪民主党》，载《近现代史》，莫斯科1995年第4期。）

③ 俄罗斯学者茹科夫认为这就是斯徒卢威与社会民主党人完全脱离关系的标志时间。（参见斯徒卢威：《爱国主义·文化·宗教·社会主义》，第4页。）

主要编辑工作。1904 年 1 月,围绕着《解放》杂志建立了俄国自由主义者团体“解放同盟”。斯徒卢威准备将“解放同盟”变成反对专制制度的统一营垒,为此他承担了看似无法完成的任务,他试图将从激进主义阵营到自由主义阵营的各界人士联合起来。但是建立广泛联盟的设想最终未能实现,保皇派组织和激进主义者对他的号召均无响应。很明显,这个事实影响了斯徒卢威未来的政治立场,促使他形成了必须与两个极端——君主主义的“黑色百人团”(Черный сотен)和左派激进主义者决裂的想法。

斯徒卢威在国外的政治活动由于沙皇尼古拉二世于 1905 年签署《整顿国家秩序宣言》而结束,这个事件促使他决定不等待政府的特赦就返回祖国。为了保障自己的安全,他用马克西米里安·沃罗申的名字印制了假护照,在已经拿到了去科琅施塔德的火车票后,才听到政府大赦政治犯的决定。回国后,斯徒卢威在彼得格勒一直住到 1918 年。这是他一生中的困难时期,其间不仅有参加政治活动、创作的快乐,也有对于革命问题的痛苦思考,而其中核心的就是对“伟大俄罗斯”命题和知识分子命运问题的思考。

1905 年革命中表现出的政府的残暴行为、革命的严酷和流血以及国家的无政府主义状态吓坏了斯徒卢威。他早在 1905 年 11 月就指出:“在俄国生活的范围里存在着独裁,独裁被称作‘黑人百人团’,独裁被称为‘革命无产者’,我们表示,国家不需要和反对任何的独裁,国家需要的只是法律、自由和经济的复兴。”斯徒卢威呼唤:“快使政权摆脱灾难”。[1] 在他看来俄国全社会已经由于激动

---

① 斯徒卢威:《关于马克西米里安·沃罗申的记忆·回忆录片断》,载《快做事文集》,“星火”丛书,第 38 辑,莫斯科 1991 年版,第 44 页。

而情绪失控，并且使社会运动超出了政权允许的范围，随后到来的只能是毁灭。

斯徒卢威像从前一样，习惯于通过出版物来表达自己感兴趣的政治问题。他在1905—1906年编辑出版了周刊《北极星》，并加盟《自由与文化》杂志社，同时还为《思想报》工作。但是，这些报刊的命运都是短暂的。原因在于，斯徒卢威不会也不想使报刊适合广泛的和大众化的读者口味，而没有读者基础的报刊自然难以为继。但是斯徒卢威人生中的这个插曲并不影响人们对他的编辑才能的评价。在共同的出版工作中，最接近和最了解斯徒卢威的弗兰科认为，编辑工作最能体现斯徒卢威多方面才干，"……斯徒卢威将个人思想的原创性和严格的原则性与多方面性和耐心性结合在一起了"。[①]

从1906年末开始，斯徒卢威领导《俄罗斯思想》编辑部，并且吸引以别尔嘉耶夫、谢尔盖·布尔加科夫、伊兹高耶夫为代表的哲学界著名知识分子参与。在他的领导下，这份杂志"成了20世纪初俄国文化精神财富的真正表达者"。[②]

斯徒卢威在这时期的政治活动是与立宪民主党密切相关的。1905年10月12—18日，立宪民主党中央委员会在莫斯科成立。1905—1915年，斯徒卢威参加了立宪民主党中央委员会。1905—1907年的第一届、第二届国家杜马中，主要由自由知识分子组成的立宪民主党团占据了多数议席，并且在一些关键的问题上，发挥了代议制机构的重要作用。1907年，斯徒卢威被选为第二届国家

---

① 弗兰科：《斯徒卢威传》，第51页。

② 洛斯基：《俄国哲学史》，第219页。

杜马议员。斯徒卢威转向保守派的立场,他认为必须停止革命和与政府的对抗,他揭露了革命党和政府的双重反动,将其视为对法律的威胁。他认为在《整顿国家秩序宣言》发布后,绝对专制君主制在俄国已经不复存在,也不可能再复生。他积极支持国家杜马与大臣会议主席斯托雷平的土地改革政策。1907年6月2日,他参加了斯托雷平关于预防解散国家杜马的对话。1915年6月,斯徒卢威由于在民族问题上的分歧退出立宪民主党,不过他实际上在1908年就已经停止了在立宪民主党中的活动。

1909年,著名的《路标》文集出版。这是在1905年改革和革命失败后,俄国自由主义知识分子自发的对改革失败原因和革命爆发原因的多角度思考,是对知识分子与国家、知识分子与人民、知识分子与文化传统的深层反思。斯徒卢威在《路标》文集的发起、组织和编辑以及出版方面,发挥了重要的作用。①

斯徒卢威坚信,在俄国,革命变革思想不会得到期待的结果,社会进步的目标只能通过进化的道路,和与“培养独立的个性”相关、与建立坚实的文化工作和与知识分子优秀的创作活动相关才能实现。只有这样,俄国知识分子才能实现“精神上的再生”(возрождение на душ)。②

在这些年里,斯徒卢威始终关注国家体制和“伟大俄罗斯”问题。作为国家一员,他真诚地期望看到俄国的强盛、伟大和独立。

---

①　谁是《路标》的首议者?当代俄罗斯学者雅科夫列夫经过研究认为是斯徒卢威,并认为《路标》可称为“斯徒卢威运动”(Струвенская компания),然而在斯徒卢威最好的朋友弗兰科所写的《斯徒卢威传》中认为首议者是格尔申宗。以上观点参见别尔嘉耶夫等著:《路标/来自深处》,第502页;弗兰科:《斯徒卢威传》,第81页。

②　别尔嘉耶夫等著:《路标/来自深处》,第151—152页。

弗兰科在斯徒卢威去世后评价:“部分是出于自己的出身,部分是出于他的内心责任,他永远不是‘自下而上’,而是‘自上而下’地来思考政治问题,他不是作为劳动社会的成员,而是‘认识到自己是良好的国家秩序建设的潜在的参与者’,以至把自己作为‘国务活动家’来思考和行动。”①

斯徒卢威的出发点是试图把国家和民族的原则联系起来,他试图将平常相互矛盾的民族思想、传统继承性、国家稳定以及另一方面的自由和权利的价值、保护个人免于国家袭扰统一起来。对于斯徒卢威来说,爱国主义是反映为国家——“伟大俄罗斯”的使命和民族精神的历史证明的信念。而他普遍的政治思想就包括在其中,即:民族统一给予任何国家坚实性和稳定性。对自身任务的民族理解、自觉感是公民社会(гражданский мир)政治、社会统一力量的前提。关于国家的和平建设工作的思想和关于包括在他的其他的文章中的法律秩序和原则的思想,具有一定的意义。

斯徒卢威坚信国家的宗教来源,认为政权首先具有是超出个人利益的特性。“在俄罗斯没有发生过宗教改革,因此也未曾出现基督教道德的世俗化,未曾把基督教道德变为日常生活的方式和制度,如同西方国家那样。俄罗斯有宗教和宗教精神,但宗教未能作为必须遵循的原则渗入日常生活之中。这是俄罗斯历史上非常明显的也几乎最意味深长的事情”。② 他认为国家具有聚合性(Соборность)的个性,并且高于任何的个人意志(личная воля),这是“神奇的本质”③。显然,斯徒卢威对聚合性的理解更多的还是

① 弗兰科:《斯徒卢威传》,第 75 页。

② 斯徒卢威:《俄罗斯》,载《哲学和生活》,莫斯科 1991 年第 8 期。

③ 别尔嘉耶夫等著:《唯心主义问题文集》,莫斯科 1902 年版,第 1 页。

从超乎于任何组织、任何个人的国家的角度来考虑的，在他看来，集体主义的民族传统和宗教习俗有利于国家的稳固，而国家的强大、安定和统一才能有效保护它的人民免于灾难。为此，他提出了“伟大俄罗斯”的概念，认为君主立宪制是最好的国家体制，而对它的破坏则被他看成是最大的危险，而且为了“伟大俄罗斯”就不惜对外扩张，他甚至建议向相邻黑海的所有的欧洲国家和亚洲国家实行经济扩张，但是他赞同波兰和芬兰的独立。①

1917 年二月革命爆发后，斯徒卢威非常兴奋，他在与好朋友弗兰科见面时曾表示：“现在的俄国向前迈出了 7 英里的大步”②。他同意与资产阶级临时政府合作，并担任外交部经济局局长职务。后来由于担任外交部长的米留科夫辞职，斯徒卢威也放弃了这个职务。

在 1917 年 5 月，斯徒卢威组织了“俄国文化同盟”（Лига русской культуры），作为“精神上的、有充分依据的爱国主义思想中心”，他被选为该同盟临时委员会的成员，并负责该组织的《俄罗斯自由》周刊的工作，这个组织和周刊吸引了持不同政治观点的俄国知识分子中的精英。但是，在革命即将爆发的年代，宣传俄国民主制的文化使命，鼓吹社会联合已不可能得到社会认同和支持。1917 年夏，他被选为俄国科学院政治经济学部（1924 年被撤销）的荣誉院士，在科学院的历史学和哲学部工作。

1917 年十月革命的到来造成了俄国社会再次严重分裂，也造成了知识界人士的思想分裂，斯徒卢威是怀着不理解、憎恨以及对

---

① 关于斯徒卢威的“伟大俄罗斯”思想详见第四章第二节。

② 弗兰科：《斯徒卢威传》，第 111 页。

布尔什维克及其领袖们的敌视，被动地接受这一事件的。他建议知识分子应该再次反思自己的行为，思考俄国的出路。他提议编辑《来自深处》文集，吸引大部分原《路标》文集的作者参加。

《来自深处》继续了《路标》的风格和思想，并且具有了更强烈的政治性。斯徒卢威在《俄国革命和民族任务的历史思考》中再次批评了俄国知识分子的思想盲动、好大喜功以及无政治原则，认为十月革命是俄国知识分子又一次政治狂热的集中表现，它破坏了俄罗斯文化传统，玷污了俄罗斯人民的心灵，将俄国推向灾难性的境地。

斯徒卢威还考虑出版"社会知识文库"丛书，已经拟好文库大纲，这里不仅仅包括了他所关心的中心问题，而且还包括他的朋友们感兴趣的问题。斯徒卢威写道："俄国的复兴首先应该复兴和巩固民族精神。最真诚地奉献于这项工作是我们文学界的任务，用对被责骂的民族文化的热情的信心和对俄罗斯国家体制轻率损害的重视来鼓舞人民。我们的'社会知识文库'将致力于真正的，但是通俗易懂的出版物。这些出版物涉及文化、社会、国家发展和人类日常生活，特别是俄国人民日常生活的问题，在俄罗斯人中激起历史信念，在他们的认识之前揭露那些伪科学的、消极的学派的谎言和废话，这些思想的泛滥将歪曲人民的思想和毁坏国家。"[①]

由于主观上无法接受苏维埃政权，斯徒卢威陷入了内战和政治斗争的旋涡之中。1917 年 11 月，斯徒卢威到诺沃切尔卡斯克，参加了"顿河公民大会"(Донский гражданский совет)，筹备建立反苏维埃政权的志愿军。1918 年，斯徒卢威成为旧俄将军尤登尼

① 别尔嘉耶夫等著:《路标/来自深处》，第 53 页。

奇领导下的“俄国委员会”和军事政治中心的成员。1918 年 12 月，斯徒卢威秘密到达芬兰。1919 年初，他以立宪民主党“民族中心”代表的身份到达英国和法国，目的是争取西方对反布尔什维克活动的支持，斯徒卢威参加了在巴黎组织的“政治协商会议”。1919 年夏末，他回到俄国南部，参加了邓尼金将军领导的特别会议。1919 年底，他返回俄国南部的克里木，担任弗兰格尔政府的对外关系局局长职务。斯徒卢威从克里木给侨居国外的俄国第一位获得诺贝尔文学奖作家布宁的信中表示：“俄国南方要比国外更需要像您一样的力量”。[①] 但随后，俄国的白卫运动很快就土崩瓦解了。1921 年，斯徒卢威流亡国外。

那么，斯徒卢威思想的实质究竟是晚年他自称的“保守的自由主义”(консервативный либерализм)，还是后人指称的自由的保守主义(либеральный консерватизм)呢？研究和回答这个问题似乎是没有意义的。因为无论是从斯徒卢威的政治活动，还是从理论研究来看，他不仅坚守“自由主义”立场，自称是“保守主义者”，但也曾经追随“社会主义”，并且数度经历了思想和行动上的“激进主义”阶段。正如弗兰科所言：“他用完整鸿沟划分出了自由保守主义与反动的保守主义的界线，划分出了自由保守主义与暴力将生活压制在低水平的精神和社会政治文化之中的图谋的界线，划分出了自由保守主义与渴望证明旧体制通过国家对人们精神压制、通过压抑人们的意志创作原则而获得稳定性的界线。”[②]

当代俄罗斯学者茹科夫评价：“斯徒卢威主要功绩在于，他以

① 米哈伊洛夫：《回归的布宁》，载布宁：《绝望的日子》，图拉 1992 年版，第 13 页。

② 弗兰科：《斯徒卢威传》，第 216—217 页。

自己的活动积极促进民族自由主义思想主张，促进俄国政治力量在20世纪初关注保存和发展俄国国家体制问题，在20世纪末和新千年大门槛前不忽视其紧迫性。”①斯徒卢威的政治和学术活动已经属于历史，但他的“伟大俄罗斯”理念及其蕴含的自由主义思想将永远保留在俄国思想文化史的扉页之上，是俄国知识分子思想史研究中的一个重要命题。

第五节 理想与困顿：自由主义在俄国的命运

“自由主义”是一个纯粹的西方（准确地说是西欧）话语体系中的概念，这个概念连同“自由”“民主”“平等”“人权”一样起源于古代希腊罗马、犹太教和基督教的政治理念和公民文化。按照伯林、哈耶克等现代自由主义思想家的观点，作为政治思潮和政治理念的自由主义经历了17、18世纪的英国古典自由主义（也称英格兰自由主义或消极自由主义）发展阶段，19世纪下半叶以来的近代自由主义（也称大陆自由主义或积极自由主义）发展阶段。19世纪以来，自由主义已成为世界范围内一种具有极大影响的政治理念和意识形态。而自由主义之于身处东欧的俄国来说，具有更加特别的意义。

其学术意义在于，“19世纪末20世纪初的俄国哲学、社会学和政治思想是我国精神遗产不可分割的组成部分，近年来对它的兴趣获得了不寻常的增长。在当时上述思想推动了努力解决俄国文化和国家——民族日常现实的最重要问题——个性自由和权利

---

① 斯徒卢威：《爱国主义、政治、文化、宗教、社会主义》，第7页。

自由。遗憾的是,由于阶级—意识形态对俄国非马克思主义社会思想所做的长时期的“选种”(селекция),非马克思主义的一些倾向,其中包括俄国自由主义,在其对待理解俄国社会——政治的和精神的——文化问题的全部多样性方面以及寻找最适合俄国的现代化道路方面被排除在科学分析的界限之外的。”①

其历史意义在于,“尽管俄国自由主义的实质与西方自由主义的实质是相同的,并且它在俄国应该克服极权主义和官僚主义的警察国家,以及促使它垮台,但必须明确地提出一个问题,即俄国自由主义不具备这些重要的历史性的根(корень)。并且从思想上和实践上看,一般说来,俄国自由主义倾向于从他者(другой)、从外部(извне)索取或采纳。”②

笔者完全赞同两位俄国学者的观点,并且认为如果究其原因的话,应该从俄罗斯文化传统和社会发展背景方面找答案。

第一,俄国在政治地理和文化地理上均处欧亚文化交汇带上,使俄罗斯文化具有东西方文化混同兼备的特色。即使是公元988年基辅罗斯大公弗拉基米尔率众皈依的希腊正教,可谓是俄罗斯文化传统中最具“西方性”的亮点,但是它仍然是通过颇具东方特色、采取神权专制制度的拜占庭“辗转”而得的。

第二,俄国虽为欧洲国家,但从未经历过文艺复兴、宗教改革的暴风骤雨,也未经历过大规模的启蒙运动和资产阶级革命的彻底冲击,使包括自由主义观念的“现代性”因素无法自内而外、自下而上有机生成,反而造成“传统性”因素的经年累积和滞后影响。

---

① 格纳久克:《作为社会思想家的斯徒卢威》,第4—5页。

② 列昂托维奇:《俄国自由主义史(1762—1914)》序,第3页。

第三，由于"制度性"和"传统性"因素的制约，使得外来的"自由"思想在俄国的传播颇费周折。叶卡捷琳娜二世——亚历山大一世——亚历山大二世妄想把"开明"与"专制"联姻的无功而返，洛里斯·梅里科夫——维特——斯托雷平试图借"自由"之力平息革命威胁的无望之举，卡维林——齐契林——斯徒卢威——米留科夫——克伦斯基等人孜孜以求的宪政梦想的悲惨破灭，都证明了这一点。

第四，由于面临强势的政治保守主义和政治激进主义的双向挤压，自由主义思想和理想在俄国只能是势力强大的保守主义和在一些时期气势张狂的政治激进主义的附属品。由于生存环境和奋斗目标所限，自由主义不得不在较长时间里，与保守主义乃至专制主义为伍，将变革的愿望托付于沙皇政府，因此英国式的君主立宪制最为俄国自由主义知识分子青睐和神往，斯徒卢威所坚持的"保守的自由主义"在俄国占居优势。原因在于，俄国自由主义的演进始终存在着官方自由主义和民间—知识分子主义的两条线索，主观认识上的模糊和因时因事的压力，使两者经常合二为一。但是在某些特殊时期，自由主义思想和自由主义者又常常忘记身份，短时期与对旧的传统和体制有更大的破坏力的政治激进主义为伍，将热切的希望寄托于极端甚至革命方式之上，使之经常性地出现政治理念上的错位。正如身为自由主义知识分子代表人物的弗兰科在十月革命后所反思的："我们的自由主义政党软弱的主要的根本的原因在精神方面：他们缺乏独立的积极的社会性的世界观，这也是他们所不能够（具备）的，因此点燃了形成每一个有势力的政党的魅力的政治激情。"①

---

① 别尔嘉耶夫等著：《路标/来自深处》，第488页。

第五，与自由主义的发源地——西欧相比，俄国自由主义，无论是官方的，还是民间——知识分子的，它主要关注的是具体实践，而不是理论创建，俄国仅仅是西方自由主义思想和理论的实验室。因此，这里就有了西方自由主义思想和模式与俄国本土文化缺乏兼容性问题。车尔尼雪夫斯基认为自由主义与议会政治的理想规避了核心问题：农民与工人需要食物、栖所、靴子。至于投票权、自由宪法、个人自由之保障，这些对三餐不继、衣不蔽体之人并无多大意义。[①] 而且，“俄国自由主义的社会基础是薄弱的，小的和中等所有者阶层（或者是中产阶级）在西方国家人数众多并且构成了自由主义强大的基础，而在俄国这些阶层却是细小的和微弱的。至于说到大资产阶级和大所有者，他们由于依附于强大的专制国家，基本上倾向于保守，因而不赞同知识分子的自由主义的政治和社会追求。”[②]因此就出现一种特殊的情景，在俄国，自上而下的自由主义改革一般是成功的，而自下而上的自由主义革新大都是失败的。原因在于，自下而上的自由主义运动的领导者、目标规划者都是知识分子，而知识分子偏重自己的理想和实践行为的浪漫色彩，过分看重全人类利益和价值，而轻视与俄国现实相结合的实践。

① 参见伯林：《俄国思想家》，第270页。

② 谢缅尼科娃：《世界文明共同体中的俄罗斯》，第242页。

第四章 从“继承”到“守成”：俄国保守主义思潮的嬗变

自18世纪初到20世纪初，绝对专制制度和专制主义文化统治俄国二个多世纪，保守主义既是这种制度和文化的内在产物，也是其稳固的基础。保守主义在俄国的命运实际上就是皇权主义、专制主义和国家主义为核心的俄罗斯政治文化传统的命运。而作为社会思潮的俄国政治保守主义在其演变过程中又增加了西欧保守主义，主要是英国古典保守主义思想的内容。本章仍然从俄国保守主义思潮的渊源和起源开始，逐步展开对贵族阶层和知识阶层的政治保守主义和文化保守主义的研究，并试图对保守主义在俄国的命运做出评价。

第一节 俄国保守主义的历史渊源

一、专制制度与专制主义文化

俄国专制制度是在民族国家的形成中产生和发展的，并且深受政治地理和东西方文化等因素的影响，这些因素为俄国专制制度和专制主义文化的建立创造了必要的前提条件。

俄罗斯政治文化传统的形成有其深厚的历史背景和久远的文化渊源。被誉为当代俄罗斯国学大师的利哈乔夫院士坚称：“俄国从来就不是东方的",但是他也承认"俄罗斯文化在中世纪(再晚一些)曾经是各种文化中心流动的连接处。"①而且,如果"从西方看罗斯的角度"来看,俄国曾经"脱离欧洲",②即体现出较强的东方色彩。俄罗斯民族是东斯拉夫人的一支,起源于欧洲腹地的内陆森林地带,尽管俄罗斯先民们终于走出了与世隔绝的大森林,但是长期形成的封闭意识却留在意识里。因此在古代俄罗斯人那里,村社(Мир)即世界(Мир)③。9 世纪瓦良格人的入侵把宗法制又强加于俄国,再加上鞑靼(蒙古)人的巴思哈制在俄国的强制推行,使村社制、宗法制、巴思哈制三位一体汇成俄罗斯文化的原始基质,即村社—宗法文化。该文化基质在民族价值观念上表现为轻视自由个性,强调整体和谐,在政治倾向上表现为盲目崇拜强权,极端鄙视民主。

俄国长期以来在政治、经济和文化方面都是欧洲极其落后的国家,积贫积弱的国力使它长期遭受来自邻近强国的入侵和袭扰。东部和南部毗邻强大的鞑靼(蒙古)人和奥斯曼土耳其帝国,北部和西部毗邻强大的波兰、立陶宛、瑞典和日耳曼人。从 12 世纪起东斯拉夫人进入长期的封建割据时代。为了保卫领土不受异族入侵和为了在封建割据中争得有利的地位,东斯拉夫人的各个公国都加强了大公的权力。这些公国里,军事民主制早已经废除,大公既是国家的最高行政长官,也是最高军事首长,大公在本公国内已

---

① 利哈乔夫:《解读俄罗斯》,第 14 页。

② 同上书,第 21、27 页。

③ "Мир"还有"和平"、"平静"、"媾和"、"宇宙"、"星球"、"社会"、"体制"、"领域"、"界"、"尘世"、"人间"等多义。而且将"Мир"三个字母颠倒顺序,即为"罗马"(Рим),这也是"莫斯科—第三罗马"(Москва-третий Рим)说的一个证据。

经拥有了绝对的权力。

13—15世纪,鞑靼(蒙古)人的大规模入侵和长期统治为俄国专制制度注入了新的基因。起源于东方的鞑靼(蒙古)人是突厥民族重要的一支,它是一个马背上的民族,它在长期的征战过程中建立了独具特色的军事独裁组织。1257年,金帐汗国派出官员到罗斯各地调查人口,作为确定贡赋、运输徭役和军事徭役的根据。随后强迫将东斯拉夫人编成十户、百户和千户,实行连坐连保,十户长、百户长和千户长必须绝对服从"巴思哈"的管理和指挥。"巴思哈"变成了罗斯实际上的最高统治者,无论是弗拉基米尔大公或是以后的伊凡一世都尊称"巴思哈"为"大人",而且公开表示绝对服从他的指挥。此外,金帐汗国还从罗斯王公中间选择一人,将他册封为"弗拉基米尔及全罗斯大公",授权他代替金帐汗统治罗斯各部。伊凡一世获得该称号后,就假借金帐汗的名义,号令全国,俨然是东北罗斯的专制君主。因此,马克思称莫斯科公国大公伊凡一世不仅是"莫斯科国家权力的创造者",而且是"一个篡位的奴隶的马基雅维里主义者"。[①] 15世纪80年代,罗斯终于推翻了金帐汗国的统治,但是金帐汗国长达二百多年的统治却为俄国国家政治制度的发展留下深深的印痕,以军事独裁为核心的"巴思哈制"在客观上加速了俄国专制制度的形成过程。

为了提高莫斯科大公的地位,神化大公的统治权力,1472年伊凡三世与拜占庭帝国联姻,把拜占庭帝国的双头鹰皇室徽章、皇室的宫廷礼仪、王宫的建筑样式统统搬到俄国。东正教会在其所

---

① 马克思:《十八世纪外交史内幕》,第65页。

编辑的《弗拉基米尔大公佚事》中也宣扬大公权力至上的思想，生硬地将传说中的罗斯大公弗拉基米尔与古罗马皇帝奥古斯都结上亲缘，称莫斯科大公是基辅罗斯大公的直接继承人，也是东罗马帝国(拜占庭帝国)的间接继承人。

俄国在政治制度的演变过程中也曾经历过封建等级代表君主制时期，即由“领主杜马”和大公共掌国家政权。但是在该时期俄国大公(君主)的权力就显示出较大的独立性，莫斯科大公在法律典籍上是“统治全罗斯领土的君主之君主”，他的权力“超出世界所有的君主，也支配一切人的生命和财产，而丝毫不受阻碍。”①伴随着国家疆域的不断扩大和统一国家的最后形成，莫斯科大公也从“同等人中的第一位”变成了俄国惟一的君主，领主杜马和领主的势力却在日趋下降。

伊凡三世在1477年征服诺夫哥罗德时，以专制君主的口气向诺夫哥罗德的王公贵族和平民百姓宣布：“吾等大公既已立国于莫斯科，自当立国于吾等之大诺夫哥罗德领地……诺夫哥罗德领地上不得悬市民会议之钟，不得设市长之职，全国统治归吾等治理。”②到16世纪初，统一国家的版图已经基本形成。莫斯科大公国的最高统治者伊凡三世大公的政治地位和权力威仪也随之迅速上升，在一些官方文件中已经公开称伊凡三世为“全罗斯大公”、“全罗斯沙皇”。伊凡三世经常在接见外国使节和国内其他重大仪式上，头戴“莫诺马赫皇冠”，坐在由宝石镶嵌而成的高高的皇座上，接受四方的朝贺。伊凡三世把全国的行政机构和军事机构，统

---

① 潘克拉托娃主编：《苏联通史》第1卷，第261页。

② 诺索夫主编：《苏联简史》第1卷上册，三联书店1976年版(下同)，第127页。

统集中在自己手中，所有过去独立的王公都必须向他低头称臣，成为他封号的领主。到15世纪下半期，领主杜马演变成直属大公的常设最高机关，俄国君主制度框架的雏形已现。

伊凡四世是第一位真正为自己戴上“莫诺马赫皇冠”，向欧洲公开宣称自己是“沙皇”的统治者。在1547年1月16日的加冕典礼上，伊凡四世宣布：“君主的称号就意味着承认不受任何限制的沙皇政权。一切民众，包括领主在内都是朕的臣民”，[①]“朕朝乃圣弗拉基米尔所创，朕生于皇家，长于朝中，掌握自家天下，并非窃自他人，罗斯君主自古以来皆亲临朝政，贵族大臣不得干预。”[②]

彼得一世统治时期（1682—1725年），俄国政治制度终于完成了由等级君主制向绝对专制君主制的过渡。彼得一世宣布：“沙皇是专制君主，关于他自己的一切事情，不向世上任何人负责，但作为基督教的国王，他有力量和权利按照自己的意愿来管理自己的国家和土地。”[③]这标志着绝对专制君主制在17世纪末18世纪初在俄国的最终确立。彼得一世通过宗教改革，不仅使自己成为世俗社会的统治者，而且成为俄国社会的精神领袖。

当18世纪下半期的西欧和北美响起一片“自由”、“民主”的欢呼声时，俄国正是专制制度的黄金时代。叶卡捷琳娜二世在“开明君主专制”的旗号下行使独裁专制的勾当，把俄国的专制制度和农奴制度的统治推向巅峰状态。叶卡捷琳娜二世宣称：“治理俄国这样幅员广大的国家，只能用专制君主制度，舍此皆为下策。因为其他统治形式很难使皇命迅速付诸实践，更会为那些妄图使一个强

---

① 莫基切夫：《政治学说史》上卷，第128页。

② 瓦谢茨基主编：《苏联各民族哲学和社会政治思想简史》第1卷，第19页。

③ 莫基切夫主编：《政治学说史》上卷，第126页。

大国家四分五裂的野心活动提供土壤。”①

基督教(东正教)传入俄国之后,便立即拜倒在皇权之下,成为其忠实的附庸。东正教会利用它所控制的文化教育机构,极力宣扬“君权神授”,宣扬是上帝把“沙皇安排在他的地位上的,使他坐上沙皇宝座的,并且扶植他统治和管理教会、寺院以及整个信奉东正教的国家和全部俄罗斯土地”。② 在伊凡四世的加冕典礼上,大主教玛卡里将莫诺马赫王冠戴在伊凡四世的头上,宣布“英明沙皇的权力来自上帝,他的权威至高无上”。③ 长期以来东正教会正是忠实地充当着专制制度卫道士的角色,以愚昧、落后的思想桎梏俄国人民,成为专制主义国家机器的一个重要组成部分。

俄国绝对专制君主制的特点是,国家最高权力完全属于沙皇,宫廷不仅是沙皇及其亲属生活起居的场所,而且是国家政治、经济、军事和文化中心所在。沙皇专制制度的特点决定了它对内必然表现为独裁统治和中央集权制,对外必然表现为扩张殖民主义和大国沙文主义。

俄国是世界上专制制度延续时间最长的国家之一,沙皇政权成为欧洲专制制度最稳固的、同时也是最后的堡垒。当 19 世纪初,欧洲各国普遍开始民主革命和工业革命之时,沙皇政府却正在认真地扮演着“欧洲宪兵”的角色。直至 20 世纪初,面对资本主义经济和政治变革大潮,俄国专制制度仍然表现了较强的生命力。“彼得发展起来的专制主义在 20 世纪以前,一直没有显示出什么

---

① 谢缅尼科娃:《世界文明共同体中的俄罗斯》,第 140 页。

② 莫基切夫主编:《政治学说史》上卷,第 135 页。

③ 孙成木等主编:《俄国通史简编》上卷,人民出版社 1983 年版,第 87 页。

削弱的迹象。"[①]这其中的原因除了俄国专制制度具有较强的独立性和灵活性,能够随着历史发展不断调整自身结构之外,还包括俄国资本主义经济发展迟缓,直至20世纪初俄国新兴的政治和社会力量还未成熟等原因。

二、皇权主义与民族政治心理

政治文化传统包括政治制度、社会意识形态和民族政治心理三部分内容。政治制度即一个国家或民族经常采用的政权统治形式;社会意识形态即受该政治制度制约的,与其相适应的社会政治、法律、哲学、宗教等思想;民族政治心理即在该政治制度和社会意识形态长期影响下,在人们思想中积淀而成、因袭相传的政治倾向。

专制制度在政治上的统治和专制主义意识形态在思想上的侵蚀,最终在广大俄罗斯人那里形成了被动的适应和认同,皇权主义就成为俄罗斯民族政治心理的重要组成部分。即在社会各阶层中都普遍地存在着倡仪专制,鄙视民主,盲崇皇权,却步自由的倾向。正如当代美国学者艾恺所说:"在现代化之前的历史时期,个人对其乡土、地方传承、既存地域性权威力量的依赖早已存在。然而,一直到18世纪末,作为这个词的现代涵义的'国家主义',才渐成为塑造个人公私生活的公认情愫。只有到了19世纪,才产生每个民族应建一个与此民族分布相一致的国家这种要求——在19世纪的大部分时间里,这个要求事实上也只限于西欧世界而已。在18世纪以前,整个世界,一般人要效忠的不是国家,而是各种不同

① 伯恩斯等著:《世界文明史》第2卷,第283页。

的政治组织、社会权威和意理结社,如氏族、家庭、宗族、教会、城邦、封建主,及其他集团——这些集团严格地说常常不是政治性的。"[①]在进入封建社会之后,村社大多数成员的身份发生了变化,既是隶属于村社的农民,同时也是隶属于地主、国家、宫廷或教会的农奴。农民由对村社的心理依附扩展到了对国家的法律依附,农民开始更多地把自己的个人幸福与"好沙皇"的统治联系在一起了。恩格斯说:"凡是这种社会形态占优势的地方,它总是产生这种专制制度,总是在这种专制制度中找到自己的补充。不仅是一般的俄罗斯国家,并且连它的特殊形式即沙皇专制制度,都不是悬在空中,而是俄国社会条件的特殊形式和合乎逻辑的产物。"[②]因此,俄国历史上的历次农民战争无不带有皇权主义的色彩。17 世纪 70 年代拉辛起义的口号是"打倒所有王公、世袭贵族和一切俄罗斯贵族,根除一切长官、政治,并实行人人平等"。但同时又提出"一切东正教徒和所有的教徒们要保护皇室,把处于世袭贵族手中不自由的沙皇解放出来"的口号[③],即在反封建主张之外,又打出了"勤王"的旗帜。18 世纪初的布拉文起义热情地呼唤农民起来同"世袭贵族、王公以及一切图利者"做坚决的斗争,但也不可避免地要求人们"保卫我们善良正直的好沙皇"[④]。而俄国历史上最大的农民起义——普加乔夫起义同样要假借亡帝彼得三世之名而兴。因此苏联历史学家马夫罗金认为:"拥护好沙皇,这是俄国农

① 艾恺:《世界范围内的反现代化思潮——论文化守成主义》,贵州人民出版社 1991 年版,第 18 页。

② 《马克思恩格斯全集》第 18 卷,人民出版社 1964 年版,第 618—619 页。

③ 莫基切夫主编:《政治学说史》上卷,第 202 页。

④ 同上书,第 203 页。

民战争的一个传统口号”[①]，它反映了专制主义的变种——皇权主义思想在广大的俄罗斯农民心理意识中的根深蒂固。19世纪俄国一些大学里通用的数学教程中也荒唐地规定：“直角三角形的弦是真理与和睦、法制与仁爱相遇的象征，通过神与人之间的中介人，把天堂同尘世、天上与地下相联结。”[②]1850年，俄国国民教育大臣希林斯基—希赫玛托夫公爵甚至宣布：“哲学的益处尚未得到证明，而它的危害倒是实际可能的。”[③]大学的哲学教研室被撤销，只允许有条件地讲授逻辑学和经验心理学，并且由神学教授来讲授，哲学到1860年才重新被列入教学大纲。20世纪初俄国政治、经济现代化的主要推动者、贵族自由派人物维特伯爵也承认：“如果根据我的家庭传统，根据我的心灵气质，我当然是珍爱权力无限的独裁专制的。”[④]由此可见，在俄国社会中居支配地位的专制主义和皇权主义为核心的俄罗斯政治文化传统的影响之深之大。[⑤]

---

① 马夫罗金：《普加乔夫和他的战友》，莫斯科1965年版，第2页。

② 涅奇金娜：《十二月党人》，第12页。

③ 洛斯基：《俄国哲学史》，第218页。

④ 维特：《俄国末代沙皇尼古拉二世》，第245页。

⑤ 笔者所论观点为国内外学界绝大多数学者所持。但是，利哈乔夫院士却认为：“关于在俄国没有民主传统，不是合乎规律的国家政权，极少考虑人民的利益的论调在谈及俄国时很有市场。这是一种奇谈怪论。”他认为从11世纪直到18世纪前，俄国政治特点是人民维契（Вече）和王公政权并存混合，他称这种政治体制为“罗斯的王公——维契制度”（Княжеско-вечеcкий строй Руси）（参见利哈乔夫：《不能自我疯狂……历史自我认识和俄罗斯文化》，载《新世界》，莫斯科1994年第6期，第114页）。当代俄罗斯著名作家索尔仁尼琴也曾说过：“法庭的公开性和独立性、侦讯的严格规定从19世纪60年代就已经确立了，甚至还包括废除预先书报检查的出版业。从1906年起，真正的议会和多党制（今天则被称为新的运动）得以建立，并且人民享有高水平的免费地方医疗，工人保险得以确立。俄国居民增长速度位居欧洲前列。俄国妇女受教育水平位居欧洲发达国家之列。”（参见索尔仁尼琴：《20世纪末的俄罗斯问题》，载《新世界》，莫斯科1994年版第7期，第165页）英国历史学家基普·萨姆埃也认为：“外国人很少知

三、贵族阶层、贵族特权与贵族气质

贵族作为俄国社会上层和沙皇专制制度的社会基础，自18世纪以来，它拥有各个方面的特权，从一定意义上讲，特权既是沙皇政府赋予这个阶层的特殊权利，同时也是维持这个阶层存在的必要条件。普列汉诺夫认为：“当时在俄国唯一不向后看，而向前看的阶层，是贵族。然而，贵族向前看到的，除了给他们以特权，对商人阶层加以某些抑制和进一步加强农民的奴隶依附之外，别的什么也没有。”[①]

在经济特权方面，早在基辅罗斯时期，领主就拥有世袭田庄，享有免税权。12世纪末基辅罗斯开始瓦解之后，领主的经济独立倾向加大，他们不仅可以自由转换效忠的王公，而且还可以把原王公赏赐的田庄据为己有。彼得一世和叶卡捷琳娜二世执政时期所颁布的一些法令，是以充分保障和维护贵族在经济上的特权为前提的。1861年2月19日沙皇亚历山大二世被迫作出废除农奴制的决定前，他在向莫斯科贵族发表的演说中宣布：“诸位请相信，凡是为了保障地主的利益能够做的一切，都已经做到了”。[②] 直到1877年，在全俄私有土地中属于贵族的土地约占80%，到1905年

道在20世纪初的沙皇俄国自由所达到的程度。在俄国有着自由出国的完全自由，有独立工会、独立法庭、宣誓法官和先进的社会立法体制。有议会——即包容各种政治色彩的政党（其中包括布尔什维克）代表的杜马。革命前的俄国与联合国126个成员国相比较，可以被看成是民主的一种模式，是世界上15—20个的自由国家的一员。”（参见格舒斯基等著：《俄国的民主教训》，第22页。）

① 普列汉诺夫：《俄国社会思想史》第3卷，第131页。

② 扎依翁契可夫斯基：《俄国农奴制度的废除》，三联书店1957年版（下同），第70页。

仍占62%。[1]

在法律特权方面,从10世纪起,贵族已拥有在自己的领地上的治外法权和自身的法律豁免权。在自己的领地上享有行政管理权,可以审理除凶杀案以外的任何案件,有权流放农奴。贵族本人犯法后不由地方官员审理,而由王公亲自裁决。1767年法令规定:"凡胆敢未经地主同意而当面向女皇呈递诉状者,呈递人与诉状草人皆处以鞭刑,并流放到涅尔琴斯克终身服苦役。"[2]1785年颁布《御赐高尚贵族权利、自由和特惠诏书》,更使贵族免于任何体罚和不受法律约束。女农奴主萨尔蒂科娃(Салтыкова)〔民间贬称"萨尔蒂契哈"(Салтычеха)〕在自己的庄园上私设公堂,想尽办法折磨农奴,10年内经她亲手折磨死的农奴超过140人,但是当舆论大哗东窗事发后,官府却不能对身为贵族的萨尔蒂科娃施以任何体罚,只能当着她的面对其他阶层的犯人施以酷刑或死刑,借以对她进行"精神上的惩罚",法庭最终判决她服苦役,而叶卡捷琳娜二世又下令改判为幽禁于修道院。[3]

在政治方面,贵族阶层作为沙皇政权的社会支柱,垄断了从中央到地方的各级行政、军事、警察和管理大权。俄国无政府主义运动领袖克鲁泡特金出身于显赫的贵族之家,其先祖为皇族,因此年仅8岁的克鲁泡特金就被沙皇尼古拉一世亲自任命为候补宫廷侍从武官,开始领取与其官职相应的俸禄。并且一俟侍从武官学校有了空缺,未到入学年龄的克鲁泡特金就进入这所学校,他的"父亲多年的梦想终于成了事实"。因为这意味着4—5年毕业后,克

① 蒋路:《俄国文史采微》,第293页。

② 徐景学:《俄国史稿》,第174页。

③ 潘克拉托娃主编:《苏联通史》第2卷,第110页。

鲁泡特金就可以到自己选择的军队或近卫军中出任中下级军官。而且，毕业生中的16名名列前茅者将成为真正的“宫廷侍从”，得以与皇帝、皇后、大公爵夫人（或公主）、大公爵等等皇族接近，“自然这是一种绝大的荣誉，而且得着这种荣誉的青年便会闻名于宫廷，有很多的机会做皇帝的或一个大公爵的侍从武官，这样一来他们在宦途上也很容易做到荣达的地步了”，如此这般，“我的父亲该可以自由地放任他的野心勃勃的梦想了罢。”[①]

贵族阶层把家族的命运和前途与沙皇专制制度紧密地联系在一起，沙皇的宠幸和赏赐成为守旧贵族的终生所求。克鲁泡特金在自传中记录了他的父亲每当说起家世，“他会做出庄严的样子把那幅挂在他的书斋内墙上的有镜框的羊皮纸给我们看。这羊皮纸表示我家世袭的纹章（即绘着身披貂皮外套头戴莫诺马赫的冠冕的斯摩棱斯克亲王爵位之纹章）。”[②]克鲁泡特金还从宫廷侍从武官的角度观察到，每当皇宫举行盛大典仪，“我便能够看见每个最高的文武官僚在点首行礼之前总要设法引起皇帝对他注意，如果沙皇带着笑容接受他的敬礼，或者沙皇差不多使人看不见地把头略略点了一下，时而还说一两句话，那么他就会充满着骄傲地回顾他的邻人，预备接受他们的庆贺了。”[③]出身于贵族世家、但最后成为自由派贵族人士维特伯爵曾尖锐批评：“大多贵族从国家的角度看乃是一小撮蜕化分子，他们除了自己的私利，除了设法满足自己的欲望以外，别无他图。”但是他也多次表白：“我本人也是世袭贵族，我的祖先有不少人历来就是名门望族”，“如果根据我的家庭传

① 克鲁泡特金：《我的自传》，三联书店1985年版（下同），第74—75页。

② 同上书，第7—8页。

③ 同上书，第145页。

统，根据我的心灵气质，我当然是珍爱权力无限的独裁制。”他的同时代人，立宪民主党人黑森评价：“维特在灵魂的深处是专制主义者，但是同时他不得不成为自由派。”①

贵族在文化教育和艺术创作方面也享有无可比拟的特权，贵族武备学校、皇村中学、亚历山大贵族学校、斯莫尔尼女子学院只招收贵族子弟。从彼得一世时期开始，政府就出资鼓励贵族子弟到荷兰、德国学习造船和军事，到法国、意大利学习艺术。贵族纷纷为子女聘请法国、德国或意大利家庭教师，许多人自幼年起就开始学习外语，他们讲法语、德语、意大利语甚至比母语俄语还流利，法语、德语成为上流社会语言，俄语反而变成了唱赞美诗和东正教日课经的语言，变成了“农民的语言”。著名思想家拉吉舍夫出身贵族，年轻时代到莱比锡大学留学，因长期在国外生活和很少使用俄语，等到他回国任职时，竟不得不补习俄语。

18 世纪贵族思想家卡拉姆津曾断言：“如果将我们所知道的一切俄国时代加以比较，我们当中几乎任何人都会说，叶卡捷琳娜时代是俄国公民的最幸福时代，我们当中几乎任何人都愿意生活在那个时代，而不是别的时代。”普列汉诺夫评价了他的这段话，“当然，这里所谓俄国公民，自应理解为俄国贵族。如果说，那时劳动群众的情况是很艰苦的，那么贵族却比过去任何时候都确实生活得好些。”②

贵族气质是指贵族阶层在以上种种特权、特惠和特殊地位状况中长期养成的并且外在表现出来的与其他阶层不同的思维方式

---

① 维特：《俄国末代沙皇尼古拉二世》，第 415、414、244、245 页。

② 普列汉诺夫：《俄国社会思想史》第 3 卷，第 34 页。

和行为举止。著名宗教哲学家别尔嘉耶夫出身于基辅一个贵族家庭，他的所有的先辈都是将军和获得乔治十字勋章的军人，他本人“从童年起就因先辈的功业而被列为帕依”[①]，他的“双亲在贵族中有很多联系，特别是在我的生活的前半期，这些联系部分是由于家族的关系。”因此别尔嘉耶夫承认：“按出身来说，我属于贵族世界，这在我心灵意识上打下了烙印，大概不是偶然的。”[②]别尔嘉耶夫自称继承了家族的遗传性格和“俄国老爷的特点”，“有时候我发现，甚至在我的思维过程中，在我的认识中也有某种类似任性东西。如果在自己的灵魂深处和个性的最高成就中没有什么遗传的东西，那么在精神属性、精神—肉体属性中则存在着很多遗传的东西。……我想，所以能够常常出现异常的暴躁而发怒而不受处罚，是因为我的特权地位。”别尔嘉耶夫认为：“在童年时代想必我就具有贵族的偏见”，“当我作为社会民主主义者从事革命活动时，实质上我一直也没有成为彻底越出宗法制度、贵族世界的人。”[③]别尔嘉耶夫以自己的亲身经历和感受认识了贵族阶层和贵族气质，他认为：“在贵族社会里我没有看到真正的贵族气派，看到的只是妄自尊大、对下等人的轻蔑和闭关自守。在俄罗斯没有真正的贵族传统。”[④]相反，别尔嘉耶夫高度赞扬了非贵族阶层出身的知识分子的优秀品德和超人气质，认为平民知识分子的出现扭转了俄国社会的老朽陈腐，开思想文化界之先河。他称赞平民出身的别林斯基“区别于30—40年代其他俄国知识分子之处是：他不是出身

---

① “帕依”为 Пажи 的音译，即贵族武备学校的学生。

② 别尔嘉耶夫：《自我认识——思想自传》，第8—9页。

③ 同上书，第23、11—12页。

④ 同上书，第23页。

于贵族,他自身也没有强烈地表现于无政府主义者巴枯宁身上那种老爷气质。他是19世纪后半叶第一位非贵族出身的知识分子,而是在狭义上来说的典型知识分子。他出现的时候我们的文化正停滞于特殊的贵族化之中。"[①]

四、近代俄国的保守主义组织

近代意义上的保守主义组织和政党在俄国产生较晚,因为政党是与议会制相关的,而在1905年改革前,俄国并不具备这个条件。俄国的保守主义组织是由19世纪末20世纪初出现的贵族地主团体发展而来。这些团体最初的活动不是政治性的,直至1905年革命前,仍然停留在同一阶层人士组成的沙龙的层次之上,与其他贵族团体没有太大的区别。

1900年在彼得堡出现了"俄罗斯大会"(Русское собирание)组织,其成员来自社会各阶层,如显赫的贵族、高官、军人和一些艺术家。它宣布自己的首要任务是进行保守主义的思想启蒙,担当俄国政治生活中极右力量的鼓动者。1905年革命中,有大量的受过教育的人士加入进来,在其基础上形成了后来颇有影响的保守主义团体"黑色百人团"[②]和"黑色百人团主义"(Черносотенство)。

第一个大型的黑色百人团——保皇党性质的"俄罗斯人民联盟"(Союз русского народа)于1905年10月在彼得堡建立,中央

---

① 别尔嘉耶夫:《俄罗斯思想》,第57页。

② "黑色百人团"的概念产生于莫斯科公国时期,最初是指交纳赋税的城市居民,包括小商人和工场主。1612年下诺夫哥罗德的富人米宁和波扎尔斯基即是依靠"黑色百人团"打败波兰入侵者,解放了莫斯科。(参见布洛欣主编:《俄国历史教学参考辞典》,第271页。)

委员会主席是医生杜勃罗文,主要领导者还有马尔科夫、普里什科维奇、沃尔康斯基、扎梅斯洛夫斯基等。"俄罗斯人民联盟"的机关报为《俄罗斯旗帜》,并出版《章程和基础》。到 1907 年底,"俄罗斯人民联盟"已建立 400 个地方组织,成员发展到 41 万人,其组成包括了知识分子阶层、贵族阶层、地方自治派阶层、宗教界人士、农民阶层、城市小资产阶级,工人也在其中占 0.5%—2%的比例。[①] 沙皇尼古拉二世多次单独会见杜勃罗文,并接受了"俄罗斯人民联盟"的徽章,表示对该组织的支持。随后又出现了"米哈伊尔·阿尔汉格尔俄罗斯人民联盟"(Союз русского народа имени Михаила Архангела)、"俄国君主党"(Русская монархическая партия)、"统一贵族委员会"(Совет объединенного дворянства)、"土地所有者联盟"(Союз земельных собственников)、"地主联盟"(Союз землевладельцев)等保守主义团体。

"俄罗斯人民联盟"宣布其首要任务是在君主主义旗号下联合所有的社会组织,口号是"谁不跟随我们,谁就是犹大"。[②] 另外一个任务是为维持法律和秩序建立武装侍卫队(Черносотенные дружини),奥德萨分会建立了最大的军事组织,武装人数达 300 人之多。[③] "俄罗斯人民联盟"宣布自己是超阶级的民族主义组织,政治原则即是国民教育大臣乌瓦罗夫在 1832 年提出的"官方国民性"(официальная народность)三原则:东正教、专制制度和民族性。主张复兴真正的俄国国家体制和无限专制制度、沙皇和人

---

① 谢缅尼科娃:《世界文明共同体中的俄罗斯》,第 237 页。

② 同上书,第 238 页。

③ 斯捷潘诺夫:《1905—1914 年俄国的黑色百人团》,莫斯科 1992 年版(下同),第 143 页。

民的同一性；捍卫俄罗斯文化传统，主张走斯拉夫主义道路，批评彼得一世改变了古罗斯的专制制度原则，使俄国“走上了西方式的帝国的绝对专制道路”；[①]主张“俄罗斯国民性在国家生活和国家建设中占据首位意义”[②]，而其他非俄罗斯民族只有权作为“请求者”(челобитчики)，参与国家生活和建设。它宣布“犹太人在任何时候都不能被吸收进俄罗斯人民联盟，只有他皈依东正教作为唯一条件”[③]；主张实行免费的国民教育，首先是以东正教精神来培养俄国青年对沙皇、对祖国和对荣誉的热爱；主张只有俄罗斯民族才能拯救世界和人类。尽管西方的科学和技术是先进的，但“俄罗斯人民联盟”宣布拒绝西方道路和发展资本主义，因为西方文明已经腐烂变质，西方社会的发展已经走到尽头。即所谓：“西方文明早已死去、腐烂并且散发出发霉气味，并且很快就将烟消云散。”[④]“俄罗斯人民联盟”奥德萨分会在给沙皇尼古拉二世的信中说：“光明未来的俄国不应该身处在欧洲议会主义的废墟里，而应该依靠俄国专制制度，依靠人民群众和选举产生的实业家会议，而不是依靠那些阴谋家。”信中咒骂俄国资产阶级“没有任何新鲜的东西，反而传染了西方的霉气”。[⑤]

“俄罗斯人民联盟”在1905—1914年活动极为猖獗。在第一届国家杜马中，“俄罗斯人民联盟”获得8个席位，在“六·三政变”后的第三届国家杜马中获得了32个席位。而且它还进行许多次

① 布洛欣主编：《俄国历史教学参考辞典》，第240页。
② 谢缅尼科娃：《俄国政党》，布良斯克1993年版，第17页。
③ 谢缅尼科娃：《世界文明共同体中的俄罗斯》，第238页。
④ 斯捷潘诺夫：《1905—1914年俄国的黑色百人团》，第10页。
⑤ 谢缅尼科娃：《世界文明共同体中的俄罗斯》，第236页。

针对犹太自由主义者、犹太革命者、社会民主党人、立宪民主党人、其他进步人士以及政府改革派的暗杀活动，立宪民主党中央委员会半数成员和国家杜马中劳动派议员全部上了“俄罗斯人民联盟”的黑名单。当维特伯爵主持起草的《整顿国家秩序宣言》于1905年10月17日颁布后，杜勃罗文在沙皇尼古拉二世的叔叔尼古拉耶夫亲王和内务大臣杜尔诺沃的支持下在彼得堡大街上组织了示威游行，发表了煽动性的言论：“撕掉卑劣的宪法，杀死维特伯爵。”[①]杜勃罗文还亲自组织了对维特伯爵的暗杀活动。“俄罗斯人民联盟”在1905年7月刺杀了布尔什维克巴乌曼，1906年6月18日在芬兰刺杀了国家杜马议员、立宪民主党人赫尔岑斯泰因。1917年十月革命后，“俄罗斯人民联盟”成员大多加入白卫运动，并试图在国外组织保皇主义运动，但未能取得实际的影响。

第二节　俄国政治中的保守主义

一、贵族阶层的古典保守主义思潮

18世纪是俄国专制制度最终确立时期，也是俄国保守主义思潮在贵族阶层中酝酿和初成时期。

普罗科波维奇是彼得一世时代的著名贵族思想家，普列汉诺夫称他是彼得一世“学术侍从团”的首领，他身兼神父之职。普列汉诺夫称他与塔季谢夫和康杰米尔是“俄国君主专制制度的最早思想的代表”。[②]普罗科波维奇是君主专制和中央集权制的坚决

---

① 维特:《俄国末代沙皇尼古拉二世》续集，第84页。

② 普列汉诺夫:《俄国社会思想史》第2卷，第44页。

拥护者，他依据自然法原理，认为专制君主制最适合俄国的国情民风，他认为在自然状态下，由于缺少最高权力统治，则造成社会的动乱不宁，人们的生活和幸福就难以得到根本保障。而人们只有把统治权力交给最高统治者，在世袭的专制君主政体的庇护下，才能安居乐业，社会才能平稳而有序地发展。因此俄国需要专制君主，沙皇的权力应该是无限的，“甚至不受他自己颁布的法律的限制，对专制君主的命令应该无条件地加以执行，他是最高裁判者，在国家里不能有任何其他权力可以变更君主的命令。”[①]他还引述使徒彼得的话：“任何人都应服从主人的创造：服从沙皇，服从公爵，因为他们是主派来的。”[②]他在《论政权和沙皇的荣誉》中特别强调：“俄国人民的本性就是如此，他们只能保持君主专制，如果接受其他任何统治制度，也完全不能维持完整和善良。”[③]塔季谢夫也依据自然法原则对自由与专制进行了分析，他承认人的自然状况是自由的，但是自由一旦被普通人掌握就不可避免地要蜕化成个人的任性。因此社会利益要求限制自由，应该给自由套上一副“缰绳”，最好的方式就是采取强制的君主专制统治形式。他声称：国家的产生是社会契约的结果，但是人民经常选择最符合人性的专制君主制作为政权的形式，即君主应该成为一家之长，而“家长的自然利益，要求在家庭中保持良好的秩序。”[④]彼得一世时代另一位著名贵族思想家兼经济学家波索什科夫的思想则反映了新兴的商人阶层拥护专制制度的政治态度，以及希望依靠皇权提高该

① 莫基切夫主编：《政治学说史》上卷，第 195 页。

② 普列汉诺夫：《俄国社会思想史》第 2 卷，第 44 页。

③ 同上书，第 49 页。

④ 莫基切夫主编：《政治学说史》上卷，第 197 页。

阶层的社会地位的愿望。与普罗科波维奇等人不同,波索什科夫对政府、官吏、贵族和地主的暴政持批评态度,他认为“必须用沙皇的敕令来保护农民,使他们成为直属农民,而不是贫苦农民”,沙皇敕令中应该对地主权力加以限制,废除人头税。[①] 波索什科夫主张新兴商人阶层应该与贵族地位平等,“沙皇对商人和农民应像对贵族和军人一样一视同仁,加以爱护,不使任何人陷于贫困,而使大家都能各尽己力,富裕起来。”[②]他还主张对外国商人和商业(特别是日耳曼商人)采取严格限制政策。但是,波索什科夫不反对沙皇专制,主张:“沙皇应该是专制统治者,他的命令就应当坚决地不折不扣地执行,像上帝统治全世界那样,沙皇也在自己的领土上进行统治。”[③]因此,普列汉诺夫称他“是革新家,同时也是保守派”,“彼得是国王,波索什科夫是国王的孤儿。”[④]波索什科夫最重要的著作是1724年完成的《贫富论》,[⑤]并因此书和与分裂教派的联系而获罪,最后死在彼得保罗要塞的监狱中。

这些思想家的政治学说直接为彼得一世实行政治改革,剪除领主势力,加强中央集权统治提供了理论依据。在叶卡捷琳娜二世时代,俄国保守主义作为一种思潮就已经初露端倪。最著名的人物就是被赫尔岑称为“前斯拉夫主义者”的谢尔巴托夫公爵。

谢尔巴托夫家族源自古老的留里克王族,他本人在童年就被

---

① 普列汉诺夫:《俄国社会思想史》第2卷,第110页。

② 同上书,第128页。

③ 莫基切夫主编:《政治学说史》上卷,第199页。

④ 普列汉诺夫:《俄国社会思想史》第2卷,第103、118页。

⑤ 该书到1842年才被允许出版。

授予了彼得一世亲自创立的谢苗诺夫近卫军团的准尉军职。1767年被选为雅罗斯拉夫尔省新法典编撰委员会的贵族代表。1778年任秘密委员会(Камер-коллегии)秘密主席和顾问。1779年担任枢密官。后被选为俄罗斯科学院荣誉院士。1788年,谢尔巴托夫退休,专门从事历史研究和写作。

谢尔巴托夫生活在叶卡捷琳娜二世的开明君主专制时代,他接受了法国启蒙思想的影响。他宣布拥护君主制,而反对君主专制,因为"后者只是听凭自己一人的愿望",而"破坏一切法律",专制君主可以"毫无顾忌地……在一切方面扰乱每一公民的生活和安宁。只要碰上这一肮脏的东西,便会中毒,便会成为社会危害。君主独裁制甚至不能称为政体,因为它是一种折磨,除了独裁君主的愚笨的刚愎自用之外,别无任何法律和规章。在专横的政体里,人民是为了君主而创造的。"[①]他在《致国家的达官显贵统治者书》中对实际掌握国家大权的人提出了批评,认为他们"践踏人民","把法律变成具文","公民的自由徒具虚名,甚至受害者也不敢提出申诉。"[②]谢尔巴托夫在对君主独裁制提出较为尖锐的批判的同时,还没有忘记提醒当政者要注意人民群众的反抗,"船仍在行驶,但止不住暴风的狂吼,不知道哪儿是浅滩,哪儿有暗礁,也不知道漂流的地点。"[③]他主张应该使农民长期处于愚昧无知的状态,因为"要是卑劣的人受了教育,安知他们不会对赋税满腹牢骚,最后

---

① 普列汉诺夫:《俄国社会思想史》第3卷,商务印书馆1990年版(下同),第216页。

② 同上书,第219页。

③ 同上书,第216页。

安知他们不起来造反。”①

谢尔巴托夫的理想政体是等级代表君主制和贵族政体，理由是在贵族政体下，国家事务不再由君主一人专断，而是以国家最有聪明才智的人的建议和决策为根据。他认为俄国古老的贵族等级制度是政权和国家的支柱，他极力主张贵族直接参政，以便贵族能够决定国家大政并制约君主的言行，这样的政体即是伊凡四世时代之前的等级代表君主制，只不过君主变成了启蒙思想影响下的“开明君主”。因此，他对叶卡捷琳娜二世1785年颁布的《御赐高尚贵族权利、特权和特惠诏书》提出了批评，认为贵族所享有的政治权力与贵族的身份远不相称。而在《俄罗斯帝国城市权利和利益诏书》中给予商人的权利又过多过泛，他认为商人无权进入国家管理行列，因为这是贵族的专利。他在乌托邦式长篇小说《奥菲尔国游记》（Путешествие в землю Офирскую）中描绘了自己的理想社会，在这里不仅官吏，连国王也受法律的限制，法律阻止国王滥用权力。在这个中世纪乌托邦里实行财产奖励原则，国家向每个官员按照等级规定“他如何生活，穿什么样的衣服，住多大的房子，有多少奴仆，以及餐桌上有多少佳肴。”奥菲尔国的最高政府是纯粹的贵族政体，最高政府拥有立法权，而国王仅被赋予执行权，商人代表只允许参加工商部，但工商部的最高决策者仍然由贵族担任。该社会的经济是建立对财产和国家干涉进行自我限制基础之上，“在这个社会里，官员既不贪财，也不好色”，人民喜欢劳动和拥有美德。②

---

① 莫基切夫主编：《政治学说史》上卷，第282页。

② 参见普列汉诺夫：《俄国社会思想史》第3卷，第236页。

谢尔巴托夫在《论俄国世风之日下》中，尖锐地批判了当时政府的政策及宫廷风气的败坏，对国家体制、权力体系、宗教信仰和法律、改革和传统等各种问题都作了精辟的论述，表达了一种开明保守主义的思想。1858年，赫尔岑在伦敦出版了谢尔巴托夫的这部作品，并将它与拉吉舍夫的《从彼得堡到莫斯科旅行记》相比，称两者分别从“右边”和“左边”对俄国社会提出了批判。普列汉诺夫评价：“谢尔巴托夫公爵在社会方面是一个大的保守派。但是他对‘君主独裁制’的憎恨，却显然是在法国著作的强烈影响下产生的。”①

卡拉姆津出身于辛姆比尔斯克省的地主贵族家庭，后进入莫斯科大学学习，大学毕业后到著名的普列奥布拉任斯基军团服役。卡拉姆津是18世纪下半期至19世纪初著名的历史学家和俄国伤感主义文学流派的奠基者。卡拉姆津曾游历奥地利、瑞典、法国和英国，曾与德国著名哲学家康德、文学家歌德会面。他在法国亲眼目睹了法国大革命，并把这段经历和感想写在了《俄国旅行者书简》之中，于1791—1792年发表在他主编的《莫斯科杂志》上。

卡拉姆津对彼得一世改革持批判态度，他在1819年俄罗斯科学院的一次演讲中强调：“彼得大帝以自己有力的手腕改造了祖国，将我们变成与欧洲人相类似的人，抱怨是无益的。古代俄罗斯人和近代俄罗斯智慧之间的联系永远地断裂了。”②1802年卡拉姆津发表《对祖国和民族自豪感的爱》，批评了自彼得一世时期开始的欧化习俗，他表示：“无论是个人，还是民族，开始时永远是模

---

① 参见普列汉诺夫：《俄国社会思想史》第3卷，第237页。

② 转引自利哈乔夫：《解读俄罗斯》，第262页。

仿,但应当随着时间的流逝而自在为自我,以便说,我合乎理性地存在着。现在我们在生活中已经有足够的知识,知道怎样生活,不需要问在巴黎和伦敦是怎样生活的:那里穿什么?坐什么车?怎样布置房间?……我不敢说,在俄国有多少爱国者。但是感到,我们在民族尊严方面过于谦逊,而谦逊在政治上是有害的。毫无疑问,谁不自我尊重,别人也不会尊重他。我不是说,对于祖国的爱应当是盲目的,相信我们一切都好,但俄罗斯人至少应该知道自己的价值。”①

尽管卡拉姆津对彼得一世改革持批评态度,但是他对专制制度却持强烈的拥护态度。1811 年 3 月,卡拉姆津在大公夫人叶卡捷林娜·帕甫洛夫娜的授意下写成《论政治和公民关系中古代和近代的俄罗斯札记》,呈送给沙皇亚历山大一世。在文章中,卡拉姆津认为专制制度完全是神圣之物,是俄国繁荣昌盛的保障。他甚至断言:“野蛮的民族喜欢独立,聪明的民族喜欢秩序;而没有专制制度就没有秩序。”②他与谢尔巴托夫一样鼓吹恢复贵族政体,由贵族对沙皇形成限制。他反对非贵族出身的人靠军功或文才进入贵族等级,认为这是对贵族的侮辱。他的政治理想中包含了强烈的保守主义内容。

此外,俄国保守主义深受西欧浪漫主义和保守主义思想的影响,法国学者让·德米斯特③和让·德巴纳尔德以及被称为欧洲

---

① 《斯拉夫主义与当代》,第 21 页。

② 莫基切夫主编:《政治学说史》上卷,第 360 页。

③ 德米斯特(Ж. Де Местр)(1753—1821),他 1803—1817 年居住彼得堡,与俄国思想文化界交游甚广,他在结合西欧和俄国情况的基础上形成了自己的保守主义理论,并且对俄国问题提出了自己的看法。

保守主义之父的英国思想家伯克等人的理论对俄国影响较大。①1815年俄普奥三国建立“神圣同盟”,它宣布以基督教义和王朝正统原则处理欧洲事务和国内事务,这种反动的意识形态对俄国保守主义也产生了重要的影响。

在专制制度的长期桎梏之下、官方专制主义的强力攻势之下和民间皇位主义政治心理的长期浸润之下,在知识阶层出现了颇具影响力和生命力的保守主义思潮。国民教育大臣乌瓦罗夫②在1832年关于《莫斯科大学的检查报告》中提出:“要热诚地相信俄国的东正教(Православие)、专制制度(Самодержавие)和国民性(Народность)的宝贵原则,它构成了使我们得救的最后铁锚。”③他又表示:“俄罗斯精神处于东正教、专制制度和国民性三者之影响,它唤起了人们思想中对祖国历史、祖国语言和祖国机构的尊敬”,“俄罗斯巨人依靠专制制度,就像依靠天边巨石一样。触摸巨石之手能使国家构成发生震荡。这一真诚的情感在俄国的大多数

① 加尔金等著:《保守主义的过去与现在》,莫斯科1987年版,第20页。

② 乌瓦罗夫(1786—1855)出身于贵族家庭,接受过极好的家庭教育,掌握了数种古代和近代语言,拥有文学天才。他曾经用法语和德语写过关于哲学和古典学的学术著作。他于1801年进入外交部工作,1806年在俄驻巴黎使馆工作,期间与德国著名学者歌德、洪堡建立友好关系。1811年,他被选为彼得堡科学院荣誉院士。根据他的建议在1815年建立了文学团体“阿尔扎马斯社”,成员还有诗人茹科夫斯基、普希金、作家屠格涅夫和历史学家卡拉姆津。斯佩兰斯基称赞他是“俄国第一个有教养的人”。1818—1855年任俄罗斯科学院院长。1820年担任工场和贸易部总经理,1826年当选国务会议成员和枢密官。1832起担任教育副大臣,1832—1849年出任教育大臣。1846年被授予伯爵称号。

③ 这三个原则被称为“官方国民性”。原文为“С теплою верою в истинно русские хранительные начала Православия, Самодержавия и Народности, составляющие последний якорь нашего спасения。”〔参见希科曼:《祖国历史活动家:传记指南》,莫斯科1997年版(下同),第181页〕

人中感觉是无可估量的，他们感觉是一个整体，尽管他们处于不同水平，在受教育、思维方式和与政府关系方面有所区别。”①

到 18 世纪末 19 世纪初，俄国古典保守主义（классический консерватизм）体系形成，思想文化界的卡拉姆津和活跃于思想文化界，身兼政府要职的乌瓦罗夫为其代表人物。

二、吉霍米洛夫的政治保守主义

吉霍米洛夫是 19 世纪下半期至 20 世纪初俄国重大政治事件的参与者和见证人。在 19 世纪 70—80 年代，他是民粹主义运动主要的理论家，是持最激进的政治主张的民意党的主要领导人，在 20 世纪初他又变成了沙皇宫廷和专制政府的御用理论家。在俄国近代思想史上，吉霍米洛夫是一个极其重要的人物，他的思想活动完成了从俄国古典保守主义向现代保守主义（новый консерватизм）的过渡。

吉霍米洛夫的一生的政治活动和思想活动可谓大起大落，几多转折。他出身于军医家庭，在中学时代即为革命思想所吸引。在莫斯科大学学习期间，参加了著名的革命青年组织“柴科夫派”（Чайковцы）。1873 年 11 月，因从事革命活动在彼得堡被捕，在彼得保罗要塞被囚禁 4 年，1877 年被列入著名的民粹派宣传分子“193 号案件”。1878 年获释后，迁居诺沃罗西斯克。在“土地与自由社”（Земля и воля）、“黑土平分社”（Черный передел）与“民意党”公开分裂后，他加入了民意党，成为民意党执行委员会委员，还

① 伊萨巴耶娃：《乌瓦罗夫在 1810 年代的社会政治观点》，载《莫斯科大学学报·史学卷》，莫斯科 1990 年第 6 期。

担任了民意党的喉舌《民意报》的编辑和宣传工作。并成为民粹派中最激进的派别"行动派"(也是"布朗基派")领袖特卡乔夫的亲密战友。1881年亚历山大二世遇刺后,他曾代表民意党起草《民意党执委会致亚历山大三世书》。之后他亡命国外,在巴黎与民粹派"宣传派"领袖拉甫罗夫一起编辑《民意通报》。在国外,吉霍米洛夫成为民意党海外支部的主要理论家和宣传家,他撰写出许多文章,鼓动国内革命人士发动革命和暴力,以"人民专制"(Самодержавие народа)取代"君主专制"(Самодержавие монархии),以"社会主义"取代"专制主义",他在此时期的思想极为激进。然而吉霍米洛夫的政治立场在1888年发生了剧变,他在巴黎出版了一本题目为《为什么我不再当革命者?》(Почему я перестал быть революционером)的小册子,他宣布:"生活在变化,自己的思想也不能是死水一潭","各个民族只能依靠它们形成和成长的历史过程所赖以依靠的那些原则来发展。"他认为俄国革命已经穷途末路,爱国主义者明智之举即是"与国家和解"(компромисс с государством)。[①]

1888年12月9日,吉霍米洛夫向沙皇亚历山大三世递交悔过书,在信中表示:"我从对共和制和政党政策的个人观察中得出了特别的结论。不难看出,某些时候我曾经幻想过的人民专制实际上是彻底的谎言,并且只能成为某些人内行地欺骗人的工具。我看见,曾经震荡和落入别有用心之人手中的国家政权是如何极其困难恢复或重建。被触动的本能的政客的恶劣影响本身已欲盖

---

① 普拉托诺夫:《俄罗斯文明百科词典》,莫斯科2000年版(下同),第889—891页。

弥彰了。这对于我来说完全照亮了我的过去、我的痛苦经历和我的思考，并且给了我勇敢地将臭名昭著的法国革命思想置于严格的审视之下，我一个接一个地评判和谴责它们。并且最后明白了，人民的发展就像所有生物一样，其发生是有机的，在此基础上它们是历史地形成和增长着，因此健康发展或许只能是和平的和国家的……通过这条道路我走向政权和将精神自由与不可动摇的、远远高于任何的小人的奸诈用心的政权威信联合在一起的我国历史命运的高尚之风。我明白了，拥有数个世纪以来坚不可摧的权威的最高政权构成了人民之最珍贵的财富、人民幸福和充分实现的最有效武器。”[①]亚历山大三世允许他返回俄国，但必须在 5 年内处于政府的监视之下。内务大臣杜尔诺沃在 1890 年 6 月向亚历山大三世建议减轻对吉霍米洛夫的监视，吉霍米洛夫从此身份完全自由，得以在“帝国各地自由居住”。[②] 1890 年他来到莫斯科，从当年 9 月起参与《莫斯科通报》和《俄罗斯观察》编辑部工作，在此期间他发表了《开始与结束：自由主义者和恐怖主义者》、《现代宗教运动中的僧侣与社会》、《1881 年的宪法主义者》、《自由主义民主和社会民主》、《时间征兆·理想载体》、《土地和工厂》、《工人问题和俄罗斯理想》等。他成为沙皇政府镇压革命的帮手，变成一个彻底的反革命的保皇主义者，并且扮演了沙皇宫廷和专制政府御用理论家的角色。

在 1905 年革命中，内务大臣斯托雷平（后接替维特伯爵担任大臣会议主席职务）邀请吉霍米洛夫从莫斯科来到彼得堡担任他

① http://www.hrono.ru/biograf/tihomirla.html

② 卡斯德列夫：《吉霍米洛夫的选择》，载《历史问题》，莫斯科 1992 年第 6—7 期，第 36 页。

的顾问。吉霍米洛夫应邀写了一系列关于工人问题的文章。他还起草了《关于通缉工人职业联合会的咨询申请书的报告》,他在文中认为工人组织是自然现象,国家和政权完全不必恐慌以至实施通缉,反而可以利用它。在斯托雷平遇刺后,吉霍米洛夫认为这一事件的根源应该归结为彼得堡上流社会对斯托雷平的憎恨。1913年,他辞去《俄罗斯通报》主编职务,后移居莫斯科市郊著名教堂区"谢尔基村镇"。

吉霍米洛夫继承了后期斯拉夫派卡特科夫、齐契林和沙拉波夫,特别是列昂季耶夫的思想。列昂季耶夫发展了霍米亚科夫有关俄国发展的"拜占庭文化特色"思想,强调东正教、贵族政体和等级制度是俄国的宝贵遗产,认为任何的外国文化都会导致俄罗斯文化的衰落,西方自由主义只会使"日常生活庸俗化"。他强调必须用拜占庭文化来对抗欧洲文化的进攻,他认为俄国"走向东方"(исход к Востоку)[①]是防止革命的最好出路。[②]

吉霍米洛夫在1897年发表了《独裁政权是国家建设的信念》,提出了"少数人根据自己的意志建立政治制度,这无论对于君主制制还是共和制,无论对执政者还是对人民而言都是一样的",他主张合法的民粹主义,认为沙皇制度本身就是俄国之民粹,对它应该是维护而不是推翻。[③]

吉霍米洛夫主要的著作即是在1905年革命风雨飘摇的前夜、

---

① 1921年欧亚主义派也出版了同名的文集:《走向东方》(Исход к Востоку),是列昂季耶夫等斯拉夫派思想的继承。

② 普拉托诺夫:《俄罗斯文明百科词典》,第474页。

③ 金雁:《苏俄现代化与改革研究》,广东教育出版社1999年版,第192—195页。

1904年12月18日完成的《君主国家体制》（Монархическая государственность）。[①] 他把《独裁政权是国家建设信念》收入该书。在书的前言，他表示为了说明君主制的实质、产生和存在的条件，“我必须预先勾画出国家体制的普遍原则”，因为它是政权的心理基础，“由此产生了在巩固的和君主制的原则中产生的最高政权。”[②]为此他研究了东方君主制（但不包括远东和中国君主制）和欧洲君主制的国家体制。他认为俄国绝对专制君主制建立300多年来，君主专制思想一直停滞于简单的实用主义的阶段，以往的思想家们至多只是把西欧专制主义思想生吞活剥和简单模仿，使博大精深的俄国专制主义无法得到理性的体现。他宣布将使用民粹主义者的眼光，从村社和农民的角度对俄国君主专制的合理性作出解释。[③] 吉霍米洛夫认为迄今为止，人类社会经历了三种政体：君主政体、贵族政体和民主政体。在俄国君主政体即是沙皇制度，贵族政体即是18世纪前的领主杜马，民主政体即是伊凡四世时期建立的缙绅会议。他认为俄国命运直接取决于沙皇最高政权和人民权利的相互结合的关系。由于沙皇和人民利益的一致性，使之建立君主制的人民代议机构——人民杜马（Народная дума）是可行的，它可以避免西欧资产阶级政党政治之弊端，更好体现君主与人民的利益。他认为君主制为代表的最高政权即使是最低程度上也要比民主政体理智得多、巩固得多。而“民主政体的人民代表选举制度的发展，充分暴露了职业政客对篡夺人民的权力使自己的

---

① 该书于1905年首次出版，1923年吉霍米洛夫去世后，由君主派青年团体在慕尼黑再版。1992年由“俄罗斯帝国骑士联盟”在圣彼得堡再版。

② 吉霍米洛夫：《君主制国家体制》，圣彼得堡2006年版（下同），第12页。

③ 转引自《列宁全集》第6卷，人民出版社1986年版（下同），第332页。

‘特权阶层’掌权的险恶用心。”

吉霍米洛夫认为“独裁君主制”（монархия деспотическая）、“绝对主义君主制”（монархия абсолютистская）和“君主专制”（монархия чистая или самодеоЖавная）。君主制与国家共存，在国家的发展中不断进化。“国家的需要主导着这一复杂的历史道路中的大量任务，君主制能够领会并集中国家的精神，为国家指明道路，帮助国家克服发展障碍”①，在此过程中实现自身的进化，增强国家体制的实力。君主制是国家发展最好的辅助工具，它可以“帮助国家免于陷入停滞，并铭记自身的发展基础，保持自身力量的健康发展的活力，对于适合自身发展的新条件深思熟虑。”②吉霍米洛夫运用这套政治理论对俄罗斯国家体制的发展历史进行了专门的研究。

吉霍米洛夫认为俄罗斯民族天生具有君主制产生的有利条件和发展君主制潜能，“俄国君主制的根源与原始社会氏族时期的多神教制度密切相关；而间接的产生条件与罗马帝国密切相关；直接的巨大影响与基督教和拜占庭的君主专制密切相关；最终定型于我们受东方蒙古的巨大的外在影响，而后又与波兰贵族制斗争的时期。”③16—17世纪，以“莫斯科—第三罗马”学说的提出为标志，君主专制作为一种政治原则最终确立于俄国，从此开始了自身的进化历程。俄国君主专制进化的根基是东正教信仰。“东正教信仰和沙皇权力的独裁是俄国的自救之本、强国之本。”④虽然“俄国

---

① 吉霍米洛夫：《君主制国家体制》，第333页。

② 同上书，第559页。

③ 同上书，第192页。

④ 同上书，第254—255页。

具备非常适于君主制最高权力产生的条件:宗教的、社会风俗的以及原始部落的对外政策。但是政治自觉的条件却在千年的俄罗斯存留甚微,而且就混乱不堪和自相矛盾而言,未必有比这里更糟糕的国度。”[①]吉霍米洛夫认为,彼得一世的改革使许多非俄罗斯的因素涌入俄国,从而破坏了俄罗斯民族的本性。此外,彼得一世实施的宗教政策强烈地冲击了教会。总之,自彼得一世改革之时,俄国在政治自觉上陷入了危机。由于政治觉悟的缺乏,俄国君主专制的进化遇到了障碍。在 1905 年革命前夜,吉霍米洛夫指出:深藏于俄罗斯精神中的东正教信仰并没有减退,对教会的认识的提升也出现了史无前例的状况,俄国政治发展深受其害的政治觉悟的状况亦有所改善[②]。新的历史条件下,以东正教信仰为根基的俄罗斯国家体制的选择,只能是君主制的。因为“俄罗斯人在自身的精神特点上只能是君主主义者抑或无政府主义者。倘若丧失了对君主制的信仰,俄罗斯人将或者对政治漠不关心,或者变成无政府主义者。”[③]

吉霍米洛夫《君主制国家体制》,不仅包含“君主制进化论”(теория прогрессивной эволюпи монархии)思想,还用大量篇幅论证作为国家最高权力的君权所依存的社会心理基础,并探讨了君主制与宗教、君主制与社会制度、君主制与国家行政管理的关系。结合 19 世纪俄国保守主义的发展特点,不难发现吉霍米洛夫的《君主制国家体制》带有强烈的 19 世纪下半期的“官方保守主义”的特点,即着重强调具有俄国特色的国家体制的实质,研究俄国独

① 吉霍米洛夫:《君主制国家体制》,第 192 页。

② 同上书,第 361—363 页。

③ 同上书,第 363 页。

特的君主专制的实质及其相关的法律体系、职能工具，以及各种政治制度的相互联系，倡导依靠传统保护、巩固并发展俄国君主专制的方法和道路[①]。

吉霍米洛夫的保守主义思想后来为著名俄侨哲学家伊林所继承。伊林根据俄国的历史经验和吉霍米洛夫的理论提出了"人民君主制"理论，即未来俄国应该是建立人民权利基础之上的君主制，他反对照搬西方民主制经验，强调应该着眼于缙绅会议的参政形式和村社文化。[②]

吉霍米洛夫继承了斯拉夫派的思想，认为村社和农民是君主制最稳定的社会基础。面对 19 世纪末开始的资本主义在俄国的迅速发展以及工人力量的增强，他提出了防止革命、软化工人斗志的办法。即为进城做工的农民建立工人村社（Рабочий мир），使他们能够较快地融入所熟悉的村社生活之中。"如此这样，当农民离开农村进入城市做工时，就可以立即进入他们所习惯的、但比农村更高级的村社，这个目标不包含任何革命的东西，它不要求在俄国发生任何革命。"[③]

吉霍米洛夫一生除了早年曾参加民粹派激进主义组织和后来反戈一击而引起轰动之外，以及他作为政府御用理论家和专制制度的辩护士而称雄一时，同时他在宗教研究方面也体现了其独特思想。他主要思考的是"末世论"（эсхатология）和"宇宙观"（мироздание）问题。他关于末世论的思想反映在他的《关于世界

---

① 古谢夫：《俄国保守主义：基本派别和发展阶段》，特维尔 2001 年版（下同），第 45 页。

② 《政权》，莫斯科 2002 年第 4 期，第 23—24 页。

③ 吉霍米洛夫：《君主制国家体制》，第 493 页。

命运和终止的启示录学说》和中篇小说《最后时日》中，他以惊险小说形式展现了他所体验到的堕落世界的最后时日的幻象，在启示时间内，这一幻象与他的革命经历的片断交错呈现，尽管他下意识地试图为自己年轻时的“罪恶”而开脱，为的是与反基督者抗争。在描述了近期社会所发生的社会政治事件的前提条件之后，吉霍米洛夫把持续性的共产主义斗争看成是无政府主义暴动。他认为：“对自由的努力常常被无政府主义的失序而破坏掉，它也使共产主义所有的学说破灭。生产的经济力量因此受到各方面的冲击。共产主义压制了自由的首创性，无政府主义使劳动的必需性也破灭了。”①

在吉霍米洛夫生命的最后阶段，他还致力于《历史的宗教哲学基础》的写作。他还完成了一本当时未能出版的回忆录《过去的影子》，书中他以作家和基督徒的身份对自己的一生进行了反思和忏悔，并且谈及了他在国内和国外时所共事的民粹派著名人士，如米哈伊洛夫、别洛夫斯卡娅、哈尔土林和普列汉诺夫等。

在吉霍米洛夫的思想中包含了君主主义、宗教神秘主义、现代国家主义、民粹主义甚至是庸俗社会主义的内容。他在19世纪末20世纪初的思想活动标志着俄国现代保守主义思想体系初步形成，因此他被称为俄国保守主义的集大成者。

① 吉霍米洛夫：《最后时日（末世论幻象）》（Тихомиров Л. А. В последние дни: Эсхатологическая фантазия），见：http://mnogoknig.narod.ru/b1/inlastdays/read.html

三、"伟大俄罗斯":斯徒卢威自由主义思想的核心理念

保守主义倾向在以立宪民主党为代表的自由主义知识分子中间表现得更为明显。比较而言,立宪民主党的两位早期领袖米留科夫与斯徒卢威在政治倾向上有所区别,前者偏左,后者偏右。但是两者的政治主张和理想却是一致的,都倾心于英国式的君主立宪政体并将其视为俄国政治变革的最佳途径。无论是在1905年改革中,还是之后的俄国首任内阁组阁过程中,在第一届、第二届国家杜马里,米留科夫始终抱定君主立宪的政治主张。甚至直至1917年二月革命爆发和沙皇政体已成枯石朽木的形势之下,米留科夫仍然奔走呼号,他强调:"我们不能把有关国家体制的问题置于一边不做回答。我们认为它应该是议会制的君主立宪制。"[①]而斯徒卢威更是把"伟大俄罗斯"作为自己的最高信念和最终归宿,他宣布自己在政治和法律哲学上坚持"保守的自由主义"。

在20世纪初日渐强烈的俄国政治风潮和社会急剧转型的过程中,已宣布与社会主义和马克思主义决裂的斯徒卢威再次被这种形势所感染,参加了1901年4月在彼得堡喀山大教堂广场前举行的知识界大游行,遭到军警殴打,后被捕,流放特维尔。1905年革命失败和改革的反复,迫使各阵营的有识之士开始了反思。亲手镇压1905年革命的大臣会议主席兼内务大臣斯托雷平1907年在国家杜马上宣布:"国家体制的反对者想要走出一条不同于俄国历史的老路、摆脱俄罗斯文化传统束缚的政治激进主义道路。他

① 米留科夫:《第二次俄国革命史》,索菲亚1921—1923年(下同),第30页。

们需要大的动荡,我们需要伟大俄罗斯。"[①]斯徒卢威则于 1908 年 1 月和 5 月在《俄罗斯思想》上先后发表了《伟大俄罗斯》(Великая Россия)和《国家片论》(Отрывки о государстве),明确提出"伟大俄罗斯"的国家理念。

在斯徒卢威的政治哲学研究中,民族问题是重要的范畴,国家学说处于中心位置,而"自由的俄罗斯帝国"(либеральная российская империя)——"伟大俄罗斯"的理念则是其国家学说的核心所在,他始终将国家利益和"伟大俄罗斯"利益放在首位。斯徒卢威的"伟大俄罗斯"理念包含着他对国家体制的独特理解,是斯徒卢威一生的理想,"表达了国家复兴的愿望,符合'东方——西方'的地缘政治和文化地位。"[②]

斯徒卢威认为国家是一种完全独特的"有机体",是"神秘的存在","国家的神秘性(мистичность)正在于此,国家对于个人而言是遥不可及的。……个人的力量与国家的实力之间存在某种必然的关系,但是这种关系不是建立在纯理性主义的基础上,而是宗教的基础上……国家的神秘性在于,国家对人民的统治表现在它们的主从关系上,这种主从关系不是外部的和强制的、暴力的,而是内部的、道义上的主从,是对国家实力的承认。"[③]

与从前斯徒卢威曾接受的马克思主义相比,他此时的国家理念是修正的。他认为"任何国家不但是一个统治的组织,也是一个秩序的组织……社会稳定的保障……国家是存在于阶级之外、超

---

① 斯徒卢威:《爱国主义、政治、文化、宗教、社会主义》,第 50 页。
② 格纳久克:《作为社会思想家的斯徒卢威》,第 239 页。
③ 斯徒卢威:《爱国主义、政治、文化、宗教、社会主义》,第 64 页。

越阶级的创造性的文化力量”。[①] 斯徒卢威反对马克思主义关于国家消亡的理论，反对以社会自治取代国家，反对权力集中在经济上处于统治地位的阶级手中的国家理论，他认为国家本身是有价值的，“国家首先是秩序的组织，在社会中经济结构决定了一些社会集团从属于另一些社会集团，国家是阶级统治的组织，当一些社会集团对另一些社会集团的统治消失，国家不再是统治的组织，而是秩序的组织，并最终保留了自己的强制性政权。”[②]他认为马克思主义者只把国家看作阶级统治的暂时形式，而没有看到国家同时作为秩序和统治组织的社会学性质。

在 1905 年革命之前，斯徒卢威已经提出国家体制是个人——民族——国家——文化的统一，俄国政治史就是国家体制的形成史，国家体制是国家（具有神秘特征的政权机构）和具有文化共同性的民族的凝结，是政权与人民在民族思想上的和解，是个人、民族、国家在民族精神和民族思想联结成为统一的俄国国家政治整体，法制国家是国家体制发展的最高形式。斯徒卢威的“伟大俄罗斯”所倡导的国家体制不是专制制度和旧帝俄的原型，不是斯托雷平表述的官方专制国家体制的雏形，而是有机的、民族精髓的构成。斯徒卢威在 1909 年表示：“政治原则是我珍视的，但我对政治形式漠不关心。国家体制与国家的对外实力、与将民族与国家、祖国统一起来的民族思想相联系，体现在国家体制精神中的教育是我呼吁俄国人民接受的思想改造之一。”[③]

斯徒卢威认为：“法制国家是国家体制发展的最高形式，法律

---

① 格纳久克：《作为社会思想家的斯徒卢威》，第 223 页。

② 同上书，第 224 页。

③ 同上书，第 231 页。

具有普遍性的基质。法制国家的理想是俄国经济和政治的定位标,然而,这种理想与俄国的现实之间有巨大的鸿沟。"[1]斯徒卢威从保守自由主义出发看待民主:"民主制是解决自由主义问题的方式和手段,只有当民主是一种文化的民主,而不是侵略的和平均化的民主时,它才是有价值的"[2],"国家的知识分子应该拥有国家性的精髓,这个国家性精髓如果不在受教育阶级中占统治地位,就不可能有强大、自由的国家。'统治界'应该懂得,如果'伟大俄罗斯'应该从大的动荡中产生,那么为了实现这些,需要人民自由地、创造性地参与运动。在参加运动的人民中,在那些不是以政治激进主义,而是以爱国主义精神推动了宪法的诞生的人民中,只是依靠政权的命令不能达到任何目的。"[3]

斯徒卢威指出:"国家就是一些人对另一些人的统治。政权和管理在人们之间确定了超理性(сверхразумный)的联系,政权不只是整顿社会生活的必要手段,调整社会生活合理规则的工具,政权首先是增强国家实力的手段","国家期望强大,也应该强大,每一个繁荣的国家过去是、将来仍将是这个意义上的帝国主义。帝国主义注重对国家外部实力的关注,而自由主义注重在国家内部关系中对公平的关注,有些国家内这两种思想在国家政策中充分结合,而在个别国家内部渗透了国家强盛思想的帝国主义战胜了传统理性的自由主义。"[4]斯徒卢威吸取了历史经验和英国、德国的知识分子传统,他注意到英国的伟大在于公民自发主动地关注国

---

① 格纳久克:《作为社会思想家的斯徒卢威》,第 240 页。

② 同上书,第 241 页。

③ 斯徒卢威:《爱国主义、政治、文化、宗教、社会主义》,第 61 页。

④ 同上书,第 65、66 页。

际形势，俾斯麦的政策使他懂得，通过强有力的外交扩张的政策将一个分离的国家统一是可能的。这两个现代国家使斯徒卢威认识到“国家在走向强盛的道路上，自信、坚定的外交政策是不可缺少的：与其他国家在阳光下争夺的空间越多，这个国家就越繁荣发展。”①

斯徒卢威最后强调：“我不知道，是否斯托雷平指出了‘伟大俄罗斯’这个说法所包含的所有意义。对我们而言，这个说法并非意味着拥护旧制度，而是对新的俄国国家体制的呼吁。这种国家体制试图依赖于我们国家的历史、文化传统和所有爱国主义力量的创造性活动建立新的俄国国家体制。”②

民族和民族性是斯徒卢威的重要着眼点。斯徒卢威是俄罗斯国家起源的诺曼说的拥护者，但他同时认为正是由于早期罗斯人在面临一系列的外部的、异族的压力之下才联合成为民族国家，国家强大的思想成为民族自觉意识的核心，从 16 世纪下半期，俄国成为多民族组成的统一大帝国，它有能力和意志扩展自己的境界。他坚信：“只有俄国人民拥有了真正的国家性精髓，并且准备为保护它勇敢地与它的任何敌人作斗争，只有在鲜活的历史传统基础上和在对于现在及未来一代人都是弥足珍贵的成就的基础上才能建成伟大俄罗斯。”③

斯徒卢威认为：“民族具有文化性，共同的文化遗产、共同的文化活动、共同的文化期望是民族的基础，而国家本身是民族形式上的重要的活动家，因此国家具有文化力量。……民族的价值通过

① 派普斯：《斯徒卢威：右翼自由主义者(1905—1944)》，第 91 页。
② 斯徒卢威：《爱国主义、政治、文化、宗教、社会主义》，第 50 页。
③ 同上书，第 63 页。

民族文化的价值来体现,每一个大的民族都渴望建立一个国家体系,但是民族的思想、生活总是比国家的思想、生活更为广泛、丰富和自由。国家的起源具有强制性,民族的起源与国家密切联系,同样具有超理性和神秘主义特点,但是民族的起源更为温和、内在,体现了人类在自由发展和联盟中的精神力量,对人民没有任何强制性。一个人可以憎恨自己的国家,却不能憎恨自己的民族,憎恨民族的人也就脱离了民族。……民族性不会随着国家体制的改变而消亡,北美移民抵制宗主国,不再做不列颠臣民意义上的英国人,但仍然是盎格鲁——萨克逊意义上的英国人。民族作为文化概念不属于国家概念的范畴。与民族和民族性相比,国家更易受到外界条件的制约,更缺乏稳定性和力量。当与民族的起源相结合时,国家起源具有了最高的神秘性,达到某种一致时,这些具有热情的力量的起源就包围了具有强烈的爱国主义的人。”[①]弗兰科在《来自深处》中也表达这个观点,“民族的命运是有两方面的力量和因素决定的:集体主义的生活气质和社会关系、共同的历史条件、人民生活方式的变迁;以及源于民族意识的宗教信仰和道德观念的评判。从历史生活的固定因素的观点看,这两方面力量是紧密地相互联系、相互依存的,而且谁也离不开谁。但在民族精神或民族性格方面拥有植根于某种最初的生活感觉以及人们共有的道德精神面貌中的共同的根。我们不需要注意具体历史的、经济的、国际和国内的条件,它们是集体生活方式和外在的历史生活方面的道德思想的表达者、执行者和助手。(我们只要)通过信仰和道德思想方面的因素探索到这种最初的社会的生活感觉的本质,并

① 斯徒卢威:《爱国主义、政治、文化、宗教、社会主义》,第66—68页。

找到我们的民族痼疾的根源就够了。”①

斯徒卢威把民族意识的复兴同克服俄国知识分子反国家的背叛行为、与对巩固国家经济实力具有巨大意义的思想相联系，这样的民族主义相信民族鲜活的力量，相信民族的权利和愿望，这样的民族主义目的在于增强民族的凝聚力，促进国家的统一，而不是分裂国家。“国家的实力不可能不受到民族思想的限制，不可能存在于民族思想之外。现代俄国的民族精神是在政权与自觉的、具有首创性的人民之间的和解，这样的民族精神是要把国家统一起来，而不是分裂国家。国家的实力必然受到民族精神的限制，国家和民族应该有机的结合。”②斯徒卢威强调在欧洲的近代史上具有这样可资借鉴的例子：19 世纪 60 年代在日耳曼民族中的强国普鲁士领导下，政权和人民在民族思想的基础上和解，日耳曼实现了统一，增强了对外实力，并将历史传统与新的国家制度在普选权的民主基础上有机地结合起来。

斯徒卢威真诚地期望看到俄国的强盛、伟大和独立，村社等集体主义的民族传统和宗教习俗虽然有利于国家的稳定，而国家的强大、安定和统一才能真正有效保护人民免于灾难。国家是个有机体，可能解体，也可能重新组合；国家也是个“相互关系”或“关系的体系”，但是这都不会抹杀一个事实，即“从精神上来说，每一个国家都具有某种个性，个性都有自身存在的最高法则。”这个法则即是：“任何健全和强大的国家都期望自身的强大，强大意味着要拥有必要的对外实力”，“我们的人民明白，国家具有‘聚合性’的个

① 别尔嘉耶夫等著：《路标/来自深处》，第 493 页。

② 斯徒卢威：《爱国主义、政治、文化、宗教、社会主义》，第 61 页。

性,并且高于任何个人意志。不可估量的、消耗不尽的收获,证明我们经受的大动荡是有价值的。从国家意义上说,现在真正的爱国者的任务在于了解和正确认识国家的实力,现在只有国家和国家的实力才是真正的爱国者的指路明星,其余的都只是游移的火光。"[①]在俄国社会的急剧转型中,斯徒卢威将自由主义与爱国主义结合起来,真诚地期望俄国的强大和自由,提出"伟大俄罗斯"的国家理念,他相信"俄国要走的和不能不走的那条道路是建立全人类文化的道路"。[②] 斯徒卢威的"伟大俄罗斯"国家理念主张国家政权与人民之间实现建设性的和解,反对以革命的激进主义方式造成社会的动荡与灾难。

斯徒卢威后来在1918年出版的《来自深处》文集中再现他的"伟大俄罗斯"主题,他认为:"当代的和未来的重大事件的创作应为了国家并带有预兆的特征。正如我曾说过的那样,国家像阶级一样是一个形式化的概念。国家意识造就了国家,正如阶级意识造就阶级一样。国家是靠文化、精神内涵,遗留的过去、活生生的现在和对未来的创造的共同性创建并支持的一个精神统一体。但(国家特征)曾经作为阶级特征被赋予了枯燥乏味的社会经济内容,任何道德、精神价值都没有,国家特征指一切巨大的、永存的,为所有国家成员以及参与者拥有的财富,这笔财富正是由对国家的理解形成的。……所以,我们未来的任务是:在个人和群体中培养国家精神(национальный дух)……为了给民族文化自觉地创造条件,俄国的知识界人士首先应该将从精神上摆脱虚伪的(不真实

① 斯徒卢威:《爱国主义、政治、文化、宗教、社会主义》,第51、61页。
② 弗兰科:《斯徒卢威传》,第240页。

的)理想，如今在人民的精神及其生活中已最终体验到了这种理想的摧毁性的影响。这就是阶级国际主义的社会主义。与此并列的是他们应该脱离对社会政治性形态的崇拜。无论是国际无产者的阶级利益，还是某种社会政治形态(例如，共和制、村社、社会主义)都不能觊觎作为最高理想和最高价值的承认。民族文化不服从任何阶级利益，不被任何固定的政治形态或社会形态所封闭。人民生活中的所有阶级的地位应由它对民族文化的参与来确定，而且，所有社会政治形态要想在历史中证实其正确性，就应该在这个历史条件下展现民族文化，即精神内涵的最好的蕴藏条件，阶级地位的意义和思想超出所有的阶级界限并超出所有的社会政治形态。”①

斯徒卢威提出的“伟大俄罗斯”推动了理性的国家建设和俄国社会发展前景问题的公开探讨。第一次世界大战爆发后，不仅政治家们，而且知识阶层都加入了斯徒卢威提出的问题的探讨，全社会关于大战所引起的俄国命运、俄罗斯民族利益和在世界历史上的地位问题的激烈论战，表明斯徒卢威提出的问题的迫切性。斯徒卢威发现自己不得不面对来自“保守主义”、“社会主义”以及“自由主义”阵营多方批评。左翼和右翼知识分子都明确表示：“在俄国，斯徒卢威本性上是个机会主义作家。”②自由主义阵营和保守主义阵营批判斯徒卢威的国家主义和帝国主义的概念，宣称“国家主义是动物学现象，国家和自由(或人性、博爱)是对立的、矛盾的，斯徒卢威是动物学意义上的爱国者，而他本人对自由的热爱远胜

① 别尔嘉耶夫等著：《路标/来自深处》，第474—476页。

② 派普斯：《斯徒卢威：右翼自由主义者(1905—1944)》，第97页。

于对祖国的热爱。”继而又批评斯徒卢威是既不懂得历史的神秘性，也不懂得俄罗斯精神的神秘性的西方唯理论者，不懂得俄罗斯精神的“宗教本质”，他对于俄罗斯心灵的撞击没有任何反应，过于被政治策略迷惑，对于左翼和右翼的极端主义者的行为缺乏判断力，没有抓住宗教这个解决革命之毒害的唯一有效方法。① 来自“社会主义”阵营的列宁指出斯徒卢威是“最露骨最彻底的反革命自由派”，“斯徒卢威先生近几年来充分表明了自己的观点，在《路标》文集尤其清楚。这是反革命自由派的观点，是宗教和哲学唯心主义（通向宗教的最可靠‘最科学的’道路）拥护者的观点，是民主派的敌人的观点。”②

从1895年写作《俄国经济发展问题的述评》，到1908年提出“伟大俄罗斯”思想，到1909年的《路标》文集和1918年的《来自深处》文集，直到1944年客逝巴黎。尽管斯徒卢威的政治兴趣和政治信念曾经有过摇摆，其实际言行有过激进和狂热，也有过保守和反动，但斯徒卢威的国家理念的核心一直未变，并成为他在各个时期的人生抉择和一系列政治、学术活动的风向标。斯徒卢威从思考自己心目的“伟大俄罗斯”命题出发，从否定苏维埃政权和布尔什维主义开始，彻底地否定了激进主义思想和变革社会的“革命式”道路。同时，斯徒卢威也完成了对自己思想的清算，在政治上更加“右倾”和保守，他宣布自己在政治和法律、哲学上坚持“保守的自由主义”。

斯徒卢威保守的自由主义思想形成有一定的家族因素，斯徒

① 派普斯：《斯徒卢威：右翼自由主义者（1905—1944）》，第94—95页。

② 《列宁全集》第24卷，人民出版社1990年版，第374页。

卢威家族是普鲁士的施勒斯维格—荷尔施泰因古老的贵族姓氏，但是自斯徒卢威的爷爷瓦西里·亚科夫列维奇·斯徒卢威移居俄国后，尽管其家族的贵族身份已被放弃，但这段历史深为斯徒卢威家族所自豪。他的母亲出身于男爵家庭，斯徒卢威自称他更多地继承了母亲和母亲家族的气质和反叛精神。① 如果说吉霍米洛夫完成了从俄国早期保守主义向现代保守主义过渡的话，那么斯徒卢威则完成了将俄国保守主义与自由主义的汇通，或者说他的思想活动大大地增加了俄国自由主义的保守特质。

第三节 文化传统浸润下的保守主义观念

一、斯拉夫派的文化保守主义

作为哲学和社会学意义上的斯拉夫主义诞生于19世纪初，是以伊凡·基列耶夫斯基、霍米亚科夫、康斯坦丁·阿克萨科夫等跻身于雏形初成的俄国知识阶层为标志的。斯拉夫主义深刻地影响了整个19世纪和20世纪初的俄国思想走向，乃至社会发展方向，特别是对俄国民粹主义、民主主义以及社会主义产生了最为直接的影响。在文化价值观上强烈的“本土主义”和“传统主义”是斯拉夫主义最为突出的特点，也正是在这一方面体现了它的文化保守主义倾向。

对彼得一世欧化改革及后果的评价、对西方文化和发展道路

---

① 参见克列洛夫：《1888—1901年的斯徒卢威和俄国马克思主义：政治传记体验》，第12页。

的评价是斯拉夫派和西方派的思想分水岭,斯拉夫派持批评主义的哲学观念对上述重大问题作出了基本否定的判断。

卡拉姆津最先对彼得一世欧化改革提出批评,他认为改革导致俄国社会两极分化,这一观点为斯拉夫派所继承。康斯坦丁·阿克萨科夫在《论卡拉姆津》中认为俄罗斯民族思想“是从转折时期开始的,因为正是从那里开始了对强烈的外国影响的批判,确切地说,是从罗莫诺索夫和卡拉姆津开始的,这一思潮的开端始于俄罗斯灵魂,始于真理”。① 斯拉夫派瞩望于16—17世纪的俄国,极力赞美莫斯科公国时代的俄国民风习俗,康斯坦丁·阿克萨科夫将莫斯科视为心中永远的圣城,而把彼得堡仅仅看成“皇帝想居住的地方”。

斯拉夫派对西欧文化的态度是矛盾的。前面提到的斯拉夫主义的几位奠基者都曾长期在欧洲游历和访学,并且与黑格尔、谢林等德国哲学家有过甚密的交往,或者曾经为德国古典和近代哲学思潮所吸引,因此他们承认西欧文化曾经灿烂辉煌并领人类之先导,如伊凡·基列耶夫斯基承认:“就是现在我仍然热爱西方……我的教养、我的生活习惯、我的趣味、我的爱好争论的禀性,甚至我心性的律动都是属于西方的。”②但伊凡·基列耶夫斯基最终还是对西欧文化采取了基本否定的态度,理由是西欧的历史经验根本相异于俄国道路,西欧文化辉煌不再而且已呈衰败之势。他认为:“英国和德国现在已经达到了欧洲文明的顶峰;……它们的内在生命已经结束了自己的发展,正在经受着成熟期带来的片面性的折

① 奇姆巴也夫:《斯拉夫主义》,第60页。

② 洛斯基:《俄国哲学史》,第22页。

磨,这种成熟使它们的教养变成仅为它们自己孤芳自赏的东西”,而一个民族出现了,这“一个国家是其他国家的首都,是其心脏,有教养的民族的全部血液和全部生命力都从它那里流出和流回”,[①]这个国家就是俄国。在斯拉夫派眼中,俄国与西欧完全是殊途陌路,判若两端。俄国是道德至上社会,西欧是法理调控社会;俄国是集体主义世界,西欧是个人主义社会;俄国视传统为皋壁,西欧视之礼俗为草芥;俄国视精神满足为第一要务,西欧求物质丰富为第一要务。斯拉夫派认为在俄罗斯文化中,特别是东正教教义中有拯救世界的普世主义和弥塞亚精神,当前西欧社会矛盾尖锐、革命风潮四伏的时候,俄国正在扮演这一历史性的角色。

在批评彼得一世欧化改革和西方文化之后,斯拉夫派将其理想寄托于东正教。斯拉夫派基本上都是东正教的笃信者,霍米亚科夫由于母亲的教导和影响从幼年时就笃信东正教并且后来成为俄国著名的神学家,伊凡·基列耶夫斯基从童年起就一直保持着某种宗教情绪。[②] 在斯拉夫派中间,“我是东正教真诚的儿子”是通常流行的话。[③] 针对恰达耶夫强烈批评东正教的言辞,斯拉夫派认为俄国自公元988年从拜占庭那里接受了“纯洁的”、“完整的”和“正统的”基督教,因为它没有沾染任何片面的理性主义和个人主义。它既未受到宗教改革的侵扰和篡改,也未受到近代物质发展和金钱经济的腐蚀,更未受到世俗权力的压制。东正教是仁爱与自由的汇合体,是信仰和现实的结合体,是上帝圣训与人民意志的统一体。东正教是俄罗斯民族精神生活的惟一原则,它是个

① 洛斯基:《俄国哲学史》,第14页。

② 参见同上书,第13、28页。

③ 参见《历史问题》,莫斯科1986年版,第5期。

人、家庭和社会组织之间联系的纽带。东正教不仅继承了基督教的精神,也体现了俄罗斯精神,俄罗斯精神和东正教精神是一脉相承的。霍米亚科夫认为罗马天主教已经过古罗马独裁制的洗礼,因此它只有统一而无自由。而经过宗教改革之后西欧各国诞生的新教,则有过分的自由而无必要的统一。如果这些宗教信仰存在统一的话,也仅仅是外在统一和外在自由。他认为:"在信仰中,强迫的统一是一种虚妄,而被迫的服从则意味着死亡。"[①]而只有东正教具有内在的统一与和谐的自由的本质特征,是统一和自由的有机结合。

在斯拉夫派眼中,"村社"最能体现俄国文化的深邃内涵和持久生命力。村社产生于俄国由原始社会向封建社会过渡的过程之中。最初,它一般是由地域相连,拥有一定血缘关系,并且拥有一定的经济联系的村落或居民点自然组合而成。村社是农民自我管理的形式,每年一次的村民大会是它的最高权力和决策机构,决定土地的分配问题、税务问题以及公职人员的选举问题。村民大会休会期间,由村社成员选出的公职人员组成村公所,负责管理村社的日常事务。在土地关系上,村社实行的是土地公有制,定期在村社成员中分配使用。在生产方式上,实行劳动组合与协作。在身份地位方面,实行地位平等,权利共享。村社既是生产组织和社会组织,也是农民的精神共同体。村社的自我管理和村社成员的相互监督除了依靠国家法律和教会的有关规定外,主要依靠的是长期以来形成的、由村社成员共同创造并世代相传的村社原则和道德规范,农民则称之为"真理"(Правда,古斯拉夫语也作"法典"解

① 洛斯基:《俄国哲学史》,第 33 页。

释)。

苏联史学家普罗科菲耶娃评价:“这种极其封闭的村社制度,不仅在经济方面对农民的行为方式产生较大影响,而且也为农民的精神世界造成深刻的影响。”①强烈的身份归属感以及同样强烈的依附感是村社成员共同的心理特性。村社是一个靠宗法制的纽带结合而成的相对封闭的社会,村社成员依据共同的经济利益和政治利益,视村社为自己安身立命的最后家园,对村社怀有强烈的归属感和认同感,对村社的各类管理机构怀有强烈的信任感和顺从感。在大多数农民看来,村社是神圣的,不仅能够提供给他们赖以生存的土地,而且还能保护他们免遭官府和老爷们的欺压,免受一切外来的袭扰。集体主义和平均主义是村社最重要的原则和道德规范之一。俄罗斯先民在抗拒大自然的恶劣生存压力,抗击外敌入侵的过程中,建立了集体主义和平均主义原则。它们既是维持村社内部秩序的公认原则,也是村社成员共同遵守的良好美德。尽管后来阶级压迫取代了平等互助,私有制取代了原始公有制,然而村社精神和原则却保存了下来。这种集体主义和平均主义精神后来被赫尔岑等思想家视为“原始共产主义思想”。

伊凡·基列耶夫斯基把俄国村社看成上帝之城的雏型,即“你在想象古代俄罗斯社会时,绝对看不到任何城堡、任何城堡四周的平民、任何贵族骑士、任何与他们相斗的国王。你所看到的只是稀稀落落分散在整个俄罗斯大地上的无数小村社,每个村社地位相当,各自有自己的村长,每个村社都过着自己单独的和谐的生活并

---

① 普罗科菲耶娃:《18世纪后半期至19世纪前半期俄国的农村村社》,列宁格勒1981年版,第9页。

构成自己的一个小天地。这些小天地或和谐生活汇合成另外的、大的和谐生活……最后,汇合成地区的、民族的和谐生活,并由此形成一个在整个俄罗斯大地的总的、巨大的和谐生活。”①

“村社”被“发现”是与德国贵族哈克斯特豪森的名字相关联的。1843 年,威斯特伐利亚男爵、经济学家哈克斯特豪森经俄国政府的允许来俄国研究土地制度。他走访了欧俄地区的许多城市和乡村,积累了大量的资料。其间他最感兴趣的是俄国自古即有的村社制度。回国后,他于 1847 年发表了一份《俄国人民生活的内部关系,特别是土地制度的调查报告》(Этюды о внутренних отношениях народной жизни и в особенности о земельных порядках России),将具有俄国特点的“村社”介绍到了欧洲,1870 年这部著作才被拉斯哥由日耳曼文译成俄文,在俄国出版。在书中,作者认为村社中没有任何私人地产,没有经济上的压迫和剥削,因而无法产生压迫者——资产阶级和被压迫者——无产阶级,“俄国村社中有一种组织上的联系,作为它的基础的是一种在任何其他国家中所没有的牢固的社会力量和秩序。村社使俄国得到了一种无法比拟的好处,这就是在这个国家中迄今没有无产阶级,而且当这种村社制度还存在的时候,无产阶级也不可能形成。”②哈克斯特豪森的政治立场是保守的,他已经为 1848 年前欧洲各国风起云涌的无产阶级运动而吓倒。他视俄国村社为自己的政治理想国,强调:“在西欧的所有国家中,都存在着社会革命反对财产和所有制的先兆。它的口号是消灭继承权并宣布人人都有同样一份土

① 西利万斯基:《俄国封建主义》,商务印书馆 1998 年版(下同),第 7 页。
② 马里宁:《俄国空想社会主义简史》,第 84 页。

地的权利。这种革命在俄国不可能发生,因为欧洲革命家的梦想已经在人民的生活中实现了。”他盛赞俄国村社,认为它是“一个向贵族老爷支付一定赎金而赎买到自己独立的有组织得很好的自由共和国”。他甚至认为,“现代的农奴制,无非是颠倒过来的圣西门主义。”[①]该著作的出版,恰逢俄国国内“西方派”和“斯拉夫派”之争最激烈的时候。哈克斯特豪森的论点无疑增加了“斯拉夫派”阵营的火力,尽管“斯拉夫派”在许多观点上并不完全同意哈克斯特豪森的说法,而且还觉得哈克斯特豪森较大程度上剽窃了“斯拉夫派”的理论,但是“在主要一点上是同他完全一致的,这就是认为村社是整个专制的地主社会组织得以保持稳定的宗法基层组织”。[②]

那么,什么东西能把东正教的神秘精神世界和村社的丰厚物质世界联系在一起呢?霍米亚科夫认为这就是“俄罗斯思想”的核心——聚合性[③]。霍米亚科夫解释其含义是“将许多人的自由和统一结合在一起,其基础是他们对某些绝对价值的共同的爱。”[④]伊凡·基列耶夫斯基赞同霍米亚科夫关于聚合性的观点,他也强调:“俄罗斯对所有秩序的观点,其特殊类型是把个人独立性与共同秩序整体协调在一起。”[⑤]

---

① 马里宁:《俄国空想社会主义简史》,第84—85页。

② 同上书,第87页。

③ Соборность是霍米亚科夫创造的一个词,词根 собор 有“大教堂”和“大集会”的含义,我国学术界又译为“聚合性”、“共议性”和“团契精神”等。另外“共同性”(общиность)的词义与其相近,该词的词根是村社(община),因此也译为“村社性”。“共同性”与“聚合性”相较,前者多指日常生活,后者仅指精神生活。

④ 洛斯基:《俄国哲学史》,第42页。

⑤ 同上书,第23页。

在政治观点上,斯拉夫派对农奴制持温和批判态度,因为它违背村社原则——自由,但是它对专制制度却持回避,甚至是赞赏态度。斯拉夫派认为 Самодержавие 本身并不具有“专制”或“独裁”之意[①],而是“自我管理”之意,它与罗马帝国政治体制下的“专制制度”(деспотизм)和“暴政体制”(тирания)有天壤之别,俄国现有的一切暴政和独裁均为 Самодержавие 发展过程被强加的东西。斯拉夫派认为 Самодержавие 是超阶级的,不仅代表了贵族阶层利益,也代表其他所有阶层,包括普通农民的利益,因此 Самодержавие 完全是人民精神力量的体现,是基于人民的道德感、东正教神秘主义和人民内心由衷地对沙皇和沙皇制度服从基础之上的理想体制,是一种保护自由的人道主义的政治制度。因此斯拉夫派强调限制暴政,但不主张限制 Самодержавие。他们认为 16 世纪的等级代表君主制下的沙皇与缙绅会议和领主杜马共掌政权是最理想的政治模式,在斯拉夫派看来,领主杜马和缙绅会议具有比当前西欧议会制更高明的地方自治和阶层自治权利,贵族阶层可以通过领主杜马参政和表达政治愿望,市民、商人和农民可以通过缙绅会议参政和表达政治愿望。1855 年克里木战争期间,斯拉夫派人物科舍廖夫给新沙皇亚历山大二世写信建议召开缙绅会议,借助贵族和人民的力量解决战争问题,拯救俄国。

由此可见,早期斯拉夫派思想——斯拉夫主义中包含着宗教神秘主义、文化保守主义、文化民族主义、反激进主义和反现代性的成份。从今天的角度看,文化保守主义(Cultural conservatism)

---

① 克柳切夫斯基也曾考证,其词根源于脱离 15 世纪中期兴起的罗斯人摆脱异族人——鞑靼(蒙古)人统治,争取民族独立的正义行动。认为该词由“自我”(само)和“管理”(державоство)组成,意为“自我管理国家”或“自我掌握命运”。

实际上也是社会保守主义(Social conservatism)和政治保守主义(Political conservatism)。它过分强调道德和传统的价值,过分强调宗教信仰对人的精神生活和物质生活的指导意义,是反现代化的意识形态。早期斯拉夫主义者有几个明显的共性,他们基本上出身于贵族家庭并且自童年时代就笃信东正教;早期斯拉夫派代表人物中不少是兄弟或父子关系,如伊凡·基列耶夫斯基与彼得·基列耶夫斯基的兄弟关系,谢尔盖·阿克萨科夫与康斯坦丁·阿克萨科夫、伊凡·阿克萨科夫的父子关系以及后两者间的兄弟关系,表明了古老贵族家族的影响;前面提到的几位早期斯拉夫派代表人物在日常生活中大多粗茶淡饭、衣着古朴、蓄须长髯,有的过着苦行僧般的生活。康斯坦丁·阿克萨科夫经常身着俄国旧式服装,“斜领短衫和粗呢上衣,裤腿塞在靴筒里,手上托着旧式平顶皮帽”,[①]他还留着分裂教徒式的长胡须,沙皇政府曾强令他剃掉。而霍米亚科夫留着长须并且身着古罗斯式大衣,洛斯基认为:“他想以这样的形象来强调他对俄罗斯各个方面的爱。”[②]赫尔岑记载伊凡·基列耶夫斯基看上去都是“带着神秘忧伤的表情。”[③]这不是这些斯拉夫派人士的标新立异,而是内在的保守主义意识的外在体现。

这里需要说明的是,斯拉夫主义并非直接等同于传统主义,而传统主义并非就完全等于保守主义。斯拉夫主义代表了俄罗斯文化传统的核心内容,在社会发展取向上体现了强烈的“本土主义”,甚至是“爱国主义”,因此没有理由将斯拉夫主义和斯拉夫派完全

---

① 蒋路:《俄国文史采微》,东方出版社 2003 年版(下同),第 318 页。

② 洛斯基:《俄国哲学史》,第 31 页。

③ 同上书,第 12 页。

否定。正如初为西方派,后为斯拉夫派的赫尔岑所说:“斯拉夫主义,绝对不是一种理论和一种学说,它只是一种受到外国屈辱的民族感情,是一种对令人不快的回忆的本能反抗,是对纯粹来自外国的影响的对抗,它从彼得一世开始剃胡须时就开始了。”[①]而且传统主义与保守主义有着一定的区别,传统主义(也可称守旧主义)是人类普遍的一种思维模式、心理倾向和自我保护方式,而保守主义则是严格界定的政治观念和政治主张,按照当代德国哲学家卡尔·曼海姆的解释是:“传统主义的行为大多只是反应性行为,而保守主义行为则是具有意义取向的行为。”[②]当斯拉夫主义将其政治理想和主张、社会发展目标局限于旧制度和旧文化范围时,即变成了文化保守主义。

二、果戈理的文化保守与政治反动

果戈理于 1809 年 4 月 1 日出生在乌克兰波尔塔瓦省密尔格拉德县大索罗钦镇的一个贵族地主家庭里。他在中学时代受到法国启蒙思想、十二月党人和普希金文学作品的影响。1828 年底,果戈理来到彼得堡,谋得一个小公务员的职务。1834 年起,他在彼得堡大学任世界史副教授,讲授乌克兰历史和世界中世纪史,后辞去教职,专门进行小说和戏剧创作。1835 年底,果戈理根据普希金提供的素材,写成了五幕讽刺喜剧《钦差大臣》。该剧 1836 年初开始公演,立即引起了轰动,却遭到沙皇和官僚们的痛恨,他们写文章恶毒地攻击作者,还威胁把作者流放到西伯利亚。作为 19

---

① 《赫尔岑全集》第 6 卷,莫斯科 1956 年版(下同),第 135 页。

② 曼海姆:《保守主义》,译林出版社 2002 年版,第 60 页。

世纪俄国批判现实主义文学的杰出代表和奠基人，果戈理最伟大并留于后世的顶峰作品即是《死魂灵》第一部，这是一部卷帙浩繁、人物众多的宏篇巨制，通过对形形色色的官僚、地主群像的真切、生动的描绘，有力地揭露了俄国专制统治和农奴制度的吃人本质。别林斯基称赞说："是的，我曾经用一个和祖国血肉相连的，能够爱祖国的希望、荣誉、光荣，以及祖国在自觉、发展与进步途中伟大领袖之一那样的全部热情，来爱过您。"①

从 1842 年起，果戈理长期在国外侨居和养病。在此期间，果戈理对自己人生目的、世界观、对宗教认识以及对俄国的现实进行了深入的思考。最后他选择了散文体和小品文的形式，通过与国内亲友的通信表达自己的思想。后来，果戈理将其整理和选择，定名为《与友人书信选》，并于 1847 年 1 月出版。所收书信和后补的《前言》共 32 篇②，书中与果戈理书信往来者均隐去名、姓、父称的完整写法，仅留简写。果戈理非常看重这本特殊的"作品"，他在《与友人书信选》出版后向朋友斯米尔诺夫表示："这将是些篇幅不大的，并且在涉及现实的题目上不太吵闹的，但又对于许多人来说

---

① 涅奇金娜主编：《苏联史》第 2 卷第 1 分册，三联书店 1957 年版（下同），第 233 页。

② 包括《遗嘱》、《世间妇女》、《疾病的意义》、《关于那样一句话》、《俄国诗人在读者前的阅读》、《论帮助穷人》、《论茹科夫斯基翻译的奥德修斯》、《关于我国教堂和宗教界的几句话》、《关于某些》、《论我国诗人的伤感》、《争论》、《卡拉姆津》、《基督徒向前进》、《论剧院、对剧院的片面看法以及关于片面性》、《现代伤感诗人的对象》、《劝告》、《启蒙》、《关于死魂灵给不同人的四封信》、《应该爱俄罗斯》、《应该沿俄罗斯走一走》、《俄国地主》、《什么是省长夫人》、《致目光短浅的友人》、《俄罗斯的可怕和恐怖》、《农村法庭和惩处》、《在普通日常家庭中，在现在俄国秩序下，妻子对于丈夫来说是什么》、《历史速描画家伊万诺夫》、《致占据重要位置的人》、《高地上谁的封地》、《俄国诗歌的本质和特点在哪里》和《明亮的礼拜日》。

是必需的作品。”他在致亚金科夫的信中说:“我把所有这些看成是在一段时间里我为不同的人,特别是渴望和需要我的精神帮助的人所写的东西,由此就编成这本书。”[①]

《与友人书信选》全书文字优美、隽永,可读性和文学价值并不逊于中国读者熟悉的《狄康卡近乡夜话》、《钦差大臣》和《死魂灵》。恰达耶夫在给著名诗人维亚泽姆斯基公爵的信中称赞:“在单薄的,甚至有数页毛病的情况下,他在书中展现了天才的篇章和充分的无可限量的真理,读那些篇章,是令人高兴和自豪的。”[②]从篇名和内容上看,该书中绝大部分是果戈理与友人谈论创作、艺术、妇女、教育以及人生自我修养的,但是也有几篇谈及他对俄罗斯与西欧、东正教和农奴制的看法。

果戈理在《争论》中谈到了自己对正在进行着的斯拉夫派和西方派之争的看法,他认为两者根本没有说清楚问题。“我国的西方派和斯拉夫派的争论,就像你说的那样,已经在我们刚刚醒来,尚未完全清醒的时候,进到了我们的客厅。而后不难理解,两者尽情而论。所有这些斯拉夫主义者和欧洲主义者,要么是守旧派和创新派,要么是东方派和西方派,实际上他们不会表达,因为暂时在我看来似乎只是一幅讽刺画,他们在谈着一个对象的两个方面。……能否劝说两者,一方试着走得近些,而另一方放弃本来就不远的距离。”[③]他在《致短视的朋友》中告诫:“俄国不是法国,法国的元素不是俄国的。你甚至忘记每一个民族的特点,去设想这

① 果戈理:《与友人书信选》,圣彼得堡 2005 年版(下同),第 31 页。
② 恰达耶夫:《文章和书信集》,莫斯科 1989 年版,第 314 页。
③ 果戈理:《与友人书信选》,第 35 页。

样或那样的一个事件会在不同民族中引起相同的结果。”①

果戈理告诉读者，东正教是俄罗斯文化的根基，是俄国人民真诚爱之所在。他的口号是：“俄国就是你们的修道院！”（монастырь ваш — Россия！）在1844年所写《应该爱俄罗斯》中，果戈理强调：“没有对上帝之爱，就不能得救，而你没有对上帝之爱。在修道院里找不到上帝之爱，你只是一人独行。缺少上帝的意志就不可能爱他人。……对于俄国来说，现在已经开辟这条道路，即俄国本身。……而不爱俄国，不爱自己的兄弟，不燃起对上帝之爱，不加热对上帝之爱，您是不能得救的。”②

在果戈理的眼中，俄国已经全然没有了《死魂灵》中的农民苦难、贪官恶行和鬼魅横行，完全是一幅安详、幸福的田园诗般俄罗斯景色。他在《应该沿俄罗斯走一走》中建议朋友“你只了解10年前的俄国，而现在这是不够的。在10年间俄国内部发生了在许多国家半个世纪都未曾发生的事件。……为了了解现在的俄国，一定要亲身体验。”③

1846年所写的《俄国地主》反映了果戈理对待农奴制的态度，这篇文章也是引发别林斯基和后人猛烈抨击他的导火索。在文中，果戈理首先为一个到农村居住并当上了地主的朋友解惑释疑，这个朋友在农村看到了地主和农民之间激烈的矛盾，他认为地主和农民原来的紧密联系都消失了，并且认为一切错误均由地主的恶行导致。果戈理则认为：“你作为地主统治他们不是因为你想这样做和想成为地主，而是因为你已经是地主，生来就是地主，一切

---

① 果戈理：《与友人书信选》，第39—43页。

② 同上书，第116页。

③ 同上书，第142页。

为上帝所赐。或许你想改变这个称号,因为所有的人应该在自己的位置上,而不是在别人的位置上为上帝服务,然而他们是一样的,是权力之下所生,也应该服从这个权力,因为没有上帝无所不在的权力。……农民诚实地劳作不是为了你,而是为了他们自己,你或者知道,甚至他们也知道,庄稼汉都可以变成了盗贼和酒鬼,扼杀自己的心灵,甚至把杀死你作为对上帝的回答……庄稼汉有一张没有洗干净的猪脸,……一句话,为了让他们清楚地看到,你所做一切都是来源于上帝意志,而非某个欧洲的或其他国家的想法。庄稼人相信这个,并不需要说多少话。……尽管去雇用善良的农民,如果他们是老人,就让他们坐在自己面前,和他们亲切谈话,你会看见一切会顺利进行。……你关于学校的意见是正确的,教庄稼汉们识字,然后给他们提供些专为欧洲的博爱者出版的空洞的书籍来读,实际上是坏事。重要的是,庄稼汉完全没有这个时间,在繁重的劳动之后任何书也走进不了他的大脑,他们在回家后会倒头大睡进入梦乡。乡村神父能够讲出庄稼汉们真正需要的话,这比所有的书籍要有用得多。"①

果戈理在1845年完成的《致占据重要位置的人》中美化了俄国贵族阶层的品德和气质,认为他们是真正的俄罗斯精神的代表,是俄罗斯民族美德的体现者。"我国贵族没有像其他国家的贵族自傲于自己阶层的优越,它没有德国贵族的傲慢,没有人自夸于自己的血缘和家世的古老,尽管我国贵族历史久远,除非在路过英国的同时被传染上了盎格鲁人的自吹自擂的习性。……贵族在俄国是作为承载注定要向俄国土地上每一个人传播的高尚道德的容

① 果戈理:《与友人书信选》,第147—156页。

器，为的是把这个概念带给所有其他阶层人士，这就是为什么高等阶层被称为人民之精华(цветы народа)。”①

这本书出版后，作为果戈理好友的别林斯基此时正在普鲁士西里西亚的查里茨堡鲁诺养病，他立即在《现代人》杂志第2期(1847年2月7日出版)上对果戈理提出了尖锐的批评。果戈理认为别林斯基的责难完全是出于个人动机，并且给别林斯基写了措词尖刻的回信。别林斯基非常愤怒和忧虑，他奋笔挥就了《别林斯基给果戈理的信》(*Письмо Белинского к Гоголю*)，并且于1847年7月15日在巴黎向朋友们公开了这封信。

别林斯基在信中不留情面地斥责果戈理：“你，提倡皮鞭的教士、鞑靼生活方式的辩护士——你在干什么？瞧瞧你立足之地罢，你正站在深渊边上。你根据正教而发你的高论，这，我了解，因为正教向来偏爱皮鞭和牢狱、向来对专制独裁五体投地。”

别林斯基宣布：“……以宗教为掩护、皮鞭为倚恃，虚伪与悖德被当成真理与美德宣扬的此时，我们不能缄默……俄国的得救，不在神秘主义、不在唯美主义、也不在虔诚信教，而在教育、文明与人性文化的成就里。她需要的不是讲道(她已经听得太多)、不是祈祷(她已经咕哝太多)，而是在人民心中唤起久已埋失于泥沼与污秽中的人性尊严意识。她需要法律与权利——不是教会提倡的，而是合乎常识的与正义的法律与权利……结果，她拿出来的不是这些，而是一片恐怖景象，买卖人口，连美国人‘黑人不是人’的行话也免了……一个个人自由、荣誉或财产毫无保障的国家；连警察国家也称不上，只是以官吏之偷盗抢劫构成的巨大集团……政府

① 果戈理：《与友人书信选》，第183—184页。

十分清楚地主怎样对待农民，每天又有多少地主被农奴屠杀……比起你那班教士、主教、长老、大主教，那个以嬉笑怒骂，将欧洲的迷信与无知无文之火扑熄的伏尔泰，当然更是基督之子、基督肉中之肉、骨中之骨……(我们的乡下教士)是粗劣通俗故事的主角……教士往往无非饕餮之徒、守财奴、阿世媚俗之流、寡廉鲜耻之人……我们的教士绝大多数……不是迂腐玄学的繁琐冬烘，就是无知盲目得吓人。只有我们的文学(在野蛮的检查制度下)仍然露出生命与前进的信号。此所以我们这般尊崇作家的志向，此所以小小的文学禀赋也能成器，此所以文学职业使炫目的徽章与俗丽的制服黯然失色，此所以一个自由作家即或才力微薄，也激进广大的瞩目，而……出卖天资以服事正教、独裁与民族主义的大诗人，很快丧失众望……俄国民族是对的，看出俄国作家是它仅有的领袖、辩护者，以及将它由俄国的君主制、东正教与民族至上的昏天暗地里解放出来的救星。俄国民族可以原谅一本劣书，但不能原谅一本有害的书。”①

果戈理为什么要出版这样一部充满保守主义和保皇主义思想的书信集？② 究其深层原因，它与19世纪30年代中期至40年代中期果戈理的个人经历和政治观念的剧变有密切的关系。1836年6月，为躲避因《钦差大臣》可能遭到的政治迫害，果戈理离开俄国，逃亡德国、瑞士和意大利等地。1842年6月，果戈理再度出国

---

① 伯林：《俄国思想家》，第208—210页。

② 苏联学术界对《与友人书信选》评价甚低，称“1947年，果戈理不是作为一个先进的艺术家，而是作为反动的政论家以臭名昭著的‘与友人书信选’一书出版了。这本书维护了反动思想，捍卫了农奴制度及尼古拉的专制制度。”(参见涅奇金娜主编：《苏联史》第2卷第1分册，第233页。)

养病，长期侨居意大利、法国与德国，直至1845年。1845年春夏之交，果戈理的病情加重，他的身体和精神状况几近崩溃，而此时的西欧正是国内社会矛盾最为激烈时期，果戈理亲身感受了统治者与无产者之间激烈的冲突。而1848年欧洲革命前后恰恰是俄国知识分子思想的转折点。赫尔岑、别林斯基、奥加廖夫以及后来的车尔尼雪夫斯基都因对曾心仪已久的西欧政治模式的极度失望，而将目光和希望转向国内，转向俄罗斯文化和宗教。1844年起，果戈理开始抄录刊登在《基督教读物》上的一些"圣言"和"训诫"。这年冬天，他住在法国尼斯，从神父维里格尔斯基那里接受了人生道德的启示。1844年，在离开尼斯后，果戈理给维里格尔斯基的信中说："您在所有痛苦和苦难的时刻给我的训导已深入我的内心，……它来自经过圣训所证明的真诚的经验，因此接受它就像接受上帝本人的训命一样。"[①]1845年1月至2月，果戈理住在巴黎的托尔斯泰伯爵家里，他在给亚金科夫的信中重申自己对宗教的笃信和虔诚，"住在这里，内心感受像在修道院，我不放过任何一个在东正教教堂中的晚祷"。[②] 这一年的4—5月份，果戈理的病情加重了，神父巴扎洛夫收到果戈理寄自法兰克福的信，内称："快来我这儿吧，给我做圣餐仪式，我要死了。"[③]在这种情况下，果戈理写下了这本书信集的第一篇文章《遗嘱》。他悲观地写道："我病入膏肓，去日无多。我把剩余的全部力量，利用我智力完全清醒的第一时刻，写下了这份精神遗嘱。以此向我的朋友委托出版的

① 果戈理：《与友人书信选》，第32页。
② 同上书，第35页。
③ 同上书，第37页。

事务，在我死后，从书信中选取部分成书出版。”[①]而果戈理出身贵族地主家庭，他的政治倾向始终带有贵族色彩，此外他对代表俄罗斯文化传统的农民和农村有较深的了解，这也反映在他的主要作品之中。因此，在对西欧政治制度极度失望之后，他不仅把希望转向国内，而且转向了沙皇制度、转向了保守主义。从《与友人书信选》所有收录书信的基调来看，该书实际上是果戈理留示于后人的政治遗嘱。

果戈理是站在斯拉夫主义的立场上表达自己对俄国文化和传统以及当时政治制度的评价的，然而他的这种极端的观点并没有得到所有的斯拉夫派人士的赞同。霍米亚科夫赞同果戈理的许多观点。维亚泽姆斯基称赞：“无论从什么角度来看，如果能看到结尾的话，这是一本高水平的优秀著作，它是一个文学和心理事件。”[②]而在阿克萨科夫家族内部发生了分歧，父亲谢尔盖·阿克萨科夫批评果戈理：“您粗暴地和可怜地错了，您完全跑调、乱成一团并总是自相矛盾。想的是为了上帝和人类，却玷污了上帝和人类。”[③]他盛赞别林斯基的公开信，富有感情地写道：“不仅每个有思想的青年，连生活在乡村臭泥潭中所有渴望新鲜空气的人都知道了别林斯基的名字。如果您需要一个能够同情病人和被压迫的不幸的人，需要正直的医生、正直的进行斗争的信徒——您就这样写给各地的别林斯基信徒吧。”[④]他的儿子康斯坦丁·阿克萨科夫认为《与友人书信选》的谎言“不在于苦难方面，也不是在于错误方

① 果戈理：《与友人书信选》，第 33 页。

② 维亚泽姆斯基：《美学和文学批评》，莫斯科 1984 年版，第 173 页。

③ 果戈理：《与友人书信选》，第 155 页。

④ 涅奇金娜主编：《苏联史》第 2 卷第 1 分册，第 235 页。

面，而首先在于不诚实。”但谢尔盖·阿克萨科夫的另一个儿子伊凡·阿克萨科夫却表达与父亲和弟弟不同的意见，他认为：“果戈理是正确的，书中体现了基督徒—艺术家的理想”。[①] 在亲朋好友的批评和督促下，果戈理于1848年发表了《作者的忏悔书》，表示接受别林斯基和其他朋友的严厉批评，承诺修改不成功的《与友人书信选》。同年，果戈理为实现自己的梦想，去耶路撒冷游览，返回莫斯科后，力图完成《死魂灵》第二部，然而他一直处于精神上的绝望之中，直至1852年3月4日去世。

当代英国著名学者以塞亚·伯林曾评价果戈理和别林斯基的两封信，前者是“最直接明快的保守立场宣言”，后者是“俄国革命分子的《圣经》”。而别林斯基书信的核心即是“此信以格外弘辩直野之辞历驳当局、痛责教会与社会制度、力斥皇帝及其官员的武断权威，兼向果戈理问罪，指责非独中伤自由与文明之大义，亦且丑诋饱受奴役与困顿无助之祖国的性格与需求。”[②]很明显，别林斯基对果戈理严厉批评的背后是对沙皇专制制度和国内死水一潭的社会的批判，因而震动了俄国社会，这封信被沙皇政府列为查禁品，直到1905年才发表书信的全文。9个月后，即1848年5月26日，别林斯基在彼得堡的彼得保罗要塞监狱中病逝。赫尔岑称赞这篇讨伐专制制度的檄文“是天才之作。我想，也是他的遗嘱兼最后证言。”[③]

三、文化之误：别林斯基、巴枯宁与赫尔岑的迷途

别林斯基、巴枯宁和赫尔岑可谓俄国激进主义知识分子的典

---

① 果戈理：《与友人书信选》，第155页。

② 伯林：《俄国思想家》，第210页。

③ 同上书，第186页。

型代表，然而他们也曾迷失于皇权主义文化和传统的社会政治心理之中。

别林斯基和巴枯宁在其活动的早期（1837—1839 年）共同出现了思想和政治倾向上“与现实妥协”的迷茫阶段，也曾犯过几近与果戈理同样的“失误”，[①]一度成为他们的人生污点。

1837 年，别林斯基应克拉耶夫斯基之邀参加《祖国纪事》编辑部的工作，并且与斯坦凯维奇小组建立了密切的联系。同小组其他成员以及同时代其他年轻的知识分子一样，别林斯基被黑格尔哲学所吸引。但是由于别林斯基不懂德语，因此他不得不时常以书信的形式求教于巴枯宁和斯坦凯维奇，别林斯基对黑格尔的“存在即是合理的”哲学命题极为信服。1838 年，别林斯基在其主编的《莫斯科观察家》上发表了巴枯宁所写的黑格尔《哲学史讲演录》译本序，巴枯宁在译本序中写道：“现实永远是胜利者”，“反抗现实等于摧毁各种勃然涌动的生活源泉。在生活的各方面和一切领域顺应现实，是当代的一项伟大任务。”[②]别林斯基在给巴枯宁的回信中也表示：“我注视着我原先根本不屑一顾的现实。由于意识到它的合理性而感受着一种神秘的喜悦。”[③]

1839 年 6 月，别林斯基的《鲍罗金诺周年纪念》在《祖国纪事》上发表，这里他借用了普希金的颂诗《鲍罗金诺周年纪念》的题

---

① 蒋路先生在《俄国文史采微》（东方出版社 2003 年版）中在国内学界较早和最为详细地谈到别林斯基这一思想插曲，本书予以引用。

② 蒋路：《俄国文史采微》，第 451 页。

③ 同上书，第 451—452 页。

目。[①] 在文章中，别林斯基提出了三个重要的观点。第一，俄国之所以能够打败不可一世的拿破仑大军，不是因为人民的力量，而是由于沙皇及沙皇政府的英明指挥。他认为："我们政府从来都走在人民的前头，从来是向人民的目标迈进的指路明星；沙皇政权从来是一股活的源泉，那创新涤旧之水就不曾干涸过；它又是一个太阳，阳光从中心喷射出来，撒向国家实体属下的庞大机构的关节，再通过生命的热与光渗透进去。我们的自由全靠沙皇，因为我们的新文明、我们的教化都导源于他，犹如我们的生活导源于他一样"，"在沙皇脸上看到威仪、仁慈、豪迈和雄伟的气魄，他们尽可放心地、充满着信心地把眼前的幸福和未来的希望寄托在他这气魄上。"[②]第二，俄国之所以能够取得胜利，是源自于俄国有远高于法国乃至西欧的文明，而这种文明的体现者就是沙皇制度。他认为："我们古老的，我们强大的克里姆林宫朝气蓬勃，人如潮涌。当一面大旗在宫殿上空傲然飘扬的时候，响起了传统的'乌拉'声，有了这面旗帜，代表本民族的生命和灵魂的人们管保会前来效力"，"'沙皇'一词体现着我们民族生活的神秘的内核、根源、实质和生命的脉搏"，"俄罗斯民族一切前进的步骤、民族生活每时每刻的发展从来都源于沙皇政权的举措"，"应该意识到我们有合理的权利以我们对沙皇的爱戴，以我们对他的神圣意志的无限忠诚而自豪，犹如英国人以其国会决议和民法而自豪，美国以其自由而自豪一样。"[③]第三，俄国之所以能够取得胜利，是因为俄国上下君臣和睦、臣民一心，这即是俄国民族性。他说："沙皇从来都同上帝的意志，同合理的

---

① 普希金作于 1831 年 8 月 26 日，这一天是鲍罗金诺战役 30 周年纪念日，也是俄国军队攻占华沙之日。此诗为普希金为数不多的宣扬大俄罗斯沙文主义的作品。

② 蒋路：《俄国文史采微》，第 452—453 页。

③ 同上书，第 453 页。

现实神秘地融会在一起的”,因此“我们不用谈论和争辩绝对服从沙皇政权是否必要,这是不言自明的。不,还有一件更重要的、更接近问题实质的事,那就是达成这样一个共识:绝对服从沙皇政权不仅对我们有利和必需,而且不啻是一篇反映我们生活的最崇高的诗章,是我们的民族性。”①

别林斯基在政治上的“转向”和麻木不仁使他的朋友痛心,赫尔岑对此予以严厉的批评,并且因此宣布与他断交。别林斯基很快醒悟过来,在1840年宣布与自己罪恶的思想决裂。他在给历史学家波特金的信中表示:“我诅咒着自己想和卑鄙的现实妥协的那种卑鄙的愿望……我的天啊,想到了我那时的狂热病或精神错乱,真是可怕,我现在好似一场大病初愈的人”。② 从此以后,别林斯基就一无反顾地转向了革命民主主义者的世界观。但是这篇充满献媚、奴颜的文章成了他一生洗不掉的最大污点。以至于每当他的朋友或敌人提及此事时,他立即无言以对,羞愧万分,无地自容。作家屠格涅夫曾无意谈起此文,别林斯基立即“羞得用双手捂着耳朵,紧弯着腰,左右摇晃着,在房间里踱来踱去”③。因为这篇文章与别林斯基愤世嫉俗、不屈不挠的性格、与他和独裁政权和专制制度势不两立、永世为敌的政治立场冰炭两极,根本无法相容。

巴枯宁在此时期与别林斯基共同经历了“与现实妥协”的思想困惑,但是他早于别林斯基在1839年就已经醒悟,随后于1840年从窒息的俄国来到德国,从此后开始了他无政府主义的理论思考和实践。但是,当他参加1848年欧洲革命,于1849年被普鲁士当

---

① 蒋路:《俄国文史采微》,第453—454页。

② 涅奇金娜主编:《苏联史》第2卷第1分册,第220—221页。

③ 蒋路:《俄国文史采微》,第455页。

局逮捕后被引渡回俄国后不久，便应沙皇尼古拉一世的命令，在1851年7—8月间书写了一份长达八万字的《忏悔书》，[①]他详细回顾并交代了他被捕前在西欧的政治活动，并且出卖许多与他有过联系的俄国或其他国家的革命家的名字，同时还详细地介绍了他所参加的每次革命行动的组织、发动、起义的全过程。他写道："德国人马克思博士对我极其仇恨，原因在于我不愿意无原则地接受他的领导。他在科隆出版的《新莱茵报》上发表文章，对我横加责难，而且无中生有地硬说我是出卖波兰人的罪人。"[②]巴枯宁在《忏悔书》中奴颜婢膝地表示了对沙皇的尊敬和崇拜："我给陛下的忏悔书可归结为如下不多的几句话：陛下！在皇帝陛下面前，在祖国法律面前，我全错了。……陛下，我将把您看作接受忏悔的神父，诚恳地向您倾吐心声，如同人们忏悔并不是仅仅是为了在人世间得到轻易的宽恕，而是为了在上帝的世界得到宽恕一样。"他甚至说："不仅仅是我一个人，而是许多人，其中包括波兰和其他国家的人，都充分地意识到了，在欧洲所有的皇帝之中，只有您是最伟大的君主，是主持正义、信念真诚的国王。"[③]巴枯宁宣称他仅仅是社会主义和无政府主义思想的一时迷恋者，甚至从一开始就不相信这些虚无主义的东西。"我曾经研究过许多社会主义者的著作，曾经迷恋过法国、德国、比利时和英国的共产主义者的理论。但是我从来没有参加任何党派，而且同他们的措施、宣传和活动格格不

---

① 法国学者雅克·杜克洛(Jacques Duclos)在《巴枯宁与马克思：光明与阴影》(*Жак Дюкло ,Бакунин и Маркс. Свет и тень*. 俄译本为莫斯科1975年出版)中对《忏悔书》予以详细评介，中国学者李显荣在《巴枯宁评传》(中国社会科学出版社1982年版)中也予以简要评介。

② 杜克洛：《巴枯宁与马克思：光明与阴影》，莫斯科1975年版(下同)，第102页。

③ 同上书，第102—103页。

入。因为我认为,社会主义理论是看不见的和无法实现的,比那些形成体系和组织起来的、秘密的和公开的共产主义要具危险性。”[①]在《忏悔书》的最后,巴枯宁表露出来了贪生怕死的贵族本性,他哀求沙皇尼古拉一世允许他在囚禁和苦役中度完残生,“现在,我再次恳求陛下,向陛下伏地求恩,哀求您:陛下！我是一个十恶不赦的大罪犯！这我知道,如果判处我死刑,我认为这是罪有应得,而且我几乎会高兴地接受这种惩罚:它会使我摆脱令人厌恶的和难以忍受的囹圄生活。但是奥尔洛夫伯爵以陛下的名义对我说,俄国没有死刑。我哀求您,陛下,如果法律许可的话,如果罪犯的请求能够感动皇帝陛下的心的话,请不要让我受终身监禁要塞的痛苦！不要用德国式的刑罚来惩处我的德国式的罪过。就让最沉重的苦役成为我的命运吧,我将以感激之情接受它,把它看作您对我的恩典。劳役越艰苦,我就越容易沉湎于劳动之中！……我觉得,不管是在凯尼格斯坦要塞,还是在奥地利,都没有在彼得保罗要塞这里好,但愿上帝让每一个自由的人都能找到这样善良的、这样仁慈的首长,就像我在这里极其幸福地找到的那样!”[②]尼古拉一世在看了巴枯宁的《忏悔书》后,大为高兴,他立即加上一个批语:“毫无疑问,也就是说,我会以斯拉夫的马赞尼洛的身份来领导革命的,谢谢!”同时他要求皇太子亚历山大二世认真阅读这份革命者的“忏悔书”,并批语:“值得你一读,非常有趣,颇有教益。”[③]

这份《忏悔书》在巴枯宁生前未曾公布,因此巴枯宁从流放地脱逃后,得以“英雄”的姿态重返欧洲。马克思在未知详情的情况

① 杜克洛:《巴枯宁与马克思:光明与阴影》,莫斯科 1975 年版,第 103 页。
② 李显荣:《巴枯宁评传》,中国社会科学出版社 1982 年版(下同),第 45—46 页。
③ 同上书,第 46—47 页。

下称:“这位新的穆罕默德就这样实现了一次神奇的逃亡。”[①]赫尔岑称赞巴枯宁“神奇而又顽强地出现在各地……这使得他成为一个当之无愧的英雄人物。”[②]到十月革命后的1921年,巴枯宁的《忏悔书》全文才予以在苏联公布。

以上革命民主主义者别林斯基和俄国无政府主义鼻祖巴枯宁的“失节”,仅仅是两人思想发展史中的一个不和谐插曲,但是它仍然反映了专制主义和保皇主义为核心的文化传统在俄国最先进人士中影响之深。

另一位俄国激进主义者和民粹主义运动的精神领袖赫尔岑也曾误入“思想迷途”,曾经放弃了革命主张,把解放农民的希望寄托于沙皇亚历山大二世身上。

1857年7月至1867年,赫尔岑和奥加廖夫在伦敦编辑并出版了《钟声》杂志,利用国外的有利环境,揭露国内政治黑暗,讨论农民解放问题。争取“把言论从书刊检查制度中解放出来!把农民从地主的压迫中解放出来!把纳税者从毒打中解放出来!”赫尔岑在发刊词中向“全体爱国同胞”发出呼吁:“不要只聆听我们的《钟声》,还要自己动手敲响它!”[③]赫尔岑希望把《钟声》办成一个自由论坛,而奥加廖夫则希望使其成为发动革命运动的机关。[④]两人则因此发生矛盾,赫尔岑宣布“《钟声》要为俄国的根本利益服务”。[⑤]当赫尔岑得知“军棍沙皇”尼古拉一世因克里木战争战败而

① 《马克思恩格斯全集》第18卷,人民出版社1964年版,第489页。
② 《赫尔岑全集》第7卷,莫斯科1956年版(下同),第315页。
③ 赫尔岑等主编:《钟声》,莫斯科1962年版(下同),第1页。
④ 帕特瑞杰:《亚历山大·赫尔岑》,巴黎1984年版,第105页。
⑤ 赫尔岑等主编:《钟声》,第1页。

自杀的消息之后,他异常高兴"噙着真诚而快乐的眼泪"把"这个伟大的消息"告诉孩子们,告诉所有的人。[①] 同时他也把俄国变革的希望寄托于新沙皇亚历山大二世身上。他在《致沙皇亚历山大二世的信》中呼吁政府采取明智措施,自上而下实施改革,废除农奴制,解放农民。因为,"农民带有土地解放的问题是如此的重要……这一问题的提出就会使我们站在跟欧洲完全不同的立足点上。"[②]赫尔岑在第9期《钟声》中发表《再过三年》,他表示:"保留着农奴制状态的俄国是可耻的,我们颤栗地期待着俄国的希望,聆听俄国的运动和消息……亚历山大二世和我们在一起,为俄国伟大的未来而努力工作。从他执政之日起,农民开始获得了解放。"他称亚历山大二世为"开创俄国历史新纪元的活动家,他的名字将永载史册……","你胜利了,加加利人!"[③]

赫尔岑和《钟声》政治观点上的逆转遭到国内和国外进步知识分子的批评。然而赫尔岑在1860年3月1日回应批评者的信中为自己辩护:"我们之间的分歧不是思想上的而是手段上的,不是原则上的而是行动方式上的","您代表我们方面的一种激进的意见。不过,在号召人们拿起斧头之前,应当掌握运动的主动权,应当有组织,应当有计划。"[④]当然,很快赫尔岑就发现沙皇政府改革方案的保守性,以及亚历山大二世的狡诈之后,赫尔岑立即著文,郑重地声明:"不要责备我们,我们坚持到最后的极限了,该公开叛变了……再见吧!亚历山大·尼古拉耶维奇,祝一路平安!一路

---

① 参见赫尔岑:《往事与随想》下册,第324页。

② 赫尔岑等主编:《钟声》,第362页。

③ 同上书,第67页。

④ 同上书,第531页。

平安！谨此。”[①]在这里，赫尔岑提到了亚历山大二世的父称“尼古拉耶维奇”，意在提醒沙皇和人民，不要忘记“军棍沙皇”尼古拉一世给人们留下的黑色记忆。

赫尔岑这一短时间内的迷途，究其原因是复杂的。最重要的原因是赫尔岑对农奴制改革前革命形势悲剧失望，因此走上了舍“激进”而求“保守”，弃“革命”图“改良”的道路。尤如苏联历史学家马里宁评价：“赫尔岑和奥加廖夫维护改革并不意味着他们反对革命。正如我们已经多少地看到的那样，他们力图更深刻地理解历史进程的内在的动力，进而是理解进化和革命在这一进程中的地位。”[②]但是其深层原因难道不包括深藏于自称“在对亚历山大沙皇怀着极大的敬意的环境中长大的”[③]贵族家庭出身的赫尔岑的意识深处的皇权主义政治文化的无形影响吗？

四、保守主义文化背景下的泛斯拉夫主义

泛斯拉夫主义（Панславизм）起源于俄罗斯民族主义，但早期的俄罗斯民族主义在性质和具体内容上与后来的俄罗斯民族主义有很大的区别。俄国在 15 世纪 80 年代以前，还只是东欧的一个弱小国家，在经济、军事和文化上都大大地落后于邻国，基本上是一个被侵略和被征服的国家和民族。马克思曾指出：“鞑靼人的枷锁从 1237 年持续到 1462 年，长达两个多世纪，这种枷锁不仅压迫了，而且凌辱和摧残了成为其牺牲品的人民的心灵。鞑靼（蒙古）

① 赫尔岑等主编：《钟声》，第 568 页。

② 马里宁：《俄国空想社会主义简史》，第 172 页。

③ 赫尔岑：《往事与回忆》第 1 卷，第 63 页。

人建立了以破坏和大屠杀为其制度的一整套恐怖统治。”[①]俄国除了经历了鞑靼(蒙古)人的奴役外,还经常受到邻近国家和民族(波兰人、立陶宛人、日耳曼人、瑞典人)的入侵或骚扰。在15世纪80年代前,俄罗斯民族主要任务和历史使命是反抗外敌侵略和奴役,维护民族独立和争取民族统一。因此,尽管当时俄罗斯民族也曾试图兼并周边一些国家,当时的俄罗斯民族主义中也有扩张的成分,但总的讲,该时期的俄罗斯民族主义是一种被动防御性民族主义,或者说其主导成分是反抗异族政治压迫和经济剥削,争取民族主权和民族独立的民族主义。

早期的俄罗斯民族主义是伴随着俄罗斯民族的形成而产生的,而俄罗斯民族形成的过程也即是统一的俄罗斯国家的形成过程。面对异民族的武力侵略和殖民统治,分散的俄罗斯各部族有了团结一致共御外侮的要求,在异族残酷的民族压迫下,在俄罗斯民族意识觉醒和各部族的经济和文化交往增加的条件下,占据有利的地理条件和政治条件的莫斯科公国成为俄国的政治、经济和文化中心,成为俄罗斯各民族统一思想的体现者和统一行动的领导者。莫斯科公国领导了摆脱鞑靼(蒙古)人殖民统治的斗争,伊凡三世靠“20年左右的耐心工作”,终于在1480年“把莫斯科公国从鞑靼人的枷锁下解救出来”。[②] 与此同时,伊凡三世还征服了罗斯各公国,到15世纪末俄国基本统一。伴随统一国家的形成,俄罗斯民族的民族意识开始觉醒,“在古老的联系和传统的基础上,在东斯拉夫人种族共同的基础上,在自古以来语言共同性的基础

---

① 马克思:《十八世纪外交史内幕》,第67页。

② 同上书,第71页。

上(因为'语言结构,即语言的语法构造和基本词汇,是许多时代的产物'),在逐渐形成的共同的风俗习惯、日常生活、法律、意识形态的基础上,罗斯民族的统一意识开始在日前兴起的古罗斯国家中,在国际舞台的统一行动中、在为'罗斯国土和信仰'的共同斗争中、在共同的政治生活条件下形成起来。罗斯人意识到自身具有同一信仰、同一语言、同一风俗习惯('自己父辈的'风俗习惯)、同一习俗的人,是具有同一心理气质的人"[①],俄罗斯民族(或称大俄罗斯民族形成了。成书于12世纪末的《伊戈尔远征记》就反映了早期俄罗斯民族主义,马克思称赞:"这部史诗的要点是号召俄罗斯王公们在一大帮真正的蒙古军的进犯面前团结起来。"[②]

当俄罗斯民族逐渐强大和沙皇政府羽翼渐丰以后,俄罗斯民族主义的性质和内容就发生了质的变化。随着沙皇专制制度和中央集权制的建立,俄罗斯沙皇和统治阶级的野心与私欲极度膨胀,俄罗斯国家对外扩张和殖民的步伐加快加大了。俄罗斯民族主义越来越显现出其咄咄逼人的气势,俄罗斯民族主义逐渐失去其抵御外侮、维护正当民族利益的进步性,逐渐蜕变成以领土扩张、政治奴役、经济掠夺为目的,为本民族的或个别利益集团的狭隘利益而不惜损害其他民族利益的民族主义。

到19世纪,俄罗斯民族主义增加了新的内容:泛斯拉夫主义和文化沙文主义。

泛斯拉夫主义是18世纪末19世纪初产生于西部斯拉夫各民族中的一种民族思潮和文化运动,同时"也是有意识地引向寻求种

---

① 马夫罗金:《俄罗斯统一国家的形成》,商务印书馆1991年版,第144页。

② 《马克思恩格斯全集》第29卷,人民出版社1972年版,第23页。

族血亲关系的共同根源,也是心理和政治需要的产物"。[①] 西部的斯拉夫民族(捷克人、斯洛伐克人等)长期处于奥地利的殖民压迫之下,一些知识分子呼吁斯拉夫各民族以斯拉夫人共同的民族起源、民族历史、民族语言和民族文化为纽带,建立斯拉夫各民族的联邦国家,联合对付外敌的侵略和殖民压迫。由于斯拉夫各民族居住的分散和力量的弱小,相当多的斯拉夫民族自然地把联合斯拉夫人、摆脱异族统治和建立斯拉夫国家的希望寄托在政治经济独立并且国际地位处于上升阶段的俄国身上,从而为沙皇政府宣扬和利用泛斯拉夫主义创造了条件。泛斯拉夫主义的兴起正好切合了俄国国内甚嚣尘上的俄罗斯民族主义浪潮,沙皇政府和俄罗斯民族主义者从民族沙文主义的立场出发,把俄国看作是斯拉夫世界的领导者和主宰者。1867 年在莫斯科召开了首届斯拉夫人代表大会,沙皇亚历山大三世亲自出席大会的开幕式,会议上俄罗斯的学者和政客们大谈"没有俄国,斯拉夫民族不会得救","俄语是斯拉夫统一的手段和基础"[②]。美国学者亨利·赫坦巴哈认为:"把亲斯拉夫派的意识形态伸展到政治领域的俄国泛斯拉夫主义,只不过是表现俄国民族意识的另一种方式罢了。"[③]

"俄罗斯民族与文化优秀论"是俄罗斯民族主义和文化沙文主义一个不可缺少的理论基础,它把俄罗斯民族与语言文化置于一种极其特殊的地位,从而陷入了种族主义的泥坑。叶卡捷琳娜二世时代的贵族诗人丘特切夫在一首诗中写道:"在面貌改观的拜占庭土

---

① 赫坦巴哈:《俄罗斯帝国主义:从伊凡大帝到革命前》,三联书店 1978 年版(下同),第 94 页。

② 尼基京:《俄国斯拉夫委员会》,莫斯科 1960 年版,第 223、196 页。

③ 赫坦巴哈:《俄罗斯帝国主义:从伊凡大帝到革命前》,第 96 页。

地上,基督的圣坛将重新被奉祀于古代索菲亚的殿堂!啊,俄罗斯的沙皇,跪倒在圣坛的面前吧,于是起而为全体斯拉夫人的沙皇。"[①] 贵族史学家卡拉姆津声称:"俄国,我们的祖国,26 个不同的部族——他们血液汇合组成一个单一的民族——祖国,统一在单一的皇权之下,正在大踏步地走向文明,人类的共同目标。"[②]19 世纪后,随着泛斯拉夫主义在西部斯拉夫人中的兴起,"俄罗斯民族与文化优秀论"开始盛行。俄罗斯民族主义者从沙文主义和种族主义立场出发,宣扬"俄国民族是'上帝选拔的民族',力图把俄罗斯民族和所有其他的民族对立起来,以便论证俄国沙皇制度的大国侵略计划,煽动沙文主义。"[③]莫斯科大学历史教授、《莫斯科人》主编波特金在给沙皇亚历山大一世的信中写道:"难道有谁能和我们相比?难道有谁不会让我们强制服从?世界的政治命运,我们随时要作出这样或那样的决定岂不是由我们掌握么?"[④]波特金直接引用德国思想家谢林和黑格尔的唯心主义思想,强调世界上存在着一种不可抗拒的"绝对精神",它往往在"上帝的选民"身上得到体现,这些民族注定要实现"某种'神'所赋予的历史使命",而俄罗斯民族即是这类被上帝选定的优秀民族。[⑤] 俄国泛斯拉夫主义者谢·乌法罗夫说:"自从我们的国家建立以来,我们俄国人这个盛名,已经而且正在被千百万人在他们的社会生活中所反复传诵,难道我们对俄国人这个荣誉

① 赫坦巴哈:《俄罗斯帝国主义:从伊凡大帝到革命前》,第 98 页。

② 卡拉姆津:《论俄国的学会和期刊》,载《俄罗斯古文献》第 3 卷,圣彼得堡 1871 年,第 3307 页。转引自久巴:《国际主义还是俄罗斯化》,商务印书馆 1972 年版,第 316 页。

③ 施潘诺夫:《俄国哲学史论文集》,三联书店 1957 年版,第 68 页。

④ 赫坦巴哈:《俄罗斯帝国主义:从伊凡大帝到革命前》,第 106 页。

⑤ 瓦谢茨基主编:《苏联各民族哲学和社会政治思想简史》第 1 卷,第 380 页。

不感到更光荣吗？……俄国人民……保持了我们先辈的信仰、语言、风俗、习惯和全部的民族性。”①哲学家弗拉基米尔·索罗维约夫强调所谓“俄罗斯思想”，认为这是俄罗斯民族意识的组成部分，他提出“俄罗斯思想”对于俄罗斯人来说是所有问题中最为重要的问题，是“关于俄国在世界历史中生存的问题。”②他说:“民族问题对于许多民族来说是关系到生存的问题。而在俄国根本不存在这个问题。数千年的历史作用已将俄国建成一个统一体、独立的和伟大的强国。这是已经完成的事业，这方面不应该有任何问题……民族问题在俄国不是生存问题，而是如何无愧于在俄国生存的问题。”③他在1869年的一封信中谈道:“每当我想起我们的语言的美丽、想到该死的蒙古人和该死的莫斯科之前的我国历史的壮丽，我都想扑到地上，我们拥有上帝赋予我们的天才。”④他提出了“三种力量”说，将东方穆斯林作为第一种历史力量，这种力量“完全地要消灭人类和确立惨无人道的神”，西方文明是第二种历史力量，它“首先试图确立对无神论者的排斥”，第三种力量即是“俄罗斯思想”，它是“神的力量的代表者”，它的使命“也许仅仅是高级的神的世界的启示”。⑤在这里，斯拉夫主义和俄罗斯思想变成了学者们的论证俄罗斯民族主义合理性和普世性的工具，斯拉夫主义的主张很自然地就变成了泛斯拉夫主义的口号。历史学家米留科夫于1893年在《斯拉夫主义的解体》中对此进行了批判，他认为:“老的斯拉夫主义的民族主

① 赫坦巴哈:《俄罗斯帝国主义:从伊凡大帝到革命前》，第108页。
② 《索洛维约夫全集》第2卷，莫斯科1988年版(下同)，第219页。
③ 《索洛维约夫全集》第1卷，莫斯科1988年版，第260页。
④ 《托尔斯泰选集》第4卷，莫斯科1964年版，第281页。
⑤ 《索洛维约夫全集》第2卷，第230页。

义思想，失去了自己的人道主义内涵，必然要变为民族利己主义，而由民族利己主义，又必然地产生出反动的蒙昧主义理论。我们的民族主义者急不可待地强迫我们用四肢爬行，以使我们不致成为两足动物的模仿者。”①

这里值得着重叙述的是哲学家达尼列夫斯基和他的著名的“文化——历史类型”论。

国际学术界认为世界上最早系统论述文明史观是法国思想家伏尔泰和他的《路易十四时代》。② 最早的文明史著作是法国历史学家和政治家基佐所著《欧洲文明史：自罗马帝国败落到法国革命》和《法国文明史》。而在俄国最早系统论述文明史观的当推达尼列夫斯基和他的《俄国与欧洲》。③

在1853—1856年的克里米亚战争中，俄国军队败给英国、法国、意大利和土耳其联军，俄国与西欧国家和西欧文明，以及与土耳其文化和伊斯兰文明的巨大差异性再度充分显现，促使俄国知识界深入思考。达尼列夫斯基率先提出了“文化—历史类型”(культурно-исторический тип)的概念，他罗列出了世界上曾经存

---

① 康托夫：《米留科夫：俄国文化史学家—实践的政治家》，载《哲学问题》，莫斯科1991年第1期。

② 英国史学家古奇在《19世纪历史和历史学家》的最后一章“文明史”(History of Civilization)中持如是说，参见古奇：《19世纪历史和历史学家》(Gooch G. P. History and Historians in the Nineteenth Century, Boston, 1959)，波士顿1959年版，第573页。)

③ 该书全名为《俄国与欧洲：斯拉夫世界与日耳曼—罗马世界的文化和政治关系的观点》(*Россия и Европа : взгляд на культурные иолитические отношения славянского мира к германо-романскому*)，作者从1865年秋开始着手《俄国与欧洲》的写作。全书完成于1868年，1869年起在《曙光》杂志上连载，1871年首次出版单行本1200册。1995年彼得堡大学出版社和彼得堡“语言”出版社联合出版了第六版。

在以及尚存的10种"文化—历史类型"：埃及；中国；巴比伦—腓尼基；印度；伊朗；希伯来—犹太；希腊；罗马；伊斯兰；日耳曼。他认为："最主要的应该建立在文化—历史类型的差别之上，这个差别即是相对独立的、区域的、社会的、日常的、工业的、政治的、学术的、艺术的，一句话，历史发展的独立的和有特点的计划。"[①]达尼列夫斯基认为古代文化展现其特色，希伯来—犹太文化—历史类型建立在一神教原则之上，罗马文化—历史类型建立在法律原则之上，日耳曼文化—历史类型建立在认识原则之上。而斯拉夫文化—历史类型尚未最终形成，但它将建立在正义思想（идея справедливости）的原则之上。

达尼列夫斯基强调不同文明犹如人之肌体一样必须经历生老病死的过程，经历从童年到壮年最终到暮年的历程。他认为每个文明的控制力的影响力最多维护400—600年。据此，他断言欧洲文明和欧洲民族（特别是日耳曼文明和日耳曼民族）已经走完了其"盛世壮年"阶段的16—18世纪，已现垂暮之象，而斯拉夫文明和斯拉夫各民族却正在经历着"繁荣"，19世纪和即将到来的20世纪将是斯拉夫世界的"鼎盛"时期。

达尼列夫斯基继承了斯拉夫主义者的理论武器，他推断斯拉夫世界与西方世界之间因文明差异而引发的战争"或迟或早"是要爆发的。"能够与已经在文明上统一起来的欧洲对抗，只有统一的斯拉夫民族"。"每一种斯拉夫人：俄罗斯人、捷克人、塞尔维亚人、克罗地亚人、斯洛文尼亚人、保加利亚人（我也想把波兰人包括在内）——以上帝和他的神圣的教会的名义——斯拉夫世界的思想

① 达尼列夫斯基：《俄国与欧洲》，圣彼得堡1995年版（下同），第85页。

将组成一个崇高的理想,高于学术,高于世界的财富……”[①]而泛斯拉夫主义和斯拉夫民族的联合,不仅可以抵抗西欧天主教——日耳曼文化势力的入侵以及西方国家的军事威胁,而且将起到均衡欧洲乃至世界和平的作用。他特别强调俄罗斯文明和俄罗斯民族在斯拉夫文明中所占据的特殊的和领导性的地位,即“我们可以将我们所有的注意力集中到作为唯一的独立的斯拉夫国家的俄罗斯身上。”[②]

达尼列夫斯基的同时代人斯特拉霍夫称赞:“达尼列夫斯基作为最大的斯拉夫派的一员,包含了对于世界历史独特观点和斯拉夫主义学说完整法典的《俄国与欧洲》一书的作者,在历史文献中而著称于世。”该书“应该涉及被称为斯拉夫主义的我国文献流派,因为这本书立意于对斯拉夫世界精神独特性思考之上。同时这本书深刻地和完整地涉及到上述问题,因此它能够被称为斯拉夫主义完整的教义手册或法典”。[③]

而且不仅官方倾向非常浓厚的斯拉夫派、东方人派等贵族阶级和资产阶级的代表人物大肆主张的文化沙文主义,就连俄国近代的一些先进人士的思想中也存在强烈的民族主义意识。俄国伟大的诗人普希金后期的诗作中存在民族主义倾向,他在《致诽谤俄罗斯的人》中宣扬“人民的雄辩家,你们吵嚷什么?为什么诅咒俄罗斯,威吓俄国人?是什么触怒了你们?立陶宛的风潮?别吵嚷了:这是斯拉夫人的争论,这是一场用不着你们来调解的为命运所决定的古老家庭纷争。多少年来,这些民族,彼此敌视,仇怨很深;一会儿他们,一会儿我们,多

① 达尼列夫斯基:《俄国与欧洲》,第345页。

② 同上书,第20页。

③ 达尼列夫斯基:《俄国与欧洲》序言,第XXVI,XXVIII页。

次迎着风暴弯下腰身。谁赢得这力量悬殊之争：傲慢的波兰人或忠诚的罗斯人？斯拉夫的细流岂不汇成俄罗斯大海？它就能枯竭？这就是问题所在。……难道我们人少？难道从彼尔姆到塔夫利达，从芬兰寒冷的山崖到火热的科尔希达，从受到震惊的克里姆林宫到岿然不动的万里长城脚下，俄罗斯大地再也不能崛起，任钢铁的鬃毛闪耀着光华？雄辩家们，把你那恶狠狠的儿子往我们国家尽管派遣，俄罗斯田野上有他们的地盘，在他们并不陌生的墓地之间”。[①] 当 1831 年沙皇军队 8 月 26 日攻陷华沙，诗人在《鲍罗金诺周年纪念》中为沙皇的“武功”称道：“快来吧，俄罗斯在呼唤你们！但你可要知道，我们的贵客！波兰不会再为你们做向导，你们可要从波兰的白骨上跨过！……这些话兑现了——在鲍罗金诺日，我们的战旗又一次破阵闯入再度陷落的华沙城的缺口；波兰好像一团奔逃的士兵，血染的战旗丢弃在尘埃之中，被镇压的反叛便默不作声。……苏沃洛夫从自己墓中站起，看见华沙已经成了俘虏，在他开创的光荣的辉耀下，他的幽灵也在抖个不住！他，我们的英雄，他在为你祝福：愿你解除痛苦，得到安宁；愿你的战友们作战英勇，愿传来你的凯旋的喜讯；祝福他自己年轻的儿孙，是他带着它向布拉格挺进。”[②]十二月党人彼斯特尔在俄国历史上第一部资产阶级法典的《俄罗斯真理》中拒绝非俄罗斯民族脱离俄国而独立，并且忽视俄国境内非俄罗斯民族的民族特点，主张所有的非俄罗斯民族应该同化于俄罗斯民族之中，因为民族自决和分离权是与国家的“安宁权”相抵触的。他认为削弱非俄罗斯民族特点的最好办法，就是使这些民族改信基督教[③]。著名的俄国无政府主义者巴枯宁在给沙

---

① 卢永编选：《普希金诗选》，人民文学出版社 1996 年版，第 395—397 页。

② 同上书，第 398—401 页。

③ 参见克柳切夫斯基：《俄国史教程》第 1 卷，第 289 页。

皇尼古拉一世的忏悔书中也曾劝说沙皇政府应该高举泛斯拉夫主义的旗帜，那样所有的斯拉夫人就会“遵从陛下的意志，他们同奥地利、普鲁士领域内一切操斯拉夫语言的人们，都将欢欣鼓舞、高高兴兴地置于俄国鹰的宽大双翼下面，不仅全体一致地去反对誓不两立的德意志人，而且向整个西欧方面前进”。① 这些进步思想家和革命家主张的正是典型的俄罗斯民族主义和变种的斯拉夫主义——泛斯拉夫主义的思想。

为此，曾经是泛斯拉夫主义的拥护者的捷克学者哈夫里切克在俄国旅行后为甚嚣尘上的俄罗斯民族主义和大俄罗斯沙文主义而惊叹，他写道：“俄国的酷寒气候和俄国生活的其他方面都使我心里仅有的一颗泛斯拉夫人之爱的火花熄灭了”，因为“他们相信，有朝一日他们要控制一切斯拉夫的国家！……以便尔后能够重新说俄国人以代替斯拉夫人，俄国人不是兄弟般，而是狡诈地和利己主义地想到其他斯拉夫人。”②

第四节　俄国保守主义的特点和影响

一、俄国保守主义的特点

作为一种政治哲学和政治思潮的保守主义形成于18世纪末，英国思想家伯克在《法国革命感想录》一书中首次明确表达了保守主义思想，奠定了保守主义思想的基础。保守主义的核心观念是反对一切激进的革命和革新，主张节制政治，以妥协手段调和各种

① 巴枯宁：《巴枯宁言论》，三联书店1978年版，第332页。

② 赫坦巴哈：《俄罗斯帝国主义：从伊凡大帝到革命前》，第103页。

社会势力的利益冲突。保守主义视国家为一个有机体,局部不能离开整体而独立生存;地位和财产不平等是自然形成的,社会的领导权应属于素质优秀的贤人而非群众领袖。保守主义强调代表连续性和稳定性的法律和秩序,维护传统社会纽带诸如家庭、伦理、宗教等。

在俄国最古老、最权威的,成书于19世纪60年代中期的达里所编的《现代大俄罗斯语详解辞典》网络版中未见 Консерватизм 及解释。而在现代俄语辞典,如布洛欣主编的《俄国历史教学参考辞典》的解释为:“来源于拉丁文,词根为保存含义,指建立在保存国家体制的传统形态、否定革命性变革、以怀疑态度对待社会改革化的成效的社会思想倾向和政治运动。俄国保守主义在很大程度上表现在国家体制问题中,并且表现与激进主义相反的优点。”①

俄国保守主义起源于18世纪末19世纪初,直至20世纪初,这是其古典保守主义阶段,其理论核心是政治上的君主主义和贵族政治,文化上的保守主义、宗教神秘主义、斯拉夫主义和泛斯拉夫主义。到20世纪初,在1908年前后,以吉霍米洛夫的《君主国家体制》(1904)、斯徒卢威的《伟大俄罗斯》(1908)和大臣会议主席斯托雷平在1907年有关“你们需要巨大的震荡,而我们需要伟大的俄罗斯”的表述为标志,俄国现代保守主义思想体系最终形成。与古典保守主义不同的是,俄国现代保守主义除了坚持君主主义、宗教神秘主义、斯拉夫主义之外,还形成了政治上的立宪主义(以英国为楷模)、现代国家主义和极端民族主义,文化上的民粹主义(或称“人民主义”、“社会主义”)。

① 布洛欣主编:《俄国历史教学参考辞典》,第123页。

纵观18世纪末至1917年十月革命前俄国保守主义思想发展历史,可以发现俄国保守主义是沿着三条线索演变的:第一线索是温和保守主义,它激烈批评对西方的过分模仿,经常提醒社会防备西方文化的侵蚀,温和批评农奴制度和专制制度,寄希望于自上而下渐进改革。斯拉夫派和斯拉夫主义当属此列。第二条线索是反动保守主义,它主张以任何代价维护君主专制和农奴制度的岿然不动,极力强调宗教对社会政治生活的统治意义,否定任何(无论是自上而下,还是自下而上的)建立有理智的社会秩序的可能。黑色百人团和俄罗斯人民联盟当属此列。第三条线索是贵族保守主义,它主张通过自治运动发展、司法体系的完善、在不改变专制制度的前提下渐进地实现国家变革。19世纪80年代后兴起的地方自治运动和以斯徒卢威、米留科夫为代表的立宪民主运动当属此列。

与西欧保守主义思想比较,俄国保守主义的突出特点在于:

第一,俄国保守主义根源和根基深厚,对俄国历史发展影响巨大。

尽管俄国保守主义思潮形成较晚,但保守主义意识古已有之,贵族自初就培养的是忠君爱国的品德。相较西欧国家,俄国保守主义势力相当强大和持久,而且具有较强的本土色彩,并受沙皇政权的保护和提倡。除去俄国专制制度确立较早并且维持时间较长的原因之外,还与俄国未曾经历过对神秘主义和蒙昧主义予以沉重打击、弘扬人性主义和人道主义的文艺复兴和宗教改革有着重大的关系,而且俄国资产阶级革命发生甚晚,未能在政治上对专制主义的文化和民族政治心理形成重击。

第二,在俄国保守主义中宗教神秘主义色彩深厚并且影响巨大。

西欧保守主义中宗教色彩同样浓厚,但一般是主张“正统”、“神圣”的原教旨主义的宗教意识,在俄国保守主义中极为明显的是宗教神秘主义。这一特点与俄国独特的地缘文化、地缘政治和多种宗教交汇影响密切相关,也与俄国早期的保守主义思想家多出自神职人员或俄国早期哲学家笃信东方教父哲学有关。斯拉夫派代表人物霍米亚科夫提出了只可意会不可言传的“聚合性”的概念,从文化性、宗教性方面作了解释。斯徒卢威尽管不赞同斯拉夫派的文化保守主义,但是他赞同“聚合性”的提法,并且把它具体为“聚合个性”(соборная личность),从民族性和国家性方面予以解释,他认为:“国家具有聚合个性,并且高于任何的个人意志。”①一生思想大起大落、颇多波折的吉霍米洛夫到了晚年也沉湎于“末世论”的幻觉之中,他承认在末日来临的宗教气氛中,在他的思想中,唯物主义被混合的神秘主义所取代。这种“神秘主义急剧地复兴,但它已经建立在古代多神教的、诺斯替教的和希伯来教的基础上。同时还附加上印度教和佛教的影响。”②

第三,在俄国保守主义中民粹主义色彩明显并且影响较大。

在早期保守主义思想家的理论中,民粹主义的痕迹已现。谢尔巴托夫公爵对专制君主提出了有限的批评,强调“人民”的愿望和作用,只不过他眼中的“人民”是贵族和身份自由的农民。波索什科夫也对政府和官吏的暴政持批评态度,呼吁君主应关注“人

---

① 斯徒卢威:《爱国主义、政治、文化、宗教、社会主义》,第 61 页。

② 吉霍米洛夫:《最后时日(末世论幻象)》(Тихомиров Л. А. В последние дни (Эсхатологическая фантазия)。见:http://mnogoknig. narod. ru/b1/inlastdays/read. html

民”的情绪，只不过他眼中的“人民”仍然是身份自由的农民和新兴的商人阶层。伊凡·基列耶夫斯基、霍米亚科夫、阿克萨科夫等斯拉夫派思想家关注的“人民”是较为广泛的村社农民。而吉霍米洛夫则以亲身经历告诫沙皇要关注他与“人民利益的一致性”，并将“人民杜马”与沙皇政权的协作当作理想的政治体制，他眼中的“人民”在除了贵族之外，还包括了获得解放的农民以及进城做工的农民——工人。在斯徒卢威“伟大俄罗斯”的理念中，“人民”的分量有所减弱，因为在他的思想中一切均附属于国家的需要。但是当他谈到国家与民族的关系的时候，“人民”的概念就出现在他的“个人——民族——国家——文化统一”的理想之中。

二、俄国保守主义的历史评价

一般说来，俄国保守主义的核心体现在政治上为君主主义和国家主义，体现在文化上为保守主义，体现在价值观上为经验主义。

在俄国历史上，由于专制制度长期统治和专制主义、皇权主义文化长期存在，使得保守主义思想长期处于强势地位，它不仅存在于地主贵族阶层之中，而且还存在于广泛的社会大众的民族心理之中，甚至在最先进和最激进的知识分子和革命者意识深处也有相当的留存。弗兰科探讨了俄国保守主义之所以保守的原因，他认为：“俄国的保守主义是依赖于一系列的早已养成的感觉和信仰的习惯，依赖于传统的生活方式，总而言之——依赖于历史的惰性力量，但它早已丧失了其存在的精神道德根基，没有感到国家对其巩固的需求，至少没能理解这项任务的责任和复杂性，以及这种民族灵魂深处的根基的萌芽所必备的天性。”[①]保守主义钳制了激进主义，腐蚀了自由主义，使俄国在政治上成为专制制度的最后堡垒，在经济上成为长期落后的农业国，在外交上成为霸权主义和穷兵黩武国家，在民族问题上“俄国是各族人民的牢狱”[②]，根本阻碍了俄国历史发展进程，这是不争的事实。

但是，从另一方面看，俄国保守主义尽管因循守旧和声名不佳，但是在客观上却发挥了社会稳定器的作用。激进主义可以迅速调动部分政治资源，短时间内完成社会变革，但往往因激烈社会震荡而留下长期遗患。保守主义则强调与传统的继承和联系，对激进主义发挥制约、纠正、补充和缓冲的作用。著名学者余英时曾经评说：“‘保守’和‘激进’都在紧张中保持一种动态的平衡。例如在一个要求变革的时代，激进，往往成为主导的价值，但是‘保守’则对‘激进’发生一种制约作用，警告人不要逞一时之快，而毁掉长期积累下来的一切文化业绩。相反的，在一个要求安定的时代，‘保守’，常常是思想的主调，而激进则发挥着推动的作用，叫人不能因图一时之安而窒息了文化的创造生机。”[③]认真观察俄国历史上的每一次社会变革，保守主义势力与激进主义势力，革命主义主张与改革主义主张的确都是并存的，而且无论革命的结果还是改革的结果，社会都必须从剧变或渐变中稳定下来，俄国保守主义在此时起到的即是这个作用。正如利哈乔夫院士所言：“对于俄罗斯历史发展来说，保守主义和社会情绪、观点迅速更迭同时并存是典型的。似乎，甚至几代更迭在俄罗斯的完成比西方少用了许多年。

---

① 别尔嘉耶夫等著：《路标/来自深处》，第490页。

② 《列宁全集》第27卷，人民出版社1990年版，第85页。

③ 余英时：《钱穆与中国文化》，上海远东出版社1994年版，第123页。

这个过程的发生不只是因为俄罗斯生活的某种混乱性，而且还因为在俄罗斯的生活中来自旧时代的甚至类似旧时代的某种事物一定会留下来，而另一方面又存在发扬这种旧事物和追求新事物的激情。……俄罗斯文化的结构不是坚如磐石的，它像一个统一的整体在发展——相对均匀地和不断地发展。俄罗斯文化体制一方面主要的在变化，另一方面又留下旧时代的一些完整的体系。即便是在彼得大帝时代也是如此。一方面是一些果断的变革，另一方面是一成不变的农民生活秩序和坚决保留的老风俗生活秩序（与'意识形态基础'一起）。"①

① 利哈乔夫：《解读俄罗斯》，第14—15页。

第五章　从"乌托邦"到"超越":俄国激进主义思潮的演变

在处于重大变迁的社会中,保守主义和激进主义往往成为社会政治取向的两个极端,甚至成为首选项,而激进主义在近代俄国社会中的表现尤为激荡人心。近代以来俄国激进主义的行为主体是知识分子,他们彻底否定沙皇制度为代表的旧体制、旧思想、旧文化、旧道德以及旧习俗,摒弃劝进式的政治批评;他们致力于自下而上的革命手段,反对自上而下的改革措施;他们主张走急进而非渐进道路;他们选择共和主义、无政府主义或社会主义而非君主立宪政制。俄国激进主义思潮的基本线索是赫尔岑、车尔尼雪夫斯基和别林斯基的农民社会主义思想——民粹主义运动——社会民主主义(Социальный демократизм)——社会革命党主义——布尔什维主义——列宁主义。

第一节　俄国激进主义的历史渊源

一、俄罗斯民族性格因素的影响

不论是起源于内陆森林地带的早期斯拉夫人,还是 9 至 13 世纪基辅罗斯时代的东斯拉夫人和后来的罗斯——俄罗斯人,都生活在一个气候寒冷、地大物博、环境严酷和强邻威胁的地理环境之中。

史学家克柳切夫斯基认为当东斯拉夫人刚刚踏入罗斯境内就与他们的"远亲"日耳曼部落分道扬镳了,日耳曼人可以从被他们所征服的罗马人那里接受先进文化的影响,而"东斯拉夫人却相反,他们处在无边无际的平原中,平原的河流使他们不能紧密地居住在一起,平原的森林和湖泊使他们难以在新的地方、在那些来源不同而发展较低的邻人中间安家立业,这些邻人那里不但没有值得学习的长处,还经常和他们作战,他们处在一个荒无人迹、未经开发的地域里,这个地域的过去并没有为他们遗留下任何生活设备和文化遗产,甚至没有留下一个废墟,只留下无数的荒坟,满布在到处有草原和森林的俄罗斯土地上"。[①] 因此早期东斯拉夫人——罗斯人——俄罗斯人是它所居住的地区的"开拓者"。著名荷兰裔美国作家房龙曾经说过:"如果就人的精力、个人勇气及不顾一切的冒险精神来说,俄国这里早期开拓者与我们自己那些人相比毫无逊色。"[②] 俄罗斯先民们把对环境的祈求和对幸福的向往都载入最古老的艺术形式《壮士歌》之中。地大物博、气候寒冷和幅员广阔的自然条件是俄罗斯先民们战胜一切外国侵略者最有效的武器,来自东方强悍的鞑靼(蒙古)人尽管统治金帐汗国两个多世纪之久,但最终仍然是落败而归,因为"一望无际的平原吞食了蒙古人的势力,在欧洲的边界阻止了他们继续进犯:野蛮人不敢把被奴役的罗斯留在自己的后方,于是就返回到自己的东方草原去了"。[③]

从另外一方面看,这种特殊的地理环境和人文环境也养育了

---

① 克柳切夫斯基:《俄国史教程》第1卷,第23—24页。

② 房龙:《房龙地理——地球的故事》,国际文化出版公司1997年版,第248页。

③ 普希金:《论俄罗斯文学的微不足道》,载《普希金文集》第6卷,莫斯科1981年版,第98页。

俄罗斯人的民族性格:刚毅坚强、尚武好勇、性格外向、乐观豁达、重视感情、喜走极端,表现在现实生活中即为浪漫主义有余,理性精神不足。对此,古今俄国学者多有论述。宗教哲学家伊林曾经说过:“谁哪怕有一次机会体会俄国的闷热,体会从东南方向吹来的灼热的风,谁要是经历过有时候连着刮几天的俄罗斯的暴风雪,谁要是赶上过俄罗斯雨雪交加的寒冷天,他就会清楚地知道俄罗斯人的坚韧不拔来自何方。”俄国哲学家伊万诺夫在检视俄罗斯民族的性格之后认为:“我们民族性格的基本特点是赤裸裸的激情,渴望脱去一切衣服,一丝不挂,撕下所有假面和装饰,只要万物光秃秃的真理。我们的各种美德,我们的力量,连同我们的弱点、偏颇、危险和堕落,无不与上述特点有关。具有怀疑主义和现实主义风格是纯正俄罗斯思想。”①别尔嘉耶夫认为:“俄罗斯是最两极化的民族,它是对立面的融合。它能使人神魂颠倒,也能使人大失所望,从它那里永远可以期待意外事件的发生,它最能激起对其热烈的爱,也最能激起对其强烈的恨。”②而利哈乔夫院士论及俄罗斯民族性格时的表述更为全面,“这种性格远不是统一的。在这种性格中不只是不同的特点交织在一起,而且这些特点还交织在‘统一的音区’中:宗教和极端的无神论,无私与吝啬,实践主义与外部状况面前的完全无助状态,好客与仇视人类,民族自我蔑视与沙文主义,不善于同突然出现的战斗力顽强的庞大突击者作战……那些说俄罗斯人在一切方面都倾向极端的人完全正确……中派主义立场沉重,否则俄罗斯人简直承受不了。这种对极端的偏爱又与同

① 索洛维约夫等著:《俄罗斯思想》,第231页。
② 别尔嘉耶夫:《俄罗斯命运》,第127页。

样极端的轻信结合在一起……俄罗斯的轻信悲剧正在加重是由于俄罗斯人的智慧绝不与日常的关怀相联系，它渴求思考历史和自己的生命、世界上发生的意义最深刻的一切。俄罗斯的农民坐在房舍墙根的土台时通常会与朋友评论政治和俄罗斯的命运——整个俄罗斯的命运。这是平常的现象，而不是例外！俄罗斯人准备以最珍贵的东西去冒险，他们在履行自己的设想和思想时激昂狂热。他们准备挨饿、受苦……”。[①] 1927 年，俄侨哲学家费多托夫首次用双重面孔的人马座（Кентавр）来比喻俄罗斯民族的双重性格。它有着纯洁、祥和如圣母和天使般的面孔，身体却是张足腾跃欲冲决一切网罗的骇人姿势。历史学家、哲学家格夫杰尔把费多托夫的思想深化为：“任何一个民族，任何一个国家都是自己原始基因的产物，而我们呢，不是国家，而是国中之国，我们是两种基因的继承人。我们生来就是半人半马的人马座。”[②]

俄国知识分子群体具有强烈的反叛精神和极端主义情绪，它与俄罗斯民族的这种性格和天性有着极其密切的关系。著名作家陀思妥耶夫斯基的长篇小说《罪与罚》中讲述了一个令人压抑的故事。贫穷大学生拉斯柯尔尼科夫因缴不起学费而退学，因付不起房租而羞愧，因忍受不了贪婪的女高利贷者——老太婆的追债和嘲笑，情急之下挥起斧头杀死了老太婆和她的妹妹，最后因无法忍受良心的拷问而自首。作家试图通过对主人公的人性和人格的解剖，展现那个时代的知识分子因政治专制、思想禁锢和经济重压而导致矛盾和分裂的人格和性格。主人公名字——拉斯柯尔尼科夫

① 利哈乔夫：《解读俄罗斯》，第 29—31 页。

② 康达科夫：《文化学：俄国文化史》，第 369 页。

(Раcколников)的词根就是 раскол，暗含着“分裂者”的寓意。在他思想动机中，既含有对为富不仁者的仇视，对穷苦人民的同情，也含有极端的个人主义和无政府主义的成分。这即是 19 世纪俄国知识分子极端和分裂性格的形象写照。

二、分裂教派与其文化传统因素的影响

别尔嘉耶夫说过：“俄罗斯民族——就其类型和就其精神结构而言是一个信仰宗教的民族。宗教的困扰是不信教的人所固有的。俄罗斯的无神论、虚无主义、唯物主义都带有宗教色彩。出身于平民和劳动阶层的俄罗斯甚至在他们脱离了东正教的时候也在继续寻找上帝和上帝的真理，探索生命的意义。”① 俄国文化传统，特别是近代思想的变异大都能从宗教信仰找到源头。

分裂教派（Сектанты 或 Раскольник）和分裂教运动(Раскольничество)始发于 17 世纪中期，它是围绕着东正教会推行一系列改革而展开的群众性宗教运动。1653—1656 年，俄国东正教会牧首尼康按照希腊正教的模式和仪式进行大规模的宗教改革，力图统一规范东正教的教会典籍、服饰和宗教仪式，以此来加强教会管理的集权化。具体措施包括：两指划十字改为三指；祷告时沿顺太阳运行方向改为逆太阳运行方向；奉献祈祷时的 7 个圣饼改为 5 个；耶稣名字 Исус 改为 Иисус；唱“阿利路亚”2 遍改为 3 遍；圣饼上的八角十字架图案改为四角十字架图案。此外，向耶稣的祈祷、天使三圣颂歌、颂诗《赞美上帝》、受洗和婚礼、敷圣油、教俗葬仪、基督诞生以来的编年史、教堂音乐、晨祷和夜祷、时课、大

---

① 别尔嘉耶夫：《俄罗斯思想》，第 245—246 页。

斋晚祷、摇炉散香、教堂钟声、弥撒等全都作了新的调整。改革遭到了以大司祭阿瓦库姆为首的教会人士和广大教徒的强烈反对，他们认为"用三指划十字不仅是天主教异端，而且简直就是敌基督的标志"，[①]有人宣布看见尼康牧首的脖子上"缠着一条乌黑的蛇"，"尼康和沙皇是启示录中的怪兽的两只角，沙皇和牧首喝的是神圣耶稣的鲜血"，他们要消灭"神圣的宗教信条"。[②] 这些人被称为分裂派[③]。但沙皇阿列克谢将此次改革视为加强国家统一和中央集权的工具，因此对尼康改革予以充分的支持[④]，尼康控制的教会和沙皇政府对分裂派进行了残酷的迫害。根据 1766—1767 年法令，旧礼仪派将"按照沙皇的即按市政法规予以惩处"，对异端分子的侦讯和审判都交由各地军政长官负责。阿瓦库姆全家两次被流放到西伯利亚，并判坐土牢，但阿瓦库姆没有放弃与教会的斗争，他在 15 年里写成了《生活传记》(Житие，一译"使徒行传")等著作，讲述了他与尼康之间的冲突和受迫害、被流放西伯利亚的经过，书中充满反强暴的精神和心理描写。1682 年，沙皇阿列克谢下令将阿瓦库姆烧死。另外三位分裂派领袖大司祭拉扎尔、辅祭费多尔、主教叶皮凡尼先是被割去了舌头，流放到普斯托泽尔斯克寨堡，后于 1682 年被火刑处死。但是这些镇压并没有阻止分裂派运动的发展，相反却增加了分裂派教徒的反抗。18 世纪上半期，圣主教公会设立了"分裂派教徒特别事务所"(后改名为"侦查分裂

---

① 尼科利斯基：《俄国教会史》，第 160 页。

② 同上书，第 179—180 页。

③ 也称"旧礼仪派"(старообрядцы)，在日常的宗教活动坚守旧规旧仪。

④ 但是尼康试图建立独立于沙皇政权的教权，多次宣扬神权应高于世俗政权，从而与沙皇的意志发生冲突。1666 年莫斯科召开的宗教会议依照沙皇的指令革除了尼康的牧首之职，并将其流放到北方的菲拉波托夫修道院。

派案件办公室”),随意处死分裂教徒,并将尸体沿河漂流示众,以儆效尤。到叶卡捷琳娜二世时期颁布宽容异教徒的敕令后,政府对分裂派的迫害才有所收敛。但是东正教会和民间对分裂教派的敌视态度没有改变。

维护“旧礼仪”的分裂派教徒反映了不同阶层的不同社会政治要求,分裂派运动基本上可以分为两个层次:上层包括了一些大贵族、部分王公、高级神职人员(如阿瓦库姆等人)、射击军上层人物等,该阶层主要是从文化保守主义立场看待尼康改革,他们认为改革触动了本阶层的特权,认为尼康的“希腊化”宗教改革和彼得一世的“欧化”社会改革动摇了俄罗斯民族文化的基础。下层包括了城镇工商业者、哥萨克和广大农民,该阶层反对尼康改革固然有文化保守主义的成分,但主要的目的是反对东正教会在精神上、沙皇政权在法律上、领主和王公在身份上对他们的压迫和限制。“这些社会阶层中不接受尼康改革的一些集团也加入了分裂运动。于是,便爆发了这一独特的社会宗教运动,社会构成多种多样,思想意识则形形色色。”①

分裂教派自17世纪下半期发动了一系列反对沙皇政权和教会的事件。在俄国中部地区、在莫斯科以及在边疆地区,包括遥远的北方和顿河流域都发生了起义,1668—1676年的索洛韦茨基起义是最大规模的起义。1682年爆发了射击军首领霍万斯基领导的起义,口号是“人民选择谁,就由谁当牧首和掌权,只要他热爱旧礼仪书”。② 苏联史学家尼科利斯基评论:“所有这些运动几乎都

① 尼科利斯基:《俄国教会史》,第154页。
② 同上书,第171页。

带有宗教色彩，都不同程度地与分裂运动有联系，或者受到它的影响。”①

在广大的社会下层——工商业者、哥萨克和农民中则流行着“末世论”的说法，“分裂派背离历史，因为历史是由这个世界上的大公以及钻入教会和国家高层的反基督者操纵的”，②这些“敌基督者”（牧首和沙皇）触怒了上帝并将降罪于人间，“神恩已被收回天堂”，俄罗斯民族的末日即将来临，虔诚的教徒必须以真诚的祈祷自救，必须顺天意反对一切“敌基督者”。因为他们无力对抗牧首和沙皇的恶势力，唯一的选择就是逃离尘世，退隐山林，以求脱离“现世生活”，洗净罪孽的思想。17 世纪下半期大批农民、哥萨克和工商业者离乡背井，逃往伏尔加河流域和东乌拉尔、西伯利亚等荒漠地区和森林里，在那里修建起一些旧礼仪派的隐修所，此为第一个净化行动。第二个也是最后一个净化行动就是自焚——“用火进行第二次不可亵渎的洗礼”，目的是“使自己的灵魂不再为邪恶所毁灭”，据统计到 17 世纪末自焚者近 9000 人。③ 另外，还有人采取溺水自尽、绝食饿死和集体自杀等方式“净化”自身。

在下层分裂派中出现了原始共产主义的组织。如北方沿海地区的维格社团建立起了“半修道院、半共产主义的组织”，社团的《规章制度》宣布：“一切财产皆为共有，个人既无钱财，又无衣服，也无其他物品”，④组织中实行严格劳动分工，财产共有和共同消

① 尼科利斯基：《俄国教会史》，第 154 页。

② 别尔嘉耶夫：《俄罗斯思想》，第 12—13 页。

③ 尼科利斯基：《俄国教会史》，第 196—197 页。

④ 同上书，第 287 页。

费。他们宣布“我们不求上帝保佑沙皇”,“我们没有神父,也不接受逃亡来的神父”,他们自己组成“神圣教会”。[①] 分裂教派还有“云游派”(Бегунство)、“阉割派”(Скопчество)、“鞭身派”(Бичевальщики)、[②]“反仪式派”、[③]“莫罗勘派”[④]等。苏联史学家尼科利斯基认为这些派别有许多共同的特点,他们要建立“一个以神权共产主义原则为基础的微型弥赛亚王国。它力图不与‘该隐子孙们’的王国有任何共同之处,不与政府当局和法院打交道,不服兵役,而只缴纳‘贡赋’即使用国家土地的赋税”,“这些组织……它们试图不仅以消极的出走,而且也要以积极的方式,通过在资本主义社会中建立共产主义的组织来进行斗争”,“在这方面反仪式派和莫罗勘派可与14—15世纪德意志的半共产主义派以及17世纪英国的平等派和掘地派相类似。”[⑤]

17世纪中期兴起的分裂运动对俄国社会发展影响巨大而且持久,培育了社会面广泛的反教会和反政府的意识。直至十月革命前,分裂派教徒遍及俄国社会各个阶层,如20世纪初资产阶级两大政党“十月党”(“十月十七日同盟”)领袖古契科夫、梁布申斯基[⑥]既是俄国垄断资产阶级的代表人物,也是分裂派教徒。作家列夫·托尔斯泰也与分裂派有着密切的关系,曾把长篇小说《复活》的稿费3万卢布捐给反仪式派组织。因此,苏联史学家尼科利

---

① 尼科利斯基:《俄国教会史》,第288页。

② 这两派主张严格的禁欲主义,实施自我阉割和去势,或者对自身进行鞭笞。

③ 反仪式派(Духоборцы),按俄文词意直译为“精神斗士派”。

④ 因该教派教徒在斋戒期喝牛奶而得名,在俄文中“莫罗勘派”(молокане)和“牛奶”(молоко)读音相似。

⑤ 尼科利斯基:《俄国教会史》,第350、358、338页。

⑥ 他后于1912年成立“进步党”(Партия прогрессистов)。

斯基认为:“虽然被宣布为旧信仰的思想是多种多样的,然而它们之间是有某种使它们联合起来的共同之处,这一共同之处就是反对农奴制国家和作为国家统治工具的教会。”①

而分裂派运动和分裂派思想对俄国知识阶层的影响更为重大。19世纪的平民知识分子中许多人是出身于与分裂派有联系的神职人员家庭。如车尔尼雪夫斯基、杜勃罗留波夫和别林斯基等,屠格涅夫认为别林斯基身体里“流动的是纯正的血液——俄罗斯宗教界人士的特征,多少个世纪以来不受外国血统的影响”。②自下而上的,以反教会和反政府思想为基础的分裂派思想作为一种文化传统导致俄国知识分子极端主义情绪和革命主义认识。正如别尔嘉耶夫所说:“在17世纪中叶俄国宗教的分裂运动中存在着两种因素:宗教的和革命的。分裂运动的左翼的意义就在于它的非教徒性,它锻造了俄罗斯的自由而勇敢的思想、冷漠的和面向末日的思想。它显露出俄罗斯民族的特殊属性:对苦难的坚忍不拔,对彼岸世界、对终极的追求”,“对于全部俄罗斯的历史来说,17世纪的分裂的意义比通常人们所想象的要大得多。俄罗斯人——分裂者,这是我们民族性质的特征……实际上那是骚乱与分裂的世纪,震撼了全部俄罗斯生活的骚乱的时代改变着人们的心理,它损伤了俄罗斯的力量,在这种骚乱中可以发现深深的社会仇恨,可以发现那些由自由逃民组成的人民阶层对于贵族的敌视……在19世纪,俄罗斯的知识分子在不同条件下以另一种方式远离国家,但同样是走向自由……教会的分裂开始了俄罗斯生活和俄罗

---

① 尼科利斯基:《俄国教会史》,第212页。

② 普罗托波波夫等著:《别林斯基·杜勃罗留波夫·皮萨列夫·冈察洛夫》,第9页。

斯历史的深刻分裂，这种内在的分裂性将一直持续到俄国革命。很多问题都可以在这里找到自己的解释。这是俄罗斯弥塞亚思想的危机。”[①]当代俄国东正教神学主要代表者之一、俄侨学者叶夫多基莫夫也认为：“俄罗斯文化，就其渊源而言，是从一种独特的宗教泉源汲取营养的；就连后来18世纪反教会的诸种思想潮流亦如此。19世纪60年代的虚无主义，也只有从这一独特源泉出发，才能得到理解。这些多样的甚至变质的形式表现了对绝对者永恒而牢固的渴望以及纯粹是神秘本性的灵感。”[②]

三、来自西欧的外部因素影响

在1789年法国大革命的消息传入俄国社会的最初的日子里，不论是俄国社会，还是主张“开明君主专制”的叶卡捷琳娜二世所代表的统治阶级都是将其视为法国启蒙思想的延续，当时俄国许多报纸，包括政府的《圣彼得堡通报》都发表了有关法国大革命的报道文章，包括发表翻译成俄文的《人权与公民权宣言》，政府新闻检查机构并未禁止。法国驻俄外交官让·热内惊喜地写道：“农民贪婪地吞噬从俄文报纸上读来的法国事件的消息。”[③]法国大革命的影响是叶卡捷琳娜二世和沙皇政府始料未及的。

按照18世纪初以来俄国上流社会和贵族家庭的习俗，都将给年满5岁以上的子女请法国家庭教师，教授法语及历史、地理课程。俄国著名的无政府主义者克鲁泡特金幼年时，他的父亲克鲁泡特金公爵用年薪600卢布的重金聘请法国人普兰（Poulain）做

① 别尔嘉耶夫：《俄罗斯思想》，第14、10—11页。

② 叶夫多基莫夫：《俄罗斯思想中的基督》，第28页。

③ 谢缅尼科娃：《世界文明共同体中的俄罗斯》，第196页。

克鲁泡特金的启蒙教师。普兰对启蒙运动和人权思想非常崇拜，经常给克鲁泡特金讲法国大革命的故事，“他的这些故事在彼得（克鲁泡特金）思想上留下深刻的印象，这和彼得后来毕生对法国大革命史怀有那种特殊感情多少有一些渊源关系。”[①]无独有偶，叶卡捷琳娜二世为未来的皇位继承人亚历山大一世所请的宫廷家庭教师瑞士人弗里德里希—凯撒·拉阿尔普也是一个共和主义者，被同时代人看成是“瑞士革命党”，后来被叶卡捷琳娜二世看成是“雅各宾派”。拉阿尔普向亚历山大一世“这位未来的绝对君主灌输的是对人民意志的尊重”。[②] 拉阿尔普对亚历山大一世的影响较深，以至于不论是观察事物，还是倾听议论，甚至是直觉反应，亚历山大一世都以他为楷模。亚历山大一世后来承认：“我的为人，可能，我的全部的长处，都应归功于拉阿尔普先生。”[③]这与亚历山大一世执政初期采取自由主义统治手段，重用改革派莫尔德维诺夫和斯佩兰斯基不无关系。被称为“解放者沙皇”的亚历山大二世幼年时的家庭教师是著名的诗人茹科夫斯基，茹科夫斯基认为教育的宗旨是“善良教育”，“历史是所有科学中最重要的学科，甚至要比哲学更为重要，因为在历史中蕴藏着最深刻的哲学，因此，它是最重要的，而且也是最有益的”。茹科夫斯基选定的历史教科书是法国历史学家米涅的《法国大革命史》，这本书对激进的雅各宾派持肯定的态度。[④] 由此可见，不仅叶卡捷琳娜二世实施

---

① 陈之骅：《克鲁泡特金传》，中国社科出版社 1986 年版（下同），第 9 页。

② 特罗亚：《神秘沙皇——亚历山大一世》，世界知识出版社 1984 年版（下同），第 8 页。

③ 同上书，第 9 页。

④ 参见扎哈罗娃：《亚历山大二世：历史肖像》，载《历史问题》，莫斯科 1992 年 6—7 期。

"开明君主专制"期间,法国启蒙思想大量被介绍到俄国,而且法国大革命的思想在"第一时间里"进入并影响着俄国。

法国是无政府主义思想和运动的发源地,蒲鲁东第一个使用"无政府主义"(Anarchy,Anarchisme)概念,并宣布自己是"一个名副其实的无政府主义者"①,并作了较系统的理论阐述。俄国无政府主义奠基人巴枯宁在巴黎期间(1844—1847 年)即与蒲鲁东来往甚密,两个人相互倾慕,经常聚在一起交流思想,"蒲鲁东经常到这里来听列依赫利演奏贝多芬的交响乐,听巴枯宁谈论黑格尔"。② 巴枯宁称蒲鲁东"是巴黎和政治著作界唯一还有点见识的人。他表现了很大的勇气,他的演说在这个卑鄙的时代是真正崇高的事情"。③ 后来,巴枯宁与德国诗人海尔维格相识,海尔维格的诗中充满了阶级斗争的气息,"直接影响了巴枯宁的思想的转变,使他走上了政治斗争的道路。"④克鲁泡特金于 1883 年 1 月在法国里昂法庭受审时发表的辩护词中也曾宣布:"人们还责备我,说我是无政府主义理论的始祖。这对我是大大过誉了。无政府主义理论的始祖是不朽的蒲鲁东。"⑤

在谈到俄国激进主义的历史渊源时,除上述三方面的因素外,还必须提及一个显而易见的重要因素,即沙皇专制统治的客观影响。俄国绝对专制君主制自 18 世纪初完全确立之后,在政治、经济、文化等方面维持了长达 2 个多世纪的强势的独裁统治。英国著

① 蒲鲁东:《什么是所有权:对权利和政治的原理的研究》,商务印书馆 1982 年版,第 283 页。

② 《赫尔岑全集》第 10 卷,莫斯科 1957 年版(下同),第 190—191 页。

③ 《巴枯宁著作和书信集》第 3 卷,莫斯科 1935 年版(下同),第 317 页。

④ 李显荣:《巴枯宁评传》,第 11 页。

⑤ 普列汉诺夫:《无政府主义和社会主义》,三联书店 1980 年版,第 27 页。

名思想家伯林批判:这是“一个死气不化、压迫成性、缺乏想象力的政府,专事钳制臣民,预防改变,因为一变可能引发再变……又因为政府实行僵硬的检查制度、文盲普遍、一切观念都受疑忌与冷落,以及神经质且往往极为愚妄的官僚的种种举措,而历久难填”。[1] 这一局面使俄国进步知识分子认识到欲推动俄国社会进步,就必须采取“先破坏后重建”的战略方针,使之放弃循序渐进的、改良主义的改革模式而选择跳跃超前的、激进主义的革命方式。

第二节 俄国知识分子激进主义的起源

一、思想萌芽:斯坦凯维奇小组

19 世纪俄国欧化知识分子的社会交往和思想交流的最常见形式是“沙龙”(салон)和“小组”(кружок)。“沙龙”完全是由法国上流社会引入的,代表一个非目的性的、非强迫式的社交形式,沙龙召集人或主人一般为女性,她不仅容貌出众,善于交际,而且素养极高,品味超群,还必须家庭富有能出钱资助,将自己的庄园或宅邸供客人使用。参加沙龙者大都是上层人士和文化名流,探讨共同关心的文学、戏剧、哲学或政治主题的问题。因此,美国学者科塞认为:“在资产阶级崛起的时代,沙龙是伟大的平等主义团体之一。”[2]恰达耶夫轰动一时的《哲学书简》的收信人潘诺娃夫人就是莫斯科著名的沙龙女主人。“小组”则完全是俄国知识阶层的“本土”产物,除了在开放性上与沙龙相同之外,它具有自己的特

① 伯林:《俄国思想家》,第 152 页。

② 科塞:《理念人——一项社会学的考察》,第 14 页。

点：参加者一般为在校大学生或刚刚走上社会的知识分子，他们年轻，并不富有而且尚未成名；召集人一般为同辈人中有威信的青年学者，他们思想激进，愤世嫉俗，颇有人格魅力，并且善于提出关键问题和组织讨论；小组讨论问题较为专门，偏重于文学、哲学、政治等单一学科；与沙龙相比，小组的人数较少而且相对固定。

“斯坦凯维奇小组”（Кружок Станкевича）是从1831年底至1839年由莫斯科大学学生参与的哲学和文学小组，其主要领导人是斯坦凯维奇①。

19世纪30年代，莫斯科大学作为俄国的高等教育中心，吸引着大批有志青年，而且此时的莫斯科大学之所以声名鹊起，还是因为赫尔岑、奥加廖夫、别林斯基、斯坦凯维奇、莱蒙托夫、冈察洛夫、屠格涅夫等优秀人物几乎同时就学于这所大学。赫尔岑在《往事与随想》中回忆起大学时代的生活时写道：“俄国年轻的力量从各个方面，各个阶层汇集到这里来，好像流进一个总贮水池一样；在大学的课堂里，他们肃清了在家庭里沾染上的种种偏见，达到了同一个水平，结下了兄弟般的情谊，然后再散布到俄国的各个方面，各个阶层中去。”②虽然大学教授们在学问和人品上并非个个让学生们敬佩，而且时常还有沙皇政府的密探渗透到学生中间，以及沙皇尼古拉一世因仇恨这所大学，故意冷落这个“邪恶的温床”，但这所“失了宠的大学的影响却还是一天天地增大”。赫尔岑回忆：“科学并没有使我们脱离对周围苦难生活的干预。对周围痛苦的这种

---

① 斯坦凯维奇于1813年出生于沃罗涅什省一个富有的贵族家庭，于1830年考入莫斯科大学文学系读书。受巴甫洛夫教授和纳杰什金教授的引导，斯坦凯维奇钻研谢林哲学中先验主义和谢林美学的浪漫主义和先验主义。

② 赫尔岑：《往事与随想》，第135页。

同情以寻常的方式提高了学生们的公民道德。我们和我们的同学在课堂上公开地议论我们想到的任何事情。"[①]学生们自发地组成小组，围绕着共同关心的道德、哲学、文学、政治和社会问题展开讨论。后人评价："19 世纪上半叶，知识阶层的社会意识主要是理想主义的，陶醉在各种理念中的乌托邦式的梦想家，追随着知识风尚的引导、急切地想成为傅立叶主义者、圣西门主义者、黑格尔主义者或谢林的崇拜者。他们为理念而活着，且仅仅为理念而活着，无休止地从事着讨论。"[②]

"斯坦凯维奇小组"和"赫尔岑—奥加廖夫小组"(Кружок Герцена-Огарева)影响最大，但两个小组代表了两种不同的倾向，而且彼此间还有些矛盾。"斯坦凯维奇小组"主要关注哲学、美学和文学问题。"赫尔岑—奥加廖夫小组"主要关注政治和社会问题，而且在政治倾向上比较激进。赫尔岑回忆："由于官方的因素，由于他们周围的环境，(彼此间)有着深深的疏远的感觉。"[③]但总的来说，无论是在当时，还是后人的评述中，"斯坦凯维奇小组"的影响都远远地大于"赫尔岑—奥加廖夫小组"。"斯坦凯维奇小组"主要成员中有许多人成为 19 世纪俄国最著名的学者、作家、革命家和政治家。如文学评论家和民粹主义思想家别林斯基，历史学家格拉诺夫斯基、斯特罗耶夫和卡维林，诗人涅克拉索夫、克留什尼科夫和皮埃尔，作家和教育家涅维罗夫等，民粹派领袖和无政府主义者巴枯宁，《俄罗斯通报》主编卡特科夫，政论家波

---

① 赫尔岑：《往事与随想》，第 147 页。

② 科塞：《理念人——一项社会学的考察》，第 172 页。

③ 《赫尔岑全集》第 9 卷，莫斯科 1956 年版(下同)，第 36 页。

特金，东方学家彼特罗夫，斯拉夫派代表人物康斯坦丁·阿克萨科夫。[①] 小组成员尽管气质、兴趣、爱好和出身不同，但长时间地团结在斯坦凯维奇周围。在小组起领导作用的，除斯坦凯维奇外，还有康斯坦丁·阿克萨科夫和别林斯基。

哲学问题，首先是德国唯心主义问题是小组讨论的热点。在这个问题上，巴枯宁、别林斯基、波特金和康斯坦丁·阿克萨科夫的意见是不同的。斯坦凯维奇是一个文学家，他于 1830 年曾发表了一部不成功的历史剧《宦官叔伊斯基》，也曾写过 20—30 首诗歌，但是他在文学上没有展现太多天赋和成就。在小组中，文学问题的讨论由别林斯基来主持，斯坦凯维奇负责主持哲学问题的讨论，德国古典哲学家谢林的“泛神论”对斯坦凯维奇产生了较大的影响，他最先把谢林的宗教世界观引入小组，后来又引入了康德和费希特的哲学观点。

从 1836 年起，斯坦凯维奇和他的好朋友巴枯宁的精神寻求转向了黑格尔。斯坦凯维奇于 1837 年因肺结核出国养病，开始系统地研究黑格尔哲学。斯坦凯维奇与格拉诺夫斯基一起在柏林大学旁听黑格尔派的哲学教授维杰尔(Вердер)的辩证逻辑讲座。斯坦凯维奇没有留下完整的哲学著作，他的哲学和文学思想主要体现在他与朋友的书信中。在给巴枯宁的信中斯坦凯维奇认为整个自然界是向理性演进的一个统一的整体，“生命是爱。理性和意志是其永恒的规律和其永恒的实现。生命在空间和时间中是无界限的，因为它是爱。爱一开始，生命就应跟着开始；只要有爱，生命就

---

① 格拉诺夫斯基和波特金同时还是“赫尔岑—奥加廖夫小组”成员。

不可能被消灭,只要有爱,生命就不会受到局限。”[①]但斯坦凯维奇最终没有成为“黑格尔主义者”,他在致巴枯宁的信中说:黑格尔哲学“使我感到不寒而栗”,他批判了黑格尔对个人不死原则的否定。[②]

斯坦凯维奇于 1840 年 6 月 24 日在意大利北部城市诺维病逝,年仅 27 岁。屠格涅夫也曾经与斯坦凯维奇等人在莫斯科大学同时就读,一年后因搬家转学彼得堡大学。在莫斯科大学期间,屠格涅夫因年龄比斯坦凯维奇等人小 5—7 岁,因此未被吸收入小组。后来在侨居柏林期间,屠格涅夫才与久已倾慕的斯坦凯维奇见面并成为好朋友。当屠格涅夫得知斯坦凯维奇病逝的噩耗后大为震惊,他在 7 月 4 日写给格拉诺夫斯基的信中感叹:“我们蒙受了巨大的不幸,格拉诺夫斯基,我们失去了我们所爱戴、信赖、并且曾经是我们的骄傲和希望的人。”[③]后来,屠格涅夫于 1856 年完成的第一部小说《罗亭》,其中的主人公罗亭和波科尔斯基小组,即是以斯坦凯维奇和斯坦凯维奇小组为原型的。

斯坦凯维奇小组对于俄国知识分子思想发展影响巨大。赫尔岑在《往事与随想》、屠格涅夫在《第一书信集》、康斯坦丁·阿克萨科夫在《大学生运动回忆》中都对斯坦凯维奇及“小组”的重要意义做了充分的肯定。作家安年科夫在《斯坦凯维奇和他的书信》中强调:“这是一个有着鲜活的正确理想和荣誉的人。”[④]哲学家洛斯基称赞斯坦凯维奇“他有过人的智慧,他的友善、谦逊和随和作风受

---

① 洛斯基:《俄国哲学史》,第 61 页。

② 同上书,第 62 页。

③ 马里宁:《俄国空想社会主义简史》,第 170 页。

④ 希科曼:《祖国历史活动家:传记指南》,第 381 页。

到人们的称道”。[①] 在斯坦凯维奇小组成员身上体现了青年知识分子的爱国主义精神和年轻人的激情，它的历史功绩在于把宣布启蒙思想和人道主义看成是俄国知识分子的首要任务，影响了整整一代俄国有志青年和知识分子。正是从这个小组中，培养了像别林斯基、巴枯宁等激进主义知识分子。洛斯基还认为：“斯坦凯维奇本人如果不是因肺病致死从而过早地中断了自己的精神发展，他很可能不会是一个始终不渝的西方派。”[②]

二、组织准备：彼得拉舍夫斯基小组

“彼得拉舍夫斯基小组”（Кружок петрашевского）是 1844—1849 年活跃于彼得堡的平民知识分子的政治团体。它的领导人是彼得拉舍夫斯基。[③]

1845 年起，彼得拉舍夫斯基在彼得堡波克罗夫斯基广场（现名为屠格涅夫广场）的家中开始组织每周一次的“五人团”（пятницы），除彼得拉舍夫斯基外，成员有杜布兄弟、卡什金、杜罗夫和蒙贝里。日后，“小组”成员扩大，范围包括大学生、大学教师、

---

① 洛斯基：《俄国哲学史》，第 60 页。

② 同上。

③ 彼得拉舍夫斯基（原名布塔舍维奇—彼得拉舍夫斯基）〔Петрашевский (Буташевич-Петрашевский) Михаил Васильевич 1821—1866〕，1821 年出生于彼得堡一个著名外科医生家庭。他的父亲是著名社会活动家，曾经是沙皇亚历山大一世的教父。1832—1839 年，彼得拉舍夫斯基在著名的皇村中学学习。后进入仕途，尽管成绩优秀，但因出身和与上司不和被授第 14 级官衔。1840 年在外交部担任翻译，同时在圣彼得堡大学法律系学习，1841 年获得法学副博士称号。19 世纪 40 年代初，他的人生道路上出现了精神危机。他表示：“无论是从女人那里，还是从男人那里，我都找不到任何实现自己信念的东西，我自己注定要为人类服务。”（参见希科曼：《祖国历史活动家：传记指南》，第 297 页。）

军官、文学家、官员和艺术家，后来加入者有阿赫沙鲁莫夫、巴拉萨格罗、格罗文斯基、格里高里耶夫、陀思妥耶夫斯基、叶夫罗别乌斯、李沃夫、迈科夫、米留科夫、米留金、帕里姆、普列舍夫、萨尔蒂科夫—谢德林、斯别什涅夫、托里、菲里波夫、哈尼科夫、亚斯特仁姆别斯基、达尼列夫斯基等。这个小组成员的一个重要特点是“就其社会成份来说，主要是一个非贵族出身的知识分子的组织，虽然在它的参加者中也有贵族，但大部分是没有封号的人”。[①]

“小组”讨论俄国新鲜时事、外国文学和欧洲政治事件以及改革国家的计划。他们阅读了法国空想社会主义者傅立叶、无政府主义者蒲鲁东、思想家卢梭和共产主义者圣茹斯特的著作以及德国哲学家费尔巴哈的著作，还包括别林斯基和赫尔岑在国内被禁止的文章，他们还阅读了马克思的《哲学的贫困》和恩格斯的《英国工人阶级的状况》。其中傅立叶的思想对彼得拉舍夫斯基影响最大，彼得拉舍夫斯基赞扬傅立叶关于劳动将在社会主义条件下，在形成社会的新人和发展个人能力方面起作用的思想。彼得拉舍夫斯基认为：“在傅立叶的体系中，劳动变成了诱人的事，变成了一种享受。”[②]在 1849 年 4 月 7 日傅立叶生日这一天，彼得拉舍夫斯基组织了同志聚餐会以示庆祝，他发表了演说，强烈抨击沙皇制度并且颂扬了社会主义。他甚至在诺夫哥罗德郊外建立了一个“法朗吉”(Phalanges)，试图使自己的家人和朋友过上共产主义的生活。彼得拉舍夫斯基认为正确的生活应该建立在集体所有制和“自愿结合性”的基础上，因此必须废除农奴制，直接地和无条件地解放

① 马里宁：《俄国空想社会主义简史》，第 125 页。
② 同上书，第 127 页。

农民,而不必付给地主任何赎金。他的政治理想是建立代议制共和国,至少也应该是君主立宪制国家。

彼得拉舍夫斯基认识到把社会主义理想应用于俄国特殊条件的必要性,论证了社会主义理论适用于俄国。彼得拉舍夫斯基在1849年4月7日的一次著名演讲中表示:"我们社会生活的一切东西,都留下了东方的家长制和野蛮制的痕迹,俄国人民的理性还没有觉醒,我们不只是作为社会主义者,而且甚至是作为抛弃了偏见和善于正视真理的人,不能够指望光是依靠我们这些优点转眼间就唤起群众对自己和对我们的信仰的同情。"[①]因此,要着手在人民中间进行有效的革命宣传。彼得拉舍夫斯基参与修订基里罗夫编写的《袖珍外语辞典》(*Карманный словарь иностранных слов*)的工作,通过这种合法形式宣传社会主义思想。彼得拉舍夫斯基在《辞典》中深入浅出地介绍欧文、圣西门和傅立叶学说,对"欧文主义"(оуэнизм)的解释:"欧文的学说把私有制看成引起人们之间互相仇视的原因,它提出用互助来代替这一原则,并且要求让社会全体成员普遍地、平等地参与享用人类脑力和工业活动的成果。"[②]"小组"讨论教育问题、司法改革和废除新闻检查问题,制定了连带土地解放农民的纲领,考虑建立秘密革命组织、建立地下印刷所和准备发动农民起义,准备首先在西伯利亚起事,然后在有农民运动传统的地区如乌拉尔、伏尔加和顿河区域发动起义。1848年12月至1849年1月,小组讨论建立秘密组织及其大纲和行动方针问题。米留科夫负责改编拉马奈的《神谕》,揭露宗教界

① 马里宁:《俄国空想社会主义简史》,第132页。
② 同上书,第136页。

的黑暗；菲里波夫负责起草《十诫》，揭露农奴的困苦地位；格里高里耶夫负责起草《士兵谈话》，揭露士兵的无权地位；杜罗夫、托里、李沃夫负责在欧俄及西伯利亚的出版物上进行革命宣传，发表了被政府禁止的《别林斯基致果戈理的信》。彼得拉舍夫斯基本人亲自参加手工业者的集会，在他们中间宣传自己的思想。

"小组"的活动引起沙皇政府密探的注意，视其为"谋反"活动。1849 年 4 月 23 日，彼得拉舍夫斯基及其同志 33 人被捕，囚禁于彼得保罗要塞的阿列克谢耶夫三角堡。后来又牵涉到 250 人（一说 123 人），被称为"彼得拉舍夫斯基案件"。22 人因"图谋破坏社会日常生活"罪名被送上军事法庭，21 人被判处枪决。1849 年 12 月 22 日，彼得拉舍夫斯基和他的同志在彼得堡的谢苗诺夫练马场经历了一场假枪毙闹剧后，又被宣布改为流放西伯利亚服无期苦役。赫尔岑称这一案件"有如鸽子叨回诺亚方舟的橄榄——洪水以后闪现的第一道光明"。[①]

1856 年，彼得拉舍夫斯基及其同志被流放到伊尔库茨克，在流放地他不止一次与当地官员发生冲突。[②] 小组重要成员、著名作家陀思妥耶夫斯基因无法忍受非人待遇，宣布放弃社会主义思想，投身于宗教观念之中。到 19 世纪 60 年代初，除彼得拉舍夫斯基外，其余人恢复了公民权利返回社会。彼得拉舍夫斯基坚信自己的正义事业，他在给读者的信中说："既然我准备再一次投入与任何暴力和任何非正义斗争之中去，那么对于我来说绝不能为了获得小利和生活的舒适而离开这条道路"，"我们所有的俄罗斯人，

---

① 《赫尔岑文集》第 10 卷，第 335 页。

② 参见沃兹内依：《彼得拉舍夫斯基和沙皇秘密警察》，基辅 1985 年版，第 12—40 页。

其任何的垂头丧气的实质在于，我们感觉独立性的缺乏，用公民思想来看，我们简直是胆小鬼。尽管在拳头镇压下和任何的刑罚中都有勇士，在与政治的对抗中，我们就是胆小鬼。我们甚至在好友圈子里也由于害怕而不敢将自己的思想充分表达。我们大家不得不跟着季节风走。我们把任何当局的行头，特别是将军军服都看成是雷神。”①彼得拉舍夫斯基在伊克库茨克与流放犯十二月党人扎瓦利申发起反对东西伯利亚总督穆拉维约夫的斗争。因为此事，彼得拉舍夫斯基被流放到更艰苦的叶尼塞省的舒申斯基村。经过彼得拉舍夫斯基的姐姐的多方奔走，1861 年允许他移居克拉斯诺亚尔斯克，1864 年彼得拉舍夫斯基因政治活动被驱逐出克拉斯诺亚尔斯克。1866 年 5 月，彼得拉舍夫斯基被转移到距离叶尼塞斯克 100 俄里的别林斯基村，当年 12 月 6 日因脑溢血在这里病逝。赫尔岑闻讯后立即在《钟声》上发表了讣告：“米哈伊尔·瓦西里耶维奇·布塔舍维奇—彼得拉舍夫斯基在叶尼塞小的别林斯基村意外去世，终年 45 岁。他为后代留下了为俄国自由而牺牲于政府的迫害者的纪念碑。”②

英国著名学者伯林曾评价：“1848 年自由主义运动在欧洲破产，迫使他们脱离欧洲的一般发展潮流(他们的历史与欧洲反正也很少共通之处)。自由运动在欧洲之败，间接逼使他们采取粗暴强直的原则，而从中生致力量。自此以往，俄国激进分子认定，全无物质力量支持的观念与风潮，必然注定无能；他们接受了这个真理，抛弃了温情善感的自由主义，而不必为了获得解放而付出那些

---

① 列金娜—斯维斯卡娅：《彼得拉舍夫斯基分子》，莫斯科 1965 年版，第 263—264 页。

② 赫尔岑等主编：《钟声》，第 113 页。

西方理想主义的激进派们所饱尝的痛苦的个人幻灭和深刻的受挫感。"[①]彼得拉舍夫斯基小组成员、著名作家陀思妥耶夫斯基回忆:"社会主义者是从彼得拉舍夫斯基派来的。彼得拉舍夫斯基派散布了许多种子。"[②]列宁也曾认为俄国知识分子"大约从彼得拉舍夫斯基派小组出现以来的半个世纪内形成的"。[③] 如果从这个角度来看,"彼得拉舍夫斯基小组"是一个真正意义上的知识分子激进主义组织,"彼得拉舍夫斯基案件"是1825年十二月党起义失败后第一次大规模的反政府的政治事件。但与十二月党人主张区别之处在于,彼得拉舍夫斯基及其同志把人民视为革命成功的主要力量,把彻底推翻沙皇专制制度和废除农奴制制度作为革命的奋斗目标,因此致力于农民的宣传和人民的发动。该组织的密谋形式、宣传和发动方式、政治和经济主张、策划起义的手段和发动革命地区的设定对后来的民粹派运动乃至布尔什维克革命都产生了极其重要的影响。

第三节　乌托邦实验:农民社会主义理想和民粹主义运动

一、赫尔岑的农民社会主义理想

19世纪初至20世纪初的一百年是俄国思想文化发展史上最为辉煌的时期。在此期间,各种"主义"与"学说"竞相争锋,只有社会主义思想长久存续,它不仅影响了几代俄国知识分子,而且呼唤

① 伯林:《俄国思想家》,第25页。

② 马里宁:《俄国空想社会主义简史》,第125页。

③ 《列宁全集》第7卷,人民出版社1986年版,第421页。

起一场场社会变革运动。曾经在思想上经历了民粹主义、马克思主义和自由主义历程的别尔嘉耶夫曾经说过:“19世纪的俄罗斯意识中,社会课题占有优势地位。甚至可以说,19世纪俄罗斯思想的重要部分都染上了社会主义色彩。”[①]对于俄国知识分子来说,民粹主义几乎成为他们解剖俄罗斯的第一把手术刀。无政府主义者、自由主义者、农民社会主义者、保守主义者以及布尔什维克,都从民粹主义之中汲取了丰富的养分。

俄国民粹主义思想体系的核心是农民社会主义,即通过村社,绕过资本主义直接过渡到社会主义的学说。赫尔岑是俄国农民社会主义——民粹主义思想的创始人,他的农民社会主义思想的核心是人道主义,它是基于对俄国村社传统赞美和对西欧资产阶级政治批判的基础上形成的思想。他的思想是俄国社会思想和文化史不可回避的问题。

这里首先要谈及一个问题,谁是俄国第一个激进主义知识分子?

别尔嘉耶夫曾断言拉吉舍夫是俄国第一位知识分子,这个观点已成为大多数学者的共识。但是,别尔嘉耶夫又把拉吉舍夫看作是“俄罗斯知识分子中激进的革命路线的始祖”,因为拉吉舍夫“所看重的主要不是国家利益,而是人民的利益”。[②] 别尔嘉耶夫说法的理由大概为二:其一,拉吉舍夫以《从彼得堡到莫斯科旅行记》震撼沙皇政府和俄国社会,叶卡捷琳娜二世大为恼怒,斥责作者是“比普加乔夫更坏的暴徒”。[③] 拉吉舍夫此举叛逆了贵族阶层,

---

① 别尔嘉耶夫:《俄罗斯思想》,第99页。

② 同上书,第27页。

③ 布拉果依:《拉季谢夫》,第38页。

极具激进主义意义。其二，拉吉舍夫因反政府而获罪，初被处以死刑，后改判10年流刑。1802年9月12日，拉吉舍夫愤而服毒自杀，临终前遗言："后代将为我复仇!"。拉吉舍夫此举亦为激进主义，他以放弃生命权的极端方式表达对专制制度的最后抗议。[①]

但是英国著名学者、在国际学术界颇有影响的《俄国思想家》的作者伯林却认为赫尔岑才是"俄国激进主义之父和主张平均地权的社会主义之父"。[②] 笔者认同此观点。因为俄国知识阶层中的激进主义主要指发动人民群众、推翻沙皇专制制度、彻底解放农民；实现人民主权；实现社会主义或无政府主义理想。以此为据，赫尔岑堪称俄国激进主义知识分子第一人。

赫尔岑[③]于1812年3月25日出生于俄国贵族世家。他的父系雅科夫列夫家族是莫斯科最显赫的家族之一，来自于古老的领主阶层。他的母亲路易莎·海格出身于德国斯图加特小公务员之家。赫尔岑的父亲雅科夫列夫在德国游历时，与路易莎·海格相遇相爱，后将她带回莫斯科，但因她身世寒微，从未与她正式成婚。因此路易莎·海格虽为家庭主妇，但不能与丈夫共居一室，身份实际上接近奴仆。因此，赫尔岑的出生即为不合法的婚姻的结果，特殊的身世使赫尔岑从一出生就备感人间的世态炎凉。他无权继承家族的姓氏，只能继承父称(伊凡诺维奇)，不懂俄文的母亲为他选择一个姓——赫尔岑(Герцен)，此为日耳曼文"心脏"(Herz)的俄文音译。既然无法继承父系姓氏，赫尔岑也就无权完全继承贵族

① 又有一些学者认为拉吉舍夫是俄国自由主义知识分子第一人。如当代俄罗斯学者利哈乔夫、康达科夫、谢缅尼科娃等。

② 贾汉贝格鲁:《伯林谈话录》,第160页。

③ 他常用的笔名是伊斯卡杰尔(Искандер)。

称号。随着年龄的增长，赫尔岑感觉到了父母间、家族中以及自己身份上的种种不平等。他在回忆录中写道：“10岁以前我一直没有感觉到我的身份有什么古怪、特别的地方”，但他注意到父亲住在“他那一半宅子里”，母亲住在“另一半宅子里”，“我母亲确实忍受了许多不愉快的事情。她是一个非常善良的女人，却缺乏坚强的意志，她完全给踩在我父亲的足下，就像一般性格软弱的人那样，她只能在一些无关重要的细小事情上拼命地反对一阵。然而不幸的是在这些细小的事情上偏偏差不多是我的父亲对，结果总是他胜利”，“我对自己的不明不白的身份进行了反复的思考以后，心里的结论跟我听见两个保姆的闲谈后所推断出来的结果差不多。我觉得自己更不依赖这个我对它毫无所知的社会了，我觉得实际上我是被抛弃，只能依靠自己的力量了。”[①]于是，父亲的豪门大宅不令赫尔岑高兴，而门房和女仆的房间却是使赫尔岑“唯一快乐的地方”。[②] 这种自人生之始就不得不面对的不平等和尴尬地位，使赫尔岑从童年起就“培植了对一切奴役和一切暴政的不可克制的憎恨”，[③]也培植了他的极端主义和激进主义的信念。

1825年爆发了十二月党人起义，赫尔岑称这一事件是他生活的一个转折点。“关于暴动和审讯的传说以及在莫斯科的恐怖给我留下了很深的印象；一个新的世界出现了，它越来越成为我整个精神生活的中心；我不知道这件事是怎样发生的，不过我虽然并不理解它的全部意义，或者只有一点很模糊的概念，但是我觉得我并不站在霰弹和胜利、监牢和镣铐的一边。彼斯特尔和他的同志们的死

---

① 赫尔岑：《往事与回想》第1卷，第34、37—38页。

② 同上书，第38页。

③ 赫尔岑：《往事与随想》上册，人民文学出版社1993年版，第38页。

彻底地唤醒了我心灵里的孩子的梦。”[①]1827 年赫尔岑与好朋友奥加廖夫在莫斯科的麻雀山立誓为十二月党人复仇。赫尔岑于 1829—1833 年就读于莫斯科大学数学物理系。然而歌德、席勒的作品、康德和谢林的形而上学、法国空想社会主义更吸引他。他与奥加廖夫一起组织“赫尔岑和奥加廖夫小组”，以政治和社会问题为主题，研究并传播傅立叶、圣西门的思想，在当时产生了巨大的影响。赫尔岑于 1834 年被捕，1835 年被流放，1841 年再次被流放。当 1842 年赫尔岑返回莫斯科时，他已被人们视为激进主义者中的一员。著名传记作家安年科夫回忆：“别林斯基往往炽烈如火，而一发峻厉，不近人情，赫尔岑谈话，则目光灵动，智趣闪耀，变化万千，多吊诡出奇而撩人动气，但处处聪敏绝妙，在座之人不仅要全神贯注，更须时刻警醒，因为你要时时有备，立即回应。……他有批评天赋——善于揭斥人生黑暗面。这个特征，早在我此文谈论的莫斯科生活时期，即已显露。那时节，赫尔岑的心灵已极具反叛性、极难驾驭，凡觉得是由于大家对某件未经验之事禁口不谈而成立的定论，他都有一种天生的、发自体内的憎厌。遇此情况，他择恶而噬的智力即振作发威、猛脱、狡黠、谋略百出，四下巡行……”[②]

赫尔岑在 1844 年与斯拉夫派、1846 年与西方派决裂后，感到在俄国的生活越来越无法忍受：与朋友之间尖锐的思想冲突、严酷的书刊检查制度与被逮捕和流放的威胁。赫尔岑感觉到：“我们斯拉夫人面临的要么是缄默，要么是到外国去说话。”[③]赫尔岑希望

① 赫尔岑：《往事与回想》第 1 卷，第 71 页。

② 伯林：《俄国思想家》，第 228—229 页。

③ 普列汉诺夫：《普列汉诺夫哲学著作选集》第 4 卷，三联书店 1974 年版(下同)，第 693 页。

离开这不能让自己正常表达思想的社会,同时能够更好地了解西方政治和社会。1847 年,赫尔岑来到了西欧,先后在巴黎、伦敦、日内瓦、尼斯、佛罗伦萨、洛桑、布鲁塞尔等城市居住,从此再也没有回到俄国,马克思称他为浪迹天涯的“哥萨克”。1853 年赫尔岑在伦敦创办“自由俄国印刷所”,1855 年创办《北极星》杂志,1857 年创办《钟声》杂志。1870 年 1 月 21 日,赫尔岑在巴黎去逝,安葬在著名的拉雪兹公墓(遗骨后迁到尼斯)。赫尔岑虽然身处国外,但是他的著作及他所创办的刊物被秘密运回俄国,哺育了一代代革命者,奠定了俄国革命的思想基础,他被视为俄国激进主义者的精神领袖。

赫尔岑在 1843 年前后与斯拉夫派的接触中,吸收了霍米亚科夫和阿克萨科夫等人的村社思想。但是,赫尔岑反对斯拉夫派对专制制度的回避和对东正教的忠诚。他认为:“如果不消灭奴隶制、俄国农民的现状,即全俄罗斯帝国的这种奴隶制,俄国就不能前进任何一步。”[①]1844 年赫尔岑与斯拉夫派决裂,转向与西方派接近。赫尔岑与西方派一致的观点是:信仰理性主义,信仰共和主义,反对专制制度和农奴制度,主张彻底解放农民。但值得注意的是,早在 1843 年,赫尔岑就接触了法国空想社会主义者路易·勃朗和无政府主义者蒲鲁东的思想,如路易·勃朗批判法国七月王朝的著作《十年历史》,对西方资本主义能否实现个人自由和权力已经产生了怀疑。1847 年底,赫尔岑来到巴黎。他深入观察和分析法国资产阶级的生活和文化状况,他以批判的眼光发现:“资产阶级没有伟大的过去,也不会有伟大的未来……欧洲有过去的文

---

① 《赫尔岑全集》第 12 卷,莫斯科 1957 年版(下同),第 35 页。

明，但它的未来是成问题的”。[①] 赫尔岑在《马里尼大街来信》中表达了这样的观点：法国政治已经走进了死胡同，掌权的政党只能提供更多的泛滥的腐败和虚伪，而反对派只能提供一些治标不治本的缓解物，社会主义者反对派与劳动群众的真实感受脱离联系而不能成为切实可行的革命力量。[②] 赫尔岑亲身经历了 1848 年欧洲革命，亲耳听到法国六月起义被镇压的枪声，赫尔岑看到了“两个欧洲”——革命的欧洲与反动的欧洲。西欧资产阶级的表现使他看到了资本主义社会的严重问题，于是赫尔岑“悄然打消了以往的期待和希望，形式上的共和主义不过是骗人的鬼话”。[③] 1848 年欧洲革命的失败打破了赫尔岑对“资产阶级共和制”的幻想，他希望俄国不要走西欧老路，因为“西欧人民的过去提供给我们的，只是一个研究的课题，我们没有把自己当作西欧遗嘱的继承者。西欧正在走向坟墓，它过去的负担排除了未来发展的可能”。[④]

1848 年欧洲革命失败的打击、政治观点上的孤立和对俄国命运的担忧使赫尔岑的笔下呈现出了越来越激进的色彩。赫尔岑开始了思想的回归，他回到俄国历史和俄罗斯文化中去寻找答案，他找到了农民社会主义理想。赫尔岑的农民社会主义理想主要反映在 1849 年的《俄国》、《致乔治·赫尔维格的公开信》和《致马志尼的信》，1850 年的《论俄国革命思想的发展》，1851 年的《俄国人民和社会主义》和《致米什莱的公开信》，1854 年的《旧世界与俄

---

① 瓦里斯基：《俄国思想史：从启蒙运动到马克思主义》，牛津 1988 年版，第 152 页。

② 参见《赫尔岑全集》第 5 卷，莫斯科 1955 年版（下同），第 234 页。

③ 普罗科菲耶夫：《赫尔岑传》，商务印书馆 1997 年版，第 280 页。

④ 《赫尔岑全集》第 2 卷，莫斯科 1986 年版（下同），第 163 页。

国——致 W・林顿的公开信》中。

从 1840 年代到 1850 年代中期,赫尔岑集中论述了他的农民社会主义思想。他在用法文撰写的《俄国人民和社会主义》中提出俄国人民本身最具有社会主义的基础,因为拥有村社的俄国要比西方国家更接近社会主义。他在 1844 年 2 月 17 日的日记中写道:“斯拉夫村社最发达的样板是黑山人的村社……他们那里的民主最充分,虽然是野蛮宗法家长式的,但充满活力,富有稳固性。”①赫尔岑认为村社是斯拉夫世界越来越吸引欧洲目光的原因。在 1844 年 2 月 21 日的日记中,他写道:“未来的时代在其旗帜上标识的不是个性,而是村社;不是自由,而是博爱;不是抽象的平等,而是劳动的有机分配。”②此时,赫尔岑已经表达了村社是孕育着俄国社会主义种子的思想。

赫尔岑在 1849 年的《俄国》中得出结论:“我们称之为俄国社会主义的是这样一种社会主义:它来源于土地和农民的生活,来源于每个农民实际有一份土地,来源于土地的再分配,来源于村社占有制和村社管理——并且将同劳动者的组合一起去迎接社会主义所普遍追求的和科学所承认的那种经济上的正义。”③在 1847 年 3 月至 1851 年 12 月期间致莫斯科朋友的《法意书简》(第 5 封信)中,赫尔岑第一次表达了这样的观点:村社将为俄国提供社会主义的基石。“俄国的乡村在欧洲是不存在的,欧洲乡间的村社只有维持治安的意义……在欧洲饥饿的长工和富有的地主之间能有什么共同之处?……俄国的村社万岁! 它的未来是伟大的!”而赫尔岑

① 《赫尔岑全集》第 2 卷,第 335 页。
② 同上书,第 336 页。
③ 马里宁:《俄国空想社会主义简史》,第 185 页。

亲身亲历的西欧却是如此般的景象,“(欧洲资本主义国家中随处可见的)高高的石头墙,墙上插着的碎玻璃,独立的花园,这些都代表了某种不道德的独占的所有权。对于穷人来说,他只有肮脏的街道,这些残忍的、令人气愤的墙壁不断地提醒他们,他们只是一个乞丐。”[①]赫尔岑看到了资产阶级民主的虚伪性,资产阶级社会的阶级压迫,无产阶级的贫困、愚昧,他不希望俄国走西欧资本主义国家的老路,因而极力证明俄国历史道路的独特性,他在俄国村社和俄国人民身上找到了希望。俄国不必把西方所经历的全部道路“再重复走一遍”,也不必再次踏入“罪恶的、鲜血铺就的”资本主义河流。[②] 赫尔岑认为:“欧洲有辉煌的过去,但这一切并不能让俄国自愧弗如……我们的过去是贫瘠的……我们对我们自己没有什么回忆……总之,欧洲人在其历史的影响下,不能将自己从中解放出来”,但是尽管“俄国没有伟大的过去,没有发展的负荷,但有着伟大的未来”。[③]

在赫尔岑的社会主义理论中,他论述的对象不仅仅是俄国的经济问题,或是贫困问题,而是人性、人的价值、地位、幸福、相互关系等关键问题。在他看来,俄国村社保障了人的自主地位。他认为,村社使人民摆脱了个人从属于国家,从属于官僚政治的状态,村社这个共同体中有最完整的民主。即:“在国家建立之前,在斯拉夫人的村社中已经存在着民主和社会主义的生活,村社是所有组织形式中对他们来说最自然的东西。在村社环境之中,人们过着没有中央集权、国家、沙皇或皇帝……没有贵族的生活,每个人

① 《赫尔岑全集》第5卷,第74页。

② 瓦洛京:《俄国的空想社会主义》,莫斯科1985年版(下同),第140页。

③ 《赫尔岑全集》第5卷,第21页。

都是有权利的成员,所有的官员都必须通过选举而产生”;[①]“所有的村社事务都由选举产生的官员处理,就像国家形成前的状态那样……村社在处理村民间的事务时是不存在欺骗的。农民之间存在着无限的信任,他们不知道正规的合同和书面协定。并且,农民在精神上是民主的和平等主义的。共产主义的道德原则深深扎根于俄国人民的性格之中。”[②]

对赫尔岑来说,村社在本质上不仅仅是土地公有制,而且包括个人和集体的和谐。在赫尔岑眼里,村社是一个爱的王国,农民之间是一种相互尊重、关心、爱护和友好合作的关系。在生产和分配上,也体现了人道主义。“在财产问题上,欧洲人赋予财产的合法权,而俄国人民对他的机构或观念都一无所知,他们对财产的理解是彻底的共产主义式的”,“对财产的处理同与村社公共秩序有关的所有问题一样,是和谐的和合作的。没有强迫或是约束。”[③]因此,赫尔岑断言俄国社会主义者实现社会主义可能比西欧实现社会主义还要快,因为西欧的村社制度已经过早瓦解了。赫尔岑认为:“西欧曾经拥有过村社,但在朝向封建主义的发展中,以及罗马私有财产向一极集中的发展中失去了它。而俄国不同于西方,它还很年轻,因为它仍然拥有村社”,“村社将俄国人民从鞑靼(蒙古)人的野蛮主义和帝国文明中挽救出来,……村社组织顺利地维持到了社会主义在欧洲发展起来的时候,这种情况对俄国是极端重要的……村社没有消灭,个人所有制没有粉碎村社所有制,这对俄国该是多么幸运的事。俄国

① 瓦洛京:《俄国的空想社会主义》,第145页。

② 《赫尔岑全集》第2卷,第177页。

③ 《赫尔岑全集》第6卷,莫斯科1955年版(下同),第200—201页。

人民置身于一切政治运动之外，置身于欧洲文明之外，这对他们该是多么幸运的事，因为这种文明本身已通过社会主义而达到了自我否定。”①

赫尔岑认为俄国人民，首先是农民，用自己全部的生活和历史为社会主义作好了准备，因为他们就生活方式来说天生就是集体主义者、社会主义者和共产主义者。他宣布：“在俄国农民的小木屋中，我们发现了建立在共同掌握土地和本能性的农业共产主义基础之上的经济与行政的机构。”②1851 年法国历史学家米什莱曾批评俄国人民懦弱和卑劣。赫尔岑立即以法文所撰的《俄国人民和社会主义》予以还击，他认为应该将沙皇及其非常落后的制度与俄国人民分开来讨论，极力陈说默默忍受暴政的俄国人民的纯洁和无辜。赫尔岑认为，建立在长期政治上镇压原则基础上的政策只会带来更激烈的反抗，农民充满不满，专制政府早晚会面临人民的反抗。赫尔岑质问米什莱：“你说：‘俄国人是骗子和小偷，他永远在偷’，撒谎——也是无意的，因为这是他们的天性，……由于被剥夺了一切防御手段，人民只能狡黠地对付他的压迫者。他欺骗他们，并且，他这样做完全是正当的”，“农民的生活完全限制在村社的范围内，只有与村社及其成员成为农民才认可自己的权利和义务，村社以外的一切对他来说都是建立在暴力基础上的”，“俄国人民……是存在的，强大的，积极的，而且，并不老——实际上很年轻……俄国人民的过去是模糊不清的，他们现在的处境很糟，但是他们要求未来。他们不相信现状是永恒不变的。由于在过去他

---

① 《赫尔岑全集》第 2 卷，第 179 页。

② 瓦洛京：《俄国的空想社会主义》，第 38 页。

们的所得太少,他们勇敢的期待未来……","俄国农民的品格自然地来源于他们的原始共产主义思想,这种道德深深地扎根于农民。俄国的未来寓于农民之中,正如法国的再生寓于工人之中。"[①]"作为一个真正的被抛弃者,农民们本能地意识到整个体制并不是为他的利益而建立的,反而是对他们有害的,政府和地主的意图是尽可能在他们身上压榨劳动力、金钱、兵源。由于了解了这些,并且他天性机敏,灵活,他尽其所能欺骗他们。农民从未认可地主,法庭的合法性。"[②]在赫尔岑笔下,俄国人民是无政府主义者,是独立自主的人,是天生的共产主义者。

赫尔岑身处西欧,但仍然与原"赫尔岑—奥加廖夫小组"和"斯坦凯维奇小组"成员别林斯基、格拉诺夫斯基、波特金等人进行书信往来。赫尔岑认为资产阶级是社会的祸害,必须消灭。别林斯基在 1847 年 12 月致波特金的信中认为赫尔岑的《马里尼大街来信》中"观点是毫无疑问的错"。[③] 别林斯基认为法国社会的情况并不适用于俄国,法国社会主义者的著作并不适合俄国,他们的理论是抽象的和无意义的。别林斯基在 1848 年致安年科夫的信中提出,法国的全部未来掌握在资产阶级手中,任何进步都依赖于资产阶级,那里的人民,在各个历史时期只能起到消极的辅助作用。[④] 波特金和格拉诺夫斯基也认为赫尔岑对资产阶级的罪恶是过分的夸大,根本不适合对俄国情况的评价,因为俄国专制制度依然是最强大和可怕的敌人,资产阶级在俄国完全是

① 《赫尔岑全集》第 2 卷,第 175 页。
② 同上书,第 166—179 页。
③ 《18—19 世纪俄国哲学》,商务印书馆 1987 年版,第 293 页。
④ 参见同上书,第 314 页。

进步现象。

如何评价赫尔岑的农民社会主义思想?

毫无疑问,赫尔岑的社会主义理想是立足于农民和村社的,而且更多地专注于理论创建,较少地考虑其实际效果,更没有机会实践之。而且,村社只是赫尔岑用来论证俄国社会主义未来的工具,赫尔岑将农民在村社中的身份和地位过于理想化了,他并不重视对村社内部经济活动的研究。并且,19 世纪 70 年代后,民粹派秉承赫尔岑的农民社会主义思想予以实践,但最终落得水中月镜中缘的结果。

但是我们是否能够习惯性地在小心翼翼地肯定赫尔岑的英雄气概和斗争精神之后,再一言以蔽之地把赫尔岑的农民社会主义思想定性为“空想社会主义”而盖棺论定呢?

国内外学界指称赫尔岑的农民社会主义思想为“空想社会主义”的一大理由即是认为赫尔岑的社会主义理想没有建立在对俄国国情的科学研究的基础之上。那么,俄国国情和现实是什么呢?

俄国是以农民为主体的落后的农业国家,是一个农奴制长期统治的专制国家,这即是俄国的国情和现实,实际上也是 19 世纪俄国解放运动的主要任务。特殊关注俄国国情和革命形势的恩格斯在《流亡者文献》中谈到俄国村社时也曾认为:“相反地,在大俄罗斯(即俄国本土),它一直保存到今天,这首先就证明了农业生产以及与之相适应的农村社会形态在这里处在不发达的阶段,而且事实上也是如此。俄国农民只是在自己的公社里面生活和活动;其余的整个世界只有干预他的公社事务时,对于他才是存在的。这一点甚至表现在这一事实上:在俄语中,Мир 一词既有‘世界’的意思,又有‘农村公社’的意思。Весь мир 即‘全世界’,在农民的语言中就是公社社员大会。因此特卡乔夫先生说到俄国农民的‘世界观’，显然是把俄文 Мир 一词译错了。各个公社相互间这种完全隔绝的状态，在全国造成虽然相同但绝非共同的利益，这就是东方专制制度的自然形成的基础。从印度到俄国，凡是这种社会形态占优势的地方，总是产生这种专制制度，总是在这种专制制度中找到自己的补充。不仅一般的俄罗斯国家，并且连它的特殊形式即沙皇专制制度，都不是悬在空中，而是俄国社会状态的必然的和合乎逻辑的产物。”[①]赫尔岑自始至终的着眼点正是农民和农民状况，他抓住了 19 世纪俄国解放运动，乃至 20 世纪俄国社会主义革命的关键所在。赫尔岑虽出身贵族，但是他对农民怀着炽热的感情，他甚至认为：“当我看到可怜的农民时，我的心就在流血。对于我的特权我感到羞愧，对于农民的苦难我应负有部分责任。”[②]他正是怀着这种负罪感，急切地希望为农民解放寻找最可行的道路。按照赫尔岑的想法，村社如果不是俄国社会生活中的社会主义基础的话，那么也是未来国家改革和建设的最重要因素。而且直至 19 世纪上半期，尽管农奴制危机越来越严重，出现了货币地租农民和代役租农民以及“地主为出卖而生产粮食”的现象，但资本主义尚未发展，俄国工人阶级尚未出世。而且，如果不解决农民问题就不可能有资本主义发展和工人阶级的出现。如果硬要求赫尔岑把社会主义革命的希望寄托于机声轰隆的工厂和“万能”的工人阶级身上，那不仅是苛求古人，而且是苛求圣贤了。况且赫尔岑本人思想有一个发展过程，他并不排除俄国农民革命将可能去“迎

① 《马克思恩格斯选集》第 1 卷，人民出版社 1995 年版，第 280 页。
② 《赫尔岑全集》第 2 卷，第 379 页。

接来源于欧洲革命思想的另一种运动”——马克思恩格斯领导的国际工人运动，列宁曾肯定赫尔岑在临终前“他的视线并不是转向自由主义，而是转向国际，转向马克思所领导的国际，转向已经开始‘集合’无产阶级‘队伍’、团结‘抛弃了不劳而获者的世界’的那个‘劳工世界’的国际！”[①]列宁一向把赫尔岑等革命民主主义者——民粹主义思想家看成是布尔什维克革命的先驱，承认民粹主义同社会民主主义和布尔什维主义之间紧密的历史联系。并且相信：“从19世纪80年代老的马克思主义著作中，可以看到为取得这种宝贵的民主主义内核一贯所作的努力。总有一天，历史学家会系统地研究这种努力，并且考察出这种努力同20世纪头10年内被称为‘布尔什维主义’的那种思潮的联系。”[②]列宁分析俄国的独特角度，即俄国是一个农民国家，无产阶级革命如果解决不好农民问题，解放不好工农联盟问题，那么任何革命者都将变成“孤鸿哀鸣”的做法即来源于赫尔岑等民粹主义思想家的观点。

作为19世纪40—60年代俄国思想文化界的关键人物，赫尔岑并没有把自己的思想局限于斯拉夫派和西方派思想的桎梏之中，而是灵活地运用了他所服膺的黑格尔哲学的合理内核——“辩证法”。[③] 他从斯拉夫派那里学会了如何透过村社和农民考察俄国文化传统和现实，从西方派那里吸取了批判地思考俄国前途和命运的方法，“西方主义通过赫尔岑而与斯拉夫主义相接触”。[④]

---

① 《列宁选集》第1卷，人民出版社1995年版，第285页。

② 《列宁选集》第2卷，人民出版社1995年版，第301页。

③ 别尔嘉耶夫认为：“赫尔岑首先服膺于黑格尔，但没有停留于黑格尔。他是第一批从黑格尔走向费尔巴哈的人之一，并且停留于费尔巴哈的理论。这意味着，他的哲学是接近唯物主义的，尽管并不深刻。”（参见别尔嘉耶夫：《俄罗斯思想》，第59页。）

④ 别尔嘉耶夫：《俄罗斯思想》，第59页。

但是他坚决与斯拉夫派的保守主义(文化守成主义)、与西方派的民族虚无主义斗争。在他的身上最先体现了把西方先进思想与俄国具体情况结合的特点。赫尔岑眼中的村社实际上是俄罗斯优秀文化传统的浓缩。但赫尔岑并不盲目地崇拜村社和虚美村社,他曾经批评村社的落后和僵死,在村社同个人的关系上,他也看到了陈腐和落后的一面,认为它麻痹了人类,夺走了人的独立性,而且“既不能保卫自己免受专横的侵犯,又不能把自己的人解放出来”。[①] 1838—1846 年,奥加廖夫在自己的领地上进行了解放农民的试验,试图确立村社和农民、地主新的关系。但是试验的结果使他失望,他承认:“我们的村社是农奴制的平等。”[②]

赫尔岑是一个坚定的人道主义者,他始终反对暴力革命给社会带来的动荡和混乱,他自始至终没有放弃和平的、自上而下的解放农民以及推进俄社会发展的愿望。他认为:“无疑,起义、公开的斗争是革命的最有威力的手段之一,但绝不是唯一的手段。”赫尔岑很清楚,“职业革命家不会赞同这种方式,但我们仍坚持我们的原则。……我们诚挚地选择人类和平发展的道路,而不是流血发展的道路。”[③]因为在赫尔岑的农民社会主义思想中“人民”是其核心,他的社会主义思想是基于对专制制度和资本主义罪恶的批判,人道主义是赫尔岑社会主义思想的出发点和归宿。他宣布:“我爱人民,我爱它,尽管它愚昧无知,尽管它有卑下的性格,因为通过这种表面可以看到童心、纯朴甚至是某种善良的东西。”[④]赫尔岑的

① 《赫尔岑全集》第 7 卷,第 168 页。
② 马里宁:《俄国空想社会主义简史》,第 174 页。
③ 赫尔岑等主编:《钟声》,第 11 页。
④ 马里宁:《俄国空想社会主义简史》,第 173 页。

社会主义思想是由抽象的价值观构成的，是他贵族式的正义感和责任感的体现，也是贵族激进主义的体现。因此，别尔嘉耶夫评价："赫尔岑的社会主义是个人主义的，……是人格主义的。赫尔岑本人则把它想象为俄罗斯的社会主义。他越出了西方主义的营垒而捍卫了俄罗斯的特殊道路。"①

二、别林斯基和车尔尼雪夫斯基：平民知识分子的呐喊

如果说具有贵族气质的赫尔岑是沟通斯拉夫派与西方派的中介的话，那么有着强烈平民气息的别林斯基、车尔尼雪夫斯基等人就是沟通激进主义思想（如斯坦凯维奇分子、彼得拉舍夫斯基分子和赫尔岑）与激进主义行动（如民粹派、社会民主主义派、社会革命党和布尔什维克）的关键。

列宁在1912年写道："我们纪念赫尔岑时，清楚地看到先后在俄国革命中活动的三代人物、三个阶级。起初是贵族和地主，十二月党人和赫尔岑。这些革命者的圈子是狭小的。他们同人民的距离非常远。但是，他们的事业并没有落空。十二月党人唤醒了赫尔岑。赫尔岑展开了革命鼓动。响应、扩大、巩固和加强了这种革命鼓动的，是平民知识分子革命家，从车尔尼雪夫斯基到'民意党'的英雄们。战士的圈子扩大了，他们同人民的联系密切起来了。赫尔岑称他们是'未来风暴中的年轻航海长'。"②别尔嘉耶夫也曾经评价别林斯基："他出现的时期我们的文化正停滞于特殊的贵族化之中。"③

---

① 别尔嘉耶夫：《俄罗斯思想》，第62页。

② 《列宁选集》第2卷，第289页。

③ 别尔嘉耶夫：《俄罗斯思想》，第57页。

很明显,平民知识分子与贵族知识分子的一个最大区别在于彼此间身份上的差异,他们"来自于法律上没有最后形成的等级间的居民范畴(经常是出身于商人、市民和神职家庭)的各种官衔和称号的人的代表。绝大多数从事智力劳动"。[①] 作为平民出身的知识分子代表的别林斯基和车尔尼雪夫斯基是赫尔岑主张的继承者,他们在探讨俄国发展道路时,也将村社看成是俄罗斯文化传统中优秀的成分。他们也是在批判西方资产阶级制度的前提下将西方先进思想作为解剖俄国社会痼疾的手术刀,把社会主义作为俄国社会未来的唯一道路。他们与赫尔岑的最大区别在于,他们坚决主张通过暴力革命手段实现社会主义理想。

别林斯基出身于神职人员阶层,他的祖父是下洛莫夫县别雷尼村的神父,因此姓氏即为别雷斯基(Бельнский),后改为别林斯基(Белинский)。别林斯基的父亲是海军军医,退役后回老家奔萨省行医。1829 年夏,别林斯基考上莫斯科大学语言系的公费生名额。别林斯基组织了"五人小组",别林斯基回忆,他们经常"谈论文学、科学和其他有价值的事件,每次分手时,思想上都有收获"。[②] 然而,1832 年别林斯基因创作了一部"思想偏激"的悲剧被大学开除。别林斯基暗下决心,"尽管遭到命运的残酷戏弄,但我不论何时何地都永远不会消沉……我不但不埋怨自己不幸而且还为此感到高兴:我凭自己的亲身经验得知,不幸的磨炼是良好的磨炼。"[③]别林斯基仍然与著名的"斯坦凯维奇小组"保持密切的联系,斯坦凯维奇给他的

---

① 布洛欣主编:《俄国历史教学参考辞典》,第 206 页。

② 普罗托波波夫等著:《别林斯基·杜勃罗留波夫·皮萨列夫·冈察洛夫》,第 24 页。

③ 同上书,第 28 页。

人生产生极其重要的影响。1839年，别林斯基接受《祖国纪事》的邀请，从莫斯科来到彼得堡，正式进入俄国思想文化界。1840年，别林斯基满怀信心地瞩望俄国的未来："我们羡慕我们的孙子和曾孙们，他们命定要瞧见1940年的俄国，将站在文明世界的首要地位，作出法律、科学和艺术，并接受全体文明人类致敬的礼物。"①

别林斯基完全是彼得堡知识分子中的"另类"。他没有斯坦凯维奇式的温和谦逊，也没有巴枯宁式的贵族傲慢，更没有霍米亚科夫式的神秘莫测。但是他具有雄辩的口才、清晰的思维以及极好的理解力，尽管他不懂日耳曼语，但是他可以通过与巴枯宁和斯坦凯维奇的通信认识谢林、黑尔格和费尔巴哈哲学的真谛。而且他还是一个性情中人，待人真诚，和则甚欢，异则断交。赫尔岑曾形象地描绘了别林斯基的性格全貌："若无争论之事，除非动怒，否则他木讷寡言；但一旦他觉得受伤、一旦他最珍惜的信念受到碰触而双颊肌肉开始抽搐、开始厉声发言——你真该看看他这时候的样子：他会像一只豹，扑向他的牺牲品，将他片片撕碎，使他狼狈可笑、凄惨可怜，同时，他以惊人的力量与诗意，展开他自己的思想。辩论往往是鲜血从这位病人的喉咙喷涌出来而结束；他脸色死白，声气哽噎，双目盯紧他说话的对象，颤抖的手举起手帕捂嘴，打住——形容萎顿，体力不继而崩溃。"②1848年5月26日，别林斯基因肺结核病逝。宪兵第三厅厅长本肯道夫遗憾地说：我们本来准备让他在彼得保罗要塞的监牢里腐烂掉的。

别林斯基虽然盛年离世，但他以自己对真理的追求、对朋友的

① 涅奇金娜主编：《苏联史》第2卷第1分册，第222页。

② 伯林：《俄国思想家》，第186页。

真诚、对现实的不调和享誉同时代人，也为后世所称道。赫尔岑称他是“尼古拉一世时期最革命的人”。别尔嘉耶夫称赞别林斯基是“19 世纪俄罗斯思想史最核心的人物之一”，“别林斯基，作为典型的知识分子，一生都力图实现一种极端主义的世界观。对于富有热情和感性的气质的他来说，认识与受苦是同一件事。”①以塞亚·伯林评价：“他是俄国知识阶层的良心，是天赋灵感且大无畏的政论家；在俄国，几乎只有他是独具足够性格与辩才，而能将众人所感受但无法或不愿明言之事加以清晰且厉声宣白的作家”，“他的名字成为 19 世纪最大的俄国神话，为独裁政治、正教、狂热民族主义之支持者所憎恨，令文雅而苛求的西方古典主义爱好者心烦不安，却以同样理由，成为 19 世纪下半叶改革派与革命派的理想化祖先。”②

车尔尼雪夫斯基，出生于萨拉托夫的神父家庭，14 岁时进入萨拉托夫宗教学校学习，18 岁考入彼得堡大学哲学系语言学专业学习。车尔尼雪夫斯基在大学期间阅读了大量的文学、历史、哲学、经济和自然科学著作，形成唯物主义的世界观。费尔巴哈的唯物主义学说对他影响最大，他对黑格尔的辩证法进行了研究和批判。车尔尼雪夫斯基承认在大学期间，“我在按照人类最终目的的信念方面坚决地变成了社会主义者—战士(Партизан-Социалист)和共产主义者以及激进的共和主义者”。③ 1853 年，车尔尼雪夫斯基来到彼得堡，参加《祖国纪事》编辑部，后转到《现代人》主持文学评论部，立即以“激进乐队指挥”(глава радикального оркестра)闻

---

① 别尔嘉耶夫：《俄罗斯思想》，第 57 页。

② 伯林：《俄国思想家》，第 181、183 页。

③ 《车尔尼雪夫斯基全集》第 9 卷，莫斯科 1939 年版，第 348 页。

名于彼得堡思想文化界。[①] 在这里他认识了著名诗人、《在俄罗斯谁能过好日子?》的作者涅克拉索夫和著名作家萨尔蒂科夫—谢德林。1859年,车尔尼雪夫斯基在伦敦与赫尔岑相识。1862年7月,车尔尼雪夫斯基因革命活动而被捕获,被流放到西伯利亚服苦役。在车尔尼雪夫斯基、杜勃罗留波夫和《现代人》杂志周围聚集了一大批热血青年,这些人即是继赫尔岑、别林斯基时代的"四十年代人"和"五十年代人"之后的"六十年代人"。车尔尼雪夫斯基把他们称为"新人",并且把他们的形象写入小说《怎么办》中。列宁曾经指出:"车尔尼雪夫斯基是唯一真正伟大的俄国著作家,他从50年代起直到1888年,始终保持着完整的哲学唯物主义的水平,能够摒弃新康德主义者、实证论者、马赫主义者以及其他糊涂人的无聊的胡言乱语。但是车尔尼雪夫斯基没有上升到,更确切些说,由于俄国生活的落后,不能够上升到马克思和恩格斯的辩证唯物主义。"[②]

伯林评价车尔尼雪夫斯基:"没有赫尔岑的深度、想象力,或者其灿烂的智力与文学才具;他没有巴枯宁的雄辩、恣肆、气质或推理力量,也没有别林斯基的道德天才与独特社会洞识。但是,他有不屈不移的诚正、极度的精勤奋厉,以及俄国人罕见的具体细节贯注力。他对奴役、不公与不理性的深刻、稳定、抱持终身的怨恨,所发于外者,并非庞大的理论总结,亦非社会学或形而上学体系,亦非以暴力反对权威,而是徐缓、踏实、耐心储积事实与观念——一种粗糙、板滞但有力的思想结构,这结构极适于专门针对他所欲改

① 参见希科曼:《祖国历史活动家:传记指南》,第421页。

② 《列宁全集》第18卷,人民出版社1988年版,第378—379页。

变的俄国环境,建立一个详细的实际行动策略。”[①]

别林斯基和车尔尼雪夫斯基认真地审视了俄国历史发展的特点,彻底地批判了俄罗斯文化传统中的皇权主义和专制主义成分,揭露了沙皇专制制度统治的反人民性。别林斯基在1840年给康斯坦丁·阿克萨科夫的信中写道:“我们的生活,我们要什么样的生活?我们的生活在哪里?为什么而生活?我们是滞留在社会外面的许多个体,因为俄国不成社会。我们既无政治生活,也没有宗教生活、科学生活和文学生活。无聊、冷漠、挫折、徒劳无果的努力——这就是我们的生活。”[②]别林斯基坚信人民是历史发展的决定力量,只不过他眼里的人民是占俄国人口绝大多数,而且遭受压迫和剥削最深的农民。车尔尼雪夫斯基也非常看重俄国农民和村社的重要革命意义,他认为“村社是人同土地关系的最高形式”。[③]他认为村社虽然是旧传统的残余,但是在特殊的条件下能够发展成为社会主义的制度,即村社的土地公有制可以用来为社会主义事业谋福利,村社成员中的原始共产主义思想可以变成革命思想和斗争精神,而村社成员——农民则最容易被发动起来参加社会主义革命。但是他们并没有把俄国村社作用和地位过分的理想化和神话化。车尔尼雪夫斯基指出了村社农业生产水平的低下和落后,“我们用不着把村社占有制看成我们民族性的特殊产物,而应该把它看作每一个民族生活中的某一个时期的社会属性”,他认为保存这种残余“只能证明历史发展的缓慢性和软弱性”。[④]

① 伯林:《俄国思想家》,第267—268页。

② 同上书,第202页。

③ 马里宁:《俄国空想社会主义简史》,第218页。

④ 同上。

对西欧资产阶级和资产阶级革命的失望，是他们共同的感受。别林斯基在游历欧洲后，宣布自己懂得了“赤贫”和“无产阶级”的真正含义，他认为西欧的无产阶级与资产阶级的“平等”仅仅是停留在法律纸面上的平等，而“更加不幸的是：从这种平等中丝毫也没有使无产阶级轻松一些。无产阶级既是私有者和资本家永久的劳动者，他所有的只是两只手，他充其量不过是奴隶”。[①] 车尔尼雪夫斯基在《日子》中写道：“嘿！先生，你们以为问题在于徒有共和国这个虚名，而权力仍掌握在你们的手，问题根本不在这里。问题在于要使下层阶级不仅在法律面前，而且在物质生活方面也能摆脱奴隶地位……这些先生们不令我满意，因为他们口是心非。他们嘴上喊着自由、自由，但这个自由仅仅限于他们的嘴上，或者是写在法律上，实际上并不付之实施。”[②]车尔尼雪夫斯基认为1848年革命的失败“使一切人都看清楚了，在共产主义者、社会主义者和其他政党人士之间存在着多么大的分歧，它甚至超过了横处于其他政党之间的最深刻的分歧”。[③] 别林斯基认为俄国完全不必走西欧资本主义的道路，社会主义的理想对于俄国来说更为现实，“没有任何事情”比促进社会主义到来“更加崇高、更加高贵了”，而实现社会主义必须采取暴力革命的手段，“如果认为不实现暴力，不经过流血，时间就会自然使之实现的，那就太可笑了。人们是如此的愚钝，以至于必须用暴力把他们引向幸福。同大多数人所受的痛苦相比，成千上万人的流血又算得什么”[④]，“千年王国

① 涅奇金娜主编：《苏联史》第2卷第1分册，第221页。

② 《车尔尼雪夫斯基全集》第1卷，莫斯科1939年版(下同)，第110页。

③ 同上书，第122页。

④ 马里宁：《俄国空想社会主义简史》，第118页。

在地球上建立起来，不是靠着完美的、温情脉脉的吉伦特人的甜蜜的、热情洋溢的语言，而是依靠恐怖分子，依靠罗伯斯庇尔们和圣茹斯特们的语言和行动的双刃利剑。”[①]车尔尼雪夫斯基还认为人民是历史发展的决定力量，人民不必经过充分准备就可发挥直接的历史实际力量的作用。他也相信人民能够走上“毅然努力、勇敢决定”的道路，即革命的道路，或者是在“特别情势的影响下”，或者干脆是因为“他们再也不能永远漠然忍受那种恶劣状况了”。[②]尽管车尔尼雪夫斯基从费尔巴哈的唯物主义出发认识到了阶级斗争是推动历史发展的动力的原理，但是他没有接受同时期西欧流行的马克思主义，他没有看出工人阶级和农民阶级的本质差别。他模糊地认识到，革命成功后，“统治权将转移到人数最多的社会最下层的阶级手中，即农民、短工和工人手中。”[③]别尔嘉耶夫评价说：“把人民看作是真理的支柱，这种信念一直是民粹主义的基础。”[④]他们的思想直接地成为19世纪70年代民粹派运动的理想原则和行动纲领。

平民出身的别林斯基和车尔尼雪夫斯基的出现终于为尚空谈、欠实际的俄国知识分子群体带来了“批判现实主义”的活力。他们的思想与号召启发和教育了知识分子，使他们终于放下架子，回到民间，倾听人民的要求，重新构筑自己的政治理想和理论体系，并积极地将其付诸实践。在19世纪70年代发生了声势浩大的民粹派运动以及由知识分子发起并积极参与的“到民间去”运动。

① 马里宁：《俄国空想社会主义简史》，第125页。
② 《车尔尼雪夫斯基全集》第7卷，莫斯科1942年版，第881页。
③ 《车尔尼雪夫斯基全集》第1卷，第355页。
④ 别尔嘉耶夫：《俄罗斯思想》，第102页。

三、民粹主义与民粹派运动

在普列汉诺夫和列宁等领导的社会主义运动之前，俄国社会主义运动的主力是民粹主义者。别尔嘉耶夫评论说："民粹主义是俄罗斯的特殊现象，正如俄国的虚无主义、俄国的无政府主义是俄罗斯的特殊现象一样。民粹主义有多种表现，有保守的、革命的、唯物主义的和宗教的民粹主义。斯拉夫主义者、赫尔岑、陀思妥耶夫斯基和70年代的革命者都是民粹主义者。把人民看作是真理的支柱，这种信念一直是民粹主义的基础，它把人民与民族区别开来，甚至将这两个概念对立起来。"[①]民粹主义运动最大的功绩是在俄国这样一个农民国家进行了社会主义革命的最初尝试。19世纪70年代兴起的民粹派运动实质上是19世纪40至50年代俄国发展方向的社会大辩论的总结，民粹派领袖及其拥护者继承了赫尔岑的农民社会主义思想，继承了别林斯基和车尔尼雪夫斯基等人的"农民革命"理论，并且积极地予以实践。

尽管民粹主义者(Народники)认为自己植根于人民，尽管他们仍然认为俄国农民是无组织的和盲从的，但是他们相信自己的力量，相信农民具有"天生的社会主义者"的本能。民粹派在《致青年一代》传单中写道："1848年的失败如果说能证明什么的话，那就是只能证明一点，即这次尝试对于欧洲是失败的，但并不能说明在我们这里，在俄国不可能建立其他的制度。难道欧洲的经济条件和土地条件与我们的相同吗？……我们是迟到的民族，而正是这一点使我们得救了。我们应该感谢命运，我们不曾有过欧洲式的生活。欧洲的不幸，欧洲的绝境对于我们是教训。我们不要欧

---

① 别尔嘉耶夫：《俄罗斯思想》，第102页。

洲的无产阶级、贵族、国家原则和皇帝权力。我们的人民至今还过着自己的生活方式……然而,俄国的思想成熟了,我们研究了欧洲的经济和政治制度;我们看到,他们的情况并不妙,我们明白,我们完全可以避免当代欧洲的可怜命运。"[①]

民粹主义运动中"宣传派"领袖拉甫罗夫认为:"俄国根本不存在作为一种政治力量的资产阶级。农民因其缺乏组织性,所以不能充当任何政治运动的支柱。因此,为满足这两项要求而进行的斗争,没有西方具备的那种社会基础。然而,在俄国已经形成了一个阶级,它足以充当为达到这些要求而战的斗士。这就是俄国的知识分子阶级,它首先使知识分子迅速成为反抗阶级,然后再变成革命阶级。"[②]拉甫罗夫认为,向人民进行宣传是俄国先进知识分子的首要任务,宣传的目的是使人民做好革命的准备,"只有当历史事件的潮流指出了变革的时期,指出了俄国人民对此做好准备的时候,才能认为自己有权号召人民去实现这一变革。"[③]民粹派信奉的是"行动的哲学",他们试图把赫尔岑等人的思想落实到实践行动之中。1862 年的民粹派传单《青年俄罗斯》中宣布:"我们并不害怕这种革命,虽然我们知道将会血流成河,将会有无辜的牺牲;我们预见到这一切,但还是欢迎革命来临,我们准备献出自己的头颅,只要期待已久的革命早日来临!""记住,那时谁不和我们站在一起,谁就是反对我们,谁反对我们,谁就是我们的敌人,而对敌人就应该用一切手段消灭。……如果起义不成功,如果我们不得不为了给人以人权这一大胆的尝试而付出生命的代价,我们将

① 中央编译局编译:《俄国民粹派文选》,第 8—9 页。
② 索洛维约夫等著:《俄罗斯思想》,第 198—199 页。
③ 中央编译局编译:《俄国民粹派文选》,第 292 页。

毫不颤抖、无所畏惧地走上断头台，把头搁在砍头架或伸进绞索里，再次高呼这句伟大的口号：'俄罗斯社会民主共和国万岁！'"① 从1873年起，民粹派发起了声势浩大的"到民间去"运动，为了实现自己的理想，这些先进的知识分子脱去华丽的服装，走遍伏尔加、顿河和第聂伯河广大的农村，走进农民的家中，试图用农民语言、通俗语言鼓动农民革命。②

但是，民粹主义者的忘我牺牲精神和英雄气概并没有唤起农民的响应，广大农民对他们的宣传不理解，甚至视他们为国家的敌人，"70年代的民粹派的命运是悲剧性的，因为他们不仅受到政府方面的迫害，而且人民本身也没有接受他们"，③民粹派"在实践中不得不承认农夫具有共产主义本能的想法是幼稚的"。④

农民的冷漠反应使民粹派得出一个结论，即目前农民的世界观是落后的和保守的，需要民粹主义者以革命行动和英雄行为予以震动，知识分子有义务和责任代替人民完成他们的伟大事业。于是在"到民间去"运动失败后，一些民粹主义知识分子走上了无政府主义和恐怖主义的道路。具有极端政治主张的"土地和自由社"(Земля и воля)和"民意党"(Народная воля)成立了。民意党主要是知识分子，特别是大学生的活动。民意党的领袖都有着当时很高的教育背景，20个人曾就读于彼得堡大学(其中3个被开除)，12人在基辅大学就读(6个被开除)，9人在彼得堡技术学

① 中央编译局编译：《俄国民粹派文选》，第22、30页。

② 梁启超在《论俄罗斯虚无党》中描写民粹派为"绩学青年、轻盈闺秀，变职业，易服装，以入于农工社会，欲以行其志"。(参见梁启超：《饮冰室合集·文集》第2册，中华书局1989年影印版。)

③ 别尔嘉耶夫：《俄罗斯思想》，第113页。

④ 《列宁全集》第1卷，人民出版社1984年版，第242页。

院就读(7名被开除),9名妇女毕业于别斯图热夫高级讲习班,8人毕业于高级军校。[①] 在1881年后被捕的365位革命者中,180人属于贵族,104人属于中产阶级。[②] 民意党的报纸《民意报》认为知识分子应该担负起"首先发动反政府进军和实现政治上变革的任务",而不是"像鱼在冰块上跳动那样,在人民周围跳动"。[③]

民意党人策划了一次次暗杀沙皇及其大臣的行动,把推翻专制制度,将政权还给人民确定为自己的使命。1878—1879年,民粹派组织了一系列的恐怖活动,发生了女革命家查苏利奇刺杀彼得堡市长特列波夫,克拉夫钦斯基刺杀宪兵队长美津策夫等事件。1881年3月13日,经过半年的谋划和追踪,民意党人终于将沙皇亚历山大二世炸死。随后,3月24日,民意党执行委员会发表致新沙皇亚历山大三世的公开信,宣布:"我们抛开一切成见,抑制由于政府多年来的行动造成的不信任,给您写了这封信……我们把您当作一个公民和一个诚实的人而给您写这封信。我们希望,您的狂怒不至于压制您对自己责任的意识和想要认识真理的愿望。您失去了父亲。我们则不仅失去了父亲,还失去了兄弟、妻子、儿女和好友。但是只要俄罗斯的幸福需要,我们就准备抑制个人的感情。我们所期望您也会这样。"[④] 民意党宣布停止恐怖活动,与政权和解。然而,亚历山大三世以反革

---

① 参见列金娜—斯维斯卡娅:《19世纪下半期俄国知识分子》,莫斯科1971年版(下同),第181页。

② 参见杰夫曼:《1894—1917年俄国的革命恐怖》,莫斯科1997年版(下同),第27页。

③ 涅奇金娜:《苏联史》第2卷第2分册,三联书店1959年版(下同),第271页。

④ 切尔努哈:《亚历山大三世》,载《历史问题》,莫斯科1992年第11—12期,第53页。

命恐怖回答民意党的请求,民意党的领袖陆续被捕、被处死或被流放。5月11日,亚历山大三世宣布:专制制度是俄国“国之基石”,永远不得动摇,他将按照祖先的遗训统治俄国。列宁在分析民意党失败的原因时说过:“当时拥护这些为数不多的英雄的社会阶层十分狭小,运动的旗帜也根本不是革命的理论”,民意党“错误在于他们依靠的理论,实质上并不是革命的理论,又不善于或者不能够把自己的运动同发展着的资本主义社会内部的阶级斗争密切联系起来”。①

活跃于1902—1923年的社会革命党是民粹主义的直接继承者。社会革命党于1902年由分散的民粹派小组实行组织联合,1905年12月29日正式成立。它的政治主张是推翻专制制度,把土地变为全民财产并交给农民平均使用,主张建立社会主义。②社会革命党实际上代表了广大农民的利益和愿望,它祈望的社会主义是具有浓厚的村社色彩的农民社会主义,正是由于这个关键之处,它在俄国社会,特别是在农民中产生了重大的影响。社会革命党初期成员中青年学生比例占75%。据统计,在1902—1905年间,社会革命党有432个组织,62000多名党员,十月革命前后先后出现了21个社会革命党性质的政党。③ 在策略上,社会革命

---

① 《列宁选集》第1卷,第271、414页。

② 1917年3月,克伦斯基加入该党后,提出在联邦制基础上建立民主共和国。

③ 社会革命党,左派社会革命党,社会革命联盟最高纲领派,国外社会革命党联盟,农业社会主义同盟,俄国政治解放工人党,民粹派共产主义者党,社会革命党联盟(北方社会革命党),革命共产主义者党,南方社会革命党,乌克兰社会革命党,乌克兰左派社会革命党(左派),乌克兰共产党(鲍罗齐巴派),白俄罗斯社会革命党,白俄罗斯社会党,亚美尼亚革命党,格鲁吉亚社会联邦主义者革命党,格鲁吉亚左派社会联邦主义革命党,拉脱维亚社会民主同盟,立陶宛革命社会主义者—拉乌金克党,爱沙尼亚社会革命党。

党继承了民意党的恐怖主义手段。社会革命党领袖切尔诺夫起草的社会革命党纲领中即包括了准备实行“暂时的革命专政”的内容。早在1902年,社会革命党中的格尔舒尼派联合部分大学生和中学生成立了恐怖主义组织——“战斗组织”,该组织购买武器,组建有针对性的战斗小分队,其行动不受党中央的指挥,独立执行暗杀命令。他们刺杀了十余名大臣、省长、总督。1905—1907年间,社会革命党策划的针对沙皇政府的恐怖活动达到200余起。1904年炸死反动内务大臣普列维是社会革命党恐怖活动的高潮,随后因新任内务大臣斯托雷平的残酷镇压以及1905年失败的大环境因素,社会革命党的恐怖活动才有所减弱。

1917年二月革命后,社会革命党登上了俄国政治舞台的前台,克伦斯基和切尔诺夫分别担任资产阶级临时政府的总理和农业部长,社会革命党分裂为左、右两派。十月革命期间,右派社会革命党人公开反对苏维埃政权,被苏维埃政权清除。左派社会革命党就成为布尔什维克的最后一个政治同路人,其领导人是斯皮里多诺娃、纳坦松和普罗什杨。列宁曾指出左派社会革命党是“代表农民的真正愿望和真正利益的政党”,“我们同左派社会革命党人结成的联盟,是建筑在坚固的基础上的。这个联盟不是一天一天地在巩固,而是每时每刻地在巩固。”[①]但是尽管社会主义革命已经成功,人民政权已经建立,社会革命党仍然未放弃激进主义主张。它们反对苏维埃政权与德国签署“屈辱”的布列斯特和约,认为布尔什维克的行为是“扼杀俄国革命”和“右倾投降”之举。左派社会革命党不放弃使用极端主义手段,

① 《列宁全集》第33卷,人民出版社1985年版,第264、265页。

试图以恐怖暗杀的方式将布尔什维克拖上与德国持续交战境地。1918年7月6日下午2时，左派社会革命党人、肃反委员会使馆保卫部主管布柳姆金等人持肃反委员会介绍信进入德国驻俄国大使馆，炸死了德国大使米尔巴赫。与此同时，左派社会革命党人带领1800名步兵、80名骑兵，携带4辆装甲车、48挺机枪和8门大炮在莫斯科三仙巷发动了叛乱。他们扣押了肃反委员会主席捷尔仁斯基，要求废除《布列斯特和约》。社会革命党的叛乱持续不到1天即被苏维埃政权所粉碎，社会革命党领导人斯皮里多诺娃等人被捕。1918年8月30日，社会革命党人卡普兰在莫斯科米赫尔逊工厂开枪刺伤来此演讲的列宁。随后，苏维埃政权采取坚决镇压措施，社会革命党被彻底取缔，1923年社会革命党宣布解散。

第四节　从无政府主义到虚无主义：激进主义之极端

一、无政府主义与虚无主义概念之辨

中国学术界早期在对俄罗斯文学及政治著作的译介中经常把“无政府主义”（英文 Anarchism，俄文 Анархизм）和“虚无主义”（英文 Nihilism，俄文 Нигилизм）混用，实际上这两个词既相近也有差异。

“无政府主义”概念起源法国，蒲鲁东在1840年所著的《什么是所有权》中对无政府主义概念做了最早的阐述，我国学界早期即采取音译方式将法文“无政府主义”（Anarchisme）译为“安那其主义”。列宁曾评论俄国无政府主义运动“是绝望的产物。它是失常

的知识分子或游民的心理状态，而不是无产者的心理状态。”[①]

“虚无主义”起源何处？当代英国学者以赛亚·伯林认为这个词起源于俄国，是屠格涅夫在《父与子》中发明的，“至少是他使这个词流行起来。”以赛亚·伯林又认为最先使用“虚无主义”概念的学者是号称在俄国第一个使用“知识分子”概念的文学评论家博博雷金。[②] 中国学者蒋路考证“虚无主义”和“虚无主义者”起源于西欧，1829 年由文学评论家纳杰日金最先引入俄国文学界。当时他在《欧洲导报》上发表了一篇批评普希金等人的文章，题目是《一群虚无主义者》(*Сонмище нигилистов*)，这种说法被后人沿用，但意思接近于怀疑论者或怀疑主义。“虚无主义”迅速流行并赋予政治含义是在屠格涅夫的小说《父与子》出版之后，书中主人公巴扎罗夫即是一个不折不扣的虚无主义者，他“用批评眼光去看一切”“不服从任何权威的人，他不跟着旁人信仰任何原则，不管这个原则怎样被人认为绝对不可侵犯。”[③]蒋路认为 60 年代的革命民主派中没有人接受“虚无主义者”的称号，就连对巴扎罗夫形象称赞有加的著名文学评论家皮萨列夫也只承认自己是“独立思考的现实主义者”。[④] 捷克学者、后来成为捷克总统的马萨利克认为：“屠格涅夫在《父与子》中只分析了当时才发轫的虚无主义，车尔尼雪夫斯基却写了已经在活动的虚无主义的福音。”[⑤]还有更多的评论家把虚无主义与民粹主义联系在一起，于是民粹主义的鼻祖就成了虚

---

① 《列宁选集》第 1 卷，第 288—289 页。

② 参见贾汉贝格鲁：《伯林谈话录》，第 151 页。

③ 屠格涅夫：《前夜·父与子》，上海译文出版社 2000 年版，第 147、158 页。

④ 蒋路：《俄国文史采微》，第 66 页。

⑤ 同上书，第 68 页。

无主义的鼻祖。1879年民意党成立后，提出了更加激进的政治主张，其领导人热里亚包夫宣称："我们是国家主义者，不是无政府主义者。"英国著名学者以赛亚·伯林也认为："没有哪个党派自称是虚无主义的。虚无主义不过是反对他们的人指责他们否定一切道德价值所使用的一个词罢了。"[①]然而19世纪80—90年代的俄国社会舆论已将虚无主义、无政府主义完全等同于民粹主义了。蒋路先生认为："因此，虚无主义一词已演变成激进主义的别名，它可以被用来表述各种各样的左倾思潮。使用者的立场不同，词义也随之变化，时而为褒，时而为贬，时而又是非褒非贬的中性。于是，从表面看，无政府主义、民粹主义、社会主义和虚无主义经过长期的相互渗透和影响，似乎成了一个独特的综合体系，从而掩盖了彼此间的深刻差异。"[②]

"恐怖主义"(Терроризм)最早指法国大革命的"恐怖统治"(reign of terror)，1795年版的《牛津英语词典》首次将其收入。19世纪60年代由达里所编的《现代大俄罗斯语详解辞典》中未见此辞条和释义。布洛欣主编的《俄国历史教学参考辞典》对"террор"解释为"来自拉丁文，恐惧、可怕意思。指以暴力措施对政治对手施加恐怖政策，直至肉体消灭。个人恐怖策略是民意党的组织活动的基础，后被社会革命党、社会革命党——极端主义者、无政府主义者和其他左翼党团所采用。在国内战争时期，在革命与反革命斗争中存在'白色'恐怖和'红色'恐怖。恐怖可以作为国家政策，作为反对人民、镇压持不同政见者和镇压政治对手的暴力手段"。[③]

① 贾汉贝格鲁：《伯林谈话录》，第151页。

② 蒋路：《俄国文史采微》，第71页。

③ 布洛欣主编：《俄国历史教学参考辞典》，第251—252页。

近代俄国政治恐怖主义(Политический терроризм)建立在五大理论基础之上:第一是被称为民粹主义运动中的“宣传派”领袖拉甫罗夫的唯心主义和英雄主义历史观,他认为创造历史的不是人民群众,而是“具有批判思维能力的人”,即“在漫长的生存过程中,人类造就了一些天才人物,历史学家骄傲地称他们为人类的代表,英雄豪杰”。① 第二是民粹主义运动中的“暴动派”领袖巴枯宁的无政府主义思想。巴枯宁在给德国诗人海尔维格的信中多次谈到他对国家的看法:“我不相信宪法、法律和国家,最好的国家也不能令我满意。我们需要另一种东西:激情和生活,以及新的没有法律和国家的,因而是自由的世界。”②他宣布:“破坏的精神即是创造的精神”(дух разрушения есть во же время создающий дух)。③ 第三是民粹主义运动中“布朗基派”领袖特卡乔夫关于进行恐怖斗争的策略思想。他认为只有少数革命家组成的密谋小组才能担负起社会变革的任务。他认为:“准备革命——这根本不是革命家的事”,“革命家不是准备革命,而是干革命”,因此“任何犹豫不决、任何拖延耽搁都是犯罪!”④列宁曾经评价:“在民意党人中间,布朗基主义,即密谋主义的传统非常强烈,以致他们只能把政治斗争设想为政治密谋这种形式。”⑤第四是东正教,特别是分裂教派的禁欲主义影响。革命者应该清心寡欲、心无旁顾,为了崇高的理想可以牺牲自己的爱情、家庭、事业、财产、幸福乃至生命。在这方面涅恰耶夫所撰《革命者教义问答》(*Катехизис революционера*)及其恐

---

① 中央编译局编译:《俄国民粹派文选》,第 74、55 页。

② 《巴枯宁著作和书信集》第 3 卷,第 318 页。

③ 谢缅尼科娃:《世界文明共同体中的俄罗斯》,第 253 页。

④ 中央编译局编译:《俄国民粹派文选》,第 3 页。

⑤ 《列宁选集》第 1 卷,第 151 页。

怖活动方式是最好的例证。第五是西欧政治运动、哲学思想和恐怖理论的影响。在法国大革命的雅各宾派专政时代,“恐怖”完全成为社会通行的积极词汇,成为法国大革命政治文化的组成部分。罗伯斯庇尔将恐怖手段与人类美德奇特地联系在一起,他认为:“恐怖就是正义,它手段迅速、目的坚定,因此它是人之美德的最大体现”,“没有美德,恐怖就是罪恶,没有恐怖,美德就是无助”。[①] 德国哲学家费希特关于民族主义和人民自决的思想对俄国近代政治恐怖主义也有影响。费希特认为:“任何把自己看成是别人的主人的人,他自己就是奴隶”,“人可以利用非理性的东西作为达到自己目的的手段……”。[②] 另外19世纪意大利极端主义者皮萨凯因提出了“行动即是宣传”(propaganda by deed)的理论,他认为思想源于行动,行动本身即是对人民最好的宣传和教育形式,成为近现代政治恐怖主义的常见原则,也为俄国民意党所采纳。

俄国无政府主义运动的参加者,也是最有发言权的人——克鲁泡特金在《我的自传》中强调区分虚无主义和恐怖主义的界限的必要性。他认为:“将虚无主义和恐怖主义混为一谈,犹之乎将斯多噶学派与实证主义之类的哲学运动和共和主义之类的政治运动混为一谈,是同样的大错。恐怖主义乃是由某一个特定的历史时期的政治斗争之特殊状态产生的。它已生存,它已消灭了。它也许会再生,又会再死。然而虚无主义却留在了俄国知识阶级的生活全体上面,在将来许多年代中都不会消灭的。我们如果把虚无主义的缺点(就是‘趋于极端’,这是那一类的青年运动免不掉的)

① 霍夫曼:《恐怖主义内幕》,纽约1998版,第16页。
② 费希特:《论学者的使命·人的使命》,商务印书馆1984年版,第11、35页。

除去不论，我们可以说虚无主义给了俄国今日的知识阶级的大部分生活以那一种我们俄国人可惜在西欧生活中见不到的特性。”①

政治视野中的俄国虚无主义既是一种典型的宗教现象，又是一种独特俄罗斯文化现象，它是建立在对神灵空间和世俗空间共有的邪恶世界的认识、否定、否定之否定到重建的基础之上的。这种虚无主义是极端的俄国现象，它否定上帝、精神、心灵、规范和最高价值。有人说它只能极端地出现在获得了东正教思想形态的精神里，这是东正教绝对禁欲生活的外在表现。它从东正教的普世主义原理中找到了自己的精神出路和实现途径，即残酷和彻底的破坏即是无限的爱，忘我的牺牲和为他人为人类的奉献即是无限的爱。把全体劳动从无比沉重的精神痛苦和肉体痛苦中解救出来，实现人的充分自由和权利，这即是俄国无政府主义和虚无主义的奋斗目标。正如宗教哲学家别尔嘉耶夫表述的：“……任何政权我都不喜欢，都不可能喜欢。任何时候我都不喜欢伟大的政权世界。能激起我同情的只有无政府主义。”②

二、巴枯宁的无政府主义思想

19 世纪俄国无政府主义有两位代表人物，其一即是克鲁泡特金③。其二是被称为俄国无政府主义鼻祖的巴枯宁，他也被称为

---

① 克鲁泡特金：《我的自传》，第 293—294 页。

② 别尔嘉耶夫：《自我认识——思想自传》，第 309 页。

③ 国内学界关于克鲁泡特金已有研究，本书不再专论。代表作首推业师陈之骅先生著：《克鲁泡特金传》，中国社科出版社 1986 年版。另外著名作家巴金在 1930 年就把克鲁泡特金的《我的自传》翻译并出版，1985 年三联书店再版此书。“巴金”（原名李尧棠，字芾甘）年轻时代曾狂热于法国和俄国的无政府主义思潮，有一种说法称该笔名即是源自俄国无政府主义者巴枯宁（Bakunin）和克鲁泡特金（Kropotkin）两人名字中 Ba 和 kin 之合。

世界无政府主义思想的集大成者，他的无政府主义思想被冠之以巴枯宁主义(Бакунинизм)。他的反权威学说、绝对个人主义自由观及其无政府主义思想直至20世纪70年代末在一些国家或地区仍有一定的影响。而且国际学术界对于巴枯宁的兴趣，直至今日仍未减弱，已形成了一门"巴枯宁学"(Bakuninlogie)。[1]

巴枯宁出身特维尔省的贵族家庭，童年时接受过良好的欧式教育，卢梭思想对他影响甚大。他在青年时代曾梦想求取功名，跻身特权等级行列。15岁时因为家族出身显赫，他轻易地成为彼得堡炮兵学校的士官生。3年后毕业被派往军队服役，一方面由于健康问题，另一方面是他根本不喜欢军队生活，仅一年就退伍了。巴枯宁的志向是从事学术研究，因此他于1836年来到莫斯科。他努力学习德国古典哲学，阅读康德、费希特和黑格尔的著作。英国学者以赛亚·伯林评述此时的巴枯宁："他天赋异能，善于吸收别人义理，热心阐述，仿如己出，而在吸收阐述过程中稍加变化，便更简单、清晰、粗糙，偶尔更令人信服。……他掉弄观念，熟巧灵便而充满孩子气的乐趣。其观念源出多方：圣西门、霍尔巴哈、黑格尔、蒲鲁东、费尔巴哈、青年黑格尔派、魏特林。这些义理，他一边作短促但密集的搬演应用，一边吸收，随即着手阐释，阐释之间所发挥的热情与个人磁力，即使在那个伟大的民间论坛风起云涌的世纪里，也许蛮可谓独步。"[2]后来巴枯宁与赫尔岑、格拉诺夫斯基、别林斯基、卡特科夫和奥加廖夫等人相识。他参加斯坦凯维奇小组的活动，参加列瓦沙娜主持的文学沙龙，在这里了解了普希金和恰

---

① 李显荣：《巴枯宁评传》，第13页。
② 伯林：《俄国思想家》，第175—176页。

达耶夫的作品和思想。在与莫斯科进步的知识分子接触和交流之后,他的思想发生了巨大变化。1840 年,巴枯宁从沉闷、窒息的俄国来到德国后,便立即被资产阶级的民主主义思想所吸引,很快地成为该思想的狂热信徒。别尔嘉耶夫评价说:“无政府主义主要是俄罗斯人的创造。有趣的是,无政府主义思想体系主要是俄罗斯贵族的最上层创造的。这就是最重要的并且最极端的无政府主义者巴枯宁、克鲁泡特金公爵和宗教无政府主义者托尔斯泰伯爵。”[①]

巴枯宁是俄国无政府主义的创始人,他的信念是“人人为我,我为人人”,“倘使尚有一人不自由,我亦不得自由。”[②]别林斯基认为巴枯宁有强烈的领袖欲,不易和别人相处,他们之间的友谊在 1838 年终于破裂。别林斯基在这一年评论巴枯宁:“自尊心非常厉害,对待友人浅薄,幼稚轻率,诚恳温柔不足,自命不凡,骄傲自大,想博取别人欢心,好发号施令。”[③]

巴枯宁主义与马克思主义是两种根本区别的理论学说,前者是庸俗社会主义观,后者是科学社会主义观,这是毋庸置疑的。但是,从巴枯宁主义的具体内容和实际影响方面看,尚有一些问题值得作以认真的分析。

首先,巴枯宁的无政府主义理论中包含着大量的民主主义成分,民主主义思想是巴枯宁主义的理论基础,这是以往的研究者们所忽视的重要问题。

1842 年 10 月,巴枯宁在《德国的反动》一文中已表明了自己的民主主义自由观和国家观。他声言:“难道你们没有在革命建立

① 别尔嘉耶夫:《俄罗斯思想》,第 142 页。

② 同上书,第 148 页。

③ 李显荣:《巴枯宁评传》,第 8 页。

起来的自由庙宇的山墙上看到自由、平等、博爱这些神秘和可怕的字眼吗？难道你们不知道和没有感觉到，这些字眼意味着现行政治和社会制度的彻底消灭吗？”[①]在这里，巴枯宁向自由的敌人——沙皇专制制度发起了挑战，表明其无政府主义思想的萌芽。巴枯宁的无政府主义理论最终形成于19世纪60年代中期，但我们可以看出，其理论的重要成分在19世纪40年代已初步形成，并带有浓厚的民主主义色彩，可以说民主主义的自由观和国家观构成巴枯宁主义理论的基本内核。不了解这一点，就难以全面地分析巴枯宁无政府主义思想的原则和特点。

其次，巴枯宁无政府主义思想的产生适应了19世纪40—60年代欧洲工人阶级的思想水平和斗争需要，具有一定的进步意义。

在人类社会发展的各个时期，都有一些思想家从人类的自然法则和原理出发，探求人类的自由和对现有社会的改造。他们把理想的社会理解为没有国家制度的压迫，没有强权统治，即所谓使人的自然天赋和价值得到充分实现的社会。巴枯宁正是基于19世纪40—60年代欧洲社会的政治局势，从人的绝对自由和反对任何权威的角度出发设想其理想社会的。巴枯宁是1848年欧洲革命的参加者，他的思想体现了该时期工人在资产阶级“背叛”之后极度失望和幻灭情绪。正是在该时期，巴枯宁开始了由激进民主主义者向无政府主义者的转变。因此巴枯宁主义是时代的产物，它适应了当时工人的思想水平，并且是由于“无产阶级解放斗争的实际需要而产生的”，[②]应该肯定其理论在其产生之初具有的进步

① 《巴枯宁著作和书信集》第3卷，第145页。

② 梅林：《马克思传》下册，人民出版社1972年版(下同)，第655页。

意义。

第三，应该看到巴枯宁的政治思想和言论中有部分的积极成分，对于推动工人运动的发展起到了一定的积极作用。巴枯宁主义的核心是绝对自由观和否定任何国家，基于此，他首先对封建制度及资产阶级政治制度进行深刻的批判和揭露，把专制制度和资产阶级国家看作自由的死敌。他痛斥欧洲专制制度堡垒——俄国的国内“既没有自由，也没有对人的尊严的尊重”[①]，痛斥沙皇对外是“斯拉夫和波兰人民的刽子手”，是“鞭子沙皇、盗贼沙皇和害人者沙皇”。他呼吁：“要利用一切可能的办法和人民痛苦的事实向人民说明，使他们认识，并向他们指出，官吏、地主、教士和富农的暴虐、抢劫，这些使他们无法生活的暴行都直接来自于沙皇政权。”[②]这些言论对于启发俄国及其他国家人民的斗争意识，反对沙皇专制统治所起到的作用是不可低估的。巴枯宁同时对资产阶级统治的黑暗进行了无情的揭露，他认为：“不论它们的色彩和名称如何，实质上只能有一个目的，维持资产阶级的统治，而资产阶级的统治就是对无产阶级的奴役。”[③]他因此号召欧洲工人阶级摆脱在政治上对资产阶级的幻想和依靠，独立斗争，争取自身权利。

另外，尽管巴枯宁直接师承于蒲鲁东的无政府主义，但是两者在具体主张上仍有所区别。蒲鲁东认为经济斗争和政治斗争“同样都是不必要的”，暴力革命则是对“自由原则的粗暴践踏”[④]，他

---

① 《巴枯宁著作和书信集》第3卷，第275页。

② 巴枯宁：《国家制度和无政府状态》，商务印书馆1982年版(下同)，第229、233页。

③ 《巴枯宁言论》，第157页。

④ 《社会主义思想史资料汇编·无政府主义批判》下册，人民出版社1972年版，第263页。

把和平不流血的手段作为攻击资产阶级的主要方式。而巴枯宁则把发动“社会革命”和“自发的暴力清算”作为消灭专制制度和资产阶级国家的根本手段。他主张：“没有广泛和热情的破坏，不可能有革命，正是从破坏中和仅仅借助于它，从而诞生新的世界。”[①]巴枯宁还特别重视人民群众的革命力量和作用，他把人民这个概念理解为“极其广大的群众，是穷人和被压迫者，而人民始终是唯一有创造力的土壤，一切伟大的事业，一切解放革命都是从这个土壤中产生的”，[②]这无疑是正确和实际的认识。

因此说，在欧洲工人运动的早期，巴枯宁激进的政治主张和言论在启发各国工人阶级的斗争意识，揭露专制制度和资本主义制度的黑暗，号召和发动工人群众革命等方面起到了积极和进步作用。

巴枯宁不仅是无政府主义的理论家，而且他更多的活动是努力把其理论转化为实践。他一生活动频繁，经历复杂，足迹遍及欧美。因此有的研究者认为“巴枯宁与其说他是理论家，不如说他是活动家”。[③]

毋庸赘言，在1864—1878年间，巴枯宁从事了大量旨在反对马克思恩格斯对工人运动的领导，阴谋篡夺第一国际领导权的活动，甚至组织无政府主义国际，公开对第一国际分庭抗礼，破坏了各国工人阶级的团结，为国际共产主义运动的发展造成了不可低估的恶劣影响。

但是这毕竟是他一个时期的主要活动，不能概括其一生的活

---

① 巴枯宁：《国家制度和无政府状态》，第29页。

② 《巴枯宁著作和书信集》第3卷，第225页。

③ 波多野鼎：《近世社会思想史》，上海开明书店1950年版，第192页。

动。我们应采取实事求是的态度，历史地和全面地评价巴枯宁一生的政治活动。例如，恩格斯在评价蒲鲁东时，并未持全盘否定的态度，而是在否定其后期活动的基础之上，部分肯定了他的早期活动在“欧洲工人运动上曾起过很大作用，以致不能立即就被忘掉。虽然他在理论上已经被扫除，在实践中已经被排斥在一边，但是他仍然保持着他的历史意义”。[①] 因此划分时期，置历史人物于历史环境之中是马克思主义者从事历史人物研究的着眼点。

19 世纪 40—50 年代是巴枯宁政治活动的前期，这是他一生中最具革命色彩的时期，同时他在个人气节上也留下了最大的败笔。作为激进民主主义者参加欧洲资产阶级民主革命是巴枯宁在该时期政治活动的主要线索。1848 年 2 月，法国爆发工人群众的起义，巴枯宁闻讯后立即从布鲁塞尔赶到巴黎参加起义，甚至还只身潜入政府军队的兵营宣传革命理论，号召士兵起义。巴枯宁还自觉地把欧洲革命和俄国的前途联系起来，认为这次革命“负有拯救所有民族的使命，同样也会拯救俄罗斯人民”。[②] 在法国二月工人起义失败后，他的身影又出现在布拉格的起义队伍中。在 1849 年 5 月的德累斯顿起义中，他担负指挥工作。他身先士卒，周密指挥，在起义失败后，他又适时地组织起义队伍有计划地撤离。对此，恩格斯给予了很高的评价，称赞德国工人拥有“一个能干的、头脑冷静的指挥者——俄国流亡者米哈伊尔·巴枯宁”。[③] 他被普鲁士当局逮捕，后被普鲁士和奥地利军事法庭两次判处死刑，在牢房里经受了非人的折磨。应该指出，巴枯宁在被引渡回俄国前的

---

① 《马克思恩格斯选集》第 3 卷，人民出版社 1995 年版，第 134 页。

② 《巴枯宁著作和书信集》第 3 卷，第 296 页。

③ 《马克思恩格斯选集》第 1 卷，人民出版社 1995 年版，第 571 页。

表现还是很坚强的。他在异国的法庭上慷慨陈词，为自己的革命活动辩护，并拒绝回答任何有关牵连他人的问题，声称是“根据个人动机来到德国参加起义的”。[①] 因此他的同时代人，俄国民主革命家赫尔岑称赞巴枯宁“他神奇而又顽强地出现在各地，在莫斯科青年中间，在布拉格发表演说，在德累斯顿的起义中担任总指挥，在奥地利被判死刑，遭受酷刑……这使得他成为一个当之无愧的英雄人物”。[②]

然而，巴枯宁在被引渡回俄国不久，便应沙皇的要求，在1851年7—8月间书写了一份长达八万字的《忏悔书》，[③] 对自己在1842—1849年的思想和活动做了痛心疾首的追悔。《忏悔书》的真实性已为众多研究者所证实，这是他作为激进民主主义者满腔热情地投身欧洲革命，在遭受严峻的社会现实的沉重打击后，对革命的暂时失败和挫折由不理解转向悲观失望的表现，是其革命意志不坚定的表现。但我们不能因此就做出总的评价，认为从此后巴枯宁就成为工人阶级的“叛徒”和“沙皇政府的奸细”，因为他的这段政治表现具有历史的阶段性特点。纵观巴枯宁一生的表现，他对自己的政治信念的追求是执著不懈的，而且多年以后巴枯宁为此举做了较为深刻的检讨，承认自己当时是做了“一件大错事”。[④] 在险恶的环境下，巴枯宁做出了苟且偷生的决定，但当他逃出流放地，重新获得自由后，对革命事业的渴望和追求便占据了他的思想。1862年2月，巴枯宁从流放地西伯利亚逃亡辗转来到

---

① 《巴枯宁著作和书信集》第4卷，莫斯科1935年版（下同），第83页。

② 《赫尔岑全集》第7卷，第315页。

③ 《忏悔书》具体内容见本书第四章第三节。

④ 柯尔：《社会思想史》第2卷，商务印书馆1978年版，第216页。

伦敦后，他写了《告俄国、波兰和全体斯拉夫族友人书》，发表在1862年2月15日的《钟声》杂志上。他表示：“我保持着战无不胜的思想的勇敢精神，我的身心、意志、激情都仍然忠实于朋友们，忠实于伟大的共同事业和我自己……久经考验的老朋友以及与我们同思想共意志的年轻朋友，现在我来到你们这里，请求你们：再次接受我加入你们的队伍，允许我在你们中间，和你们一道，把我的全部余年贡献给争取俄国的自由、争取波兰自由、争取全体斯拉夫人的自由和独立的斗争。”①因此我们既要批判他在生死关头的投降表现，也要客观地和全面地看待这个问题。作为巴枯宁曾经的密友的别林斯基曾经说过：“米哈伊尔犯过很多过错和罪恶。但是他身上有着一种胜过他的这一切缺点的东西，这就是他精神深处那种永远起作用的原则。”②马克思于1864年11月3日与巴枯宁最后一次会面，马克思后来在给恩格斯的信中说：“我应当说，我很喜欢他，而且比过去更喜欢”，马克思认为巴枯宁是“16年来我所见到的少数几个没有退步、反而有所进步的人当中的一个”。③

19世纪60—70年代是巴枯宁政治活动的后期，在此时期内他彻底地转变为无政府主义者，其无政府主义理论也最终形成。19世纪60年代中期，巴枯宁在意大利建立了一个秘密的无政府主义组织，力图实践他的理想。他再次强调自由应当成为人类社会的政治和经济组织的唯一原则。他在纲领中宣布：“自由是一切成年男女无须求得任何人批准而进行活动的绝对权利，他们只听从自己的良心和自己的理性的决定来行事，而他们的行动只能由

---

① 转引自《马克思恩格斯全集》第18卷，人民出版社1964年版，第490页。

② 梅林：《马克思传》下册，第522页。

③ 《马克思恩格斯全集》第31卷，人民出版社1972年版(下同)，第17—18页。

本人的意志来决定”,“对于人们来说,只存在一个唯一的教条,一项唯一的法律,一个唯一的道德基础——自由。”[①]

秘密组织无政府主义国际,阴谋篡夺第一国际领导权,分裂各国工人阶级的团结,疯狂反对马克思主义是巴枯宁在该时期政治活动的主要线索。因此对于他后期的活动,应持基本否定的态度,笔者赞同史学界已有定论。但巴枯宁在该时期的某些阶段和某些具体问题上仍做了一些对工人运动发展有益的工作。

在很长一段时间,巴枯宁与马克思保持极为密切的关系,在传播马克思主义方面做了一定工作。当他从流放地逃亡后辗转回到欧洲,在伦敦利用联系组织的余暇时间,把马克思、恩格斯的经典著作《共产党宣言》译成俄文,连载在赫尔岑主编的《钟声》杂志上。史学界一般都是把普列汉诺夫作为最早把《共产党宣言》介绍到俄国的人,而实际上巴枯宁是他的先行者。巴枯宁还接受马克思的委托,着手把《资本论》第一卷译成俄文,后因与俄国出版商发生财务纠纷而作罢。

在1864—1865年期间,巴枯宁接受马克思和第一国际的派遣,到意大利开展工人运动。他在批判意大利民族主义者马志尼的改良主义思想,发动工人革命方面的表现得到了马克思的多次表扬。[②]

另外巴枯宁对巴黎公社的态度基本是积极的。1871年巴黎公社起义爆发不久,巴枯宁在致赫尔岑的信中就谈到对这场革命性质的正确认识,他认为:“这场革命的整个特点,正是在于它是工人阶级的革命。”[③]“五月流血周”刚过,巴枯宁便奋笔疾书,称赞巴黎无产阶级的革

---

① 李显荣:《巴枯宁评传》,第123页。

② 参见《马克思恩格斯全集》第31卷,第344页。

③ 《巴枯宁著作和书信集》第3卷,第149页。

命行动"给了资产阶级激进的政治传统以沉重的打击,为革命的社会主义奠定了现实的基础"。[①] 他自称是巴黎公社的拥护者,多次批驳了意大利革命者马志尼对巴黎公社革命的污蔑和非难。[②]

巴枯宁是俄国无政府主义的创始人,他还是民粹派运动的领袖之一。巴枯宁强调:"为了人民得到政治解放,我们主张首先彻底地摧毁国家,废除一切国家制度,包括它的一切宗教的、政治的、军事官僚的和非军事官僚的、法律的、学术的、财政经济的设施。"[③]他的狂热的政治主张鼓舞了俄国知识分子的政治热情,他所倡导的无政府主义的行动也得到了许多民粹主义者的拥护。从一定意义上,巴枯宁及其思想理论代表了该时代的俄国的进步思潮。

别尔嘉耶夫曾经这样评价:"巴枯宁从黑格尔唯心主义转向行动的哲学,转向最极端形式的革命的无政府主义。他是典型的俄罗斯人,是宣布造反的俄罗斯贵族。他获得了世界性的知名度(主要是在西方)……巴枯宁的无政府主义也是斯拉夫—俄罗斯的弥赛亚说。在他身上有很强的斯拉夫主义成分。对他来说,光从东方来,从俄罗斯燃起笼罩世界的烈火。尽管他敌视马克思主义,但是共产主义革命中的某些东西的确来自他那里。"[④]巴枯宁作为贵族阶级的叛逆者,极端仇视封建专制制度和资产阶级政治制度,毕生投身革命,为推翻不平等制度和争取工人阶级的解放做了许多有益的工作。因此巴枯宁作为工人阶级的著名政治活动家,在俄国近代思想史和启蒙运动史上应占有一定的地位。

---

① 《巴枯宁言论》,第 200 页。

② 参见巴枯宁:《国家制度和无政府状态》,第 4 页。

③ 中央编译局编译:《俄国民粹派文选》,第 47 页。

④ 别尔嘉耶夫:《俄罗斯思想》,第 147 页。

三、涅恰耶夫主义:无政府主义与恐怖主义之怪胎

著名作家陀思妥耶夫斯基于1871—1872年创作了著名的长篇小说《群魔》,书中描写了一个"魔鬼"——彼得,这是一个丧尽天良的阴谋家和政治骗子,他借着革命的名义,操纵秘密组织"五人团",不仅经常向沙皇政府和上流社会发起攻击,而且胁迫成员暗杀了有告密嫌疑的大学生沙托夫,事后他又逼迫基洛夫承责自尽,他自己却逍遥法外。这部小说即是以1871年发生的真实案件——"涅恰耶夫案件"为蓝本,而彼得的形象即是以无政府主义者涅恰耶夫为原型。

关于涅恰耶夫和"涅恰耶夫主义"(Нечаевщина)是俄国近现代史研究中的一个久盛不衰的问题,迄今为止仍为俄国学界和欧美学界关注,而且对这个问题的关注角度在一定程度已经超出了学术视野。①

---

① 俄国(苏联)研究代表性著作有:《涅恰耶夫和涅恰耶夫分子》(资料集)(*Нечаев и Нечаевцы:Сб. материалов*. М-Л.,1931),莫斯科—列宁格勒1931年版;库兹明:《涅恰耶夫和他的反对者(1868—1869)》,载《19世纪60年代革命运动》(*Козьмин П. С. С. Г. Нечаев и его противники в1868—1869гг* //*Революционное движение 1860-х годов*. М.,1932.),莫斯科1932年版;日托夫米尔斯卡娅等:《涅恰耶夫史中的奥加廖夫、巴枯宁和赫尔岑的女儿》,载《赫尔岑与西方:文学遗产》(*Житомирская С. В. Пирумова Н. М. Огарев,Бакунин и Н. А. Герцен-дочь в Нечаевсой истории*(1870г)//*Герцен и запад:Литературное наследство*. М.,1985. Т. 96.),莫斯科1985年,第96卷;皮鲁莫娃:《巴枯宁或者涅恰耶夫?》,载《普罗米修斯》(*Пирумова Н. М. М. Бакунин или С. Нечаев?* // *Прометей*. М.,1968. Т. 5.),莫斯科1968年第5期;皮鲁莫娃:《破坏者》,载《祖国》(*Пирумова Н. М. Разрушитель*//*Родина*. 1990. №. 2.),莫斯科1990年第2期;舍加列夫:《三角堡中的涅恰耶夫(1873—1882)》,载《阿列克谢三角堡:19世纪俄国秘密国家监狱》(*Щеголев П. Е. С. Г. Нечаев в равелине*(1873—1882)// *Алексеевский равелин. Секретная государственная тюрьма России в XIX в*. Л.,1990. Т. 2.),列宁格勒1990年版,第2卷;布德尼茨基:《理论上的暗杀》,载布德尼茨基:《档案、传记和研究中的俄国恐怖主义史》(*БудницкийО. В.* "*Теоретическое*" *убийство*// *БудницкийО. В.*

对于涅恰耶夫的性格、品德、作风和信仰,他的同时代人和后人多有论述。恩格斯在 1870 年 7 月 6 日致马克思信中称他"原来是个普遍的流氓";[①] 巴枯宁称他为"极少见的狂热的忠诚的人";[②] 赫尔岑的女儿娜达利娅称他为"他是一个宗教狂或者是一个骗子";[③] 民粹派领袖特卡乔夫称他是"典型的我们现代青年的代表";[④] 俄国早期马克思主义者查苏利奇称他"不是知识分子的产物,在我们中间他完全是例外";[⑤] 女民意党人菲格涅尔称他是"完全特殊的形象",是"完全不可重现的特殊类型";[⑥] 著名戏剧家科罗连科称他是"革命的大骗子";[⑦] 别尔嘉耶夫称他为"特殊力量造就的人";而 1883 年第 1 期《民意报》称他是俄国革命的开拓者"。[⑧] 1997 年出版的《肖像中的俄国史》作者认为:"一般说来,涅恰耶夫在历史的排名榜似乎很幸运,他名字出现在作家的笔端已有 120 年了。当然关键不在于涅恰耶夫这个人,而在于他是某种社会主义类型的结晶。陀思妥耶夫斯基取自活生生的'涅恰耶夫

История терроризма в России в документах, биографиах, исследованиях. Ростов-на-Дону, 1996.),顿河畔罗斯托夫 1996 年版。西方学者研究代表性著作见:普罗丁:《一言难尽的涅恰耶夫:了解布尔什维主义的钥匙》(*Prawdin M. The Unmentionable Nechaev: A Key to Bolshevism*. London, 1961.),伦敦 1961 年版。据说斯大林曾经对涅恰耶夫的档案和《革命者教义问答》感兴趣,曾经调来阅读。(参见拉津斯基:《斯大林秘闻》,新华出版社 1997 年版(下同),第 34 页。)

① 《马克思恩格斯全集》第 32 卷,人民出版社 1974 年版,第 510 页。

② 阿尔希波夫等著:《肖像中的俄国史》第 1 卷,斯莫林斯基—布良斯克 1997 年版(下同),第 187 页。

③ 同上。

④ 同上。

⑤ 同上。

⑥ 同上。

⑦ 同上。

⑧ 同上。

案件’的长篇小说《群魔》在这里并不起重要作用。”[①]留美的中国学者程映红认为:“19 世纪的俄国革命史不能少了涅察也夫(涅恰耶夫)的名字,他是一个坚定的革命家,同时又是一个极端专制和不择手段的人。”[②]

涅恰耶夫于 1847 年 10 月 2 日出生于莫斯科以北 350 公里弗拉基米尔省伊万诺夫镇一个工匠家庭。因家境贫穷,14 岁时就开始做油漆工。他自学中学课程,1866 年通过 6 年级中学考试和教师资格考试,后到圣彼得堡的谢尔基耶夫教区学校教书。1867 年成为彼得堡大学医学院的旁听生并开始参加大学生小组的政治活动。他的同时代人、德国社会民主党领导人、《马克思传》的作者梅林评述:“由于他的旺盛的精神和对沙皇专制的无限仇恨”,因而“在这个运动中为自己赢得了一定的地位”,“他的性格的一个最大的特点,就是当事情关系到他的事业和利益的时候,他是不做任何道德上的考虑的。……他不惜采取任何行动方式,甚至最不能容许的行动方式,只要他认为这可以使他达到革命的目的。”[③]1869 年,涅恰耶夫因参加学生运动被沙皇政府追捕而逃亡国外。最初他用了各种化名,试图掩饰自己的身份,最后才说出自己的真实姓名。涅恰耶夫自称是学生运动的主要发起者,被捕后被关押在彼得保罗要塞监狱里,后得以脱逃辗转来到国外,此事作为传奇故事在革命者中流传开来,使涅恰耶夫名声大噪。[④] 1869 年 3 月涅恰

---

① 阿尔希波夫等著:《肖像中的俄国史》第 1 卷,第 186 页。

② 程映红:《涅察也夫现象》,载《读书》1997 年第 7 期。

③ 梅林:《马克思传》下册,第 593 页。

④ 马克思认为涅恰耶夫的“脱逃”完全是一个“神话”,因为“有些流亡者曾经在这个要塞中度过了漫长的囚禁生活,他们根据切身经历知道,从那里逃走是不可能的”。(参见《马克思恩格斯全集》第 18 卷,人民出版社 1964 年版,第 441 页。)

耶夫来到日内瓦，他假冒根本不存在的“俄国革命委员会”的代表与巴枯宁、奥加廖夫和赫尔岑会面。巴枯宁非常喜欢和信任涅恰耶夫，称他为“小老虎”(тигренок)和“在俄国存在的并且正在进行活动的一个很大的秘密组织派来的特别使者”。[1] 涅恰耶夫向巴枯宁表示，他要回俄国进行革命宣传和组织暴动，涅恰耶夫因此获得“巴赫美基耶夫基金”[2]的财政资助。涅恰耶夫和巴枯宁一起以根本不存在的“世界革命联盟”(Всемирный революционный союз)名义出版了《革命问题方法》和《革命原则》等文件，发表于《人民裁判》(*Народная расправа*)杂志第 1 期上。在此期间涅恰耶夫还编写了著名的《革命者教义问答》。[3]

《革命者教义问答》是涅恰耶夫无政府主义和恐怖主义思想的重要体现。全书共分为 4 个部分。第一部分为“革命者与自身的关系”(отношение революционера к самому себе)。“问答”宣布：“革命者是注定要殉身的人。他没有自己的任何利益、任何事业、任何感情、任何爱好、任何财产，甚至没有名字。只有唯一的、不可分割的利益、共同的思维和共同的激情——革命吸引着他的全部”，“革命者从内心深处，同时在言论上而且在行动上与公民秩序、与整个文明世界及其一切法律、礼节、惯例和道德断绝任何联

---

① 转引自《马克思恩格斯全集》第 18 卷，人民出版社 1964 年版(下同)，第 441 页。

② 巴赫美基耶夫(А. Бахметев)是赫尔岑和奥加廖夫伦敦时相识的俄国富商，他自愿向《钟声》杂志捐献 20000 卢布，这笔钱被称为“巴赫美基耶夫基金”，赫尔岑反对用此基金资助涅恰耶夫，但奥加廖夫和巴枯宁坚决赞同。参见阿尔希波夫等著：《肖像中的俄国史》第 1 卷，第 191 页。

③ 关于“问答”的作者，苏联学者多认为是巴枯宁所为。当代俄罗斯多数学者认为涅恰耶夫是“问答”的唯一作者，“尽管他利用了一系列的巴枯宁的思想”。参见阿尔希波夫等著：《肖像中的俄国史》第 1 卷，第 192 页。

系。他是这个文明世界的无情敌人，如果他继续生活在这个文明世界之中，那只是为了更沉重地毁灭它”，“革命者唾弃任何理论，拒绝世俗科学，他只知晓一门科学，即破坏的科学。”第二部分为“革命者与革命同志的关系”（отношение революционера к товарищам по революции）。“问答”宣布：“他对自己是残酷的，对别人也应该如此。一切亲属、友谊、爱情、感谢等温柔脆弱的感情都应该被唯一的革命事业的冷静激情所抑制。他只有一种柔情，一种安慰，一种奖励和一种满足，那就是革命的成功。他每日每夜应该只有一种思想，一个目的，那就是无情地破坏。他应该准备随时牺牲自己，并且准备亲手毁灭妨碍达到这个目的的一切东西。”“问答”主张按照革命者对革命的贡献程度来划分等级类别，最高等级的革命者有权使用革命经费和指挥其他等级的革命者。“革命者对自己是严酷的，对别人也应该如此。一切亲属、友谊、爱情、感谢等温柔的感情都应该被唯一的革命事业的冷静抑制下来。”第三部分为“革命者与社会的关系”（отношение революционера к обществу）。“问答”认为革命者不应该“却步于消灭属于这个世界的任何人、地位和关系的事业，否则所有人都将憎恨他”，因为“社会所有的人都是有罪的”。“问答”把应该消灭的人分为 6 种，第一种人是“刻不容缓地该死的人”，其余对革命事业来说尚可以利用的人可以慢慢消灭。他宣布任何人执行组织的死刑决议都没有罪过，因为他的杀戮对于革命是有益的行为。“革命者唾弃当前社会道德的任何动机和反映。对他来说，凡是有益革命胜利的东西，都是合乎道德的。凡是阻碍革命胜利的东西，都是不道德的和罪恶的。”第四部分为“组织与人民的关系”（отношение товарищества к народу）。“问答”主张为了解放人民和推动全民起义，必须与人民接近。“问答”宣布：“如果饥荒、水灾、地震能促进革命胜利，那么让饥荒、水灾、地震来吧；如果同盗匪结盟能加速革命胜利，那么不妨结盟吧；如果人民不觉悟，设法加重人民的苦难，促其起义……一个组织严密的革命家组织在关键时刻搞一次成功的密谋，可以夺取国家政权……革命者夺取政权之后必须全力培养一代新人。”①《革命者教义问答》完全体现了涅恰耶夫对“革命”、“自由”、“权力”和“权利”的狭隘理解，体现了涅恰耶夫及其同志对民粹主义运动和社会主义思想的狭隘理解。

1869 年 1 月，涅恰耶夫暗杀自己的同志伊万诺夫的案件被沙皇政府侦破后，《革命者教义问答》才第一次在《政府公报》上公开刊登出来。曾经是“斯坦凯维奇小组”成员，后成为保守主义者的卡特科夫评论说：“我们知道了革命者如何理解自己。在他的意识深处，他是没有信仰、没有准则、没有荣誉的人。他应该随时准备做任何卑鄙的事，做任何欺骗、伪造、抢劫和暗杀之事以及出卖朋友。最终他成为出卖自己的同谋者和同志的叛徒……您难道没有感觉到，在您面前任何原则都消失不见了？您难道不是在不知不觉中走进了可怕的疯狂和欺骗的山谷里吗？”②英国学者以赛亚·伯林评论：“民粹主义者的确发表了党是一群捐弃私有生活、服从全体纪律的革命家的观念（以‘强硬’的职业革命家为核心，以别于同情者与同路人），但是这观念起源于当时俄国的特殊状况，起源

① 卢德尼茨卡娅：《19 世纪俄国革命激进主义·档案公布》，莫斯科 1997 年版，第 244—248 页。另外，马克思和恩格斯在《社会主义民主同盟和国际工人协会》对《革命者教义问答》的内容也做了较为详细的介绍。（参见《马克思恩格斯全集》第 18 卷，第 472—476 页。）

② 皮鲁莫娃：《破坏者》，载《祖国》，莫斯科 1990 年第 2 期。

于谋反必须有效、必须创造有效谋反的条件，而不是因为相信革命圣统制度本身为可欲或可以忍受的生活形式。”①

1869 年 8 月，涅恰耶夫带着巴枯宁签署的“世界革命联盟”的代表委任状：“兹证明委托书者系受托为世界革命同盟俄国分部的代表之人。——№2771。”委任状上有法文印章：“欧洲革命同盟总委员会”；署名：米哈伊尔·巴枯宁；日期：1869 年 5 月 12 日。② 涅恰耶夫随身还带着转译成密码的《革命者教义问答》，返回俄国后，在莫斯科组织了有莫斯科大学和彼得罗夫—拉祖莫夫农业经济学院大学生参加的密谋组织“人民裁判团”（Народная расправа）。领导机关是“五人团”，涅恰耶夫成为最高领袖。大学生伊万诺夫不愿意接受涅恰耶夫的领导和欺骗，公开反对他的权威，涅恰耶夫伙同普雷热夫、库兹涅佐夫、乌斯宾斯基和尼古拉耶夫决定以组织名义于当年 11 月 21 日将他处死。涅恰耶夫假借寻找丢失的地下印刷厂的铅字，将伊万诺夫骗到彼得罗夫—拉祖莫夫农业经济学院的花园，趁其不备，开枪将其射杀，将尸体丢进池塘。涅恰耶夫还向反对暗杀行动的普雷热夫开了一枪，但事后他声辩是枪走火，所谓的“想向尼古拉耶夫解释手枪的构造”。③ 伊万诺夫的遗体很快被周围的农民发现，事实败露后，涅恰耶夫立即逃往国外，其余参与暗杀的人均被捕，后受此牵连又有 85 人被捕。沙皇政府要求瑞士政府引渡躲在那里的涅恰耶夫。巴枯宁应涅恰耶夫的要求，发

---

① 伯林：《俄国思想家》，第 276 页。

② 参见《马克思恩格斯全集》第 18 卷，第 440 页。

③ 关于暗杀伊万诺夫的过程，马克思和恩格斯在《社会主义民主同盟和国际工人协会》中的“涅恰耶夫案件”一节做了详细的描写。（参见《马克思恩格斯全集》第 18 卷，第 464—466 页。）

表了《伯尔尼熊和彼得堡熊》，为涅恰耶夫辩护，称伊凡诺夫被杀，完全是政治案件而不是刑事案件。按照国际法的惯例，瑞士政府便无权引渡涅恰耶夫。在国外，涅恰耶夫出版了《人民裁判》杂志的第2期，发表了《未来社会制度的基本原则》。在文章中，涅恰耶夫依据《共产党宣言》描绘了他理想中的共产主义制度，即在共产主义制度下，“为社会的更多的生产和越来越少的消费”的原则居支配地位。劳动在死亡的威胁下成为人所必需，行使一切事务无需向任何人汇报和向任何委员会负责，以强迫方式规定社会中所有的关系。[①] 随后他又相继发表《致俄国商人书》、《致俄国乡村神父书》、《致俄国高尚贵族书》。1870年，他与奥加廖夫恢复停刊的《钟声》杂志，但仅出版了6期。涅恰耶夫试图在流亡者中树立自己的权威，遭到了巴枯宁和赫尔岑女儿娜达利娅的反对。巴枯宁与涅恰耶夫的关系逐渐紧张，巴枯宁称《革命者教义问答》是“山贼教义问答”(катехизис абреков)。越来越孤立的涅恰耶夫不得不在欧洲游荡，在伦敦他创办了《村社》杂志，宣传他的“兵营共产主义”(казарменный коммунизм)思想。1872年，涅恰耶夫在瑞士因奸细的告密被捕，以刑事罪被引渡给沙皇政府。巴枯宁得知消息深感惋惜，他在给对涅恰耶夫有好感的奥加廖夫的信中说：“他是一个拥有罕见毅力的人”，“当我们同他相识的时候，在他身上燃烧着对我们贫困受压的人民的爱的火焰。”[②]

对涅恰耶夫的审判引起了彼得堡进步青年的关注，在法庭审判的时候，法庭外聚集了大量青年学生。涅恰耶夫极端蔑视法官，

① 参见皮鲁莫娃：《破坏者》，载《祖国》，莫斯科1990年第2期。
② 李显荣：《巴枯宁评传》，第90页。

他高呼："千百万人民站在我的一边！""打倒专制：打倒嗜血沙皇！自由万岁！""今天判决我的人明天就会被送上断头台！"，法庭外的青年们与他一起高呼口号。[①] 1873 年，涅恰耶夫被判处 20 年苦役，单独关押于彼得保罗要塞。身陷牢狱的涅恰耶夫变成了彼得堡革命青年的楷模，牢房外经常有人前来表达敬意。据说当时还是学生的查苏利奇仰慕涅恰耶夫的事迹，因不知涅恰耶夫的真实关押地，她与涅恰耶夫的妹妹跑遍彼得堡大小监狱，有一天在彼得保罗要塞墙外真的拾到了涅恰耶夫手书的"我关在一个不为人知的地方"纸条。消息传开后，大批青年学生们纷纷来到要塞前瞻仰"涅恰耶夫之窗"。在彼得保罗要塞的监狱里，涅恰耶夫仍然准备脱逃，他甚至说服了几任看守他的士兵为他与民意党传递密信。[②] 1882 年 12 月 1 日，涅恰耶夫因水肿病在牢中去世，尸体被当局秘密处理，至今无人知道他的坟墓位于何地。

各国学者在研究涅恰耶夫走上极端主义和恐怖主义道路原因时大多注意到了他的家世的因素。的确，贫寒的出身和家境对于他的人生态度和对社会的认识产生重要的影响，甚至促使他较早地产生了反社会、反权威的信念。涅恰耶夫的一生完全是从社会最底层向上自我奋斗的一生，少年时代就提前进入了社会，看到俄国社会的阴暗。他通过自学实现了自我认识和社会认识。从偏远的乡村进入首都，再以自己的勤奋获得职位赢得尊重。涅恰耶夫甚至在身陷孤寂的单人牢房情况下，他仍然坚持自学、读书和写作，他甚至还写了一部长篇小说《朱丽叶》。他仍然坚持健身运动，

① 马克思和恩格斯称："在俄国，这是破天荒第一次在陪审法庭上公开审理政治案件。"（参见《马克思恩格斯全集》第 18 卷，第 439 页）

② 参见拉津斯基：《斯大林秘闻》，第 34—36 页。

伺机越狱。这一切源于他坚定自信的信念,也源于内心深处对社会不公正和阶层不平等的仇恨。

以往学者大多认为涅恰耶夫主义即是巴枯宁无政府主义的继承和极端化,对此观点笔者基本赞同。涅恰耶夫在未到西欧、未识巴枯宁之前即对他极度崇拜,视他的思想为人类要言。涅恰耶夫的《革命者教义问答》在理论上大量“抄袭”巴枯宁无政府主义思想。但是两者也有较大的区别,区别在于无政府主义思想的实践方面,突出地表现在“人民裁判团”组织的形式和原则上。该组织实际上采取了“共济会”(масонство)的组织形式。“共济会”起源于中世纪的石匠和教堂建筑工匠的行会,Mason(英语)和 Macon(法语)意为“石匠”,后成为秘密社会组织 Freemason(英)或 Francmacon(法),意为“自由石匠协会”。18 世纪下半期共济会由英国传入俄国,该组织一直活动到十月革命前,对俄国社会政治变革产生了极重要的影响。[①] 共济会是一个组织严密、分工协作的秘密社会,将成员划为学徒(учебник)、师兄(подмастер)和大师傅(мастер)三个等级,依次渐高。如对涅恰耶夫产生巨大影响的巴枯宁也曾在国外参加共济会,巴枯宁于 1845 年加入了意大利共济会大东方“社会进步”分会,1865 年 4 月 3 日,他被授予该分会的第 2 级职位。第二年,巴枯宁随身带着一份佛罗伦萨“苏格兰礼拜

① 有关研究参见佩平:《18 世纪和 19 世纪第一个 25 年的俄国共济会》(*Пыпин А. Н. Масонство в России* Ⅹ Ⅷ *и первая четверть* Ⅺ Ⅹ в. М.,1997.),莫斯科 1997 年版;谢科夫:《俄国共济会史 1845—1945》(*Серков А. И. История русского масонства* 1845—1945. СПб.,1997.),圣彼得堡 1997 年版;阿夫列赫:《共济会员与革命》(Аврех *А. Я. Масоны и революция*. М.,1990.),莫斯科 1990 年版;索加洛夫斯卡娅:《俄国共济会和它在社会运动中的意义》(*Соколовская Т. Русское масонство и его значение в истории общественного движения*. М.,1999.),莫斯科 1999 年版。

大会”的推荐信给意大利共济会“所有弟兄和最高机构”。但是此行并不成功。而且巴枯宁认为共济会只是实行他的政治主张的工具，他在给赫尔岑和奥加廖夫的信中表示，共济会“作为一个伪装，或作为一种手段，也许是有用的”，但是“想在共济会中寻找哪怕是一点正经的东西，那就如同从酒里寻找安慰”。[①] 涅恰耶夫领导的“人民裁判团”则是按所谓对革命贡献大小划分等级，最高领袖可以独断和专行，甚至借革命之名夺人性命。而且，涅恰耶夫 14 岁进入社会，最先接触的即是“工匠”职业。因此可以说，涅恰耶夫主义是巴枯宁的无政府主义与黑社会式恐怖主义珠胎暗结之产物，“人民裁判团”的组织原则、活动方式、斗争手段对后来建立并产生影响的“民意党”产生了直接的影响。

另外，涅恰耶夫主义也反映了俄国下层社会政治发展的现实，反映了民粹主义和无政府主义已近穷途的实际情况。涅恰耶夫不是一个真正的民粹派活动家，但他与民粹派的思想家赫尔岑、奥加廖夫、赫尔岑的女儿娜达利娅，与民粹主义运动的重要人物巴枯宁保持了极其秘密的关系。涅恰耶夫登上俄国政治舞台之时(1869年)恰逢民粹主义运动风起云涌之势，涅恰耶夫失败之际(1872—1882 年)正值民粹主义运动由盛转衰之时，涅恰耶夫主义的破产反映了民粹主义理想运动的失败。

第五节　寻找激进主义新路标

一、普列汉诺夫的探索与贡献

19 世纪 80 年代末，随着亚历山大二世及亚历山大三世在政

① 卡尔：《巴枯宁传》，中国人民大学出版社 1985 年版，第 323 页。

治上越来越趋向保守和反动,随着俄国资本主义的迅速发展,俄国社会出现了两极化的发展趋势,一方面是沙皇政府统治越来越黑暗;另一方面俄国各地的政治局势越来越激化,农民暴动、工人罢工、知识分子的恐怖活动、自由主义者和地方自治派的请愿活动此起彼伏。一度沉寂的俄国思想文化界再度活跃起来,不仅出现了哲学、诗歌、艺术、文学的极度繁荣,而且各种政治思想、学说、主义激烈碰撞,开始了俄国思想文化史上的"白银时代"。

赫尔岑、别林斯基、车尔尼雪夫斯基等人的思想催生了俄国社会主义运动,影响了几代俄国先进知识分子。它不仅促成了民粹派运动,而且教会了俄国知识分子如何认识俄国这个农民国家。当代美国学者科塞指出:"19 世纪末,俄国的马克思主义奠基者试图建立一种与民粹主义和革命恐怖主义相反的革命运动。一旦工业化终于迈出了试验性的第一步,有望打破俄国停滞不前的外壳时,他们便转向产业工人。但是,尽管他们否定了 19 世纪的革命运动,并嘲弄它的代表人物是反科学的、浪漫主义的和理想主义的,其实他们无法拒绝自己这份如此独特的遗产。普列汉诺夫、列宁、托洛茨基以及布尔什维克大多数领导人是赫尔岑主义者、车尔尼雪夫斯基和涅恰耶夫主义者的合法继承人。"[①]19 世纪 80 年代民粹主义的"农民革命"理想的幻灭震动了俄国先进知识分子,也使得俄国思想文化界一度陷入迷途的境地。俄罗斯向何处去?是继续发动革命,还是与政权和解?俄国应该走资本主义道路,还是走社会主义道路?在农民政治上极度保守的情况下,哪个阶级能够承担革命的使命?这一系列问题摆在俄国先进知识分子面前,

---

① 科塞:《理念人——一项社会学考察》,第 172—175 页。

也是导致19世纪末俄国知识分子阶层再次进行政治分野的关键问题。

于是，在知识分子内部发生了自19世纪30年代以来的第二次大的政治分裂。一部分知识分子退回到原来的政治起点，宣布与现政权和解，将自己的政治理想寄托于专制制度的自我改革之上。如吉霍米洛夫的"为什么我不再当革命者?"的声明和他的政治保守主义理论；一部分知识分子一方面不得不宣布与现政权妥协，另一方面又渴望着新的政治变革形势的来临，一方面游离于保守派和革命派阵营，另一方面又试图小心翼翼地保持着自己的自由主义的立场；另外一部分知识分子转向马克思主义中寻找解决俄国问题的答案，他们的代表人物是俄国的第一代马克思主义者普列汉诺夫、阿克雪里罗德、查苏利奇和列宁。

普列汉诺夫称自己在19世纪80年代前是"彻头彻尾的民粹派"，[①]80年代初与民粹主义思想决裂。普列汉诺夫在去世前的遗嘱中谈到了自己转变的原因，他说："我很快就对以巴枯宁造反思想为基础的民粹派意识形态感到失望。涅恰耶夫主义，巴枯宁主义的这一畸变形式，使我感到厌恶。民粹派格外倾心的布朗基主义也不能使我满意。"[②]他于1880年流亡国外，他在精神极度苦

① 约夫楚克等著：《普列汉诺夫传》，三联书店1980年版(下同)，第35页。

② 《政治遗嘱——普列汉诺夫最后的想法》是普列汉诺夫在1918年4月7—21日病危中口授，由密友列·格·捷依奇笔录，又曲折和戏剧性地经过尼热戈罗多夫的秘密收藏，终于在俄罗斯《独立报》(1999年11月30日)上发表。中共中央马恩列斯编译局在《马克思恩格斯列宁斯大林研究》(2000年第2期)上发表了这篇"遗嘱"的中译本，同期还附有尼热戈罗多夫关于普列汉诺夫口授"遗嘱"经过的回忆和收藏"遗嘱"经过的文章，还有俄罗斯利佩茨克市普列汉诺夫博物馆馆长亚·别列然斯基对《遗嘱》做的鉴定，以及《独立报》主编特列季亚科夫为发表"遗嘱"写的按语，均认定其真实性。

闷，左右彷徨之际，欣喜地接触到了马克思主义理论。他后来回忆说：“我之成为马克思主义者，不是在1884年，而是在1882年。”①他发现：“在巴枯宁的影响下，我们的思想曾经陷入矛盾的迷宫，而马克思的理论就像引路之线一样把我们从这个迷宫中引导出来。从马克思的理论看来，革命宣传何以在工人当中要比在农民当中更受欢迎，就十分清楚了。”②在阅读《共产党宣言》之后，普列汉诺夫宣布：“关于我自己我可以说，阅读《共产党宣言》是我一生中的新时期。我受到《宣言》的鼓舞，并立即决定将它译成俄语。”③他在《共产党宣言》俄译本的导言中写道：“《宣言》及其作者们的其他著作开辟了社会主义文献和经济文献史上的新时代——无情地批判现时劳资关系以及与任何乌托邦不同的、科学地论证社会主义的时代。”④他在另一文章中写道：“对于马克思主义文献的最密切的了解将向我们社会主义者们指出，他们如果拒绝理解和掌握‘全世界无产者’的伟大导师的学说，就等于使自己失去一个多么有力的武器。那时他们会相信，如果俄国的民粹派分子们和俄国的民意派分子们，最后终于成为马克思主义者的话，我们的革命运动不仅不受到丝毫损失，而且相反地，会赢得很多东西。”⑤后来，普列汉诺夫在自己遗嘱中再次表露：“我成长为马克思主义者首先应归功于马克思和恩格斯的著作……”⑥

① 约夫楚克等著：《普列汉诺夫传》，第77页。

② 同上书，第86页。

③ 同上书，第74页。

④ 同上书，第74、77页。

⑤ 《普列汉诺夫哲学著作选集》第1卷，三联书店1961年版（下同），第99页。

⑥ 《政治遗嘱——普列汉诺夫最后的想法》，载《马克思恩格斯列宁斯大林研究》，2000年第2期。

普列汉诺夫的政治转变带动了他最亲密的战友阿克雪里罗德、捷依奇、查苏利奇和伊格纳托夫。1883 年 9 月 25 日，普列汉诺夫等人在日内瓦成立了俄国第一个马克思主义组织“劳动解放社”，并且立即着手出版《现代社会主义丛书》，其宗旨是系统地向国内介绍马克思主义，阐明俄国当前迫切的社会政治任务。在大力宣传马克思主义的同时，普列汉诺夫等人还认为有必要集中批判仍然对俄国革命运动拥有巨大影响力的民粹主义，向俄国的无产阶级和先进人士指明俄国历史发展的前途所在。普列汉诺夫等人埋头做了大量的理论研究工作，他们自觉地运用马克思主义的理论，分析俄国的社会现实和革命形势，批判民粹主义的陈腐论调，阐明俄国当前迫切的社会政治任务。列宁在 1888 年与民粹主义彻底决裂，在“饱经苦难才找到了马克思主义这个唯一正确的革命理论的。”[①]他们以自己的理论活动创立了 19 世纪末俄国最具生命力的马克思主义流派。

民意党人的恐怖暗杀活动失败之后，热情激荡的民粹主义运动彻底陷于绝境。“民粹派已经和自由主义融为一体了，形成了一个自由主义民粹派。”[②]在这种情况下，持保守立场或自由主义立场的民粹派逐渐取代革命民粹派而成为民粹主义运动的主流，他们放弃了革命斗争主张，转而号召青年投身具体的国家建设之中，敦促沙皇政府推行改革，改善农民状况，“复兴人民经济”。他们认为现代大工业生产为基础的资本主义经济在俄国前途渺茫，在一个农民为主的农业国里，资本主义工业是没有任何根基的，至多只

① 《列宁全集》第 39 卷，人民出版社 1986 年版，第 6 页。

② 《列宁全集》第 8 卷，人民出版社 1986 年版(下同)，第 72 页。

是偶然现象。回避资本主义已经在俄国发展的事实，回避日渐壮大的俄国最新型和最具战斗力的革命力量——工人阶级，视俄国村社为防御资本主义的最后堡垒，坚持俄国的历史发展可以跨越资本主义发展阶段，直接进入社会主义。

19世纪80—90年代，在俄国知识分子中再度爆发一次大论战。论战主要是在马克思主义知识分子和已经变成保守主义势力或采取自由主义立场的民粹主义者之间进行的，论战的焦点是俄国是否应该和是否已经走上资本主义道路，无产阶级在未来的社会大革命中应该发挥什么样的作用。对于这些问题，在俄国思想界，包括在俄国最先进的知识分子中间，在俄国工人阶级中间都是非常模糊的，而且深受民粹派传统思想的影响。

普列汉诺夫在这次论战中充当了主要角色。他发表了《社会主义和政治斗争》、《我们的意见分歧》、《论一元论历史观的发展》、《论个人在历史上的作用》等著作，批判了民粹派的错误观点，肯定地告诉他的论敌和俄国工人阶级，俄国资本主义的发展已经成为不可回避的现实。资本主义发展是俄国之大幸事，因为伴随着俄国资本主义发展，必将诞生现代资本主义社会的两大政治力量——无产阶级和资产阶级，它们必将在未来的俄国革命中发挥重要作用。1881年12月，普列汉诺夫在致民粹派理论家拉甫罗夫的信中就写道：“正如您所知道的，我是持这样一种观点的，这已经是定论。俄国‘已经走上自己发展的自然规律的道路’，而其余一切道路对我国来说都是走不通的。”[①]普列汉诺夫认为：“我们完全不害怕资本主义的发展。我们坚决相信资本主义越是有力地发

① 《普列汉诺夫全集》第24卷，莫斯科1927年版(下同)，第74页。

展,资本主义社会固有的矛盾越是大大地尖锐化,社会主义革命的胜利就越会临近"[①],"俄国马克思主义与一切形式的'俄国社会主义'的区别在于,它确信俄国不可能越过在俄国已经成为主要生产方式的资本主义"[②],"俄国的革命运动只有当它是工人的革命运动的时候才能获得胜利。我国是没有,而且也不可能有别的出路的。"[③]列宁在1894年发表的《什么是"人民之友"以及他们如何攻击社会民主党人?》中也强调:"资本主义已使主要工业部门达到大机器工业的阶段;它从而使生产社会化了,造成了新制度的物质条件,同时造成了新的社会力量——工厂工人阶级,即城市无产阶级。虽然这个阶级遭受的资产阶级剥削,按经济实质来说,和俄国全体劳动群众遭受的剥削是同样的,但是这个阶级在谋求自身解放这个方面却具有特别有利的条件:它同完全建立在剥削上面的旧社会已经没有丝毫联系;它的劳动条件和生活环境本身就把它组织起来,迫使它开动脑筋,使它有可能走上政治斗争的舞台。社会民主党人自然是把自己的全部注意力和一切希望寄托在这个阶级身上,把自己的纲领归结为发展这个阶级的阶级自觉,把自己的全部活动都用来帮助这个阶级起来进行反对现代制度的直接政治斗争,并吸收俄国全体无产阶级投入这个斗争。"[④]他在1905年发表的《社会民主党在民主革命中的两种策略》中再次强调:"马克思主义教导我们,以商品生产为基础并且和文明的资本主义国家发生交换关系的社会,在发展到一定的阶段时,自己也必不可免地要

① 《普列汉诺夫机会主义文选》上册,三联书店1964年版,第172页。
② 《普列汉诺夫全集》第24卷,第86页。
③ 《普列汉诺夫哲学著作选集》第1卷,第46页。
④ 《列宁选集》第1卷,人民出版社1995年版(下同),第57页。

走上资本主义的道路。民粹主义者和无政府主义者说什么俄国可以避免资本主义发展，可以不经过在资本主义的基础上和范围内进行阶级斗争的道路，而经过其他道路来跳出或跳过这个资本主义。马克思主义坚决摒弃了他们这种荒诞言论……在像俄国这样一些国家里，工人阶级与其说是苦于资本主义，不如说是苦于资本主义发展不够。”[①]这场大论战的结果是阐明了马克思主义的理论，教育了广大的工人阶级，明确地告诉一切关注俄国历史发展的人：俄国已经踏上了资本主义的发展道路，未来革命的主力军——俄国无产阶级正在集结之中。

在马克思主义者阵营与民粹主义者阵营的论战中，以斯徒卢威、杜冈—巴拉诺夫斯基、别尔嘉耶夫等人也加盟马克思主义者阵营，在反击民粹主义者的挑战时发挥了极其重要的作用，他们为自己冠之以“合法马克思主义者”。[②]

普列汉诺夫以高深的理论修养和真诚的爱国主义精神赢得了他们的战友以及他的敌人的尊敬。1898 年召开的俄国社会民主工党第一次代表大会上通过决议，宣布：“对俄国社会民主主义的奠基人表示极其的尊敬。”[③]恩格斯也曾经称赞说：“我认为只有两个人理解和掌握了马克思主义，这两个人就是梅林和普列汉诺夫。”[④]1900 年，普列汉诺夫翻译的《共产党宣言》俄文第二版出版，他在序言中再次强调了“从原始公社土地所有制瓦解以来的一切历史都是阶级斗争的历史”的思想，他说：“凡是存在阶级的地方，

① 《列宁选集》第 1 卷，第 556 页。
② 详见第三章第二节。
③ 约夫楚克等著：《普列汉诺夫传》，第 190 页。
④ 转引自约夫楚克等著：《普列汉诺夫传》，第 156 页。

阶级斗争就不可避免。凡是有阶级斗争的地方，相互斗争着的任何一个阶级都必须而且自然地力求取得对敌人的完全胜利和对敌人的彻底统治。”[①]普列汉诺夫再次捍卫了马克思主义的无产阶级革命思想，再次强调俄国工人阶级的历史性使命。

这一阶段(直至1903年11月)是普列汉诺夫革命生涯和思想发展最为辉煌时期，他与列宁在《火星报》中并肩战斗，批判自由主义民粹派、合法马克思主义者、经济派等派别，努力清除俄国社会主义运动中的错误思想。在1903年俄国社会民主工党第二次代表大会上，掌握会议进程的普列汉诺夫在一些重大问题上支持列宁，促成了俄国无产阶级政党——布尔什维克的建立。

但是，普列汉诺夫更热衷于理论研究和思想论战，他的思想逐渐与俄国革命的实际脱节，到20世纪初就越来越跟不上革命形势的需要了。从1903年12月起，普列汉诺夫在政治上开始与孟什维克“合流”，由政治上的“反复无常”最终“陷进孟什维克的泥坑”，[②]从而与列宁为代表的布尔什维克分道扬镳。普列汉诺夫于1917年4月1日结束了37年的国外流亡生活，拖着病体回到彼得格勒。他在孟什维克领导人齐赫泽、策列铁里、斯卡别列夫在芬兰火车站为他举行的欢迎仪式上发表了简短的演说，他表示：“重返祖国是幸福的。我将把自己余力献给革命胜利。我渴望还能工作(如果我活着的话)，但是也准备好了为这个胜利而牺牲。”[③]4月2日他参加了俄国社会民主工党全俄代表会议，他表明了自己对待俄国事态和社会主义革命的态度，坚持把战争进行到底，直至打

① 《普列汉诺夫哲学著作选集》第2卷，三联书店1961年版，第560页。
② 《列宁全集》第19卷，人民出版社1989年版，第295页。
③ 普列汉诺夫：《在祖国的年代》，载《对话》，莫斯科1991年第9期，第81页。

败德国。在演讲中他表示:“曾经有个时候,似乎觉得保卫俄罗斯就是保卫沙皇。这是错误的,原因是沙皇和他的扈从们每走一步都背叛了俄罗斯。他们破坏了民族的保卫。现在我们进行了革命,应该记住,假如德国人战胜我们,那就不仅意味着德国剥削者把重轭套在我们头上,而且意味着旧制度复活的极大可能性。正因为这样,应当全力以赴地既为反对内部敌人,也为反对外来敌人而斗争。”①他被自己曾热情呼唤的“革命魔鬼”所吓倒,以革命条件尚不成熟为由,反对布尔什维克继续进行社会主义革命。他呼吁俄国社会民主工党和苏维埃支持资产阶级临时政府。他在自己主办的报纸《统一报》上宣布:“俄国历史还没有磨出烤制社会主义的白面包所需的面粉。”②他认为列宁在《四月提纲》中提出立即发动社会主义革命的主张是“痴人说梦”。他在同年8月参加了临时政府为动员“将战争进行到底”和制止社会主义革命而召开的国务会议,他在演说中表示:“我们每个人的责任不是去提出使我们分裂的东西,而是提出使我们团结的东西”,“无论是无产阶级,也无论是资产阶级都应当 bone fide(根据自愿)寻求一条经济和政治妥协的道路。”③他最终成为俄国社会主义运动中的右翼——孟什维克的代言人,并且声明反对十月革命。但是,他在19世纪80年代到1903年前在宣传马克思主义、批判民粹主义等小资产阶级思想方面立下的功绩却是不可磨灭的。曾经与普列汉诺夫并肩作战,后来成为苏维埃政权的领导人的卢那察尔斯基在1918年6月9日普列汉诺夫的追悼大会上说:“在这位反对者身上,过去和现

① 约夫楚克等著:《普列汉诺夫传》,第389—390页。

② 《统一报》,彼得格勒1917年4月14日。

③ 约夫楚克等著:《普列汉诺夫传》,第396页。

在使我们在政治上怀念他的首先是，这位大师为俄国社会主义者锻造了我们现在正用来反对他和他的信徒们的武器。俄国工人决不会忘记，尽管1917年的革命是在这位陈腐预言家的谴责声中进行的，但是这次革命毕竟实现了他的著名预言：'俄国革命只有作为工人革命才能取得胜利，否则就根本不能获胜。'"①

二、历史性超越：布尔什维主义——列宁主义的产生

在整个19世纪里，进步的贵族知识分子、平民知识分子、革命民粹派、马克思主义者世代相承，前赴后继，构成了一幅波澜壮阔的历史图景，他们的不懈努力和活动奠定了俄国现代化的基石。列宁曾经评论说："这还不是风暴本身。风暴是群众自身的运动。无产阶级这个唯一彻底革命阶级，起来领导群众了，并且第一次唤起了千百万农民来进行公开的革命斗争。第一次风暴是在1905年。第二次风暴正在我们眼前开始扩展。"②

19世纪末20世纪初，没有任何一种思想像"社会主义"这样引人注目，"社会主义"被各派阵营所利用，被贴上了各式各样的标签。甚至连疯狂镇压革命运动的沙皇政府也举起了"社会主义"的旗号，彼得堡宪兵头目祖巴托夫就提出了所谓的"警察社会主义"（祖巴托夫主义——Зубатовщина），试图以影响当时如火如荼的工人运动。祖巴托夫认为："工人阶级是如此伟大的集合力量，是革命家们从来没有过的利害的斗争工具。在十二月党人运动中，在到民间去运动中，甚至于在学生的群众暴动中，都不曾有过这种力

① 约夫楚克等著：《普列汉诺夫传》，第2页。

② 《列宁选集》第2卷，人民出版社1995年版，第289页。

量。全国的技术都操之于他们的手上,就在这种生产过程中,工人们不断地越来越接近在一起,这使那力量更加庞大可怕。他们的根底是农民阶级,他们原是农民之子。在上面因为需要特殊知识,所以与社会中的知识分子很接近。这些工人阶级被危害国家现存制度的社会主义宣传所鼓动,对于现存的制度是一种严重的威胁。”[①]警察社会主义的高潮就是在1905年1月9日,由加邦神父领导彼得堡的几万工人及其家属到冬宫前的请愿活动,从而酿成“流血星期日”事件。

俄国无产阶级的诞生略晚于俄国资产阶级,专制制度的束缚和农奴制经济的影响阻碍了俄国无产阶级的产生。在农奴制改革之前,俄国虽然存在一些手工业工场雇佣工人,但是他们不是近代意义上的产业工人。因为这个时期俄国的工业主要是建立在简单手工劳动基础之上,俄文里“工场”一词(мануфактура)的词根“манус”是由拉丁文转化而来,意即“手”。其次工场的雇佣工人没有人身自由,其身份与其说是工人,不如说是农奴。1861年的农奴制改革加速了俄国资本主义发展,为俄国产业工人——无产阶级的发展和形成提供了极其重要的条件。19世纪90年代工业发展出现了高涨的局面,与此同时俄国工人运动的高潮也随之到来。1895—1899年间,俄国平均每年爆发罢工147次,参加工人数超过12万人[②]。在罢工过程中,工人们已经提出了一些政治要求,表明俄国工人运动的发展水平。1891年一批先进的彼得堡工人参加了革命民主主义者舍尔古诺夫的葬礼,这是俄国社会民主

① 赫克:《俄国革命前后的宗教》,第311页。

② 参见孙成木等主编:《俄国通史简编》下卷,第205页。

主义者组织的第一次政治游行示威，提出了反对专制制度，争取民主权利的要求。同年5月，彼得堡的工人自发地组织了俄国历史上第一次纪念“五一”国际劳动节的活动，并且将其变成一场在首都彼得堡产生重大的影响的政治示威活动。列宁称赞这一时期的俄国工人运动说：“为了正确评价革命的日子，应当总观一下我国工人运动最近的历史。在将近20年以前，在1885年，中部工业区、莫罗佐夫工厂和其他一些地方发生了最初的大规模的工人罢工。当时，评论家卡特科夫曾写文章谈到俄罗斯已出现了工人问题。无产阶级从经济斗争转到政治示威，从示威转到革命冲击，其发展速度真是惊人！我们不妨回顾一下已经走过的道路上的几个主要里程碑。1885年，发生了广泛的罢工，当时，社会主义者完全单独行动的，没有结成任何组织，他们参加这些罢工的寥寥无几。……1891年，彼得堡工人参加了为舍尔古诺夫送葬举行的游行示威，在彼得堡的五一游行示威中有人发表了政治演说。这是先进工人在没有群众运动的情况下所进行的社会民主主义的游行示威。”①

1898年俄国社会民主工党成立，它是工人阶级参加的第一个政党，但是它还是一个成员复杂、政治纲领不明确的政党。列宁决定从内部改造这个政党，使它真正成为无产阶级的政党。

如果说普列汉诺夫的功绩主要体现在马克思主义思想宣传和理论建设方面，并且完成了他的历史使命的话，列宁则继续了普列汉诺夫的工作，并且在理论思考的同时，积极投身于革命实践活动，筹建俄国无产阶级政党和发动无产阶级革命。列宁没

① 《列宁全集》第8卷，第232页。

有像普列汉诺夫、苏汉诺夫那样拘泥于马克思主义的原理，列宁作为一个成熟的无产阶级革命家和战略家，他与书生气有余和唯理论的普列汉诺夫最大的不同之处就在于他的灵活性和策略性。列宁始终强调：马克思主义不是教条，而应该成为行动的指南。列宁并没有因经典作家的论断而坐等时机，而是积极地到马克思主义理论的普遍性中去寻找特殊性，他极其明了地分析了俄国的现实情况，分析了俄罗斯社会的各种政治力量对比情况以及俄国的政治前途，果断地提出社会主义革命可以在俄国取得实现。他在《论欧洲联邦口号》中宣布：“在共产主义的彻底胜利使一切国家包括民主国家完全消失以前，世界联邦（而不是欧洲联邦）是同社会主义相联系的、各民族实行联合并共享自由的国家形式。然而，把世界联邦口号当作一个独立的口号未必是正确的。第一，是因为它是和社会主义交融在一起的；第二，因为它会造成一种曲解，以为社会主义不可能在一个国家内获得胜利，并且会使人曲解这样的国家和其余国家之间的关系”，“社会主义可能首先在少数甚至在单独一个资本主义国家内获得胜利。”①

以赫尔岑为代表的思想家提出了实现社会主义的“跳跃论”——利用俄国村社跃过资本主义阶段，直接进入社会主义社会。马克思和恩格斯将这个问题视为俄国历史发展中的“卡夫丁峡谷”。尽管马克思和恩格斯始终非常关注俄国的情况，与俄国各派革命家保持着密切的联系，但是他们并没有来过俄国，甚至很晚才学习了俄语，也并非十分了解俄国的情况。因此，直至 19 世纪

---

① 《列宁选集》第 2 卷，人民出版社 1995 年版，第 554 页。

80年代，在马克思和恩格斯的思想中，俄国仍仅仅是经典作家笔下的一个具体案例，并非具有特别实际的意义。他们甚至认为他们所提出的具有普遍意义的社会主义革命理论未必适用于当时的俄国。他们也曾瞩目于俄国村社的独特形态和作用，也曾认为村社是俄国进行社会主义革命的基础。马克思在1881年写给查苏利奇的信中说："我深信，这种农村公社是俄国社会新生的支点；可是要使它发挥这种作用，首先必须肃清从各个方面向它袭来的破坏性的影响，然后保证它具备自由发展所必需的正常条件。"[①] 1882年1月，马克思在为《共产党宣言》俄文第二版所做序言中补充说："假如俄国革命将成为西方无产阶级革命的信号而双方互相补充的话，那么现今的俄国土地公社所有制便能成为共产主义发展的起点。"[②]是否可以跃过资本主义阶段，对这一问题，马克思恩格斯和普列汉诺夫给出了不同的答案，但他们的理论还只限于"理论"，尚未付诸实践。

1895年12月，列宁将彼得堡的20余个社会主义小组和马克思主义小组联合组成"工人阶级解放斗争协会"(Союз борьбы за освобождение рабочего класса)，标志着俄国工人运动进入到了一个新的阶段，也成为1898年成立的俄国社会民主工党的重要组成部分。"工人阶级解放斗争协会"将工人阶级改善劳动条件、增加工资等经济要求与反对沙皇专制制度的政治要求结合起来，积极在广大工人中间开展宣传鼓动工作，唤醒工人的革命觉悟和斗争意识，号召工人阶级团结起来，从而开始了马克思主义理论与俄国

① 《马克思恩格斯全集》第19卷，人民出版社1963年版，第269页。

② 同上书，第326页。

工人运动的具体实践相结合的历史。1900年12月，列宁所创办《火星报》在国外出版，在报头下印有十二月党人屠格涅夫唱和普希金的著名诗句：“星星之火，成燎原之势！”(из искры возгорится пламя!)。在1903年的俄国社会民主工党第二次代表大会上，列宁所领导的“火星派”与“经济派”等机会主义派别在无产阶级专政、民族自决权、农民问题等问题产生分歧。最后在社会民主工党的中央组织机构选举时，拥护列宁主张的人在大会选举中获得了多数票，因此被称为“布尔什维克”，拥护“经济派”马尔托夫的人在选举中仅获得少数票，被称为“孟什维克”，于是在俄语中就出现了两个最新的政治词汇：布尔什维克（Большевики）和孟什维克（Меншевики）。大会最后通过了列宁提出的纲领，将推翻沙皇专制制度、建立民主共和国、实行八小时工作制作为党的最低纲领，将推翻资产阶级政权、实现社会主义革命、建立无产阶级专政作为党的最高纲领。这个纲领浸透了列宁对未来革命道路和政治制度的设想，得到了广大无产阶级的拥护。从此，布尔什维主义(большевизм)“作为一种政治思潮，作为一个政党而存在，是1903年开始的”。①

列宁以民主集中制的原则将布尔什维克锻炼成一个坚不可摧的核心力量，致力于发动俄国最广泛的阶层——工人、农民和士兵，积极为社会主义革命做准备。二月革命胜利后，列宁极为透彻地分析了俄国的政治局势，分析了俄国历史的发展前途，指出资产阶级临时政府的政策及统治，表明这个阶级已经根本丧失其进步性，资产阶级制度也已丧失它在俄国存在的意义，只有布尔什维克

---

① 《列宁选集》第4卷，人民出版社1995年版，第135页。

领导的无产阶级革命才能拯救俄国，"只有无产阶级，才能成为——而且按其阶级地位来说不能不成为——彻底的民主主义者，坚决反对专制制度的战士，而不会作任何让步和妥协。只有无产阶级，才能成为争取政治自由与民主制度的先进战士。因为第一，无产阶级受到的政治压迫最厉害，这个阶级的地位不可能有丝毫改变，它既没有接近最高当局的机会，甚至也没有接受官吏的机会，也无法影响社会舆论。第二，只有无产阶级才能彻底实现政治社会制度的民主化，因为实行这种民主化，就会使工人成为这个制度的主人。"①随后，列宁和布尔什维克成功地进行了十月革命，建立了苏维埃政权和国家。

什么是布尔什维主义？列宁认为："布尔什维主义是 1903 年在最坚固的马克思主义理论基础上产生的。而这个——也只有这个——革命理论的正确性，不仅为整个 19 世纪全世界的经验所证实，尤其为俄国革命思想界的徘徊和动摇、错误和失望的经验所证实。在将近半个世纪里，大约从上一世纪 40 年代至 90 年代，俄国进步的思想界在空前野蛮和反动的沙皇制度的压迫之下，曾如饥似渴地寻求正确的革命理论，专心致志地、密切地注视着欧美在这方面的每一种'最新成就'。俄国在半个世纪里，经受了闻所未闻的痛苦和牺牲，表现了空前未有的革命英雄气概，以难以置信的毅力和舍身忘我的精神去探索、学习和实验，它经受了失望，进行了验证，参照了欧洲的经验，真正饱经苦难才找到了马克思主义这个唯一正确的革命理论。"②

---

① 《列宁选集》第 1 卷，人民出版社 1995 年版，第 147 页。

② 《列宁全集》第 39 卷，人民出版社 1986 年版，第 5—6 页。

什么是列宁主义？俄国著名的革命家和理论家、曾经是列宁的战友、苏维埃政权的领袖季诺维也夫认为：“列宁主义是帝国主义战争时代和在一个农民占多数的国家里直接开始的世界革命时代的马克思主义。”[①]列宁主义也是勇于实践和大胆尝试的代名词，十月革命前，布尔什维克不放过任何的革命时机，最终在极特殊的条件下完成了一场极具世界意义的大革命。

布尔什维主义——列宁主义是俄国历史传统及具体国情与西方文化——马克思主义结合的产物。马克思主义在19世纪是作为西方文化的一部分传入俄国的，它在俄国的命运与俄国的知识分子运动是联系在一起的，正是在这一运动中，才产生了马克思主义与俄国实际的结合，即布尔什维主义——列宁主义。列宁领导的社会主义革命则是布尔什维主义——列宁主义的成功实践。法国历史学家、政治心理学家阿兰·别扎松评价说：“法国的雅各宾派，左翼黑格尔派和马克思，斯拉夫派的两重唱者——赫尔岑和车尔尼雪夫斯基，涅恰耶夫和特卡乔夫组织的思想，民粹派的宣传，而后是马克思主义者，普列汉诺夫等因素的影响在列宁一生中产生明显的作用。”[②]

布尔什维主义——列宁主义是民粹主义思想的继承。曾经是民粹主义信条信仰者的经历不仅没有成为列宁政治上和思想上的包袱，反倒促成列宁分析俄国的一个独特角度，为此布尔什维克与代表农民利益的社会革命党长期结成了革命同路人的关系。列宁曾经说，在社会主义革命中，即使是民粹派主张“第一，不赞成马克

① 季诺维也夫：《列宁主义：列宁主义研究导论》，东方出版社1989年版，第15页。

② 别扎松：《列宁主义的精神来源》，莫斯科1998年版(下同)，第199页。

思主义，第二，完全同意‘平均使用土地’的理论（也同意平均使用土地的法令），——这就是这种民粹派的思想基础。对于这种民粹派，布尔什维克党员从来不拒绝与他们结成联盟的。我们主张这种同盟，主张同中农妥协，因为我们工人党员不应该同中农分道扬镳，我们准备对他们作一系列的让步”。①

布尔什维主义——列宁主义既是马克思主义的丰富和发展，也是俄国知识分子思想运动的一大成就。这是因为列宁作为知识分子一员，他总结前人经验教训，通过创新和实践找到了“俄国向何处去”这一问题的答案，走上了合乎实际的社会主义道路。而列宁的探索则更进一步，不仅解决了卡夫丁峡谷能否跃过的问题，更重要的是怎样跃过。

布尔什维主义——列宁主义的真正价值就在于为一切落后国家指出了一条以特殊形式跃过资本主义的卡夫丁峡谷走向社会主义的道路。途径是先由无产阶级夺取政权，然后再依靠政权的力量积极努力创造社会主义所需要的各种条件。可以看出，列宁所指出的这条道路是一个漫长的历史阶段，并且在“军事共产主义”②的实验失败后，断然决定实行新经济政策，以“资本主义”手段来发展社会主义。这需要何等的勇气，何等的胆识。因此，别扎松认为列宁堪称“十月革命和占地球三分之一的国家新型政权的缔造者、组织者和领导者”。③

---

① 《列宁全集》第35卷，人民出版社1985年版，第32页。

② военный коммунизм 国内学界通常译为“战时共产主义”。但“战时”常被误解为“暂时”（временый），无论是列宁著作中的原意，还是“военный”释义均指“军事的”，因此译为“军事共产主义”更为准确。

③ 别扎松：《列宁主义的精神来源》，第189页。

第六节　激进主义在俄国的命运

一、再识激进主义

“激进主义”（Радикализм）在现代俄语辞典中的解释为：“词根来源于拉丁文，为政治流派之含义，指主张采取决定性的变革行动的派别和团体，指为实现某种纲领、解决社会政治问题和实现确定目标而采取任何变革方式的革新。激进主义区别于（正确的或不正确的）对权力机构的犹豫不决、止步不前和失误的批评、责难和挑剔。”①

激进主义实际上是世界历史发展和民族国家进步过程中最常见的一种方式，它包括了政治、文化、经济等方面的激进主义。激进主义即是在道德上以理想主义为行动先导，在理论上以理性主义为政治表达，在目标上以乐观主义为情感支柱，在行为方式上以自下而上的极端主义为行动纲领的政治思潮和运动。因此，有时也写为“急进主义”，强调其过程上的迅速推进式的特点。

一般说来，激进主义相较于保守主义时是褒义词，至少是中性词，但如果相较于自由主义的话，它就几近于贬义词了，此时它基本上等同革命主义、雅各宾主义、恐怖主义、极端主义、乱党主义等概念。其实，这是错误的理解。如果把人类历史发展看成是一个漫长的过程的话，那么从操作模式上看，无外乎两种社会发展途径，激进的（即革命的）与渐进的或称保守的（改革的）道路。

革命则是由现代化的下层动力——人民大众自下而上所推行

---

①　布洛欣主编：《俄国历史教学参考辞典》，第205页。

的根本否定现存政治、经济体制的社会变革，特点是内容激进、形式突变、运行剧烈、成果易损。戴有色眼镜看待革命的西方学者一般视革命为两种类型：其一是“伟大革命”(Great revolution)。在西方学者看来，此种革命虽常施以暴力，但是革命导致了国家政治、经济、社会结构乃至意识形态等均发生了重大转型。如英国清教徒革命、法国大革命和俄国革命；其二是暴力革命(Violent revolution)。即将凡是一切以暴力形式非法颠覆政府的行为，诸如宫廷政变、亲族叛乱，甚至社会骚乱归入此类，并均视为暴力事件而大加挞伐。即：“革命，就是对一个社会据主导地位的价值观念和神话，及其政治制度、社会结构、领导体系、政治活动和政策，进行一场急速的、根本性的、暴烈的国内变革。因此革命有别于叛乱、起义、造反、政变和独立战争。革命，就是一般人所说的伟大革命、大革命或社会革命。”①又如：“革命这一术语涉及旨在实现政治和社会变革的群众运动，而其余各种形式的宫廷革命和军事政府只表明了权力在个人手中的转移，它们并不需要一个为发动一场群众运动所必需的准备和酝酿阶段。”②

改革即是在保存现存政治制度，基本不改变社会各阶级的地位的条件下，由最高统治者或上层统治阶级的某些人士所倡导和推行的一种渐进性的政治、经济和社会变革。改革在思想观念上易为各阶层的人们所接受和承认，可以避免社会的急剧动荡，避免经济发展的严重破坏，成果易于确立和巩固。改革具有操作的合法性和过程的长期性的特点。

---

① 亨廷顿：《变革社会中的政治秩序》，三联书店 1987 年版，第 241 页。

② 布兰察德：《革命道德：关于革命者的精神分析》，中央编译出版社 2005 年版，第 3 页。

改革与革命是人类社会发展的两种最常见的历史现象,同时也是世界现代化运动的两种基本方式。改革与革命是现代化道路中二者择一的方式。英国走的是渐进改革式道路,率先完成了现代化。法国走的是激进革命式的道路也较早地完成了现代化,这两种类型的现代化作为世界范围内现代化运动的基本范式为后人称道。无论改革,还是革命都是社会从无序到有序,从一个阶段向另一个阶段长期发展过程中的一个环节,都是对旧制度和旧思想的否定,对新制度和新思想的认同。改革与革命构成一个合力运动体系,推动社会发展。正如恩格斯指出的:“历史是这样创造的:最终结果是从许多单个的意志的相互冲突中产生出来的,而其中每一个意志,又是由于许多特殊的生活条件,才成为它所成为的那样。这样就有无数互相交错的力量,有无数个力的平行四边形,由此产生出一个合力,即历史结果,而这个结果又可以看作一个作为整体的不自觉地和不自主地起着作用的力量的产物。”①从客观上看,改革与革命的关系是相互补充、相互影响和相互转化的。列宁曾强调:“对于一个真正的革命者来说,最大的危险,甚至也许是唯一的危险,就是夸大革命作用,忘记了恰当地和有效地运用革命方法的限度和条件。真正的革命者如果开始把‘革命’写成大写,把‘革命’几乎奉为神明,丧失理智,不能极其冷静极其清醒地考虑、权衡和验证在什么时候、什么情况下、什么活动领域要善于采取革命行动,而在什么时候、什么情况下、什么活动领域要善于改用改良主义的行动,那他们就最容易为此而碰得头破血流。要是真正的革命者失去清楚的头脑,异想天开地以为‘伟大的、胜利的、世界

① 《马克思恩格斯选集》第4卷,人民出版社1995年版,第697页。

性的'革命在任何情况下、在任何活动领域都一定能够而且应该用革命方式来完成一切任务,那他们就会毁灭,而且一定会毁灭(是指他们的事业由于内因而不是由于外因而失败)。"①

因此,回到激进主义与保守主义的命题之上,我们可以得出结论:学理意义上的激进主义是相对于保守主义及自由主义而言的,因此它是一个相对概念。没有绝对的激进,犹如没有绝对的保守一样。而且激进主义与保守主义之间也并非水火不相容和天堑相隔,在一定条件下,它们是可以相互转换的。这样的例子无论是在世界历史中,还是在俄国历史中均不少见。如叶卡捷琳娜二世在1773年前后即展现给世人些许的激进主义(准确说是"官方自由主义")与保守主义的两副面孔,而导致这一突变的原因即是国内的普加乔夫起义和国外的法国大革命。当代学者余英时曾经评论:"相对于任何文化传统而言,在比较正常的情况下,'保守'和'激进'都在紧张中保持一种动态的平衡。例如在一个要求变革的时代,激进,往往成为主导的价值,但是'保守'则对'激进'发生一种制约作用,警告人不要逞一时之快,而毁掉长期积累下来的一切文化业绩。相反的,在一个要求安定的时代,'保守'常常是思想的主调,而激进则发挥着推动的作用,叫人不能因图一时之安而窒息了文化的创造生机。"②

但是,苏联时期的史学著作几乎无一不赞颂革命,视其为历史发展的根本动力,批评改革(改良),视其为革命的"甜蜜补充",褒扬激进主义,贬低保守主义和自由主义。当代俄罗斯学者的史学

---

① 《列宁全集》第42卷,人民出版社1987年版,第246页。

② 余英时:《钱穆与中国文化》,上海远东出版社1994年版,第123页。

著作涉及上述问题时的评价又几乎完全走到了反面。

仅以激进主义模式的十月革命的历史评价为例:苏联时期著作无一不称之为"以俄国伟大的十月社会主义革命的历史为开端,这个革命揭开了现代史的时代"。[①] 而当代俄罗斯学界对这场革命则多有诟病。如历史学家博罗金认为:"如果认为它是社会主义革命,那么,评价革命的结果,可以说革命已完全失败。但是,这是一场在假社会主义口号下进行的亚洲式的社会革命。"[②]更有俄联邦总统办公厅主任菲拉托夫在1994年11月5日的"1917年十月和布尔什维克在俄国的实验"莫斯科科学实践会议上断言:"从形式上说,1917年10月俄国发生了一次政变,其结果是政权为人数不多但很团结的左翼激进政党所篡夺。然而,这次政变所引起的社会动荡的规模和特点使人不能不说,1917年的十月是对俄国社会进行最严重的革命破坏的开始。"[③]

以上对十月革命这种大相径庭的评价显然是有悖于历史事实的。我们应该历史主义地看待历史问题,更应该历史主义地评价激进主义在俄国历史上的地位和作用。

二、俄国激进主义命运的思考

俄国激进主义是本土文化中的宗教极端主义、斯拉夫主义与西方主义等外来的欧洲文化结合的产物。从历史文化和民族性格角度来看,俄国素有激进主义的土壤和传统,但作为现代思潮和运

---

① 《世界通史》第8卷上册,三联书店1977年版,第6页。

② 《"十月"的选择——90年代国外学者论十月革命》,中央编译出版社1997年版,第137页。

③ 同上书,第305页。

动的激进主义在俄国形成却是较晚的，直到19世纪60、70年代才最终形成，[1]其标志即是以赫尔岑、早逝的斯坦凯维奇和别林斯基、车尔尼雪夫斯基、巴枯宁、拉甫罗夫为代表的思想构建和以民粹派和民意党活动为代表的实践运动。在此之前，包括在此后的一段时间里，激进主义基本隐藏在斯拉夫主义（民粹主义）和西方主义（自由主义）的背后。从这个角度来看，宗教极端主义、斯拉夫主义和西方主义是激进主义的思想源泉。上面提到的思想家以及后来的普列汉诺夫、列宁等基本都在组织上或是思想上参与了斯拉夫主义与西方主义之争论，从中吸取了充足的思想养分。其结果是俄国激进主义植根于俄罗斯文化土壤之中，切合社会发展的主流要求，符合俄国农民的思维模式和行为习惯，因而在19世纪下半期至20世纪展现了极强的生命力和创造力。民粹主义及其变异——无政府主义、虚无主义以及极端化的涅恰耶夫主义和民意党主张均植根于村社和“聚合性”文化基础之上，因此它们真实反映了农民的愿望。于是，“17世纪那场宗教大分裂以来，旧信徒即认为俄国及其统治者（尤其彼得大帝）代表撒旦统治人间。民粹主义者由这个受迫害的地下教派里动员到许多潜在盟友”；[2]“普列汉诺夫、列宁、托洛茨基以及布尔什维克大多数领导人是赫尔岑主义者、车尔尼雪夫斯基和涅恰耶夫主义者的合法继承人。即使他们的纲领和倾向与前辈有别，他们仍属于知识阶层。”[3]布尔什维主义——列宁主义则继承了斯拉夫派的爱国主义热情，也继承

① 19世纪60年代中期成书的达里所编著的《现代大俄罗斯语详解辞典》网络版同样未见 радикализм 条及解释。

② 伯林：《俄国思想家》，第260页。

③ 科塞：《理念人——一项社会学的考察》，第175页。

了西方派的反叛主义精神。

当代俄罗斯著名历史学家米罗诺夫在他的宏篇巨著《俄国社会史》中对俄国知识分子喜爱的《田地》周刊（1870—1918 年）上刊登的传记资料进行了系统分析，[①]发现不同时期对传主的选择，以及对传主的评价不同。在 44 年间共刊登了 7946 篇传记文章，其中只有 106 篇的传主为企业家。而这 106 篇文章可以分为两类，“在第一类传记中，企业家的人格受到质疑，行为受到批判，被指责为只追求个人致富，违背了最高的道德标准”，实为为富不仁，这类文章占 106 篇的 16 篇。而其余 90 篇传记中企业家的人格受到肯定，原因在于他们的“企业活动具有爱国主义性质（以发展祖国工业为目的），或者是促进了科技、文化和教育等崇高事业的发展，或者是为文学和艺术提供资助，进行慈善事业和救助亲人”。米罗诺夫的结论是：“众所周知，俄国文化阶层普遍具有反资本主义情绪。”[②]

激进主义背景下的社会主义选择，是俄国社会的唯一出路，也是俄国现代化的唯一路径选择。赫尔岑、别林斯基、车尔尼雪夫斯基以及民粹派选择的是农民社会主义道路，这个选择是正确的和不可重复的，但是错误在对村社和农民的思考和行动过分理想化和理论化了。列宁领导的布尔什维克革命同样把目光聚焦于村社和农民之上，但同时着眼于工人运动的发动和领导作用，于是迎来了革命成功之胜绩。当十月革命胜利的消息传遍世界，当苏维埃

① 米罗诺夫认为该杂志刊登了为“引导青少年的教育文章，以影响他们的道德观念，为他们提供行动楷模”。〔参见米罗诺夫：《俄国社会史》下卷，山东大学出版社 2006 年版（下同），第 335 页。〕

② 同上书，第 335—336、335 页。

政权矗立在俄罗斯大地上时，西方资产阶级和政府皆视之为“洪水猛兽”，齐声诅咒之，欲协力打杀之。半个世纪过去后，务实的西方学者重新对这个政权作了评价，他们承认：“十月革命从根本上改变了俄国制度的形式和政治的社会基础。马克思列宁主义认为，革命不仅对俄国的历史，而且对所有社会的历史都是头等重要的事件，因为它建立了第一个社会主义国家，而且在此过程中树立了一个其它社会不可避免地要学习的榜样。一个新的领导集团出现了，它具有强烈的马克思主义唯意志论意识形态，这种意识形态认为，它为干预现代化的进程，成为推动历史变革的力量所进行的活动是正确的。”[①]布尔什维克革命接续了赫尔岑以来推动社会发展之重任，承担了救国救民于水火的使命，列宁和布尔什维克实际上扮演了“最后的”普罗米修斯的角色。当年的普列汉诺夫、苏汉诺夫、丘吉尔等思想家或政治家，昨天和今天的阿法纳西耶夫、博罗金、菲拉托夫等历史学家或政治家都曾攻击布尔什维克革命为“暴乱”、“恐怖”、“密谋”、“雅各宾革命”。他们因惧怕革命，忘记了“革命”本身从来就是“激进性”和“决定性”的本质和特点。作为俄国第一批接受社会主义思想又曾经对十月革命大加指责的别尔嘉耶夫在晚年的回忆录中袒露了心声：“我经历了俄国革命，这是我命中注定的，而不是从外边硬塞给我的。这次革命就在我身边发生，虽然我非常尖锐地批判它，并愤怒地反对它的丑恶现象。我深深地厌恶很多移民的观点，按照这种观点，布尔什维克革命是由某种残暴的力量、不小的一群罪犯所完成的，而他们自己则是一直忠于真理和光明的。我认为，所有的人都对革命负有责任，最要负责的

---

① 布莱克等著：《日本和俄国的现代化》，商务印书馆 1984 年版，第 190—191 页。

是旧制度的反动力量。我很早就认为俄国革命是不可避免的和正义的，但我并不认为它是非常美好的。相反，我早就预见到，在革命中自由将被消灭，极端的仇视文化、仇视‘精神’的因素将在革命中获胜。我写出了这种观点，但很少有人同意。对我来说，那种主张革命的田园诗，主张不流血的革命（在这样的革命中，表现出了人的本性和人民群众的善良）的革命人道主义者的想法，是天真的和可笑的。革命是危急的疾病，是痛苦的手术……”[①]因此，在笔者看来，激进主义和十月革命是俄国之福音，而非俄国之灾难。

激进主义意味着以超常规的形式完成国家制度和意识形态的转换。然而，过度的激进、加速和超越，可能导致历史细节的忽视和矫枉过正。俄国历史上有加速和超越的成功先例（如彼得一世的欧化改革），也有因此而导致的严重后果（如彼得一世改革导致的社会、文化分裂）。巴枯宁和克鲁泡特金的无政府主义、涅恰耶夫和民意党的政治恐怖主义均为激进主义极端化和功利化的表现。而且如果历史主义地分析，列宁及其后继者领导的社会超越，同样是功过并存。在社会发展模式上，列宁时期经历了“军事共产主义”的失误；斯大林时期经历了“全盘集体化”、“加速工业化”和“政治大清洗”的失误；赫鲁晓夫时期经历了“全面展开共产主义建设”的失误；勃列日涅夫时期经历了“发达社会主义”的失误；戈尔巴乔夫时期也未能逃离欲图社会急剧转型的误区。若谈及苏联解体后的俄罗斯现状，急速转向的叶利钦时期（1991—1999 年）仍然不可避免地跌入了加速和超越的“窠臼”，出现了经济上的“休克疗法”、政治上的多党制和多元化竞争、外交上的向西方“一边倒”的

① 别尔嘉耶夫：《自我认识——思想自传》，第 211 页。

误区。

如此说来，俄国——苏联——俄罗斯历史上屡次激进主义之误区实在是政治家必须面对和历史学家必需深入研究的大问题。

第六章　从“出走”到“回归”：俄国侨民知识分子思想的沉浮

因特殊的地域关系和文化联系，历史上俄国居民移居西欧并不鲜见。但20世纪20年代至30年代因政治剧变而发生的200多万俄国居民移居国外的事件，却是15世纪末16世纪初俄国成为统一的多民族国家后，第一次大规模的国家分裂、民族分裂和文化分裂。知识分子作为俄国侨民中的特殊群体，他们的身心感受和自我反思也是独特的。他们在特殊环境和特殊条件下，从事了大量的维护和发展本民族文化、教育和学术活动。他们的所作所为是对俄罗斯文化传统的继承和发展，他们所创造的成就是20世纪俄国历史的重要组成部分。本章以历史资料为依据，对该时期俄国侨民的迁徙流向和生存状况，介绍侨民知识分子的文化、教育和学术活动予以简要介绍，并试图对侨民知识分子和侨民运动给出客观评价。

第一节　自我放逐：20世纪俄国侨民运动“第一波”

一、俄国侨民和侨民问题的缘起

侨民是主权国家常见的一种现象，特别是在地域相对狭小、文化习俗和宗教信仰相对接近的欧洲就更为常见。但是它对于同样是欧洲国家、以俄罗斯民族为主、以东正教信仰为主的俄国[①]来说,却具有一定的特殊意义。

由苏联著名语言学家乌沙科夫主编、苏联最权威的《俄语详解大辞典》在解释“侨民”(эмиграция)名词时,认为它来自于拉丁语emigro,将其界定为:“1. 由于经济的、政治的等原因被迫或自愿移居其他国家的人。2. 长时间或经常性地在其祖国以外居住的人。”[②]

由于地域相连、文化相通、宗教信仰接近,在俄国历史上,无论是俄国人移居欧洲其他国家,还是其他国家的人移居俄国都是很普遍的事情,甚至连俄国女沙皇叶卡捷琳娜一世和叶卡捷琳娜二世都是通过联姻入主俄国的,俄国历代沙皇也大都有长期侨居或游历欧洲的经历。

对于普通俄国居民来说,他们移居国外的原因是多方面的。如经济原因:俄国是一个将野蛮落后的农奴制保存到19世纪中期的国家,一些农民不堪忍受而逃亡国外。另外1861年废除农奴制

① 在俄语中,指代“俄国的”经常使用 российский(泛指在俄国居住的所有民族的居民)和 русский(仅指“俄罗斯族的”)两个单词。在涉及到“俄国侨民”名词时,也是有所区别的。1993年4月13日至15日在莫斯科召开了由俄罗斯科学院俄国历史研究所、俄国文化研究中心和俄国现代文化研究所主办的“俄国侨民在保存和发展祖国文化方面的作用”国际会议,会议交流时使用了“российская эмиграция”、“русская эмиграция”、“российское зарубежье”、“русское зарубежье”和“зарубежная Россия”等不同的名称。(参见《俄罗斯侨民在保存和发展祖国文化中的作用》,莫斯科1993年版)本文采用“俄国的”(российский)而非“俄罗斯族的”(русский)的名称来界定这场运动,因为20世纪20—30年代俄国的侨民运动是以俄罗斯族侨民为主,也包括了其他民族的侨民。

② 乌沙科夫主编:《俄语详解大辞典》第9卷,莫斯科1940年版,第1420—1421页。

后，直至20世纪初，出现了一个一些获得人身自由但失去土地的农民、手工业者和领地工人移居北美和南美国家的高潮。如文化原因：俄国文化教育，特别是高等教育相对西欧是落后的，因此从18世纪起有许多贵族子弟和平民子弟赴欧洲国家学习。如战争原因：自彼得一世时代始，俄国一直在为“出海口”、“天然疆界”与西欧列强争霸，如许多俄国人为躲避战乱或因边界的变动而移居国外。再有政治原因：历朝历代均有持不同政见者因专制制度的统治和沙皇政权的迫害，或因统治阶级内部的权力斗争或政见分歧而移居国外。另外，在“混乱时期”（смутное время），暂居国外也是俄国贵族阶层和平民的一个历史传统。此外，还包括自然灾害、宗教分歧、文化冲突等原因。

当代俄罗斯学者认为，俄国历史上的第一个因政治原因移居国外的人是伊凡四世的近臣库尔勃斯基公爵，他因反对伊凡四世的特辖制改革而被迫于1564年12月逃亡立陶宛，[①]并且在国外与伊凡四世通过信函进行政治论战近20年之久。但仅就政治原因而言，它在19世纪30、40年代前的俄国侨民中并不是最主要的因素，这是因为在此之前，具有批判精神的俄国知识分子群体还没有形成，专制制度的国家机器相当强大，专制主义的文化根基相当深厚，沙皇政府的政治反对派力量和影响相对弱小。而且，从18世纪开始，拥有较高社会地位和完全人身自由的贵族到欧洲旅行和移居都受政府的限制，贵族自由出入国境只是从19世纪50年代的下半期才成为可能。20世纪前移居国外的俄国人大部分来

---

① 参见契雷舍夫主编：《俄国侨民的文化遗产（1917—1940）》第1册，莫斯科1994年版，第16—24页。

自俄国境内的非俄罗斯民族,人数最多的是乌克兰人、白俄罗斯人、犹太人,此外包括波兰人、芬兰人、拉脱维亚人、立陶宛人,但是他们到了别的国家后,就常常被当地人当作俄罗斯人(族),原因是俄侨中讲俄语和信仰东正教的人较多。

整个20世纪,俄国(苏联)发生了4次较大的移民浪潮:"第一波"(或称第一次浪潮,первая волна)发生于两次世界大战间。因1900年以来数次政治风潮和第一次世界大战的影响,特别是1917年十月革命后俄国社会出现的严重的政治对立,陆续有200多万俄国居民移居国外。"第二波"(或称第二次浪潮,вторая волна)发生于40年代中期至60年代末,主要在苏联强迫波罗的海三国加入苏联后,当地的居民大量移居国外。爱沙尼亚有占总人口6%(约16万人)的爱沙尼亚族人移居海外。拉脱维亚从40年代开始强制集体化运动,有近20万人移居瑞典、澳大利亚等西方国家。立陶宛居民也大量移居美国,苏联的人口统计数字表明,1959年立陶宛的居民总数低于1939年的居民总数。其他非俄罗斯民族也有较大的移居规模。据西方学者统计:到70年代初,大约有200万立陶宛人居住在境外,有170万亚美尼亚人生活在境外(其中美国40万人,伊朗20万人,法国17万人,黎巴嫩18万人,叙利亚12万人),有20余万白俄罗斯人生活在波兰,约有220万乌克兰人生活在境外(其中美国100余万人,加拿大70余万人,波兰30万人,捷克7万人,罗马尼亚6万余人,南斯拉夫4万人)。[①] 在此时期,也有一些苏联军人在战争中被德国或协约国俘虏,而留在

① 参见卡茨:《苏联主要民族手册》,人民出版社1982年版(下同),第171、202、77、45页。

其他国家不归。"第三波"(或称第三次浪潮,третья волна)发生于70年代初至80年代末,一个现象是由于苏联政府放松对犹太人移居以色列的控制后而引发的,到1982年移居以色列的苏联犹太人总数达25万人之多。① 另一个现象是80年代中期后,因权力、土地、工作、水源、信仰和文化习俗等发生了不同规模的民族冲突加剧,加之国内经济和政治形势恶化,大量苏联公民移居国外。据统计,1986年有8000人移居国外,1987年有4万人移居国外,1988年有10万人移居国外,1990年有45.2万人移居国外。②"第四波"(或称第四次浪潮,четвертая волна)是20世纪90年代初苏联解体后,兴起的新移民浪潮,主要是在原苏联的各加盟共和国之间的流动,即独立后国家中的非主体民族大量返回以自己民族命名的国家,在这个阶段苏联犹太人移居以色列又出现了一个新高潮。③

据苏联学者拉里奥诺娃的统计,到80年代末苏联解体前,大约有2000多万苏联侨民遍及世界各地。美国有700万俄罗斯、乌克兰、立陶宛以及其他民族的侨民,加拿大有350万苏联侨民,拉丁美洲有40万苏联侨民,约旦和叙利亚有45万达格斯坦、车臣、卡巴尔达、巴尔卡尔族侨民,伊朗有约40万亚美尼亚、格鲁吉亚和

---

① 参见阿尔蒙德:《当代比较政治学》,商务印书馆1993年版,第477页。

② 参见《1989年苏联国民经济统计年鉴》,莫斯科1990版,第44页;《周报》,莫斯科1989年第22期;《文学报》,莫斯科1990年12月19日;《公开性》,莫斯科1991年第4期。

③ 俄罗斯科学院院士契雷舍夫认为:"在十月革命后存在的俄罗斯移民潮一般可以分为三个时期,或者可以说是三次浪潮:第一次浪潮,两次世界大战间;第二次浪潮,从二战结束到1970年;第三次浪潮,1970年后。如果有人说还有第四次浪潮的话,那是指苏联解体后兴起的新的移民浪潮。"(参见契雷舍夫等主编:《俄国侨民的文化遗产(1917—1940)》第1册,第2页。)

乌兹别克族侨民。①

二、"第一波"下的俄国侨民生活

20世纪的俄国侨民运动"第一波"的主要原因是源于政治，它是俄国历史上最大规模的政治移民运动，而且这次浪潮集中地表现在1917年十月革命之后至20世纪30年代末期这个阶段。

如果从20世纪初以来俄国政治发展的角度来看，十月革命是19世纪以来一系列政治变革的继续，并且将其推向了最高潮。十月革命是由布尔什维克领导的政治巨变，它将俄国旧有的政权体系、法律制度、生活方式、社会等级、经济关系、文化结构、价值观念、意识形态基本打碎，因而给各阶层的人们心灵和肉体上带来的冲击都是巨大的。由于无法认同布尔什维克主张和苏维埃新政权，从新政权建立之日起，俄国的各派政治力量就试图以各种方式（军事的、经济的和政治的）反抗苏维埃政权或试图改变它的发展方向。

1918年初至1920年，爆发了俄国历史上最大的一场内战。以前沙皇政府高级将领邓尼金、尤登尼奇、克拉斯诺夫、高尔察克、弗兰格尔率领的50余万白卫军队从东、西、南、北各个方向对苏维埃政权施以军事进攻，最终均被红军击溃，白卫军余部及其家属大规模地逃亡西欧和东方国家。

20世纪20年代，俄国国内的社会思潮十分活跃，意识形态领域显现了错综复杂的局面，资产阶级自由主义思潮、小资产阶级激进主义思潮以及保皇复辟主义思潮极为活跃。一些学者认为俄国

---

① 参见《真理报》，莫斯科1989年5月7日。

正在经历“文化危机”和“文化毁灭”，他们称苏维埃政权是“愚昧的、粗野的、无知力量的胜利”，认为十月革命纯粹是一个偶然事件，认为它打断了俄国刚刚开始的资本主义的发展道路。他们的结论是：十月革命违背了俄国历史发展规律。《俄罗斯报》断言："我们祖国正在毁灭。我们文化的生存面临严重的威胁。”他们借德国哲学家斯宾格勒的《西方的没落》大做文章，在1922年出版了《斯宾格勒与西方的没落》(*Освальд Шпенглер и закат Европы*)文集，在书中提出文化源于宗教观念，没有对上帝的敬畏就不可能有文化的发展。而马克思主义是一种“渎神”的理论，十月革命是一场“渎神”政治运动，因为它们摧毁了俄罗斯文化传统的正常发展途径，造成了俄罗斯文化的毁灭，因此这场革命迟早是要失败的。文集作者、宗教哲学家弗兰科否认历史发展的规律性，否认各种社会过程之间的相互联系和相互制约。文集作者、宗教哲学家别尔嘉耶夫从唯心主义立场出发，主张人的意识的变化是社会变化的基础，只有人的精神才能给历史过程带来某种秩序和条理，推动社会历史发展的主要力量是思想斗争。社会学家索罗金1922年在《经济学家》杂志上发表《论战争的影响》，宣扬社会生物学理论，宣称社会是它的成员的机械组合，引起社会革命的原因是战争和饥饿，他还攻击布尔什维克和苏维埃政权，提出所谓的苏维埃社会的动物本能和自发的经济规律。持温和立场的立宪民主党人、未来的“路标转换派”代表人物乌斯特里亚洛夫认为：“在俄国正发生着国家组织机构生气勃勃的复兴过程，国家的大脑不应该干预这个进程。”①

---

① 《星火》，莫斯科1990年第24期。

1922年3月,列宁在《在马克思主义的旗帜下》发表了重要文章《论战斗唯物主义的意义》,他在文章中强调:"我们俄国那些喜欢自命为先进人物的知识分子,同他们在其他各国的伙伴们一样,很不喜欢用狄慈根所说的评价来考察问题。他们所以不喜欢这样做,是因为真理的光芒是刺眼的","马克思主义的杂志还必须对当代这类'有教养'的农奴主作斗争,其中也许有不少甚至拿我们国家的钱,在我们的国家机关里担任教育青少年的职务,虽然他们不配做这种工作,正如人所共知的奸污幼女者不配担任儿童学校的学监一样。俄国工人阶级有本领夺得政权,但是还没有学会利用这个政权,否则它早就把这类教员和学术团体的成员客客气气地送到资产阶级'民主'国家里去了。那里才是这类农奴主最适合的地方。"[①]苏维埃政权开始对思想文化界的政治反动派宣战。1922年5月19日,列宁致信"契卡"主席捷尔仁斯基:"捷尔仁斯基同志:谈谈把为反革命帮忙的作家和教授驱逐出境的问题。这件事要准备得周密一些。不准备好我们会干出蠢事。请讨论一下准备措施,召集梅辛、曼采夫和其他一些人在莫斯科开个会。责成政治局委员每周抽两三个小时审阅一些报刊和书籍,并检查执行情况,要求提出书面意见,要求把所有非共产主义出版物毫不拖延地寄到莫斯科来。还要征求一下一些党员著作家(斯切克洛夫、奥里明斯基、斯克沃尔佐夫、布哈林等)的意见。系统地搜集一下教授和作家们的政治经历、工作和写作活动的情况。所有这些工作要委托给国家政治保卫局中一个精明的、有学问的、办事认真的人去完成。关于彼得格勒的两个刊物,我的意见如下:《新俄罗斯》(第二

① 《列宁选集》第4卷,人民出版社1995年版,第654—655页。

期）。该杂志已被彼得格勒的同志们查封。查封是否过早？应当把刊物分送给政治局委员并仔细加以讨论。这个刊物的主编列日涅夫是个什么人？是《日报》社的吗？能否搜集一下他的情况？显然，不是该杂志的所有工作人员都应驱逐出境。但是，俄罗斯技术协会第十一部在彼得格勒出版的《经济学家》杂志就是另一回事了。我看，它是白卫分子公开的中心。第三期（仅仅第三期!!! 要注意这一点）封面上刊登了工作人员的名单。我认为，他们几乎全部都是最应该被驱逐出境的。他们全是赤裸裸的反革命分子，协约国的帮凶，是协约国的一群仆从和间谍，一群毒害青年学生的教唆犯。这事应当这样处理：把这些‘军事间谍’全抓起来，而且要不断地抓，有计划地抓，把他们驱逐出境。请将这封信密交（不要复制）政治局委员传阅，然后退还给您和我，并请把他们的意见和您考虑的结果告诉我。”①

1922 年 7 月 16 日，列宁给斯大林写信：“关于从俄国驱逐孟什维克派、立宪民主党人和人民社会主义者，我想提出几个问题，因为这次行动是从我的休假前开始的，到现在还没有结束。已经决定彻底清除所有社会革命党人吗？别什霍诺夫、缅高金、戈尔菲里达、彼德里舍夫等人怎么办？按我的想法，全部都赶走。因为所有的社会革命党都是祸害，或者是陷阱。至于说到巴特列索夫、伊兹高耶夫和所有《经济学家》的同伙（奥杰列夫和其他人），孟什维克派，还有罗扎诺夫（狡猾的医生），维格多奇科（米古罗或者这类人），柳巴・尼古拉耶夫娜・拉德琴和她年轻的女儿（据说是布尔

① 《列宁文稿》第 10 卷，人民出版社 1979 年版，第 224—225 页。俄罗斯国立政治历史档案馆，全宗 2，目录 1，第 23211 件，卷 2—2ОБ。

什维克恶毒的敌人)，罗什科夫(应该把他赶走)，弗兰科(《方法论》作者)等等，应当列入名单，并且应当无情地把他们赶出国境，离俄国远远的地方。”[①]

同年8月19日的《真理报》发表题为《第一次警告》的文章，认为在高等学校、出版界、哲学界、文艺界存在着反苏维埃活动的“据点”。同时宣布将“思想上的弗兰格尔分子和高尔察克分子”从莫斯科、彼得格勒等城市驱逐到北部省份，或者将其驱逐出境。这篇文章最后宣布这是“苏维埃政权对知识分子的第一次警告”。[②] 人民委员会通过法令，在教育人民委员部属下设立图书出版管理总局，由该局统一对私营的出版物进行监督，实行书报检查，查封了《思想》、《经济学家》等杂志。解散了一些从事反苏维埃活动的资产阶级知识分子的学术团体，如与苏维埃政权持敌对立场的“自由哲学协会”(Общество свободной философии)、“劳动知识分子代表联合会”(Общество представителей трудовых интеллигентов)、“全俄教师协会”(Общество всероссийских учителей)等。1922年8月，列宁签署命令，将从事反苏和反共的知识分子161人，其中包括哲学家别尔嘉耶夫、谢尔盖·布尔加科夫、弗兰科、洛斯基、维什斯拉夫采夫，莫斯科大学校长、动物学家诺维科夫，彼得堡大学校长、哲学家卡尔萨文，历史学家基泽维杰尔、弗罗洛夫斯基、缅高金、波戈列波夫，社会学家索罗金，经济学家布鲁茨库斯、罗德仁斯基、普罗科波维奇，以及以莫斯科大学数学系主任斯特拉托诺夫教授为首的数学家小组等著名学者被逮捕后集中在“普鲁士号”

① 俄罗斯国立政治历史档案馆，全宗2，目录2，第1338件，卷1，复制品。

② 《真理报》，莫斯科1922年8月19日。

(Пруссия)和“哈根市长号”(Бургомистр Хаген)客船上,驱逐出境。因上述知识界人士中有相当多的哲学家,因此该事件也被称为“哲学家船”事件(философский пароход)。[①] 在此压力下,随后有几十万知识分子以各种方式逃离俄国。托洛茨基在随后接受美国记者勃兰特的采访时表示:“由于新的军事形势……我们将不得不依据战争法则枪毙他们。这就是为什么我们愿意现在和平时期预先把他们赶走。并且我希望,你不拒绝承认我们的预先的人道主义,并且在社会舆论前维护它。”[②]

1924 年列宁去世后,俄共(布)最高领导层内部因权力的争夺和政治分歧在斯大林和他的政治反对派之间发生了严重政治斗争,随后斯大林又将这场斗争扩大至全党和全社会,最终演变成了更大规模、更大范围、更大伤害和更大影响的政治大清洗运动。在政治运动的同时,斯大林和党中央发动了经济领域的社会主义改造运动,为了缩短向社会主义和共产主义过渡的时间,作出了全盘农业集体化和加速国家工业化的决定。如果说,政治斗争和政治运动所触及的基本上是党的各级干部和知识分子的自身利益的话,那么经济运动所触动的则是普通的农民、工人的切身利益了。在集体化运动实施的期间(1929—1933 年),苏维埃政权的各级机构按照超强制的方式,按照“整乡”、“整村”的规模要求农民放弃自己的土地、农具、余粮还包括部分生活必需品,加入集体农庄,对于被确定富农身份和反对集体化的人采取流放、关集中营和肉体消灭的办法。在政治运动和经济运动的强大压力下,有相当数量的

---

① 格拉瓦茨基:《哲学家船事件:1922 年历史片断》,叶卡捷琳堡 2002 年版,第 1 页。

② 《星火》,莫斯科 1990 年第 24 期。

苏联人逃亡国外。

最初，俄国侨民大多暂时移居与俄国接壤的国家或地区，如波兰、土耳其、波罗的海国家，他们认为苏维埃政权维持不了多久就将失败。1921 年国内战争结束，西方国家军事干涉的失败使他们终于明白短期返回俄国的希望不存在了。于是，他们开始流向西欧、北美、南美、中国东北及上海、澳大利亚等地方。索菲娅、贝尔格莱德、布拉格、柏林、巴黎、斯德哥尔摩等西欧和北欧城市是俄国侨民最集中的地区。

俄国移居的基本路线：1. 土耳其——巴尔干一线。2. 土耳其——巴尔干——捷克斯洛伐克——法国一线。3. 波罗的海国家——北欧。4. 中国——亚洲国家一线。5. 北美、中美和南美一线。6. 澳大利亚——新西兰一线。

"第一波"中有多少俄国人移居国外？列宁在 1921 年俄共(布)十大上的讲话表示"有 200 万俄国人流亡国外"。[①] 同年 3 月，他在另一次讲话中又说约有 70 万俄国人流亡国外。[②] 1921 年 2 月 21 日在巴黎出版的《俄国地方自治机关和城市难民救济委员会公报》公布，俄国难民的总数为 194.6 万人。国际红十字协会 1921 年初公布了在罗马尼亚和土耳其的俄国移民人数为 758000 人，1923 年国际劳工局统计在欧洲的俄国侨民为 100 万人，然而这仅仅是在所在国注册的俄国侨民人数。俄国皇室成员尼古拉大公于 1924 年去巴黎时，那时欧洲的俄国侨民人数就在 300 万左右。[③]

---

① 《列宁全集》第 52 卷，人民出版社 1988 年版(下同)，第 42 页。

② 同上书，第 129 页。

③ 谢拉皮诺娃：《20—30 年代捷克斯洛伐克共和国的俄国侨民》，莫斯科 1995 年版(下同)，第 17 页。

在 1928 年第 9 次国际联盟会议上，著名的社会活动家和学者、挪威人南森公布他的调查和统计数字，表明到 1927 年欧洲和亚洲（土耳其和日本）的俄国侨民人数大约是 106 万余人，1928 年俄国侨民人数大约是 64 万余人，1929 年俄国侨民人数大约为 102 万余人。[①] 见图表：

国　家	俄国难民（人数）1927 年	俄国难民（人数）1928 年	俄国难民（人数）1929 年
奥地利	2465	2565	2401
保加利亚	28340	25942	24512
英国	40	292	
匈牙利	5294	1154	4764
德国	400000 左右		209000
丹麦	300	300	
拉脱维亚	33544	30000	30000
立陶宛	7644	8000	8000
挪威	极小数字		
土耳其	5000	1747	1400
芬兰	14314	14314	14314
法国	400000 左右	400000 左右	400000
瑞士	1000	1000	1000
捷克斯洛伐克	30000	24000	13640
爱沙尼亚	19000	17353	16422
南斯拉夫	38000	27345	26299
日本		2356	2355
罗马尼亚			79000
瑞典			2226
意大利			1154
共　计	1062941	647461	1026446

---

① 谢拉皮诺娃：《20—30 年代捷克斯洛伐克共和国的俄国侨民》，第 18—19 页。

苏联学者巴图耶夫和施莫格涅尔统计，从1887年到1913年，俄国向国外移民人数从3万人增加到29万人，并且强调该阶段移民的民族构成主要是乌克兰人和犹太人以及其他少数民族。1910年美国人口统计表明，在美国有170万俄国移民。苏联学者果列夫统计1917年后离开俄国的人有200万人，1921年有12万人回到俄国，1921—1931年又有181432人回国。[①] 1993年俄罗斯科学院俄国史研究所学者的统计数字表明，1917年至1930年移居国外的俄国人有150万—200万人[②]。

由于故土难离、国内形势变化较快和苏维埃政权的相应政策，最初一段时间里，有一些流亡国外的俄国侨民返回苏俄。苏维埃政权人民委员会于1921年11月3日颁布大赦令，赦免参加白卫军人员，大量的白卫军军官、士兵和哥萨克，从远东、蒙古和中国西部返回俄国，其中"回归祖国委员会"（Комиссия возвращения в родину）起到了重要作用。返回俄国人数占革命后移居国外的人数的10％—15％。同年12月5日，苏维埃政权又颁布法令，规定了返回俄国的最后期限，否则将被视为永远放弃苏俄国籍。规定是：1.在国外逗留5年以上和到1922年1月1日没有取得苏俄政府发放的国外护照或相应证明的人。2.1917年11月7日以后未经苏维埃政权允许从俄国出走的人。3.志愿参加反对苏维埃政权军队或者参加反革命组织的人。4.在国外居住不超过5年，但在国外生活过，并且在1922年1月1日没有在苏维埃政府登记的人。[③]

---

① 参见施密特主编：《苏联大百科全书》第64卷，莫斯科1934年版，第118、144—160、162—163页。

② 参见《关于境外俄罗斯人历史的若干问题》，莫斯科1993年版，第21页。

③ 参见谢拉皮诺娃：《20—30年代捷克斯洛伐克共和国的俄国侨民》，第41页。

从这份文件规定的日期看，留给俄国侨民做出抉择和返回苏俄的时间只有 26 天，实际上时间相当紧张，使得持观望态度和路途遥远的俄国侨民丧失了返回祖国的机会。

数百万俄国侨民暂时栖息于世界各地，如风中浮萍一样，际遇非常悲惨。最主要的问题是他们已失去俄国（苏联）国籍，同时也没有所在国的国籍，在就业、受教育、婚姻、居住、司法等许多方面即得不到俄国（苏联）政府的保护，也得不到所在国法律的保护。1921 年，国际联盟难民事务负责人南森提出了一个解决方案，即设立暂时的"俄国难民（英文 Russian Refugee，俄文 русский беженец）"身份证明。1926 年在日内瓦召开的国际会议上确定"俄国难民"概念的含义是："具有俄国血统的，但不享有或者停止享有苏联保护和没有加入其他国籍的人。"[①]1927 年 9 月的国际联盟会议和 1928 年 5 月的政府间第二届国际会议相继作出决议：1. 鉴于难民缺乏法律保护，授权国际联盟最高委员会采取各种措施处理俄国难民问题，包括确定难民的姓名和身份、统计家庭状况和公民状况、复制和翻译文件、调查难民从前的情况和职业及专业技能、受教育状况、向有关政府建议发放签证等。2. 不拥有公民权的俄国和亚美尼亚难民应该服从侨居国的法令。3. 处于某国保护和庇护的俄国侨民，在涉及他们的个人状况时仍受原保护国的庇护。4. 按照难民的祖国法律所形成的难民婚姻关系和证书予以承认，配偶双方共同拥有结成婚姻关系时约定的权利，坚持配偶双方财产共有的原则。5. 没有国籍的俄国难民和亚美尼亚难民拥有规定的权利和财产权。6. 在俄国和亚美尼亚族难民中实行法律保

① 俄罗斯联邦国立档案馆，全宗 5764，目录 1，第 258 件，第 47 页。

护。7. 俄国难民和亚美尼亚难民的离婚问题，按照他们侨居国的法律办理。[①] 对“俄国难民”的概念和国际联盟的决议各国政府予以承认，到 1926 年已有 30 多个国家发放了“俄国难民身份证明”。俄国侨民将南森视为自己的救星，称“俄国难民”身份证明为“南森护照”(нансеновский паспорт)。但这仅仅是暂时的措施，俄国侨民合法地位的确立到第二次世界大战结束后才完成。

欧洲是俄国侨民的首选移居地区，从前面的统计数字看，95%以上的俄国侨民都集中在欧洲一些国家。俄国侨民最初是分布于东欧的捷克斯洛伐克、保加利亚、南斯拉夫和波罗的海沿岸的立陶宛、拉脱维亚、爱沙尼亚、芬兰等国，最后多集中在德国和法国两国。东欧国家与俄国国界相邻、文化相通、信仰相通、族缘接近，自然是俄侨移居的必经之路。而且德法两国与俄国也有较为特殊的关系，从历史上看，德法两国是与俄国经济、文化、政治和军事交往最为密切的欧洲国家。俄国侨民携家带口，经过长途跋涉来到东欧和西欧国家时，绝大多数家庭已经花光了他们所有的积蓄，因此摆在他们面前最紧迫的问题是如何在一个陌生国家生存下来。据国际劳工局 1923 年公布的统计资料，到欧洲的 100 万俄国侨民，已经有 80 万找到工作，有 20 万人仍处在失业状况。[②] 寻找工作对于俄国侨民中的中老年人来说是最大的挑战，因为他们中间的许多人不会所在国的语言，而且体力和精力也比较差。最初一段时间，俄国侨民中自杀的比例比较高。侨居捷克斯洛伐克的俄国著名法学家和统计学家沃多沃佐夫就是因为生活困难而自杀。

---

① 俄罗斯联邦国立档案馆，全宗 5764，目录 1，第 258 件，第 47A 页。

② 参见谢拉皮诺娃：《20—30 年代捷克斯洛伐克共和国的俄国侨民》，第 17 页。

欧洲有关国家的政府和当地居民对待俄国侨民的态度是不同的，绝大多数是以冷漠，至多是宽容的态度对待俄国侨民，因为此时正是欧洲经济萧条时期，大批俄国侨民的到来无疑要增加所在国的就业困难。在东欧国家中，有塞尔维亚、保加利亚和捷克斯洛伐克对俄国侨民友好地敞开大门。1920 年春，在贝尔格莱德设立了“俄国红十字协会”代表处，建立了“全俄地方自治联盟”和“全俄城市联盟”。

捷克斯洛伐克的俄国侨民大致分为两部分，一部分是哥萨克和农民，另一部分是知识分子和大学生。捷克斯洛伐克政府对俄国侨民予以大量的物质上的救助，这与当时的总统马萨利克[①]的政策有着直接的关系。马萨利克反对苏维埃政权，与俄国国内的反苏力量保持较为密切的联系。他认为苏维埃政权很快就将垮台，捷克斯洛伐克政府应与未来的俄国“新政府”保持友好关系。1923 年，苏俄驻捷代表对捷报界抱怨：“捷克斯洛伐克外交部几乎从来不与苏联的贸易代表接触，但却经常派自己的代表出席各种俄国侨民的会议。”[②]为解决数十万俄国侨民的救济问题，马萨利克于 1921 年建议发行“俄罗斯股票”（Русская акция），向国内外筹集资金。1921 年发行的“俄国股票”价值为 110 万法郎，1922 年为 500 万法郎，1923 年为 660 万法郎，1924 年为 830 万法郎，1925 年为 730 万法郎。[③] 这笔筹集来的钱用于救济俄国侨民，1923 年

① 马萨利克（Tomas Masaryk，1850—1937），捷克斯洛伐克著名政治家和实证主义哲学家。1918—1935 年担任独立后的捷克斯洛伐克首任总统，被尊称为“捷克斯洛伐克之父”。他一生多次访问俄国，并著有《俄国与欧洲》等书。至今在彼得堡大学东方系和语言系院内仍设立他的纪念像，刻有他的名句：“我一生去过许多国家，但是我承认，俄国对于我来说曾经并且仍然是最有意义的国家。”

② 《苏联—捷克关系史文件和资料集》第 2 卷，莫斯科 1977 年版，第 119 页。

③ 参见谢拉皮诺娃：《20—30 年代捷克斯洛伐克共和国的俄国侨民》，第 22 页。

捷克斯洛伐克政府每月拨给俄国难民 500 万克罗尼(约 250 万法郎)。捷克斯洛伐克政府单独设项,资助贫困的俄国大学生。由于捷克斯洛伐克政府的救济措施,20 年代生活在捷克斯洛伐克的俄侨生活要好于其他国家的俄国侨民。20 年代塞尔维亚、克罗地亚、斯洛文尼亚的俄国难民家庭每月也能得到当地政府发放的救济。[①] 但是在 30 年代经济大危机前后,捷克斯洛伐克的俄国侨民生活水平大幅度下降。由于国内的社会压力,捷克斯洛伐克议会于 1928 年 3 月 13 日通过了限制外国人在捷克斯洛伐克从事某些职业的法令,1931 年的新法令大大缩减了俄国大学生的助学金。1934 年,捷克斯洛伐克政府与苏联建立正式外交关系,它对俄国侨民的态度发生转变,1935 年开始重新登记俄国侨民。由于上述经济和政治原因,许多俄国侨民离开捷克斯洛伐克,再度踏上流浪的路途。

第二节　侨民知识分子的政治和文化抉择

一、侨民知识分子的文化教育和学术活动

尽管这一时期俄国侨民流亡国外多是由于政治原因,但是他们在国外从事较多的却不是政治活动,因为侨居国的法律一般都禁止侨民从事反苏的政治活动,因此除了为生存而付出的艰辛之外,侨民知识分子主要从事的是文化、教育和学术研究活动。他们在非常困难的情况下,投身于发展和继承俄国文化与教育的事业之中。

1921 年秋在布拉格召开了第一届俄国学术组织代表大会,成

---

① 参见谢拉皮诺娃:《20—30 年代捷克斯洛伐克共和国的俄国侨民》,第 22 页。

立了“国际俄国学术组织联盟”（Международный союз русского научного общества），名誉主席是罗什马科夫，第一任主席是法学家、《路标》文集作者诺夫哥罗德采夫，稍后由哲学家和经济学家斯徒卢威、历史学家和斯拉夫学家弗拉采夫担任。会员包括500多名在南斯拉夫、德国、保加利亚、英国、意大利、土耳其、法国、波兰、立陶宛、瑞典、瑞士、芬兰、爱沙尼亚和捷克斯洛伐克的俄侨学者，后又有中国和北美的俄侨学者加入。联盟所确定的任务是：1.协调各学术组织的活动和关系。2.建立与外国学术团体的联系。3.出版学术著作，组织研究工作，为科学家寻找更好的物质条件。4.保存和进一步发展国外的俄国学术和高等学校。5.保护国外的俄国大学生。6.关心俄国难民子女的培养和教育问题。7.帮助留在俄国的学者和大学生。联盟每年召开代表大会及学术会议，1924年的第三届代表大会规模较大，会议共分法律和经济学、哲学和历史语言学、自然科学和医学、应用数学和技术知识等4个分会，共做160场学术报告。[①]

布拉格的俄国学术组织是国际俄国学术组织联盟的成员，1928年该组织聘请了97位研究员，27位客座研究员，1935年分别缩减到53和13位。它们中间有著名的拜占庭学家安德列耶夫、哲学家比姆、著名数学家布尼兹基、斯拉夫学家维尔贡、经济学家维尔科夫、哲学家瓦科布、民族学家和斯拉夫学家格里高里耶

① 第四届国际俄国学术组织联盟代表大会1928年在贝尔格莱德召开，共做162场报告，会议纪念著名作家列夫·托尔斯泰诞辰100周年。会后出版了《国外俄国学术组织联盟第四届代表大会著作》（两卷本）。第五届代表大会1930年在索菲娅召开，会议得到保加利亚教育部的资助，除了俄侨学者外，保加利亚学者也参加了会议，会议最后由扎瓦茨基教授做了纪念俄国作家屠格涅夫的演讲。

夫、植物学家伊利、技术化学专家伊萨耶夫、原彼得格勒军事工程大学教授拉普申、植物学家马里舍夫博士、法学家马尔科夫、植物学家米罗维多夫、土壤学家奥金佐夫、著名数学家波将金、斯拉夫学家波哥列洛夫、著名学者萨哈廖夫、法学家沙赫马托夫等。布拉格俄国学术组织除了专业研究外，还承担各种水平的论文和学位答辩，承担俄罗斯人民（自由）大学〔Русский народный (свободный) университет〕历史语言学部的入学考试。

捷克斯洛伐克政府对俄国侨民中的医生、律师、作家、大中学教师、工程师予以特殊的资助，使他们尽量继续从事自己的专业工作，帮助建立了图书馆、出版社、中学和大学、疗养院。因此布拉格很快地就成为俄国侨民的第一个和最大的文化、教育和学术中心。

1921 年 3 月 17 日在布拉格成立了“俄国地方自治和城市活动家联盟”（Союз земского самоуправлении и городских деятелей），它是一个侨民自助组织。[①] 出版机关报《俄罗斯自由》。该组织的基本职责主要分为两个方面，即一方面向俄国侨民提供物质救助，提供职业介绍、医学、法律援助；另一方面是努力提高侨民的文化水平，以使侨民找到好的工作，并且使侨民保持与祖国文化、语言和传统的联系。为此，组织了系列讲座、报告会、旅游、展览会，建立图书馆、剧院、大学，建立“俄国国外历史档案学会”(Общество зарубежных исторических документов)等学术组织。俄文图书馆在捷克斯洛伐克政府外交部的资助下于 1921 年正式开放，内分艺术文献、学习文献和专业文献三个基础部，俄侨和捷

---

① 1933 年，俄国地方自治和城市活动家联盟停止活动，它的职能交由捷克斯洛伐克红十字会。

克人利用图书馆完全是免费的，30 年代初每日读者达 100—300 人。讲座内容包括社会学、商业、俄国社会思想史、现代俄国文学、俄国对外政策和国际关系、俄国音乐史、儿童卫生学以及捷克语、俄语、法语、英语和德语，均由著名的俄侨学者担纲，每次听众 30—150 人，其中社会学讲座和现代俄国文学讲座最受欢迎。

1923 年 10 月 16 日，俄罗斯人民（自由）大学在布拉格正式开学，负责人是著名法学家诺夫哥罗德采夫。这所大学接受俄国地方自治和城市活动家联盟的资助，捷克斯洛伐克政府国民教育部每学年拨款 10 万克罗尼。大学主要招收失学的俄国大学生和侨民子弟。1923—1924 学年，大学设立 7 个学部：社会科学学部、历史—语言学部、自然科学学部、应用知识学部、捷克斯洛伐克研究学部、专门教程（外语和速记）学部、初等学校学部。每个学部都有自己编写的教学大纲。1923—1924 学年设立 190 个学术讲座，听众超过 8000 人次。在学校管理方面大学设理事会，理事会主席是原莫斯科大学校长、生物学家诺维科夫。捷克斯洛伐克国民教育部代表乌尔班教授、捷克斯洛伐克外交部代表马克斯公使是理事会的成员。大学聘请 64 位教师，其中 33 人有教授称号，著名学者有哲学家、历史学家和经济学家斯徒卢威，历史学家法捷耶夫，哲学家洛斯基，历史学家和文学家基热夫斯基，历史学家弗罗洛夫斯基，经济学家和历史学家奥斯特鲁霍夫，经济学家维尔科夫，哲学家比姆，历史学家基泽维杰尔。1944 年布拉格被德国占领后，该大学被关闭。

俄国侨民最初设想他们将迅速返回俄国重建国家，因此在布拉格建立了俄国法律学院（Русский институт права），为未来的新国家提供法律人才，聘请的著名教授有法学家诺夫哥罗德采夫、哲学家谢尔盖·布尔加科夫、哲学家洛斯基、历史学家弗罗洛夫斯基、历史学家和经济学家斯徒卢威、历史学家基泽维杰尔。

在南斯拉夫的俄国侨民同样面临子女受教育问题，以及如何保持新一代侨民与俄国语言、文化和传统的关系问题。由别里奇院士领导的俄侨机构"俄罗斯的雅典"（Русские Афины）提出成立俄国文化委员会，得到了南斯拉夫国王阿列克赛的支持，别里奇院士任委员会主席，南斯拉夫教育部、外交部都有代表参加，南斯拉夫王室、大臣和普通塞尔维亚人纷纷捐钱。1923年在贝尔格莱德建成俄国科学学院（Русская научная академия），它既是学术研究机构，也是高等和中等教育机构。学院设语言学、法律、文学、社会学和自然科学研究部，并设立教研室和系列讲座，研究人员和教师均聘请知名俄侨学者。如哲学家、历史学家和经济学家斯徒卢威（他在1923年专门从布拉格来到贝尔格莱德参与筹建俄国科学学院的工作）、哲学家洛斯基、哲学家塔拉诺夫斯基等。俄国科学学院曾出版两卷本的《国外俄国学术著作图书编目资料集（1921—1941年）》，共收录了俄侨学者811人的13371部著作。

1933年4月9日，由南斯拉夫政府资助和俄侨捐助的综合机构——俄罗斯宫（Русский дворец）建成，又称尼古拉二世宫，在奠基文件上写着："告诉未来的一代，永远记住有着共同命运和在最困难时期相互支持的俄国人民和南斯拉夫人民之间的兄弟情谊。"当日，南王国王后玛丽娅、大公巴维尔和女大公奥尔佳、总理大臣斯里斯金奇等人到场祝贺，演奏了南斯拉夫国歌和沙皇俄国国歌。俄国文化委员会主席别里奇院士在发言中说："尼古拉二世宫面向所有的各个方面的侨民文化生活，……它表明，远离自己的祖国的俄罗斯人也能够给世界文化以贡献，无论是在科学，还是在艺术方面，不论是在欧洲，还是在美国。”①俄罗斯宫成为协调俄侨务事务、文化教育、学术研究、编辑出版的综合服务机构，宫内设立了援助俄侨国家委员会、俄国科学学院、俄国军事科学院、俄国公共图书馆和档案馆、俄国出版委员会、沙皇尼古拉二世博物馆、俄国骑兵博物馆、俄罗斯—塞尔维亚男子中学、俄罗斯—塞尔维亚女子中学、俄国初等学校、俄国音乐协会、俄国艺术、工艺、雕塑协会、俄国前士官生飞行军官和哥萨克联盟、俄国体操协会等。

柏林也是俄国侨民主要聚集的城市，这里也是俄国侨民文化、教育和学术研究的中心。俄侨柏林建立了俄国科学学院。创建人是著名宗教哲学家弗兰科、别尔嘉耶夫等。下设四个学部，精神文化学部、法学学部、经济学部和农业经济学部。亚辛斯基担任院长，弗兰科为副院长。所聘教授中有著名哲学家伊林，哲学家、历史学家和经济学家斯徒卢威，历史学家维斯拉夫采夫，历史学家弗罗洛夫斯基，历史学家基泽维杰尔和历史学家波戈列波夫等人。斯徒卢威讲授俄国经济史，弗罗洛夫斯基讲述基辅罗斯史，基泽维杰尔讲述罗斯时期莫斯科史。柏林的俄侨建议并出资建立出版部门，《方向盘》、《前夜》、《新世界》、《生活》、《俄罗斯真理》、《俄国新书架》、《社会主义学报》、《黎明》、《工人之路》、《剧院与生活》和《从前的声音》等不同政治倾向刊物得以出版，这些刊物既发表侨民作家的作品，也发表苏俄作家的作品。20 年代，在柏林曾经有 40 家俄侨出版社，出版了立宪民主党人黑塞编辑的 20 卷本的《俄国革命档案》，以及著名作家帕斯捷尔纳克、高尔基的作品，著名诗人叶赛宁的诗集，还出版过托洛茨基的政论著作。

---

① 契雷舍夫主编：《俄罗斯侨民的文化遗产（1917—1940）》第 1 册，第 57—62 页。

法国是俄国侨民人数最多的国家，特别是德国法西斯占领东欧后，大部分俄侨转移到法国，巴黎被俄国侨民称为侨民的文化首都。20 世纪 30 年代末至 40 年代末，在俄侨中最著名的学者中：如宗教哲学家别尔嘉耶夫、弗兰科，哲学家、历史学家和经济学家斯徒卢威，历史学家米留科夫，著名女诗人茨维塔耶娃，著名文学家、俄国第一位诺贝尔文学奖获得者布宁，著名文学家和文学评论家梅列日科夫斯基和他的妻子——著名女诗人基皮乌斯都生活在巴黎。1925 年别尔嘉耶夫从柏林迁到巴黎后，也把他在柏林创办的宗教哲学学院迁到了巴黎，并担任俄侨的基督教青年会出版社的主编。

巴黎屠格涅夫图书馆是俄国境外最主要的俄语书籍收藏地之一。它不仅收集了曾经在巴黎生活的著名俄国作家——布宁、茨维塔耶娃、纳巴科夫、阿列克谢·托尔斯泰的作品，以及在巴黎出版的俄侨报纸杂志，同时也收集了在其他俄侨聚居的城市——柏林、布拉格、布鲁赛尔、哈尔滨和北京等地出版的俄侨书籍和报刊。巴黎的屠格涅夫图书馆形成于 19 世纪 70 年代。当时由于大量俄侨涌入巴黎，在城市中形成了几个俄国人聚居区，人们都感到很需要一个大型图书馆。1875 年民粹党人格尔曼·拉普金提出了这个倡议，由于他缺少资金，他找到著名的作家屠格涅夫。很快屠格涅夫就召集了一批著名的学术活动家举办了一场募捐晚会，并当场朗诵了自己的作品，建馆的第一笔资金筹集到了，其余部分由屠格涅夫自己支付。屠格涅夫直到自己生命的最后一段最艰难的日子，都给图书馆以帮助。后为纪念他，图书馆以屠格涅夫的名字命名。20 世纪 20 至 30 年代，大批新俄侨的涌入也为该图书馆增加新的收藏和读者。到 1925 年经常光顾的读者已达 1000 多人。1925 年有图书 30000 册，1937 年图书已达 10 万册。1920—1940

年间屠格涅夫图书馆一直是巴黎俄侨的文化中心。俄国公共图书馆建于1920年，按规模它是在巴黎的继屠格涅夫图书馆之后的第二大俄文图书馆，收藏60000余册俄文书籍和期刊。它从建立之初就设立了俄国侨民档案馆。许多侨民知识分子生前立下遗嘱将自己的个人档案和手稿送给图书馆，如著名哲学家、历史学家和经济学家斯徒卢威的个人档案在这个图书馆中收藏最丰富。即使在德国法西斯占领巴黎时期，俄国公共图书馆和俄侨档案也都很好地保存了下来。

值得一提的是俄侨学者的研究工作是在非常艰难的条件下开始的，由于缺乏必要的图书资料和原始档案，并且他们的研究工作经常被搬家和逃难而打断。但是他们努力创造条件，坚持开展自己的专业研究。他们非常注意有限资料的收集和翻译工作，苏联共产党和苏联政府的决议、文件很快地就被翻译成法语、英语或德语。著名历史学家米留科夫在巴黎研究了俄国通史、俄国国家和文化史、知识分子思想史等，也研究了俄国和民主、俄国和斯拉夫主义、俄国和移民、白卫运动、民族问题。他在异常艰难的条件下完成了他的两卷本《俄国文化史纲》，并以俄文出版。著名的侨民作家和出版家阿达诺夫评价：20—30年代，在法国研究俄国历史、文化和政治的专门学者要比其他国家多得多，成就也大得多。[①] 1926年在巴黎出版了法文版的《共产主义制度下的俄国》文集，这本书比较全面地研究了1917年后苏维埃政权在各个方面的发展情况。该书由著名哲学家、历史学家和经济学家斯徒卢威作序。其中收录了基马舍夫研究苏联社会制度的文章，历史学家斯梅里古诺夫研究独

---

① 契雷舍夫主编：《俄罗斯侨民的文化遗产（1917—1940）》第1册，第71—79页。

裁问题的文章，政治家和学者别尔纳茨基、科科夫采夫、米赫尔松研究苏联财政和法律的文章，卡达舍夫研究苏联宗教等文章。

二、政治抉择："积极主义"与"路标转换"

俄侨学者古里曾说过："俄国侨民的政治倾向从右派君主主义者到左派君主主义者，包括社会革命党，立宪民主党，路标转换分子等等。"[①]俄国侨民在政治倾向上基本可分为三类：第一类是在十月革命前或更早就已经移居国外的俄国人，其后代是在西方社会和文化背景下成长起来的，他们大多对俄国国内的政治情况不甚了解，因此一般对苏维埃政权持冷漠处之的态度。第二类是十月革命后在20—30年代移居国外的俄国侨民，他们大多为苏维埃政权所触动，因此他们极端仇视苏维埃政权，这一类侨民人数最多。第三类是热爱祖国和故乡的侨民，尽管他们不拥护苏维埃政权和社会主义制度，但是他们热爱自己的祖国和悠久的历史文化。

立宪民主党在俄国侨民知识分子、艺术家和大学生中拥有较多的支持者。其右翼主张君主立宪，在巴黎组织有"俄罗斯民族联盟"。其左翼坚持自由主义的立场，代表人物是住在巴黎的历史学家米留科夫。

侨民中保皇派的主要支持者是军官、哥萨克士兵和大学生。其中又分成专制制度派和君主立宪派。他们的分歧在于谁是皇位继承人，一部分人支持沙皇尼古拉二世的叔叔尼古拉·尼古拉耶维奇大公为沙皇，另一部分人支持尼古拉二世的堂弟基里尔·弗拉基米罗维奇大公为沙皇。

---

① 古里：《我带走俄罗斯》，载《新杂志》，纽约1979年第1期。

侨民中的社会革命党左翼主张“建设性的社会主义”，表示可以与布尔什维克接触并合作。其右翼则坚决反对布尔什维克政权，支持并参加白卫运动。1923 年 4 月，在布拉格召开了第一次国外社会革命党代表大会。

孟什维克的活动中心在柏林，他们主张通过民主的道路走向社会主义，而不是政治独裁。1924 年，孟什维克与左派社会革命党联合建立社会主义俱乐部，领导人是波斯特尼科夫和阿汉格尔斯基。

1924 年 2 月 16 日，著名作家布宁在巴黎发表了《俄罗斯侨民的使命》的演说，他强调：“我们无论如何不能接受在俄国控制着某些时候的生活，我们永远反对，并且以各种方式与这种生活斗争，我们并知晓，我们持续的反对态度带给我们的只有没有结果的，毫无意义的死亡。使命，这个词是非常高尚的。但是我们使用它完全是有意识和懂得它的准确含义。……在遍布世界 300 万左右的侨民中，有数万甚至数十万人在谈到使命时却完全是没有意识的，完全是随意的，还要除去那些从表面上看是现在俄国统治者的反对派，但实际上是他们的亲密朋友的人。要除去隐藏在我们队伍中那些目的就是为了在外国人面前羞辱我们和分化我们的人。……诚然，世界不是非常想听那个独裁制度的罪行，有人说：‘为的是与虎谋皮’（这是丘吉尔的名言）。世界在回避可怕的俄国。欧洲平静地看着俄国的内政，……而俄国侨民的命运就包括在现在这种俄国敌人的不以为然里，包括在对时间的期待里。”①

① 纳扎罗夫：《俄国侨民的使命》第 1 卷，斯塔夫罗波尔 1992 年版（下同），第 3 页。

上述几个政治派别基本代表了俄国侨民的政治倾向，即对苏维埃政权基本持否定态度。但是在以何种方式、与谁结盟、在什么时候反对苏维埃政权的问题上存在相当大的分歧。

“路标转换”思潮和“新策略”（новая тактика）思潮代表了侨民知识分子中的左翼，这两派在原则上仍然反对苏维埃政权和布尔什维克，但主张在行动上适时采取与苏维埃政权“合作”的态度，加速苏维埃政权向“右”转，加速布尔什维克政权的垮台。

“路标转换”思潮和“新策略”思潮的出现是两方面因素的结果。十月革命后流亡国外的俄国侨民普遍认为苏维埃政权面临国内经济危机和外部军事干涉将迅速垮台，他们将在较短时间内返回祖国。但是到 1921 年，随着旧俄将军邓尼金、弗兰格尔、尤登尼奇、高尔察克的叛乱被剿灭，外国武装干涉屡屡被击溃，侨民们在极度失望的同时不得不认真考虑未来局势。而在另一方面看，到 1921 年，苏维埃政权推行的直接向社会主义过渡的军事共产主义政策，因其过分超前而遭到工农群众的普遍反对而失败。1921 年 3 月，俄共（布）第十次代表大会决定废止军事共产主义政策，改行新经济政策，通过国家资本主义走向社会主义。这在一些侨民知识分子看来，这既是苏维埃政权行将垮台的象征，又是俄国社会发展的“路标”发生根本性转变的征兆。因此，在侨民知识分子中相当一部分人对苏维埃政权的态度发生了变化。

1921 年 7 月，在布拉格、巴黎、柏林和哈尔滨等地相继出现了一些俄侨政治团体，代表人物是国际法专家克留奇尼科夫、政论家和法学家乌斯特里亚洛夫等。他们认为苏维埃政权停止军事共产主义政策，改行新经济政策，表明苏维埃政权已经开始向资产阶级制度转变，因此他们表示愿意与苏维埃政权合作，并试图加速苏维埃政权的转变。他们在巴黎的俄侨杂志《路标转换》杂志，在柏林的俄侨报纸《前夜》、索菲亚的俄侨报纸《新俄罗斯》、里加的《新路》、赫尔辛基的俄侨杂志《道路》、哈尔滨的俄侨杂志《生活新闻》上宣传自己的思想，因此被时人称为“路标转换派”（Сменовеховцы）。“所有文章的结论都集中到一点之上：去工作！回去！回祖国去！”[①]1922 年 6 月，“路标转换派”代表人克留奇尼科夫和波杰兴等人回到苏俄访问，随后他们在《前夜》上发表了自己在国内的观感，从而在俄侨中引起巨大的反响。列宁认为，“路标转换派”的出现是表明侨民的“思想路标”发生了转变，侨民内部发生了分化，因此苏维埃政权应该支持“路标转换派”，并利用一切方式扩大“路标转换”运动的影响。1922 年 2 月 4 日，列宁致信莫洛托夫，提出：“请注意《路标转换》第 13 期上 Ю. 克留奇尼科夫写的《热那亚会议》一文。我建议：1、同我代表团团员共同讨论一下吸收克留奇尼科夫担任专家的问题。”[②]1922 年 8 月召开的俄共（布）12 大作出决议，“所谓路标转换派迄今起了而且还有可能起到客观的进步作用。这一派别过去和现在都团结在那些苏维埃政权‘和解’并准备同它一起复兴祖国的侨民和俄国知识分子集团，就这一点来说，路标转换过去和现在都是值得欢迎的。但同时一分钟也不能忘记，在路标转换派中资产阶级复辟的倾向也是很强烈的，路标转换派分子同孟什维克和社会革命党人同样希望在经济上让步之后在政治上也会有向资产阶级民主方面的让步等等。”[③]

---

① 乌斯特里亚洛夫：《在革命的标志下》，哈尔滨 1925 年俄文版（下同），第 7 页。

② 《列宁全集》第 42 卷，人民出版社 1990 年版，第 405 页。

③ 《苏联共产党代表大会、代表会议和中央全会决议汇编》第 2 分册，人民出版社 1964 年版，第 237—238 页。

俄国侨民纷纷成立“回归祖国委员会”，与苏维埃政权进行接触。据统计，1921—1931 年间归国侨民达 18 万人之多，约占侨民总数的 18—20%，其中 1921—1923 年间回国人数最多。[1] 其中有《路标转换》文集的作者，如第四届国家杜马东正教事务委员会主席李沃夫、圣彼得堡大学校长格利姆、著名作家阿列克谢·托尔斯泰、作家索科洛夫-米基托夫、政治家勃布里舍夫-普希金、诗人阿里莫夫、诗人阿格尼夫采夫等、著名小说《亚玛街》的作者库普林、著名诗人茨维塔耶娃、著名音乐家普罗科菲耶夫、哲学家兼艺术家比利宾、著名作家爱伦堡等。这些知识分子回国在国家计划委员会、高等学校，甚至是外交人民委员会担任了重要职务，在恢复国民经济和发展人民教育事业中做出了极其重要的贡献。如基杰佐夫被认命为苏俄驻意大利的大使馆新闻官的职务，直接从侨居国法国去意大利上任。

“路标转换派”的出现在俄国侨民中引起一场轩然大波，这些人曾经是苏维埃政权最激烈的反对者，“路标转换派”大都直接与白卫运动有联系，如克留奇尼科夫曾担任高尔察克政府的外交部长，乌斯特里亚洛夫曾担任该“政府”的出版局局长职务，勃布里舍夫-普希金是顽固的高尔察克分子，基杰佐夫在尤登尼奇政府中领导宣传和出版部门。他们的转变所带来的影响是巨大的。曾在邓尼金叛军中担任宣传工作的波杰兴宣布：“爱国主义的驱使曾是并且仍然和永远是推动我们从白卫运动走向红色莫斯科的绝对的命令，任何人必须理解这一点。在广大俄国知识阶层中兴起的‘路标

---

① 费久金：《新经济政策过渡条件下与资产阶级思想的斗争》，莫斯科 1977 年版(下同)，第 121 页。

转换’运动正是朝着这个方向前进着，并且还将向伟大的俄罗斯的道路上前进。”[①]远在哈尔滨的乌斯特里亚洛夫也表示：“‘路标转换’遵循的首先是爱国主义思想。所谓的正统的国际主义、阶级斗争的思想与路标转换根本无关”，“如果他们胜利了，那就意味着俄国需要他们，意味着历史将通过他们走向新路。我们认为，在任何情况下，我们都应该与俄国站在一起。如此说来，与布尔什维克会面，返回祖国，这又有什么可以为难的呢？”[②]《路标转换》文集在侨民中不胫而走，文集作者被邀请参加在巴黎、柏林、布拉格举行的辩论会。他们强调应该“根据对革命的新的感受”，重新评价十月革命的影响，重新考虑与苏维埃政权的关系，重新确定知识分子的历史定位。

但是也出现了巨大的对“路标转换派”的批评之声。斯徒卢威对其持彻底否定态度，称“路标转换派”是“下流”和“怯懦”地面对苏维埃政权的见风使舵者。[③] 原“路标派”成员伊兹高耶夫认为《路标转换》文集的出版是“作为俄国知识分子思想骚动的征兆表现出来的”。[④] 侨居巴黎的克伦斯基所主办的报纸《日子》称“路标转换派”是“雇佣思想的人们”。[⑤] 因此侨民中间因“路标转换派”发生的争论的实质还是如何处理与苏维埃政权的关系问题。

而“积极主义”（активизм）思潮和“积极主义派”（активисты）代表了侨民知识分子中的右翼，这一派对苏维埃政权持坚决的态

① 费久金：《新经济政策过渡条件下与资产阶级思想的斗争》，第108页。
② 乌斯特里亚洛夫：《在革命的标志下》，第48、63—64页。
③ 参见斯徒卢威：《选集》，莫斯科1999年版（下同），第326—327页。
④ 《俄罗斯自由》，布拉格—巴黎1922年第8期，第9页。
⑤ 《日子》，巴黎1922年12月14日。

度，并试图采取一切措施打击苏维埃政权。

1930年，“积极主义”思潮的出现引发了侨民中的激烈的争论。前沙皇政府军官库杰波夫将军在巴黎策划了一系列针对苏联使领馆和苏联官方人员的爆炸活动，在侨民中引起反响。斯徒卢威称赞库杰波夫的行为，称之为“积极主义”。“积极主义派”预见共产主义将失败，新俄罗斯将产生，因此它主张通过一切方式和任何人结盟积极地反对苏维埃制度。苏俄国内的反苏活动称为“地下积极主义”（подпольный активизм），侨民中的反苏活动称为“国外积极主义”（зарубежный активизм）。“国外的积极主义”的目标首先要在外国人和俄国侨民中做工作，所做的基本工作是联合最强大的国家反对共产主义和苏联的共产主义。1930年发表的《论国外的积极主义》提纲解释说：积极主义，这不仅是在俄国的境内与共产主义进行武装斗争，“任何的国际组织，任何的反对共产主义，任何积极的反对共产主义的行动，削弱他们的力量和成绩，都是积极的表现”，因此愿意与一切反苏反共的力量联合。为此在巴黎成立了国际反共联盟，联盟下设俄国委员会，并有常设的书记处。“国外积极主义”强调爱国，强调自己的目的是，“为了使俄国成为独立的外交上的大国而奋斗”，“谁拥有了第二祖国，那么第一祖国也就丢掉了。”[①]该提纲反对侨民对政治的冷漠和消极，认为侨民在政见上的分歧是有害的，强调这项任务不应受民族或宗教的分歧的干扰，一切反苏的侨民应该联合成一个统一的反共产主义的阵营。“在为俄国的斗争中，我们坚守对全世界的和平、信念、文化和经济利益”，“保存自己的俄国心脏和自己对俄国的忠诚，不

---

① 《论国外的积极主义》，布拉格1930年版（下同），第8—14页。

受任何外力的影响。”[①]提纲呼吁让全世界知道共产主义的现实威胁，如果西方国家不采取行动，共产主义将会统治全世界，将建立红色恐怖。提纲指示在报纸、杂志、议会、俱乐部、宗教中心、工厂、各类学校、科学机构进行宣传。在侨民中进行各种宣传，反对政治的冷漠和消极，另一方面反对侨民的政治分裂。[②]

30年代初，由别雷、伊里扬舍维奇、瓦耶沃金和弗拉谢耶夫领导的社会政治运动“第二代”成为“国外积极主义”思想的宣传工具。他们出版的报纸也叫《第二代》(*Второе поколение*)，该报呼吁一切反共的力量联合起来，坚决不与苏维埃政权妥协。“国外积极主义”的后备军是各种军事组织的成员、前白卫军队的军官和士兵。

20至40年代中期侨居中国哈尔滨、上海、大连等的一部分俄罗斯侨民建立了具有鲜明的反苏和民族沙文主义色彩的“俄罗斯法西斯主义党”(Русская фашистская партия)，该组织拥有严密的组织机构，领导人为罗德扎耶夫斯基、库兹明和瓦夏茨基，在哈尔滨等地拥有常设活动场所，如黑河的“俄罗斯法西斯者俱乐部”；拥有一定的社会基础和外围组织，如哈尔滨和上海等地的“俄罗斯少年法西斯党”、“俄罗斯妇女法西斯运动”等；拥有新闻宣传机器，如在哈尔滨和上海出版的《我们的道路》、《种族》、《黎明》、《法西斯主义活页》等刊物；拥有自己的工商产业，而且与意大利和德国的法西斯政府和组织保持密切的联系[③]。侨居西方的亚美尼亚人的“亚美尼亚革命联盟”(Революционный союз Армяни)、乌克兰人

---

① 《论国外的积极主义》，第8—14页。

② 参见同上

③ 参见斯丹佛：《俄国法西斯者：侨民的悲剧和喜剧(1925—1945)》，莫斯科1992年版，第10、23、67页。

的“乌克兰青年联盟”(Украиный союз молодежи)。“乌克兰人民共和国流亡政府”(Эмигрантское правительство украиной народной республики),1921年在巴黎建立,由李维茨任“总统”,二战后迁往慕尼黑。这些组织出版用本民族文字印刷的刊物和宣传品。这些民族主义组织一般都与反苏的西方社会组织保持密切的联系,一些组织则直接接受西方政府和民间财团的资助。如立陶宛的侨民的民族主义组织不断向西方各政府及联合国提出波罗的海诸国国内的独立问题,收集有关立陶宛的资料。由于亲缘和血缘的紧密联系,居住在国外的苏联非俄罗斯民族的侨民与国内的亲属一般都保持着密切的联系,如爱沙尼亚侨民的“文化活动使苏联让爱沙尼亚本国文化得到更多的经费和活动余地,而他们顽固的反共思想并不阻碍他们在人情和文化水平上的接触”。[①] 而且国外的民族主义组织与国内的民族主义组织也有更加密切的联系,国内的一些民族主义组织在海外都建立分部,如“乌克兰民族主义者”的欧洲分部和美国分部等,此外国内的民族主义组织也在国内建立代表机构,将在国外发行的民族主义刊物通过各种渠道运入国内。

然而,俄国侨民及侨民知识分子对苏维埃政权的态度和关系是复杂与矛盾的。绝大多数侨民尽管反对苏维埃政权和布尔什维克的领导,但是非常热爱祖国,迷恋它的文化、语言和历史。在他们的意识中,苏维埃政权与祖国的概念有时是可以区分得开的,有时两者的界限就比较模糊。

在侨民的心目中,在侨民知识分子的笔下,祖国永远是第一位的和最宝贵的。在这些侨民知识分子的内心世界中,已将祖国与

① 卡茨等著:《苏联主要民族手册》,第107页。

自己个人的命运相连。即使是背井离乡,亡命他国,但他们对祖国仍然是无怨无悔,在他们的有生之年仍不放弃返回祖国怀抱的努力。著名哲学家别尔嘉耶夫在第二次世界大战期间,拒绝了美国的多次邀请,留在欧洲,尽管他"不能平静地看到德国军服,它使我发抖",因为他写过反对希特勒的纳粹主义和法西斯主义的文章,他担心受到德国占领者的报复。但同时,"德国人入侵俄罗斯土地深深地震动了我。我的俄罗斯遭到死亡的威胁,她可能被肢解和被奴役",因此他密切关注苏联的命运,他认为"苏维埃政权是唯一的俄罗斯民族的政权",他坚信苏联必胜,并且"感到自己与红军的成就融在一起"。[1] 战后一度曾打算回国,但因先期回国的著名作家左琴科和著名女诗人阿赫玛托娃受到批判,才打消这个思考已久的想法。他在自传中写道:"关于俄国文化的悲剧,关于俄国断裂,我想得很多,这些是西方人所不了解的,在俄罗斯的命运中存在着某种痛苦的东西。这种苦难只有到最后才能铲除。在最后的时刻,俄罗斯的问题将把我折磨死,我处于诸多失望之中。"[2]

20 年代,侨民与国内保持了较密切联系,苏维埃政权也试图利用各种影响动员侨民回国,鼓励苏俄文学家和艺术家出国时与侨民进行接触,国内的学术和艺术报刊也有选择地发表侨民的文章和作品。1921—1922 年,俄国的伏尔加河流域、乌克兰、北高加索和俄国中部因粮食短缺而发生大饥荒时,捷克斯洛伐克的俄国侨民从他们并不多的食物和日常用品中捐出一部分寄回国内。1933 年,苏联南部再发饥荒,捷克斯洛伐克的侨民报纸表示:"在捷克的俄国劳动基

---

① 别尔嘉耶夫:《自我认识——思想自传》,第 304、309 页。
② 同上书,第 310 页。

督徒呼吁捷政府给饥饿的小乌克兰和北高加索以国际援助。”[①]

第二次世界大战和苏联卫国战争的爆发，对俄国侨民提出了一个非常严峻的问题：是联合纳粹德国反对苏联，还是联合苏联反对纳粹德国？邓尼金和克伦斯基等人主张借助纳粹德国的力量彻底打败苏联，希望在战争结束后，布尔什维克和社会主义制度也被消灭。捷克斯洛伐克的乌克兰侨民的民族主义组织“民族劳动联盟”（Национальный трудовой союз）支持使苏联在战争失败的主张，他们还向纳粹政府提供了财政资助，但该行动到1936年春被捷克斯洛伐克政府明令禁止。但是大部分的侨民还是站在爱国主义的角度看待纳粹德国对苏联的进攻的。米留科夫和绝大多数欧亚主义派表示不愿意看到苏联所代表的俄国失败，因为那将是俄罗斯民族和文化的毁灭。在德国法西斯军队占领东欧和法国后，俄国侨民中的绝大多数人，无论是已经取得侨居国国籍的人，还是仍然保留着“南森护照”的人，大都不与德国纳粹合作。许多侨民在这时候把自己的爱国热情贡献给祖国，向苏联政府捐钱捐物，有数万人返回苏联参加反法西斯的战斗[②]，也有一些侨民英勇地参加侨居国的反法西斯抵抗运动。在这种极其特殊的背景下，促成了俄国侨民与苏联政府、国内人民的关系的接近。[③]

---

① 《消息报》，布拉格1933年9月6日。

② 参见什卡列科夫：《垂死的白卫运动》，莫斯科1987年版，第200页。

③ 第二次世界大战结束后，又造成了50余万俄国新侨民，他们大多是被俘的苏联军人和平民，也有战争期间与德国纳粹合作者，以及波罗的海三国被强迫加入苏联后流亡的侨民。这个时期俄侨与苏联的关系降到冰点。冷战时期，西方国家和苏联都加强了政治攻势，政治、经济和军事的铁幕将侨民与国内分割开，这时期的关系几近冰点。70年代中期后，侨民与国内的关系有所缓和。80年代末，侨民学者的著作大量在国内出版，国内学者呼吁实行民族和解。1991年8月在莫斯科召开专门国际会议，苏联政府正式宣布不追究历史问题，宣布确认民族和解政策。

三、欧亚主义思潮及社会反响

20—30年代在俄国侨民知识分子中引起分歧的另一个焦点是"欧亚主义"(Евразийство)[①]思潮和"欧亚主义派"(Евразийцы)。

1921年在俄侨聚居的索菲亚出版了一本文集《走向东方》,主要作者是地理学家和经济学家萨维茨基,原彼得堡大学校长、哲学家卡尔萨文,法学家和哲学家阿列克谢耶夫,哲学家比钦里,哲学家和语言学家特鲁别茨科伊,该文集出版标志着俄国欧亚主义思潮的诞生。[②] 后又有宗教哲学家弗洛罗夫斯基、历史学家维尔纳茨基、音乐家苏夫钦斯基和哲学家伊林等人加入。在布拉格、巴黎、索菲亚、柏林、贝尔格莱德、布鲁塞尔、维也纳、罗马等城市也出现了欧亚主义思潮。布拉格后来成为欧亚主义思潮的中心。出版了《欧亚主义》、《欧亚学报》和《欧亚主义新闻》等刊物。欧亚主义者被请到各地进行演讲和辩论,卡尔萨文在巴黎举办了"欧亚主义讲习班",听众甚多。

欧亚主义的产生与当时俄国面临的国内外环境相关。第一次世界大战削弱了欧洲霸权,西方文明出现了危机;同时十月革命后一部分知识分子认为建立起的苏维埃政权破坏了俄国原有的一切社会道德基础,摧毁了俄罗斯的文化。在这样的历史条件下,产生了欧亚主义。欧亚主义的出现在很大程度上与俄国人对自己所处的特殊的"地理位置"和"地缘文化"的认识有关。这种意识和理解

---

① Евразийство 源自同根词 Евразия (欧亚大陆),是 Европа(欧洲)和 Азия(亚洲)两个词的合成词。

② 文集共收入比钦里的《旧阶层历史中的东方与西方》,特鲁别茨科伊的《论真实的和虚假的民族主义》、《俄罗斯问题》、《论土兰因素和俄国文化》、《我们和他人》、《普遍欧亚民族主义》,萨维茨基的《欧亚主义》、《两个世界》、《草原和定居》、《主人和经济》,阿列克谢耶夫的《欧亚派与国家》和卡尔萨文的《政治基础》等12篇文章。

与民族自觉意识的觉醒是同步发生的。初看上去,“地理环境”和“地缘文化”似乎只是一国的“外部因素”或“外部条件”,实则不然。自从人类有历史以来,历史就是在人造的“第二自然界”中进行的,已不存在纯粹意义上的“地理”和“地缘”。相对于一个国家或民族来说,“地理环境”和“地缘文化”在很大程度上已成为社会文化、社会历史概念,即一种人文概念。当代俄罗斯哲学家、俄罗斯科学院哲学所教授巴纳林在其主编的《历史哲学》中对“欧亚主义”做了如下概括:“俄罗斯发展的欧亚模式依据的是四个思想:(1)确认作为欧亚洲的俄罗斯思想,其发展道路走的是一条特殊的道路;(2)把文化看成是一种和谐的个性的思想;(3)在东正教信仰的基础上对理想进行论证;(4)关于理想国家的学说。其主要动力是这样一种思想,即俄国及在其国土上居住的人民,其在人类历史上的地位是预先规定好的,其特殊的道路和自己的使命也是预先设定好了的。”①

萨维茨基是欧亚主义思潮的重要人物。他在十月革命前曾在俄国驻挪威使馆工作,后参加了弗兰格尔的白卫军。他侨居保加利亚后,应斯徒卢威的邀请担任《俄罗斯思想》杂志的技术编辑,他自称是斯徒卢威的学生。萨维茨基是当代俄罗斯学术界公认的俄国第一位地缘政治学家,他长期担任欧亚主义委员会主席及其基金会主要负责人,在理论研究方面著述颇丰。萨维茨基认为:“欧亚大陆不能只划分为欧洲和亚洲两个部分,应当一分为三,即欧洲、亚洲和欧亚世界(或称‘欧亚俄罗斯’)。”②萨维茨基从“欧亚世

---

① 巴纳林:《历史哲学》,莫斯科 1999 年版,第 172—173 页。

② 美国学者查尔斯·克洛弗认为萨维茨基抄袭英国地理学家麦金德关于欧亚“心脏地带”理论。(参见:《国外理论动态》,北京 1999 年第 10 期。)

界”特殊的地理环境与位置和蒙古人统治该世界的历史，进一步论述了这一世界的特殊性与民族的融合性，认为欧亚俄罗斯是一个与欧洲（西欧）和亚洲（东亚和南亚）鼎足而立的特殊“发展空间”，在世界文明进程中处于极端重要的地位。作为成吉思汗和帖木儿事业的继承者，俄罗斯现在要注意通过非武力的途径来统一这一空间；在西方，要致力于建立“大陆屏障”和保持“海上平衡”，联合英国来对抗德国的扩张。[①] 萨维茨基还作过一首诗，反映了他的欧亚主义思想。

“我们——不属于东方，也不属于西方，
我们的生活方式和种族是特殊的。
我们——是完整的东西方，
我们——是其高峰的旅行者。”[②]

欧亚主义者继承了斯拉夫主义思想，欧亚主义思潮最重要的思想根源就是斯拉夫派和泛斯拉夫主义者关于俄国在整个世界历史中的地位的认识，弗兰科称其为“改良了的斯拉夫主义”。[③] 萨维茨基承认欧亚主义者是伟大的俄罗斯哲学——历史传统的继承者，应该把古代俄国的文风列入这个传统之中。[④] 但欧亚主义者多次声明不赞同斯拉夫派，他们认为斯拉夫派把斯拉夫民族特性作为决定俄罗斯文化历史特点的主要因素，是不能让人信服的。在决定俄国“欧亚现象”的因素中，除地理因素外，决定性的还是文

① 参见诺维科娃等编：《欧亚之间的俄罗斯：欧亚主义的诱惑文集》，莫斯科 1993 年版（下同），第 103、107、119、128 页。

② 契雷舍夫主编：《俄罗斯侨民的文化遗产（1917—1940）》第 1 册，第 146 页。

③ 弗兰科：《斯徒卢威传》，第 146 页。

④ 参见萨维茨基：《欧亚主义・欧亚：俄国侨民的历史观点》，莫斯科 1992 年版，第 167 页。

化和历史因素。同欧洲相比,俄国没有真正的封建主义、文艺复兴、人道主义和宗教改革,长期处在死气沉沉的停滞状态,俄国历史中包含亚洲的特性。与此同时,俄国又通过基督教同西方联系起来,同基督教世界混合在一起。因此,不能把俄国完全看成是亚洲或欧洲国家。总之,由于俄国介于欧洲和亚洲、东方和西方之间,横跨欧亚两个大陆,这种"位置"决定它始终都必须意识到自己是在极端不同的两极中存在,随时与两极发生联系,受到两种文化的影响。

阿列克谢耶夫是俄国欧亚主义国家思想的主要表述者。从20世纪20年代中期起,阿列克谢耶夫参加了欧亚主义运动并迅速进入领导核心。1929年欧亚主义出现分裂,阿列克谢耶夫与特鲁别茨科伊、萨维茨基和伊林等人试图创建欧亚党。阿列克谢耶夫系统考察了自古以来俄罗斯人所追求的"真理国家"的五种思想模式:即东正教的君主制思想、独裁思想、哥萨克自由逃民的思想、非正统教派的国家思想、约瑟夫派的国家思想。阿列克谢耶夫认为欧亚主义从形式上看接近马克思主义的社会主义,但其世界观却与后者完全不一样。欧亚主义的终极目的是进行政治和社会改造。他主张从俄国古代村社体制和民间谚语等民族传统中寻找借鉴,建立重在保障公民精神发展的欧亚国家。[1]

欧亚主义者强烈反对欧化,认为横跨欧亚大陆的俄国是一个独特的欧亚世界,居住在这个世界的是非欧非亚的欧亚人,其文化也是非欧非亚的欧亚文化。即"作为'欧亚'文化国家与亚洲文化,

---

① 参见诺维科娃等编:《欧亚之间的俄罗斯:欧亚主义的诱惑文集》,第165—168页。

即'土兰文化'(туранская культура)内在联系的俄国与西欧世界相提并论"[1];俄罗斯不能盲目追随西方,而应寻找和坚持自己的道路。特鲁别茨科伊甚至认为俄国知识分子是欧化的"走狗",恰恰是知识分子完全相信"世界主义和文明人的财富"。他强调珍视和重建俄罗斯文化,与全盘西化的俄国知识分子作坚决斗争,以对抗强势的罗马——日耳曼文化的侵略。

民族的灾难和个人的悲剧使欧亚主义思潮顺世而生,它试图解决19世纪初"西方派"与"斯拉夫派"的争论,为俄国发展指出道路。欧亚主义试图帮助侨民同胞克服因脱离祖国和母语而导致的强烈的精神危机,因为所有的侨民都希望尽快地和体面地返回祖国,他们认为"侨民民族主义"就是爱国主义的表现。

欧亚主义思潮在侨民中引起了较大的争议。反对者认为欧亚主义派是反西方主义(Антизападничество)的体现,是可怕的"鞑靼分子"、"成吉思汗分子"。别尔嘉耶夫批评欧亚主义者,"他们与霍米亚科夫和陀思妥耶夫斯基相比,后退了,在这个问题上,他们是作为精神上的反动分子出现的。他们只是一小部分人,是俄国的全人类性与和平性的敌人,是陀思妥耶夫斯基精神的敌人"。[2]历史学家基泽维杰尔认为欧亚主义没有任何基础,只是"聚集于从19世纪40年代就有的斯拉夫派的源流中",但是"欧亚主义者一点也不理解斯拉夫派","似乎俄国应该与欧洲决裂",相反,"俄国应该站在欧洲和人类的前列"。[3] 著名哲学家弗兰科认为欧亚主义是"改良了的斯拉夫主义的新的思想倾向……它把政治上的欧

---

① 弗兰科:《斯徒卢威传》,第146页。

② 别尔嘉耶夫:《欧亚主义者们》,载《道路》,巴黎1925年第1期,第136页。

③ 萨维茨基:《欧亚大陆》,莫斯科1997年版(下同),第307页。

亚主义者与侨民中对待布尔什维主义的主流态度相区别，他们把布尔什维克革命看成是为俄国寻找独特的发展道路尝试，尽管从思想上看是虚假根据的尝试”。[①] 斯徒卢威对欧亚主义持强烈谴责的态度，认为这个运动“本身道德水平低下”，称其为“私人杂耍剧团”。[②]

欧亚主义理论之所以在俄国侨民中引起如此大的反响，除了赞同者和反对者在学术认识上的严重分歧外，一个非常重要的原因就是关乎到了俄国（苏联）未来发展走什么样道路问题，关乎到了如何对待与苏维埃政权的关系问题。同“路标转换派”一样，欧亚主义者对苏维埃政权的新经济政策持谨慎的合作态度。在他们看来，无论是“社会主义”还是“共产主义”都是西方的舶来品，完全不适合俄国的国情，新经济政策的实施表明苏维埃政权已欲改弦更张，表明“共产主义意识形态无疑死了”，[③]“欧亚主义要竭尽全力渗透这一新的体制，假借新政权之手建立自己的新国家”。[④] 在欧亚主义者看来，它表明西方的道路走不通，俄国应该走自己的道路——欧亚主义的道路。而且欧亚主义派与布尔什维克在一些思想上不谋而合，如强调思想意识在国家建设中的指导作用，主张联邦主义原则，主张不屈服西方的压力走自己的道路等。

30年代中叶，欧亚派逐渐发生分裂，这个阵营分化成两部分：一部分支持布尔什维克提出的国家建设，另一部分坚持反苏反共的立场。欧亚派作为一个完整、统一的学派已经不复存在了。但

---

① 弗兰科：《斯徒卢威传》，第146页。

② 同上。

③ 萨维茨基：《欧亚大陆》，第15页。

④ 阿列克谢耶夫：《俄罗斯人民与国家》，莫斯科2000年版，第177页。

是欧亚主义思想并没有因欧亚主义者的消亡而消失，它不仅在俄侨中继续产生着影响，而且还渗透到了苏联境内，在苏联境内出现了一批拥护者，自称“最后一个欧亚主义者”（поседний евразийн）的列夫·古米廖夫就是苏联境内最为著名的欧亚主义者之一。列夫·古米廖夫是《别人称我是欧亚人》和《最后的欧亚主义者的札记》等文章的作者，他表示：“当别人称我欧亚人时，因为某些原因我不拒绝这个称呼。第一，这是强大历史潮流，如果我被吸引到这里，它将给我以荣誉。第二，我认真地研究了这个流派的著作。第三，我实际上同意欧亚主义者基本的历史方法论的结论。”[①]他的结论是如果俄国能够被拯救的话，那么只有通过欧亚主义的道路。

四、俄国大学生基督教运动及其思潮

俄国大学生基督教运动（Русское студенческое христианское движение—РСХД）在十月革命之前就已经在国内以基督教青年联合会（Young Men Christian Association—YMCA）的形式诞生了。正是在这一时期，基督教青年联合会的俄国分部建立了“灯塔”组织。首先是路德教教徒巴维尔·尼古拉男爵，他在俄国组织了不少诵经小组，然后他又促成了世界大学生基督教联盟总书记兼基督教青年联合会主席约翰·莫特访俄。巴维尔·尼古拉男爵为俄国大学生基督教运动在国内及此后在国外的初建工作做出了许多贡献，尤其是在资金援助方面和对建立圣谢尔盖神学院的协助方面。1913年，基督教青年联合会俄国分部改组为“俄国大学

① 古米廖夫：《别人称我是欧亚人》，载《我们的同时代人》，莫斯科1991年第1期；《最后的欧亚主义者的札记》，载《我们的遗产》，莫斯科1991年第3期。

生基督教运动”，并且被吸收为世界大学生基督教联盟成员，此时的主席为马尔琴科夫斯基。

十月革命后，大学生基督教运动在国内的活动停止，该运动随着俄侨运动的发展在国外逐步展开。在俄侨主要聚居地巴黎、贝尔格莱德和柏林等地，大学生基督教运动迅速复兴，在很大程度上起到了一种对侨民的文化启蒙作用，逐渐成为俄侨文化启蒙和慈善事业的组织者。如：为青少年儿童组织夏令营；为成年人提供各种讲座；提供礼拜教堂以及其他文娱活动（戏剧、俄传统节日庆典等）。

俄侨神学家和宗教哲学家们自认为是霍米亚科夫和弗拉基米尔·索洛维约夫的后继者，是“路标”传统的继承者，他们向人们呼吁忏悔、团结和责任。将这种观点表述得较清楚的当属别尔嘉耶夫在《道路》杂志上的一篇社论，他说：“俄国侨民并不是由与在俄国的罪人相对的无罪者组成的。它正是由罪人组成，而且如果它认识不到自己的罪过，其有益的心灵使命便不可能得到实现。无论‘右派’还是‘左派’，都必须承认这种罪过。被革命的反基督教所惊吓的业已形成的俄国当今社会，不断地与基督教圣训相隔绝，很少考虑实现基督教神圣的真理。与基督教圣训相对立并且否定基督教真理的道路在逻辑上是由布尔什维克完成的，但并不是由布尔什维克开始的。我们大家，无论‘右派’还是‘左派’，开辟了这条道路，并且或多或少在这条道路上走了很久。”①

宗教哲学家的大力支持对于俄国大学生基督教运动有着极其

---

① 阿尔热可夫斯基：《〈道路〉杂志（1925—1940）：俄国侨民中的一代宗教思想家》，基辅2000年版，第66页。

重要的推动作用。除了别尔嘉耶夫外,谢尔盖·布尔加科夫、津可夫斯基、卡尔塔什夫等一批宗教哲学家对于运动的开展所起到的作用都是不容忽视的。侨民们积极响应宗教哲学家的宣传,创办宗教学校,出版各种宗教宣传读物,1922 年在柏林等城市建立了“宗教哲学学院”,1923 年建立了基督教青年联合会出版社(YMCA-Press)。同时,各国非东正教派的基督徒在大学生基督教运动初期尤其是在资金方面所做出的贡献也是重要的。他们建立了许多基督教统一运动组织,以各种方式支持运动的开展。他们给运动介绍了西方学生社团许多宝贵的工作方法和经验,并同时极大地拓展了运动的活动领域。

以上种种之条件成熟,各地侨民的联系不断紧密,俄国大学生基督教运动组织作为一个国际联合团体(尚局限于欧洲)于 1923 年 9 月在捷克斯洛伐克的普什洛夫(Пшеров)正式成立,并举行了第一次代表大会。曾任过大学生基督教运动主席的大司祭津可夫斯基回忆:“在这次大会上,贝尔格莱德小组[①]的观点毫不费力地占有优势,整个大会都是在与东正教保持最紧密关系的旗帜下进行的。”大会期间每天都举行弥撒,而这也加强了此后历届大会礼拜仪式的特征。出席此次大会的有宗教哲学界许多有代表性的教授,如:谢尔盖·布尔加科夫、别尔嘉耶夫、卡尔塔什夫、诺夫哥罗德采夫、津可夫斯基。在此次大会之后,出席大会的还有弗兰科、斯徒卢威、维舍斯拉夫切夫、伊林、费多托夫。“这些学者的参加使俄国大学生基督教运动紧密地与俄国宗教思想的传统文化联系在

① 贝尔格莱德小组的首创者多为神学院的学生,小组一开始便带有浓厚的东正教色彩,讨论任何问题都立足于东正教的思想意识。

一起，它不仅丰富了我们俄国大学生基督教运动，同时也使对俄国大学生基督教运动使命的理解更为深入。正是在这第一次大会上提出了运动的宗旨'生活宗教化'（оцерковление жизни），并将此宗旨作为个人精神生活的基本和中心的主题，作为俄国大学生基督教运动开展活动的纲领。"①《俄国大学生基督教运动公报》首任主编、巴黎和贝尔格莱德的俄国大学生基督教运动的书记泽尔诺夫也曾回忆道："大会是在星期日结束的，所有人都参加了最后一次弥撒，大家都被团结一致的情感所支配了。8天前我们彼此陌生地相聚在这个城堡，但现在我们就像一家人一样站在了一起。没有人想走出这个'教堂'，大家都期待着某种东西。利贝尔洛夫斯基突然开始唱颂《基督复活》，所有人都和睦地感染上这种复活节胜利的曲调。他表达出了每个人内心的话语：这些天在普什洛夫，我们遇见到复活的基督，并充满着对俄罗斯东正教即将复兴的信仰各自离去。"②

在普什洛夫大会上还确立了大会的组织机构。由来自巴黎、布拉格、布尔诺、布拉迪斯拉夫、柏林、罗马、尤里耶夫、贝尔格莱德、索菲亚等各地小组出席大会的代表们选举出委员会，负责下次1924年俄国大学生基督教运动代表大会的预备工作，并选出了大会的主席津可夫斯基和书记利贝洛夫斯基。此后，每年都举行一届俄国大学生基督教运动全体代表大会（1924年仍在普什洛夫，1925年在南斯拉夫霍珀夫的一个修道院，1926—1933年都在法

① 津可夫斯基：《俄国大学生基督教运动：历史、工作和任务》，载《俄国大学生基督教运动公报》，巴黎—纽约1949年第7—8期，第9—10页。

② 泽尔诺夫：《普什洛夫代表大会及初期的俄国大学生基督教运动》，载《泽尔诺夫家园国外新闻》，巴黎1923年版，第104页。

国）。从 1933 年开始，此后的大会由于资金原因已无法再召集全体代表大会。但 1936 年还仍然召开了俄国大学生基督教运动常委会的全权代表大会（即由运动所在各国各派一名全权代表出席）。1936 年后，全体大会或是常委会的全权代表大会都已无法举行了。

需要特别注意的是，虽然在此次大会上，强调东正教影响的观点占有优势，但大会在一定程度上与东正教的紧密联系也是有限度的，仍保留了对革命前俄国大学生基督教运动的继承性，保留了“基督教的”名称和布道的开放性，以及与西方基督徒一起共事并学习其丰富的社会活动经验。①

自 1925 年开始，俄国大学生基督教运动的活动足迹踏遍了欧洲的绝大部分国家，甚至包括波罗的海三国。其运动中心是巴黎，巡讲于各国各城市的演讲学者绝大部分都来自那里。俄国大学生基督教运动在法国早在 1921 年便已开展起来，各地区成立了许多基督教兴趣小组。在普什洛夫大会之后，运动在法国发展得尤其快。自 1924 年以后，除去德国占领时期，法国的运动每年都举行全国代表大会。在比扬诺夫任书记期间，法国的运动发展最为迅速。1928 年，在巴黎专为大学生基督教运动建设了教堂。自 1927 年，在费奥多洛夫和舒姆基纳娅首倡下开展了以义勇小组形式的青年活动（男女分开）。从那时起，每年都为少年儿童举行夏令营活动（男女分开）。这样，少年儿童工作也开始有了进展。稍后，到了 1931 年，法国开始为世界经济危机所波及，由拉戈夫斯基首倡，

① 参见津可夫斯基：《俄国大学生基督教运动在俄侨民众中之兴起》（节选自《俄侨宗教流派发展史》），载《俄国大学生基督教运动公报》，巴黎—纽约 1993 年第 168 期，第 25 页。

成立了失业者免费食堂,各地纷纷仿效并迅速扩展,以至在大学生基督教运动组织下成立了一个"社会救济委员会"。

俄国大学生基督教运动的最初构想任务宗旨有二:其一拓展"布道"活动,即宣传号召已丧失信仰重新恢复对救世主基督的信仰。其二将已按对基督和对《圣经》之信仰生活的青年联合统一起来,促使其宗教意识的恢复发展,加强其将基督和《圣经》的学说与终身生活结合在一起的决心。那时在俄国侨民中普遍存在一种意识:即俄国的悲剧命运应该使俄罗斯人警醒并在内心进行深刻的忏悔。俄国的悲剧不是偶然的,也不是由于外部原因,而是因为由来已久和极度严重的对基督真理的违背。正是由此,以上所确定的任务不仅没有扯断青年人与实际生活的联系,反而从根本上使俄国大学生基督教运动与实际生活紧密联系在一起。

随着时间推移,俄国大学生基督教运动的"布道"活动与20年代末俄侨青年开展各种各样的民族政治运动相遇了。俄侨青年的民族政治运动,名义上承认"宗教因素的重要作用",但实际上其绝大多数都对宗教问题漠不关心。运动不可避免地要与这种冠冕堂皇的反对宗教复兴的观点进行论战,在多次全体代表大会上,与会者都对这种观点进行了深入揭示和批判。在运动发展初期被视为经典活动方式的"布道"(即举办各种主题为宗教意义或宗教与科学之类的座谈)此时逐渐变换为"引导"丧失信仰者回归完全的教徒生活。意识到此点本质,对于拥有自己的神父的需求增长了,切特维利科夫经过教区教会的审批被选举为俄国大学生基督教运动的神父。很快,1928年便建立了大学生基督教运动的教堂。许多小组开始展开礼拜仪式、教会历史和教义问题的学习活动,而对《圣经》的学习活动略有衰减。运动使命逐渐发展为完成宗教教育,而不仅是导向宗教而已。

俄国大学生基督教运动的主旨还有一些新的变化,如在第一次代表大会上就确立的"生活宗教化",引出了一个尖锐的问题:东正教与渗入普通人世界观的西方文化整体的相互关系。早在1929年,大会就已开始讨论给"东正教文化"下一个准确的定义。几年之后,俄国大学生基督教运动的老成员在运动组织下成立了"东正教文化联盟",其主席为别尔嘉耶夫,书记为费多托夫。在这场思想运动中,"生活宗教化"是中心话题——即建立一种完整的无所不包的且不将东正教会排除在外的实质上整体结合的世界观。

各种小组社团形式是运动开展活动的最基本形式。这些小组非常多,通常由七八个人至30人组成。这种小组,如上面所述,在运动组织成立之前就已广泛存在,待运动组织成立后,便加入了大会组织。他们的兴趣倾向各有不同,多种多样:有的学习《圣经》;有的研习圣徒经典;有的研究各种仪规和教规;有的研究教会史;有的兼学哲学和艺术。小组通常每星期活动一次,形式为座谈或者报告会讨论。俄国大学生基督教运动为各小组领导者开办课程教育,组织会谈和报告会。为这些小组领导者上课的有许多知名人士,如:卡尔塔什夫、别尔嘉耶夫、扎杰尔、维尼雅明主教、别佐波拉佐夫、维舍斯拉夫切夫等等。俄国大学生基督教运动还定期召开公开大会以吸引新成员,而为这些新成员作报告演讲的也正是以上这些知名教授。①

---

① 参见斯捷潘诺夫:《俄国大学生基督教运动时事纪要》,载《俄国大学生基督教运动公报》,巴黎1926年第12期25册,第25—31页。

俄国大学生基督教运动组织中活动最积极的成员建立了一系列“兄弟会”(Братство)，这些团体对运动的辅助作用也是不容忽视的。如研究者拉耶夫所说：“尽管这些宗教联系团体是由私人倡议建立的，他们的人员和其活动也没有较完备的资料记载，但仅仅是来往书信中的偶尔提及已能使我们认可其存在的看法得到证实。”[①]在“兄弟会”中组织较为完善的有“圣索菲娅兄弟会”、“圣谢尔盖耶夫斯基兄弟会”、“巴黎圣亚历山大·涅夫斯基兄弟会”、“圣三位一体兄弟会”。虽然“兄弟会”的历史作用不可抹杀，但是对于建立“兄弟会”还是存在着很多异议。作为该运动的组织者的泽尔诺夫曾如此评价：“在俄国大学生基督教运动基础上建立‘兄弟会’的想法，完全是无法实行的。并不是所有的小组都倾向仿效建立‘兄弟会’，因为其并不认为这条路是正确的，而即便是‘兄弟会’的支持者也往往在宗教的意义和任务问题上持不同看法。”[②]

20年代末，在俄国大学生基督教运动小组数量猛增的蓬勃发展期过后，该运动一定程度上显露出些许衰退，呈现出以下一些类似表现：各小组的成员之间变得不再互相感兴趣，甚至开始彼此厌烦。刚刚加入的新成员带来了一些新问题，各小组本能地开始自我封闭。[③] 较各小组固步自封更为严重的问题，按照费多托夫的看法，是大多数老成员偏离了运动。他们固执地坚持教会的立场，

---

① 拉耶夫：《境外俄罗斯：俄国侨民文化史(1919—1939)》，莫斯科1994年版，第178页。

② 泽尔诺夫：《普什洛夫代表大会及初期的俄国大学生基督教运动》，载《泽尔诺夫家园国外新闻》，巴黎1923年版，第112页。

③ 参见卡林切夫斯基：《小组危机》，载《俄国大学生基督教运动公报》，巴黎1928年第4期，第17—18页。

开始对小组感到无聊，自动脱离组织，有时甚至成为了运动的敌人。该运动开始出现“年龄分化”，而这本是在与新一代青年人的共同工作中可以克服的。①

而且该运动精神上的主要支持者们，如别尔嘉耶夫、弗兰科等人对运动的兴趣也发生了转移。弗兰科回忆：“为了适合他们的精神水平，大学生基督教运动的实际领导者把他们引上了‘童子军’之路，宗教的、特别是宗教的课程和小组式谈话对于这些青年人来说是不重要的，而对他们的主要课业和兴趣的有价值的补充，如体育活动、营地生活、歌曲合唱团等又明显不足。简而言之，我们‘宗教思想家’群体在侨民第一个时期关于促进俄国青年内心精神复兴的理想在很大程度上变成了幻想。”②

俄国大学生基督教运动的另外一个严重危机就是，许多教会的分歧使大学生基督教运动内部本已意见不和的现象更加严重，有关这些问题的记载非常多，比如：“在中学生乃至整个青年人所开展的活动，很大程度上由于教会分裂变得更加困难，这种分裂不仅渗入到学校，甚至还钻进家里面来了。”③地方小组活动的开展很大程度上取决于地方神父对大学生基督教运动的支持与否，虽然许多情况下神父们对运动都是抱有好感的，但也有一些神父对大学生基督教运动表示疑虑和否定，甚至不遗余力地坚决抵制大学生基督教运动。问题自运动一开始就已存在，但其畸变的公开

① 参见费多托夫：《第三次净化》载《俄国面貌：文章汇编（1918—1930）》，巴黎1988年版，第272页。

② 弗兰科：《斯徒卢威传》，第152页。

③ 斯捷潘诺夫：《俄国大学生基督教运动时事新闻》，载《俄国大学生基督教运动公报》，巴黎1926年第12期，第28页。

缘起则是1926年的“卡尔洛瓦茨分裂”(карловацкий раскол)。①同时,有些地区运动的首倡源自非正教团体,这也使正教神父们有时与运动不得不维持着警觉关系。

除以上所述,俄国大学生基督教运动的其他活动形式也是非常多种多样的,如:举行运动会、儿童启蒙、夏令营等青少年活动;帮助建立免费食堂;为贫困者和失业者建宿舍;提供免费医疗等。大学生基督教运动的经费来源有两大块:一是俄侨来源(成员的入会费和俄侨捐献为主,约占总收入的40%—50%);一是非俄侨来源。主要由三部分组成:(1)世界大学生基督教联盟的支援,约占总收入的25%,主要用于俄国大学生基督教运动大会组织费用。值得一提的是,即便是在德国法西斯称霸全欧时期,世界大学生基督教联盟依然一如既往地给予运动以最大的帮助;(2)基督教青年联合会在运动初期就一直给予运动以资金援助,尤其在法国、德国和捷克斯洛伐克。在法国,俄国大学生基督教运动60%的支出都

① “卡尔洛瓦茨分裂”即1920年君士坦丁堡宗主教格里高利七世单方面(未与莫斯科的东正教牧首吉洪相磋商)批准了由俄侨组建的在都主教安东尼领导下的俄国海外临时最高宗教事务管理局(以下简称海外局)。海外局随后擅自迁至斯列姆斯基的卡尔洛瓦茨(塞尔维亚),1921年在这里召开了第一届改称为“高级会议”的俄国海外教会代表大会,在“最高帝国会议”的施压下,作出承认罗曼诺夫王朝复辟的决议。不久,海外局向“热那亚会议”递交请求,号召国际力量东征苏俄。牧首吉洪与主教公会发布指令,命其立即解散海外局并将教会管理的全权交与坚决反对海外局类似决策的都主教耶甫洛基。然而,海外局仅仅是以改称为海外主教会议的形式“自行解散”,实际上,吉洪的指令被海外局以阴谋变为废纸。自这时起,开始了反对莫斯科(及君士坦丁堡)最高教会管理权的卡尔洛瓦茨造反运动开始了。其反叛起初尚不明显,但在都主教谢尔盖牧首就职宣言发布之后,便公开地与莫斯科相敌对。造反派同时还企图以不合法方式归属都主教耶甫洛基,但没有成功。从1926年起,俄侨中的信徒分裂为耶甫洛基派和卡尔洛瓦茨派,两派在整个20世纪一直争斗不止。卡尔洛瓦茨派在法西斯时期还曾协助希特勒的法西斯统治,为其种族主义和反犹太人主义辩护,以期希特勒能帮助俄国恢复帝制。

是由基督教青年联合会支付的，并且还无偿地为运动提供活动场地；(3)从1926年起，英国对俄宗教团体的援助也占有一席之地，但1939年第二次世界大战全面爆发后，便非常有限了。[①]

“生活宗教化”这一运动的宗旨，不仅仅是口号，该运动是将其切实力行的。正如耶恰尼诺夫神父在《俄国基督教运动公报》[②]上对该运动所给予的高度评价：“对于如何评价俄国大学生基督教运动，我更倾向于将其视为宗教中所有活泼和真诚的汇集，而不仅是俄国青年基督徒的运动。运动的参加者无不将基督教视为生命，而不仅是将其视为传统、空谈和风俗习惯。”[③]

另外需要加以特别说明的是，俄国大学生基督教运动自始至终都力图秉承基督教统一的理念，不论与天主教徒还是新教徒（主要与新教徒交往较多，而与天主教的联系非常少。因为在许多教义上的解释观点，东正教与新教有些共同之处，且东正教没有天主教在有关基督教统一问题所表现出的那种傲慢，这些都使东正教与新教的交往范围较广），都维持着一种较为和谐的关系。首先，这当然和该运动一直深受世界基督教统一运动影响有关；其次，该运动的精神领袖们都具有基督教和谐统一的观念。在这种统一的理念支配下，俄国大学生基督教运动对非正教大学生基督徒进行了广泛的基督教统一宣传活动。该运动的这种影响遍及全欧，以至于欧洲没有任何一个较大的大学生代表大会召开会议时不邀请俄国大学生基督教运动的代表。

---

① 津可夫斯基：《俄国大学生基督教运动：历史、工作和任务》，载《俄国大学生基督教运动公报》，巴黎—纽约1949年第7—8期，第9—10页。

② 1974年之后，《俄国大学生基督教运动公报》改称为《俄国基督教运动公报》。

③ 《俄国大学生基督教运动公报》，巴黎—纽约1993年第168期，第77页。

俄国大学生基督教运动发端于两个时代的交汇之处，结束了俄国知识分子在教堂围墙外的游移不定，并促使俄国知识分子开始了其在东正教影响之下的精神探索；它第一次成功地将教授、大学生和非东正教国际友人密切地团结在一起；它的所有活动都是建立在一种意识基础之上，那就是宗教信仰的自由和理性的忠诚正直；它构建了一个世俗信徒自治的传教组织，而这是之前历史上俄国东正教所一直未竟之事业。

俄国大学生基督教运动是具有启示性意义的历史事件。在俄侨历史最困难的时刻，将本民族的传统文化与其他民族的文化尤其是西欧文化相交融，一定程度上弥补了自己文化的缺点。该运动虽然倾向斯拉夫派的思想，但是并不是一味守旧，并不是幻想着回到古代，而是坚持在特殊条件下全力维护和发展俄罗斯文化的信念。俄国大学生基督教运动是俄侨文化的重要组成部分，也是20世纪俄罗斯文化成就的不可或缺的组成部分。

第三节 米留科夫与斯徒卢威：自由主义的最后尝试

一、“新策略”：米留科夫的无奈呼唤

1917年二月革命历史性地推翻了沙皇政府与君主制，使米留科夫孜孜以求的君主立宪制完全失去了实践的基础。但米留科夫仍然试图挽救已成昨日黄花的君主制。3月2日，米留科夫在塔夫利达宫发表演说：“君主（即尼古拉二世）把俄国引向毁灭的边缘，他将自愿逊位或被废黜。政权将转移到摄政王米哈伊尔·亚历山大罗维奇大公手中。皇位继承者将是阿列克谢”，“我们不能

把有关国家体制的问题置于一边不做回答。我们认为它应该是议会制的君主立宪制。”[①]3月3日,米留科夫在杜马临时委员会和临时政府的成员米哈伊尔大公举行的秘密会议上,坚持保留君主制。米留科夫的保皇主张大大损害了米留科夫在左派阵营中的威信,与举国上下群众性的反沙皇情绪格格不入。

米留科夫之所以竭力维护沙皇体制有深层的原因,他对沙皇体制被推翻后的俄国未来深感忧虑,他说:“对新秩序的巩固需要一个强有力的政权,它依赖于人们已经习惯的一种权力标志,失去了这个标志的支撑,临时政府甚至支撑不到立宪会议的召开。”[②]在第一届临时政府中,米留科夫担任了外交部长的职务,斯徒卢威作为他的助手,担任外交部经济局局长职务。米留科夫认为战争是爱国主义的最好体现,而继续战争是维持俄国国家统一的唯一有效手段。米留科夫曾表示:“也许正是战争,我们还能勉强维持着这一切,如果没有战争,一切很快垮台。”[③]因此,米留科夫在4月18日给同盟国的照会中,再次重申将恪守职责,把战争进行到底。4月20日,彼得格勒爆发了工人示威游行,高呼的口号是“打倒米留科夫!”“打倒资产阶级部长!”米留科夫被迫辞去外交部长的职务。米留科夫一生中唯一的一次执政经历告终。

十月革命爆发后,以米留科夫为首的立宪民主党人对布尔什维克抱有极端敌视的态度,将他们视为篡权者,将列宁和布尔什维克视为“暴徒”。1917年11月28日,苏维埃政府宣布立宪民主党

---

① 米留科夫:《第二次俄国革命史》,第30页。

② 米留科夫:《回忆录》第2卷,第316页。

③ 阿宁:《克伦斯基等目睹的俄国1917年革命》,三联书店1984年版(下同),第163—167页。

为“人民的敌人”后，被迫转入地下的立宪民主党继续进行反苏维埃的斗争。米留科夫为首的一些立宪民主党人成立了“顿河公民委员会”，米留科夫负责领导刚建成的志愿军的政治教育工作，白卫军行动的纲领和原则就是由他制定的。

国内战争失败后，米留科夫定居巴黎，还是在进攻克里木之前他就已经开始准备修正立宪民主党的策略观点，1920 年 5 月 17 日，在立宪民主党巴黎小组委员会会议的报告提纲中提出“从内部与布尔什维克斗争”的口号，预示了不应与布尔什维克进行军事对抗的思想。但那时还没涉及“新策略”或停止任何武装斗争的说法(因为弗兰格尔将军的军队还在俄国南部作战)，报告中历数了一系列致命的错误，批评“这些错误是不道德的，并不会带来什么结果”。[①] 按米留科夫的想法，这些错误成为导致弗兰格尔军队失败的关键因素。

1920 年 12 月 21 日，米留科夫在关于立宪民主党策略的报告《克里木灾难后该怎么办?》(*Что делать после крымской катастрофы*)中第一次将“新策略”(новая тактика)做了最系统的阐述。该报告的副标题为“关于修改人民自由党[②]的策略报告——1920 年 12 月 21 日巴黎小组通过的告其他小组意见书”，只限于表达一个境外小组的意见。

米留科夫在评价侨民是否应该返回俄国的问题上作过一番思考，他将侨民分为两种类型：第一种是政治侨民；第二种是非政治侨民。自愿回归只是对非政治侨民适合，但对政治侨民来说，是屈

---

① 尼里显：《米留科夫和斯大林：米留科夫侨民时期的政治进化(1918—1943)》，载《近现代史》，莫斯科 1995 年第 2 期。

② 1906 年立宪民主党改名为“人民自由党”，但通常还沿用旧称。

辱的。因为在苏维埃政权建立后，留在俄国但并不服从苏维埃政权的人等同于第一种侨民，完全不同于以武装反对苏维埃政权的形式离开俄国但最后放弃斗争目标转为侨民的第二种侨民。虽然米留科夫承认，精神上承认苏维埃政权并服从该政权的一切条件是个人的问题，但提醒：“每个人应该为个人的行为负责，有个狮子洞的伊索寓言：我见到许多进去的脚印，却看不到出来的脚印……”①

米留科夫从邓尼金、弗兰格尔的例子总结了反苏活动和白卫运动失败的原因，他得出结论：“以前斗争的失败在很大程度上可以说是掌握斗争领导权的那个社会阶层的失败，这一阶层自觉或不自觉地赋予了斗争以某种政治色彩，旧有的统治阶级的习惯和方法现在应为新的民主俄国的方法所取代。”②

米留科夫承认经过三年的建设，布尔什维克已建立了非常有效的统治机器，武装的道路不可能推翻苏维埃政权，因此应该提出“新策略”，这一策略应建立在“俄国内部的斗争心理”上，而不是只会给布尔什维克以外部入侵借口的不切实际的幻想上，只有外部的威胁消失，俄国内部积累起来的反布尔什维克的敌对情绪才能暴露出来。因此他提议停止与苏维埃政权的武装斗争。

米留科夫认为俄国短时间内形成了新的社会结构和发生了巨大精神变化，新的社会阶层和新情绪是复兴的希望。农民阶层和中等市民阶层，特别是知识分子已经形成了新的社会结构，

---

① 米留科夫：《十字路口的侨民》，巴黎1926年版（下同），第87页。

② 同上书，第134—135页。

他们会因对布尔什维克所进行的社会改革的不满而将其政权推翻。为此,立宪民主党必须鲜明地提出解决农民土地问题的纲领,农民不再支付赎金就可以获得土地的所有权。巴黎小组甚至在考虑将立宪民主党改名为“农民党”(Крестьянская партия)的可能性。①

在民族问题上,米留科夫放弃中央集权制主张,支持联邦制。他在立宪民主党中央委员会的一次会议上说:“我很久就已经赞成联邦制,统一的不可分割的俄罗斯,已是死去的口号”,②他在这份报告中再次申明应坚持民族平等、民族自愿的方式来解决这一问题。至于国家的组织形式问题,米留科夫仍建议将其搁置一旁,直到立宪会议做出决定。

米留科夫的新策略的主张立刻在侨民中产生不同反响,乃至轩然大波。

米留科夫的新策略在“路标转换派”那里得到了积极的回应。“路标转换派”多数在国内战争时期与白卫运动有一定的联系,他们中的一些人也曾是立宪民主党的成员。如“路标转换派”的著名人士乌斯特里亚洛夫在国内战争时不仅领导高尔察克政府的宣传工作,而且领导着俄国东部立宪民主党中央委员会。该派在总结白卫运动失败原因时,与米留科夫得出相近的结论。即借助于英法美日等外力反苏的同时,就已经被迫丢掉了“爱国主义”的旗帜,因而在民心向背上大大失分以至败绩。当1921年新经济政策实施后,他们认为革命已经踏上热月之路,即“布尔什维主义的经济

① 参见库夫希诺夫:《国内和侨民时期的立宪民主党》,载《近现代史》,莫斯科1995年第4期,第57页。

② 同上书,第60页。

的布列斯特"。乌斯特里亚洛夫预言:"新经济政策——这不是政策,而是进化、内部的蜕化。"[①]因此,"路标转换派"主张停止武装对抗,转而与苏维埃政权合作,并促使它继续"向右转"。对"新策略"做出了积极的回应。米留科夫曾经表示:"路标转换派同我有某种共同的东西"。

然而,米留科夫遭到来自立宪民主党内部右派的强烈反对,其代表者是以纳巴科夫为首的立宪民主党柏林小组。1921年1月9日,柏林小组发表了"人民自由党柏林小组对修改策略报告的意见",文中严厉批评了"新策略"。纳巴科夫认为:"弗兰格尔暂时的失败并不意味着白卫军斗争的终结,这不应该影响到反布尔什维克的策略,放下武装现在还为时过早,应继续坚持斗争,直到达到目的为止。"[②]他认为与布尔什维克的斗争应该继续下去,军队是"我们保存下来的最珍贵的"力量。另一位立宪民主党人尤列涅夫宣布:"如果谁要分散我们的军队,那我们就与他没有共同的语言;如果他想保存这个军队,那么生活将消除我们的分歧,但可以想象,这个任务是不能完成的。"[③]

为解决"新策略"争论问题,境外各小组于1921年5月26日至6月27日在巴黎举行立宪民主党中央委员会代表大会。会上大部分人坚持继续进行武装斗争,并在会上通过了否决"新策略"的决议,认为"新策略是个别人物的事,不代表党,没走出个人计划

① 尼里显:《米留科夫和斯大林:米留科夫侨民时期的政治进化(1918—1943)》,载《近现代史》,莫斯科1995年第2期。

② 同上。

③ 卡尼采娃:《米留科夫制定的侨民立宪民主党小组的策略方针》,载《米留科夫:历史学家,政治家,外交家》,莫斯科2000年版(下同),第153页。

的框架"。[①] 米留科夫和他的追随者拒绝服从决议，立宪民主党的再次分裂不可避免。

米留科夫的新策略之所以不被人理解，并且遭到立宪民主党内的强烈反对。主要原因在于他的思想转变和新策略设想超越绝大多数立宪民主党人对局势的判断水平。数年白卫运动的失败已使大部分侨民情绪上变得焦躁，如曾经是立宪民主党中最"左"的彼得龙凯维奇此时已站到了极"右"的立场上去了。而且多年的隔绝，使侨民已不了解国内政治和经济形势的深刻变化。而且无独有偶，"路标转换派"的主张同样遭遇到了俄国侨民猛烈的抨击，如前面提到斯徒卢威称"'路标转换'是俄国精神发展史中最可怕的现象"，"路标转换派"是"下流的"和"怯懦"的。[②]

社会革命党代表了俄国最广大的农民阶层的利益，同时它也是十月革命后布尔什维克党执政后的最后一个"革命同路人"。米留科夫认为必须与国内的社会革命党结盟，采取"通过左手推行左的政策"（проводить левую политику левыми руками），从苏维埃政权内部寻找盟友，从内部推翻苏维埃俄国或促进政权转变。他说："现在的斗争从原来的民族军事中心根据需要一部分转到国外，一部分转到俄国内部。"[③]

还是在 1919 年 5 月，立宪民主党人维纳维尔、马克拉科夫、科诺瓦洛夫试探与右派社会革命党接近。他们与巴黎的社会革命党人阿科谢奇耶夫、布纳科夫、卢特涅夫进行了一系列会面，

① 卡尼采娃：《米留科夫制定的侨民立宪民主党小组的策略方针》，载《米留科夫：历史学家，政治家，外交家》，第 157 页。

② 斯徒卢威：《选集》，第 326—327 页。

③ 米留科夫：《十字路口的侨民》，第 132 页。

在会谈中找到了某些问题的共同点,如保持俄国的完整性、对新国家的教育等等。1920 年 1 月末 2 月初,维纳维尔和科诺瓦洛夫受立宪民主党中央委员会的委托,试图再次着手与巴黎社会革命党建立联络,主要是协商建立国家委员会的事宜,以及土地和民族问题,但 2 月 17 日维纳维尔收到答复说,多数巴黎社会革命党人认为两党的联合暂时无法实现,只能在以后给予明确答复。

立宪民主党巴黎小组和社会革命党巴黎小组的会议终于在 1920 年 10 月末召开。双方都想建立一个统一的权威机关,以此在外国人面前保持尊严和俄国的统一。米留科夫希望加入这个机关的成员必须是其他党派或组织中拥护他的人。与此相反,社会革命党人坚持召开从前的立宪会议的成员会议,并且不允许增加非会议成员的社会活动人士。最终,米留科夫作出让步。

1921 年 1 月 8—21 日,在巴黎举行了立宪会议成立大会,参加者没有达成推选“常设机构”,而只是建立了专门的执行委员会。初时社会革命党人计划由自己的代表组成,最终谈判结果是执行委员会的成员由各方共同组成。另外,委员会决定准备筹建国家委员会,预计在下一次召开的大会上达成共识,但下次大会的召开日期却没有确定。随后,两者的合作出现停滞状态:社会革命党召开的专门中央委员会,坚决不支持社会革命党和非社会革命党建立联盟,实质上表明了参加大会的巴黎社会革命党人的行为被社会革命党中央委员会否定了。社会革命党在其机关刊物——《俄罗斯思想》上宣布拒绝承认与立宪民主党联合渗透和影响苏维埃的计划,并在社论中声明:“反布尔什维克主义的党一致同意推翻与非社会主义党派的合作"[①]。立宪会议大会的新会议一直没有召开,执行委员会只是局限于侨民的生活或苏维埃俄国的某些事件,立宪民主党与社会革命党就在俄国当前行动(铺设通向俄国民主大众的道路)的某些问题达成协议的可能性微乎其微。参加大会执行委员会的社会革命党人没表示出任何扩大合作的意愿。埃里亚谢夫痛苦地指出:"我们处于极端孤独中……所有的人都远离我们。"[②]米留科夫也承认立宪民主党确实"在迷惑中彷徨"。但在第一阶段他认为所有的这些妥协和牺牲是有价值的,因为他认为达到与社会革命党人结盟才是"最重要的",而与其他党派的政治小组最多只能建立某种局部联合的可能性。

维纳维尔和沃尔科夫仍然坚持靠吸引社会革命党、民族社会主义者甚至孟什维克来扩大左派联合。但社会革命党小组拒绝类似的扩大联盟的想法,因为如果这么做,将使他们离开"左派联盟"而在国内失去民心。米留科夫小心翼翼地维持立宪民主党与社会革命党的接触,因为米留科夫认为,一旦与社会革命党的"同盟"破裂,对"新策略"主张和立宪民主党本身都意味着灾难,因为立宪民主党人还没有足够的力量独立行动。米留科夫建议维持与社会革命党的接触,等待在社会革命党内接受"新策略"的人士获得领导权后,能够不顾党内其他人士的反对而行动。

最后,米留科夫指望利用社会革命党的分裂带来的机会,从而与其右翼联合的希望落空了。1922 年 6 月,社会革命党巴黎会议通过了保留立宪会议执委会 4 个月时限和不再召开立宪会议大会

---

① 《俄罗斯自由》,布拉格 1921 年 3 月 30 日,总第 165 期。

② 乌斯特里亚洛夫:《为俄罗斯而斗争》,哈尔滨 1920 年俄文版,第 150 页。

的决定。科诺瓦洛夫宣布,立宪会议大会执委会到1922年末停止活动。随着社会革命党作为一个合法的政党被俄共(布)取缔和1922年大批知识界人士被驱逐出境,新策略在国内的实施已成泡影。

米留科夫之所以冒着政治压力提出"新策略",最主要的原因是灵魂深处"爱国主义"意识的作用。米留科夫多次表示:"我根本不想由历史学家变成政治家,但我还是这样做了,因为这是时代的要求。"①作为有理想和有抱负的知识分子,在时代风云变幻之际,米留科夫没有躲进历史学家的"故纸堆",而是挺身赴难,承担政治使命。尽管他坚持反对布尔什维克,但他不愿意看到祖国兵火混战,生灵涂炭。"路标转换派"代表人物、坚持"为俄罗斯而战"的乌斯特里亚洛夫也表达了同样的感想,他承认:"即使白卫运动已经失败,我们仍有得以安慰的东西,即我们所希望的——祖国的统一、民族的强大——实现了。"②因此,米留科夫作为识时务者发出了停止武装斗争,改变斗争策略的呼吁。在这里,米留科夫还是将国家利益和民族利益放到了第一位上。苏俄领袖季诺维也夫在1923年曾表示欢迎米留科夫回国,去当他熟悉的教师或档案保管员。米留科夫在最后一本著作《布尔什维主义的真谛》(*Правда о большевизме*)中已经谈到了对苏维埃制度的正面认识。③

米留科夫作为自由主义知识分子,将宪法作为基本信条,坚持通过和平、合法的方式进行改革,通过和平演进的方式,由专制制

---

① 米留科夫:《回忆录》第1卷,第265页。

② 乌斯特里亚洛夫:《为俄罗斯而斗争》,第5页。

③ 参见尼里显:《米留科夫和斯大林:米留科夫侨民时期的政治进化(1918—1943)》,载《近现代史》,莫斯科1995年第2期。

度逐步过渡到资本主义制度，建立以议会制度为基础的君主立宪制政体。他希望俄国能成为君主立宪制国家，正如他在《俄国文化史纲》中写道的："回首过去，驻足未来，俄国加入欧洲大国的行列已为期不远——俄国的历史进程并没有停滞，他只是以自己较慢的步伐前进，但没有间断。"[①]他因此被称作"俄国的欧洲人"。[②] 但是他在现实中却屡屡碰壁受挫，他一生经历曲折动荡，最后以悲剧谢幕。一个热爱祖国，珍惜自由的知识分子在那个特定的历史环境中走完了自己的一生（于 1943 年 3 月 31 日在法国逝世），给后人留下历史的反省。米留科夫个人的政治活动及其思想变化既是俄国资产阶级在政治民主运动中的复杂心态的反映，也是自由主义在这一特殊的历史时期发展变化的一个缩影。

二、斯徒卢威：坚持保守自由主义立场

斯徒卢威同其他俄国知识分子一样，经历了 1905 年改革与革命的激情撞击，经历了 1917 年二月革命的痛苦回忆，以及 1917 年十月革命后的艰难抉择。从 1917 年 11 月起，斯徒卢威先后参加了旧俄将军尤登尼奇、邓尼金和弗兰格尔组织的反苏维埃政权的活动。1921 年，斯徒卢威流亡国外。1928 年，他宣布退出政治舞台，专心研究和著述。

从 1921 年流亡国外到 1944 年客逝他乡，斯徒卢威经历了他的人生最后阶段和思想的最痛苦阶段。斯徒卢威从"伟大俄罗斯"命题出发，从否定苏维埃政权和布尔什维克主义开始，彻底地否定

---

① 米留科夫：《俄国文化史纲》第 1 卷，莫斯科 1996 年版，第 294 页。

② 这一称呼参见雷赫：《一个俄国的欧洲人——俄国政治中的米留科夫》，圣母院和伦敦 1969 年版。

了俄国知识分子中的激进主义思想和变革社会的“革命式”道路。同时，斯徒卢威也完成了对自己思想的清算，在政治上更加“右倾”和保守，他宣布自己坚持“保守的自由主义”。

任何一个俄国侨民，在踏上异国土地之后，不论其原来的身份高低、经济状况好坏，大都有一段痛苦的适应和艰辛的努力过程。斯徒卢威也是如此，他陷入了物质生活上的贫困状态。他在1939年5月给弗兰科的信中说：“我希望，我不会由于麻痹而跌伤，不会失去理智，或许那个时候俄国侨民才会想起我。”①

斯徒卢威对布尔什维克夺取政权以及给“伟大俄罗斯”带来的“灾难”始终坚持不理解和不宽恕态度。他坚持认为苏维埃制度是荒谬的偶然现象，而白卫运动则是合法的形式。斯徒卢威批判布尔什维克的知识分子政策，他认为：“……政权与最有文化的社会阶层的决裂同时是与人民的决裂。在国家中，那样一种形势是极其不正常的，实际上，它是一个劲地吞噬着国家机体的害虫。”②

斯徒卢威较早踏上侨民的道路，积极地参加了反苏维埃政治活动，即使是在整个侨居国外期间，他对十月革命和布尔什维克的敌对态度没有一丝改变。因此，他无法理解曾经是生活中的亲密朋友、政治上的同道者们的“软弱”，无法理解他们与苏维埃政权的妥协。别尔嘉耶夫回忆自己在1922年底初到德国后，斯徒卢威与他“彻底断交，不再见面，中断一切来往”。别尔嘉耶夫感到斯徒卢威等“侨民的敌对情绪使我备受折磨”。③ 弗兰科也谈到了斯徒卢威不调和的反苏立场，“对布尔什维克道德上的否

① 弗兰科：《斯徒卢威传》，第170页。

② 斯徒卢威：《选集》，第190页。

③ 别尔嘉耶夫：《自我认识——思想自传》，第230页。

定，与布尔什维克积极斗争的认识”完全促使斯徒卢威形成对苏俄的否定态度。[①] 1921年，斯徒卢威的《关于俄国革命的思索》在索菲亚的俄国—保加利亚书籍出版社出版，书中他继续对布尔什维克和知识分子的激进主义进行了批判。斯徒卢威坚持自己的思想，直至1928年，他始终是白色侨民中反苏和反布尔什维克的著名政治活动家。

1921年7月，在布拉格、巴黎、柏林和哈尔滨等地相继出版《路标转换》杂志和文集，宣布俄国发展“路标”已随着国内新经济政策的实施发生了巨变，呼吁侨民知识分子的“路标”也应随之发生转变，应该从爱国主义出发，与苏维埃政权合作，回国参与新国家的建设。斯徒卢威批评说：“在改变了道德心理的理智中，《路标转换》是俄国精神发展史中最可怕的现象。”[②]斯徒卢威对侨民中较有影响的“欧亚主义”思潮也表达了批评意见，该思想的“斯拉夫主义”趋势和对待布尔什维主义的妥协态度使他极为反感。他对弗兰科于1927年发表在《欧亚学报》的文章提出批评，弗兰科感觉到尽管斯徒卢威“仍然习惯于称‘热爱和尊敬我’，但是把我参与欧亚主义出版物看成‘证明了我的道德嗅觉的缺陷’”[③]。于是，弗兰科在给斯徒卢威的信中为自己的行动做了申辩，他表示：“我实际上一点也不赞同欧亚主义者的学说，只是有兴趣看待它，把它看成是侨民中鲜活的和真正的社会思想的唯一反映”，“我当然不是欧亚主义者，任何时候也不是，因为任何时候我都未被套到欧亚主义的战车上。我清楚地意识到这种倾向的思想和道德上的浅薄性，

---

① 弗兰科：《斯徒卢威传》，第125页。

② 《俄罗斯思想》，布拉格—巴黎1922年第1/2期，第2—7页。

③ 弗兰科：《斯徒卢威传》，第135页。

孩子气的原因就在这里”。①

1926 年，斯徒卢威担任了联合右翼和保守派力量的国外代表大会的主席职务，他成为侨民中保守主义和皇权主义组织“俄罗斯民族联盟”（Русское национальное объединение）的创始人之一。他创办了《复兴》报（1925—1927 年），但因与投资者发生分歧，最终被剥夺了编辑权。这对于斯徒卢威是一个沉重的打击，因为这份报纸对于他来说具有一定的政治意义。他的亲密朋友弗兰科回忆说：“在《复兴》报编辑工作终结后，斯徒卢威基本上结束了‘风暴和政治冲锋’（Sturm-und Drang-periode \ период ‘бури и натиска’）时期。在斯徒卢威退出《复兴》报编辑部后，虽然在一段时间里他还试图在他创办的《俄罗斯》周报上实行他的政治路线，但是很明显，从前的激情已经走到头了。在 1928 年 5 月，《俄罗斯》周报停刊。斯徒卢威返回布拉格，后来在 1928 年春天又去了贝尔格莱德，参加俄国作家代表大会。如果我没有说错的话，他所经历的打击最终消弥了他的许多幻想。斯徒卢威回到了学术工作上，他的生活和情绪开始集中和平静下来了。”②

总的来说，斯徒卢威在侨民时期的主要经历和工作不是政治性的，而是文化性和学术性的。斯徒卢威同许多有思想、有责任、有才华和有能力的侨民知识分子一样，致力于在异国他乡，在难以想象的生存环境中和所在国的主流文化强大压力下，艰苦不懈地创办各种学术机构、各类学校、各类俄文报刊、各类艺术团体，参加东正教堂奠基仪式和宗教活动。他试图尽自己的力量和影响，保

---

① 弗兰科：《斯徒卢威传》，第 135 页。

② 同上书，第 146 页。

存俄罗斯语言文字和学术研究传统，维护宗教信仰，努力使侨民的下一代不忘记祖国的文化，用俄罗斯民族精神教化侨民及自己的子女。

1921年至1925年，斯徒卢威侨居柏林，1925年至1928年，侨居布拉格，1928年至1942年，侨居贝尔格莱德，1943年侨居巴黎，直至在这里病逝。斯徒卢威担任了1921年在布拉格建立的国际俄国学术组织联盟主席职务。斯徒卢威参与创建柏林的俄国科学学院，担任历史学和文化课程的教学。斯徒卢威还担任了布拉格的俄罗斯人民(自由)大学社会科学学部的教授职务。1928年秋，斯徒卢威移居贝尔格莱德，他在捷克斯洛伐克国务活动家克拉马什的资助下创办了《俄国与斯拉夫人》周报(1928—1932年)。然而像《复兴》报一样，“编辑部很快地充满了右翼侨民的庸俗和日常的稿件”。[①] 斯徒卢威参与组建当地的“俄国科学学院”，并且担任社会科学学部主席职务。斯徒卢威将很大的精力用于教学，他主要讲授俄国国家史和俄国文化史，弗兰科回忆：“我听过几次他的课，并且再一次为他的渊博的学识，为他在历史学的所有领域里的博学多才而折服(甚至包括如俄语史)。我坚信在其知识的规模和思想的原创性方面，斯徒卢威直至自己的生命的终结都无愧是俄国一流历史学家。我们痛苦地看到，斯徒卢威在为数不多的俄国老将军和老太婆面前浪费着自己的无法计量的知识宝藏。而年轻人由于毫无意义和偶然的事情而缺席。”[②]

退身于政治的斯徒卢威全力从事学术研究和教学工作。1930

---

① 弗兰科：《斯徒卢威传》，第150页。

② 同上书，第155页。

年，斯徒卢威参加了在贝尔格莱德召开的俄国作家代表大会。斯徒卢威出席这个会议不仅仅是由于大家一般意义对他的尊重，而是对他的文学创作成就的承认。斯徒卢威的出版业绩对于许多俄国文学家、国务活动家和社会活动家（如著名诗人布洛克、政治家维特、文学家列思科夫和政治家罗将科等）来说是有目共睹的。他们认为斯徒卢威本人是一个具有鲜明个性、具有多方面才能以及很高艺术天赋的人。在普希金的作品中，斯徒卢威认为自己感受到了“鼓舞性的召唤和全人类的伟大经验”，在陀思妥耶夫斯基的作品中，他看到了“俄国精神复兴的先知”，在伊万诺夫·阿克萨科夫的作品中他找到了“代言的法律和真理”[①]。他认为通过这些观点可以看到作者对文化价值和人文思想深刻的理解。弗兰科评价：斯徒卢威“以普希金的方式或者是歌德的方式祝福生活、热爱生活和评价生活，保持对他们的兴趣，并认为生活中的一切都是重要和有意义的”。[②] 斯徒卢威承认人类生活的重要价值，并促使他关注文化问题。斯徒卢威认为：“在任何时刻，甚至是在革命最紧张的时刻，文化都不是不存在的小零碎。”[③]

随着第二次世界大战的爆发，斯徒卢威的命运发生了转变。1942年1月，斯徒卢威已经预感到德国法西斯将对南斯拉夫采取突然军事行动。但是他与妻子尼娜仍然快乐地与朋友度过了东正教的传统节日——谢肉节。随后就发生了德国法西斯对塞尔维亚的入侵，开始了对贝尔格莱德的空中轰炸，导致数千人死亡，接着南斯拉夫失陷。由于亲德国的一个俄国侨民的告密使斯徒卢威被

---

① 斯徒卢威：《赶快做事·文集》，莫斯科1991年版（下同），第23、31、42页。

② 弗兰科：《斯徒卢威传》，第202页。

③ 斯徒卢威：《赶快做事·文集》，第9页。

逮捕，被关押在格拉茨的监狱里，他经受了生死考验。对此，弗兰科拥有切身的感受。弗兰科回忆："为了躲避德国占领军，因为我不是亚利安人，被逐出境和毒气室的死亡威胁着我。到 1945 年，才与我的孩子们联系上。"[①]3 个月后，斯徒卢威才获得了自由，返回贝尔格莱德的家中。然而他们的住房已成残垣断壁，"没有生火的储藏室，他们的住宅已经被破坏，老人们仅仅返回去过夜，而白天一整天赖在熟人那里，为的是使自己暖和起来。"[②]1943 年 3 月，斯徒卢威一家辗转来到巴黎，但巴黎并没有给他带来多大的希望。

当德国法西斯进攻苏联后，斯徒卢威陷入矛盾之中，按其本意，他既不能接受布尔什维克主义，也不能接受法西斯主义，因为在他看来，两者都是罪恶的。他希望德国法西斯占领俄国来结束斯大林体制，但是这又将毁灭他心目中的"伟大俄罗斯"。随后，斯徒卢威又把自己的期望寄托在同盟国军队之上，把丘吉尔看成是俄国的"拯救之神"。斯徒卢威在给朋友的信中预先警告西方阵营"拒绝与斯大林共同行动"，建议英国"在德意志民族中打下一个楔子，这个民族的机体基本上是健康的，而他的领袖则是精神失常的"。[③] 于是，斯徒卢威在宣布告别政治之后，不自觉地又回到政治问题上了。

在巴黎，他开始了《批判哲学体系》和《俄国社会经济史》的研究工作。在他生命的最后日子，斯徒卢威仍然坚持去法国国立图书馆进行他的研究工作。斯徒卢威在给弗兰科的信（1943 年 4 月 23 日）中承认："当体力走下坡路时，作为作家和学者，在 70、80 岁

---

① 弗兰科：《斯徒卢威传》，第 368 页。

② 同上书，第 180 页。

③ 派普斯：《斯徒卢威：右翼自由主义者（1905—1944）》，第 432 页。

时终于成熟了。当纯粹‘外部’的记忆涉及体力处于下降状况,或者至少是沿着下降的曲线运动时。”①1944 年元旦,弗兰科收到斯徒卢威寄来的最后一封信。斯徒卢威在信中表示:“我是那样地忙于自己的研究工作,这个工作那样地从内心吞没了我,以至于我简直没有力量旁顾他事……我的任务不轻:完成新的俄国历史的综合,这个历史不是指俄国空间的历史,而是指俄罗斯文化和俄国国家体制的历史。我不仅要完成这个理性任务,而且要全身心体验自己的灵魂。我清楚地看见,在创作可能性和能力方面留给我的已经是不大的生活的碎片……祝愿你和你们所有人,我的朋友们,在新的一年里实现所有人的愿望,应当寄希望新的一年为多灾多难的世界带来安宁。”②1944 年 2 月 26 日,斯徒卢威因心脏病在巴黎去世。

斯徒卢威是 19 世纪末 20 世纪初俄国知识分子中最值得关注的一个人,他也是这一阶段自由主义知识分子阵营中的领军人物,其思想演变经历了从“左”到“右”的多次摇摆,发生了从“马克思主义”到“自由主义”再到“保守主义”的游离,反映了那个时代俄国知识分子最普遍的心态和命运。

长期以来,无论是苏联学术界还是我国学术界,斯徒卢威都是“合法马克思主义者”、“反革命分子”、“苏维埃政权凶恶的敌人”的代名词。③ 中外学术界过多地关注于他作为政治活动家在 1917 年十月革命前后的政治立场和表现,而忽视了他作为思想家的学

① 弗兰科:《斯徒卢威传》,第 184 页。

② 同上书,第 188 页。

③ 参见《近代现代外国哲学社会科学人名资料汇编》,商务印书馆 1978 年版,第 2279 页。

术成就以及侨民知识分子代表人物的主要活动,更缺乏对他一生的思想发展和学术成就的全面评价。① 然而,正如当代俄罗斯学者格纳久克所言:"斯徒卢威的一生充满了政治事件和政治动荡。他在俄国精神和政治发展中发生了重要的作用,然而这个思想家多方面的创作遗产和政治体验对于广泛的俄国全社会却是知之甚少的,他暂时在俄国思想史上没有获得恰如其分的地位。"②

在20世纪初俄国社会大转型的过程中,感受最深的莫过于来自各个营垒的知识分子,他们的思想主张、他们的政治理论、他们的孜孜追求、他们的心路历程以及他们的人生际遇构成了最鲜活的俄国思想史。"透过斯徒卢威的命运,表现了作为反映整整一代

---

① 关于斯徒卢威的研究可分为三类:第一类是俄国侨民学者的研究。尼古拉耶夫斯基:《斯徒卢威》,载《新杂志》(纽约1945年第10期);弗兰科:《斯徒卢威传》(纽约1956年版),在斯徒卢威去世后最早对他的思想和生平进行了研究。第二类是苏联学界和政界的研究。列宁作为斯徒卢威的同时代人和曾经的同盟者,主要是从政治上给予斯徒卢威以评价,他肯定"由于结成了这个联盟,我们才极为迅速地战胜了民粹主义,并且使马克思主义思想(虽然是在庸俗化的形式下)广泛传播起来"。(参见《列宁选集》第1卷,人民出版社1995年版,第304页)但是列宁也认为斯徒卢威是"从机会主义开始,从'批评马克思'开始,而过了几年就滚到反革命的资产阶级的民族自由主义那儿去了","是个最露骨的反革命自由派"。(参见《列宁全集》第24卷,人民出版社1990年版,第357页)托洛茨基也是斯徒卢威的同时代人,他认为斯徒卢威思想中最大的问题是具体表达上观点的混乱。(参见托洛茨基:《政治中的斯徒卢威先生》,圣彼得堡1906年版,第1页)在当代俄罗斯学术界有代表性的著述包括:比沃瓦洛夫:《俄国自由的十字军》,载《文学评论》(莫斯科1990年第12期);科列洛夫等:《俄国复兴的教主圣像——斯徒卢威的命运》,载《知识就是力量》(莫斯科1991年第12期);塔塔尼科娃:《政治中的哲学家——论斯徒卢威》,载《莫斯科大学学报·哲学卷》(莫斯科1991年第4期)。第三类是欧美学界的研究。代表性著作是美国著名俄国史和苏联史家派普斯用20年时间完成的《斯徒卢威:左翼自由主义者(1870—1905)》和《斯徒卢威:右翼自由主义者(1905—1944)》(剑桥1970年和1980年版)。

② 格纳久克:《作为社会思想家的斯徒卢威》,第9页。

人优秀思想和导致两个时代思想断裂的俄国自由主义的巨大的思想和人类的悲剧。”[①]斯徒卢威的思想波折反映了那个时代知识分子对国家体制和国家命运的痛苦思考、真诚期望以及艰难的精神探索。

作为政治家的斯徒卢威早已经、也应该为历史所湮灭，但作为思想家的斯徒卢威在俄国思想文化史长久地占据重要地位。斯徒卢威及其思想是属于那个时代的，因此对斯徒卢威的生平及其思想演变的研究和评价也应该回归那个时代。

斯徒卢威是一位优秀的哲学家，但是他在哲学方面的成就主要的不是表现在对哲学原理以及宗教哲学方面的研究上，而是表现他的政治哲学观上，表现在他将自己的哲学观点应用于对俄国历史、现实以及未来的深层思考之上。斯徒卢威自称：“在哲学领域是一个批判主义的实证主义者，在社会学和政治经济学领域是一个坚决的、但完全不是忠实的马克思主义者。”[②]对于斯徒卢威来说，任何思想都不是抽象的，即“一般地讲，历史活动家只是因某些任性而被注入一些内容的外壳”。[③] 弗兰科认为：“斯徒卢威不是单一的哲学思想家，紧张地专注于研究世界日常现实的最近的奥秘，也不是单一的宗教—心灵（душа）思想家，急剧地体验着宗教难题和该难题带来的痛苦。然而，他在某种普通意义上看是哲学家式的思想家，有着宗教思想家的心灵”，“斯徒卢威是从一个方面，即把哲学视为学术知识的方式论，作为理解学术知识的主要概念和普遍路径，同时又从另一个方面，即把哲学视为生活中的一般

---

① 阿尔希波夫等著：《肖像中的俄国史》第1卷，第309、310页。

② 别尔嘉耶夫等著：《唯心主义问题》，莫斯科1902年版，第5页。

③ 斯徒卢威：《维特伯爵：特点体验》，莫斯科—彼得堡1915年版，第3页。

的精神定向的指南，来评价和研究哲学的。按照他的本体论世界观的内容，我已经谈过，斯徒卢威是一个多元论者。"①

斯徒卢威的自由主义政治哲学观点经历了一个发展过程。最初，在1905年革命失败之前，他还是照搬英国自由主义的理念，即坚守"绝对的个人主义"(абсолютный индивидуализм)的原则，强调"任何国家，任何民族精神都不是本质(сущность)和实质(субстанция)"，"自由主义就其形式是作为对个人不可分割的权力的承认，……是真实的民族主义的唯一外表(вид)，是真正的对民族精神的尊敬和自尊，是对民族精神的活生生的载体(носитель)和对民族精神创造者权利的承认"；他反对"经验主义的国家神话，即神话任何形式的国家政权"，他还在国家中发现了"超乎人的存在的特别倾向"，国家是超理性的(сверхразумный)和"脱理性"的(внеразумный)。② 但是，1905年的改革和革命失败惊醒了斯徒卢威，他在改革和革命中看到了个人主义和个人欲望的极度膨胀。政府和最高统治者出于对自身利益的考虑，拒绝改革，拖延改革，最终以国家暴力的血腥方式压制了人民大众的民主和自由呼声。而反对派和激进主义者出于对国家的憎恨和个人欲望的放纵，拒绝来之不易的改革成果，结果是个人主义战胜了理智和责任，最终地将俄国拉进革命的深渊，给国家和民族带来了巨大的灾难。通过《路标》和《来自深处》的探讨，在经过深刻的反思之后，斯徒卢威的自由主义思想和政治哲学观发生了根本的转变，即将国家利益和"伟大俄罗斯"利益放在首位。斯徒卢威承认在个人和

---

① 弗兰科：《斯徒卢威传》，第223、225页。

② 斯徒卢威：《爱国主义、政治、文化、宗教、社会主义》，第230、235、261页。

国家之间存在着深刻的矛盾，“自由主义”作为个人政治生活的原则与作为“国家的限制其内部的个人活动范围的力量”的“帝国主义”有着深刻的冲突。他试图调和这一矛盾和冲突，致力于将自由主义与爱国主义结合起来，将“伟大俄罗斯”作为自己的最高信念和最终归宿。他希冀建立一个工业发展的、资产阶级的、欧洲式的和文明的法制国家，吸引人民尤其是知识阶层参与国家生活，克服政权与社会文化因素、人民之间的脱离，保障各种公民权利、政治权利和宪法的实施，实现经济上的强大、政治上的自由，保持民族精神和传统，推动俄国迈入先进的欧洲国家之列。为了实现心目中的“伟大俄罗斯”，斯徒卢威提出一个基本条件，即扩大俄国在黑海区域的经济和文化影响，因此社会各界对“伟大俄罗斯”的理解多集中于向外扩张的问题，实质上斯徒卢威的“伟大俄罗斯”是国家复兴的纲领，包含多层含义，是关于个人、民族、国家、历史的继承与创新的思想，国家的自由和强大是“伟大俄罗斯”的目标与核心，也是斯徒卢威一生所奋斗的目标。

斯徒卢威强调民族精神活跃和存在于国家之中，引导新老一代人思想的继承，精神世界存在于每个人的生命之中，所有民族都与“最高原则”(высшее начало)相连。他提出了“爱国主义情感”(патриотический эрос)的概念，爱国主义即是对祖国的爱，在“个人生活与国家使命”结合的基础上理解不合理的宗教情感和道德的完善。最终，在他的政治哲学研究中，国家学说处于中心位置，而“自由俄罗斯帝国”(либеральная российская империя)——“伟大俄罗斯”的思想则是国家学说的核心所在。他认为民族和民族性是最初的组织原则，是与社会生活的神秘相关联的独特的自然现象。民族作为柔性的自然现象是不定形的和易变化的，然而又集中表现了创造伟大文化和国家制度的潜在能量。民族精神在具有包罗万象和多元特性的文化中构成了自己的客观的化身。文化是形成强有力的和有意识的民族原则——国家的直接中介。文化是否丰富和是否深刻决定了它是否有可能使其他的民族和国家服从于自己。斯徒卢威把民族与国家的分歧看成是文化的分歧，要战胜那种把认识水平、政治制度和秩序看得过高的文化。国家是民族精神和民族文化的精华和能量的核心。斯徒卢威认为俄罗斯文化就是俄罗斯帝国的精神基础。斯徒卢威留给后人这样的精神遗嘱："无论你是信仰社会主义（социализм），还是共和主义（республика），或者是村社（община），对于俄罗斯来说都是没有区别的，但是对于它来说重要的是，你应该尊重它昔日的强大，并尊重和支持它未来的强大……"[①]斯徒卢威认为俄罗斯文化就是俄罗斯帝国的精神基础。斯徒卢威坚信："只有俄国人民拥有了真正的国家性精髓，并且准备为保护它勇敢地与它的任何敌人作斗争，只有在过去的活的传统基础上和在对于现在及未来一代人都是弥足珍贵的成就的基础上才能建成伟大的俄罗斯。"[②]

第四节　侨民知识分子的历史命运和地位

一、无法回避的历史问题

20 世纪前半个世纪里俄国经历了一系列翻天覆地般的政

---

① 别尔嘉耶夫等著：《路标/来自深处》，第 465 页。

② 斯徒卢威：《爱国主义、政治、文化、宗教、社会主义》，封底语。

治变革和社会动荡，战争与革命的多次交替、旧政权的倾覆与新政权的初立、新旧势力的反复搏杀、新政权的困顿与冒进、当权者的暴戾与政治上的不宽容、新战争的不期而至和对新和平的艰难等待，等等，已经在20世纪俄国历史上打下了深深的印迹。对于经历了这个时代种种巨变的人们来说，他们或许是幸运的，亲眼目睹亲身感受了俄国几百年来未有过的沧桑巨变，但他们更是不幸的，他们不得不小心翼翼地在一个个政治旋涡里挣扎以图找到自己生存的位置。但是它给人们带来的最大影响，莫过于对心灵的冲击和精神的震撼。也正是在这个历史时段里，在俄国历史上出现了一场持续半个多世纪的大规模的移民浪潮，在深似鸿沟般的政治分歧的左右之下，几百万俄国人或出于自愿或因驱赶，奔波异国他乡，踏上一条不归之路。这在世界历史上也是极为罕见的现象，值得历史学家加以深入的研究。

俄国侨民史包括侨民迁徙史和侨民运动史两部分内容。俄国侨民迁徙史指的是因战争、宗教、文化、种族、政治、经济、灾难等原因而导致的俄国境内的各民族和各阶层居民大规模向国外迁徙和移居的现象。因文化、种族、血缘、宗教相似或接近并且地域相连，这种现象自古以来在俄国较为常见。俄国侨民运动史指的是侨居各国和各地区的俄国侨民有组织的或自发的较大规模的政治、文化、社会和经济活动，其中包括侨民在侨居国的宗教、文化和教育活动，俄国侨民知识界的思想流派，俄国侨民与侨居国文化的冲突与交流，俄国侨民与苏俄政权的关系等。

侨民运动是20世纪俄国（苏联）历史上的重大事件和重要问

题,同时也是一个国际性的学术问题。① 但是在苏联时代相当长的时期内却是一个学术禁区和政治禁区。苏联政府一度不承认国外存在侨民运动,甚至也不承认苏联有居民侨居海外。② “侨民”这个词甚至在较长时期内不能提及。介绍国外的侨民生活、文学、

① 2005年在悉尼召开的第20届国际历史科学大会的一个重要议题即是“迁徙史:它的政治、经济和文化意义”。参见陈启能:《对当前西方史学发展的两点看法》,载《中国社会科学院院报》,2005年9月23日。关于俄国侨民问题,西方国家研究较早、较深入。如德国作为俄国侨民首选迁徙国,较早展开相关研究。早期著作有舒伯特:《欧洲和东方精神》(W. Schubart, *Europa und die Seele Des Ostens*. Puligen. 1979),普林根1979年版;沃尔克曼:《1919—1929年在德国的俄国侨民》(H. E . Volkmann, *Die russische Emigration in Deutschland* 1919—1929. Wurzburg, 1966/),沃尔兹堡1966年版等;法国也是俄国侨民首选迁徙国和主要侨居国,法国高等社会科学院(下设“俄罗斯、苏联及后苏联研究中心”和法国人文科学之家与俄罗斯开始长期合作研究,每年邀请俄罗斯学者60至90人。仅2000—2003年的合作课题有:俄国移民在法国年表(2000年),两次大战间的俄国移民:社会与文化融入问题(2000年),俄国移民史(常年项目),1941—1975年在法国的俄国移民(2001年),俄国移民在法国(常年项目),政治流亡中的俄国思想家研究(2002年),革命后流亡的俄国化学家(2002年),1917年前法俄金融关系以及俄国流亡银行家(2003年),俄国移民传记辞典(2003年)(具体内容参见端木美:《俄罗斯东欧研究在法国》,载《世界历史》,2003年第1期);从20世纪70年代初开始,美国国务院所属的苏联东欧研究全国委员会提供经费750万美元,由伊利诺斯大学主持并由中央情报局官员霍尔·里克参与,开始了第二次对俄国侨民为期5年的全面调查工作,积累了大量的第一手资料,同时西方国家拥有较多的俄侨档案。较为重要的著作有剑桥大学的马克·拉耶夫教授在1990年出版的《俄罗斯侨民》(*Russian emigrants*. New York, 1990);中国学术界的相关研究起源于20世纪70年代末,到90年代中期达到高潮。基本上是地方史和中俄关系史的研究范畴和研究方法。代表作有:张绥:《东正教和东正教在中国》,学林出版社1987年版;李兴耕等:《风雨浮萍——俄国侨民在中国(1917—1945)》,中央编译出版社1997年版;汪之成:《上海俄侨史》,上海三联书店1993年版;石方、刘爽、高凌:《哈尔滨俄侨史》,黑龙江人民出版社2003年版等。

② 1957年出版的第二版《苏联大百科全书》,在解释“侨民”(эмиграция)条目时说“苏联的建立和人民民主国家的建立消灭了从前人民群众不得不移居国外的现象的原因”。(参见:瓦维洛夫主编:《苏联大百科全书》第49卷,莫斯科1957年版,第26页)1973年出版第三版普罗霍罗夫主编:《苏联大百科全书》和1976年出版茹科夫主编:《苏联历史百科全书》的解释大致相同。

教育、艺术的文章自然不可能在公开刊物上发表。在苏联科学院和大学等研究机构出版的历史著作和历史教科书中完全看不到对侨民历史的记载，至多是在涉及苏维埃政权初期的阶级斗争时，将侨民运动笼统地归于白卫运动之中，而且语焉不详。但苏联政府对侨民档案非常关注，在第二次世界大战末期，俄国侨民存放在布拉格、贝尔格莱德的档案被苏联红军抢运回国，收藏于“十月革命中央国家档案馆”，列为机密级。

苏联最早从事侨民问题研究的是苏联科学院社会科学情报研究所的研究员什卡列科夫，他历时5年写成《俄国侨民的事情与命运》(*Дело и судьба российской эмиграции*)，但各出版社均拒绝出版。最终是作者将书名改为《垂死的白卫运动》(*Агония белой гвардии*)，才于1981年出版。[①]

1991年8月苏联政府宣布民族和解后，国外侨民与国内公民的长期敌对和分裂的历史才告结束，才开始把侨民的文化活动看

---

① 什卡列科夫(Л. К. Шкаренков，1921—1999)，卫国战争期间参加苏联红军，参加波罗的海、库尔斯克、斯大林格勒的战役，两次负伤，在军队中服役7年，获得一级“红星”勋章和6次铜制奖章。后毕业于莫斯科大学历史系，获得副博士学位。曾在《历史问题》(*Вопросы истории*)、《苏联历史》(*История СССР*)、《和平与社会主义问题》(*Проблемы мира и социализма*)编辑部和“思想”(*Мысль*)出版社工作。他于1963年在“十月革命中央国家档案馆”首次接触到俄国侨民档案。1967年到布拉格从事外事活动，经历了捷克斯洛伐克的“布拉格之春”。他收集到了大量的侨民资料，其中包括弗兰格、邓尼金、米留科夫、斯徒卢威等人的日记、通信和回忆录。《垂死的白卫运动》首次于1981年出版，但印量极少，书店根本无法买到，仅作为内部交流。来自哈巴罗夫斯克的读者别尔缅科夫来信说：“人们都争先恐后地读您的书。我只能拥有一夜的时间。能不能告诉我，哪里能够买到。能否再加印，我准备订一本，但时间不要太长。”1983年他以题目为《白色侨民运动：演变与崩溃(1917—1945)》通过了博士答辩。他后来进入苏联科学院情报所工作，曾担任“社会主义国家分部”主任和《俄罗斯与当代世界》(*Россия и современный мир*)杂志主编。(参见《纪念首任主编什卡列科夫》，载《俄罗斯与当代世界》，莫斯科1999年第3期(总第24期)，第5—30页。)

成是俄罗斯文化的组成部分。俄罗斯国立图书馆(即原“列宁国立图书馆”)设立了境外俄罗斯文学部。侨民知识分子的著作大量在国内出版,侨民运动也变成了历史学家、哲学家、社会学家、政治学家和心理学家感兴趣的热点问题。苏联解体后,随着大量的原始档案的公布,使对俄国侨民运动的研究更加深入和广泛。1993年9月在莫斯科召开了由俄罗斯科学院主持的题为“俄国侨民的文化遗产:1917—1940年”的大型国际学术会议,到会学者包括语言、文学和历史各个研究所的专家、高等学校学者和政府有关部门的官员。与会者来自17个国家。会议期间分6个大的问题讨论组,共做了180多个报告和发言。会后出版了由俄罗斯科学院院士契雷舍夫和沙霍夫斯基教授主编的两卷本会议论文集《俄罗斯侨民的文化遗产(1917—1940)》,1994年由莫斯科“遗产”出版社出版。文集内容分设“俄罗斯侨民:命运、政治、历史思想”、“俄罗斯侨民的文化遗产:哲学和神学”、“国外的俄罗斯科学和技术”、“俄罗斯侨民族谱”、“俄罗斯侨民的文学创作”、“俄罗斯侨民的艺术造诣”、“俄罗斯遗产和分类档案”等专题。

二、对侨民知识分子历史地位的思考

20世纪20—30年代的俄国侨民运动和侨民知识分子活动在俄国历史上的重要性是确定无疑的,但是如何从学术角度而非政治角度加以评价?

俄国侨民运动是特殊的历史条件造成的社会现象、政治现象和文化现象,它是俄国(苏联)的一场民族大分裂,作为一幕历史悲剧,它的历史影响是重大而深远的。

十月革命后,200多万俄国人移居国外,它是15世纪末16世纪初俄国成为统一的多民族国家后,第一次发生的如此大规模的国家分裂和民族分裂。几乎是整个20世纪,特别是20—30年代,在地球上实际上出现了两个俄国,一个是苏维埃政权领导下的苏联〔侨民称"国内俄罗斯"(внутренняя Россия)〕,另一个是散居世界各地各国,由200余万侨民组成的"俄国"〔侨民称"国外俄罗斯"(зарубежная Россия)〕。苏联政府和苏联学者一概将国外侨民称之为反动的"白卫运动",这是过分政治化和简单化的做法。事实上,俄国侨民并非全部都参加反对苏维埃政权和布尔什维克的活动,正如他们移居国外的原因并非全部都与苏维埃政权"不共戴天",移居的原因是多方面和复杂的,有的人甚至只是出于恐惧。1921年以记者身份长期在欧洲居住的苏联著名作家爱伦堡在分析侨民"出走"原因时写道:"一部分人由于突然而至的恐怖而逃走,另一部分是由于饥饿而逃走,再一部分人是因为邻居逃走而逃走,因此简单的原因决定了数百万人的命运。"①即使是那些参加了"白卫运动"的士兵、农民和市民也大多缺乏政治的判断能力,而成了政治的牺牲品。

强调独立思考,不与政权合作,强调反叛精神,信奉极端主义是俄国知识分子的群体特点,这些特点既是俄国知识分子引为自豪的个性,也是他们政治上或急躁冒进或退避保守的原因,除去政治主张的分歧外,这些特点也是许多知识分子坚持反对苏维埃政权立场的客观因素之一。十月革命后,许多知识分子放弃了国内的生活环境、社会地位和学术积累,选择流亡国外,拉开了悲剧的序幕。这种流亡和出走,对于他们自身和祖国来说都是巨大的损

① 《爱伦堡文集》第8卷,第3册,莫斯科1966年版,第409页。

失。美国学者赫克评价说:"他们移居到了西欧,因此,断绝了对新一代无产阶级知识分子的直接影响,以致这些新知识分子几乎不知道他们的姓名。事实上,我们已经不再能够谈论苏俄知识分子阶层。作为一个阶层,他已被革命打碎,其中很大部分逃到了西欧和美国。他们在那儿生活,就像离开出生的土地被移栽的植物一样。他们不再靠隔绝的人民的欢乐和悲哀生活,也不能把自己劳动的果实献给人民。知识分子阶层离开本土流亡是其悲剧的顶点。"①大量优秀的知识分子流亡国外,无论是对于俄罗斯文化的发展,还是对于苏联文化教育和科学技术的发展都是一大无法挽回的损失。

1922 年发生了苏维埃政权大规模驱逐知识分子的事件,在今天看来,它至少是一个未深入考虑其政治和社会影响,未深入考虑苏维埃政权长远建设问题的决定。它是军事共产主义的意识形态在思想文化界的体现。苏维埃政权仍然是以"赤卫队进攻"的方式对待它的政治反对派,缺乏对知识阶层政治反对派的内部的分析,缺乏改造知识分子为新政权服务的耐心。著名作家高尔基曾在 1920 年 2 月给列宁写信,呼吁苏维埃政权改变对知识分子不公正的态度。他说:"逮捕了几十个著名的俄国学者,其中包括杰普、奥西波夫、杰别辛、布斯、奥列杰布格、别洛格罗威、格里姆等人,……我认为,知识的力量是国家的财富和人民的力量。革命在它促进这个知识力量的增长和发展时才具有意义。人们应该更加珍惜和尊重科学,在俄国特别应该如此,17 岁的孩子走进兵营,参加国内战争,在那里知识力量的增长将被长久地扼制。我们只顾自己的

---

① 赫克:《俄国革命前后的宗教》,第 159 页。

性命,割下了人民的头,消灭他们的大脑。显而易见地,我们就没有希望获胜,并且缺乏勇气英勇牺牲,如果我们采用野蛮和卑鄙的手段,我认为这是毁灭国家的文化力量,我决定对这种消灭人民的大脑的行为表示抗议。”[①]1922年12月7日,高尔基从意大利写给法国著名作家罗曼·罗兰的信中表示:“有时候我感到非常遗憾,在消灭文化人的事情上,我是不赞同他们的,而且永远也不会在这个问题上表示赞同。在我的祖国,暴风雪在号叫,共产主义者在呐喊,大地上铺满了雪,也布满了雪堆般的人群和言辞。言辞是漂亮的,但它也像雪一样,这不是因为它也是那样丰富,而是因为它也是冰冷的,当一种狂热冷却下来,它就比极地的严寒还要冷。”[②]“哲学家船”事件中被驱逐的知识分子都是俄国各领域最优秀的专业人才,他们被驱逐所造成的巨大的政治、社会和国际影响,不仅使苏维埃政权在外交和道义方面变得极为被动,而且也在一定程度上造成了苏联社会主义建设的最初时期、也是最关键时期,文化、教育、艺术和科学领域的专业人才的短缺。布尔什维克进行社会主义革命依靠的是工人、农民和士兵,夺取政权后的各部门的管理依靠的还是工人、农民、士兵出身的干部,而进行经济和文化建设则要调动知识分子的积极性和创造性。上述事件的出现,迫使苏维埃政权一方面立法加速无产阶级知识分子队伍的建设,另一方面抽调大批文化水平和专业技术水平较低的工农干部来填补因驱逐事件造成的大量知识分子外逃而造成的岗位空缺。对于大多数流亡国外的知识分子来说,离开自己的大学讲台、研究所、实验

① 《俄罗斯自由》,布拉格1920年9月21日。

② 《高尔基致罗曼·罗兰的信》,载《俄罗斯文艺》,1999年第1期,第56—60页。

室、舞台，放弃给他们带来艺术灵感和创造思维的祖国，在极其艰难的生活环境和学术环境中继续开展自己的学术研究和艺术创作则需要克服无法计量的困难，许多知识分子最初流亡国外时，年龄为30—40岁，正值他们的创造高峰期，但是在这样的环境中，他们是无法安下心来从事自己的研究和创作的。对此，当代俄罗斯历史学家泽齐娜的评价是比较公正的，她认为："如果仅就事件之后的发展来看，对于他们来说，与社会的被迫分离反而提供了生活和继续专业工作的可能性，而对苏维埃社会来说，这无疑是知识人才的重大损失。截断了资产阶级思想的传播的渠道，苏维埃政权同时也失去了政治上的对立、但持爱国立场的反对派。"①

这场分裂造成了民族文化传统的断裂，苏联政府已经完全把俄国侨民及侨民创造的文化成就排除在俄罗斯文化之外。

美国著名俄国史学家派普斯认为："20年代初俄国侨民的规模给人的感觉是庞大的，但是给留下更深刻的印象是它的质量。在俄国侨民中有为数甚多的著名作家、学者、政治家、军事家、企业家。为了证明俄国侨民的普遍水平，开列出一系列的流亡国外的著名文学和艺术活动家的名字绰绰有余。"②

他列出了享誉世界的俄侨著名人士：音乐家如：斯特拉文斯基、拉赫马尼诺夫、普罗科菲耶夫、夏里亚宾、古谢维茨基、格列恰尼科夫、格拉祖诺夫（1928年后出国）。画家如：列宾、夏加尔、卡恩金斯基、巴克斯特、宾瓦。作家和诗人如：布宁、阿列克谢·托

① 泽齐娜等著：《俄罗斯文化史》，第294页。

② 派普斯：《斯徒卢威：右翼自由主义者（1905—1944）》，莫斯科2001年版（下同），第408页。

尔斯泰、纳巴科夫、茨维塔耶娃、梅列日科夫斯基、基皮乌斯、别雷、高尔基、霍达谢维奇、扎米亚京、库普林、列米佐夫、巴尔蒙特、瓦切斯拉夫·伊万诺夫。

派普斯还统计了俄侨学者中有5位俄罗斯科学院院士(十月革命前授予),有140名大学教授、数千名著名学者,以及数万名各领域专家。①

著名女诗人茨维塔耶娃是20世纪俄国浪漫主义流派的典型代表,但是她在国外侨居了17年(1922—1939年),度过了她30岁至47岁创作的黄金时期,她的艺术成就曾经既不为西方所认识,更不为苏联所承认,连《大英百科全书》都没有将她的名字和成就收录其中。西方记者评论:“她的这个17年在20世纪西方文学史上没有留下一丝印迹。她所创造的成就不是在巴黎,而是古拉格。”茨维塔耶娃回忆说:“在俄国,我是一个无权出版诗集的诗人,而在国外,我变成了一个没有读者的诗人”,“我从一个任何人都像需要面包一样需要诗人的国度,沦落到了一个谁都不需要诗的世界了。”②

从20世纪30年代起,别尔嘉耶夫的著作就在西方学术界产生了巨大的影响,他被誉为“20世纪俄国的黑格尔”,并于1947年获得剑桥大学的荣誉神学博士学位。但是别尔嘉耶夫曾非常遗憾地表示:“我在欧洲和美洲,甚至亚洲和澳洲都很知名,我的论文著作被译成很多种语言,很多人写了论述我的文章,只有一个国家几乎不知道我——这就是我的祖国。这是俄罗斯文化传统中断标志

---

① 派普斯:《斯徒卢威:右翼自由主义者(1905—1944)》,第408页。

② 弗里德曼—赫鲁斯塔列娃:《侨民运动和侨民》,圣彼得堡1995年版(下同),第70页。

之一。"①同时俄国侨民也无法认同苏联政府强调的新型俄罗斯文化——苏维埃文化，他们认为俄罗斯文化已经固化在他们的血液之中，民族文化不应该因政治制度的改变而改变。30年代布拉格的俄侨报纸《第二代》上这样写道："在这里和那里没有两种俄罗斯文化，只有俄罗斯人已经创造的和正在创造的统一的俄罗斯文化，无论它在什么地方。俄国文化对我们来说不仅仅是各种纪念日和传统，它首先是活的现实。我们的责任，我们认为自己是俄国文化的继承者，这是我们的现实责任，关注它吧，用一切可能为我们文化工作，创造吧，为了不使它变成俄国侨民的活档案。"②

这场分裂长达70余年，期间由于苏联政府的政策和东西方冷战的作用，使国外侨民与国内人民之间长时间缺少沟通，长时期彼此敌对、冷漠，甚至彼此陌生，相互间隔阂不断加大，这对于原本是同一民族的双方来说无异于一场民族悲剧。

知识分子历来是俄国社会中的特殊群体，它同样也是俄国侨民中的特殊阶层，他们忠实地继承了俄罗斯民族的文化传统，并且虽身处异国他乡，身处颠沛流离之中，仍然在极其困难的条件下努力维护和发展民族文化传统，他们所创造的各方面的成就构成了20世纪俄国文化成就的重要组成部分。《俄国侨民的使命》的作者纳扎罗夫本人就出身于侨民家庭，他以父辈和自身多年的感受证明："使命感之于俄国侨民来说，不是因为他们想要承担它，而是因为他们无法逃避它，犹如他们无法自己停止它一样。"③

一般说来，文化传统一旦离开了本国土壤就将逐渐枯萎以至

---

① 别尔嘉耶夫:《自我认识——思想自传》，第310页。

② 《第二代》，布拉格1931年6月6日。

③ 纳扎罗夫:《俄国侨民的使命》第1卷，第6—7页。

消亡，俄国侨民知识分子从他们踏上异国土地的第一天起就清楚地认识到了这一点。30 年代，布拉格俄侨报纸呼吁：“记住，你是难民，难民相互间不是外人，坚持住。寄托希望吧，去听慈善音乐会，跳舞吧，思考吧，开会吧，但是不要忘记，你是俄罗斯人，你不可能有别的国籍，除了俄国国籍。”[①]尽管他们憎恨苏维埃政权，但他们不怨恨祖国及其文化。他们在难以想象的生存环境中努力维护和发展着俄罗斯文化和俄罗斯精神。俄国侨民不管身居何处，他们的信念是：“我们不是被流放，我们是自愿派出（Мы не в изгнании，мы в послании!）”，因为“侨民是离开祖国去寻找更好的生活，而我们是因十月政治变动被迫离开祖国的人，为的是拯救自己的生命”。[②] 尽管侨民背井离乡，处境艰难，但是在他们的心中，祖国、祖国语言和文字是非常重要的和神圣的。仅 1920 年，在西欧的俄侨中就出版了 138 种新俄文报纸，1924 年有 142 家俄文出版社，出版俄文书籍 4 万多种。[③] 侨居国外的著名作曲家普罗科菲耶夫说：“我的耳朵里需要听到俄语，我应该和与我有相同血缘和躯体的人交谈，为的是他们能给我在国外得不到的东西：自由的歌曲，我的乐曲。”[④]他们在难以想象的生存环境中和所在国主流文化强大的压力下，艰苦不懈地创办科学研究机构、各类学校、各类俄文报刊、各类艺术团体、兴建东正教堂，努力保存俄罗斯语言、文字、学术传统、宗教信仰，努力使侨民下一代不忘记祖国的文化。比利时著名的化学家、物理学家、1977 年诺贝尔化学奖金获得者、

① 《消息报》，布拉格 1933 年 10 月 13 日。

② 弗里克曼—赫鲁斯塔列娃：《侨民运动和侨民》序言，第 1 页。

③ 派普斯：《斯徒卢威：右翼自由主义者（1905—1944）》，第 408 页。

④ 弗里克曼—赫鲁斯塔列娃：《侨民运动和侨民》，第 69 页。

著名的耗散结构论和现代热动力学奠基人普里高津即是俄国侨民的后代。他在回忆自己的童年生活时曾表示:“我的双亲一直那样做,为的是使我们这些子女明白我们的根在哪里,例如,我到12岁前一直在学习俄语。而对于我的哥哥——著名的鸟类学家来说,俄语是他的第一语言,对于我倒没有这样要求。我认识俄国是从童年时代就开始了。”①

侨民知识分子的文化、教育、艺术和学术活动不仅继承和发展了俄罗斯文化传统,而且对于侨居国的文化、教育、艺术和学术的发展起到了促进作用,扩大了俄罗斯文化与侨居国文化的交流。他们把自己看成是传播俄罗斯文化的使者。以东方国家俄侨最大的聚集地——中国东北的哈尔滨为例,俄国侨民的到来和侨民文化的发展加速这座城市的现代化步伐,侨民在这里从无到有地建立起现代高等、中等、初等和职业教育体系,发展现代工商业和交通运输业,开展多方面的学术研究,建立西洋艺术设施,带动了当地经济、文化、教育、艺术、学术和市政的迅速发展,使哈尔滨仅在40余年间就由中国东北一隅的小渔村发展成为闻名世界的大都市。②

以“路标转换派”、斯徒卢威和米留科夫代表的侨民知识分子群体的政治立场和政治主张,是与苏维埃政权和布尔什维克对立

① 弗里克曼—赫鲁斯塔列娃:《侨民运动和侨民》,第25页。

② 哈尔滨的城市建设始于1903年中东铁路通车。到了20世纪30年代,哈尔滨已有“东方莫斯科”、“东方巴黎”的称号。届时已有美国、加拿大、墨西哥、日本、印度、阿富汗等16个国家在此设立领事馆。资料记载:1918年时哈尔滨的俄国侨民是60200人,1920年为111073人,1922年为155402人,1923年多达20万人,超过了当地中国居民的人数(不到17万)。参见李兴耕等著:《风雨浮萍——俄侨在中国东北》,中央编译出版社1998年版,第120页。

的和反动的。但是他们在特殊环境和条件下的政治思考,既是19世纪以来知识分子爱国主义主题的体现,也是20世纪以来知识分子的“路标”主题的体现。如果说侨民知识分子迁徙他国,移居他乡是“肉体上”的“出走”的话,那么他们的政治和文化抉择,无论倾向如何,都是以爱国主义为基础的,从而完成了“精神上”的“回归”。当代俄罗斯学者谢拉皮诺娃认为:“俄国侨民,这是复杂命运的人们。讲述他们,他们的组织,他们的生活,他们的活动,这是这些人赋与俄国历史学家独特的责任。”[①]俄国侨民知识分子的命运是悲剧性的,但是他们在特殊环境和特殊条件下的历史思考和文化创造更为宝贵,值得对他们做深入式的、不囿偏见的学术研究。

① 谢拉皮诺娃:《20—30年代捷克斯洛伐克共和国的俄国侨民》,第1页。

代结语：再寻“路标”——新旧俄罗斯的相遇与歧路

冷战结束之际，美国前总统尼克松在他的新著《透视新世界》中写道：“过去的日子，世界发生了海滩滚滑车式的急转突变，从突然看到希望到幻想破灭，接着又是欣喜不已。”[①]持续半个多世纪的冷战留给欧洲人的记忆是痛苦和深刻的，欧洲人对“欧洲复兴”和“欧洲重建”的企盼心情是积极的，但又是复杂的。2003 年 5 月，素有学怨的德国和法国两大思想家哈贝马斯与德里达联袂著文《论欧洲的复兴》（*Nach dem krieg*：*Die Wiedergeburt Europas*），向欧洲各国发出在“欧洲认同”（Europaeische Identitaet）基础上“超越欧洲中心主义”，“重新定位欧洲在国际社会中的角色”的呼吁。[②]

俄罗斯复兴与欧洲复兴息息相关，但两者之间却充满了矛盾。就在西欧政治家和学者热切企盼欧洲复兴之际，在欧洲东端的俄罗斯却在这场运动中扮演着孤寡之形象。不论冷战前夜丘吉尔的

① 尼克松：《透视新世界》，中国言实出版社 2000 年版，第 4 页。若按原书名翻译为《捕获瞬间：美国在一个超级大国世界中面临的挑战》（*Seize the Moment*：*America's Challenge in a One Superpower World*. Simon & Schuster Inc. 1991.），意义则更为准确和深远。

② 德里达、哈贝马斯著：《论欧洲的复兴》，载《读书》2003 年第 7 期。

“欧洲合众国”(European Union)梦想,还是哈贝马斯和德里达的“核心欧洲”(Kerneuropa)构想,均不包括昨天的苏联和今日的俄罗斯。若放眼望去,在18、19世纪的欧洲列强乃至普通欧洲人的眼内,俄国完全是欧洲的“异类”。

1993年美国《外交》杂志发表了哈佛大学政治学家塞缪尔·亨廷顿的《文明的冲突》,给国际学术界带来“地震”,也使俄罗斯学术界连发“余震”,并且俄罗斯社会对“文化”、“文明”和“文明史观”的关注极大提升。

亨廷顿作为美国以政治保守闻名于世的“学政复合体成员”(academic-political complex),他以极其刻薄的学术语言将俄罗斯文明打入“另册”。他以文明间的冲突为视角解析后冷战时期国际政治的思维框架。在亨廷顿看来,冷战后的世界是由八种文明构成:中华文明,日本文明,印度文明,伊斯兰文明,斯拉夫——东正教文明,西方文明,拉丁美洲文明,可能存在的非洲文明。而斯拉夫——东正教文明正处在曾经导致并且仍将继续导致全球政治冲突的“文明断裂带”上,它无疑是冷战结束、意识形态色彩褪色后国际格局中最危险的“文明”,俄罗斯是出现“认同危机”的“无所适从的国家”。[①]

俄罗斯学术界立即对此做出反应。亨廷顿于1995年应邀到俄罗斯学术访问,在莫斯科国际关系学院、俄罗斯科学院等机构发表演讲。《社会科学与当代》、《自由思想》、《国际生活》、《哲学问题》、《社会政治》、《世界经济与国际关系》等杂志设立“圆桌会议”专栏,大量刊发俄罗斯学者的相关文章。但是,“尽管教科

① 亨廷顿:《文明的冲突与世界秩序的重建》,第22页。

书的作者们未必赞同亨廷顿提出的世界未来冲突论的观点，但他们都认同这样一个观念，即两极化之后的世界只有通过'文明论'的图解才能解释：西方文化区或曰'大西洋主义'文化区同'斯拉夫——东正教'空间相对峙，而'穆斯林世界'将不得不在西方或者俄罗斯结盟之间做出选择。"[①]亨廷顿的《文明的冲突与世界秩序的重建》常常被列为大学和中学的文化学课程的必读或首选书目。

困扰俄罗斯数个世纪的"俄国生活中的斯芬克斯之谜"再现了。与此同时，一个似曾相识的名词——"欧亚主义"开始频繁跃然新闻媒体之上和学者笔下，甚至是政治家谈话中。"欧亚主义"能不能复兴俄罗斯？这是一个让当代俄罗斯思想文化界既兴奋又迷茫的问题，它一下子把俄国——苏联——俄罗斯的命运联系在了一起，引发政治家和学者们的思考。

一、复兴危机与问题的提出

自1991年底起，刚刚获得独立的俄罗斯即开始了它的"国家复兴"进程。它发现"自己置身于史无前例的疆界中。它必须像欧洲一样，花费一番苦心为国家重新定位"。[②] 毫无疑问，在告别了社会主义之后，俄罗斯选择了"纯粹"的西方式道路。即政治上的多元化和政党政治与经济上的纯市场经济、外交上的向西方一边倒、思想文化上的个人主义和西方价值观。俄罗斯复兴的核心即是"重返欧洲"，叶利钦总统希望从此搭上"欧洲复兴

① 玛尔莱娜·拉吕埃勒：《文化学——俄罗斯新的"老一套思想"》，载《第欧根尼》，2005年第1期。

② 基辛格：《大外交》，海南出版社1998年版，第8—9页。

的快车",建立"从温哥华到符拉迪沃斯托克的欧洲——大西洋大家庭"。①

但是这个全方位和急速的社会转型却异常波折和时艰命蹇。

在政治转型方面:1990 年 10 月 12 日,俄罗斯宪法委员会通过了新的宪法草案,宣布在俄罗斯建立三权分立式的联邦共和国,规定"俄罗斯联邦最高国家权力机关是俄罗斯议会、总统、宪法法院和俄罗斯联邦最高法院,它们根据分权原则独立地履行自己的职能,相互影响、相互制约,其中总统是联邦国家元首和行政首脑"。然而,"超级总统"叶利钦与"议会"之间的"府""院"权力之争旷日持久愈加严重,最终酿成 1993 年 10 月两者直接的武装对抗。1993 年通过的俄罗斯宪法承认政治多元化和多党制,但是当年第一届国家杜马大选中持极端民族主义主张的"自由民主党"地位陡升,在 1995 年 12 月第二届国家杜马大选中,俄罗斯联邦共产党影响突进,震荡了脆弱的政党政治。

在经济复兴方面:1992 年初开始的休克疗法试图以一步到位的形式推行全面私有化、自由化和市场化,实现经济制度和经济体制转轨的战略。但实施结果,政府对市场失去了控制,投机资本肆虐,市场秩序极端混乱,生产急剧下滑,物价暴涨,政府财政赤字剧升,货币信贷体系濒临崩溃。从 1992 年到 1995 年,俄罗斯的通货膨胀率连续四年居高不下,超过四位数字,1992 年高达 2610%,此后开始逐年下降,1993 年为 940%,1994 年为 320%,1995 年仍然为 131%。据俄罗斯经济学家统计,1995 年与 1990 年相比,消费

① 《独立报》,莫斯科 1992 年 4 月 10 日。

品价格上涨了1700多倍。[1] 恶性通货膨胀大大阻碍了俄罗斯向市场经济转轨的进程,价格的飞涨使市场机制远远不能成为资源有效配置的基础力量,高通货膨胀率则降低了居民的储蓄倾向,打击了企业的投资积极性,助长了囤积居奇和投机倒把,使整个经济生活陷入混乱之中。1993年8月政府颁布了《发展改革和稳定俄罗斯经济1993年—1995年工作计划》,宣布调整政策,叶利钦总统也在1995年宣布:"今后不再实行这种不得人心的休克疗法。"[2]

在外交政策方面:初期俄罗斯奉行了对西方和美国"一边倒"的做法。1992年叶利钦总统在联合国安理会上表示:"俄罗斯不仅把美国和其他西方国家看成是伙伴,而且看成是盟国"。[3]外交部长科济列夫宣布俄罗斯将奉行与西方"完全伙伴化的方针,与西方一体化"。然而一年多的外交实践使俄罗斯领导人明白,以上的想法是幼稚和不切实际的。叶利钦总统在1993年初访问韩国时提出了东西方兼顾的"双头鹰"外交政策。同年4月制定的《俄罗斯联邦外交政策新构想》中强调淡化意识形态的差别,将维护"国家利益"和"民族利益"作为外交政策的基础,进一步强化大国外交意识,加速发展全方位外交局面,积极发展与周边国家和与前苏联拥有传统关系国家的关系,建立西部的莫斯科——柏林——巴黎,东方的莫斯科——新德里——北京轴心关系。1995年后,北约东扩加剧俄美矛盾。叶利钦总统警告:"如果北约东扩,一个与之军事对抗的军事联盟可能再次出现",

---

① 张建华:《俄国史》,第374页。

② 《独立报》,莫斯科1995年10月11日。

③ 《独立报》,莫斯科1992年4月10日。

"欧洲将不可避免地转变成战争状态。"[①]这表明,俄罗斯"重返欧洲"的进程严重受阻。

在国家复兴和社会转型全面受挫之后,俄罗斯思想文化界开始了反思。俄罗斯"路标"在何方?

"欧洲主义—大西洋主义"(Европеизм-Отлатизм)在1993年前是上俄罗斯社会的主流思潮,许多学者试图从文化、宗教、语言甚至族缘、血缘方面寻找俄罗斯与西欧的共同点。利哈乔夫院士认为俄罗斯从来就不是东方国家,"在俄罗斯文化的产生中,拜占庭和斯堪的那维亚起决定性的作用","拜占庭文化给了罗斯基督教精神的性质,而斯堪的那维亚大体上给了它军事部落的体制","实际上亚洲游牧民族的影响在定居的罗斯是微不足道的。"[②]他甚至创造了一个新名词:斯堪多斯拉维亚(Скандославия),即斯堪的纳维亚(Сканденавия)加上斯拉夫(Славяне)。曾担任过政府代总理的俄罗斯社会民族问题独立研究所所长盖达尔认为:"在最近几个世纪活跃在历史舞台上的各种文明中,欧洲文明是最成功的","俄罗斯是东方国家中第一个接触西方的国家。它是世界上唯一的没有走上西方道路的国家,但是,几个世纪以来一直处在几乎跟得上的状态中。"[③]外交部长科济列夫强调:"从历史的倾向、文化优势、价值取向和文明的论点看,俄罗斯人是欧洲民族。"俄罗斯与西方"将尽一切努力来倡导共同的民主价值观"。[④] 俄罗斯驻美大使卢金干脆称"欧洲主义—大西洋主义思潮"为"意识形态化

---

① 《独立报》,莫斯科1992年9月7日。

② 利哈乔夫:《解读俄罗斯》,第21页。

③ 盖达尔:《国家与演变》,莫斯科1995年版,第52—53页。

④ 《独立报》,莫斯科1992年4月1日。

的民主国际主义”，以区别于苏联时代的“无产阶级国际主义”。①

然而，几年来西方模式实践的失败宣告了“欧洲主义—大西洋主义”道路的破产，也使这种思潮受到了激烈的批判，思想文化界陷入一片迷茫之中。当代哲学家梅茹耶夫痛苦地思索：“我们是这样一些人，我们没有找到相对性的真理，而且也不会对它加以评价……不能令我们满足的正是所谓健全的理性。如果我们需要真理，那么这必定是最后的、具有终极意义的真理——我们总是生活在谎言之中，原因正在于此；如果我们需要自由，那么——事实上是绝对的自由；而如果需要善，那么，对不起，应当是达到神圣地步的善——而这也正是我们总是在恶中生活的原因。”②值得思索的是，19世纪著名的西方派代表、轰动一时的《哲学书简》的作者恰达耶夫在160余年前也说过同样的话：“我们是世界上最孤独的人们，我们没有给世界以任何东西，没有教给它任何东西；我们没有给人类思想的整体带去任何一个思想，对人类理性的进步没有起到过任何作用，而我们由于这种进步所获得的所有东西，都被我们歪曲了。自我们社会生活最初的时刻起，我们就没有为人们的普遍利益做过任何事情；在我们祖国不会结果的土壤上，没有诞生过一个有益的思想；我们的环境中，没有出现过一个伟大的真理，我们不愿花费力气去亲自想出什么东西，而在别人想出的东西中，我们又只接受那欺骗的外表和无益的奢华。”③

---

① 杜金：《地缘政治基础：俄罗斯的地缘政治未来》，莫斯科1997年版（下同），第409页。

② 《俄罗斯与西方：文化的相互作用》（圆桌会议材料），载《哲学问题》，莫斯科1996年第6期。

③ 恰达耶夫：《哲学书简》，第42页。

欧亚主义思潮的影响随之上升,并且得到了政府和社会的广泛认同。叶利钦总统在1996年向俄罗斯科学院提出了为俄罗斯制定新的意识形态的要求,要求他们在一年之内确定俄罗斯的“民族思想”(национальная идея)。[①] 副总统鲁茨科依也表示:“从我国的地缘政治形势看,很显然,俄罗斯代表着连接亚洲和欧洲的唯一桥梁。谁成了这块土地的主人,谁就将成为世界的主人。”[②]欧亚主义变成了街谈巷议和理论研究的热点,并以异乎寻常的活力传播和发展,甚至出现了以欧亚主义思想为基础的俄罗斯地缘政治学说。凡是有关文化学、民族学、哲学、历史、地理、国际政治尤其是俄罗斯命运的会议和文章,几乎没有不提到欧亚主义的。在俄罗斯科学院之下设有一个“欧亚研究中心”,莫斯科成立了“欧亚主义”出版社,《欧亚主义》杂志创刊。在俄国政治家和学者杜金的领导下,2001年“欧亚主义”全俄社会政治运动在莫斯科举行了成立大会,2002年改名为“国际欧亚主义运动”,并获准在俄罗斯联邦司法部登记。著名电影导演米哈尔科夫在接受采访时表示:“俄罗斯永远是欧亚国家,在我们这里,如果说有道路的话,我想,这就是自己的发展道路——欧亚主义的道路”,“今天在俄国土地上,欧亚主义的伟大思想是可以实现的”。[③]

为区别于20世纪20—30年代俄国侨民中兴起的欧亚主义,90年代后盛行于俄罗斯的欧亚主义被冠之以“新欧亚主义”(неоевразийство)的名称。

---

① 也可以译为“国家思想”或“国家精神”,它与“俄罗斯思想”或“俄罗斯精神”的概念基本接近。

② 《苏维埃俄罗斯报》,莫斯科1999年12月6日。

③ 《我们——欧亚洲》,载《大陆》,莫斯科1992年第70期,第320页。

二、欧亚主义:新旧俄罗斯的相遇与歧路

在苏联时代,尽管欧亚主义作为一种思潮已经基本绝迹,但是从欧亚主义角度思考治国安邦的方略却成为苏联领导人的一种出发点。美国学者霍纳认为欧亚主义无意识地帮助了苏维埃政权的建立,成为苏维埃思想的宣传者。[①] 从列宁时期到勃列日涅夫时期,都曾从古老的地缘政治观念考虑苏联安全和世界革命的前途。斯大林在1946年说过:"德国人侵入苏联是经过芬兰、波兰、罗马尼亚、保加利亚和匈牙利的,德国人所以能够经过这些国家侵入苏联,因为在这些国家中,当时存在着敌对苏联的政府。苏联为了保证自己将来的安全,力求在这些国家内能有对苏联抱有善意态度的政府。"[②]以此为出发点,苏联在解放东欧后,帮助各国建立了人民民主政权并且将其发展为冷战背景下的社会主义阵营。勃列日涅夫则以"社会主义大家庭论"、"有限主权论"和"国际专政论"来维持这个大家庭的存在。同时代的美国政治家基辛格评价:"勃列日涅夫则代表这样一个民族,它生存下来并不是靠用文化熏陶征服者,而因为它比征服者更有耐力;他所代表的人民游离于欧亚之间,既不完全属于欧洲,也不完全属于亚洲,他们的文化传统已经被破坏,但还没有完全被取代。"[③]

在1991年苏联解体之际,许多知识分子试图从俄国文化传

---

① 霍纳:《亚洲对我们意味着什么:俄国亚洲心脏地区的昨天与今天》,波士顿1990年版,第57—63页。

② 《斯大林文选》下册,人民出版社1962年版,第484页。

③ 基辛格:《白宫岁月:基辛格回忆录》第4册,世界知识出版社1980年版,第119—120页。

统、农业国家、农民村社等典型的欧亚主义视角解开十月革命性质和苏联社会主义失败之谜。他们普遍认为尽管列宁在革命过程中始终致力于把马克思主义原理引入俄国,指导俄国革命和社会主义建设,但从性质上讲,十月革命仅仅是俄国特色的革命,而不是马恩设想的社会主义革命。莫斯科大学教授谢缅尼科娃认为:"村社这一古老的传统是在人民的社会生活中自然形成的,在我看来,它是 1917 年革命的政治文化基础……这种传统对俄国社会的影响要大得多,深刻得多,它不仅影响到民族传统,而且影响到道德、政治文化和一切智力活动的特点","几十年来,苏联史学一直试图证明,马克思主义的社会主义思想、世界无产阶级革命思想,在 1917 年吸引了大多数俄国人,因此十月革命具有社会主义的性质。然而,马克思主义是西方文化的产物,它不可能在以农民为主的、非西方化的俄国传播开来",因此"与其说布尔什维克革命是西方马克思主义的产物,不如说它是马克思主义在俄国的变种——列宁主义的产物"。[①] 新欧亚主义者认为十月革命是一场知识分子革命,是一场基于俄国文化传统的政治革命,是一次试图在西方道路和东方道路中寻找第三条道路——欧亚主义道路的政治实验。

新欧亚主义者对十月革命和苏联历史持有"较友善"的批评意见,但是对当前进行的"全盘西化"式改革则持彻底否定态度。就是在俄罗斯政府和全社会急于"重返欧洲"和"欧洲主义—大西洋主义"思潮占绝对支配地位时,一些具有欧亚主义倾向的学

---

① 谢缅尼科娃:《1917 年十月发生了什么》,载《自由思想》,莫斯科 1992 年第 15 期。

者对此展开了批判，揭露当政的代总理盖达尔、外交部长科济列夫所代表的“大西洋主义者”理论中的民族虚无主义和不切实际，并预言“西方化道路”必然失败。当代欧亚主义学者、俄侨哲学家留克斯在1992年底批评了欧洲主义—大西洋主义，同时也评价新欧亚主义的基本观点。他认为：“新俄罗斯的西方主义者和他们19世纪的前辈一样，把俄罗斯看成是落后的东方国家。认为西方模式是俄罗斯或早或晚必须接受的模式。而俄罗斯的民族主义者们认为，西方派的观点是完全的乌托邦，他们认为俄罗斯永远不会变成欧洲国家，因为它的文化传统和国家结构与西方大相径庭，照搬西方模式终究要失败的。”[①]当代俄罗斯哲学家巴纳林在1993年表示：“现在当权的是西方派人士，他们认为民主的需要高于俄罗斯的需要，而且民主的胜利应该以牺牲俄罗斯需要为前提的。他们把人民视为民主道路上的障碍，是保守力量。这些人是要把他们主张的西方文化强加在俄罗斯头上。这必然导致人民和知识分子、人民和政权、帝国霸权主义和地区自治主义之间的对立。”[②]

新俄罗斯继承了沙皇俄国和苏联大部分的政治版图，也继承了这种地缘文化传统，也不得不继承这种地缘文化传统下的欧亚主义的诱惑和困惑。1993年后，较为系统的新欧亚主义思潮已经形成，并且上升为俄罗斯社会和思想文化界的主流思潮。巴纳林认为欧亚主义就是“在生活和建设的统一原则下联合从波罗的海到太平洋这一地缘政治空间的、非西方的特殊的文明类型”，欧亚

---

① 留克斯：《东西方之间的俄国》，莫斯科1993年版，第156—157页。

② 巴纳林：《西方派和斯拉夫派》，载《社会科学和当代》，莫斯科1993年第6期。

主义"是特殊的文明共同体思想，它创造性地吸收和反映东方、西方、北方和南方的一切积极因素"。① 俄罗斯联邦共产党领导人久加诺夫也主张俄罗斯要避免成为"世界又一轮重新瓜分的中心"，就必须牢牢掌握"欧亚大陆深处跳动的地缘政治的世界心脏"，"控制整个地缘政治利益范围（独联体和波罗的海沿岸各国、前社会主义大家庭的各成员国和阿富汗）"。② 新欧亚主义代表人物杜金总结了新老欧亚主义的基本点和相互联系，他认为："这种新欧亚主义建立在萨维茨基、维尔纳茨基和特鲁别茨科伊公爵，甚至还包括俄国布尔什维主义——民族主义理论家尼古拉·乌斯特里亚洛夫的思想基础之上，历史上的欧亚主义者的分析在很大程度上承认欧亚主义在现代形势的迫切和更加积极的作用。帝国大陆范围的民族理论大纲中同时将自由主义西方派和狭隘的民族主义相提并论。俄罗斯被看成是地缘政治'大版图'中的地轴线，它的民族使命等同于帝国的构建。在社会政治条件下，这种思想一致倾向于欧亚社会主义（Евразийский социализм），认为自由经济是大西洋阵营的特殊标志。俄国历史的苏维埃时期被看成是路标转换后的前景，是作为传统的、俄罗斯的、民族的追求全球扩张和旨在反大西洋主义的欧亚主义的普世精神的现代化模式。由此表现了新欧亚主义这种理论的'亲共产主义'趋势。"③

于是，在"赫尔岑命题"和欧亚主义观点上，旧俄国、苏联和新俄罗斯实现了历史性的相遇。

然而，从欧亚主义视角来观察俄国、苏联和新俄罗斯复兴道

---

① 巴纳林：《西方派和斯拉夫派》，载《社会科学和当代》，莫斯科 1993 年第 6 期。

② 久加诺夫：《全球化与人类命运》，新华出版社 2004 年版，第 187—188 页。

③ 杜金：《地缘政治基础：俄罗斯的地缘政治未来》，第 157 页。

路，我们能够发现其共性所在：民族传统、文化特点的历史命运之外，还必须注意三者间的差异性。

19世纪的斯拉夫主义者和20世纪20—30年代的欧亚主义者一般都极力赞美彼得一世改革前莫斯科罗斯时代的纯朴民风和田园诗般生活，甚至责难彼得一世的欧化改革。而新欧亚主义者既坚持俄罗斯文化传统，同时又强调尊重现代文明，他们认为在现代化和后工业社会里，只有俄罗斯才能将“技术文明”和“精神文明”有机地结合起来。巴纳林认为：“在新时期里，处于中心位置的不是经济人，而是把精神、文化和生态需要摆在第一位的后经济人。向这一时期转化的保证，是世界上最发达国家的后经济人与还没有西方化的前经济人的联盟。……我们的全部精神传统，正是当今时期的迫切需要，导致前经济人与后经济人的相遇最早发生在俄罗斯，而俄罗斯因此也就在21世纪开始的时候成为全球转折的倡导者之一。”①

新欧亚主义者认为种种迹象已经表明西方工业文明已经走到尽头，但工业文明与技术文明本身并不是坏东西，原因在于西方文化本身无法推进现代化继续发展，以及进入后工业文明和后现代化阶段。在这方面，俄罗斯文化无疑具有无可比拟的优越性和对现代文明的亲和性。因为，“俄罗斯社会意识中迄今还留有与现代化相对立的传统价值，尽管它不适合工业文明的要求，但更适合后工业文明的要求。从而使俄罗斯社会的后工业文明时代的来临更为容易。俄罗斯摆脱现有的历史处境的出路在于实现晚发工业化

① 巴纳林：《历史的报复：21世纪俄国的战略主动性》，莫斯科1998年版，第390页。

国家的现代化与后现代化的有机结合，从而使俄罗斯踏上一条无与伦比的新路。"①

新欧亚主义者的政治理想是建立在权威主义和强国主义基础之上的，这是与斯拉夫主义和欧亚主义相比较大的区别之处。斯拉夫主义者和欧亚主义者在较多情况下扮演了政府的反对派的角色，而新欧亚主义者则强调政治上的"权威主义"、文化上的"本土主义"和价值观上的"民族主义"，维护当前政府的权威。他们在沙皇政府教育大臣乌瓦罗夫 1832 年提出的"官方国民性"三原则（"东正教、专制制度和民族性"）中找到了思想的灵感，将其发展成为"新国民性"三原则——"俄罗斯思想"（Русская идея）、"人民主权"（народный суверенитет）和"强国主义"（державизм），这种立场很自然地得到了俄罗斯政府的支持和提倡。

普京执政后，延续了欧亚主义的方针和路线。他强调："俄罗斯过去是，将来也还会是一个伟大的国家，它的地缘政治、经济和文化的不可分割性决定了这一点。"②他在 2000 年国情咨文中，把实用主义、经济效益和国家安全作为新政府的主要任务，认为国内目标高于国际目标。在内政方面，普京政府主张实行"可控制的市场经济"，并根据苏联 70 年经济建设和俄罗斯 90 年代经济转轨的经验教训，制定了"强国主义"的基本方针。根据这一基本方针，既没有继续叶利钦时期激进的经济改革计划，也没有回到原苏联时代的计划经济轨道，而是强调在不引发大的社会动荡的前提下逐步改革，强调遵循温和的自由市场经济原则，建立由国家调控的自

---

① 《俄国社会的现代化》（圆桌会议材料），载《俄罗斯科学院通报》，莫斯科 1993 年第 3 期。

② 普京：《千年之交的俄罗斯》，载《独立报》，莫斯科 1999 年 12 月 30 日。

由社会经济体系。在外交方面，普京把“东西方并重”外交进一步发展为各个层次的平衡外交。把俄罗斯定位为一个地区性的大国，集中力量关注自身周边地区的安全，不再追求与自身国力不相适应的、不切实际的大国地位，近期目标在于在俄罗斯周边建立一个巨大的“稳定的弧形安全带”。2002 年 4 月，普京又宣布俄罗斯的目标是融入欧洲主流经济。

作为在野反对派的俄联邦共产党支持欧亚主义，并且把“国家主义”(государственность)写入 1995 年 1 月通过的《俄罗斯联邦共产党纲领》中，作为俄共所倡导的政治纲领和意识形态的核心。这份纲领宣布：“俄共必须维护俄罗斯的国家完整，恢复革新的苏维埃各族人民的联盟，确保俄罗斯民族的统一”，“俄共提出的任务是加强俄罗斯人民的民族解放斗争”，“保护俄罗斯的国家民族利益和今天的反对殖民奴役制度以及反对反革命斗争，同争取社会主义和苏维埃人民政权形式有机结合起来。”①该党纲宣布：“作为爱国主义、国际主义和争取各族人民友谊的政党，俄共将争取保持国家统一、独立和完整以及民族和睦。”②

三、欧亚主义能拯救俄罗斯吗？

20 世纪末 21 世纪初是一个复杂和充满希望的时期，俄罗斯又一次站在十字路口：面临第三个千年的大门槛，社会将选择什么样的运动方向？国家将变成什么样？等待它的是经济的强大和政治的稳定，还是新的混乱和崩溃？这个问题困扰着俄国最优秀的

① 帕申采夫：《当代俄罗斯的反对党和运动》，莫斯科 1998 年版(下同)，第 30 页。
② 同上书，第 32 页。

知识分子。

俄罗斯正处于历史关键时刻，政治家的思考往往在关键时刻发挥关键作用。普京[①]在1999年12月30日在因特网上发表的《千年之交的俄罗斯》中强调：“俄罗斯正处于其数百年来最困难的历史时期。大概这是俄罗斯近200—300年来首次真正面临沦为世界二流国家，甚至三流国家的危险。为了避免陷入这种窘境，国家必须付出巨大的脑力、体力及道德力量。需要开展协调一致的建设性工作。任何人都无法代替我们完成这项工作。现在一切都取决于我们能否认清危险程度，能否团结起来，能否承担起长期而又艰巨的工作”，“90年代的经验雄辩地证明，将外国课本上抽象公式和模式照搬到我国是无法进行不付出太大代价的、真正顺利的改革的。机械照抄别国的经验也是没有用的。每个国家，包括俄罗斯，都必须寻找自己的改革之路。我们在这方面不是很顺利，只是在最近一两年才开始摸索自己的改革道路和寻找自己的模式。只有将市场经济和民主的普遍原则与俄罗斯的现实有机地结合起来，我们才会有一个光明的未来。”[②]

传统文化是一个民族在长期的社会进化和历史发展中形成的，它曾经给予了该民族各方面的发展以巨大的影响。因为民族文化传统一经形成，便同时被赋予顽强的再生性，其影响将在该民族的进化过程中一再地发挥出来，一些文化传统的因素在适宜的时机还会以某种方式迁移和滋生，这即是文化传统强烈的滞后作用。透过文化传统的历史空隙，一叶可以知百年俄国春秋，可以知

---

① 时任俄罗斯联邦总理，第二天即12月31日17时50分，被辞去总统职务的叶利钦任命为代总统。2000年3月正式当选俄罗斯联邦总统。

② 普京：《千年之交的俄罗斯》，载《独立报》，莫斯科1999年12月30日。

苏联兴衰成败，一孔可以窥俄罗斯发展取向。

娴熟欧洲历史和欧洲政治的马克思在《路易·波拿巴的雾月十八日》中曾经说过："人们自己创造自己的历史，但是他们并不是随心所欲地创造，并不是在他们自己选定的条件下创造，而是在直接碰到的、既定的、从过去承继下来的条件下创造。一切已死的先辈们的传统，像梦魇一样纠缠着活人的头脑。"[1]从前天的俄国历史、昨天的苏联历史、今天的俄罗斯现实中，我们可以清晰地看到俄国文化传统，包括欧亚主义传统的作用，它如影随形般地影响着俄罗斯（包括苏联）的社会进程，并从某种意义上预示着明天的俄罗斯发展取向。最后，还必须提到自称"最后一个欧亚主义者"的列夫·古米廖夫，他生活在苏联时代，既不属于欧亚主义者，也不属于新欧亚主义者，但正是由于他的思想活动才完成了欧亚主义和新欧亚主义的历史汇通。他去世前在接受记者采访时曾表示："我知道一点，并愿意悄悄地告诉您，俄罗斯如果想要得救的话，就必须成为欧亚大陆强国，事实上，只有欧亚主义能够救俄罗斯。"[2]

这句话，不正是我们理解二百余年来俄罗斯知识分子思想发展史的重要着眼点吗？

① 《马克思恩格斯选集》第1卷，人民出版社1995年版，第585页。

② 古米廖夫：《欧亚主义的节奏：时代与文明》，莫斯科1993年版，第31页。

人名译名对照

（按汉语拼音字母顺序排列）

A

爱伦堡(И. Г. Эренбург)

埃里亚谢夫(А. Эльяшев)

阿克萨科夫(К. С. Аксаков)

阿克萨科夫(И. С. Аксаков)

阿格尼夫采夫(Н. Агнивцев)

阿科谢奇耶夫(Н. Д. Аксетьев)

阿斯穆斯(В. Ф. Асмус)

阿列克谢耶夫(Н. Н. Алексеев)

阿瓦库姆(Петрович Аввакум)

阿克雪里罗德(П. Б. Аксельрод)

阿法纳西耶夫(Ю. Н. Афанасьев)

阿赫玛托娃(А. А. Ахматова)

阿赫沙鲁莫夫(Д. Д. Ахшарумов)

阿达诺夫(М. А. Аданов)

阿汉格尔斯基(В. Г. Ахангельский)

阿里莫夫(С. А. Алымов)

安娜女皇(Анна Ⅰ)

安年科夫(П. В. Анненков)

博罗金(Е. Т. Бородин)
布宁(И. А. Бунин)
布尔加科夫(С. Н. Булгаков)
布柳姆金(Я. Г. Блюмкин)
布鲁茨库斯(Б. Д. Бруцкус)
布尼兹基(Е. Л. Буницкий)
布纳科夫(И. И. Бунаков)
本肯道夫(А. Х. Бенкедорф)
别林斯基(В. Г. Белинский)
别尔嘉耶夫(Н. А. Бердяев)
别尔纳茨基(М. В. Бернадский)
别雷(А. Белый)
别雷(В. В. Белый)
别里奇(А. Бельч)
别佐波拉佐夫(С. С. Безобразов)
波尔京(А. И. Полтин)
波杰兴(Ю. Потехин)
波特金(В. П. Боткин)
波将金(Н. Е. Потемкин)
波格丹诺夫(А. А. Богданов)
波别多诺斯采夫(К. П. Победоносцев)
波斯特尼科夫(С. П. Постников)
波索什科夫(И. Т. Посошков)
波戈列波夫(А. А. Боголепов)
波哥列洛夫(В. А. Богорелов)

F

G

格里高里耶夫(А. Д. Григорьев)

格里高里耶夫(И. П. Григорьев)

格尔曼·拉巴金(Герман Лапзин)

葛兰西(Antonio Gramsci)

果戈理(Н. В. Гоголь)

果列夫(В. Голев)

歌德(J. W. Goethe)

盖依(Peter Gay)

H

哈尔土林(С. Н. Халтурин)

哈夫里切克(Carrel Havlicek)

哈贝马斯(Jurgen Habermas)

哈克斯特豪森(August Haxthausen)

哈尼科夫(А. В. Ханьков)

海尔维格(Herwegh Herwegh)

霍万斯基(И. А. Хованский)

霍米亚科夫(А. С. Хомяков)

赫克(Jullus F. Hecker)

赫尔岑(А. И. Герцен)

赫尔岑斯泰因(М. Герценштейн)

黑格尔(Georg Wilhelm Friedrich Hegel)

黑森(И. В. Гессен)

亨廷顿(Samuel P. Huntington)

亨利·赫坦巴哈(Henry Huttenbach)

J

K

康杰米尔(А. Контемир)

克柳切夫斯基(В. О. Ключевский)

克鲁泡特金(П. А. Кропоткин)

克留奇尼科夫(Ю. В. Ключников)

克留什尼科夫(И. П. Клюшников)

克伦斯基(А. Ф. Керенский)

克拉夫钦斯基(С. М. Кравчинский)

克拉斯诺夫(П. Н. Краснов)

克拉马什(К. П. Крамарж)

克拉索夫(В. И. Красов)

卡尔塔什夫(А. В. Карташев)

科舍廖夫(А. И. Кошелев)

科普宁(П. В. Копнин)

科塞(Lewis Coser)

科济列夫(А. В. Козырев)

科罗连科(В. Г. Короленко)

科科夫采夫(В. Н. Коковцов)

科诺瓦洛夫(А. И. Коновалов)

库尔勃斯基(А. М. Курбский)

库兹涅佐夫(А. К. Кузнецов)

库普林(А. Н. Куприн)

库兹明(В. Д. Кузьмин)

卡拉姆津(Н. М. Карамзин)

卡尔萨文(Л. П. Карсавин)

卡维林(К. Д. Кавелин)

卡瓦列夫斯基(M. M. Ковалевский)

卡特科夫(M. H. Катков)

卡普兰(Ф. E. Каплан)

卡尔·曼海姆(Karl Manheim)

卡什金(H. C. Кашкин)

卡达舍夫(A. B. Кадашев)

L

拉吉舍夫(A. H. Радищев)

拉甫罗夫(П. Л. Лавров)

拉伊夫(Marc Raeff)

拉扎尔(Разар)

拉普申(И. И. Лапшин)

拉马奈(Fèlicitè Robert de Lamennais)

拉戈夫斯基(И. A Лаговский)

拉戈夫斯基(T. П. Лаговский)

拉耶夫(M. Laev)

莱蒙托夫(M. Ю. Лермонтов)

利哈乔夫(Д. C. Лихачев)

利贝洛夫斯基(Л. H. Липеровский)

列宁(B. И. Ленин)

列昂季耶夫(K. H. Леонтьев)

列瓦沙娃(E. Г. Левашова)

卢特涅夫(B. B. Руднев)

卢梭(J. J. Rousseau)

马里舍夫(Н. Н. Малишев)

马志尼(Giuseppe Mazzinii)

马萨利克(Tomas Masaryk)

马马尔达什维利(М. К. Мамардашвили)

马克思(Karl Heinrich Marx)

马克西姆・格雷克(Максим Грек)

马克拉科夫(В. М. Маклаков)

马拉西诺娃(Е. Н. Марасинова)

玛丽娅(Мария)

玛卡里(Макарий)

缅果金(В. А. Мякотин)

莫洛佐夫(С. Т. Морозов)

莫尔德维诺夫(Н. С. Мордвинов)

穆拉维约夫(Н. Н. Муравьев)

穆勒(John Stuart Mill)

美津策夫(Н. И. Мезенцов)

孟德斯鸠(Charles Louis de Secondat Montesquieu)

梅林(Franz Mehring)

梅列日科夫斯基(Д. С. Мережковский)

梅茹耶夫(В. М. Межуев)

米涅(Auguste Mignet)

米尔巴赫(Wilhelm Mirbach)

米赫尔松(А. М. Михельсон)

米什莱(Jules Michelet)

米留科夫(П. Н. Милюков)

米留科夫(А. П. Милюков)
米留金(В. А. Милютин)
米罗诺夫(Б. Н. Миронов)
米罗维多夫(П. Ф. Миловедов)
米哈尔科夫(Никита Михалков)
米哈伊洛夫斯基(Н. К. Михайловский)
明斯基(Н. М. Минский)
蒙贝里(Н. А. Момбелли)
迈科夫(В. Н. Майков)

N

纳坦松(М. А. Натансон)
纳巴科夫(В. Д. Нобаков)
纳杰日金(Н. И. Надеждин)
纳扎罗夫(М. Назаров)
娜达利娅(Наталия)
诺夫哥罗德采夫(П. И. Новгородцев)
诺夫哥罗德采夫(П. Т. Новгородцев)
诺维科夫(М. М. Новиков)
诺维科夫(Н. И. Новиков)
南森(Fridtjof Nansen)
尼康(Патриарх Никон)
尼古拉耶夫(Н. Н. Николаев)
尼古拉一世(Николай Ⅰ)
尼古拉二世(Николай Ⅱ)

P

帕里姆(А. И. Пальм)

潘诺娃(Е. Д. Панова)

Q

恰达耶夫(П. Я. Чаадаев)

契诃夫(А. П. Чехов)

齐契林(Б. Н. Чичерин)

齐赫泽(Н. С. Чхеидзе)

丘特切夫(Ф. И. Тютчев)

丘吉尔(Winston S. Churchill)

切尔诺夫(В. И. Чернов)

切特维利科夫(Сергей Четвериков)

契雷舍夫(Е. П. Челыщев)

R

茹科夫斯基(В. А. Жуковский)

日哈列夫(М. И. Жихарев)

让·德米斯特(Ж. Де Местр)

让·德巴纳尔德(Ж.-Г. де Бональд)

让·热内(Jean Jeunet)

热里亚包夫(А. И. Желябов)

S

萨尔蒂科夫—谢德林(М. Е. Салтыков-Щедрин)

萨马林(Ю. Ф. Самарин)

T

W

沃尔科夫(Н. К. Волков)

沃尔康斯基(В. М. Волконский)

X

谢尔巴托夫(М. М. Щербатов)

谢缅尼科娃(Л. И. Семенникова)

谢林(Friedrich Wilhelm Joseph von Schelling)

谢拉皮诺娃(Е. П. Серапинова)

席勒(J. C. F. Schiller)

希林斯基—希赫玛托夫(Шилинский-Шихматов)

西塞罗(MarcusTulliusCicero)

Y

亚里士多德(Aristotle)

亚历山大一世(Александр Ⅰ)

亚历山大二世(Александр Ⅱ)

亚历山大三世(Александр Ⅲ)

亚斯特仁姆别斯基(И. Л. Ястржембский)

亚辛斯基(В. И. Ахинский)

叶卡捷琳娜二世(Екатерина Ⅱ)

叶夫多基莫夫(П. Н. Евдокимов)

叶皮凡尼(Епифаний)

叶利钦(Б. Н. Ельцин)

叶夫罗别乌斯(И. Европеус)

伊林(И. А. Ильин)

Z

专有名词译名对照

（按汉语拼音字母顺序排列）

A

奥勃洛莫夫性格（обломовщина）

B

巴思哈制（Баскачество）

巴枯宁主义（Бакунинизм）

保守主义（Консерватизм）

白银时代（серебряный век）

白色侨民（белая эмиграция）

巴赫美基耶夫基金（бахметевский фонд）

伯爵（граф）

布拉文起义（булавинское восстание）

布尔什维克（Большевики）

布尔什维主义（Большевизм）

《别林斯基给果戈理的信》（Письмо Белинского к Гоголю）

彼得拉舍夫斯基小组（Кружок Петрашевского）

彼得拉舍夫斯基分子（Петрашевцы）

彼得拉舍夫斯基案件（петрашевское дело）

《北极星》（Полярная звезда）

北方协会(Северное общество)

鞭身派(Бичевальщики)

C

采邑领地(вотчинное землевладение)

忏悔的贵族(исповедническое дворянство)

柴科夫派(Чайковцы)

村社(Мир,Община)

《从前的声音》(Бывший голос)

D

鞑靼(蒙古)人(Татаро-монголы)

大俄罗斯民族(Великороссы)

大墓地(Некрополис)

大西洋主义——欧洲主义(Европеизм-Атлатизм)

到民间去(Хождение в народ)

《道路》(Путь)

东正教(Православие)

东正教文化联盟(Лига православной культуры)

地主领地(поместное землевладение)

地主联盟(Союз землевладельцев)

地方自治立宪者同盟(Союз земцев-конституционалистов)

地下积极主义(подпольный активизм)

第三厅(третье отделение)

《第二代》(Второе поколение)

多余的人（лишний человек）

多神教（язычество）

顿河公民大会（Донский гражданский совет）

E

俄罗斯思想（Русская идея）

《俄罗斯思想》（Русская мысль）

《俄罗斯自由》（Русская свобода）

《俄罗斯真理》（Русская правда）

俄罗斯民族联盟（Русский национальный союз）

《俄罗斯法典》（Русская правда）

俄罗斯股票（Русская акция）

俄罗斯联邦（Российская федерация）

俄罗斯的雅典（Русские Афины）

俄罗斯宫（Русский дворец）

《俄罗斯观察》（Русское обозрение）

俄罗斯帝国（Российская империя）

俄罗斯人民联盟（Союз русского народа）

《俄罗斯旗帜》（Русское знамя）

俄罗斯法西斯主义党（Русская фашистская партия）

俄罗斯法西斯者俱乐部（Клуб русских фашистов）

俄罗斯妇女法西斯运动（Фашистское движение русской жинщены）

俄罗斯少年法西斯党（Русские юношные фашисты）

俄罗斯民族联盟（Русское национальное объединение）

俄国大学生基督教运动（Русское студенческое христианское движение—РСХД）

《俄国大学生基督教运动公报》（Вестник РСХД）

俄国作家代表大会（Съезд русских писателей）

俄国文化同盟（Лига русской культуры）

俄国君主党（Русская монархическая партия）

《俄国财富》（Русское богатство）

俄国难民（英文 Russian Refugee）

俄国难民（俄文 Русский беженец）

俄国委员会（Российский комитет）

俄国国外历史档案学会（Общество зарубежных исторических документов）

俄国法律学院（Русский институт права）

俄国科学学院（Русская научная академия）

俄国地方自治和城市活动家联盟（Союз земского самоуправления и городских деятелей）

俄国红十字协会（Российское общество красного креста－РОКК）

《俄语语言爱好者》（Собеседник любителей российского слова）

俄共（布）（РКП(б)）

俄联邦共产党（КПРФ）

F

发达社会主义（развитый социализм）

法律学校(училище правоведения)

《法西斯主义活页》(Летучая фашистская библиотека)

泛斯拉夫主义(Панславизм)

《方向盘》(Руль)

反仪式派(Духоборцы)

反西方主义(Антизападничество)

分裂教派(Сектанты,Раскольник)

分裂教运动(Раскольничество)

《复兴报》(Возрождение)

佛教(Буддизм)

G

《革命者教义问答》(Катехизис революционера)

贵族(дворянин,дворяне,служилый феодал-дворян)

贵族武备学校(пажеский корпус)

宫廷贵族(дворный дворянин)

官方国民性(официальная народность)

共济会(俄文 масонство)

共济会(英文 Freemason)

共济会(法文 Francmacon)

公爵(князь)

工人阶级解放斗争协会(Союз борьбы за освобождение рабочего класса)

国际欧亚主义运动(Международное евразийское движение)

国际俄国学术组织联盟（Международный союз русского научного общества）

国际联盟（League of Nations）

国际劳工局（International Labour Organization）

国外积极主义（зарубежный активизм）

H

哈根市长号（Бургомистр Хаген）

赫尔岑—奥加廖夫小组（Кружок Герцена -Огарева）

黑色百人团（Черный сотен）

黑色百人团主义（Черносотенство）

黑土平分社（Черный передел）

合法马克思主义者（Легальный марксист）

核心欧洲（Kerneuropa）

黄金时代（золотой век）

回归祖国委员会（Комиссия возвращения в Родину）

《画家》（Живописец）

混乱时期（смутное время）

J

缙绅会议（Земский собор）

激进主义（Радикализм）

基督教青年联合会（Young Men Christian Association - YMCA）

积极主义（Активизм）

《剧院与生活》(Театр и жизнь)

聚合性(Соборность)

进步党(партия прогрессистов)

解放同盟(Союз освобождения)

君主专制(самодержавие монархии)

K

开明专制(просвещенный абсолютизм)

卡尔洛瓦茨分裂(карловацкий раскол)

恐怖主义(Терроризм)

L

拉吉舍夫(А. Н. Радищев)

拉辛起义(восстание С. Разина)

领主(бояре, боярин, боляре)

领主杜马(боярская дума)

《来自深处》(Из глубины)

《黎明》(Заря)

立宪民主党(Конституционно-демократическая партия—КАДЕТЫ)

路标(Вехи)

路标派(Веховенство)

路标转换(Смена вех)

路标转换派(Сменовеховство)

流血星期日(кровавое воскресенье)

临时政府(временное правительство)

M

《莫斯科杂志》(Московский журнал)

《莫斯科观察家》(Московский наблюдатель)

《莫斯科通报》(Московские ведомости)

莫斯科——第三罗马(Москва-третий Рим)

莫罗勘派(Молокане)

末世论(эсхатология)

弥塞亚意识(мессианство)

美妇人(прекрасная дама)

民粹主义(Народничество)

民族思想(национальная идея)

民意党(Народная воля)

《民意报》(Листок народной воли)

《民意通报》(Вестник народной воли)

米赫尔逊工厂(завод Михельсона)

米哈伊尔·阿尔汉格尔俄罗斯人民联盟(Союз русского народа имени Михаила Архангела)

N

诺斯替教(Гностицизм)

南森护照(нансеновский паспорт)

南方协会(Южное общество)

男爵(барон)

涅恰耶夫案件（дело Нечаева）

涅恰耶夫主义（Нечаевщина）

O

欧亚主义（Евразийство）

《欧亚主义》（Евразийство）

《欧亚主义新闻》（Евразийская хроника）

欧亚主义委员会（Евразийский комитет）

《欧亚学报》（Евразийский Временник）

欧亚社会主义（Евразийский социализм）

《欧洲人》（Европеец）

《欧洲导报》（Вестник Европы）

欧文主义（ Оуэнизм ）

P

普世主义（英文 Ecumenism）

普世主义（俄文 Экуминизм，универсализм）

普加乔夫起义（восстание Е. И. Пугачева）

普鲁士号（Пруссия ）

平民知识分子（разночинец）

Q

强国主义（державизм）

《千年之交的俄罗斯》（Россия на рубеже тысячелетий）

《前夜》（Накануне）

契卡(ЧЕКА)

侨民(эмиграция)

《钱袋》(Кошелёк)

全俄地方自治联盟(Всероссийский земский союз)

全俄城市联盟(Всероссийский союз городов)

R

人马座(Кентавр)

《人民裁判》(Народная расправа)

人民裁判团(Народная расправа)

人民主权(народный суверенитет)

人民杜马(Народная дума)

人民专制(самодержавие народа)

人民自由党(Партия народной свободы)

《日子》(День)

S

斯托雷平领带(столыпинный галстук)

斯拉夫主义(Славянофильство)

斯拉夫派(Славянофили)

斯坦凯维奇小组(Кружок Станкевича)

斯堪多斯拉维亚(Скандославия)

《圣谕》(Наказ)

《圣彼得堡通报》(Санкт-Петербургская ведомость)

苏联(СССР)

索洛韦茨基起义(восстание Соловецкого)

社会转型(Social transformation)

社会主义(Социализм)

社会民主主义(Социально-демократизм)

社会保守主义(Social conservatism)

社会革命党(Социалисты-революционеры—Эсеры)

谁之罪(Кто виноват)

世袭贵族(потомственный дворянин)

世袭荣誉市民(потомственный личный гражданин)

神圣罗斯(Святой Русь)

神圣同盟(Священный союз)

《思想报》(Дума)

生活宗教化(оцерковление жизни)

《生活》(Жизнь)

《生活新闻》(Новость жизни)

十二月党人(Декабристы)

十月革命中央国家档案馆(Центральный государственный архив октябрьской революции)

双头鹰(двуглавый орел)

T

土地所有者联盟(Союз земельных собственников)

土地与自由社(Земля и воля)

土兰文化(туранская культура)

特辖制(опричнин)

《统一报》(Единство)

统一贵族委员会(Совет объединенного дворянства)

《田地》(Нива)

W

瓦良格人(Варяги)

《望远镜》(Телескопе)

乌克兰青年联盟(Украиный союз молодежи)

乌克兰人民共和国流亡政府(Эмигрантское правительство украиной народнай республики)

无政府主义(俄文 Анархизм)

无政府主义(法文 Anarchisme)

文明冲突论(Clash of Civilizations)

文化保守主义(cultural conservatism)

《我们的道路》(Наш путь)

文官(статский советник)

《唯心主义问题》(Проблема идеализма)

《伟大俄罗斯》(Великая Россия)

X

《新俄罗斯》(Новая Россия)

《新路》(Новый путь)

新策略(новая тактика)

《新世界》(Новый мир)

新欧亚主义（Неоевразийство）

新人（новый человек）

虚无主义（英文 Nihilism）

虚无主义（俄文 Нигилизм）

希伯来教（каббалистика）

西方派（Западники）

西塞罗（Marcus Tullius Cicero）

寻神派（Богоискатели）

寻神论（Богоискательство）

《现代大俄罗斯语详解辞典》（Толковый словарь живого великорусского языка Владимира Даля）

《现代人》（Современник）

《雄蜂》（Трутень）

兄弟会（Братство）

Y

亚历山大贵族中学（александровский лицей）

亚美尼亚革命联盟（Революционный союз Армянини）

阉割派（Скопчество）

《御赐全俄罗斯贵族特权和优惠诏书》（Жалованная грамота на преимущества и вольности Российскому дворянству）

《御赐高尚贵族权利、特权和优惠诏书》（Жалованная грамота на права，вольности и преимущества благородному дворянству）

《与友人书信选》（Выбранные маста из переписки с

Z

专制制度(Самодержавие)

宗教与哲学协会(Религиозно-философское общество)

宗教哲学学院(Религиозно-философская академия)

职官秩序表(Табель о рангах)

造神派(Богостроители)

政治协商会议(Политическое совещание)

政治恐怖主义(Политический терроризм)

政治大清洗(репресия)

政治保守主义(Political conservatism)

《走向东方》(Исход к Востоку)

《真理报》(Правда)

自身贵族(личный дворянин)

《哲学书简》(Философские письма)

《祖国纪事》(Отечественные записки)

祖巴托夫主义(Зубатовщина)

参考文献目录

（按人名首字汉语拼音字母顺序排列）

马列著作

《列宁选集》(第3版)第1、2、3、4卷,人民出版社1995年版。

《列宁全集》(第3版)第4、6、7、8、12、14、17、18、19、21、23、33、35、39、42卷,人民出版社1986—1990年版。

《列宁文稿》第10卷,人民出版社1979年版。

《马克思恩格斯选集》(第3版)第1、2、3、4卷,人民出版社1995年版。

《马克思恩格斯全集》(第1版)第18、22、29、32卷,人民出版社1963—1972年版。

马克思:《十八世纪外交史内幕》,人民出版社1979年版。

《斯大林文选》下册,人民出版社1962年版。

中文著作

阿宁编,丁祖勇等译:《克伦斯基等目睹的俄国1917年革命》,三联书店1984年版。

阿尔蒙德著,朱曾汶等译:《当代比较政治学》,商务印书馆1993年版。

艾恺:《世界范围内的反现代化思潮——论文化守成主义》,

贵州人民出版社 1991 年版。

巴枯宁著，中央编译局译：《巴枯宁言论》，三联书店 1978 年版。

巴枯宁著，马骧聪等译：《国家制度和无政府状态》，商务印书馆 1982 年版。

别尔嘉耶夫著，雷永生等译：《俄罗斯思想》，三联书店 1995 年版。

别尔嘉耶夫著，汪剑钊等译：《俄罗斯命运》，云南人民出版社 1999 年版。

北京大学哲学系外国哲学史教研室编：《18—19 世纪俄国哲学》，商务印书馆 1987 年版。

波多野鼎著，徐文亮译：《近世社会思想史》，上海开明书店 1950 年版。

布莱克等著，周师铭等译：《日本和俄国的现代化》，商务印书馆 1984 年版。

布拉果依著，陈燊译：《普希金传》，上海新文艺出版社 1957 年版。

布拉果依著，殷山译：《拉季谢夫》，作家出版社 1957 年版。

波克罗夫斯基著，贝璋衡等译：《俄国历史概要》上册，三联书店 1978 年版。

伯林著，彭淮栋译：《俄国思想家》，译林出版社 2001 年版。

陈之骅：《克鲁泡特金传》，中国社会科学出版社 1986 年版。

冯春编选：《普希金论评集》，上海译文出版社 1993 年版。

弗兰科著、徐凤林译：《俄国知识人与精神偶像》，学林出版社 1998 年版。

冈察洛夫著，陈馥等译:《奥勃洛莫夫》，人民文学出版社 1997 年版。

高尔基著，余一中编选:《高尔基集》，上海远东出版社 1997 年版。

葛兰西著，曹雷雨等译:《狱中札记》，中国社会科学出版社 2000 年版。

亨廷顿著，周琪等译:《文明的冲突与世界秩序的重建》，新华出版社 1998 年版。

赫尔岑著，项星耀译:《往事与随想》中册，人民出版社 1993 年版。

赫尔岑著，巴金译:《往事与随想》，上海译文出版社 1979 年版。

赫克著，高骅等译:《俄国革命前后的宗教》，学林出版社 1999 年版。

赫尔岑著，郭家申译:《谁之罪》，译林出版社 2001 年版。

赫坦巴哈著，吉林师大历史系翻译组译:《俄罗斯帝国主义：从伊凡大帝到革命前》，三联书店 1978 年版。

季诺维也夫著，郑异凡等译:《列宁主义：列宁主义研究导论》，东方出版社 1989 年版。

基斯嘉柯夫斯基等著，彭甄等译:《路标》，云南人民出版社 1999 年版。

基辛格著，顾淑馨等译:《大外交》，海南出版社 1998 年版。

贾汉贝格鲁著，杨祯钦译:《伯林谈话录》，译林出版社 2002 年版。

久加诺夫:《全球化与人类命运》，新华出版社 2004 年版。

蒋路:《俄国文史采微》,东方出版社 2003 年版。

克柳切夫斯基著,张草纫等译:《俄国史教程》第 1 卷,商务印书馆 1992 年版。

卡芬加乌兹等著,郭奇格等译:《彼得一世的改革》上册,商务印书馆 1997 年版。

卡茨著,费孝通等译:《苏联主要民族手册》,人民出版社 1982 年版。

科塞著,郭方等译:《理念人——一项社会学的考察》,中央编译出版社 2001 年版。

克鲁泡特金著,巴金译:《我的自传》,三联书店 1985 年版。

李显荣:《巴枯宁评传》,中国社会科学出版社 1982 年版。

李兴耕等著:《风雨浮萍——俄国侨民在中国(1917—1945)》,中央编译出版社 1997 年版。

利哈乔夫著、吴晓都等译:《解读俄罗斯》,北京大学出版社 2003 年版。

拉津斯基著、李惠生等译:《斯大林秘闻》,新华出版社 1997 年版。

拉伊夫著,蒋学祯等译:《独裁下的嬗变与危机——俄罗斯帝国二百年剖析》,学林出版社 1996 年版。

卢森堡著,彭坐舜等译:《资本积累论》,三联书店 1959 年版。

刘淑春等编:《"十月"的选择——90 年代国外学者论十月革命》,中央编译出版社 1997 年版。

马夫罗金著,余大钧译:《俄罗斯统一国家的形成》,商务印书馆 1991 年版。

马洛泽莫夫著,商务印书馆翻译组译:《俄国的远东政策》,商务印书馆 1977 年版。

马里宁著,丁履桂等译:《俄国空想社会主义简史》,商务印书馆 1990 年版。

梅林著,樊集译:《马克思传》下册,人民出版社 1972 年版。

梅列日科夫斯基著,赵桂莲译:《先知》,东方出版社 2000 年版。

曼海姆著,李朝晖等译:《保守主义》,译林出版社 2002 年版。

莫基切夫主编,中国社科院法学所编译室译:《政治学说史》上卷,中国社会科学出版社 1979 年版。

米罗诺夫著,张广翔等译:《俄国社会史》上、下卷,山东大学出版社 2006 年版。

涅奇金娜主编,刘祚昌等译:《苏联史》第 2 卷第 1 分册,三联书店 1957 年版。

涅奇金娜著,黄其才等译:《十二月党人》,商务印书馆 1989 年版。

尼科利斯基著,丁士超等译:《俄国教会史》,商务印书馆 2000 年版。

诺索夫主编,武汉大学外文系译:《苏联简史》第 1 卷上册,三联书店 1976 年版。

普罗托波波夫著,翁本泽译:《别林斯基·杜勃罗留波夫·皮萨列夫·冈察洛夫》,海燕出版社 2005 年版。

普希金著,多人译:《普希金诗选》,人民文学出版社 1996 年版。

普罗霍罗夫等编辑，赵洵等译：《苏联大百科辞典》，中国大百科全书出版社 1986 年版。

普列汉诺夫著，王荫庭译：《无政府主义和社会主义》，三联书店 1980 年版。

普罗科菲耶夫著，张根成等译：《赫尔岑传》，商务印书馆 1997 年版。

普列汉诺夫著，汝信等译：《普列汉诺夫哲学著作选集》第 1 卷，三联书店 1961 年版。

普列汉诺夫著，汝信等译：《普列汉诺夫哲学著作选集》，第 4 卷，三联书店 1974 年版。

普列汉诺夫著，孙静工译：《俄国社会思想史》第 2 卷，商务印书馆 1996 年版。

普列汉诺夫著、孙静工译：《俄国社会思想史》第 1 卷，商务印书馆 1990 年版。

普列汉诺夫著、侯成亚等译：《跨进 20 世纪的时候》，东方出版社 1998 年版。

蒲鲁东著，孙署冰译：《什么是所有权：对权利和政治的原理的研究》，商务印书馆 1982 年版。

潘克拉托娃著，山东大学翻译组译：《苏联通史》第 2 卷，三联书店 1980 年版。

契诃夫著，田大畏译：《莫斯科的伪善者们》，辽宁教育出版社 1997 年版。

恰达耶夫著，刘文飞译：《哲学书简》，作家出版社 1998 年版。

赛义德著，单德兴译：《知识分子论》，三联书店 2002 年版。

苏联科学院主编，北京编译社译：《世界通史》第8卷上册，三联书店1977年版。

《苏联共产党代表大会、代表会议和中央全会决议汇编》第2分册，人民出版社1964年版。

斯塔夫里阿诺斯著，吴象婴等译：《全球通史：1500年以后的世界》，上海社会科学院出版社1999年版。

斯徒卢威著，李尚谦等译：《俄国经济发展问题的述评》，商务印书馆1992年版。

施潘诺夫著，石宝瑺等译：《俄国哲学史论文集》，三联书店1957年版。

孙成木等主编：《俄国通史简编》下卷，人民出版社1985年版。

石方、刘爽、高凌：《哈尔滨俄侨史》，黑龙江人民出版社2003年版。

索洛维约夫等著，贾泽林等译：《俄罗斯思想》，浙江人民出版社1999年版。

屠格涅夫著，陆蠡译：《罗亭》，人民文学出版社1983年版。

屠格涅夫著，丽尼等译：《前夜·父与子》，上海译文出版社2000年版。

陀思妥耶夫斯基著，臧仲伦译：《地下室手记》，译林出版社2004年版。

托尔斯泰著，李正荣等译：《天国在你们心中》，上海三联书店1997年版。

托洛茨基著，石翁译：《托洛茨基自传——我的生平》，国际文化出版公司1996年版。

特罗亚著，冯志军译：《风流女皇——叶卡捷琳娜二世》，世界知识出版社 1983 年版。

特罗亚著，迎晖等译：《神秘沙皇——亚历山大一世》，世界知识出版社 1984 年版。

特罗亚著，张继双等译：《普希金传》，世界知识出版社 1992 年版。

维特著，张开译：《俄国末代沙皇尼古拉二世》，新华出版社 1983 年版。

维特著，张开译：《俄国末代沙皇尼古拉二世》续集，新华出版社 1990 年版。

汪建钊编选：《别尔嘉耶夫集》，远东出版社 1999 年版。

汪介之：《远逝的光华——白银时代的俄罗斯文化》，译林出版社 2003 年版。

瓦利舍夫斯基著，姜其煌等译：《俄国女皇——叶卡捷琳娜二世传》，上海译文出版社 1982 年版。

吴泽霖：《托尔斯泰与中国古典文化思想》，北京师范大学出版社 2000 年版。

徐景学：《俄国史稿》，中国展望出版社 1987 年版。

虚容译：《普列汉诺夫机会主义文选》上册，三联书店 1964 年版。

西利万斯基著，吕和声等译：《俄国封建主义》，商务印书馆 1998 年版。

姚海：《俄国近代立宪民主运动》，四川大学出版社 1996 年版。

约夫楚克等著，宋洪训等译：《普列汉诺夫传》，三联书店

1980 年版。

中央编译局资料室编:《巴枯宁言论》,三联书店 1978 年版。

中央编译局编译:《俄国民粹派文选》,人民出版社 1983 年版。

中国人民大学编写组编:《社会主义思想史资料汇编·无政府主义批判》下册,人民出版社 1972 年版。

泽齐娜等著、刘文飞等译:《俄罗斯文化史》,上海译文出版社 1999 年版。

扎依翁契可夫斯基著,叔明译:《俄国农奴制度的废除》,三联书店 1957 年版。

张建华:《俄国史》,人民出版社 2004 年版。

俄文著作

阿尔希波夫等著:《肖像中的俄国史》第 1 卷,斯莫林斯基—布良斯克 1997 年版。

Архипов И. Л. и др. История России в портретах. Смоленск-Брянск, 1997. Т. 1.

阿列克谢耶夫:《俄罗斯人民与国家》,莫斯科 2000 年版。

Алексеев Н. Н. Русский народ и государство. М., 2000.

阿尔热可夫斯基.《〈道路〉杂志(1925—1940):俄国侨民中的一代宗教思想家》,基辅,2000 年版。

Аржаковский А. Журнал "Путь" (1925—1940): Поколение русских религиозных мыслителей в эмиграции. Киев, 2000.

《爱伦堡文集》第 8 卷,第 3 册,莫斯科 1966 年。

Эренбург И. Г. Собрание сочинений. М.,1966. Т. 8. К. 3.

巴甫洛夫斯卡娅:《俄国教育:历史和传统》,莫斯科 2003 年版。

Павловская А. В. Образование в России: история и традиция. М.,2003.

巴赫明等编:《俄国在欧亚间寻找自身之路》,莫斯科 1997 年版。

Бахмин В. И. В поисках своего пути: Россия между Европой и Азией. М.,1997.

巴枯宁:《巴枯宁著作和书信集(1828—1876)》第 3 卷,莫斯科 1935 年版。

Бакунин М. А. Собрание сочинений и писем (1828—1876). М.,1935. Т. 3.

巴纳林:《历史哲学》,莫斯科 1999 年版。

Панарин А. С. Философия истории. М.,1999.

巴纳林:《历史的报复:21 世纪俄国的战略主动性》,莫斯科 1998 年版。

Панарин А. С. Реванш истории: российская стратегическая инициатива в XXI веке. М.,1998.

布洛欣主编:《俄国历史教学参考辞典》,布良斯克 1996 年版。

Блохин В. Ф. История России: учебный словарь-справочник. Брянск,1996.

布拜尔:《弗兰科:俄国哲学家的生活与创作 1877—1950》,莫斯科 2001 年版。

Буббайер Филипп， С. Л. Франк：жизнь и творчество русского философа1877—1950，М.，2001.

布德尼茨基：《档案、传记和研究中的俄国恐怖主义史》，顿河畔罗斯托夫 1996 年版。

Будницкий О. В. История терроризма в России в документах，биографиях，исследованиях. Ростов-на-Дону，1996.

布罗茨基：《早期斯拉夫主义者》，莫斯科 1910 年版。

Броцкий Н. Ранние славянофилы. М.，1910.

博博雷金：《发臭的"路标"》，载《保卫知识分子文集》，莫斯科 1909 年版。

Боборыкин П. Д. Подгнившие "Вехи"//В защиту интеллигенции. Сб. статей. М.，1909.

别尔嘉耶夫等著：《路标/来自深处》，莫斯科 1991 年版。

Бердяев Н. А. и др，Вехи/Из глубины. М.，1991.

别尔嘉耶夫等著：《唯心主义问题文集》，莫斯科 1902 年版。

Бердяев Н. А. и др，Проблемы идеализма. М.，1902.

别扎松：《列宁主义的精神来源》，莫斯科 1998 年版。

Безансон Ален，Интеллектуальные истоки Ленинизма. М.，1998.

波诺马廖夫主编：《苏联史》第 2 卷，莫斯科 1966 年版。

Пономарев Н. М. История СССР. М.，1996. Т. 2.

波波夫：《早期斯拉夫派的社会乌托邦（历史—哲学分析）》，莫斯科大学哲学副博士学位论文，1999 年版。

Попов А. А. Социальная утопия раннего славянофильства（историко-философский анализ）. дис. канд. филос. нау. МГУим.

М. В. Ломоносова. 1999.

《车尔尼雪夫斯基全集》第 1 卷,莫斯科 1939 年版。

Чернышевский Н. Г. Полное собрание сочинений. М., 1939. Т. 1

《车尔尼雪夫斯基全集》第 7 卷,莫斯科 1939 年版。

Чернышевский Н. Г. Полное собрание сочинений. М., 1939. Т. 7

《车尔尼雪夫斯基全集》第 9 卷,莫斯科 1939 年版。

Чернышевский Н. Г. Полное собрание сочинений. М., 1942. Т. 9

达尼列夫斯基:《俄国与欧洲》,莫斯科 1991 年版。

Данилевский Н. Я. Россия и Европа. М.,1991.

杜金:《地缘政治基础:俄罗斯的地缘政治未来》,莫斯科 1997 年版。

Дугин А. Основы геополитики: геополитическое будущее России. М.,1997.

杜克洛:《巴枯宁与马克思:光明与阴影》,莫斯科 1975 年版。

Дюкло Жак, Бакунин и Маркс. Свет и тень. М.,1975.

德米特列耶夫主编:《苏联历史文选》第 2 卷,莫斯科 1949 年版。

Дмитриев С. С. Хрестоматия по истории СССР. М.,1949. Т.2.

弗兰科:《斯徒卢威传》,纽约 1956 年版。

Франк С. Л. Биография П. Б. Струве. Нью-Йорк ,

1956.

弗里克曼—赫鲁斯塔列娃等著:《侨民运动和侨民》,圣彼得堡1995年版。

Н. Фрейнкман-Хрусталева, А. Новиков, Эмиграция и эмигранты. СПб.,1995.

冯维津:《法国来信》载马科果涅科主编:《18世纪俄国文学》,列宁格勒1970年版。

Фонвизин Д. Письма из Франции. под ред. Макогоненко. Русская литература 18 века. Л.,1970.

费多托夫:《第三次净化》载《俄罗斯面貌:文章汇编1918—1930》,巴黎1988年版。

Федотов Г. П. Третий Клермон //Лицо России: статьи 1918—1930. Париж,1988.

费久金:《新经济政策过渡条件下与资产阶级思想的斗争》,莫斯科1977年版。

Федюкин С. А. Борьба с буржуазной идеологией в условиях перехода к НЭПу. М., 1977.

格拉瓦茨基:《哲学家船事件:1922年历史片断》,叶卡捷琳堡2002年版。

Главацкий М. Е. Философский пароход: 1922-й исторические этюды. Екатеринбург. 2002.

格尔舒斯基等著:《俄国的民主教训》,莫斯科1998年版。

Гершунский Б. С. и др, Демократический опыт России. М.,1998.

格纳久克:《作为社会思想家的斯徒卢威》,圣彼得堡1998

年版。

Гнатюк О. Л. П. Б. Струве как социальный мыслитель. СПб.,1998.

格尔申宗:《格里鲍耶多夫的莫斯科·恰达耶夫·旧日短录》,莫斯科 1989 年版。

Гершензон М. О. Грибоедовская Москва. Р. Я. Чаадаев. Очерки прошлого. М.,1989.

盖达尔:《国家与演变》,莫斯科 1995 年版。

Гайдар Е. Т. Государство и эволюция. М.,1995.

古米廖夫:《欧亚主义的节奏:时代与文明》,莫斯科 1993 年版。

Гумилев Л. Н. Ритмы евразии : Эпохи и цивилизации. М.,1993.

古谢夫:《俄国保守主义:基本派别和发展阶段》,特维尔 2001 年版。

Гусев В. А. Русский консерватизм: основные направление и этапы. Тверь. 2001.

果戈理:《与友人书信选》,圣彼得堡 2005 年版。

Гоголь Н. В. Выбранные вопросах места из переписки с друзьями. СПб.,2005.

《关于境外俄罗斯人历史的若干问题》,莫斯科 1993 年版。

О некоторых вопросах изучении Русской истории в зарубежьи. М.,1993.

《赫尔岑文集》第 2 卷,莫斯科 1954 年版。

Герцен А. И. Собрание соченений. М.,1954. Т. 2

《赫尔岑文集》第 2 卷，莫斯科 1986 年第 2 版。

Герцен А. И. Собрание сочинений. М.,1986. вып. 2. Т. 2

《赫尔岑全集》第 5 卷，莫斯科 1954 年版。

Герцен А. И. Собрание сочинений. М.,1954. Т. 5.

《赫尔岑文集》第 6 卷，莫斯科 1955 年版。

Герцен А. И. Собрание сочинений. М.,1955. Т. 6.

《赫尔岑文集》第 7 卷，莫斯科 1956 年版。

Герцен А. И. Собрание сочинений. М.,1956. Т. 7

《赫尔岑全集》第 9 卷，莫斯科 1956 年版。

Герцен А. И. Собрание сочинений. М.,1956. Т. 9.

《赫尔岑全集》第 10 卷，莫斯科 1957 年版。

Герцен А. И. Собрание сочинений. М.,1957. Т. 10.

《赫尔岑文集》第 12 卷，莫斯科 1957 年版。

Герцен А. И. Собрание сочинений. М.,1957. Т. 12

加尔金等著：《保守主义的过去与现在》，莫斯科 1987 年版。

Галкин А. А., Рахшмир П. Ю. Консерватизм в прошлом и настоящем. М., 1987.

基明：《彼列斯卫托夫及其同时代者》，莫斯科 1958 年版。

Зимин. А. А. И. С. Пересветов и его современники . М., 1958.

《基列耶夫斯基全集》第 2 卷，莫斯科 1911 年版。

Киреевский И. В. Полное собрание сочинений. М., 1911. Т. 2.

吉霍米洛夫：《君主国家体制》，莫斯科 2006 年版。

Тихомиров Л. А. Монархическая государственность. М.,

2006.

嘉金:《1907—1911年的专制制度、资产阶级和贵族》,列宁格勒1978年版。

Дякин В. С. Самодержавие ,буржуазия и дворянство в 1907—1911. Л.,1978.

杰夫曼:《1894—1917年俄国的革命恐怖》,莫斯科1997年版。

Гейфман Анна. Революционный террор в России 1894—1917. М.,1997.

卡拉姆津:《关于古代和近代俄国的政治和公民关系的札记》,莫斯科1991年版。

Карамзин Н. М. Записка о древней и новой России в ее политическом и гражданском отношениях. М.,1991.

卡尼采娃:《米留科夫制定的侨民立宪民主党小组的策略方针》,载《米留科夫:历史学家,政治家,外交家》,莫斯科2000年版。

Каницева Н. Н. Разработка П. Н. Милюковым тактического курса эмигрантских кадетских групп //Милюков П. Н. Историк,политик, дипломат. М.,2000.

康达科夫:《文化学:俄国文化史》,莫斯科2003年版。

Кондаков И. В. Культурология. история культуры России. М.,2003.

科列洛夫:《斯徒卢威和俄国马克思主义(1888—1901),政治传记经验》,莫斯科大学副博士学位论文1993年版。

Колеров М. А. П. Б. Струве и русский марксизм:1888—1901,Опыт политической биографии, Канд. Дис, МГУ.,1993.

库兹明:《涅恰耶夫和他的反对者(1868—1869)》,载《19 世纪 60 年代革命运动》,莫斯科 1932 年版。

Кузьмин П. С. С. Г. Нечаев и его противники в1868-1869гг//Революционное движение 1860-х годов. М.,1932.

拉耶夫:《境外俄罗斯:俄国侨民文化史 1919—1939》,莫斯科 1994 年版。

М. Раев. Россия за рубежом: история культуры русской эмиграции 1919—1939. М., 1994.

卢德尼茨卡娅:《19 世纪俄国革命激进主义・档案公布》,莫斯科 1997 年版。

Рудницкая Е. Л. Революционный радикализм в России: век девятнадцатый. Документальная публикация. М.,1997.

列金娜—斯维斯卡娅:《19 世纪下半期俄国知识分子》,莫斯科 1971 年版。

Лейкина-Свирская А. Р. Интеллигенция в России во второй половине ⅩⅨ века. М.,1971.

列金娜—斯维斯卡娅:《彼得拉舍夫斯基分子》,莫斯科 1965 年版。

Лейкина-Свирская В. Р. Петрашевцы. М.,1965.

列昂托维奇:《俄国自由主义史(1762—1914)》,莫斯科 1995 年版。

Леонтович В. В. История либерализма в России 1762—1914. М.,1995.

《论国外的积极主义》,布拉格 1930 年版。

О зарубежном активизме. Праг,1930.

留克斯:《东西方之间的俄罗斯》,莫斯科 1993 年版。

Люкс Л. Россия между Западом и Востоком. М.,1993.

米留科夫:《18 世纪第一个 25 年俄国国家经济与彼得大帝改革》,圣彼得堡 1982 年版。

Милюков П. Н. Государственное хозяйство России в первой четверти ⅩⅤⅢ век и реформа Петра Великого. СПб., 1982.

米留科夫:《俄国文化史纲》第 1 卷,莫斯科 1996 年版。

Милюков П. Н. Очерки по истории русской культуры. М.,1996. Т. 1.

米留科夫:《第二次俄国革命史》,索菲亚 1921—1923 年版。

Милюков П. Н. История второй русской революции. София,1921—1923.

米留科夫:《十字路口的侨民》,巴黎 1926 年版。

Милюков П. Н. Эмиграция на перепутье. Париж,1926.

米留科夫:《回忆录》第 1 卷,纽约 1955 年版。

Милюков П. Н. Воспоминания. Нью-Йорк,1955. Т. 1.

米留科夫:《回忆录》第 2 卷,纽约 1955 年版。

Милюков П. Н. Вспоминания. Нью-Йорк,1955. Т. 2.

米哈伊洛夫:《回归的布宁》,载《绝望的日子》,图拉 1992 年版。

Михайлов О. А. Возвращениный Бунин/Бунин И. А. Окаянные дни. Тула,1992.

梅列日科夫斯基:《即将到来的小人》,载《梅列日科夫斯基全集》第 14 卷,莫斯科 1914 年版。

Мережковский Д. С. Грядущий хам//Полное собрание сочинений. М.,1914. Т. 14.

马夫罗金:《普加乔夫和他的战友》,莫斯科 1965 年版。

Мавродин В. В. Е. И. Пугачев и его соратники. М.,1965.

马斯拉科夫:《20 世纪的俄国知识分子:无法结束的争论》,叶卡捷琳堡 1998 年版。

Масдков В. В. Интеллигенция России в истории ⅩⅩ века: неконченные споры (к 90-летию сборника “Вехи”), Екатеринбург,1998.

马拉西诺娃:《18 世纪中后期俄国贵族的上流社会心理》,莫斯科 1999 年版。

Марасинова Е. Н. Психология элиты российского дворянства последней трети ⅩⅧ века. М.,1999.

马斯林编:《俄罗斯思想》,莫斯科 1992 年版。

Маслин М. А. Русская идея. М.,1992.

尼基京:《俄国斯拉夫委员会》,莫斯科 1960 年版。

Никитин. С. А. Славянский комитет в России в 1856. М., 1960.

诺维科娃等编:《欧亚之间的俄国:欧亚主义的诱惑文集》,莫斯科 1993 年版。

Новикова Л. И.,Сиземская И. Н. Россия между Европой и Азией Евразийский соблазн. Антология. М.,1993.

纳扎罗夫:《俄国侨民的使命》第 1 卷,斯塔夫罗波尔 1992 年版。

Назаров М. Миссия Русской эмиграции. Ставрополь,

1992. T. 1.

普拉托诺夫:《俄罗斯文明百科词典》,莫斯科 2000 年版。

Платонов О. Энциклопедический словарь русской цивилизации. М.,2000.

普罗科菲耶娃:《18 世纪后半期至 19 世纪前半期俄国的农村村社》,列宁格勒 1981 年版。

Прокофьева Л. С. Крестьянская община в России во второй половине XVIII и первой половине XIX века. Л.,1981.

《普希金文集》第 6 卷,莫斯科 1981 年版。

Пушкин А. С. Собрание сочинений. М.,1981. Т. 6.

《普列汉诺夫全集》第 9 卷,莫斯科 1955 年版。

Плеханов Г. В. Полное собрание сочинений. Т. 9. М., 1955.

《普列汉诺夫全集》第 24 卷,莫斯科 1927 年版。

Плеханов Г. В. Полное собрание сочинений. М.,1927. Т. 24.

帕申采夫:《当代俄罗斯的反对党和运动》,莫斯科 1998 年版。

Пашенцев Е. Н. Оппозиционные партии и движения современной России. М.,1998.

派普斯:《斯徒卢威:右翼自由主义者(1905—1944)》,莫斯科 2001 年版。

Пайпс Р. Струве: правый либерал. 1905—1944. М.,2001.

契雷舍夫主编:《俄罗斯侨民的文化遗产(1917—1940)》第 1 册,莫斯科 1994 年版。

Челышев А. Г. Культурное наследство русской эмиграции 1917—1940. М.,1994.

恰达耶夫:《文章和书信集》,莫斯科 1989 年版。

Чаадаев П. Я. Статьи и письма. М., 1989.

奇姆巴也夫:《斯拉夫主义》,莫斯科 1986 年版。

Цимбаев Н. И. Славянофильство. М.,1986.

沙奇罗:《1905—1907 年革命前的俄国自由主义》,莫斯科 1985 年版。

Шацилло К. Ф. Русский либерализм накануне революции 1905—1907гг. М.,1985.

萨维茨基:《欧亚主义·欧亚:俄国侨民的历史观点》,莫斯科 1992 年版。

Савицкий П. Н. Евразийство //Евразия: Исторические взгляды русских эмигрантов. М.,1992.

萨维茨基:《欧亚大陆》,莫斯科 1997 年版。

Савицкий П. Н. Континент Евразии. М.,1997.

什金堡格:《普希金与帕诺娃》载《普希金委员会学报》,列宁格勒 1968 年版。

Штейнберг А. А. Пушкин и Е. Д. Панова// Временник Пушкинской комиссии. Л.,1968

斯丹佛:《俄国法西斯者:侨民的悲剧和喜剧(1925—1945)》,莫斯科 1992 年版。

Джон Стефан, Русские фашисты: трагедия и фарс в эмиграции1925—1945гг. М.,1992.

《斯拉夫主义与现代》,圣彼得堡 1994 年版。

Славянофильство и современность. СПб.,1994

斯捷潘诺夫:《1905—1914 年俄国的黑色百人团》,莫斯科 1992 年版。

Степанов С. А. Черная сотня в России(1905—1914). М., 1992.

斯徒卢威:《爱国主义、政治、文化、宗教、社会主义》,莫斯科 1997 年版。

Струве П. Б. PATRIOTICA. Политика, культура, религия, социализм. М.,1997.

斯徒卢威:《选集》,莫斯科 1999 年版。

Струве П. Б. Избранные сочинения. М.,1999.

斯徒卢威:《赶快做事·文集》,莫斯科 1991 年版。

Струве П. Б. Скорее за дело! Статьи. М. 1991

斯徒卢威:《维特伯爵:特点体验》,莫斯科—彼得堡 1915 年版。

Струве П. Б. Граф С. Ю. Витте. Опыт характеристики. Москва-Петроград,1915.

斯徒卢威:《俄国经济发展问题的评述》,圣彼得堡 1894 年版。

Струве П. Б. Критические заметки к вопросу об экономическом развитии России. СПб. 1894.

斯徒卢威:《知识分子、权力、人民》,莫斯科 1993 年版。

Струве П. Б. Интеллигенций · власть · народ. М.,1993.

索洛维约夫:《论古代俄国史》,莫斯科 1992 年版。

Соловьев С. М. Об истории древней России. М.,1992.

《索洛维约夫全集》第 2 卷，莫斯科 1988 年版。

Вл. Солвьев Полное собрание сочинений. М.，1988. Т2.

什卡列科夫：《垂死的白卫运动》，莫斯科 1987 年版。

Шкаренков Л. К. Агония белой гвардии. М.，1987.

沙波瓦洛夫：《俄罗斯学》，莫斯科 2001 年版。

Шаповалов В. Ф. Россиеведение. М.，2001.

《苏联史纲》，莫斯科 1954 年版。

Очерки Истории СССР. М.，1954.

舍加列夫：《三角堡中的涅恰耶夫（1873—1882），载《阿列克谢三角堡：19 世纪俄国秘密国家监狱》第 2 卷，列宁格勒 1990 年版。

Щеголев П. Е. С. Г. Нечаев в равелине（1873—1882）// Алексеевский равелин. Секретная государственная тюрьма России в XIX в. Л.，1990. Т. 2.

《托尔斯泰全集》第 49 卷，莫斯科 1958 年版。

Толстой Л. Н. Полное собрание сочинений. М.，1958. Т49.

《托尔斯泰选集》第 4 卷，莫斯科 1964 年版。

Толстой Л. Н. Избраные сочинения. М.，1964. Т4.

乌沙科夫主编：《俄语详解大辞典》第 9 卷，莫斯科 1940 年版。

Ушаков Д. Н. Толковый русской словарь. М.，1940. Т. 9.

乌斯特里亚洛夫：《在革命的标志下》，哈尔滨 1925 年俄文版。

Устрялов Н. В. Под знаком революции. Харбин，1925.

乌斯特里亚洛夫：《为俄罗斯而斗争》，哈尔滨 1920 年俄文版。

Устрялов Н. В. В борьбе за Россию. Харбин ,1920.

瓦洛京:《俄国的空想社会主义》,莫斯科 1985 年版。

Володин А. И. Утопический социализм в России. М., 1985.

瓦谢茨基:《苏联各民族哲学和社会政治思想史纲》第 1 卷,莫斯科 1955 年版。

Васецкий Г. С. Очерки истории философской и общественной политической мысли народов СССР. М.,1955. Т. 1.

维亚泽姆斯基:《美学和文学批评》,莫斯科 1984 年版。

Вяземский П. А. Эстетика и литературная критика. М., 1984.

沃兹内依:《彼得拉舍夫斯基和沙皇秘密警察》,基辅 1985 年版。

Возный А. Ф. Петрашевский и царская тайная полиция. Киев,1985.

谢拉皮诺娃:《20—30 年代捷克斯洛伐克共和国的俄国侨民》,莫斯科 1995 年版。

Серапинова Е. П. Российская эмиграция в Чехословацкой республике 20—30гг. М.,1995.

谢科夫:《俄国共济会史 1845—1945》,圣彼得堡 1997 年版。

Серков А. И. История русского масонства 1845—1945. СПб.,1997.

谢缅尼科娃:《世界文明共同体中的俄罗斯》,布良斯克

1996 年版。

Семенникова Л. И. Россия в мировом сообществе цивилизаций. Брянск，1996.

谢罗哈耶夫：《立宪民主党——反对 1905—1907 年革命的自由资产阶级主要政党》，莫斯科 1983 年版。

Щелохаев В. В. Кадеты: главная партия либеральной буржуазии в борьбе с революцией 1905—1907гг. М.，1983.

希科曼：《祖国历史活动家：传记指南》，莫斯科 1997 年版。

Шикаман А. П. Деятели отечественной истории. Биографический справочник. М.，1997 .

《叶卡捷琳娜二世文集》第 12 卷，圣彼得堡 1907 年版。

Екатерина II Алексеевна，Собрание сочинений. СПб. 1907. Т. 12.

扎比亚科：《俄罗斯文化之源》，莫斯科 2002 年版。

Забиянк В. С. Источники русской культуры. М.，2002.

泽尔诺夫：《普什洛夫代表大会及初期的俄国大学生基督教运动》，载《泽尔诺夫家园国外新闻》，巴黎 1923 年版。

Зернов Н. М. Съезд в Пшерове и начало русского студенческого христианского движения // Хроника семьи Зерновых. За рубежом. Париж，1923.

英文和德文著作

盖依：《伏尔泰政治学》，普林斯顿 1959 年版。

Peter Gay，Voltaire's Politics. Princeton，1959.

霍纳：《亚洲对我们意味着什么：俄国亚洲心脏地区的昨天

与今天》,波士顿 1990 年版。

Milan Hauner, What is Asia to us : Russian Asian heartland yesterday and today ,Boston,1990.

拉耶夫:《俄国侨民》,纽约 1990 年版。

M. Laev,Russian emigrants. New York,1990.

罗杰夫斯基编:《剑桥俄国文化手册》,剑桥大学出版社 1998 年版。

Nicholas Rzhevsky,The Cambridge Companion to Modern Russian Culture. Cambridge University Press,1998.

雷赫:《一个俄国的欧洲人——俄国政治中的米留科夫》,北达姆斯大学出版社 1969 年版。

Thomas Riha: A Russian european:Paul Miliukov in russian politics,University of North Dames Press, 1969.

普罗丁:《一言难尽的涅恰耶夫:了解布尔什维主义的钥匙》,伦敦 1961 年版。

Prawdin M. The Unmentionable Nechaev: A Key to Bolshevism. London,1961.

派普斯:《斯徒卢威:左翼自由主义者(1870—1905)》,剑桥 1970 年版。

Pipes R, Struve. Liberal on the Left, 1870—1905. Cambridge, 1970.

派普斯:《斯徒卢威:右翼自由主义者(1905—1944)》,剑桥 1980 年版。

Pipes R . Struve. Liberal on the Right (1905—1944). Cambridge,1980

舒伯特:《欧洲和东方精神》,普林根 1979 年版。

W. Schubart, Europa und die Seele Des Ostens. Puligen. 1979.

沃尔克曼:《1919—1929 年在德国的俄国侨民》,沃尔兹堡 1966 年版。

H. E. Volkmann, Die russische Emigration in Deutschland 1919—1929. Wurzburg, 1966.

期刊文章

博博雷金:《俄国知识分子》,载《俄罗斯思想》,莫斯科 1904 年第 12 期。

Боборыкин П. Д. Русская интеллигенция //Русская мысль. М., 1904. №. 12.

巴纳林:《西方派和斯拉夫派》,载《社会科学和当代》,莫斯科 1993 年第 6 期。

Панарин А. С. Западники и славянофилы//Общественные науки и современность. М., 1993. №. 3.

比沃瓦洛夫:《俄国自由的十字军》,载《文学评论》,莫斯科 1990 年第 12 期。

Пивоваров Ю. Крестоносец русской свободы// Литературное обзрение. М., 1990. №. 12.

布加诺夫:《俄国贵族》,载《历史问题》,莫斯科 1994 年第 1 期。

Буганов В. И. Российское дворянство //Вопросы истории. М. 1994. №. 1.

别尔嘉耶夫:《欧亚主义者们》,载《道路》,巴黎 1925 年第 1 期。

Бердяев Н. Евразийцы//Путь. Париж,1925. №.1.

《俄国与西方:文化的相互作用》(圆桌会议材料),载《哲学问题》,莫斯科 1996 年第 6 期。

Россия и запад: культурный взаимодействие. круглый стол. матер. //Вопросы философии. М.,1996. №.6.

《俄国社会的现代化》(圆桌会议材料),载《俄罗斯科学院通报》,莫斯科 1993 年第 3 期。

Модернизация русского общества. круглый стол. матер// Вестник Российской Академии науки. М.,1993. №.3.

古里:《我带走俄罗斯》,载《新杂志》,纽约 1979 年第 1 期。

Роман Гуль, Я унес Россию//Новый журнал. Нью-йорк, 1979. №.1.

古列维奇:《民族精神和个性》,载《新世界》,莫斯科 1993 年第 5 期。

Гуревич В. Национальная идея и личность//Новый мир. М.,1993. №.5.

古米廖夫:《别人称我是欧亚人》,载《我们的同时代人》,莫斯科 1991 年第 1 期。

Гумилев Л. Меня называют евразийцем//Наш современник. М.,1991. №.1.

古米廖夫:《最后的欧亚主义者的札记》,载《我们的遗产》,莫斯科 1991 年第 3 期。

Гумилев Л. Заметки последнего евразийца//Наш е

наследие. М.,1991. №.3.

《纪念首任主编什卡列科夫》,载《俄国与当代世界》,莫斯科 1999 年第 3 期(总第 24 期)。

Память первого главного редактора. Л. К. Шкаренков // Россия и современный мир. М.,1999. №.3 (24).

津可夫斯基:《俄国大学生基督教运动:历史、工作和任务》,载《俄国大学生基督教运动公报》,巴黎—纽约 1949 年第 7—8 期。

Зеньковский В. В. Русское студенческое христианское движение: История, деятельность, задачи // Вестник РСХД. Париж-Нью-йрок. 1949. №.7/8.

津可夫斯基:《俄国大学生基督教运动在俄侨民众中之兴起》,载《俄国大学生基督教运动公报》,巴黎—纽约 1993 年第 168 期。

Зеньковский В. В. Зарождение РСХД в эмиграции (Из истории русских религиозных течений в эмиграции) // Вестник РСХД. Париж-Нью-Йрок,1993. №.168.

卡林切夫斯基:《小组危机》,载《俄国大学生基督教运动公报》,巴黎 1928 年第 4 期。

Коренчевский В. Кризисы в кружках // Вестник РСХД, Париж,1928, № 4.

卡斯德列夫:《吉霍米洛夫的选择》,载《历史问题》,莫斯科 1992 年第 2 期。

Костылев В. Н. Выбор Льва Тихомирова//Вопросы истории. М.,1992. № 2.

康托夫:《米留科夫:俄国文化史学家——实践的政治家》,

载《哲学问题》,莫斯科 1991 年第 1 期。

Контов В. К. П. Н. Милюков-Русский культурно - историк, практический политик //Вопросы философии. М., 1991. №. 1.

科列洛夫等:《俄国复兴的教主圣像——斯徒卢威的命运》,载《知识就是力量》,莫斯科 1991 年第 12 期。

Колеров. М. Плотников. Н. Иоани Креститель всех наших возрождений Судьба П. Б. Струве//Знание-Сила. М., 1991. №. 12.

库夫希诺夫:《国内和侨民时期的立宪民主党》,载《近现代史》,莫斯科 1995 年第 4 期。

Кувшинов В. А. Кадеты в России и в эмигрфции // Новая и новейшая история. М., 1995. №. 4.

利哈乔夫:《不能自我疯狂……历史自我认识和俄罗斯文化》,载《新世界》,莫斯科 1994 年第 6 期。

Лихачев Д. С. Е. Нельзя уйти от самих себя … Историческое самопознание и культура России//Новый мир. М., 1994. №6.

利哈乔夫:《论俄国知识分子》,载《新世界》,莫斯科 1999 年第 2 期。

Лихачёв Д . С. О, русской интеллигенции //Новый мир. М., 1999. №. 2.

梅杜舍夫斯基:《米留科夫:学者和政治家》,载《苏联历史》,莫斯科 1991 年第 4 期。

Медушевский А. Н. П. Н. Милюков ученый и политик //

История СССР. М. ,1991. №.4.

尼里显:《米留科夫和斯大林:米留科夫侨民时期的政治进化(1918—1943)》,载《近现代史》,莫斯科 1995 年第 2 期。

Нильсен Е. П. П. Милюков и И. Сталин О политической эволюции милюкова в эмиграции (1918—1943) // Новая и новейшая история. М., 1995. №. 2.

皮鲁莫娃:《巴枯宁或者涅恰耶夫?》,载《普罗米修斯》,莫斯科 1968 年第 5 期。

Пирумова Н. М. М. Бакунин или С. Нечаев? // Прометей. М.,1968. №. 5.

皮鲁莫娃:《破坏者》,载《祖国》,莫斯科 1990 年第 2 期。

Пирумова Н. М. Разрушитель//Родина. 1990. №. 2.

普列汉诺夫:《在祖国的年代》,载《对话》,莫斯科 1991 年第 9 期。

Плеханов Р. М. Год на родине// Диалог. М.,1991. №. 9.

普京:《千年之交的俄罗斯》,载《独立报》,莫斯科 1999 年 12 月 30 日。

Путин В. Россия на рубеже тысячилетии//Независимая газета. М.,30. декаб. 1999

切尔努哈:《亚历山大三世》,载《历史问题》,莫斯科 1992 年 11—12 期。

Чернуха В. Г. Александр Ⅲ //Вопросы истории. М., 1992. №. 11/12.

日托米尔斯卡娅等:《涅恰耶夫史中的奥加廖夫、巴枯宁和赫尔岑的女儿》,载《赫尔岑与西方:文学遗产》,莫斯科 1985 年第 96 卷。

Житомирская С. В. Пирумова Н. М. Огарев, Бакунин и Н. А. Герцен-дочь в Нечаевсой истории (1870г) //Герцен и запад: Литературное наследство. М., 1985. Т. 96.

沙霍夫斯科依:《关于同盟会的信》,载《环节》,莫斯科—彼得堡 1992 年第 2 期。

Шаховской Д. И. Письмо о Братстве // Звенья. М.,-СПБ., 1992. №. 2.

斯捷潘诺夫:《俄国大学生基督教运动时事新闻》,载《俄国大学生基督教运动公报》,巴黎 1926 年第 12 期。

Степанов Ю. Хроника жизни Движения // Вестник РСХД, Париж. 1926. № 12.

斯徒卢威:《俄罗斯》,载《哲学和生活》,莫斯科 1991 年第 8 期。

Струве П. Б. Россия//Философия и жизнь. М., 1991. №. 8.

斯徒卢威:《我与列宁的会面与冲突》,载《新世界》,莫斯科 1991 年第 4 期。

Струве П. Б. Мои встречи и столкновения с Лениным// Новый мир. М., 1991. №. 4

斯徒卢威:《关于马克西米利安·沃罗申的记忆·回忆录片断》,载《快做事文集》第 38 辑,莫斯科 1991 年版。

Струве П. Б. Памяти Максимилиана Волошина. Страничка из воспоминаний//Скорее за дело! Статьи.

Библиотека//Огонек. М.,1991. №38.

索尔仁尼琴:《20 世纪末的俄罗斯问题》,载《新世界》,莫斯科 1994 年版第 7 期。

Солженицын А. И. Русский вопрос. к концу XX века//Новый мир. М.,1994. №7.

塔塔尼科娃:《政治中的哲学家——论斯徒卢威》,载《莫斯科大学学报·哲学卷》,莫斯科 1991 年第 4 期。

Татарникова С. Н. Философ в политике—Заметки о П. Б. Струве//Вестник МГУ. Серия, Философия. 1991. №. 4.

《我们——欧亚洲》,载《大陆》,莫斯科 1992 年第 70 期。

Мы-Евразия//континент. М.,1992. №. 70.

谢缅尼科娃:《1917 年十月发生了什么》,载《自由思想》,莫斯科 1992 年第 15 期。

Семенникова Л. И. Октябрь 1917. Что же произошло? //Свободная мысль. М.,1992. №15.

伊萨巴耶娃:《乌瓦罗夫在 1810 年代的社会政治观点》,载《莫斯科大学学报·史学卷》,莫斯科 1990 年第 6 期。

Исабаева Л. М. Общественно-политические взгляды С. С. Уварова в 1810-е годы // Вестник московского университета. Серия, История. М.,1990. №. 6.

扎哈罗娃:《亚历山大二世:历史肖像》,载《历史问题》,莫斯科 1992 年第 6—7 期。

Захарова Л. Г. Александр II : исторический портрет //Вопросы истории. М.,1992. №. 2.

泽尔诺夫:《普什洛夫代表大会及初期的俄国大学生基督教

运动》,载《泽尔诺夫家园编年》

Зернов Н. М. Съезд в Пшерове и начало русского студенческого христианского движения//Хроника семьи Зерновы. Париж. 1923.

档案资料

俄罗斯联邦国立档案馆,全宗 5764,目录 1,第 258 件,第 47 页。

ГАРФ,Ф. 5764,Оп. 1,Д. 258,Л. 47.

俄罗斯联邦国立档案馆,全宗 5764,目录 1,第 258 件,第 47A 页。

ГАРФ,Ф. 5764,Оп. 1,Д. 258,Л. 47а.

俄罗斯国立政治历史档案馆,全宗 2,目录 2,第 1338 件,卷 1。复制品。

РГАСПИ,Ф. 2,Оп. 2,Д. 1338,Л. 1. Автограф.

俄罗斯国立政治历史档案馆,全宗 2,目录 1,第 23211 件,卷 2—2об。

РГАСПИ,Ф. 2,Оп. 1,Д. 23211,Л. 2-2об.

《红色档案》,莫斯科 1931 年第 7 期。

Красный архив. М.,1931. №. 7.

涅奇金娜主编:《十二月党人起义》(史料集)第 7 卷,莫斯科 1958 年版。

Нечкина М. В. Восстание Декабристов(материалы). М., 1958. Т. 7.

《涅恰耶夫和涅恰耶夫分子》(资料集),莫斯科—列宁格勒

1931 年版。

Нечаев и Нечаевцы：Сб. материалов. М-Л.，1931.

苏联国家十月革命、国家最高政权机关和国家最高管理机关中央档案馆，全宗 579，目录 1，案卷 3388，第 2 页。

ЦГАОР СССР，Ф. 579，Оп. 1，Д. 3388，Л. 2.

《苏联—捷克关系史文件和资料集》第 2 卷，莫斯科 1977 年版。

История Советско-Чехословакского отношения. документы и материалы. М.，1977. Т. 2.

网络资料

达里：《现代大俄罗斯语详解辞典》（Даль В. И. Толковый словарь живого великорусского языка）网络版：

http://www.rubricon.com/qe.asp?qtype=1&id=92&ii=92&srubr=0&fstring=воля

吉霍米洛夫：《最后时日（末世论幻象）》〔Тихомиров Л. А. В последние дни（Эсхатологическая фантазия）〕网络版：http://mnogoknig.narod.ru/b1/inlastdays/read.html

后　记

对于著书者来说，每每为自己的著作书写后记，都是一件令人高兴的事情。因为它意味着一项个人的然而是浩大的并且往往延续数年“工程”的“竣工”。但同时每每都夹杂些悲喜参半的回忆。俱往矣：也曾漫卷诗书，似有所得；也曾辗转反侧，夜不能寐；也曾寻章摘句，困顿失魂；也曾欣喜若狂，终归正途。

时光荏苒，算起来，笔者研习俄国历史已22年有余。对俄国历史感触良多，感慨良多，感动亦良多。1998年笔者第一次赴俄罗斯莫斯科大学做学术访问，开始接触俄国知识分子问题，著名思想家和政治家——斯徒卢威成为笔者的第一个知识分子个案。当时的想法是写一部斯徒卢威的个人思想传记，并为此收集了几乎一切能找到的资料。甚至在2001年赴德国学术访问期间，还曾试图沿着斯徒卢威等人当年亡命欧洲的路线：索菲亚——贝尔格莱德——柏林——罗马——巴黎，寻找第一手资料和体验斯徒卢威等人当年乾坤扭转、颠沛流离的感觉，可惜由于各种因素限制未能走完全程。并且由于诸多事务纠缠和其它课题的“利诱”，曾一度放弃《斯徒卢威思想肖像》的撰写工作。但是对于俄国知识分子问题的思考始终没有停止过，同时在研究和教学中深深地感觉到，我本人和我的学生们，或许也包括国内学术界更需要一部内容较全面、思想较系统、线索较清晰的俄国知识分子思想通史。我深知以自己的学养和积累无法完成这一重任,但笔者愿意将自己近十年关于俄国知识分子问题的所思所想所得汇编成这本浅薄的“导论”,一方面做抛砖引玉之势,以引得学界鸿儒名宿之珪皋;另一方面怀程门立雪之心,静候方家之批判。

在本书“绪论”中,笔者曾提及撰写本书出于“内心中承载已久的一份感动”,准确地说是俄国(苏联)伟大的作家、真正知识分子代表高尔基的那句著名的命题——“俄罗斯是恋女,知识分子是情郎”使然,这是对俄国知识分子群体的最高水平、最为贴切和最有价值的评价。这一份感动自始至终,自往至今都在感动着我,并且生成了一份学术责任。

2006 年 5 月,笔者第二次踏上俄罗斯土地,赴圣彼得堡大学做学术访问。自古以来,圣彼得堡(不管其城市名称如何变幻)即是俄罗斯的思想之都和文化之都,更是俄国知识分子及其群体横空出世的丰沃基地。在圣彼得堡的四个月里,我再次被一些东西感动着,这其中即有时常闪动于我的脑际的俄国知识分子的历史影像。

5 月 10 日,笔者到达圣彼得堡的当天,俄罗斯新闻媒体报导了苏联时代和当代俄罗斯最著名思想家亚历山大·亚历山大罗维奇·季诺维耶夫病逝的消息。他的去世让俄罗斯为之震动,也使笔者深为感动。笔者在疾书完成的《季诺维耶夫:苏维埃体制“最无情的批判者”和“最后的守护人”》中写下了这样的话:

“亚·亚·季诺维耶夫是苏联和俄罗斯著名的哲学家、逻辑学家、社会学家,他也是苏联时代最著名的异议作家和持不同政见者。他以其高深的学术功力、犀利的春秋笔法、不群的政治观点、独特的批评视角以及绝对化的自由主义立场鹤立于苏联持不同政见群体之中，称名于当代国际学术界。在苏维埃体制如日中天之时，他不惜自己的政治生命和学术生命，勇敢地对斯大林模式提出批评；在漂泊和侨居西方之时，他对西方民主体制同样持‘详加审查’态度；当苏联解体、新俄罗斯治乱交替和前程未卜之际，他再次挺身而出，批评激进社会和政治改革，抨击西方化和全球化之弊，大声疾呼珍视苏维埃优秀价值观念，重建共产主义思想体系。在季诺维耶夫身上体现了自拉吉舍夫以降，俄国知识分子群体的特性：不服膺于权势和世态，忠实自由信条和人类理念。

2006 年 5 月 10 日，季诺维耶夫因患脑癌在莫斯科病逝，终年 84 岁。5 月 15 日，为他举行了隆重的民间祭祷和告别仪式。俄罗斯著名哲学家德米特里·莱乌特在所致悼词中称季诺维耶夫的去世是俄罗斯的巨大损失，他借用季诺维耶夫作品的名称哀叹只留下‘黑魅魅的断裂’，并发问：‘谁和何时能填补这个断裂呢？’当天的俄罗斯各大媒体均对此做了长篇报导，称他是‘世界范围的思想家和文学家’；国际社会学的‘主教’；‘共产主义、西方和后苏联模式的世界观的最严厉的和最后的批评者’；‘苏维埃价值体系的最后守护人’；‘我们的同时代人，柏拉图式的哲学家。’

笔者此时正在圣彼得堡大学做访问学者，亲身感受到了俄罗斯学术界，乃至国际学术界对他的离世的叹息，对他的学术成就的高度评价。笔者在国内时一直追踪季氏著作和思想，此次借在俄查寻资料之便，特撰此文，以表达一个中国学者对季诺维耶夫的敬意和纪念。”①

---

① 发表于《二十一世纪》（香港），2006 年 8 月第 53 期（网络版），《当代俄罗斯思想家·季诺维耶夫及其思想》，载《俄罗斯东欧中亚研究》2007 年第 2 期。

2006年8月22日是一个阴雨绵绵的日子，笔者即将动身回国，行前习惯性地来到涅瓦河畔漫步，突然发现了位于列宾美术学院对面沿岸而立的一块纪念碑。我寻觅它已久，但或者因为总是匆忙而过，或者因为它太普通了，竟然未得相识。这块立于2003年11月15日的碑上镌刻着这样的铭文："1922年秋，祖国著名哲学、文化和科学活动家们被迫由此踏上流亡的旅程"，原来这里即是著名的"哲学家船"事件的发生地啊。84年前的8月22日，或许也是一个阴雨绵绵的日子，别尔嘉耶夫、谢尔盖·布尔加科夫和弗兰科们等161人是在何等复杂的感受下登上轮船，挥手作别他们的城市，开始他们没有祖国的流浪生活呢？

于是，我决心尽快完成这部《俄国知识分子思想史导论》，因为这是一份实实在在的学术责任。

尽管本书学术观点还属浅见，所用史料还显单薄，所用方法还限粗陋，但它是笔者数年来倾注心力和精力之作，今日斗胆将它奉献给学界方家和广大读者，并且真诚地期待着你们的评说。

自本书之后，笔者已将近些年的研究重点转向苏联知识分子问题。就术语和内容而言，苏联知识分子与俄国知识分子之间有着内在关联和本质区别，它表现在政治制度层面、意识形态层面和政治文化层面上。尽管如此，但若将高尔基对俄国知识分子的高度评价用于苏联时代是完全适用的。"苏联政治文化背景下的知识分子"将是笔者研究的主线。期待在不远的将来得到大家的批评和指正。

感谢北京师范大学史学文库编辑委员会的推荐和资助。

张建华 谨识

2007年6月8日初夏